东湖年鉴

DONG HU NIAN JIAN

（2020）

《东湖年鉴》编纂委员会 编

方志出版社
Publishing House of Local Records

图书在版编目（CIP）数据

东湖年鉴．2020 /《东湖年鉴》编纂委员会编．--
北京：方志出版社，2020.12
ISBN 978-7-5144-4562-6

Ⅰ．①东… Ⅱ．①东… Ⅲ．①区（城市）-南昌-
2020-年鉴 Ⅳ．①Z525.64

中国版本图书馆CIP数据核字（2020）第242567号

东湖年鉴（2020）

编　　者：《东湖年鉴》编纂委员会
责任编辑：王　娜

出 版 者：方志出版社
地址 北京市朝阳区潘家园东里9号（国家方志馆4层）
邮编 100021
网址 http://www.zgfzcb.cn
发　　行：方志出版社图书经销中心
电话（010）67110500
经　　销：各地新华书店
印　　刷：南昌康宇彩色印刷有限公司

开　　本：889×1194　1/16
印　　张：23
字　　数：669千字
版　　次：2020年12月第1版　2020年12月第1次印刷
印　　数：001～500册

ISBN 978-7-5144-4562-6　**定价**：260.00元

·版权所有　翻印必究·

如有印、装错误，影响阅读，请及时与印刷厂联系调换
联系电话：(0791)88593332

《东湖年鉴》编纂委员会

主 任 委 员： 刘　闯

副主任委员： 高辉红　王成久

委　　员： 喻国泰　王　玮　徐仲平　唐铭市　胡志强
张　恩　宣　治　李　婷　刘荣鑫　童萍如
余　炜　万　勇　万　明　杨　峻　聂　超
万　华　查秋滚　陈耀武

《东湖年鉴（2020）》编辑人员

主　　编： 陈耀武

编　　辑： 陈耀武

图片提供： 张　达　邓　鑫

《东湖年鉴（2020）》主笔名单

（以姓氏笔画为序）

习　鹤	于　凡	邓　武	邓　菁	邓凤玲	邓建平
叶华康	白　云	刘　丹	刘　达	刘　芳	刘　浙
刘华明	刘秋燕	孙彬越	何建成	吴　昊	吴佩红
张　海	张宏宇	张淑华	李　芜	李　浩	李玉林
李怡璇	李洪涛	杜涤欣	杨林斌	杨爱武	汪　莉
肖自强	肖舒婷	陆丽娜	陈书伟	陈国栋	陈曼灵
陈耀武	周　凯	周　菁	周海波	周悠然	岳江凡
林如霞	郁　刚	郑明阳	胡　晨	胡海燕	唐文清
徐　薇	徐志朋	涂　成	秦　越	陶　辉	高熙炜
梁国荣	盛徐有	黄　龙	黄　帆	黄　玲	黄　甜
龚　行	龚欢欢	傅志慧	喻伟文	程亮明	鲁　烨
裘　洁	熊　莹	熊　瑛	蔡璐璐	魏海艳	魏嘉琛

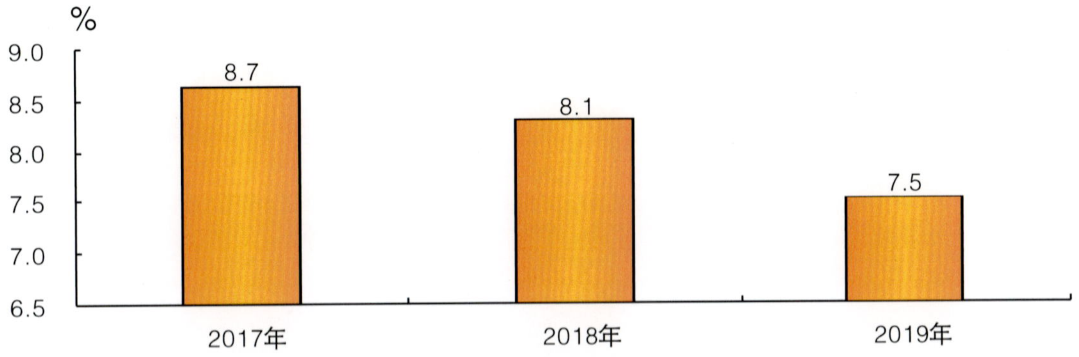

图1　东湖区地区生产总值增速图

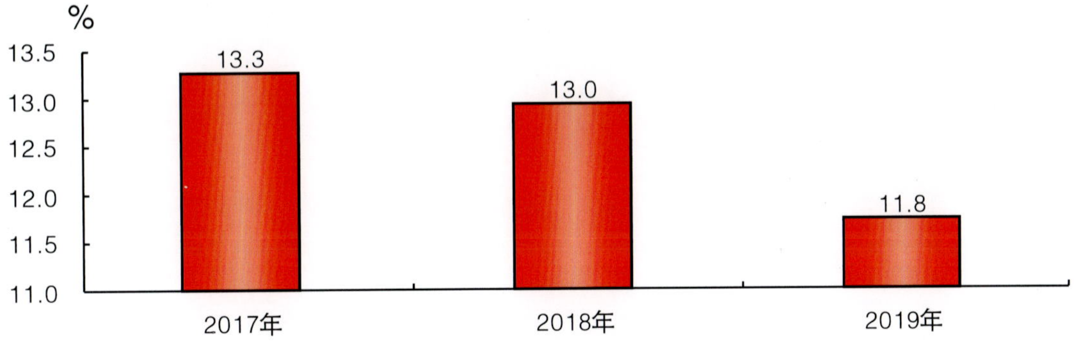

图2　东湖区固定资产投资增速图

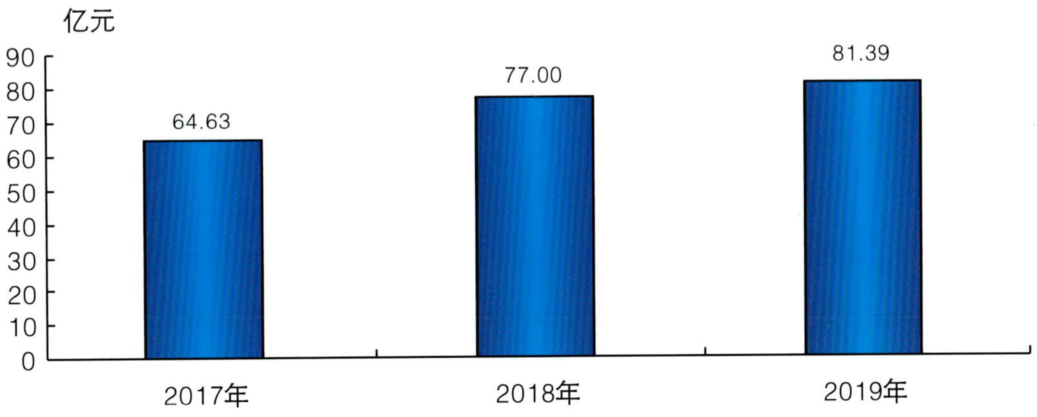

图3　东湖区财政总收入图

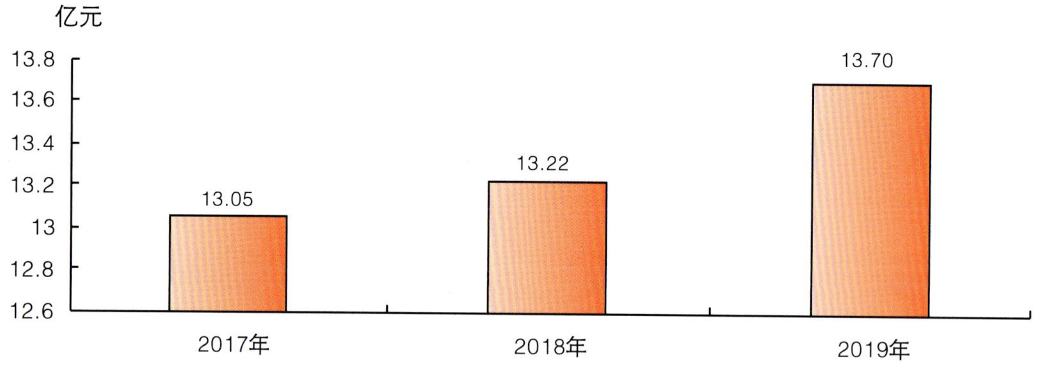

图 4　东湖区地方财政收入图

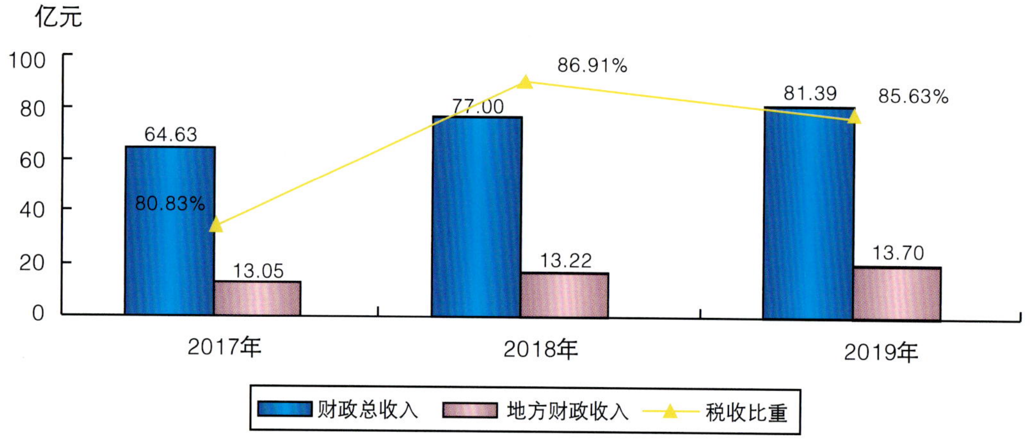

图 5　东湖区税收与财政收入比重图

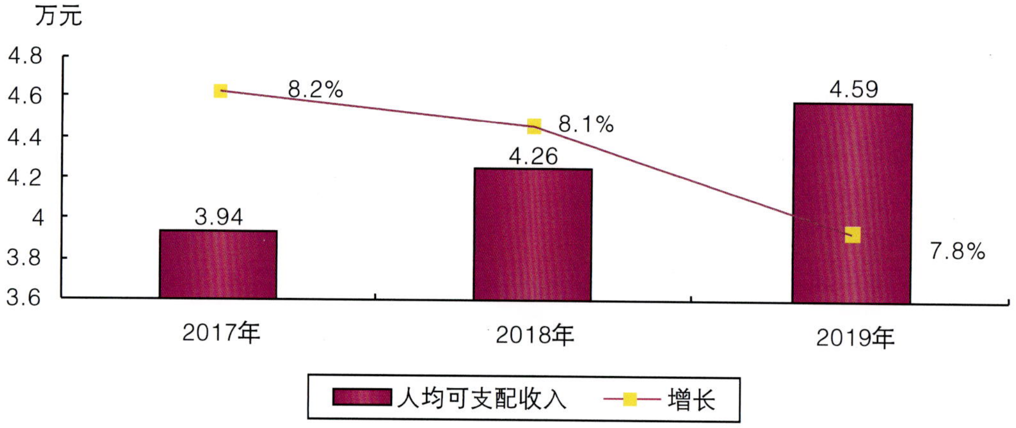

图 6　东湖区人均可支配收入及增长图

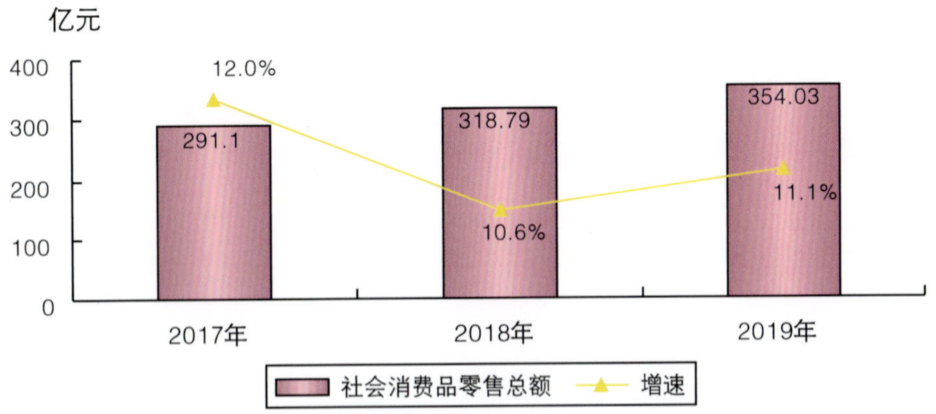

图7　东湖区社会消费品零售总额及增长速度图

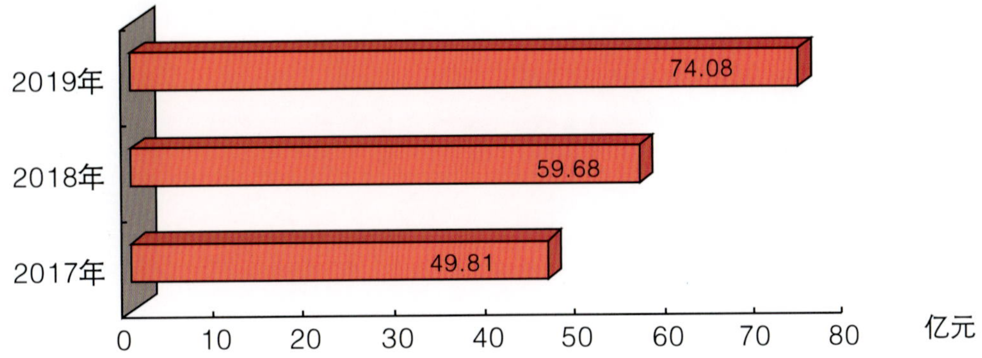

图8　东湖区实际利用内资图

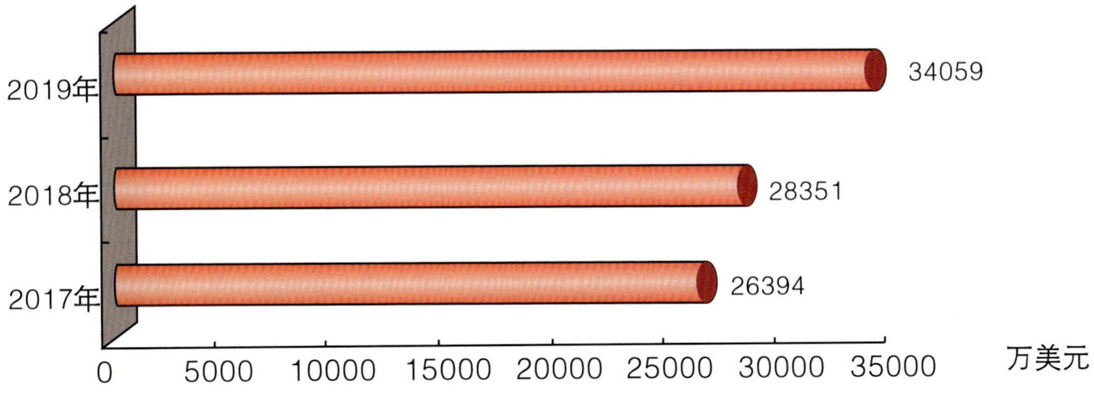

图9　东湖区实际利用外资图

2019年度东湖区获市厅级

获奖单位	奖项名称	颁奖部门
东湖区人民检察院	全国青少年维权岗	共青团中央、最高人民检察院
中共东湖区委统战部	中国统一战线宣传先进单位	中央统战部 中国统一战线杂志社
东湖区人民检察院	全国检察宣传先进单位	最高人民检察院、检察日报社
东湖区教科体局	全国第六届中小学生艺术展演活动优秀组织奖	教育部
东湖区教科体局	“促进随迁子女融入的‘四共’合作教育机制的建构与实施”教学成果获二等奖	教育部
公园街道戴家巷社区便民服务中心	首批已建成城乡便民消费服务中心	商务部
中共东湖区委组织部	论文《东湖区构筑“五纵五横”城市基层党建共同体》荣获全国基层党建优秀工作案例	人民网、中国共产党新闻网、中国组织人事报社和组织人事报社
大院街道体苑社区	全国综合减灾示范社区	国家减灾委员会
东湖区第四次全国经济普查领导小组办公室	国家级先进集体	国务院第四次全国经济普查领导小组
东湖区教科体局	“新时代好少年”主题教育读书活动“我为祖国点赞”先进集体	教育部关心下一代工作委员会
东湖区教科体局	国家义务教育质量监测县级优秀组织单位	教育部基础教育质量监测中心
东湖区青蓝少儿京剧社	传统京剧《雏凤凌空》获第23届中国少儿戏曲小梅花荟萃活动集体项目金奖	中国戏剧家协会
东湖区文广新旅局	洪州瓷雕《富春山居图》获首届“百鹤杯”工艺美术设计创新大赛百鹤金鼎奖	中国轻工业联合会
百花洲街道党工委	《时间银行》荣获第三届中国梦·青年影像盛典宣教类一等奖	中国梦·青年影像盛典组委会
东湖区滕王阁旅游区	全域旅游优质人气旅游目的地100强	全域旅游品牌影响力活动组委会
东湖区滕王阁旅游区	全域旅游优质人气研学景区	全域旅游联盟

及以上单位表彰一览

获奖单位	奖项名称	颁奖部门
东湖区	2017-2019 年全省开放型经济综合先进单位	中共江西省委、江西省人民政府
东湖区人民检察院	江西省第十五届文明单位	中共江西省委、江西省人民政府
大院街道办事处	江西省第十五届文明单位	中共江西省委、江西省人民政府
公园街道办事处	江西省第十五届文明单位	中共江西省委、江西省人民政府
东湖区消防救援大队	江西省第十五届文明单位	中共江西省委、江西省人民政府
东湖区教科体局	全省义务教育基本均衡工作积极贡献集体	江西省人民政府
东湖区	2019 年度全省计划生育工作考核优秀县区三等	江西省人民政府
东湖区人民法院	2019 年全省法院信息工作先进法院	江西省高级人民法院
东湖区教科体局	全省首批“法治文化示范基地”	中共江西省委宣传部、江西省司法厅、江西省普法办
东湖区文广新旅局	原创舞蹈《绣》获第七届江西艺术节暨江西省第十二届少儿艺术节•江西少儿舞台综艺大赛决赛一等奖	中共江西省委宣传部 江西省文化和旅游厅
东湖区育新学校教育集团大队	全省优秀少先队集体	共青团江西省委、江西省教育厅、江西省少工委
东湖区滨江学校六（2）中队	全省优秀少先队集体	共青团江西省委、江西省教育厅、江西省少工委
豫章街道城管所	江西省巾帼建功先进集体	江西省妇女联合会
东湖区残联	残疾人之家	江西省人民政府残疾人工作委员会
东湖区教科体局	第三十四届江西省青少年科技创新大赛优秀组织奖	江西省教育厅、江西省科学技术厅、江西省科学技术协会
东湖区教科体局	江西省第五届百县青少年篮球运动会男子组一等奖	江西省体育局、江西省教育厅
东湖区教科体局	江西省第五届百县青少年足球运动会男子组一等奖	江西省体育局、江西省教育厅

2019年度东湖区获市厅级

获奖单位	奖项名称	颁奖部门
东湖区教科体局	江西省第五届百县青少年篮球运动会女子组一等奖	江西省体育局、江西省教育厅
东湖区教科体局	江西省第五届百县青少年足球运动会女子组二等奖	江西省体育局、江西省教育厅
东湖区教科体局	江西省第五届百县青少年篮球运动会总冠军	江西省体育局、江西省教育厅
东湖区教科体局	江西省第五届青少年篮球运动会体育道德风尚奖	江西省体育局、江西省教育厅
东湖区教科体局	2019年江西省首届百县青少年乒乓球比赛北湖赛区体育道德风尚奖	江西省体育局、江西省教育厅
东湖区教科体局	江西省第十三届百县青少年田径运动会团体总分二等奖	江西省体育局、江西省教育厅
东湖区教科体局	江西省第十三届百县青少年田径运动会体育道德风尚奖	江西省体育局、江西省教育厅
东湖区教科体局	全省中小学“我眼中的时代新人”征文比赛优秀单位	江西省教育厅
东湖区教科体局	2019年全省中小学红色文化、绿色文化和古色文化教育活动先进单位	江西省教育厅
东湖区教科体局	2019年全省教育系统组织开展“我和我的祖国”主题读书活动优秀单位	江西省教育厅
东湖区教科体局	“新时代好少年”主题教育读书活动“我为祖国点赞”先进集体	江西省教育厅关心下一代工作委员会
东湖区教科体局	空军招飞工作先进单位	东部战区空军政治工作部、江西省高等院校招生及自学考试委员会
东湖区教科体局	江西省高质量发展考核评价“教育发展”考评全市第一	江西省人民政府教育督导委员会办公室
东湖区	全省党政领导干部履行教育职责督导评价优秀县区	江西省人民政府教育督导委员会
百花洲街道刘将军庙社区	2018—2019年度全省“绿色社区 美丽家园”创建活动示范社区	江西省民政厅
董家窑街道紫金城社区	2018—2019年度全省“绿色社区 美丽家园”创建活动示范社区	江西省民政厅
东湖区	江西省公共机构节能达标县区	江西省机关事务管理局

及以上单位表彰一览

获奖单位	奖项名称	颁奖部门
东湖区史志办公室	《东湖年鉴（2018）》荣获江西省第四届年鉴质量评比三等年鉴	江西省地方志编纂委员会 江西省地方志学会
东湖区史志办公室	《东湖年鉴（2019）》荣获江西省第五届年鉴质量评比二等年鉴	江西省地方志编纂委员会 江西省地方志学会
东湖区红十字会	“99 公益日”县（市、区）红十字会网络众筹优秀单位	江西省红十字会
东湖区消防救援大队	先进大队	江西省消防救援总队
东湖区渊明路消防救援站	先进中队	江西省消防救援总队
东湖区消防救援大队	先进基层党组织	江西省消防救援总队
中共东湖区委组织部	论文《东湖区构筑“五纵五横”城市基层党建共同体》荣获全省“提高党的建设质量”专题研讨优秀论文	江西省党建研究会
东湖区青蓝少儿京剧社	传统京剧《雏凤凌空》获“江西省第三届江西少儿戏曲小梅花大赛暨第二十三届中国戏曲小梅花荟萃江西选拔赛”集体节目一等奖	江西省戏剧家协会 江西少儿戏曲工作委员会
中共东湖区委组织部	南昌市第十七届文明单位	中共南昌市委、南昌市人民政府
东湖区消防救援大队	南昌市第十七届文明单位	中共南昌市委、南昌市人民政府
东湖区文广新旅局	南昌市第十七届文明单位	中共南昌市委、南昌市人民政府
东湖区统计局	南昌市第十七届文明单位	中共南昌市委、南昌市人民政府
东湖区机关事务管理局	南昌市第十七届文明单位	中共南昌市委、南昌市人民政府
豫章街道办事处	市级征兵工作先进单位	南昌市人民政府、南昌市警备区
东湖区	2019 年度全市计划生育工作考核优秀县区	南昌市人民政府

◆ 2019年4月17日，江西省委书记刘奇（右三），省委常委、省委秘书长赵力平（右二）到东湖区百花洲街道火神庙社区调研并指导工作

◆ 2019年11月4日，全国人大常委会委员、教科文卫委主任委员李学勇（前右四）到东湖区调研社区公共文化服务保障法实施情况

◆ 2019年12月30日，中国红十字会党组书记、常务副会长梁惠玲（中）到东湖区小金台社区调研并指导工作

◆ 2019年3月11日，江西省委常委、南昌市委书记殷美根（左二），市委常委、市委秘书长郭毅（右二）到东湖区调研重大重点项目开工情况

◆ 2019年4月4日，江西省人大常委会副主任冯桃莲（右五）到东湖区参加全省"打击欺诈骗保维护基金安全"集中宣传月活动启动仪式

◆ 2019年5月22日，中国残联副理事长相自成（前右二）到东湖区残疾人之家开展工作调研

◆ 2019年12月11日，南昌市人大常委会主任陈德寿（前左三）到东湖区宪法广场开展工作调研

◆ 2019年7月23日，南昌市委副书记、市长刘建洋（右三）到东湖区调研社区邻里中心工作

◆ 2019年7月10日，南昌市政协主席周关（右二）到东湖区调研政协工作。图为听取工作汇报

◆ 2019年3月14日，南昌市委副书记刘烁（前左二）到东湖区百花洲街道火神庙社区调研时间银行工作

◆ 2019年3月8日，南昌市委常委、宣传部部长龙和南（右二）到东湖区调研文化工作

◆ 2019年1月22日，南昌市委常委、统战部部长乐文红（右二）到东湖区居家养老服务中心走访慰问老人

“不忘初心、牢记使命”主题教育

2019年9月至12月，根据中央、省委、市委的部署，东湖区委按照“守初心、担使命、找差距、抓落实”的总要求，结合工作实际，认真开展“不忘初心、牢记使命”主题教育工作，把学习教育、调查研究、检视问题、整改落实贯穿主题教育全过程。全区紧扣学习贯彻习近平新时代中国特色社会主义思想主线，区委理论中心组开展专题集中研讨4次，全区各单位采取中心组学习、集中研讨等方式累计开展学习240余次；各级领导班子成员共开展专题研讨307次，走访座谈基层干部群众和服务对象1300余人，形成调研报告265篇；收集各类问题911个，形成意见建议988条，完成172个问题销号整改。推动全区干部群众进一步增强“四个意识”，坚定“四个自信”，做到“两个维护”，一批掣肘经济社会发展和群众急难盼愁的问题得到化解。原创歌曲《下沙窝的这朵花》，在南昌市主题教育读书班中广泛传唱，并得到央广网、人民网等媒体广泛关注。在中央第六巡回督导组调研督导南昌主题教育工作座谈会上，区委主要负责人和光明社区书记分别代表县区、社区层面作经验发言，得到中央督导组组长充分肯定。

◆ 2019年9月23日，东湖区委常委“不忘初心、牢记使命”主题教育暨科级主要领导干部专题读书班在区文化活动中心新闻发布厅开班

◆ 2019年9月23日晚，东湖区结合“不忘初心、牢记使命”主题教育，组织全区领导干部集体学唱歌曲《下沙窝的这朵花》

◆ 2019年9月25日，东湖区组织区委常委暨科级主要领导干部到方志敏爱国事迹陈列馆开展“不忘初心、牢记使命”主题教育集中学习。图为在方志敏广场重温入党誓词

◆ 2019年10月23日，东湖区在区文化活动中心新闻发布厅举行“不忘初心、牢记使命”主题教育区委书记党课报告会

◆ 2019年10月22日，东湖区召开“不忘初心、牢记使命”主题教育县处级领导干部调研成果交流会

◆ 2019年10月29日，东湖区在区委常委会议室召开区委常委会班子对照党章党规找差距专题会议

◆ 2019年12月10日，东湖区委常委会召开“不忘初心、牢记使命”专题民主生活会

◆ 2019年3月11日，东湖区举行大干项目年暨重大项目集中开工仪式

◆ 2019年12月9日，东湖区2019年“三请三回”暨现代服务业招商推介会在上海虹桥绿地铂瑞酒店举行

◆ 2019年11月1日，招商局集团蛇口工业区公司考察团一行到东湖区考察东湖意库项目进展情况

◆ 2019年5月21日晚，蓝海特色夜市街开街暨“蓝海夜食代”品牌签约仪式在东湖区青山南路蓝海购物广场举行

◆ 2019年7月18日，东湖区蛤蟆街夜市开街

◆ 2019年11月1—3日，东湖区企业以专业宴席、优质食材、特色小吃为代表参加第二十届中国美食节暨第二届赣菜美食文化节活动

◆ 2019年4月18日，东湖赣发绣项目京东众筹上线启动仪式在东湖区举行

◆ 2019年4月1日，东湖区在方志敏广场举行清明诗歌会

◆ 2019年6月26日，东湖区在区纪委常委会议室召开区委书记履行全面从严治党主体责任现场办公会

◆ 2019年10月1日，东湖区在区委常委会议室组织领导干部集中收听收看庆祝中华人民共和国成立70周年盛大活动实况

◆ 2019年9月30日，东湖区开展万名师生向祖国表白活动，庆祝中华人民共和国成立70周年

◆ 2019年12月4日，东湖区在宪法广场举行宪法日主题宣传活动暨大型宪法宣誓仪式

◆ 2019年10月15日，南昌市委党校2019年秋季学期主体班学员到东湖区开展调研活动。图为学员在南昌红色记忆展示馆参观学习

◆ 2019年8月26日，南昌市检察机关认罪认罚现场会在东湖区检察院召开

◆ 2019年5月13日，东湖区人大常委会组织开展贯彻实施《中华人民共和国水污染防治法》情况执法检查

◆ 2019年1月24日，东湖区在区文化活动中心演艺大厅举行国防教育大讲堂活动

◆ 2019年4月20日，东湖区在八一起义纪念碑下开展“青春心向党 · 建功新时代”主题快闪活动，纪念五四运动一百周年

◆ 2019年8月21日，东湖区在方志敏爱国事迹陈列馆举行歌曲《下沙窝的这朵花》发布仪式

◆ 2019年6月3日，东湖区融媒体中心挂牌成立

◆ 2019年1月2日，南昌红色记忆展示馆在东湖区举行开馆仪式

◆ 2019年7月8日，东湖区在区综合服务中心举行“东湖文明日”启动仪式

◆ 2019年4月26日，南昌市总工会庆祝“五一”国际劳动节“中国梦 劳动美”主题演出活动在东湖区举行

◆ 2019年5月8日，东湖区“春满东湖”百花洲市民艺术节在八一公园开幕

◆ 2019年8月26日，在第七届江西艺术节＂江西省第12届少儿艺术节＂舞台综艺节目决赛展演中，东湖区原创舞蹈《绣》获得一等奖

◆ 2019年11月15日，东湖区广场舞大赛在八一公园百花大舞台开赛

◆ 2019年9月7日，东湖区在区文化活动中心演艺大厅举行第35个教师节表彰暨庆祝大会

◆ 2019年8月26—31日，东湖区在全国第十届残运会暨全国第七届特奥会上荣获20枚金牌、5枚银牌、3枚铜牌

◆ 2019年5月18日，南昌市科技活动周启动仪式在东湖区紫金广场举行

◆ 2019年，东湖区建成宪法广场

◆ 2019年，东湖区实施完成东湖、南湖、北湖“清肺”工程

◆ 2019年1月8日，政协东湖区九届四次会议在区文化活动中心演艺大厅举行

◆ 2019年1月9日，东湖区十六届人大四次会议第一次全体会议在区文化活动中心演艺大厅举行

◆ 2019年1月26日，中共东湖区第十二届纪委第四次全体会议在区文化活动中心演艺大厅举行

◆ 2019年3月6日，东湖区在区文化活动中心新闻发布厅举行纪念"三八"国际妇女节109周年大会

◆ 2019年3月21日，东湖区在区文化活动中心演艺大厅召开2019年全区政法工作会议

◆ 2019年3月22日，东湖区召开城市功能与品质提升三年行动暨深入推进"美丽南昌·幸福家园"环境综合整治动员大会

◆ 2019年4月12日，东湖区在区委常委会议室召开全区扫黑除恶专项斗争工作会议

◆ 2019年4月28日，东湖区纪念五四运动100周年暨表彰大会在区文化活动中心新闻发布厅举行

◆ 2019年4月29日，中共东湖区委退役军人事务工作领导小组第一次全体会议在区委常委会议室举行

◆ 2019年4月30日，东湖区召开区委常委议军会暨全区党管武装工作会议

◆ 2019年6月4日，中共东湖区委全面依法治区委员会第一次会议在区委常委会议室召开

◆ 2019年6月10日，东湖区在区委常委会议室召开全区防汛工作调度会

◆ 2019年7月11日，东湖区在区文化活动中心演艺大厅召开区委十二届七次全体（扩大）会议

◆ 2019年7月24日，中共南昌市委“学习贯彻习近平总书记视察江西时的重要讲话精神”宣讲团在东湖区开展专题宣讲

◆ 2019年9月20日，东湖区在区文化活动中心演艺大厅举行区委中心组理论学习（扩大）会议，专题学习新时代宗教工作

◆ 2019年9月22日，东湖区召开区委审计委员会第一次会议

◆ 2019年9月26日，东湖区在区文化活动中心新闻发布厅召开全区老年教育工作会议

◆ 2019年11月5日，东湖区在区委常委会议室召开全区领导干部会议，学习传达中共十九届四中全会精神和省、市领导干部会议精神

◆ 2019年11月22日，东湖区委召开常委会班子认真学习贯彻中共十九届四中全会精神专题集中研讨会

◆ 2019年12月15日，东湖区在区文化活动中心新闻发布厅召开新的社会阶层人士联谊会成立大会

◆ 2019年12月17日，东湖区在区文化活动中心演艺大厅举行学习贯彻中共十九届四中全会精神宣讲会

东湖区人大常委会

2019年，东湖区人大常委会坚持以习近平新时代中国特色社会主义思想为指导，自觉提高政治站位，坚持党的领导、人民当家做主和依法治国的有机统一，把握人大职能特点，围绕中心工作,精心制定全年工作要点，依靠全体代表，紧紧遵循宪法法律依法履职，勇于担当、主动作为、开拓创新、注重实效，努力使人大依法履职与全区中心工作合拍同步，为东湖区发展凝心聚力，为全区经济社会健康发展做出了积极贡献。

◆ 2019年5月23日，东湖区人大常委会赴瑞金干部学院举办主题活动培训班

◆ 2019年8月28日，东湖区人大常委会举行十六届人大二十二次会议

◆ 2019年9月17日，东湖区人大常委会党组开展“不忘初心、牢记使命”主题教育

◆ 2019年12月，东湖区人大机关党员干部参观南昌市红色记忆展示馆

◆ 2019年12月20日，东湖区人大常委会组织委员和部分人大代表考察区重大重点项目建设进展情况

政协东湖区委员会

2019年，东湖区政协在中共东湖区委的坚强领导和南昌市政协的关心指导下，坚持以习近平新时代中国特色社会主义思想为引领，深入贯彻中央政协工作会议精神和习近平总书记视察江西重要讲话精神，牢牢把握团结和民主主题，认真履行政治协商、民主监督、参政议政职能，为在做大做强做优大南昌都市圈中展现东湖区更大作为做出贡献。

◆ 2019年6月13日，东湖区政协组织政协委员赴厦门大学开展委员履职能力培训班，并到厦门市爱国主义教育基地开展现场教学活动

◆ 2019年7月17日，东湖区政协召开推进民营经济发展专题协商会

◆ 2019年9月17日，东湖区政协党组开展“不忘初心、牢记使命”主题教育

◆ 2019年7月18日，东湖区委副书记、区长高辉红出席区政协九届十四次常委会议

◆ 2019年12月6日，东湖区政协机关党支部到朱德军官教育团开展“不忘初心、牢记使命”主题教育现场教学活动

中共东湖区纪委(监委)

2019年，东湖区纪委区监委在市纪委市监委和区委的坚强领导下，坚持以习近平新时代中国特色社会主义思想为指导，全面贯彻习近平总书记视察江西重要讲话精神，认真落实中央纪委书记赵乐际在东湖区纪委区监委机关调研指示要求，积极按照中央、省、市纪委全会和区委全会部署，出台《稳中求进创先争优推动东湖纪检监察工作高质量发展工作任务细化安排》，布置全年60项具体工作，明确内容要求、方法路径、责任部门、完成时限，以“八个坚持、八个持续”全力推动纪检监察工作高质量发展。

◆ 2019年3月15日，东湖区村（社区）监察联络员培训顺利开班

◆ 2019年3月22日，东湖区召开十二届区委巡察发现共性问题通报会

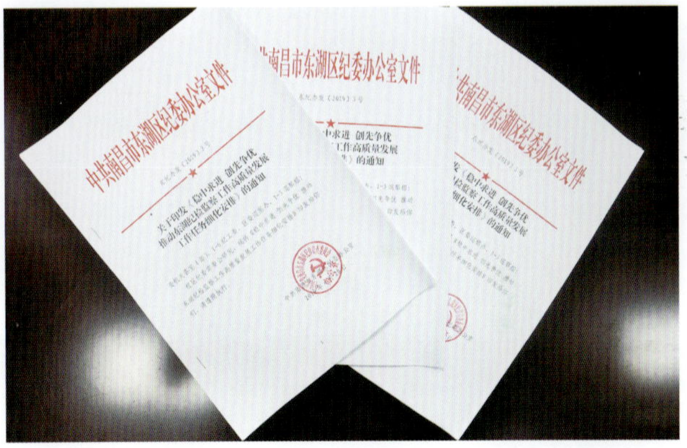

◆ 2019年4月20日，东湖区纪委监委出台的文件

◆ 2019年6月16日，东湖区纪委书记、区纪委主任刘光荣带队赴区税务局督查调研减税降费工作

◆ 2019年7月11日，东湖区委书记刘闯对区委班子成员开展廉政谈话

东湖区人民武装部

2019年，东湖区人民武装部积极贯彻习近平新时代中国特色社会主义思想和强军思想，按照江西省军区、警备区党委的部署要求，始终坚持以强军目标为统领，突出铸魂、备战、从严，坚定信念、强化担当、凝聚合力、狠抓落实，人民武装工作保持了稳步向上发展的好势头。被江西省军区评为征兵工作先进单位。

◆ 2019年5月10日，东湖区人武部开展高校征兵宣传活动

◆ 2019年7月28日，东湖区人武部组织民兵实弹射击练习

◆ 2019年7月14日，东湖区人武部官兵参加抗洪抢险解救被困群众

◆ 2019年6月5日，东湖区召开民兵整组点验大会

◆ 2019年12月24日，东湖区人武部向部队立功士兵送喜报

中共东湖区委办公室

◆ 2019年3月23日，东湖区委办公室机关党支部与江西省委办公厅党员共同开展“保护母亲河”活动

2019年，东湖区委办公室坚持以习近平新时代中国特色社会主义思想为指导，全面贯彻习近平总书记视察江西重要讲话精神，认真落实省委、市委、区委决策部署，扎实开展“不忘初心、牢记使命”主题教育活动，紧紧围绕年初确定的工作重点和目标任务，践行新发展理念、推进高质量发展，为打造富裕美丽幸福现代化江西“南昌样板”、奋力谱写新时代东湖崭新篇章做出了应有贡献。

◆ 2019年5月26日，东湖区委办公室机关党支部组织干部职工瞻仰胡耀邦陵园，接受革命传统教育

◆ 2019年9月6日，东湖区委办公室机关党支部举办“入党故事分享会”活动

◆ 2019年9月17日，东湖区委办公室机关党支部召开“不忘初心、牢记使命”主题教育部署会议

◆ 2019年9月20日，东湖区委办公室干部职工参加区总工会组织的工间操比赛活动

东湖区人民政府办公室

◆ 2019年6月4日，东湖区政府办公室干部集体收听收看视频会议实况

2019年，东湖区政府办公室在区委、区政府的正确领导和市政府办公厅的关心指导下，坚持以习近平新时代中国特色社会主义思想为指导，全面贯彻习近平总书记视察江西重要讲话精神，紧紧围绕区政府中心工作，认真开展“不忘初心、牢记使命”主题教育，恪守为领导服务、为部门和基层服务、为群众服务的宗旨，充分发挥参谋助手、督促检查、组织协调等职能，不断推进“五型政府”建设，为政府工作的高效运转做出了应有贡献。

◆ 2019年10月21日，东湖区政府办公室机关党支部在南昌红色记忆展示馆开展“党员活动日”活动

◆ 2019年10月29日，东湖区政府党组开展“不忘初心、牢记使命”主题教育专题党课活动

◆ 2019年12月10日，东湖区政府党组召开“不忘初心、牢记使命”专题民主生活会

中共东湖区委组织部

2019年，东湖区委组织部在区委的正确领导和上级主管部门的精心指导下，紧盯2019年组织工作要点，紧扣全年工作目标任务，立足全局、统筹实施，各项工作扎实推进，成效良好。

◆ 2019年2月27日，东湖区委组织部召开会议部署基层党组织领域扫黑除恶工作

◆ 2019年3月5日，东湖区委组织部开展基层党建工作学习研讨

◆ 2019年6月17日，东湖区委组织部举办全区党务基础工作大比武评比活动

◆ 2019年11月28日，东湖区委组织部召开全区人才工作调度会

中共东湖区委宣传部

◆ 2019年4月11日，东湖区委宣传部机关党支部在牛行车站、建军雕塑广场开展党员学习教育活动

2019年，中共东湖区委宣传部以习近平新时代中国特色社会主义思想、习近平总书记视察江西时的重要讲话精神以及省、市重要会议精神为指导，围绕全区经济社会发展中心工作，在区委的正确领导和上级宣传部门的悉心指导下，自觉承担举旗帜、聚民心、育新人、兴文化、展形象的使命任务，坚持正确政治方向，严格落实意识形态工作责任制，对内凝聚东湖力量，对外展示东湖形象，为东湖区建设和发展提供了强大思想保证、舆论支持、精神动力和文化条件。

◆ 2019年6月3日，东湖区融媒体中心揭牌成立。图为区委宣传部干部合影留念

◆ 2019年6月5日，东湖区举行“初心与使命”社区微宣讲活动启动仪式

◆ 2019年10月8日，东湖区委宣传部机关干部参加“东湖文明日”活动

◆ 2019年12月12日，东湖区委宣传部召开“不忘初心、牢记使命”主题教育专题民主生活会

中共东湖区委统战部

2019年，东湖区委统战部以深入学习贯彻中共十九大，以及十九届二中、三中、四中全会精神为主线，坚持以习近平新时代中国特色社会主义思想为指导，深入贯彻落实《中国共产党统一战线工作条例（试行）》精神和中央、省委、市委、区委关于统一战线一系列重大决策部署，以机构改革为契机，在合编、合心、合力上下功夫，整合资源强队伍，构建大统战工作格局。以凝聚人心、汇聚力量为抓手，强化责任担当，在服务大局上求突破，推动统战工作在新时代展现新气象。

◆ 2019年5月10日，民建东湖区总支为豫章教育集团豫章路校区六年级学生捐赠课外读物

◆ 2019年5月28日，东湖区委统战部组织干部学习习近平总书记视察江西重要讲话精神

◆ 2019年6月27日，东湖区举办宗教界代表人士培训班

◆ 2019年8月22日，东湖区委统战部、区侨联组织参观纪念中华人民共和国成立70周年书画作品展

◆ 2019年12月31日，东湖区在区文化活动中心新闻发布厅举行第五次归侨侨眷代表大会

中共东湖区委政法委

◆ 2019年3月1日，东湖区委书记刘闯参加扫黑除恶专项斗争调度会

2019年，东湖区委政法委以不断推进全区社会治理体系和治理能力现代化为总体要求，以提升辖区公众安全感、对政法部门的满意度和广大人民群众的获得感、幸福感为奋斗目标，服务区委区政府中心工作，为打造实力东湖、创造活力东湖、塑造魅力东湖提供稳定的社会环境、公正的法治环境和优质的服务环境。

◆ 2019年5月27日，东湖区在区文化活动中心演艺大厅举办全区综治维稳防范干部业务培训班

◆ 2019年10月23日，东湖区委政法委机关党支部开展党代表上党课宣讲会

◆ 2019年10月30日，东湖区委常委、政法委书记胡志强给政法委机关党员上主题党课

编辑说明

一、《东湖年鉴(2020)》以马克思列宁主义、毛泽东思想、邓小平理论、“三个代表”重要思想、科学发展观、习近平新时代中国特色社会主义思想为指导,坚持辩证唯物主义和历史唯物主义的立场、观点和方法,着重记载2019年东湖区自然、政治、经济、文化和社会等各方面情况。本卷年鉴中的综合性资料、数据截至2019年年底,因统计口径等原因,有关部门所用个别数据与统计部门提供的数据不尽一致。凡涉及东湖区国民经济和社会发展的主要数据,概以东湖区统计局公布的数据为准。

二、本卷年鉴设类目29个:特载,专记,大事记,东湖概览,中国共产党南昌市东湖区委员会,南昌市东湖区人民代表大会,南昌市东湖区人民政府,政协南昌市东湖区委员会,社会团体,民主党派,法治,军事,重大项目建设,商贸流通和服务业,开放型经济,非公有制经济,金融业,财政·税务,经济管理与监督,城市建设和管理,社会管理和服务,教育,科学技术,体育,文化·旅游,卫生健康,镇、街道办事处、管理处概况,人物,重要文献。

三、本卷年鉴以类目、分目、条目组成框架结构,以条目为主要载体。部分条目因内容需要对比时,涉及2019年度之前的情况。所载各部门、各单位文字、彩页、插图等由各有关单位供稿并最后审核确定。

四、本卷年鉴标点符号用法遵循2002年施行的《标点符号用法》(GB/T15834—2011);数字用法遵循2011年施行的《出版物上数字用法》(GB/T15835—2011);计量单位名称和符号遵循1994年施行的《量和单位》(GB3100—3102—86),农田土地面积沿用“亩”作为计量单位。

五、本卷年鉴内容层次设置是为了方便分类编辑和读者阅读,并不反映严格的科学分类体系,机关、企事业单位等排序和层次并不表示其地位和规模。

目　录

特　载

专　记

大事记

东湖概览

中国共产党南昌市东湖区委员会

南昌市东湖区人民代表大会

南昌市东湖区人民政府

政协南昌市东湖区委员会

社会团体

民主党派

军　事

重大项目建设

商贸流通和服务业

开放型经济

非公有制经济

金融业

财政·税务

经济管理与监督

城市建设和管理

社会管理和服务

教 育

科学技术

体　育

文化·旅游

卫生健康

镇、街道办事处、管理处概况

人　　物

重要文献

索　　引

特 载

践行新发展理念　推进高质量发展
以“三生融合”开启东湖治理体系和治理能力现代化新征程

——在区委十二届八次全体（扩大）会议上的讲话

中共东湖区委书记　刘　闯

（2020年01月03日）

今天，我们在这里召开区委十二届八次全体（扩大）会议。主要任务是：坚持以习近平新时代中国特色社会主义思想为指导，深入学习贯彻党的十九届四中全会、中央经济工作会议和习近平总书记视察江西重要讲话精神，认真按照省委十四届十次全会、省委经济工作会议和市委十一届九次全会部署要求，总结去年工作，部署今年任务，动员全区上下不忘初心、牢记使命，拿出更大担当、更强干劲践行新发展理念、推进高质量发展，以“三生融合”开启东湖治理体系和治理能力现代化新征程！

下面，受区委常委会委托，我向全会作工作报告。

一、客观总结去年成绩，不断增强推进治理体系和治理能力现代化的信心决心

2019年，在市委、市政府的坚强领导下，区委积极应对国内外复杂多变形势，坚持稳中求进工作总基调，紧扣市委“十个大抓”既定部署，团结带领全区广大党员和干部群众在困境中砥砺奋进，统筹推进强产业、兴城市、惠民生、促改革、扩开放、谋创新、优生态、防风险、保稳定、抓党建等中心工作，经济社会持续保持平稳健康发展。

1. 强产业攻项目，转型升级迈出坚实步伐。紧紧扭住发展第一要务，强攻产业不动摇，紧盯项目不放松，高效率、高标准推动经济发展提质增效。一是主要指标稳中有进。2019年预计全区地区生产总值完成570.62亿元，同比增长7.5%；规上服务业实现营业收入52.27亿元，同比增长13.0%；固定资产投资同比增长11.0%；社会消费品零售总额完成320亿元，同比增长10.5%。财政总收入（省口径）累计完成81.4亿元，同比增长5.7%；一般公共预算收入13.7亿元，同比增长3.7%。根据最新数据反馈，固定资产投资增速稳居全市第一，社会消费品零售总额总量位居全市第二，增速第四，较同期上升三个位次。二是项目建设强势快进。2019年计划实施50个总投资471.21亿元的重大重点项目，全年共开工项目40个，累计完成投资62.98亿元，投资完成率101%，项目开工率、投资量、投资完成率均创历年新高。苏宁广场、招商东湖意库等重大产业项目建设进程不断加快，国资澜湖总部大厦、八一馆地铁商业百盛综合体、新地商务中心、启明星辰创新中心等一批重点项目即将竣工投产。扎实推进商贸消费升级三年行动计划，打造

了夜东湖·蛤蟆街、南昌蓝海夜食代等夜市街区，夜间经济活力不断迸发。三是产业集聚势头强劲。通过持之以恒抓招商、攻项目，全区产业层次不断提升，预计全年实现服务业增加值524.79亿元，三次产业结构比例由去年同期0.13∶7.99∶91.88调整为0.12∶7.91∶91.97，服务业增加值对地区生产总值贡献率达92.0%，三产贡献率持续提升，圆满完成全国第四次经济普查工作，为区域经济结构调整提供翔实数据参考。

2. 强功能优环境，城市品质跃上更高台阶。紧紧围绕"美丽南昌·幸福家园"环境综合整治"三年上台阶"工作部署，紧盯制约城市发展的短板和弱项，高标准完善城市功能设施，管优城市环境，推动城市品质跃上更高台阶。一是拆出了发展"新空间"。扎实推进旧改"净地行动"，积极稳妥处置了房屋征迁涉法涉诉案件271件，全面加大殷家巷等历史遗留问题处理力度，解决历史遗留问题124个，遗留问题总数由2019年初的260个降至目前的136个，为旧改以来历年之最。全年共完成青山南路一号等5个地块5.1万平方米、530户的房屋征迁任务，创造了青山南路登月食品厂地块张贴预征收公告一周内100%领取搬迁序号、青山南路一号地块张贴房屋评估价当天100%签约兑付的好成绩。二是建出了城市"新形象"。随着一批重点城建项目的实施，城区环境持续改善、城市形象不断提升。2019年投资2.56亿元实施55个"六改"项目，完成渊明北路等15条背街小巷"白改黑"，完成10个社区"旧改新"，高标准完成南湖、北湖两个老旧社区升级改造，因地制宜完成二经路等19条主次干道"绿改彩"项目，新建宪法广场、上营坊小游园，投入1239万元新建公厕25座。建成品质优、功能全、环境好的七里嘉和农贸市场。以贤士湖水环境治理为样板，投入3000万元实施东、南、北湖水生态环境整治工程，全面改善东、南、北湖水体水质，构建起结构完整、功能完善的水生态系统，尤其是全面升级沿湖廊桥栈道，改善了东湖沿岸环境、拓宽了公共休闲空间。三是管出了环境"新标杆"。不断深化"马路本色"行动、共享单车管理、垃圾分类、文明城市创建等工作，尤其是排除万难在全市率先关停盘踞赣江流域20余年的13个非法码头，清理迁移滕王阁、洪都大桥周边水域趸船16艘，实现非法码头由"乱"到"治"转变，行业治乱得到中央督导组和市委主要领导高度肯定。大力推行殡葬改革，共迁坟8198管，进一步树立丧葬文明新风。在"美丽南昌·幸福家园"环境综合整治暨城市功能与品质评比中第一季度第一名、第二季度第二名，在全市文明创建"工作成效大评比"五轮评比中获得两个第一名、一个第二名，农贸市场、马路本色、垃圾分类、垃圾广告整治等考核均排名全市前列。

3. 强动力激活力，改革开放得到深度拓展。坚持以改革增添发展动力，以开放激发经济活力，发展红利持续释放。一是改革步伐越走越深。2019年七大领域80项改革任务基本完成。"放管服"改革不断深化，全区212项行政审批事项，9项实现"一次不跑"，69项实现"只跑一次"，67项实现"少跑一次"，其中社保、医保等46项涉民涉企密切事项实现"一站式"办理。全年新增企业1485户，注册资本114.35亿元，同比增长39.45%。国资国企改革稳步推进，东控集团正式成立。二是开放成效越来越好。对外开放力度持续加大，实际利用外资到位资金3.2亿美元，同比增长20%；实际利用内资70.47亿元，同比增长20%；利用省外资金项目进资51.84亿元，同比增长20%。截至去年11月，全区27个经济责任单位累计外出招商132批次，对接客商523批次，共落户亿元以上项目15个、千万元以上项目164个。成功举办了东湖区"三请三回"暨现代服务业(上海)招商推介会，现场签约项目12个，投资总额128亿元。三是服务环境越创越优。减税降费各项政策落到实处，截至去年11月，减税5.98亿元，涉及14.6万户次，让企业轻装上阵、公平参与市场竞争。办税缴费便利化改革效果突出，税务局自主研发的"征管资料电子化、电子印章管理系统"，真正实现了企业办税缴费"一次不跑"和"最多跑一次"。区市监局推行网上电子化登记管理方式，逐步实行电子营业执照，以"键对键"代替"面对面"。多渠道破解融资难、融资贵问题，为辖区小微企业取得1亿元担保额度，帮助11家企业融资近5.6亿元。

4. 强保障添福祉，民生改善交出精彩答卷。始终把实现好、维护好、发展好最广大人民根本利益作为衡量一切工作的标尺，坚持不懈惠民生、添福祉。一是民生投入更有力度。坚持民生投入优先保障、民生工程优先安排、民生需求优先满足，确保民生投入比例不降、增速不减。截至去年11月，全区用于保障和改善民生资金19.28亿元，占一般公共预算支出比重72.5%。二是民生实事更有温度。全面落实城镇各项奖补政策，全年累计发放低保金、特困人员供养救助金3118.8万元，发放独生子女父母奖励3876万元。稳步推进“时间银行”居家养老志愿服务工作，总行建设基本完成，手机APP全面上线，创新开发“时间银行·幸福食堂”子项目并正式投入运营6个。截至目前，共有7202名志愿者参与到“时间银行”志愿服务，开展公益助老活动4875次，服务时长达11.8万小时。全面完成9个“1+5+X”社区邻里中心建设。共计争取上级学前教育奖补资金1593.37万元，49所普惠性幼儿园完成认定，普惠性幼儿园在园人数占比达到92.3%，入园难、入园贵问题得到基本解决。三是平安建设更有强度。持续开展扫黑除恶专项斗争，截至目前，中央督导组下发的97条线索、全国扫黑办12337平台下发的12条线索、省市扫黑办交办的12条线索已全部办结。全区共侦破九大类涉黑涉恶案件58起，刑拘293人、批捕183人、起诉163人，打掉涉恶犯罪集团1个、涉恶团伙1个。圆满完成国庆70周年、“中国共产党的故事——习近平新时代中国特色社会主义思想在江西的实践”主题宣介会、南昌国际军乐节、2019南昌国际马拉松比赛等重要时间节点维稳工作。

5. 强基础创特色，党的建设书写崭新篇章。坚决落实管党治党政治责任，全方位、多层次、高标准推进管党治党工作，推动全面从严治党向纵深发展。一是主题教育扎实开展。紧紧围绕“不忘初心、牢记使命”主题教育总体要求和目标任务，紧扣学习贯彻习近平新时代中国特色社会主义思想主线，全区各级领导班子共开展专题研讨240余次，组织党代表下基层宣讲484场，各级党组织开展集中学习2000余次，推动全区干部群众进一步增强“四个意识”、坚定“四个自信”、做到“两个维护”。聚焦解决群众反映强烈的热点难点问题，坚持把整改成效作为检验主题教育的标尺，完成172个问题销号整改，一批掣肘经济社会发展和群众急难盼愁的问题得到化解。在中央第六巡回督导组调研督导南昌主题教育工作座谈会上，区委主要负责同志和光明社区书记分别代表县区、社区层面作经验发言，我区主题教育开展情况得到中央督导组组长充分肯定。原创歌曲《下沙窝的这朵花》，在全市主题教育读书班中广泛传唱，并得到了央广网、人民网等媒体广泛关注。二是基层组织筑牢夯实。深入开展“基层组织建设质量提升年”活动，安排1100余万元用于打造5个街道党建服务中心。农村基层党组织不断建强，12个软弱涣散村（社区）、“两新”党组织全部整改到位，选优配强村党组书记和“两委”干部，21个村党组书记和村级后备干部全部配齐。城市基层党建创新发展，党建研究论文《东湖区构筑“五纵五横”城市基层党建共同体》入选全国城市基层党建创新案例，率先建立的社区党组织领导下的“五位一体”议事协调机制被市委组织部向全市推介，并受到了中组部组织二局领导同志充分肯定。党员电教片《点亮一盏希望的灯》《幸福食堂》在全市电教片观摩评选活动中包揽前两名，双双荣获专题片一等奖。三是反腐倡廉高压推进。去年4月2日，中共中央政治局常委、中央纪委书记赵乐际同志深入我区纪委视察调研，对我区探索“三不”一体推进实践等工作给予充分肯定，并要求我区纪检监察干部坚持实事求是，坚持严管厚爱，坚持精准问责，发挥纪委监委专责监督作用。一年来，在赵乐际同志的勉励下，我们纵深推进全面从严治党，始终保持反腐败高压态势，压紧压实“两个责任”，紧盯违反中央八项规定精神、基层微腐败、扫黑除恶“打伞破网”等重点领域开展追责问责。全年开展谈话函询135件，立案审查74件，党内问责55起，通报曝光103起。运用“四种形态”处理226人次，增长18.9%，分别占比68.6%、16.8%、6.2%、8.4%。查处违反中央八项规定精神问题31起，处理53人，查处基层滥发津补贴问题23个，有效遏制“四风”反弹回潮。四是宣传引导正向激励。牢牢把握意识形态主动权，完成东湖区融媒体中心建设，充分发挥红色教育资源优势，完成区、街道（镇、管理处）、社区三级新时代文明实践中心（所、站）的挂牌，在此基础上全力打造12个新时代文明实践站示范点、3个新时代文明实践活动基地、4个新时代文明实践广场。《学习强国》总上线人数达5.7

万人,全市排名第二。运营一年的全省首个"公办民助"博物馆——南昌红色记忆展示馆,已累计接待参观人数超3.2万人。区纪委区监委原创制作的微电影《变色》获全市纪检监察系统"廉洁南昌"微电影比赛一等奖,并收录在中央纪委国家监委出版的《廉政微电影(江西南昌篇)》,在南昌地铁2号线"廉文化"主题列车循环播放宣传。借第六个国家宪法日和宪法广场投入使用契机,开展国家宪法日主题宣传教育活动,进一步维护了宪法权威、提高了法治观念、弘扬了宪法精神。结合深化全国文明城市创建工作,把"三风"活动融入群众,深入开展"东湖文明日""9631走访活动",以接地气的形式吸引群众、以连民心的内容感染群众,扩大文明创建覆盖面、提高参与率,制作推送系列微视频《东湖,文明有我》,深入挖掘群众参与文明城市创建事迹,不断涵养良好社会风气。五是民主建设凝聚合力。区人大及其常委会依法履职、政治协商民主等工作全面加强,工青妇等群团组织桥梁纽带作用更加凸显,扎实推进中央宗教督查整改工作,爱国统一战线不断壮大,党管武装、军民融合等工作水平得到提升,为推动发展凝聚了强大合力。

一年来成绩的取得,得益于以习近平同志为核心的党中央举旗定向、掌舵领航,得益于习近平总书记视察江西重要讲话精神的巨大鼓舞,得益于省委、省政府和市委、市政府的科学决策和关心支持,得益于全区党员干部和人民群众的共同奋斗。在此,我代表区委常委会,向为东湖发展做出积极贡献的广大党员和各级干部、社会各界人士以及全区人民,表示衷心的感谢并致以崇高的敬意!

二、辩证看待当前形势,准确把握推进治理体系和治理能力现代化的机遇挑战

2020年是全面建成小康之年,"十三五"规划的收官之年,在此特殊节点和关键时刻,我们必须对今年和今后一段时期东湖发展形势进行全面审视、深入分析和科学研判,把困难估计得更充分一些、把机遇分析得更精准一些、把目标制定得更明确一些。

——形势依旧严峻,当前,受区位边缘化、产业空心化、竞争白热化"三化叠加"之困,东湖已处在"船到中流浪更急、人到半山路更陡"的关键时期。今后,遇到的情况只会更复杂、面临的问题只会更棘手、迎接的挑战只会更艰巨,倘若我们缺乏砥砺前行的决心,稳的局面就会被打破,进的势头就会被打断。一是主要指标与高质量发展要求有差距。以目前最新反馈数据来看,部分指标下滑趋势依然没有得到有效遏制,有主观因素的影响,但更多是受经济下行压力加大、产业结构不尽合理、政策红利持续释放等客观因素叠加影响。去年三季度,全区地区生产总值同比增长8.2%,较同期下降0.2个百分点,全市排位由第九跌至倒数第一;受减税降费政策大环境影响,全年财政总收入、一般公共预算收入分别同比增长5.7%、3.7%,虽圆满完成年初市、区两级确定目标任务,但随着后续财源不足、支出刚性增长,今年必须要扎紧"裤腰带"过苦日子。二是政府回应与群众高品质诉求有差距。随着人民群众对美好生活需求不断提升,我区基本公共服务供给能力不足全面显现,停车难、交通堵、设施差等问题也愈发突出。比如,城建资金缺口依然很大,由于城市建设需要,基本是"老账未清,又添新债"。三是干部作风与新时代目标需求有差距。近年来,尽管通过全面从严治党、"怕慢假庸散"大整治行动,广大党员领导干部作风确实有了明显转变,但与上级要求和群众需求比,问题依然突出,差距依然较大。比如,有的部门单位贯彻落实上级决策部署讨价还价,服务基层人民群众拖拖沓沓,工作内容出现交叉相互扯皮;少数领导干部怕担责、怕问责,遇事"难"字当头、"退"字当先,"等靠要"思想严重,结果只会是等掉了机遇,靠出了惰性,要来了平庸。

——机遇依然很多,面对机遇,我们必须坚持抢抓政策的红利、挖掘自身的底蕴、发挥干群的智慧、坚定发展的信心,努力实现进位赶超、展现更大作为。一是我们有保持"稳"的支撑。中央经济工作会议明确指出,我国经济稳中向好、长期向好的基本趋势没有改变,并提出要引导资金投向先进制造、民生建设、基础设施短板等领域,促进产业和消费"双升级"。省委、省政府大力支持省会发展,出台大南昌都市圈发展方案,制定若干用地、用钱、用人、用能等方面的具体措施。市里始终坚持"一核两重"产业发展思路,大力发展现代服务业,以"六夜"经济挖掘夜间消费潜力,这些

积极信号、利好政策都将为我区经济稳定健康持续发展增添新动力、注入新活力。二是我们有提升"质"的潜力。东湖"功能性衰退"问题日益显现，尽管导致行政中心职能逐步被取代，商业中心地位日益被削弱，但东湖千年底蕴只会随着时间的沉淀而历久弥新，江南名楼滕王阁、千年古刹佑民寺等这些无不是南昌人杰地灵、物华天宝的最佳注脚，也是这座城市血脉中的文化之魂，都为我们发展文化旅游产业奠定了扎实基础。从外部因素分析，全市"十纵十横、三环多射"干线路网格局初步形成，尤其是洪都、沿江快速路的建成通车，主干道交通拥堵现象得到有效缓解，主城区区位交通优势得到进一步发挥；同时地铁1号线、2号线全线运行，3号线、4号线稳步推进，搭上地铁经济这辆顺风车，将给东湖带来新的人流、物流。从内部要素分析，东湖是全市乃至全省的文化教育、医疗卫生中心，优势地位依旧遥遥领先，数据显示我区教育业、卫生业、文化艺术业增加值占全市比重一直走在前列。我相信，这些资源优势势必将在今后一段时间转化为经济优势，区位优势也同样会转化为发展优势。三是我们有实现"进"的空间。要实现指标争先进位、东湖跨越发展，关键靠实体经济，主要是项目支撑，盘活现有土地、空间就势在必行，通过不懈努力，我们有一些优质载体、平台可承载产业发展。首先，腾出了足够的空间，通过这些年的旧改征迁，手握196亩的土地可供产业招商。其次，拥有了优质的楼宇，央央春天投资大厦、国资澜湖总部大厦等一批特色楼宇集群发展，之后还将推出新地商务中心、八一馆地铁商业百盛综合体等一批高端商务楼宇，目前全区拥有亿元税收楼宇2栋、千万元12栋，楼宇总建筑面积、商务面积分别达到59.32万平方米、44.65万平方米。这些都是极具市场辐射力和产业集聚力的品质物业，栽下这些"优质梧桐树"，终将"引得凤凰来"。

通过三年多的发展实践和对当前形势的判断，为破解东湖"三化叠加"的困顿之局，区委常委会认真讨论，确定2020年工作的总体要求是：以习近平新时代中国特色社会主义思想为指导，深入贯彻党的十九大和十九届二中、三中、四中全会以及中央经济工作会议精神，全面落实习近平总书记视察江西重要讲话精神，坚持稳中求进工作总基调，紧扣省委十四届十次全会、省委经济工作会议和市委十一届九次全会部署，坚持产城融合发展理念，统筹生产、生活、生态三大布局，进一步重组要素、重聚动能、重塑环境，以东湖"三生融合"发展彰显治理体系和治理能力现代化，奋力开启生产更加高质、生活更具品质、生态更为优质的东湖发展新征程。

基于工作要求和当前形势，本着跳起来摘桃子原则，今年全区经济社会发展奋斗目标是：地区生产总值增速保持在7.6%—8.1%之间；财政总收入增长4.0%；地方一般公共预算收入增长2.0%；固定资产投资增长11.0%；社会消费品零售总额增长10.0%；规模以上服务业营业收入增长13.0%。

完成以上目标，必须牢牢把握以下三点：

一是以高质生产驱动"三生融合"。我们要立足东湖资源禀赋和产业基础，放大产业边界、推进产业重组、优化运行模式，加快建立配套的政策体系、标准体系和产业链条，形成生产、生活、生态和谐统一的发展格局。发展过程中既要稳住投资拉力，更要激发创新活力，做到"有效投资只增不减，创新驱动只强不弱"；既要多点发力优化产业结构，更要重点突破做强优势产业，做到"优质产业铺天盖地，支柱产业顶天立地"。

二是以品质生活带动"三生融合"。我们要坚持以人民为中心发展思想，紧紧抓住人民最关心、最直接、最现实的利益问题，注重加强普惠性、基础性、兜底性民生建设，保障群众基本生活；不断完善公共服务，持续推进社会治理、环境整治和公共设施完善，使全区人民的获得感、幸福感、安全感更加充实、更有保障、更可持续。

三是以优质生态推动"三生融合"。我们要牢记"绿水青山就是金山银山"理念，把生态文明建设贯穿于经济发展全过程，推动城区环境持续改善，配合市委加快扬子洲地区规划出台，为群众提供高品质的城市生活空间、生态空间、人文空间。同时，从传承历史文脉出发，坚持修旧如故，全面激活"老南昌"记忆，再现"古豫章"神韵，促进城市与自然相融，文化与产业共生。

三、聚焦今年工作重点，坚定不移推进治理体系和治理能力现代化的目标任务

做好今年工作，必须凝聚各方力量，紧扣强产

业、兴城市、惠民生、促改革、扩开放、谋创新、优生态、抓党建等中心工作，推动东湖经济社会发展取得新进步、实现新突破。

1. 在产业升级上谋深谋远，打造高质量发展新引擎。产业是发展的根基、是兴区的源泉。要始终坚持“一核两重”产业发展思路，持之以恒强攻产业、做旺服务业，把抓好项目、引大项目作为首要任务，全力打造东湖现代服务业发展新高地。一是优化顶层设计明方向。全面落实中央经济工作会议精神，坚持稳中求进工作总基调，坚定不移贯彻新发展理念，在发展质量不高、创新能力不强、民生领域仍存短板等重点难点问题上理清思路、寻求突破。以十四五规划编制为契机，以扬子洲地区建设为机遇，紧密结合自身实际，发挥文化教育、医疗卫生等资源优势，合理运用旧改地块、地铁上盖物业等发展空间载体，制定一套落地性强、针对性强、操作性强的产业发展规划，大力发展幸福产业，逐步构建起以文创旅游、健康颐养、教育培训、现代商贸为主导的现代产业体系，推动实体经济特别是现代服务业高质量发展。二是强化项目建设筑根基。加大项目储备力度，在项目选择上注重前瞻性、战略性、系统性，力促形成项目投产一批、建设一批、规划和储备一批的良性循环。加快项目建设进度，不断优化前期工作服务保障、强力推动项目报建手续，重点推进苏宁广场、沁庐旅生活广场、江旅都市方舟、赣电沿江商务中心、城泰商业中心、中骏世界城等项目。加强项目日常调度，按照“有限资源保重点、集中力量办大事”的原则，积极破解土地、资金等制约瓶颈，对投资额大、拉动力强的在谈或待批大项目，积极主动抓好跟踪落实，对项目建设过程中已发生的问题快速处置，未发生的问题提前谋划，尽一切努力确保项目建设顺利推进、产生实效。三是深化招商引资添后劲。围绕产业集群抓招商，在延链、补链、强链上下功夫，分析梳理全区重点产业链条，按照“差什么引什么、弱什么补什么、强什么增什么”的原则，绘制招商图、列出作战表、找准发力点，主动寻求与世界五百强、国内二百强、大型央企、知名民企的战略合作，引进产业链关键环节、核心企业、配套企业，推进产业集聚发展、促进产业转型升级。突出理念转变抓招商，加强招商选资与招才引智的融合，从单纯引才、单纯招商，向“人、财、项目”打包引进的模式转变，形成“团队＋技术＋资本”的招商新模式，在引进资金、项目的同时，力争引进一个项目、带来一批人才、打造一个团队、搞活一个产业。

2. 在城市更新上聚焦聚力，提升高质量发展新环境。坚定不移推进“美丽南昌·幸福家园”环境综合整治和城市功能品质提升行动，紧盯城市建管“进一流、创特色”目标，挖掘文脉树品牌，彰显特色提品质，全力打造古今辉映、水绿交融、生态宜居的历史文化名区。一是要传承历史文脉。拆旧建新要突出文脉延续，坚持高端顶层设计，着手编制西起抚河路、东至八一大道、北起阳明路、南至中山路四平方公里的历史文化风貌区保护利用规划，系统梳理历史记忆，重塑文化基因，科学开发利用。要重点围绕百花洲历史文化景区打造，在完成佑民寺、东南北湖水治理和周边景观改造的基础上，加快打造环湖路咖啡文化街、苏圃路夜市经济街区、八一公园内梁书美术馆，同步串联滕王阁、贺龙指挥部、杏花楼等现有景点，形成以“文化之旅”为核心的东湖人文历史文化旅游线路，全力推进东湖优美自然风貌与深厚历史文化的完美交融。二是要补齐设施短板。坚持“设计精美、建设精致、管理精细”的理念，继续实施“六改”建设，扎实做好清朝、民国建筑保护，稳步推进爱国路92号、江西造纸厂家属生活区等15个老旧小区“旧改新”，全面启动叠山路（八一大道至象山北路段）建筑立面综合改造工程，全力协助推进象山路、民德路等城市主干道改造提升以及沿江中北大道、英雄大桥东互通立交等市级重大工程。积极落实《南昌市公共停车场建设三年行动》，建设八一公园等7个公共停车场，预计新增泊位1200个。要以深化全国文明城市创建为抓手，创新开展“物业管理企业红黑榜”“经营户文明等级评定”试点工作，持续开展东湖文明日和“三风”活动，全面弘扬清风正气，进一步提高居民素养，提升城市文明和宜居指数。三是要改善人居环境。树立“一座城市就是一座公园”的理念，积极落实市里沿江北快速路赣江风光带建设，因地制宜实施建筑屋顶、建筑墙体、桥梁桥体等立体绿化，打造一批生态廊道，增设一批“口袋公园”和“邮票绿地”，推动城市品质向景观化、多样化、色彩化提升。深入实施“蓝天、碧水、净土”行动,抓好“四尘三烟三气两禁”治理,全面推进“马路本色”行动、执行“以克论净”标准,让蓝天永驻、让碧水长流、让净土芬芳,全力打造“水清岸绿景美”的生态新城。

3. *在改革开放上走深走实,释放高质量发展新活力*。坚持以更大力度深化改革、扩大开放,让更多改革成果惠及发展和民生。一是要推动深层次改革。健全完善投融资平台,依托东控集团,统筹资源管理与利用,全面整合盘活区属国有资产。深入推进社会治理领域、农村集体产权制度改革,优化调整社区规模布局,打造幸福产业集群,不断破除阻碍发展的体制机制壁垒,不断释放改革红利,增进民生福祉。二是要促进高水平开放。积极主动融入长江经济带、大南昌都市圈等区域发展大格局,持续加强优质楼宇、特色园区等承载平台建设,充分利用好重大招商活动,推介区位优势。深入实施人才强区战略,落实人才政策配套,吸引更多大项目、好项目落户东湖,让更多优质人才在东湖落地生根,以更加先进的开放理念、更有实效的开放举措,不断拓宽发展新空间。三是要做实全方位服务。深化商事制度改革,精简市场准入行政审批事项,持续优化营商环境,多设“路标”、少设“路障”。推进财税体制改革,加大企业减税降费各项政策落实力度,聚焦缓解企业融资难、融资贵问题,进一步强化融资担保,密切政银企对接,助力企业做大做强。全力打造高效透明的政务环境,持续推进“互联网+”政务服务平台建设,不断优化“一窗受理”“一枚印章管审批”“最多跑一次”“不打烊”等工作机制,打通服务群众“最后一公里”。

4. *在改善民生上尽心尽力,共享高质量发展新成果*。始终围绕群众关切和期盼,补齐短板、强化弱项、保住底线,解决好事关民生福祉的“头等大事”和“关键小事”,让人民共享高质量发展成果。一是要持续加大民生投入。提升民生倾斜力度,提高民生保障水平,坚持全覆盖、保基本、多层次、可持续的基本方针,力争全年用于保障和改善民生一般公共预算支出比重保持在70%以上。持续加大城镇贫困群众脱贫解困工作力度,开展结对帮扶活动,确保小康路上一个不掉队。二是要持续推进民生事业。聚焦人民群众关心关注的突出问题,把实事办到群众心坎上。继续推进时间银行、幸福食堂、家庭医生签约建设,完善居家为基础、社区为依托、机构为补充、医养相结合的养老服务体系,加大“1+5+X”社区邻里中心建设力度。深入推进河湖长制长效管理、农村人居环境整治、农村饮水安全环境治理,实施集体产权制度改革。高标准建设邮政路小学教育集团天骥校区,异地新建光明学校,缓解城北片区就学压力。因地制宜增加0—3岁婴幼儿普惠性托育机构,满足群众多样化托育需求。三是要持续巩固社会稳定。加强和创新社会治理,健全公共安全体系,持续深入开展扫黑除恶专项斗争,对群众反映强烈的黄赌毒、黑恶势力等突出违法犯罪始终保持高压严打态势,让“零警情”成为东湖居民生活常态。要持续深化平安东湖建设,全力做好扬子洲地区控违工作,稳步推进完工安置房交付。要扎实做好信访接待、领导包案、积案化解工作,切实把矛盾化解在萌芽状态。要加快法治政府建设,深化司法体制综合配套改革,加快完善公共法律服务体系,进一步营造公平公正的法治环境。

5. *在治理创新上敢想敢为,探索高质量发展新路径*。牢牢把握构建共建共治共享社会治理新格局的总要求,充分发挥“五治”融合作用,不断完善社会治理党委领导、政府负责、群团组织助推、社会力量协同、人民群众参与的高效联通、上下贯通指挥体制。一是坚持以民为本,推进社会治理理念现代化。始终把“人民至上”理念贯穿社会治理全过程,将人民群众置于区域社会治理的核心位置,不断整合社会资源、动员群众参与、激发人民活力。要不断拓宽倾听民声、集聚民智的沟通渠道,主动走出机关、走进群众,最大限度挖掘人民群众蕴藏的无穷智慧和力量。要建立健全组织群众、发动群众的工作体系,鼓励、引导企事业单位、社会组织、人民群众积极参与社会治理,让政府、社会、公众各归其位、各担其责。要推进形成政府治理和社会调节、居民自治的良性机制,确保社会治理过程人民参与、成效人民评判、成果人民共享。二是坚持多措并举,推进社会治理能力专业化。以更加专业化的资源力量和工作方法,使社会治理过程更加优化、更加高效、更加智慧。坚持依法治理,加强法治保障,综合运用法治思维和法治方式化解社会矛盾。坚持科学治理,利用大数据、物联网等新技术手段,加快公共服务信息化应用、治安防控智能化转型，不断增强政府决策部署的科学性、风险防控的精准性、打击犯罪的实效性。坚持源头治理，标本兼治、重在治本，以网格化管理、社会化服务为方向，健全基层综合服务管理平台，把更多资源、服务、管理放到社区一级，实现政府治理与社会调节、居民自治良性互动。三是坚持全区联动，推进社会治理格局多元化。探索构建党委领导、政府负责、群团助推的社会共治同心圆，不断增强社会治理向心力和凝聚力。充分发挥好党委总揽全局、协调各方的领导核心作用，落实好、统筹好各方职责，人大、政协和工青妇等群团组织作为密切联系群众的纽带和桥梁，协助党委做好新形势下群众工作，巩固和谐有序的社会局面，推动形成齐心协力、步调一致的治理格局。

6. 在党的建设上善作善成，筑牢高质量发展新保障。全区各级党组织要切实强化管党治党责任，紧扣中心工作，紧贴东湖实际，以善作善成姿态纵深推进全面从严治党，为全区经济社会高质量发展提供坚强政治保障。一是要持续性深化主题教育。要深入贯彻落实习近平总书记重要指示精神和党中央部署要求，把“不忘初心、牢记使命”主题教育当作一项持续性工作抓紧抓实抓出长效，贯穿各项工作始终。要高标准推进主题教育后续工作落实，认真开好主题教育总结大会，持续性抓好问题整改，针对检视、调研中发现的突出问题，聚焦群众关心的“小问题”“老问题”，坚持开门整改、源头整治，确保改彻底、出实效。积极探索“不忘初心、牢记使命”制度建设，把主题教育中东湖的特色亮点和经验做法总结好、巩固好，通过推动主题教育制度化，进一步提高全区党员干部用习近平新时代特色社会主义思想武装头脑、指导实践的能力，坚定理想信念，不断增强“四个意识”、坚定“四个自信”，做到“两个维护”。二是要高标准锻造过硬队伍。全面贯彻落实新时代党的组织路线。要把好“忠诚”标准，强化干部思想洗礼，涵养干部政治定力，严守党的政治纪律和政治规矩，贯彻落实中央各项决策部署，确保任何时候任何情况下同以习近平同志为核心的党中央保持高度一致，把东湖打造成最讲党性、最讲政治、最讲忠诚的地方。要拓宽“成长”通道，探索打通干部流动通道、年龄通道、台阶通道机制，积极推进“四个一线”跟班锻炼工作，选派优秀年轻干部到旧城改造、信访维稳、开放型经济、重大重点项目工作一线经受锻炼、快速成长。要树立“实干”导向，用好高质量发展目标管理考核这个利器，把想干事、能干事、干成事的优秀年轻干部用起来，不断激发干部干事创业的内生动力。三是要全方位推进固本强基。全面提升基层组织创造力、凝聚力和战斗力，积极落实基层减负行动，坚决整治困扰基层的形式主义、官僚主义问题，不断释放基层治理效能。要持续强化基层党组织政治功能，选优配齐配强村(社区)“两委”班子，抓实抓好“两新”党组织建设，不断完善全域党建新格局。要继续深化“五纵五横”城市基层党建共同体建设，全面推广“五位一体”议事协调机制，加快共建共驻结对步伐，在街道社区管理体制、社区工作者职业化、党建引领“街道吹哨、部门报到”等难点工作上集中发力，深挖潜力，打造更多的东湖党建品牌。四是要零容忍狠抓正风肃纪。推动正风肃纪与主题教育问题检视和问题整改相结合。持续压紧压实管党治党“两个责任”，做细做优“廉洁南昌”四大专项行动，用好用活监督执纪“四种形态”，做好政治巡察“后半篇文章”，确保问题抓早抓小，整改落实落地。严格落实中央八项规定精神，紧盯“四风”隐形变异动向，深化治理“怕慢假庸散”作风顽疾。持续加大正风反腐力度，深化标本兼治，加快形成不敢腐、不能腐、不想腐一体推进的有效机制，持续巩固风清气正的政治生态。

同志们，让我们更加紧密地团结在以习近平同志为核心的党中央周围，坚持以习近平新时代中国特色社会主义思想为指导，深入贯彻落实习近平总书记视察江西时重要讲话精神，提高东湖站位，展现东湖担当，贡献东湖力量，加快推进治理体系和治理能力现代化，认真践行新发展理念、保持经济高质量发展，为做大做强做优大南昌都市圈，描绘新时代江西改革发展新画卷做出东湖应有贡献！

名词解释：

1.“三生融合”：“三生”是指生产、生活、生态。三生融合，就是坚持产城融合发展理念，统筹生产、生活、生态三大布局，进一步重组要素、重聚动能、重塑环境，让东湖生产更加高质、生活更具品质、生态更为优质。

2.“1+5+X”社区邻里中心：指依托社区单元，建立1套综合保障体系，配置社区邻里中心幼儿园、居家和社区养老服务中心、基层医疗卫生服务点、社区便利店、综合性文化服务中心5类便民服务功能，拓展X个其他功能于一体的新型集聚区。

3. 五纵五横城市基层党建共同体：指纵向搭建，垂直贯穿构筑“一核多擎”强支撑，在强领导、转职能、优队伍、亮底数、重监管五个方面上下功夫；横向延伸，精准融合铺设“一心多元”全域网，围绕全域覆盖、开放共享、服务群众、基层治理、典型引领五个方面突破创新。

4.“三不一体”：指“不敢腐、不能腐、不想腐”一体推进机制。

5.“9631走访活动”：在全国文明城市创建工作中由区委书记、区长各走访9户居民，其他县级领导各走访6户居民，科级干部各走访3户居民，普通党员各走访1户居民，通过走访进一步深入群众、联系群众、发动群众，持续提升社区居民对文明城市创建的知晓率和参与度。

6.“六夜”经济：指夜游洪城、夜赏文创、夜品佳肴、夜购潮货、夜习科普、夜健体魄等六种夜间经济业态。

7. 幸福产业：2016年，李克强总理提出了“幸福产业”的概念，即：旅游、文化、体育、健康、养老等五大产业。

8.“五治”：指以“政治”强引领、以“法治”强保障、以“德治”强教化、以“自治”强活力、以“智治”强支撑，加快推进社会治理方式现代化。

9.“街道吹哨、部门报道”：街道吹哨是指强化街道党工委的领导作用，充分发挥统筹协调功能，使街道吹哨有职、有权、有依据；部门报到是指重点将各类城市管理力量在街道综合下沉、力量聚合，使部门报到有平台、有机制、有资源。核心是赋予街道更多自主权，用来破解城市基层治理难题。

10.“廉洁南昌”四大专项行动：指“廉洁文明家风·党员干部示范”专项行动、干部作风大转变教育整治专项行动、严肃党内政治生活巡察监督专项行动和纪律建设“四必谈”专项行动。

（区委办公室）

2020年1月3日，东湖区召开区委十二届八次全体（扩大）会议

政府工作报告

——2020年5月17日在东湖区第十六届人民代表大会第五次会议上

东湖区人民政府区长　高辉红

现在,我代表东湖区人民政府,向大会报告工作,请予审议,并请各位政协委员和列席会议的同志提出意见。

一、2019年工作回顾

2019年是中华人民共和国成立70周年。一年来,在市委、市政府和区委的坚强领导下,全区上下以习近平新时代中国特色社会主义思想为指导,聚焦"在加快革命老区高质量发展上作示范、在推动中部地区崛起上勇争先"的目标定位和"五个推进"更高要求,紧紧围绕"奋力在大南昌都市圈建设征程中续写高质量跨越式发展新篇章"战略主线,不忘初心勇担当,牢记使命展作为,感恩奋进,真抓实干,较好地完成了区十六届人大四次会议确定的目标任务,经济社会各项事业取得崭新成绩。

一年来,我们扩总量、提质量,经济发展实现新跨越

一是突出高质量,经济指标稳步提升。经济基础更加巩固。全区地区生产总值同比增长7.5%;规上服务业实现营业收入57.73亿元,同比增长17.9%。利用外资实际到位资金3.4亿美元,同比增长20.13%;实际利用内资74.08亿元,同比增长24.13%;利用省外资金项目进资53.5亿元人民币,同比增长19.26%。城镇居民人均可支配收入增长7.8%。向好态势更加明显。固定资产投资同比增长11.8%,增速位居全市第一;社会消费品零售总额完成354.03亿元,同比增长11.1%,总量居全市第二。完成财政总收入81.4亿元(省口径),同比增长5.7%;地方一般公共预算收入13.7亿元,同比增长3.7%。其中,财政总收入税收占比在全省100个县(市、区)中排名第二。质效提升更加突出。圆满完成第四次全国经济普查工作,并荣获"第四次全国经济普查先进集体"。经济结构进一步调优,三次产业结构比例调整为0.19∶9.86∶89.95,服务业增加值贡献率达80.1%。全年新增企业1507户,新增企业注册资本达125.37亿元,同比增长52.09%。

二是立足高品位,产业发展提档升级。积极推进服务业"四年发展行动计划"。三年来新增规模以上服务业企业82户,净增规模以上服务业企业30户,超时序进度;规模以上服务业营业收入总量比2016年增长1.25倍。商贸活动持续繁荣。积极开展"强商、旺客"活动,大力促进商贸升级,"走进春天——东湖消费促进季""百花洲购物节""热购洪城"等活动得到广大游客和市民的青睐;成功申报东南饼庄为江西省老字号企业。类金融产业生机勃发。海尔集团旗下首家融资性担保机构海纳融资担保、人寿保险公司省级总部工银安盛人寿顺利落户,进一步完善金融产业链;与省建设银行签署金融合作战略协议,加强与金融机构战略合作;发行私募可转债新增直接融资1亿元,丰富了企业融资渠道。新增完成股改企业1家、省重点拟上市企业6家、市重点拟上市企业2家,企业上市"映山红"行动加速落实。夜间经济成效初显。精心规划"三街二点一区"夜间经济布局,夜东湖·蓝海夜市、夜东湖·蛤蟆街顺利开街,推进福州路酒吧夜市街规划建设,进一步繁荣了东湖夜间经济。产业园区势头强劲。充分发挥产业集群效应,启动豫章1号文化科技园二期工程建设;积极推进海学茂人工智能教育产业园等特色园区发展,为人工智能产业奠定基础。

三是坚持高标准,项目建设提速增效。开展"大干项目年"活动,全力推进省、市、区三级重大

重点项目，全年重大重点项目开工40个，开工率比上年度同期高5个百分点；累计完成投资62.98亿元，比上年度同期增加12.91亿元；投资完成率101%，高于上年度同期18.97个百分点。项目的开工率、投资量、投资完成率再创历年新高。建设进度持续加快。苏宁广场、江旅都市方舟、启明星辰创新中心等重大产业项目建设进程不断加快，城泰0728商务中心、新地商务中心等一批重大产业项目实现如期开工。项目效益逐步显现。总投资5亿元的国资澜湖广场投入运营，中国平安、中设设计等一大批省级总部企业落户，楼宇入住率达98%；引进的华润旗下全省第一家绿标“万家mart”超市旗舰店开业，当天即实现销售额102万元，创全国“万家mart”单店日销售额新纪录。总投资8亿元的全省第一家双地铁接轨商业体八一馆百盛商业综合体正式运营，预计年新增社消7亿元、税收3000万元。

一年来，我们破困局、开新局，改革创新取得新突破

*一是着力掀起新一轮改革高潮。*积极推进机构改革。全面完成全区党政机构和承担行政职能事业单位的改革任务；稳步推进生产经营类事业单位改革；启动基层整合审批服务执法力量的改革工作；优化社区规模布局，将全区98个社区调整为90个。深化重点领域改革。七大领域80项改革任务基本完成。组建东控企业运营管理有限公司，整合盘活区属国有资产；圆满完成市场监管、生态环境等4个领域综合执法队伍的整合；持续推进绿色殡葬改革，完成扬子洲地区“三沿六区”散埋乱葬坟墓的整治工作；深入推进农村集体产权制度改革，其中清产核资工作在省、市两级验收中评为优秀。落实减税降费政策，开展优化提升营商环境十大行动，全年共减税6.63亿元，涉及15.07万户次，其中，为小微企业普惠性减税1.62万余户，减免税额1.19亿元。加快政府职能转变。出台《关于进一步精简区级行政权力事项的决定》，持续推进“放管服”改革，取消和调整区本级行政权力事项115项；编制《东湖区2019年行政事业性收费目录清单》，全面执行“清单之外无收费”。深化商事制度改革，在全市率先落实营业执照和食品经营许可证“一窗受理”，食品经营许可证办理时间压缩到12个工作日以内；进一步推动“证照分离”，企业开办时间压缩到2个工作日，简化企业注销流程。纾解民营企业融资难问题，为辖区小微企业取得1亿元担保额度，帮助11家企业融资近5.6亿元；为6家企业办理动产抵押登记业务，融资近5亿元。

*二是着力打造双向式开放高地。*一方面，加快走出去步伐。积极参加第二届世界赣商大会、第十一届中博会、第二届世界VR产业大会，对接粤港澳大湾区投资合作推介会等招商活动，共签约10个项目，总投资额100余亿元。成功举办“大干项目年”暨2019东湖区重大项目集中开工仪式，城泰0728商务中心等16个项目集中开工，总投资144.5亿元；成功举办南昌市东湖区“三请三回”暨现代服务业（上海）招商推介会，金手杖康养社区、新城央镜等12个项目集中签约，总投资额128亿元，为全区高质量发展注入了新的动力。另一方面，加快引进来速度。全年共落户内外资项目186个，总投资额188.83亿元，其中，千万元以上项目161个，亿元项目25个，其中10亿元以上项目4个。成功引进投资50亿元的洪电置业七里滨江项目、投资30亿元的中骏世界城项目、投资28亿元的赣电中心项目、投资10亿元的南昌城央书院项目、投资8亿元的百盛八一馆项目，促成思沃文化、宏远通航物流等一批亿元以上项目顺利落户。

*三是着力构建区域性创新高位。*做强人才支持。出台《东湖区“高层次人才创新创业”实施办法》，加速高端人才聚集。依托“港、窗、网”一体化服务平台，为新引进的青年人才提供就业生活补贴。做实创新主体。积极开展高新技术企业的培育工作，申报省级重点新产品11项，已申报并被认定的科技型中小企业51家，技术合同交易额累计4.9亿元，较上年同期增长22%。积极引导企业加大研发投入，全年累计为28家企业发放科技扶持奖励资金263万元。做优创新平台。推动中小企业服务平台建设，打造国家级平台1家，省级平台1家，市级平台5家；加速小微企业创立成长，创建小微企业创业基地3家。加强众创空间和科技企业孵化器建设，着力打造了江财MBA创业中心等国家级众创空间2家，豫章1号文化科技产业园等省级众创空间、科技企业孵化器4家。

一年来，我们铸优品、出精品，城市建管跨上

新台阶

一是城市更新向现代化迈进。以深入实施城市功能与品质提升三年行动暨“美丽南昌·幸福家园”环境综合整治为抓手,不断提升城区功能品质。破旧立新,持续推进旧改征迁。共启动了5个旧改地块的房屋征迁,全面完成了青山南路登月食品厂地块、南昌轨道交通4号线东湖段、象山北路地块、省中医院地块等5个地块的房屋征收工作。完成殷家巷地块、下正街和青山湖西岸五、八号等地块共184亩的土地出让,土地出让金总额达18.65亿元。积极稳妥地处置了房屋征迁涉法涉诉案289件;全面加大旧改历史遗留问题处理力度,萍乡办事处物业等124个旧改历史遗留问题得到妥善解决,为旧改历年来之最。与日俱新,不断完善城区功能。全年共投入2.56亿元实施55个“六改”项目。完成对贤士二路等15条背街小巷“白改黑”升级改造,实施了扬农路等农村公路提升改造,完成三经路二七北路口交通渠化改造,完成百花洲路等3处积水点整治;新建东万宜巷、花园角等12个公共停车场,新增停车场泊位2556个,同时新增道路泊位1600余个,有效缓解了“停车难”问题;完成豫章后街、马家池等10个老旧小区微改造和南湖、北湖2个老旧小区综合提升改造。翻陈出新,大力提升城市品质。投入9000余万元,实施了东、南、北湖水生态修复及周边环境(八一公园)提升改造工程;实施百花洲路、苏圃路南段空中管线“上改下”工程、象山北路建筑立面综合改造工程。遵循“修旧如旧”原则保护文物建筑,完成对民德路159号民国小洋楼、“南昌行营”等4处文物建筑的保护性修缮。完成二经路等19条主次干道“绿改彩”工程。强力推进城市建成区违法建设专项治理工作,共拆除违章搭建96处、9200余平方米。

二是城市管理向精细化深入。以“绣花精神”“工匠精神”铸就城市管理新理念,赋予城区形象新内涵。抓好精细管理“智慧工程”。加快推进“智慧城管”市区并网升级,全年共受理市区两级数字城管案件20.7万余件,处理率100%。建立“5G+路长”共享单车管理模式,运用电子围栏技术,破解共享单车乱停放难题。抓好垃圾分类“系统工程”。全省首座大件垃圾破碎中心建成并投入使用,全市首个四分类智能垃圾屋落户聆江社区、首个人脸识别垃圾屋亮相光明社区。完成肖公庙、半步街、南京西路等3座垃圾站升级改造和中大路垃圾站建设;在豫章、大院街道打造垃圾分类示范片区。抓好环境卫生“综合工程”。深入开展“厕所革命”,投资1250万元,新建公厕25座,改造公厕60座。不断深化“马路本色”行动,全面推行“以克论净”考核机制,在全市率先推动“路长制”向“街巷长制”延伸。在全市农贸市场、“六小”整治、马路本色、垃圾分类、垃圾广告整治等年度考核中均名列前茅;在全市“美丽南昌·幸福家园”环境综合整治暨城市功能与品质提升行动综合考评中获第二名;在全市创建全国文明城市“工作成效大评比”中荣获第二名,居主城区之首。

三是城市生态向品质化提升。持续推进“蓝天、碧水、净土”行动,全面实施打赢污染防治攻坚战战役。助推形成美丽“蓝带”。在施工工地设置“建立冲洗平台、铺盖密目式防尘网、设立雾炮机、喷淋降尘、安装检测牌”五步防尘设施;开展对露天烧烤、工地扬尘整治3000余次,全年空气优良天数比重超过85%,为全市连续两年实现空气质量二级标准贡献了东湖力量。联合打造魅力“水都”。在全市率先完成赣江沿线东湖段非法码头整治工作,关停码头13个,迁移滕王阁周边水域趸船15艘,水产大市场码头、永发码头和昌发码头周边环境全面整治到位,为南昌现代化大港区建设奠定了坚实的基础。全面完成中央环保督察、长江经济带“共抓大保护”及黑臭水体环保专项行动反馈问题的整改销号工作。持续推进“河湖长制”,在荣获2016—2018年度全省河长制工作先进集体的基础上,2019年再次荣膺全省河湖长制工作考核优秀单位。实施东、南、北湖水环境生态修复工程,构建起结构完整、功能完善的水生态系统。助力建设生态“绿谷”。对违规侵占城市公共绿地、闲置土地行为进行专项整治,共清理违规侵占土地65处,3466平方米;对辖区内排查出的3处“大棚房”进行清理整治。在扬子洲地区启动受污染耕地安全利用试点示范工作;完成宪法广场、上营坊2个小游园建设。

一年来,我们践初心、暖民心,民生事业迈出新步伐

一是固民生保障之本。加大投入强基础。全

年推进了涵盖安置房、“1+5+X”社区邻里中心和“时间银行”总行等7个方面的64个民生实事项目;2019年区人大票决的十大民生实事如期完成,人民群众的幸福感、获得感不断提升。全区财政投入民生资金20.46亿元,同比增长16.3%,占一般公共预算支出比重达到70.8%。加强民生补短板。深入推进居家养老志愿服务“时间银行”总(分)行建设,“时间银行”志愿服务项目被评为南昌市最佳志愿者服务项目,并经市人大常委会以立法的形式在《南昌市居家养老服务条例》中予以确定;创新开展“时间银行·幸福食堂”服务,重点保障空巢、独居、失能等困难老年人用餐问题。积极推进安置房规划、建设和验收工作;总投资约5000万元的扬农管理处垦区危房改造二期项目顺利通过验收并交付使用。融合养老、文体、医疗、教育、商业等功能为一体的首批9个“1+5+X”社区邻里中心在小金台、芭茅巷等社区成功打造,并在全区推广;顺利完成上沙窝农贸市场升级改造,建成品质优、功能全、环境好的七里嘉和农贸市场;戴家巷社区便民服务中心被国家商务部评为首批已建成城乡便民消费服务中心;在全省率先打造了残疾人“喘息式”临时托养暖心驿站服务项目。加固保障兜底线。城镇新增就业人数9242人,“4050”人员再就业人数1670人,零就业家庭安置率100%;城镇基本医疗保险参保19.4万人,工伤保险参保人数1.56万人,参加基本养老保险人数达5.6万人,累计发放养老金6.4亿元。聚焦“两不愁、三保障”,精准推进城镇脱贫解困工作,将2228户城镇贫困群众纳入脱贫解困对象,累计发放资金3118.8万元;将6785名困难企业职工全部纳入城镇职工医疗保险范围,为全区3310名城镇贫困群众购买重大疾病医疗补充保险。

二是扬公共服务之长。“学在东湖”有新成效。义务教育质量监测结果应用经验在全国作典型发言;荣获“国家义务教育质量监测优秀组织单位”和“全省推进义务教育基本均衡发展积极贡献集体”;全省“教育发展”考评连续三年蝉联全市第一;完成党政领导干部履行教育职责省级督导评价工作,并获全省总分第一名。有序推进城镇小区配套幼儿园治理工作,全区普惠性幼儿园覆盖率位居全省前列;“三点半”课后服务工作有序开展;15所城区区属学校运动场面向社会开放。在三次雄踞全省青少年业余训练十强县(市、区)榜首之后,再次荣获2019年度全省青少年业余训练“十强县(市、区)第一名”。在市第七届校园体育节中荣获团体总分一等奖第一名,实现“七连冠”。文化底蕴有新展现。参加第23届中国少儿戏曲小梅花荟萃活动获集体项目金奖及个人项目金奖5个。第二届“南昌味道南昌年”迎新春主题活动再登央视《新闻联播》。“百花洲”市民艺术节吸引近3万人次线上线下参与,助力江西文化艺术发展巡礼。文化馆总分馆制试点工作在全省作经验介绍并推广。获评“第三批中国少儿京剧培训基地”。东湖意库24小时城市书房惊艳亮相。赣发绣等5家单位分别获评省级非遗生产性保护示范基地、传承基地、传播基地称号。纪念方志敏烈士的原创歌曲《下沙窝的这朵花》在全市传唱并得到学习强国推荐。全民健康有新举措。建立家庭医生团队66个,开展家庭医生签约服务“健康百场行”活动,新增建立居民电子档案3.8万份,逐步实现从“以治病为中心”向“以健康为中心”转变。实施家庭暖心工程,发放特扶奖扶金640余万元,发放城镇独生子女父母奖励金3800余万元。促成辖区10所社区卫生服务中心与省市三甲医院建立医联体。

三是筑社会治理之基。立足发展大局,保社会稳定。扬子洲地区十年控储到期,实现平稳过渡;有效应对安全生产、防汛抗旱等各类突发事件,锦苑春天社区和体苑社区被评为“全国综合减灾示范社区”;化解信访积案、难案15件;夺得“百日缉毒风暴”“缉毒冲刺行动”、反邪收网、打击电诈行动四个全省第一“6·26”社区戒毒社区康复有效执行率持续上升,信息化禁毒经验得到国家禁毒办肯定,全省禁毒工作现场会在我区召开。强力推进扫黑除恶专项斗争向纵深发展,扫黑除恶绩效考核打击战果全市第一,“赣鄱霹雳3号”行动战果全省第一,“知晓率”和“满意度”均列全省前30名,政法部门“满意度”大幅提升。全省公众安全感测评连续四年位居全市主城区第一名。狠抓关键领域,护百姓安全。依法开展食药品监管,对辖区2家药品生产企业和152家零售药店巡查全覆盖,立案查处零售药店7家;赣昌水产品批发市场快速检测中心正式启动运行;全区学校食堂和大型餐饮服务单位“洁厨亮灶”工作完成率100%,被评为南昌市食品安全治理示范区。特种设备定检率100%,稳居全市第一。

一年来,我们求高效、促成效,自身建设得到新巩固

一是政务运行有更规范的举措。自身建设更加有力。精心组织开展“不忘初心、牢记使命”主题教育。扎实有序推进“五型”政府建设,将其贯穿到政府工作全过程、各方面,东湖区政府荣获全省“五型”政府建设先进单位。建立和实行及时奖励制度激励干部担当作为。法治氛围更加浓厚。“七五”普法规划深入实施,荣获全国“七五”普法中期先进集体;区青少年宫荣获江西省青少年法治教育示范基地,区法治科普安全宣教中心荣获全省首批法治文化示范基地。打造“正航助矫工作室”,积极引入社会力量参与社区矫正工作;区社区矫正执法大队获“全国社区矫正机构先进集体”荣誉称号。深入推进综治中心实体化建设工作;在全市率先试点推行网格融合工作。决策机制更加畅通。坚持区政府常务会学法规范化、制度化、常态化,将合法性审查和公平竞争审查贯穿各项重大行政决策全过程;建立经济发展决策机制,科学高效破解经济发展中的困难与问题。全面推行行政执法“三项制度”工作,试点推行行政纠纷诉前调解工作,行政执法公信力不断提升。

二是服务效能有更显著的提升。网上办事“新通道”。实现与全省统一“一窗式”综合服务平台对接,推动更多事项网上办理;启用24小时便民自助服务区;顺利完成“赣服通”东湖分厅上线工作。政务效能“新突破”。开展政务事项标准化工作,完成所有区本级、镇(街道、管理处)4789项事项标准化梳理工作。深化区本级依申请类政务服务事项“最多跑一次”改革,区本级“一次不跑”和“只跑一次”办理率超过80%,其中,“一次不跑”24项,“只跑一次”480项。审批服务“新提速”。在全区便民服务中心所有窗口单位试行错时延时预约服务,全年错时延时期间各窗口共办理业务1783件;推行依申请类政务服务事项免费快递寄送服务,打通政务服务“最后一公里”。

三是清正廉洁有更坚实的基础。加强作风建设。积极落实中央“基层减负年”和省委关于力戒形式主义为基层减负三十条措施,推行“三减三强两倡导”。持续深入整治“怕、慢、假、庸、散”等作风顽疾,严肃查处违反中央八项规定的问题,有效遏制了“四风”反弹。强化政务公开。着力畅通政府与群众互动渠道,12345政府服务热线共受理群众反映的诉求13469件,办结率为100%,群众满意率为93.1%;公开政务信息24456条。自觉接受监督。自觉接受人大及其常委会的法律监督,接受政协的民主监督,办理省、市、区人大代表建议59件、政协委员提案87件。完成各类审计项目69个,节约财政资金705万元,向被审计部门提出问题整改建议78条,采纳率100%;开展对扬农管理处党政领导干部自然资源资产任中审计工作。

与此同时,支持工会、共青团、妇联、科协、红十字会等群团组织发挥作用。人防、史志、档案、防震减灾、妇女儿童、国防动员、老龄、爱国卫生等工作得到进一步发展。机关事务、残疾人保障、退役军人事务、民族、宗教、外事、侨务等工作取得新成绩。

各位代表,新年伊始,一场突如其来、态势凶猛的新冠肺炎疫情突袭荆楚大地,蔓延波及全国。给人民生命安全和身体健康带来严重威胁,给经济社会发展带来严重冲击。在习近平总书记亲自指挥、亲自部署下,在党中央、国务院、省委、省政府、市委、市政府和区委的坚强领导下,全区上下一手抓战疫情、一手抓促发展,虽然一路负重前行、艰难跋涉,但各项工作有条不紊、有章有法、有力有效。在这场大战大考面前,前一阶段东湖交出了合格答卷。一是棋争先手,防控疫情严丝合缝。全省一级响应启动以来,东湖上下闻令而动、全员上阵,坚决落实中央、省委、市委部署要求,落实落细各项防控措施,以“七个来”工作方法为引领,以编制全区709个网格为依托,对所有小区、单位全部定人、定责,同时,发动各方力量,打造“全民防疫共同体”。为避免年三十晚佑民寺祈福民众聚集,我区精准预判、果断决策,于全省启动一级响应前一天,成功说服佑民寺提前“关门谢客”,在源头上杜绝了十几万人的高风险聚集性疫情暴发可能性。二是力保民生,惠民举措实招迭出。稳价保供,紧盯群众“米袋子,菜篮子,

药方子”，对农贸市场、商超、药店等实行“拉网式”不间断巡查，累计出动价格执法人员1200余次，出具提醒告诫书1200余份，依法移送哄抬物价、销售假冒伪劣口罩案件2起。稳定物价的同时，全力保障生活必需品不脱销、不断档。稳岗就业，审批受理个人创业担保贷款3500万元，扶持160人创业。同时发挥用工信息平台作用，组织229家用工单位提供就业岗位3727个。扶弱助困，全面优化社会救助服务，及时足额把低保金、特困补助金发放到困难群众手里，确保疫情期间困难群众基本生活。截至目前，累计发放低保金、特困补助1148万元。三是策出多元，恢复经济双管齐下。帮扶企业方面，及时出台有效应对疫情“稳增长25条”政策措施，助推企业复工复产，区财政在自身财力十分吃紧的情况下，出资1000万元进行点对点帮扶；在全市率先提出减免房租倡议，累计为企业减免租金、保险费用5300余万元。招商引资方面，积极推广云招商模式，改“面”对“面”为“屏”对“屏”，线上对接华谊启明东方公司等65家行业龙头型、领军型企业，成功签约投资3亿元的浙北新零售商超江西总部项目。

一季度，全区完成地区生产总值89.48亿元，总量全市第7，同比增长0.3%，高于全市4.1个百分点，排全市第2；全区财政总收入(省口径)增幅4.9%，高于全市5.3个百分点，排全市第6；税收收入占比95.4%，高于全市12.1个百分点，排全市第2；地方一般公共预算收入增幅0.3%，力保正增长，税收收入占比81.1%，高于全市12.8个百分点，排全市第2；规模以上服务业营业收入11.33亿元，总量全市第5，同比下降8.35%，高于全市6.15个百分点，排全市第4。500万元以上固定资产投资同比增长3.5%，高于全市6.7个百分点，排全市第1；社会消费品零售总额完成69.74亿元，总量全市第2，其中限额以上总量完成35.4亿元，稳居全市首位；实际利用外资增速1.64%，排全市第8。在高质量发展考核同小组中，全区一季度的GDP、投资、服务业均为第1，社消第3。

各位代表，在外部经济形势纷繁复杂，内部发展“三化交织”的困局下，过去一年取得这样的成绩实属不易；统筹疫情防控和经济社会发展阶段性成效来之不易。这是市委、市政府和区委正确领导、科学决策的结果，是区人大、区政协和各位代表委员大力支持、有效监督的结果，是全区广大干部群众戮力同心、顽强拼搏的结果，也是社会各界关心关注、协同奋进的结果。在此，我谨代表东湖区人民政府，向过去一年多来为全区经济高质量跨越式发展和“两手抓、两战赢”做出贡献的全区广大干部群众，各位人大代表、政协委员、各民主党派、人民团体、无党派人士、离退休老同志，以及所有关心支持东湖发展的同志们、朋友们表示衷心的感谢！特别是向奋战在疫情防控一线的医务工作者、社区工作者、公安干警、基层干部、下沉干部、新闻工作者、志愿者等广大党员干部群众，向识大体、顾大局，全力配合疫情防控的全体东湖人民，表示崇高的敬意和衷心的感谢！

在总结成绩的同时，我们也清醒地认识到当前全区经济社会发展还面临不少困难和问题：受疫情冲击，经济运行面临的压力罕见、实体经济困难空前加剧；产业新旧动能转换尚未完成；老城区基础设施薄弱的短板依然存在；影响经济平稳运行与社会和谐稳定的因素增多；有的干部服务意识、担当精神、专业素养、创新勇气不强，工作不用心、不尽力、不务实，不讲程序、不守规则，形式主义、官僚主义依然存在，等等。对这些问题我们将采取切实有效的举措，全力推进解决。

二、2020年工作安排

2020年是全面建成小康社会和“十三五”规划收官之年，做好今年政府各项工作至关重要。当前，尽管疫情对经济社会发展产生了重大冲击，但是我国经济韧性好、潜力大、回旋余地大，长期向好的基本面没有改变；我省发展向好、优势凸显的势头没有改变；全市做大做强做优大南昌都市圈的信心、决心和干劲越来越充沛。特别是通过近几年“撸起袖子加油干”，全区高质量跨越式发展的基础不断夯实，环境不断优化，动力不断增强。我们要辩证看待形势，增强必胜的信心，众志成城再登高，扬优成势开新局。

今年政府工作的总体要求是：以习近平新时代中国特色社会主义思想为指导，全面贯彻落实党的十九大和十九届二中、三中、四中全会精神，深入贯彻习近平总书记视察江西重要讲话精神，增强“四个意识”、坚定“四个自信”、做到“两个维护”，聚焦“作示范、勇争先”目标定位和“五个推进”更高要求,坚持稳中求进工作总基调,坚持新发展理念,紧扣省委十四届十次全会、市委十一届九次全会和区委十二届八次全会部署,全面做好“六稳”工作,全面落实“六保”任务,统筹生产、生活、生态三大布局,全面优化营商环境,重点推进城市建管十大提升行动、产业发展十大提升行动,以东湖“三生融合”发展彰显治理体系和治理能力现代化,确保“十三五”规划圆满收官,确保与全国同步全面建成小康社会,奋力开启生产更加高质、生活更具品质、生态更为优质的东湖发展新征程。

今年经济社会发展的主要预期目标是:全力争取地区生产总值增长7.6%—8.1%;500万元以上固定资产投资增长10%—11.0%;社会消费品零售总额增长10.0%—10.5%;规上服务业营业收入增长12.5%—13.0%;财政总收入增长3.0%—4.0%;地方一般公共预算收入增长1.0%—2.0%;利用外资实际到位资金增长15.8%;实际利用内资增长15.8%;城镇居民人均可支配收入增长7.0%—7.2%。

做好今年工作要把握好以下原则:

一要在率先全面建成小康社会上作示范。要坚持不懈补短板、挖潜力、扬优势,统筹推进稳增长、促改革、调结构、优生态、惠民生、防风险、保稳定各项工作,在建设富裕美丽幸福现代化江西中开启东湖新篇章,为描绘好新时代江西改革发展新画卷贡献东湖力量。

二要在推进高质量跨越式发展上勇争先。要牢牢把握长江经济带、粤港澳大湾区建设、长三角一体化发展、京津冀协同发展辐射带动作用,统筹谋划,主动融入,找准定位,抢抓机遇,解放思想,大胆创新,走一条高质量跨越式发展的东湖之路。

三要在强化“彰显省会担当”上树标杆。按照“彰显省会担当,我们怎么干”解放思想大讨论工作部署,迅速掀起解放思想热潮,紧紧围绕省委打造“一圈引领”的“大南昌都市圈”这一重要决策部署,抢抓发展机遇、勇担发展责任,在彰显省会担当的南昌实践中,展现东湖更大作为。

实现上述目标,重点要抓好以下六个方面的工作:

1. 攻防并行,在做稳发展上持续发力

在当前疫情防控工作已取得阶段性成效的基础上,以“两手抓、两战赢”为引领,要加快建立与疫情防控相适应的经济社会运行秩序,并在疫情防控常态化下,加快恢复生产生活秩序。

善始善终抓防控。要准确把握国内外疫情防控的新形势,因时因势调整工作着力点和应对举措,决不能让来之不易的疫情防控持续向好形势发生逆转。外防输入方面,要严格落实“五个闭环”管理,压实属地、区直各职能部门责任,加强联运协同,确保可追溯可管控,确保不发生输入性病例传染事件。内防反弹方面,依法管控“新四类人员”,高度警惕无症状感染者这个“隐形变量”,把对无症状感染者的监测、追踪、隔离和治疗作为防控重点,坚决杜绝疫情在内部蔓延。常态防控方面,要全面做好各镇、街办(管理处)、村(社区)、企事业单位、公共场所的常态化防控,管住“居家、返程、学校”三个重点环节,切实做好学生返校复学防控工作。

千方百计稳增长。在国外疫情快速扩散、外需市场不稳定的形势下,刺激国内需求市场是经济发展的定盘星。一方面,扩大内需,加力释放消费潜力。以百花洲购物节等商贸活动为契机,进一步出台提振消费的政策和举措,促进商贸消费升级;顺应疫情期间线上消费爆发式增长的趋势,大力培育“非接触经济”“宅经济”等新经济形态。另一方面,抢抓机遇,积极扩大有效投资。在谋划和推进传统基础设施项目的基础上,围绕“新基建”谋项目,针对大数据、云计算、智能改造等领域,谋划一批发力于科技端的基础设施建设项目,形成以传统基建项目托底,“新基建”为杠杆的新局面。

同心同力强实体。发展壮大本地区骨干龙头企业,培育一批规模超十亿、百亿的企业群体,加强重点税源企业的跟踪服务,支持江西金租、海纳融担等新金融、商务龙头企业。制定出台《东湖区促进现代服务业发展若干扶持办法》,大力扶持优势企业,加快推动现代服务业集聚发展。力争2020年净增市级以上服务业龙头企业5个,市级以上服务业集聚区2个,实施服务业重大项目20个,净增规模以上服务业企业7户,净增市级以上服务业品牌5个。大力实施企业上市“映山红行动”,全方位加大对辖区企业上市的支持力度,力争实现主板上市零突破。

2. 产城并茂，在做强产业上持续发力

以产业领军，现代服务业领跑为重点，全力实施产业发展十大提升行动，把做强做优现代服务业作为东湖经济增长的发力点，全力打造现代服务业东湖新高地。

统筹优化产业体系。精心编制"十四五"规划，并结合规划编制，对服务业发展路径和产业布局进行优化，以提升传统服务业为基础，以新兴服务业和高端服务业为突破点，逐步构建起以文创旅游、健康颐养、教育培训、现代商贸为主导的现代产业体系。强化产业发展空间的供给，明确产业功能定位，加快布局一批产业特色鲜明、配套功能完善、市场主体密集、发展环境优良的服务业集聚区，逐步构建起以文创旅游、健康颐养、教育培训、现代商贸为主导的现代产业体系。

全面推进产业升级。深入实施《东湖区服务业发展四年行动计划》，全面加快服务业高质量发展。充分发挥辖区文化、旅游、商贸资源丰富的优势，加快发展"全域都市旅游"，探索建设商旅文融合发展示范区；发挥区域医疗资源聚集的优势，持续培育壮大一批以健康、绿色、智慧为特征的"幸福产业"集群。以举办文化旅游节、购物节等文旅消费活动为契机，大力促进商贸消费升级；积极打造以酒吧、咖啡、文化创意为特色的夜市街区，推动"夜游东湖、夜赏文创、夜品佳肴、夜购潮货、夜习科普、夜健体魄"，进一步繁荣发展夜间经济。

3. 质效并升，在做优项目上持续发力

重大重点项目是高质量跨越式发展的引擎，必须牢固树立"项目为大、项目为要、项目为王"的理念，实施"项目建设提速年"活动，不断掀起项目建设热潮。

谋划项目再提质。围绕产业定位谋项目，紧紧以全区四大主导产业为引领，瞄准宏观政策走向，结合我区资源禀赋来谋划项目；围绕城市建管谋项目，结合老城区基础设施薄弱的现状，谋划一批完善功能短板、提升城市形象的项目；围绕民生改善谋项目，紧扣"三问一说"工作法，以解决人民群众最关心、最直接、最现实的利益问题为出发点，谋划一批便民利民惠民的民生实事项目；围绕做优生态谋项目，针对老城区在环保领域存在的问题，谋划一批提升城市品质、优化生态环境的项目。

招大引强再提效。始终把招商引资作为"一把手"工程。大力提升招大引强水平，以深入开展"三请三回""三企入赣"活动为抓手，把世界500强、国内500强和区域性总部企业作为主攻目标，紧盯行业龙头、产业领军企业，积极主动向前对接，引进一批体量大、技术含量高、潜力足的大企业、大项目落户。全面融入区域合作格局，以打造大南昌都市圈为契机，充分发挥老城区集聚辐射作用，助推做大做强做优大南昌都市圈。

项目建设再提速。积极开展"项目建设提速年"活动，全力推动73个总投资471.88亿元的重大重点项目。加快形成"开工一批、竣工一批、投产一批"的良性循环。狠抓开工率，进一步细化中骏世界城、赣电中心、慧铭广场等重大项目前期工作的服务保障，强化调度、强力推动项目报建手续，确保项目按照计划时间节点开工建设。狠抓投资率，确保苏宁广场、江旅都市方舟、城泰0728商务中心等续建项目达到既定的工程进度和投资进度，针对建设过程中出现的难点问题进行提前谋划和重点协调。狠抓竣工率，加快推进中海商业、招商东湖意库、沁庐旅生活广场等重大项目的竣工见效。

4. 破立并举，在做深改革上持续发力

改革进入深水区，我们必须坚守改革初心，增强改革信心，坚定改革决心，探索建立市域社会治理现代化机制。继续把深化改革创新作为推动东湖高质量发展的强大引擎。

改革更有"深度"。深化"放管服"改革，推动组建行政审批局，实现"一枚印章管审批"；坚持以企业和群众需求为导向，全面推进政务服务"一窗受理、一链办理"改革；继续落实关于降低社会保险费率、调整缴费基数相关政策，为企业减负创造良好条件。深化"赣服通"东湖分厅建设，不断强化服务功能和拓展服务范围；推进"赣政通"东湖平台建设，逐步实现行政办公组织沟通、业务协同在线化和移动化，推动"掌上办事"和"掌上办公"政府核心业务全覆盖。探索建设并打通政务服务APP、服务热线、微信公众号等渠道，构建微端整合、服务联动的政务服务体系。推进落实以智慧平安小区建设为代表的一批市域社会治理重点项目。持续稳步推进事业单位改革。

创新更有“力度”。注重政策引领,充分发挥“双创”产业基金的引导作用,加快科技成果转化,支持相关企业上市挂牌。注重平台建设,充分运用市场化经营模式,加大科技创新服务平台建设,推荐更多区级众创企业申报省级或市级众创空间;培育创新土壤,厚植创新潜能,做好服务南昌工业发展的“后院”。注重信息共享,以5G、“03专项”等试点为契机,加快培育大数据、VR、物联网等新兴产业,催生新业态新模式,引领带动数字经济和大数据产业高质量快速发展。

环境更有“温度”。要以“五型”政府建设为抓手,以服务企业、服务社会需求为导向,聚焦企业和群众办事创业的痛点、难点、堵点,在投资审批、行政服务等方面狠下功夫,全面优化全区政务环境、市场环境、创新创业环境和法治环境,不断强化服务理念,增强服务意识,提升服务品质,当好服务企业和群众办事的“店小二”。推进智慧市场监管工作,全面完成市场监管基层标准化建设,进一步提升市场监管效率,努力打造政策最优、成本最低、服务最好、办事最快的营商环境,为项目建设添油助力。

5. 建管并重,在做美城市上持续发力

按照“精心规划、精致建设、精细管理、精美呈现”的总体要求,实施城市功能和品质提升三年行动计划,全面推进城市建管“十大提升”行动在东湖落地落实落细,实现城市建管再升级,着力打造为可阅读、有温度、更宜居的“南昌之窗”。

坚持精心规划强基础。坚决贯穿落实中央“共抓大保护、不搞大开发”的理念,以“城市功能品质提升、扬子洲重大绿色生态项目”的发展定位,推动《南昌市扬子洲地区发展规划》早日出台。加快推进扬子洲地区国土空间规划编制、安置政策研究、防洪排涝规划制定等工作。

立足精致建设拓功能。深入挖掘百花洲历史文化资源,采取连点成线、连线成片的方式,打造百花洲文化艺术休闲旅游街区。重点打造梁书美术馆、百花大舞台、沁庐旅夜生活广场等,完善配套服务,引入相关业态特色品牌,运用景观创意视效、多媒体视觉景观互动等手段,将百花洲文化艺术休闲旅游街区打造成为江西乃至中部地区文化艺术旅游特色亮点打卡地。加快推进青山湖西岸22条路网建设,继续实施道路“白改黑”向背街小巷延伸工程,对渊明北路等14条背街小巷进行升级改造;深入落实《东湖区停车场三年建设专项规划》,新建公共停车场7个,新增泊位1200个;按照“保基础、提功能、促品质”改造标准,全力开展老旧小区改造攻坚行动,打造内涵丰富、各具特色的小区风貌,不断提升群众生活品质。

围绕精细管理提品质。加快推进“智慧城管”提质升级,与市“数字城管”实现市区资源共享、并网联动,构建更精确、更高效、更精细的“智慧城管平台”。加快环卫作业由“人工”向“机械”转变,力争全区道路清扫保洁机械化作业率达到95%。对苏圃路、豫章后街垃圾站进行升级改造;全力推进垃圾分类,力争到2020年底城区居民垃圾分类知晓率达100%,垃圾回收利用率达到35%以上;同步推进农村生活垃圾分类工作。力争新建25座公厕,打造10分钟步行如厕圈。

着眼精美呈现优生态。严格落实“河湖长制”,在赣江水域东湖段全面实施退出捕捞工作。深入推进城区城镇污水全收集、全处理达标整治工程,合力推动、加快新建北湖溢流井和青山路溢流闸门改造,坚决打好污染防治攻坚战,继续加大对建筑工地、道路扬尘和餐饮油烟治理,力争PM2.5年均浓度保持空气质量国家二级标准。扎实开展非法侵占公共绿地、闲置地违法行为的整治工作,落实长效常态化管理;充分利用城区边角地带或闲置地块,合理规划建设12个“口袋公园”“邮票绿地”。实施“环保管家”项目试点,构建环境治理“一站式”服务管理模式。

6. 点面并进,在做实民生上持续发力

坚守人民立场,树立以人民为中心的发展思想,增进同人民群众的感情,自觉同人民想在一起、干在一起,以为民谋利、为民尽责的实际成效取信于民,让人民共享高质量发展成果。

一以贯之加大民生投入。坚持“保基本、补短板、兜底线”的原则,在经济发展和民生改善的结合处发力,统筹资金用于优先保障民生的重点领域,加大政策倾斜、财力倾斜,以更大力度、更实举措保障和改善民生,力争全年用于保障和改善民生一般公共预算支出比重保持在70%以上。

一如既往唱响民生品牌。持续唱响“学在东湖”品牌,共绘东湖融美教育新画卷。全面巩固义务教育基本均衡发展成果,大力推进区域内义务教育优质均衡发展；启动邮政路小学教育集团天骥校区主体工程建设，推进光明学校新校区建设前期工作；启动城北幼儿园装修工程，持续做好城镇小区配套幼儿园专项治理工作，加快社区邻里中心幼儿园建设，开展第四批普惠性民办幼儿园评估和认定工作，进一步提升普惠性幼儿园覆盖面。大力推进居家养老志愿服务“时间银行”工作，加强制度规范和正向激励，确保“时间银行”养老模式规范化、可持续发展。进一步“深耕细作”总分馆制建设，并争取作为全国典型经验模式推广。助力南昌清音、赣发绣申报国家级非遗项目。

一件不落办好民生实事。全力推进人大票决的十大民生实事。做好第七次全国人口普查。稳步推进旧城改造工作，确保全面完成旧城改造三年攻坚计划；大力推进香江佳苑等7个地块安置房建设。积极完成“1+5+X”社区邻里中心建设任务；推进创新老旧居民区物业服务模式试点和先进服务示范小区的评选工作。加强社区卫生服务中心医联体建设，推进城乡居民基本医疗保险普通门诊统筹工作，不断提高基层医疗卫生机构的服务能力；打造公园街道社区卫生服务中心五星级预防接种门诊及规范化的社区卫生服务中心；探索增加0—3岁婴幼儿普惠性托育服务供给。不断完善24小时城市书房建设。

各位代表！今年，我们按照“民生至上、民生优先”的理念，遴选了12件民生实事候选项目提请人大代表票决。(1)学前教育提升工程。(2)社区邻里中心建设工程。(3)老旧小区改造工程。(4)城市功能品质提升工程。(5)城市管理能力提升工程。(6)道路交通维修改造工程。(7)绿色殡葬改革工程。(8)公共卫生服务能力提升改造工程。(9)智慧平安小区建设工程。(10)公共文化服务能力提升改造工程。(11)全民健身运动场地建设工程。(12)城市沟管养护工程。上述12件民生实事项目，现提请各位代表审议。

三、加强政府自身建设

认真落实不忘初心、牢记使命制度，持之以恒推进“五型”政府建设落地落实，全面推进依法治区工作，完善公共法律服务体系，巩固“七五”普法成果，进一步提升政府的理解力、执行力、创造力和公信力。

坚持忠诚为政，建设忠诚型政府。牢固树立“四个意识”、坚定“四个自信”，做到“两个维护”。严守党的政治纪律和政治规矩，坚定不移推动党中央、国务院大政方针在东湖落地生根，全面贯彻落实省、市及区委决策部署，确保知行合一、政令畅通。

坚持高效施政，建设创新型政府。坚决打破只求保险不担风险、只循陈规不探新路的保守思想，推动政府治理理念、服务模式、体制机制创新，实现行政运行机制向规范有序、公开透明、便民高效转变。牢固树立过“紧日子”的思想，大力压减一般性支出，着力降低行政成本。

坚持务实勤政，建设担当型政府。大力倡导“事事马上办、人人钉钉子、个个敢担当”的精神，在招大引强、项目建设等主战场上攻坚克难、善作善成。建立健全激励和容错机制，旗帜鲜明地为担当者担当、为负责者撑腰，进一步激发干部干事创业的激情。

坚持为民执政，建设服务型政府。充分发挥“12345”政府服务热线等平台的作用，畅通政民政企互通渠道，真诚倾听群众呼声，竭尽全力为民解难。践行“三问一说”工作法，通过事前问需于民、事中问计于民、事后问效于民和全过程解说与民的做法，着力解决群众的操心事、烦心事、揪心事。

坚持廉洁从政，建设过硬型政府。严格落实“两个责任”和中央“八项规定”精神，驰而不息纠正“四风”，深入整治“怕慢假庸散”等作风顽疾，营造风清气正的政治生态。建立健全惩治和预防腐败体系，坚决纠正不作为、乱作为，坚决惩处失职渎职行为，着力锻造过硬干部队伍，扎实推进政府各项工作。

各位代表，2019年，我们用汗水浇灌收获；2020年，我们要以实干笃定前行。让我们更加紧密地团结在以习近平同志为核心的党中央周围，坚持以习近平新时代中国特色社会主义思想为指导，深入贯彻习近平总书记视察江西重要讲话精神，在市委、市政府和区委的坚强领导下，不忘初心、牢记使命，只争朝夕、不负韶华，确保“十三五”规划顺利完成，全面建成小康社会圆满收官，以“三生融合”着力推进治理体系和治理能力现代化,为彰显省会担当、做大做强做优大南昌都市圈贡献东湖更多力量!

注释:

“三生融合”:坚持产城融合发展理念,统筹生产、生活、生态三大布局,进一步重组要素、重聚动能、重塑环境,让东湖生产更加高质、生活更具品质、生态更为优质。

“三问一说”:为民服务解难题中的一种工作方法。将事前问需于民、事中问计于民、事后问效于民和全过程解说与民的做法贯穿于工作的不同阶段,着力解决群众的操心事、烦心事、揪心事。

“三街二点一区”:福州路酒吧夜市街、榕门路娱乐夜市街和胜利路高品质步行夜市街;樟树林文创园夜市、东湖意库文创园夜市;“夜东湖”商业街区。

“三点半”课后服务工作:为了解决学生放学早、家长下班晚“时间差”的问题,区属中小学校利用下午三点半放学后的时间,对学生进行课后看护托管服务。服务项目主要包括早到服务、午餐午托服务、课后“三点半”服务、兴趣社团服务等四类。

“六稳”:稳就业、稳金融、稳外贸、稳外资、稳投资、稳预期。

“六保”:保居民就业、保基本民生、保市场主体、保粮食能源安全、保产业链供应链稳定、保基层运转。

“1 +5 + X”社区邻里中心:指依托社区单元,建立一套综合保障体系,配置社区邻里中心幼儿园、居家和社区养老服务中心、基层医疗卫生服务点、社区便利店、综合性文化服务中心五类便民服务功能,拓展其他功能于一体的新型集聚区。

城市书房:由政府主导、社会力量合办,依托各级中心图书馆,采用自动化设备和无线射频技术,实现一体化服务,具备24小时开放条件的场馆型自助公共图书馆。

“喘息式”临时托养暖心驿站服务:2019年7月,东湖区残联在全省率先探索东湖区残疾人喘息服务工作,主要是为智力、精神、重度肢体残疾人及其亲属提供应急照料、康复训练、适当生产劳动及心理疏导等服务,一方面解决了残友的照料需要,另一方面缓解了亲属照料压力,坚定了长期照料的信心。该项目主要通过四心共筑,取得了良好的社会反响。强党建,做残友的贴心人;扬邻里,做残友的暖心人;重疏导,做亲友的舒心人;传爱心,做幸福的东湖人。

行政执法“三项制度”:行政执法公示制度、执法全过程记录制度、重大执法决定法制审核制度。

普惠性幼儿园:指提供普及大众、惠及大众服务的幼儿园。主要包括三个类型:一是公办幼儿园;二是集体或单位举办的公办性质幼儿园;三是提供普惠性服务的民办幼儿园。基本特征:一是达到教育管理部门规定办园基本标准;二是面向社会大众招生;三是收费实行政府定价或接受政府指导价。

“赣服通”:根据江西省人民政府与阿里巴巴集团、蚂蚁金服集团战略合作协议安排,借助蚂蚁金服移动端政务服务的实践经验和优秀的技术团队,在江西省政府办公厅的直接领导下,依托江西政务服务网和支付宝移动端而开发建设的一款手机软件。软件旨在实现江西政务服务由PC端向手机端延伸。

“环保管家”项目:“环保管家”,即“合同环境服务”,是新兴的一种治理环境污染的新商业模式,是指环保服务企业为政府或企业提供合同式综合环保服务,并视最终取得的污染治理成效或收益来收费。环保管家服务为企业提供一站式环保托管服务,统筹解决企业环境问题;提高决策科学性,保证服务效果,有效降低企业环保管理成本;同时降低环境产业链各个环节脱节产生的高昂交易成本。是传统环保服务的升级衍生业务,全方面帮助企业实施管理服务,减少企业用人成本,提升企业环境面貌,解决企业因环保而带来的烦恼。

(区政府办公室)

专　记

编者：东湖区构筑“五纵五横”城市基层党建共同体，推动了全区基层党建工作再上新台阶，是全国城市党建创新的典型案例，以下为他们的经验做法。

“纵”在参与　持之以“横”

——南昌市东湖区推进“五纵五横”城市基层党建共同体建设

为深入学习贯彻中共十九大精神和习近平同志关于加强基层党建特别是城市党建的重要指示精神，进一步培育城市基层党建工作特色品牌，南昌市东湖区广泛开展了“五纵五横”城市基层党建共同体创建活动，推动东湖区基层党建工作再上新台阶。2019 年 5 月，“五纵五横”经验做法入选人民网、中国共产党新闻网全国城市党建创新案例复评入选案例并公开展示。

一、背景与起因

南昌市东湖区属于省会城市中心城区，辖 9 个街道，94 个纯居民社区；有基层党组织 690 个，社区党员 8365 人。随着经济发展和城市化进程的加快，街道社区承载的管理任务日益增多，居民对公共服务的期望越来越高。加之东湖辖区有大量省、市机关事业单位以及高等院校，非公有制经济发达，在职党员人数众多，如何将这些党建、人力等资源用以提升社区党组织服务群众工作水平，发挥党在城市社区的领导核心作用，是提升东湖基层党建工作水平的一项十分重要而紧迫的任务。近年来，南昌市东湖区坚持以城市基层党建工作为切入点，紧紧围绕“231”党建先导工程和基层党组织标准化建设两大核心工作品牌，以纵横结合方式全面推进城市基层党建工作，即纵修“内功”，在强领导、转职能、优队伍、亮底数、重监管上下功夫；横练“外功”，围绕全域覆盖、开放共享、服务群众、基层治理、典型引领五个方面突破创新，着力构建区域化城市基层党建工作新格局。

二、主要做法

（一）纵向搭建，垂直贯穿构筑“一核多擎”强支撑。充分发挥区、街道、社区、网格四级党组织核心引领作用，在明职责、优队伍、亮底数、育品牌方面下功夫，奠定良好的工作基础。

1. 四级联动，纵向健全领导统筹机制。区委统筹调度，由区委组织部牵头，统筹区直相关单位，邀请省、市直驻区单位，对街道社区党建工作同谋划、同部署、同推进、同落实。街道联席协调，9 个街道全部成立“大工委”，吸收省委办公厅机关党委专职副书记等 34 名来自省、市、区直机关企事业单位，“两新”组织的党员领导干部担任兼职副书记或委员。社区轮值议事，成立 68 个社区“大党委”，实现“一委一居一站”。网格终端联谊。推进党建网格和综治网格“两网融合”，成立了 487 个网格党支部（党小组），将直管、协管党员全部建册纳入党建“地图”，推动党员、群众交流互动、“越走越亲”。

2. 两元共振，纵向做强街道社区功能。结合基层党建标准化,区财政斥资7000余万元,在5个街道建立党建服务中心,71个社区建立党群服务站,作为党建议事办公机构以及服务党员群众场所。目前,东湖社区办公服务面积平均提高320平方米,内设党员活动室、老年学校等"六室三站一平台"功能区域,部分社区还设立了健身房、舞蹈室免费向群众开放,极大地增强了基层党组织的组织力和号召力。同时,完善社区党组织活动经费供给渠道,区财政每年独立向各社区下拨基层组织工作经费10万元,并建立逐年增长机制。

3. 三点着力,纵向加强骨干队伍建设。大力推进党务干部、社区班子、基层党员3支队伍建设。街道全部设立党建工作办公室,办公室主任由班子成员或副科级组织员兼任,配备不少于3名专职工作人员;打造"大学毕业生—社区专干—'两委'成员—党组织书记"传动链,将优秀人才选拔到社区书记岗位。目前,东湖社区书记、主任"一肩挑"比例94.6%,在全市名列第一,社区干部队伍平均年龄45岁,85%具有大专以上学历,90%以上驻社区党员民警兼任委员。

4. 五库连通,纵向构建城市党建"大数据"。印发了各1万份东湖区驻区单位摸底表、东湖区协管党员情况登记表以及在职党员特长爱好和服务意愿登记表,组织街道社区对东湖辖区各单位协管党员进行"大起底",并为在职党员设立了便民服务、爱心帮扶、文体艺术等三大类34种公益岗位,4600多名在职党员填写了附近社区的联系卡,2018年进社区提供服务的在职党员达到往年两倍以上。推行了以离退休党员为主体的小区能人队伍建设,培育了光明社区李恒敏书法室、文教路北社区陈宇文中医站、上营坊社区应天云法律工作站等服务项目。

5. 一贯到底,横向健全工作监管体系。区委明确县级党员领导干部全部要挂点一个社区,帮助推动城市基层党建工作。把履行城市基层党建工作责任情况,纳入镇(街道、管理处)党(工)委书记抓基层党建工作述职评议考核和反向考评内容,区直各单位履行城市基层党建工作责任情况,以及各单位开展结对共建情况纳入领导班子年度考核、评先评优的指标体系。同时,实行党员考核联判,由社区党组织对到社区报到的在职党员以及辖区内党组织党员的表现进行定期考核评定,考核结果作为党员干部提拔重用、评先评优的重要依据。

(二)横向延伸,精准融合铺设"一心多元"全域网。推动街道社区党建、单位党建、行业党建互联互动,促进责任联动、组织联席、资源联享、党员联管、活动联办、民事联商,实现全区域统筹、各方面联动、多领域融合。

1. 五圈共创,横向推动党在城市全域覆盖。统筹推进居民区、机关事业单位、商务楼宇、社会组织、网络媒体等新兴领域党建。全面整合单元网格内的专业技术人员,组建网格党员志愿者服务队,共成立小区志愿者服务队398个,登记党员志愿者6188余名,构建了"供需对接+项目认领"的"菜单式"服务模式;实施党员"党性指数"提升工程,引领机关党组织和党员在民情家访、在职党员进社区中走前头、当先锋;在中山路、八一广场等商务楼宇、商圈市场密集带成立非公企业联合党委,涵盖万达物业、沃尔玛等大型驻区非公企业;成立东湖区社会组织孵化中心党委,实现社会组织和党组织"双孵化"目标,涌现出滕王阁水上救援协会、东青志愿者协会、百花洲志愿工作社等社会组织工作品牌。

2. 五源融合,横向推动资源开放共享。组织共建,安排41个省直单位、19个市直单位、48个区直单位与社区结对共建,签订共建协议313份;阵地开放,将街道党建服务中心、社区党群服务中心向区域内党组织开放,并积极争取驻区单位阵地资源,如省机管局无偿向社区居民提供了约1000平方米的文体活动室及会议室;信息互通,建立了东湖智慧党建云中枢,涵盖区、街道、社区三级服务网页,党员登录后可享受党务知识学习、组织关系接转、党费缴纳等12项服务项目;人力联动,安排来自省、市、区机关的2655名在职党员到指定社区报到,开展"1+X"志愿服务活动,社区党组织根据其表现填写服务信息反馈卡;活动同做,推行社区党组织和驻区单位党组织开展活动双向通报制度,鼓励共建单位和社区党组织共上党课,同过"党员主题活动日",明确社区党组织和共建单位党组织开展民主评议党员工作,应双向邀请双方的党员代表列席,听取评议意见。

3. 五型服务,横向细化在职党员进社区工作。定点服务，在社区办公服务场所内设置在职党员工作站、民情家访室等，组织在职党员利用业余时间轮流值班，为群众提供法律援助、民事代办等服务。菜单服务，开展"微心愿、我来帮"暖心圆梦行动，广泛征集群众"微心愿"，发动在职党员对接认领。主题服务，围绕社区重点任务、重大节日和群众普遍关心、关注的问题，组织开展各种主题活动。比如，邀请南丁格尔奖章获得者邹德凤志愿服务团队，积极推进百岁老人、空巢老人的临终关怀公益项目。以"书香赣鄱"全民阅读宣传月为契机，为偏远乡村的儿童们捐赠一批装满优秀读物的小书包。兼职服务，鼓励在职党员在双休日到社区兼职，开展"我来做一天社区干部"活动。外援服务，积极引进共建单位为社区居民提供优质服务。比如，与省文联、省总工会、省行政工商管理局等多家省级单位开展"时间银行"项目；联合江西省司法厅启动"社会治理 + 公共法律服务"党建项目建设，建立街道公共法律服务平台。

4. 四治合一，横向提升基层治理能力。推进党建引领下的自治共治德治法治一体化进程。在全市率先建立了社区党组织领导下的居委会、民情理事会、业委会、物业公司"五位一体"议事协调机制，成立 5 个业委会党支部、11 个物业公司党支部，要求对物业管理活动中的重大履职事项，应先召开业主委员会党组织会议或党员委员会议讨论，形成共识后再提交业主委员会或业主大会决定。在各社区建立"道德法庭"，组织老党员、老教师、老干部调处社区居民纠纷，纠正居民不文明行为。依托街道、社区综合治理指挥中心，实现区域内居民区、超市、市场等重点部位，点、线、面全覆盖的群防群治网络。

5. 五色荟萃，纵向培育示范典型项目。重点打造了文化传承、商圈沿线、行业特色、德育共建、资源共享等 5 条城市党建精品示范带。比如，依托滕王阁、百花洲文化旅游资源，引导"草根文艺团队"党员建立"微舞台"，开展进社区、进街巷、进校园、进企业、进老年大学"五进"文化惠民活动；在八一广场、中山路等商业密集地带建立社区流动党员驿站，内设免费 Wi－Fi、书籍、电脑、桌椅等，商圈党员可以利用工作之余进行学习、交流；依托东湖丰富教育资源，组织教师志愿者深入社区，为中小学生打造陶艺、编程、科技、国学各类课程，为青少年创造和谐、健康的成长环境。

三、成效与反响

1. *基层党组织建设得到加强*。城市基层党建将东湖机关企事业、村（社区）、"两新"组织纳入到大党建格局，统筹力量、资源，加强横向联系，突破以往"人情式""援助式"等传统型"共建"关系，实现了党建资源跨行业、跨领域、跨区域融合，形成了以街道、社区党组织为核心的大党建"共同体"，领导核心地位不断得到加强和巩固。同时，在职党员、流动党员、"两新"组织党员积极参与社区服务，参与区域内组织生活，在群众面前充分发挥先锋模范作用。

2. *沟通协调机制得到完善*。街道、社区党建联席会将辖区各类党组织有机联合起来，打破以往"各自为政"壁垒，初步实现了资源配置的优化、组织效能的提升。党建联席会成员定期或根据工作需要召开会议，并邀请工、青、妇等群众组织代表参加，共同商议辖区党建和社会事务，促进了党组织力量统筹和沟通常态化。通过吸收驻区单位党组织代表担任村（社区）党组织兼职副书记或委员，参与社区建设管理重大事项的协商和监督。此外，通过建立"大工委""大党委"，将共驻共建这一众口难调的"百家事"变为"自家事"。

3. *服务群众能力得到提升*。党员服务群众队伍得到充实。通过组建非公有制企业联合党委、社会组织孵化中心等机构，发掘一批在职党员、离退休老党员参与志愿服务活动，成为联系服务群众的工作骨干。统筹资源能力得到增强。一批城中村、社区党组织通过开展城市基层党建，统筹资源的能力得到锻炼和增强。院一社区在省司法厅协助下，在办事大厅设立司法咨询岗位；戴家巷社区结对南大二附院，定期在医院和社区为中老年群体开设"健康你我他"讲座。阵地建设得到发展。通过整合区域内党建资源，加大基层党组织办公活动场所等基础性设施建设投入，充分拓展其综合服务功能，促使原来零星的服务活动转化为常态化的服务项目。

四、经验与启示

1. *基层书记是关键*。区别于上海以镇街为基本单元的区域化党建工作，东湖"五纵五横"共同体创建以社区、城中村为基本单元。这样的模式能及时掌握群众需求,精准推送服务,但也对街道、社区党组织书记的组织协调沟通能力,提出了更高的要求。驻区单位特别是省、市级单位不会主动去找你,关键就是街道、社区党组织书记必须在思想上高度重视,挑起担子、放下面子去协调、去化缘,为实现共驻共建共享打下基础。实践证明,基层党组织书记决定城市基层党建工作落实与否。

2. 解决问题是重点。衡量党建工作好不好,最终标尺还是在党员群众。在工作中,东湖区坚持问题导向,以解决问题为落脚点来推动工作。比如在城中村,我们围绕党建富民设计载体,推出党员科普示范基地、"党建+村园融合""红色电商"等工作品牌,多次被市委组织部肯定表彰;在城区,围绕实现"一委一居一中心"目标,结合推动基层党建标准化,在省、市率先覆盖了村(社区)党群服务中心,办公服务面积示范点不少于600平方米、达标点不少于300平方米;在"两新",围绕推动"两个覆盖",建立了区社会组织孵化中心,实现了组建社会组织与建立党组织同步提出,社会组织领导班子与选派党组织负责人同步考虑,社会组织招收员工与选调党员同步进行,党组织建设与社会组织规模同步发展"四同步"。

3. 信息技术是支撑。运用信息技术加强和改进基层党的建设,适应新形势、新变化、新要求。东湖区智慧党建云中枢涵盖区、街道、社区三级党建网页,整合了东湖党建网、东湖党建APP等信息化党建平台,沉淀了约40万条党建数据,通过对"大数据"的挖掘、分析、研判,掌握辖区党员群众基本情况以及党建资源,精准确定党建工作的发力点,实现城市资源深度融合。

4. 制度机制是保障。东湖区委高度重视城市基层党建工作,专门成立了工作推进领导小组,涵盖区委党建工作领导小组成员单位及各镇(街道、管理处),负责对各领域党建工作具体实施进行总体协调,区财政在2017年独立下拨基层党建经费2696万元,形成用有制度管事、有人员做事、有资金办事的工作格局,实现制度化、规范化、长效化,使基层党组织自觉落实责任制,不断增强党的创造力、凝聚力和战斗力。

五、下一步打算

1. 开展社区"摘牌"活动。由街道党工委具体负责社区标识标牌的分析、归并和清理,对内容陈旧、无实质作用的牌子坚决"下墙",对涉及工作人员信息、办事流程等为民服务类牌子进行精简,对功能室牌以插卡式集成展示,对各类政策和制度以宣传手册或电子触摸屏等方式展示。

2. 深化"1+X"志愿服务活动。推动全区机关事业单位和国有企业在职党员干部进社区报到,实现八小时工作在单位、八小时外奉献在社区的"双岗服务"。在职党员每年参加社区活动不少于2次、认领"微心愿"不少于1个。

3. 推广"五位一体"议事协调机制。在各社区建立以社区党组织为核心,居委会、民情理事会、业委会、物业公司等共同参与的议事平台,以民情协商方式,定期召开会议,引导社区多元主体参与社区事务。同时,成立由街道、社区和居民代表组成的督查组,督查会议决议办理情况,确保事事有结果、件件能落地。

4. 打造社区"红色驿站"。以党组织互联互通为纽带,以党员志愿服务为主要形式,在开展本单位业务工作的同时,围绕群众所需所盼,结合实际提供便捷化、人性化、个性化等精准服务,让人民群众在城市生活得更方便、更舒心、更美好。

5. 推行党员志愿服务积分制。根据党员志愿者参与志愿服务的项目难度、时间、效果、群众评价等因素进行积分,每年按照每位党员志愿者积分情况开展志愿者星级评定,形成比学赶超良好氛围。党员志愿者积分情况纳入党员评优评先的重要内容,非党员优秀志愿者可优先吸收为入党积极分子考察培养。

(区委组织部)

大 事 记

1月

2日

上午，由东湖区与社会红色文化收藏家合作共建的南昌红色记忆展示馆举行开馆仪式，南昌市委常委、宣传部部长龙和南，市纪委常委、秘书长、监委委员夏清平以及市委宣传部、市委基层办、市文广新局、市旅发委、南昌八一起义纪念馆、南昌新四军军部旧址陈列馆等部门有关负责人，区领导刘闯、贾彧超、胡洪水、唐铭市、刘光荣、童萍如、袁晨等出席。贾彧超主持开馆仪式，龙和南与刘闯共同为展示馆揭幕。南昌红色记忆展示馆是根据南昌市委、市政府《南昌市国有博物馆扶持办法（试行）》的精神，由东湖区文旅公司委派馆长负责日常运营管理，民间收藏家担任名誉馆长并无偿提供展品，是全市首个“公助民办”展馆。展示馆以“红旗”为灵魂，以“时间”为节点，通过丰富的历史文物，翔实的文史资料，全面生动讲述中国共产党带领人民群众进行革命、建设和改革的伟大历程。

4日

上午，区领导高辉红、夏小兰来到豫章街道东濠街社区和豫章一号产业园，调研指导第四次经济普查现场登记工作，看望慰问普查工作人员，听取工作进展情况汇报，对基层普查员和普查指导员的敬业精神给予充分肯定。

5日

上午，区领导高辉红、胡洪水、胡志强、陈俊、万明先后到象山北路综合改造、南昌红色记忆展示馆、八一公园改造、沁庐旅生活广场、刘将军庙社区改造、江旅都市方舟、海学茂人工智能教育公园、东湖意库等项目现场，察看各个项目进展情况。在南昌红色记忆展示馆，高辉红一行参观陈展，对展馆高质量、高效率、高标准完成建筑主体全方位保护性修缮、展馆设计、陈展施工等工作表示肯定，并对进一步优化展馆布局、强化日常管理等方面提出工作建议。

7日

下午，东湖区召开全区机构改革动员大会，区领导刘闯出席会议并讲话，高辉红主持会议，夏小兰宣读《南昌市东湖区机构改革实施方案》。此次机构改革，东湖区共设置12个区委机构和21个政府工作部门。群团组织改革、承担行政职能的事业单位改革、综合行政执法改革、审批服务便民化改革根据专项部署，与区机构改革同步推进。镇（街道）相关改革按照中央关于构建简约高效的基层管理体制要求，与区机构改革统筹谋划、分步实施。区领导贾彧超、喻国泰、王玮等在家的区四套班子成员，区人武部政委，区法院院长，各镇、街道、管理处党政主要负责人，区委各部门、区直各单位、各垂管单位主要负责人参加会议。

8日

上午9时30分，中国人民政治协商会议南昌市东湖区第九届委员会第四次会议在区文化活动中心演艺大厅隆重开幕。此次大会应到区政协委员243名，实到225名，符合政协章程规定。区领导刘闯、高辉红、贾彧超、喻国泰和此次大会执行主席王玮、欧阳桃花、谢保成、冯于水、谢华、余坚、胡涛湘、胡薇在主席台前排就座。王玮主持大会，欧阳桃花作常委会工作报告，余坚向大会作区政协九届常委会提案工作报告。区政协委员杜影、胡阳、黄天祥、赵德莲、李蕾分别代表区政协民进界别、农工党界别、工商联界别、社会和法制委员会及教卫文体委员会作大会发言。大会还审议并通过政协南昌市东湖区第九届委员会第四次会议议程。

9日

上午,东湖区第十六届人民代表大会第四次会议在区文化活动中心演艺大厅隆重开幕。大会应到代表242人,实到代表231人,符合法定人数,喻国泰主持大会。此次大会执行主席刘闯、高辉红、贾彧超、喻国泰、王玮、唐铭市、彭雅琳、余瑾、谢蓉、郑洪健、谭阿莉、万里涛、唐榕星、杨峰、黄芝义、许强在主席台前排就座。区领导焦玉庄、胡洪水、刘光荣、夏小兰、陈俊、胡志强、张恩以及区人大、区政府、区政协、区法院、区检察院领导等受邀出席并在主席台就座。区领导高辉红向大会作政府工作报告,大会审议了东湖区2018年国民经济和社会发展计划执行情况及2019年国民经济和社会发展计划草案的报告、东湖区2018年财政预算执行情况和2019年财政预算草案的报告,表决通过大会表决办法(草案)、民生实事项目人大代表票决办法(草案)、关于设立东湖区第十六届人民代表大会社会建设委员会的决定(草案)。不是代表的区副县以上领导、政协委员以及各委、办、局和垂管单位的负责人列席会议。

10日

上午,政协南昌市东湖区第九届委员会第四次会议在区文化活动中心演艺大厅胜利闭幕。此次会议应到委员243人,实到220人,符合政协章程。区领导刘闯、贾彧超、喻国泰和本次大会执行主席王玮、欧阳桃花、谢保成、冯于水、谢华、余坚、胡涛湘、胡薇在主席台前排就座。大会表彰了优秀提案和提案办理先进单位,通过《政协东湖区第九届委员会第四次会议提案审查情况报告》,审议通过《政协东湖区第九届委员会第四次会议决议》。

上午,南昌市残疾人音乐协会成立大会在东湖区残疾人之家召开,江西省残联副理事长张志凤,南昌市残联党组书记、理事长余颖,区领导贾彧超等出席活动,80余名残疾人音乐爱好者参加会议。大会通报南昌市残疾人音乐协会筹备情况,通过《南昌市残疾人音乐协会章程》,选举产生主席、副主席。张志凤、余颖、贾彧超共同为南昌市残疾人音乐协会揭牌。大会还进行汇报演出,节目精彩纷呈,展现了残疾人自信阳光、积极向上的精神风貌。

下午,东湖区在区政府常务会议室召开安全生产工作会议,区领导高辉红出席并讲话,夏小兰、陈俊、童萍如、余炜、万勇、万明、杨峻出席会议。会上,区安监局通报2018年全区安全生产工作并部署春节及全国、省、市“两会”期间安全生产工作;区城建局、区市监局、区消防大队、区交警大队、扬子洲镇、百花洲街办相关负责人发言。

11日

上午,江西省“我们的中国梦”——文化进万家活动启动仪式在东湖区光明社区隆重举行,江西省委宣传部副巡视员林大建,省文联主席叶青、副主席龙红,省委宣传部文艺处处长赵卫萍,中国书法家协会副主席、省书法家协会主席、省文艺志愿者协会主席毛国典以及来自省文艺志愿者协会、省书协、省摄协、省音协、省舞协等文艺家协会的20余位文艺家和光明社区的干部群众出席启动仪式。林大建、叶青分别向“我们的中国梦”——文化进万家文艺志愿服务队、“我们的中国梦”——文化进万家文艺志愿服务队轻骑兵小分队授旗。启动仪式结束后,省书法家协会现场开展“送万福进万家”活动,为社区居民群众写春联送祝福;省摄影家协会开展“我们的中国梦——摄影进万家”活动。区领导贾彧超、胡洪水出席活动。

11—12日

区领导陈俊赴深圳拜访深圳市中航九方资产管理公司,并考察深圳天虹商场合正汇—城店项目,就意向投资合作相关项目和共促商贸产业发展等事宜进行友好沟通。区商务局有关人员随同考察。

13—14日

区领导高辉红、陈俊、万明和南昌市综保区管委会党组书记、主任吴斌一行赴杭州考察项目。考察组先后实地考察杭州晶泰电子商务有限公司(下城区跨贸小镇)、杭州阿里旗下盒小马等项目,并就电子商务产业发展和相关项目投资合作等事宜与企业进行深入沟通。高辉红一行还考察杭州部分农贸市场和城市建管项目,学习兄弟城市民生项目建设与管理经验。区商务局有关人员随同考察。

15日

上午,区领导高辉红在区政府第一会议主持召开全区"大棚房"整治和违法用地整改工作调度会。区领导刘光荣、万勇、杨峻出席。会上,区农水局汇报了"大棚房"问题专项清理整治工作情况,东湖国土分局汇报了"大棚房"问题整治整改情况及全区违法用地整改工作情况,扬子洲镇和扬农管理处分别汇报了辖区内"大棚房"问题专项清理整治和违法用地整改工作进展情况。与会的区领导分别就相关工作提出意见建议。区政府办、区房管局、区城建局、区执法局、区农水局、东湖国土分局、东湖规划分局、扬子洲镇、扬农管理处、区城投公司、东湖公安分局、扬子洲派出所负责人参加会议。

上午,区领导高辉红、夏小兰前往江西省高校出版集团走访,介绍东湖区经济社会发展情况及取得的突出成就,对江西省高校出版集团对东湖区经济社会发展做出的贡献、带来的社会价值和崇高荣誉表示感谢,期待双方继续加强在文化产业、教育产业、服务产业等领域的合作,促进双方共同发展,实现企业与政府的双赢。江西高校出版社有限责任公司董事长、社长邱少华对政府上门服务表示感谢,表示出版集团将把握机遇,继续与区委、区政府深度合作,助力东湖经济发展。区财政局、区发改委、区统计局、彭家桥街道主要负责人随同走访。

下午,南昌市十五届人大五次会议东湖代表团在南昌市前湖迎宾馆丽宝轩举行东湖代表团全体会议,市中级人民法院院长居国屏出席。区领导刘闯、高辉红、喻国泰及东湖代表团全体市人大代表出席会议。刘闯主持会议。会议推选代表团正、副团长,审议大会主席团和秘书长名单草案,审议大会议程草案,传达学习江西省委常委、南昌市委书记殷美根在各代表团召集人会议上的讲话精神。区领导刘光荣列席会议。

16日

下午,区领导陈俊会见北京谛听文化传媒有限公司何榆林、厦门市江西商会温连圣等一行,向客商介绍东湖区社会经济的发展情况,听取何榆林介绍谛听文化公司现状及未来在南昌的发展思路,三方就企业意向在东湖区投资建设文创项目进行友好沟通。区商务局、区发改委等单位负责人参加会见并陪同客商实地考察东湖意库项目。

19日

上午,区领导高辉红、万明调研东湖区部分建管项目,实地察看项目建设情况。高辉红到蓑衣荚排水口察看水环境治理情况,随后前往象山北路综合改造工程、八一公园提升改造工程、刘将军庙社区改造工程现场察看工程建设进度,听取责任部门负责人汇报,并就提高工程质量、加快工程进度提出要求。区政府办、区城建局、百花洲街办、八一桥街办等单位有关负责人随同。

21日

下午,东湖区在区政府常务会议室召开全区全国文明城市创建工作调度会,区领导高辉红出席并讲话。贾彧超、胡洪水、万明分别在会上部署相关工作、传达有关会议精神,区文明办、区综管办、区农水局通报近期创建工作情况并部署下一阶段工作。

22日

下午,南昌市委常委、统战部部长乐文红,市人大常委会副主任谭绍木,到东湖区开展走访慰问工作。乐文红一行在东湖区居家养老服务中心,详细了解东湖区的养老工作及居家养老服务模式开展情况,走访优抚对象熊跃明和南昌市第二按摩医院以及低保户吴建生。乐文红要求各级各部门落实好相关政策和文件精神,完善帮扶机制,深入开展好走访慰问和送温暖活动,妥善安排好群众的生产生活,帮群众过一个幸福温暖、平安祥和的新春佳节。区领导刘闯、喻国泰、焦玉庄随同走访。

下午,东湖区民营企业座谈会在区委常委会议室召开。区领导刘闯出席并讲话,高辉红主持会议,贾彧超、焦玉庄、夏小兰、陈俊、万勇、胡涛湘参加。座谈会上,区公安分局、区执法局、区税务局、区市场监管局主要负责人围绕贯彻落实习近平总书记在民营企业座谈会上的重要讲话精神、为民营企业发展服务分别作发言,5名民营企业家代表着重围绕东湖区民营企业发展面临的困难和问题提出意见建议。刘闯要求相关部门务必认真梳理企业家提出的意见建议,认真消化吸收,妥善处理企业家们关心的问题,使各项政策举措更具针对性和操作性。

23 日

上午，东湖区开展区委常委班子民主生活会集中学习研讨活动，深入学习习近平新时代中国特色社会主义思想和中共十九大精神，重点领会把握习近平总书记关于加强党的政治建设，做到忠诚干净担当，坚决贯彻落实党中央决策部署，全面推进新时代改革开放，防止和克服形式主义、官僚主义等重要指示精神，为开好民主生活会打牢思想基础。区领导刘闯主持会议并讲话，高辉红、喻国泰、王玮、焦玉庄、胡洪水、唐铭市、刘光荣、夏小兰、陈俊、胡志强、张恩参加。区委常委成员围绕学习内容依次发言。

上午，区委第十二届61次常委会议在区委第一会议室召开，区领导刘闯主持。会议学习传达中央、省、市纪委全会精神，学习传达省纪委办公厅《关于4起形式主义、官僚主义典型问题的通报》文件精神，学习传达省委巡视办《关于对4个设区市党委巡察工作开展专项检查的情况通报》文件精神，学习传达市委办公厅《关于严肃整治领导干部利用名贵特产类特殊资源谋取私利问题的工作方案》文件精神；审议区纪委提出的《关于召开区纪委十二届四次全会的请示》及有关会议材料，审议区委办公室、区委组织部提出的《东湖区2018年度民主生活会区委常委会对照检查材料（送审稿）》。区领导高辉红、焦玉庄、胡洪水、唐铭市、刘光荣、夏小兰、陈俊、胡志强、张恩出席会议，喻国泰、王玮列席。

下午，东湖区在区文化活动中心新闻发布厅召开2019年度离退休老干部形势报告会。区领导刘闯出席并作报告，贾彧超主持会议，万里涛、袁晨、欧阳桃花出席。刘闯向全区老干部对东湖经济社会发展做出的积极贡献表示衷心感谢，并希望他们继续发挥余热，为东湖区的经济社会发展出谋献策，贡献力量。

区领导刘闯、贾彧超、袁晨一行走访慰问区离退休干部蔡广堂、江金水，给他们送去慰问金和新春的问候。刘闯一行介绍了东湖区经济社会发展工作情况，听取他们对区委区政府工作的建议和意见。

24 日

下午，区领导高辉红、夏小兰、胡薇开展走访慰问活动，向部分困难党员、群众、优抚对象等送上党委政府的关怀和温暖，并致以节日的问候和祝福。区委组织部、区委统战部、区民政局、百花洲街道相关负责人随同。

25 日

下午，江西省纪委副书记、监委副主任潘东军，省纪委办公厅副主任舒畅到东湖区开展春节走访慰问活动。潘东军一行到东湖区社会福利院详细了解福利院相关工作安排，询问老人们的身体状况和生活情况，代表省委、省政府向工作人员和老人们送上节日的问候和祝福。潘东军一行还走访了优抚对象邓菊根、困难企业南昌市第二按摩医院等处。区领导刘闯、刘光荣陪同走访，区委办、区民政局、豫章街道、滕王阁街道主要负责人随同。

26 日

上午，中共南昌市东湖区第十二届纪律检查委员会第四次全体会议在区文化活动中心演艺大厅召开，区领导刘闯出席并讲话，在家的区四套班子成员、区法院院长出席会议。区领导刘光荣主持会议并作了题为《改革创新不止步　监督执纪再出发　推动“廉洁东湖”建设高质量发展》的工作报告。会议书面传达十九届中央纪委三次全会、省纪委十四届四次全会精神和市纪委十一届四次全会精神，相关单位在会上作了学习交流。会前还集中观看廉政微电影《本色》《变色》。区委各部门、区直各单位主要负责人，各镇、街道、管理处党政主要负责人、纪（工）委书记，各村、社区党委（党支部）书记，区纪委委员，区监委委员，区第1—6纪工委书记、副书记，区委巡察组组长、副组长、巡察专员，区纪委监委全体干部以及部分受邀科股长参加会议。

29 日

上午，区领导刘闯、夏小兰走访慰问部分困难党员、离退休老干部，为他们送去党和政府的关怀与温暖。刘闯先后到困难党员赵国文家中和离退休老干部娄曼云的病房里，向他们及其家人致以节日问候，并送上节日慰问金。区委办、区委老干部局、区民政局、豫章街道负责人随同。

中午，区领导高辉红、贾彧超、杨峻到东湖区福利院看望在那里生活的老人们，并陪老人们一起吃年饭、过小年，把党和政府的关怀、社会各界的关爱送进老人们的心坎里。

东湖区召开2019年度人大代表建议和政协委员提案交办会，区领导夏小兰、谭阿莉、余坚出席。2019年，区政府共收到“两会”建议、提案144件，涉及交通、教育、城市建管、社会保障等多个方面，充分体现人大代表、政协委员代民行权、关注民生的责任感和使命感。会议要求区政府办公室对建议提案进行认真梳理，压实责任，加强督查；各承办单位要把建议提案办理工作与重点项目建设、民生实事、作风建设等工作有机结合，规范办理程序、注重办理质量，以实际行动赢得人大代表、政协委员和人民群众的理解、支持和信任。

30日

下午，区领导刘闯、贾彧超、杨峻到扬子洲地区调研工作进展情况。刘闯一行先后来到洪都大桥下扬子洲路沿线、为民村停车场、熊万村委会等地，察看扬子洲地区殡葬改革、全市乡村振兴视察点位筹备情况，并召开座谈会专题听取责任部门汇报，部署相关工作。区委办、区民政局、区农水局、区财政局、区综管办、区城建局、区执法局、区城管委、区文广局、区商务局、团区委、区公安分局、扬子洲镇、扬农管理处等单位负责人参加调研。

31日

下午，区领导高辉红、万明察看象山北路综合改造、刘将军庙综合改造、八一公园提升改造等项目施工现场，听取情况介绍及施工安排，详细了解各个项目进度及存在的困难和问题。

下午，东湖区人民检察院召开2018年度党组民主生活会，区领导高辉红到会指导并提出工作要求。区人民检察院党组成员、副检察长罗建珍主持会议并通报2017年度民主生活会、2018年“坚决全面彻底肃清苏荣案余毒持续建设风清气正政治生态”专题民主生活会整改落实情况和2018年度民主生活会前期准备工作情况，并代表班子进行对照检查；班子成员逐一进行个人对照检查，并听取批评意见。高辉红高度肯定此次民主生活会是一次成功的、有质量的会议，希望大家以此为契机，不忘初心、牢记使命，因势而谋、顺势而为、乘势而上，以优异成绩为中华人民共和国成立70周年献礼！

2月

1日

上午，东湖区人民法院召开2018年度领导班子民主生活会，区领导刘闯到会指导并提出要求。该院党组书记、院长梁洪主持会议并通报了2017年度领导班子民主生活会、2018年“肃清苏荣余毒”专题民主生活会整改措施落实情况和2018年度民主生活会征求意见情况，并代表班子进行对照检查；班子成员逐一进行个人对照检查，并听取批评意见。刘闯对此次民主生活会予以充分肯定和高度评价，他希望班子成员以更高的站位、更强的担当、更实的作风、更足的干劲，锐意进取、奋勇开拓，推动法院各项工作再上新台阶，为东湖区的经济社会发展做出新的更大贡献。

2日

上午，区领导高辉红、杨峻一行到到洪都大桥下鹏举路沿线、中心公路扬新路沿线等地，实地察看调研扬子洲镇殡葬改革和农村人居环境整治工作进展情况。

3日

上午，区领导高辉红在区政府常务会议室主持召开全区春节期间工作部署会，专题部署安排节日期间相关工作。区领导陈俊、童萍如、余炜、万勇、万明、杨峻、袁晨出席。会议传达学习了省十三届人大三次会议和省政协十二届二次会议精神和《江西省人民政府办公厅关于加强政府网站管理和安全防范的紧急通知》《江西省党政领导干部安全生产责任制实施细则》。陈俊、童萍如、余炜、万勇、万明、杨峻、袁晨分别就分管工作作了部署和安排。针对春节期间相关工作，高辉红要求各相关单位做好统一安排部署，全力做好节日期间安全生产、城市市容环境、市场供应、食品安全、禁燃禁放、值班值守等方方面面工作，努力营造安全有序、干净整洁、喜庆祥和的节日氛围。

下午，区领导高辉红、万明先后到紫金广场、东濠街、八一公园、象山北路、民德路、苏圃路、三经五纬等处，察看城区市容环境及相关点位彩灯、花草设置、灯笼悬挂等春节景观布置工作。高辉红要求相关责任部门要精心设计布置景观，安排好群众文化娱乐活动,不断美化群众生活居住环境,不断丰富群众精神文化生活。区政府办、区城建局、区综管办等单位主要负责人随同。

5日

《人民日报》头版头条文章《人民幸福安康,祖国繁荣吉祥》,报道东湖区八一公园内熙熙攘攘,红色灯笼装点的樟树下,正在开展第二届“传统民俗庆团圆　南昌味道南昌年”新春文艺会演活动。

8日

东湖区在扬子洲镇召开“三请三回”暨扬子洲镇“乡贤回家”新春团拜会。区领导贾彧超、袁晨出席。区商务局在会上作招商引资与重大项目推介,向乡贤征求改善投资环境意见,邀请乡贤返乡投资创业。贾彧超对参会的乡贤代表表示诚挚的欢迎,希望广大乡贤一如既往支持家乡经济发展,返乡投资创业。各位乡贤纷纷为家乡建设建言献策,畅谈发展思路,在项目建设、改善民生等方面提出宝贵建议。数十位东湖籍医科院所、机关团体、各行各业企业家代表参加会议。

13日

下午,区领导高辉红在区政府常务会议室主持召开全区全国文明城市创建工作调度会,听取创建工作情况汇报。区领导贾彧超、万明出席会议并分别就创建相关工作作出强调和部署。会上,区综管办、区文明办、区十个对标创建工作部牵头单位主要负责人分别汇报相关工作情况和下一阶段创建工作重点。区十个对标创建工作部牵头单位、各街道(镇、管理处),区城建局、区执法局、区市场监管局、区卫计委、区文明办(创建办)、区综管办、区旧改办、东湖消防大队主要负责人,东湖公安分局分管领导参加会议。

区领导高辉红、贾彧超、余瑾、万明、冯于水深入东湖区各街道(管理处),就文明城复牌迎检工作暨“美丽南昌·幸福家园”环境综合大整治工作进行突击检查。区政府办、区委政法委、区城建局、区城管委、区执法局、区商务局、区综管办、区文明办、区爱卫办等相关负责人参加。

16日

上午,东湖区在区文化活动中心召开城镇贫困群众脱贫解困工作动员部署会,区领导刘闯出席并讲话,高辉红主持会议,贾彧超、刘光荣、谢蓉、杨峻、谢保成出席会议。杨峻在会上对《关于加大城镇贫困群众脱贫解困力度的实施意见》进行解读,并对全区城镇脱贫解困工作进行布置,区民政局、区人社局、区房管局、扬子洲镇、八一桥街办等五个单位分别作工作发言。区委组织部、区委宣传部、区发改委、区教科体局等20家单位主要负责人及城镇脱贫解困工作联络员,各镇、街道(管理处)党政主要负责人、分管负责人、民政所(科)长、城镇脱贫解困工作联络员及各村(社区)书记参加会议。

18日

下午,东湖区在区政府常务会议室召开全区第三十次全国文明城市创建暨元宵节禁燃禁放工作调度会,区领导高辉红主持会议并讲话,贾彧超、余炜、万明出席。会上,贾彧超就相关工作进行部署,余炜部署了元宵节禁燃禁放相关工作,万明传达全市城市功能和品位提升三年行动暨“美丽南昌·幸福家园”环境综合整治三年上台阶动员部署大会的相关会议精神并部署相关工作。区文明办(创建办)、区综管办汇报有关工作情况,各对标创建工作部汇报相关工作。

19日

上午,东湖区在区文化活动中心新闻发布厅召开2018年度基层党建工作述职评议会,区领导刘闯出席会议并讲话,市委组织部组织三处处长邓裕斌到会指导。区领导贾彧超、胡洪水、唐铭市、刘光荣、陈俊、胡志强出席会议。会上,各镇(街道、管理处)党(工)委书记和区人社局、区市监局党委书记就抓基层党建工作进行述职;各区直部门党委书记进行书面述职;区委常委结合分工对各镇(街道、管理处)党(工)委书记和区直系统党委书记抓基层党建工作进行点评。会议对述职情况进行考核评议。

21日

上午,区领导高辉红在区政府第一会议室主持召开2019年经济口重点工作会,深入分析经济形势,研究部署下一步工作。区领导陈俊、万勇、袁晨出席会议并分别就分管口经济工作进行分析和安排。区发改委、区财政局、区商务局、区统计局、区税务局、区金融办等单位分别汇报2019年经济发展重点工作安排。

21—22 日

区领导高辉红、陈俊赴长沙开展招商活动。高辉红一行考察步步高·新天地(梅溪湖)商业项目,就项目运营模式与社会经济效益与企业进行深入探讨;在嘉德集团公司,就企业意向去南昌投资相关项目事宜进行友好沟通,希望双方强化沟通合作,为东湖区跨境贸易发展带来新机遇。区商务局、百花洲街办、滕王阁街办相关人员随同。

22 日

上午,区领导袁晨来到南昌东湖文化旅游发展有限公司,认真听取公司 2018 年度工作进展情况及 2019 年度工作思路,并对东湖文旅未来发展提出工作要求。

23 日

上午,东湖区残联在残疾人之家举行《我们都是追梦人》演讲比赛决赛,80 余名残疾人艺术爱好者及其家属参加活动。《我们都是追梦人》演讲比赛启动后,共有 40 名选手参加初赛,10 名选手进入现场决赛。经过激烈角逐,最终评选出一等奖 1 名,二等奖 2 名,三等奖 3 名。南昌电视台一套《新闻说报》栏目现场进行报道。

24 日

上午,东湖区在区委常委会议室召开"美丽南昌·幸福家园"环境综合整治调度会,区领导刘闯出席并讲话,高辉红主持会议,贾彧超、胡洪水、陈俊、胡志强、童萍如、余炜、万明、杨峻出席。会上,胡洪水传达了全市相关会议精神,与会领导分别就各自分管工作进行部署和强调,相关单位分别作表态发言。区委相关部门,区直相关单位,各街道(镇、管理处)党政主要负责人和分管负责人参加会议。

25 日

上午,区领导高辉红一行实地察看辖区内部分点位"美丽南昌·幸福家园"环境综合整治工作,了解背街小巷保洁、垃圾处理站运转、停车场工地建设和农贸市场经营秩序等情况,听取相关工作进展,并协调解决工作中遇到的困难和问题。区政府办、区环保局、百花洲街道等单位主要负责人随同。

27 日

上午,区委第十二届 62 次常委会议在区委第一会议室召开,区领导刘闯主持。会议审议区委组织部提出的《关于调整涉及机构改革区政府工作部门党组(党委)设置的请示》,审议区委组织部提出的有关干部人事议题(略),审议区妇联提出的《关于召开表彰三八红旗手、红旗集体、平安家庭示范户、"最美家庭"大会的请示》,审议区纪委提出的《关于对戴江林同志违法问题立案调查的请示》。高辉红、贾彧超、胡洪水、唐铭市、刘光荣、陈俊、胡志强、张恩出席会议,喻国泰、王玮列席。

上午,东湖区第四次全国经济普查正式登记工作推进暨业务培训会在区政府常务会议室召开,区领导高辉红出席并讲话,陈俊主持会议。区统计局在会上传达省、市经普会议精神,对"四经普"工作阶段性工作进行小结并部署下一阶段工作。区第四次全国经济普查领导小组成员单位主要负责人,各镇、街道(管理处)主要负责人和分管负责人,普查办主任参加会议。

下午,东湖区在区委常委会议室召开机构改革干部调整集体谈话会议,区领导刘闯出席并讲话,贾彧超主持会议,唐铭市出席,本次机构改革涉及调整的部分干部参加谈话。唐铭市在会上宣布区委关于机构改革有关干部的任免决定,涉改调整干部代表作了表态发言。刘闯要求被调整的干部讲政治,坚决服从组织安排;讲效率,尽快进入新的角色;讲担当,全力展现更大作为;讲团结,营造和谐共事氛围;讲规矩,严格遵守纪律要求,自觉执行有关规定。

28 日

上午,东湖区第十六届人大常委会第十八次会议在区人大常委会会议室举行,区领导喻国泰、彭雅琳、余瑾、谢蓉、郑洪健、谭阿莉、万里涛及常委会组成人员共 23 人出席会议。会议传达省、市人大"两会"精神,学习《监督法》,以电子表决投票方式通过东湖区第十六届人大常委会 2019 年工作要点与工作安排(草)、关于东湖区人大常委会内务司法工作委员会更名为东湖区人大常委会监察和司法工作委员会的决定(草)、关于 2019 年区政府民生实事项目人大代表监督方案(草)和其他人事任免议案。区领导袁晨、区人大副县级干部桂兵,区人大、区政府、区法院、区检察院有关部门负责人,各街道人大工委主任及部分人大代表列席会议。

3月

3日

上午,由南昌市残联主办、东湖区残联协办的第二十次全国"爱耳日"宣传教育活动在八一公园隆重举行。活动现场悬挂着"落实国家救助制度,实现人人享有康复服务"宣传标语,设置残疾预防和残疾人康复知识宣传展板和预防康复咨询区、爱耳义诊区、手工义卖区等,前去进行健康咨询、义诊、筛查的市民络绎不绝,气氛热烈。东湖区残疾人艺术团表演的听障腰鼓《爱我中华》、歌伴舞《让我听懂你的语言》赢得观众阵阵掌声。南昌市残联主要负责人、省残联有关处室负责人以及区领导贾彧超出席活动,200余名残疾人及其家属、助残志愿者参加。

下午,区领导刘闯、高辉红到贤士花园农贸市场调研指导市场管理工作。刘闯一行详细了解市场内外环境卫生、蔬菜农残检测、肉菜溯源等日常管理工作情况,听取了区商务局关于市场改造提升方面的介绍,高度肯定贤士花园农贸市场改造取得的成效,要求区商务局总结经验,树立标杆,进一步强化"智慧市场"建设,运用物联网、大数据等技术实现市场管理现代化、服务便捷化,全面提升农贸市场的服务品质,努力提升全区农贸市场的管理水平。

4日

上午,江西省妇联主席王庆一行到东湖区百花洲街道小金台社区慰问全国三八红旗手章金媛女士,了解章金媛爱心奉献团志愿服务开展情况,对她的奉献精神表示高度赞扬,并送上慰问金和慰问品。省妇联调研员余梅香、南昌市妇联主席胡斎以及区领导刘闯、贾彧超随同走访。

5日

下午,共青团江西省委党组成员、副书记杨志到东湖区北湖小学观摩共青团南昌市委创新型项目——南昌市少年军校。北湖小学少年军校50余名小队员代表南昌市少年军校参训学员接受检阅,学员代表还赠送用废旧物品材料制作的"环保+科技"坦克模型,展示学生的科技创新和实践操作能力。区领导贾彧超、唐铭市陪同观摩。

6日

上午,东湖区纪念"三八"国际劳动妇女节109周年大会在区文化活动中心新闻发布厅隆重举行。南昌市妇联副主席陈姝,区领导贾彧超、谢蓉、胡薇,全区各镇(街道、管理处)妇联以及系统、区直单位妇委会代表共140余人参加活动。区妇联主要负责人宣读《关于授予东湖区三八红旗集体、三八红旗手、平安家庭示范户和"最美家庭"荣誉称号的决定》,区人力资源和社会保障局等8个区三八红旗集体、15名区三八红旗手、12户家庭平安家庭示范户、12户家庭"最美家庭"受到表彰。

下午,由江西省科技厅党组副书记、副厅长谢金水带领的"2018年度全省公共机构节能现场考核"检查组到东湖区开展公共机构节能工作检查,先后查看区文化活动中心屋顶光伏发电项目,地下停车场照明节能改造项目,大楼能耗数据监测平台、综合服务中心屋顶雨水、空调冷凝水绿色回收喷灌项目和绿色共享电动汽车及充电桩建设等节能设施设备改造情况。检查组高度肯定东湖区开展的各项节能改造措施,认为在办公大楼节能改造、新能源、新技术的利用以及新能源汽车推广运用中起到较好的示范作用。南昌市机管局局长汪戍、副局长卢学文,区领导贾彧超陪同检查。

7—9日

区领导刘闯、陈俊赴上海参加南昌市重点产业(上海)推介会并考察合作企业。推介会期间,签约重大项目意向投资合作协议总额达50亿元,考察了六洲酒店管理有限公司(洲际酒店集团大中华区公司)项目,拜访绿地控股集团、新地集团等企业高层,就推进相关合作项目进行深入交流。区商务局、区投资促进局、滕王阁街办有关负责人随同参加活动。

11日

上午,东湖区在城泰江阅商务中心项目现场举行"大干项目年"暨2019重大项目集中开工仪式。江西省委常委、南昌市委书记殷美根,市委副书记刘烁,市人大常委会主任陈德寿,市政协主席周关,市委常委、常务副市长肖玉文,市委常委、秘书长郭毅,市委常委、南昌警备区政委王宗军,副市长凌卫、杨文斌,以及江西城泰投资有限公司董事、常务副总经理钱爱武，区领导刘闯、高辉红、贾彧超、喻国泰、王玮等区四套班子成员出席。殷美根宣布项目开工，肖玉文、刘闯和钱爱武分别致辞，高辉红主持仪式。东湖区此次集中开工项目16个，总投资144.5亿元，涵盖“产业发展、城市建管、民生实事和基层党建”四个领域。

12日

上午，东湖区在樟树林文化广场举办2019东湖区“春风行动”专场招聘会暨城镇贫困群众就业帮扶活动会。活动以“促进转移就业、支持返乡创业”为主题，旨在通过岗位帮扶、培训帮扶、创业帮扶等形式助力困难群众，为化解节后用工市场供需“两难”，达到企业与劳动者供需“双赢”提供有效平台。活动由区人社局、区总工会主办，区公共就业人才服务局、董家窑人社所等承办。64家用工单位在活动中提供适合困难人员工作就业岗位3200个，近百人达成岗位意向；80余人报名参加培训，发放“春风卡”1000份，达成意向有106人。多个业务部门在活动现场开展各类民生政策宣传咨询活动，包括人力资源服务许可审批、创业担保贷款、职业创业培训、养老保险、医疗保险、劳动维权及劳动人事争议仲裁等政策咨询。

14日

上午，区领导高辉红在区信访局会议室主持召开东湖区邻里中心项目建设推进会，童萍如、杨峻出席。杨峻传达全市邻里中心项目建设会议精神，童萍如作具体工作部署；各单位就工作推进中存在的问题及下一步工作打算做发言。区政府办、教科体局、民政局、商务局、文广新局、卫健委和百花洲街办等单位有关负责人参加会议。

下午，区委第十二届六十三次常委会议在区委第一会议室召开，区领导刘闯主持。会议学习传达《关于印发〈省委常委会2019年工作要点〉的通知》《刘奇、易炼红同志在省扶贫开发领导小组会议上的讲话》《关于印发〈江西省生态环境保护委员会工作调度制度〉等六项制度的通知》《关于印发〈江西省污染防治攻坚战八大标志性战役总体工作方案〉的通知》《关于印发〈省残疾人联合会改革实施方案〉的通知》《习近平在中央政治局第十二次集体学习时的讲话》《刘奇、易炼红同志在习近平总书记视察江西三周年座谈会上的讲话》《省委办公厅关于十四届省委第四轮巡视发现倾向性问题的通报》等文件精神以及中共南昌市委十一届第五十六次常委会会议精神，审议区政协党组提出的《关于审议〈政协东湖区第九届委员会常务委员会2019年工作要点（送审稿）〉的请示》《关于审议〈2019年度区政协协商工作计划（送审稿）〉的请示》《关于审议〈2019年度区政协民主监督工作计划（送审稿）〉的请示》和区委政法委提出的《关于召开2019年全区政法工作会议的请示》及有关会议材料。区领导贾彧超、焦玉庄、胡洪水、刘光荣、张恩出席会议，喻国泰、王玮列席。

晚，区领导刘闯、胡洪水、袁晨深入南昌东湖文化旅游发展有限公司开展工作调研，并与公司全体员工进行座谈。刘闯一行重点听取了公司成立以来的经营工作情况及2019年的工作思路，并提出下一步工作要求。刘闯要求，公司要抓住目标定位，以繁荣发展东湖的文化产业为己任，坚持“不忘初心方得始终”的理想信念，做精文化创意，做优文化产品，做好文化园区；要推进平台建设，以产业为基础，加快寻找优质项目作为切入点，深入挖掘各类文化资源潜力，推动公司早日成为强有力的融资平台企业；要强化团队建设，树立公司高层的模范带队作用，明确职责分工，发挥年轻骨干的创业热情，以“聚是一团火，散是满天星”的激情投身到文化事业中去。

南昌市委副书记刘烁到东湖区调研经济社会发展情况，先后到火神庙社区居家养老“时间银行”项目、百花洲（佑民寺）历史文化旅游街区、贤士湖公园综合改造项目、光明社区以及东湖区智慧城管监督指挥中心进行调研。在火神庙社区，刘烁对东湖区创新养老服务模式，探索推出“时间银行”的举措表示肯定，要求东湖区以创建“时间银行”品牌为抓手，建立健全以居家为基础，社区为依托，机构为补充，医养相结合的居家养老体系，让老人老有所为、老有所乐，安享晚年生活。在光明社区，刘烁要求东湖区持续抓好基层党建工作，使党组织真正成为社区的领头人，把各方面工作带动起来；全力抓好基础性服务工作，以问题为导向，力争实现各种服务全覆盖；强化社区治理，创新治理手段，不断增强群众的获得感、幸福感、安全感。区领导刘闯、高辉红、贾彧超陪同调研。

14—15 日

区领导高辉红、陈俊赴北京开展招商活动。高辉红一行在北京先后拜访中国动漫集团总经理杨守民,考察中关村互联网文创产业园等项目,并就企业意向投资合作"全息影院"等相关项目事宜进行友好沟通。在中关村互联网文创产业园,高辉红一行调研园区互联网、文化、科技、金融等业态,考察入园企业大国慧谷科技、椅子网等公司,并就互联网文创园区的建设运营等相关事宜进行深入沟通。南昌市政府驻厦门办事处副主任胡文俊,区商务局、区投资促进局、贤士湖管理处相关负责人随同考察。

16—18 日

区领导刘闯、袁晨赴广州、深圳开展招商活动,推进招商·东湖意库项目。刘闯一行拜访浩鲸云计算科技股份有限公司、飞尚实业集团等企业高管,向他们推介东湖区的投资环境,并就企业意向投资合作相关项目事宜进行友好沟通。刘闯一行还考察招商·广州意库和招商高利泽·广州番禺国际康复颐养中心等项目,并就加速推进招商·东湖意库项目建设和招商事宜与招商蛇口工业控股有限公司高管进行深入沟通。区教科体局、区投资促进局、大院街办、东湖文旅公司负责人随同考察。

18 日

上午,东湖区第四次全国经济普查工作调度会在区政府常务会议室召开。区领导高辉红出席并讲话,陈俊主持会议。区统计局在会上传达南昌市统计工作会议精神、总结全区"四经普"工作阶段性进展情况并部署下一阶段工作,大院街办、八一桥街办主要领导作工作经验交流。

下午,区领导高辉红、贾彧超、喻国泰、胡洪水、陈俊、胡志强、万勇、杨峻深入全区重大重点项目现场,察看并调度各建设项目。高辉红一行先后到中金中心项目、力高澜湖国际项目、贤士湖大厦项目、洪茂大厦项目、东湖意库项目、江旅都市方舟项目、苏宁广场项目、沁庐旅生活广场项目等10个重大重点项目现场,听取项目建设情况汇报,并就加快项目建设提出指导意见。

19 日

上午,区领导高辉红、童萍如、杨峻突击检查辖区部分配送餐学校、自办食堂、集体用餐配送单位的食品安全工作。在豫章小学教育集团爱国路校区和向荣小学,高辉红一行到食堂存储间,对学校的食品安全管理制度、配送餐渠道、配餐留样等环节进行全面排查,要求各校务必严格落实食品安全管理的各项规章制度,不断强化日常管理,切实做到警钟长鸣、常抓不懈。高辉红一行检查某餐饮管理有限公司的环境卫生状况、设施设备运转情况、食品加工流程、原材料采购等行业规范情况,还察看了东湖幼儿园和紫金城广电幼儿园两家自办食堂的单位,对他们落实食品安全管理制度情况进行了全面检查。区政府办、区教科体局、区市场监管局相关负责人随同检查。

下午,区委第十二届六十四次常委会议在区委第一会议室召开,区领导刘闯主持。会议学习传达《中国共产党政法工作条例》《南昌市重大决策社会稳定风险评估责任追究办法(试行)》《国家信访局关于学习贯彻习近平总书记重要指示精神的通知》《省委、省政府关于推动高质量发展的实施意见》《江西省党政领导干部安全生产责任制实施细则》等文件精神,听取东湖区宗教工作情况汇报,审议区监委提出的关于给予干部政务处分的请示和区政府党组提出的《审议〈东湖区关于加强镇政府服务能力建设的实施方案(送审稿)〉的请示》《关于审议〈2019 年东湖区"美丽南昌·幸福家园"环境综合整治"三年上台阶"工作方案(送审稿)〉的请示》。区领导高辉红、贾彧超、焦玉庄、胡洪水、刘光荣、陈俊、胡志强出席会议,喻国泰、王玮、万明、杨峻列席。

下午,区领导高辉红、贾彧超、张恩、杨峻到辖区察看全区防汛工作情况,先后到区城建局市政所、扬子洲镇新村村、扬子洲圩堤渔业村段和扬农管理处,实地检查防汛物资储备、中心渠道清淤清杂、防汛设备运转等情况,听取工作汇报。在扬子洲电排总站,高辉红要求工作人员将防汛排涝设备逐一开启,察看设备运转是否正常,还对仓库物资的管理台账、人员值守等情况进行检查。区政府办、区农业农村局、区应急管理局、区城建局、区防震减灾局、区民政局、扬子洲镇、扬农管理处相关负责人随同。

20 日

上午,东湖区政府与中国建设银行江西省分行金融合作协议签约仪式在区委常委会议室举行。建设银行江西省分行行长万国平、副行长王珣，南昌市委组织部副部长、市人大常委会选任联工委主任杨晓波，区领导刘闯、高辉红、贾彧超、陈俊、袁晨出席。贾彧超主持仪式，高辉红、王珣分别代表双方签约。区城建局、区城投公司、区文旅公司分别就项目融资需求与建设银行进行交流。

上午，东湖区城市管理局举行挂牌仪式，标志着东湖区城市管理局正式成立。区领导刘闯、高辉红共同为东湖区城市管理局揭牌，贾彧超、万明参加。新成立的东湖区城市管理局是由原东湖区城管委、东湖区城市管理行政执法局合并组成，下辖9个科室，5个委属单位，将同时具备行政执法和环境卫生管理等职能。

下午，东湖区在区政府常务会议室召开2019年民生实事票决项目调度会，区领导高辉红主持会议，陈俊、谭阿莉、童萍如、杨峻出席。项目牵头单位分别在会上汇报项目总体情况，各项目责任单位依次汇报项目基本情况及进展。高辉红指出，民心是最大的政治，全区2019年十大民生实事关乎广大人民群众的切身福祉，经过区人大会议通过票决制最终决定，是政府必须执行和完成的事项。他要求各级各部门务必全力以赴推进十大民生实事，确保民生实事项目如期如质完成。

晚，东湖区2019年重大重点项目推进工作部署会在区委常委会议室召开。区领导刘闯出席并讲话，贾彧超、喻国泰、王玮等区四套班子领导出席。区发改委在会上汇报全区重大重点项目的总体进展情况及工作安排，部分项目牵头单位分别就相关项目进展情况及年度项目工作思路进行发言，与会区领导就挂点或分管项目做了工作部署。各镇、街道、管理处党政主要负责人，区委相关部门，区直相关单位，区消防大队、区城投公司、区文旅公司主要负责人参加会议。

21日

上午，东湖区2019年政法工作会议在区文化活动中心演艺大厅召开。区领导刘闯出席并讲话，高辉红主持会议，贾彧超、胡志强、张恩、余炜、杨峻、谢华以及区法院院长、检察院检察长出席。会议书面传达江西省、南昌市政法工作会议精神，贾彧超宣读《关于表彰2018年度全区社会治安综合治理目标管理先进单位、先进集体及先进工作者的决定》和《关于嘉奖2018年度全区社会治安综合治理目标管理先进单位综治责任人的决定》，胡志强作政法工作报告。会议表彰了2018年度全区综治先进集体和个人。各镇、街道、管理处党委（党工委）书记、分管副书记、综治办专职副主任，各村、社区书记；区综治责任单位党组（党委）主要负责人、政法综治工作分管领导，区政法委全体干部，区政法各部门副科级以上干部，部分被表彰集体及个人代表参加会议。

22日

上午，东湖区城市功能与品质提升三年行动暨深入推进"美丽南昌·幸福家园"环境综合整治动员大会在区文化活动中心演艺大厅召开。区领导刘闯出席并讲话，高辉红主持会议，贾彧超、喻国泰、王玮、胡洪水、余瑾、万明、冯于水出席。万明在会上解读《2019年全区"美丽南昌·幸福家园"环境综合整治"三年上台阶"工作方案》和《东湖区城市功能与品质提升三年行动暨深入推进"美丽南昌·幸福家园"环境综合整治实施方案》，区城建局、区城管局、百花洲街道、扬子洲镇主要负责人分别作表态发言。

下午，区领导高辉红、陈俊、童萍如深入辖区调研社区邻里中心建设工作。高辉红一行先后到彭家桥街道光明社区和百花洲街道小金台社区，察看两个社区办公场地、服务场所和相关配套设施，详细了解他们关于打造以邻里服务中心为核心，融合卫生服务中心、居家养老服务中心、文化体育活动中心、商业购物中心和托幼便民服务中心等为主要内容的"1+5+X"社区邻里中心建设构想，并就具体问题进行交流和探讨。区政府办、区发改委、区教科体局、区民政局、区财政局、区城建局、区卫健委、区商务局、区文广新局、区城管局、彭家桥街道、百花洲街道、公园街道、墩子塘街道、滕王阁街道负责人随同并参加座谈会。

东湖区卫健委、东湖区疾控中心、江西省胸科医院在南昌市八一公园联合开展"终结结核行动，共建共享健康中国"主题宣传活动。活动现场设有结核病防病知识宣传展板10块，区卫健委组织省、市级医院呼吸科专家20人志愿服务团队在现场进行义诊，为居民详细解答结核病防治相关知识。活动还设置有奖问卷调查，居民群众热情高涨踊跃参与答题，有效地增强全民结核病防治意识。

23—25 日

区领导刘闯、袁晨赴重庆开展招商活动。刘闯一行在重庆先后拜访重庆意库、大龙网等企业高管，考察重庆意库项目业态分区、入驻企业以及龙工厂跨境电商园区运营中心、区域集采中心等，并就东湖意库项目推进及大龙网跨境电商平台落户等相关事宜与企业进行沟通。区商务局、区投资促进局、东湖文旅公司负责人随同。

26 日

上午，区领导高辉红、余炜、万明、杨峻深入辖区开展安全生产工作现场督查活动，并召开全区安全生产工作会议。高辉红一行先后到江西省人民医院、青山客运站、蓝海购物中心、陶氏化工等地，详细了解安全生产工作情况，察看消防通道、安全设施配备、安全预案及防范措施落实情况等，对存在的问题提出指导意见，并要求相关责任单位立即整改到位。在全区安全生产工作会议上，余炜、万明、杨峻分别就下一步相关工作进行部署，区应急管理局传达江西省安委会《关于深刻吸取江苏响水“3·21”特别重大爆炸等事故教训进一步加强安全生产工作的紧急通知》精神并通报全区安全生产情况，扬子洲镇、八一桥街办、区市场监管局、东湖消防大队作了表态发言。高辉红在会上要求全区上下务必认清安全生产的严峻形势，认真吸取教训，确保全区安全生产形势平稳、风险可控。对做好下一步安全生产工作，高辉红提出四点要求：一是认识要深、思想要紧；二是情况要熟、底数要清；三是排查要全、整改要实；四是责任要实、纪律要严。

27 日

上午，东湖区第十六届人大常委会第十九次会议在区人大常委会议室召开。区领导喻国泰、彭雅琳、余瑾、郑洪健、谭阿莉、万里涛及区人大常委会委员共 27 人出席，喻国泰主持会议。会议听取东湖区人民政府关于机构设置和调整情况的报告，审议通过人事议案，以电子表决器表决方式通过相关人员职务任免议案，喻国泰为新任职的人员分别颁发任命书。会议的最后举行宪法宣誓仪式。区领导高辉红、区监察委副主任肖迎春、区人民法院院长梁洪、区人民检察院副检察长罗健珍、区人大副县级干部桂兵，以及区人大、街道相关部门人员和部分区人大代表列席会议。

下午，南昌市人大常委会副主任、市总工会党组书记、主席李福如到东湖区调研工会建设工作。李福如一行到百花洲街道小金台社区联合工会，察看社区“1＋5＋X”社区邻里中心建设工作。在东湖区散工劳务超市，详细了解关于提升改造“散工劳务超市”的建设构想，对农民工劳务超市的各项建设工作进行调研。在随后召开的座谈会上，区领导谭阿莉汇报了全区工会工作情况，李福如对东湖区总工会充分发挥社会组织力量创新工会工作的思路表示高度肯定。市总工会有关领导，东湖区领导刘闯、贾彧超、谭阿莉陪同调研。区总工会、百花洲街道、贤士湖管理处、区人力资源和社会保障局等相关单位负责人和部分企业代表参加调研和座谈会。

28 日

下午，区委第十二届 65 次常委会议在区委第一会议室召开，区领导刘闯主持。会议审议区纪委提出的《关于对干部违纪问题立案的请示》，学习传达《江西省城市功能与品质提升三年行动方案》并听取东湖区城市管理工作情况汇报，听取东湖区生态环境机构监测监察执法垂直管理有关工作情况汇报、东湖区退役军人事务局组建工作及军转干部安置有关工作情况汇报，学习传达《刘奇、易炼红同志在省委脱贫攻坚专项巡视整改领导小组第一次会议上的讲话》《刘奇、易炼红同志在省委农村工作领导小组第一次会议上的讲话》《地方党政领导干部食品安全责任制规定》等文件精神。区领导高辉红、贾彧超、焦玉庄、胡洪水、唐铭市、刘光荣、胡志强、张恩出席会议，喻国泰、王玮、万明列席。

区领导高辉红、贾彧超、余瑾、万明、冯于水深入辖区对“美丽南昌·幸福家园”环境综合整治情况进行检查。高辉红一行先后到墩子塘街道右营街社区、八一桥街道豫章后街社区、百花洲街道南湖路社区等处，认真查看地面保洁、楼道环境、垃圾广告、社区绿化等整治情况，及时督促整改发现的问题。

29 日

上午，区领导高辉红、童萍如、袁晨到南昌东湖文化旅游发展有限公司开展工作调研，并与全体职工进行座谈。高辉红一行参观公司的办公场所，详细了解公司组织架构和人员组成情况，听取公司的工作开展情况及下一步工作思路，并就下一步工作提出具体的意见和建议。区政府办、区财政局、区发改委、区文广新旅局及区企资中心主要负责随同调研。

30 日

上午，东湖区开放型经济工作调度会在区政府常务会议室召开。区领导高辉红出席并讲话，陈俊、袁晨出席。区商务局在会上就外贸出口等情况进行通报，区开放办通报开放型经济工作2月完成情况，各单位汇报了在跟在谈项目进展情况。区商务局、区投促局、区发改委、区开放办及各镇、街道、管理处主要负责人参加会议。

31 日

上午9时，东湖区在赣江东湖段开展赣江沿线13座非法码头封停整治行动。南昌市港航管理处、区环保局、区城管局、区农业农村局、东湖公安分局、东湖交警大队、东湖消防大队等8家单位及相关部门共计106人组成的综合执法队参加行动，区领导贾彧超担任总指挥。贾彧超在现场提出两点要求：一是执法人员在封停执法过程中要文明执法，不得出现暴力执法行为；二是各单位要听从调度，相互配合，圆满完成此次封停行动。

4 月

1 日

下午，东湖区在方志敏广场隆重举行“可爱的中国”清明诗歌会。区领导刘闯、高辉红、贾彧超、喻国泰、王玮等区四套班子成员，区法院院长、检察院检察长，各镇、街道、管理处党政主要负责人，区委各部门、区直各单位主要负责人以及社会各界代表300余人参加活动。在广场中央，大家在方志敏烈士雕像前举行祭扫仪式，10余名消防指战员护送写着“方志敏烈士永垂不朽”的花篮至方志敏烈士雕像前，刘闯与方志敏烈士女儿方梅仔细整理挽联。全体人员向方志敏烈士雕像庄严默哀，行三鞠躬礼。高辉红主持仪式。诗歌会后，全体人员还参观了“方志敏诞辰120周年图片展”，认真听讲解员生动具体的解说，重温方志敏“爱国、创造、清贫、奉献”的精神，感受烈士视死如归的精神和慷慨大义的爱国情怀。

2 日

晚，区领导刘闯、高辉红、陈俊、万明深入榕门路、福州路调研建设餐饮娱乐夜市街工作。刘闯一行沿着街区边走边看，详细了解街区商业运营、环境优化、店铺经营、夜市经济发展等相关情况。刘闯指出，服务业是东湖区经济发展的主体，对全区经济增长贡献率超98%，进一步优化生活性服务业是东湖区坚持和发展服务业的重点内容之一，夜市经济存在长期传统和良好基础，具有独特优势和巨大潜力。刘闯要求建设餐饮娱乐夜市街要深入调研，综合考量，统筹规划，加快推进。区委办、区商务局、区城建局、区城管局、区文广新旅局、区环保局、区交警大队、区公安分局、区消防大队主要负责人随同调研。

3 日

上午，区领导高辉红在区政府第一会议室主持召开会议，听取2019年民生口重点工作汇报。区领导陈俊、童萍如、杨峻出席。区商务局、区教科体局等单位在会上分别梳理和汇报2019年各自民生口重点工作安排，与会区领导对各自分管领域的工作进行强调。高辉红要求各单位牢固树立关注民生、支持民生、服务民生的工作理念，坚持问题导向，在发展中保障和改善民生，不断提升东湖广大人民群众的存在感、幸福感、获得感。

4 日

上午，区领导高辉红、杨峻到扬子洲镇调研农村人居环境整治工作。高辉红一行到扬子洲镇建材码头和洪运码头察看非砝码头整治情况，查看吊机操作室是否焊封，港口沿线是否有浮吊作业设施作业等；察看扬子洲镇花园一号的环境和布局、扬子洲圩堤渔业村段设备运转和人员值守等情况以及该镇大棚房整治工作情况。区政府办、区城建局、区民政局、区农业农村局等单位相关负责人参加调研。

下午，区领导高辉红、童萍如、杨峻深入辖区街道、社区调研社区邻里中心建设情况。高辉红一行先后到墩子塘街道阳明社区、滕王阁街道民巷社区和公园街道上营坊社区，察看3个社区办公场地、服务场所和相关配套设施，详细了解属地关于打造“1+5+X”社区邻里中心建设构想，并就相关问题提出指导性意见。

8日

东湖公安分局、区商务局在进行成品油整治排查时，在扬子洲镇帅村洲尚农家院内发现一非法成品油经营窝点，并立即启动联合整治程序，商务、公安、应急管理、城建、市场监管、中石化东湖分公司等部门联合展开打击非法经营成品油行动，现场查获流动加油车1辆、劣质柴油1.2吨、汽油1.5吨、加油机1台、白色容器4个，并抓获一名正在进行非法销售的嫌疑人移交公安部门进行处置。

9日

上午，区领导高辉红在区政府会客室会见江西众一矿业集团有限公司副总经理裘淑萍一行，向客人介绍了东湖区经济和社会发展情况及全区主攻产业发展方向，听取客人关于公司发展状况及未来发展思路的介绍，双方就企业意向投资合作健康养老产业项目相关事宜进行了沟通。区人社局、区投资促进局主要负责人参加会见。

下午，区领导王玮、谢保成率领区政协委员到辖区基层医疗卫生机构调研家庭医生签约服务、医联体建设情况。王玮一行先后调研了董家窑街道社区卫生服务中心、彭家桥街道社区卫生服务中心、滕王阁街道社区卫生服务中心，分别与社会力量、厂矿企业、政府举办的社区卫生服务机构负责人和基层医务人员座谈，听取区卫生健康委、区政协医药卫生界别、基层医疗卫生机构相关人员关于做好家庭医生签约服务、医联体建设工作的汇报和建议，了解家庭医生签约服务、医联体建设工作等方面取得的成效和存在的困难。

10—12日

区领导高辉红、万明赴长沙、武汉开展学习考察和招商工作。高辉红一行先后考察了长沙市火宫殿、解放西路酒吧一条街、黄兴路步行街、太平街和武汉市雪松路美食街等地，并与长沙市天心区和武汉市江汉区政府主要领导、分管领导及相关部门就商业街区的建设发展、运营机制以及管理模式等情况进行交流。考察中，高辉红一行拜访了长沙文和友集团、长沙魔语文化集团、武汉靓靓蒸虾有限公司、中电工业互联网有限公司，与企业负责人意向来昌投资和继续加大投资等相关项目事宜进行沟通。区政府办、区商务局、区城建局、区城管局、区环保局、区文广新旅局、区消防救援大队、区公安分局、区交警大队和区步行街管委会等单位负责人随同考察。

12日

上午，区领导刘闯到区卫健委调研指导工作并召开座谈会，区卫健委班子成员、委属各单位主要负责人及各科室负责人参加座谈。刘闯在区婚检孕前检查中心详细询问免费婚检孕前优生检查的服务流程、人员配备和经费使用情况，肯定中心2018年免费婚检工作率大幅提升的成效。刘闯还来到区疾病预防控制中心，详细了解数字化门诊建设及母婴室建设情况、预防接种相关流程，仔细察看预防性体检流程及相关事项。座谈会上，刘闯听取区卫健委的工作情况汇报及下一步工作打算，对区卫健委整体工作给予充分肯定。

下午，区领导高辉红、胡志强、余炜到东湖公安分局、区扫黑除恶专项斗争领导小组办公室调研扫黑除恶专项斗争工作开展情况，并看望一线办案民警和工作人员。

下午，东湖区扫黑除恶专项斗争工作调度会在区委常委会议室召开。区领导刘闯出席并讲话，高辉红、贾彧超、胡洪水、唐铭市、胡志强和区法院院长、检察院检察长出席，胡志强主持会议。区政法委、东湖公安分局有关负责人分别在会上通报相关情况，与会区领导就相关工作进行安排和部署。区委、区政府相关部门，区扫黑除恶专项斗争领导小组成员单位和专项工作组负责人参加会议。

13日

上午，区委第十二届六十六次常委会议在区委第一会议室召开，区领导刘闯主持。会议学习传达中共中央政治局常委、中央纪委书记赵乐际在江西考察调研重要讲话精神，南昌市人才工作专项述职会议精神，《2019年南昌市政法工作要点》文件精神，江西省、南昌市统战部长会议精神，南昌市“三风”活动工作部署会精神；听取区委宣传部关于提升区委中心组集中学习质量的意见；审议区政协党组提出的《关于审议〈东湖区“兴家风、淳民风、正社风”活动2019年工作安排（送审稿）〉的请示》、区政府党组提出的《关于审议〈东湖区城市功能与品质提升三年行动暨深入推进“美丽南昌·幸福家园”环境综合整治实施方案（送审稿）〉的请示》《关于审议〈东湖区农村人居环境整治三年行动实施方案(送审稿)〉的请示》《审议〈关于推进村级集体经济发展的实施意见(送审稿)〉的请示》、区委办公室提出的《关于审议〈2018 年度东湖区委领导班子工作总结(送审稿)〉的请示》。区领导高辉红、贾彧超、焦玉庄、胡洪水、唐铭市、刘光荣、胡志强出席会议,喻国泰、王玮、万明、杨峻、胡薇列席。

下午,东湖区重点行业领域扫黑除恶专项整治工作部署会在区政府常务会议室召开。区领导高辉红主持会议并讲话,余炜、万明、杨峻出席。区政府办在会上传达上级扫黑除恶有关要求并宣读《东湖区人民政府办公室关于成立全区重点行业领域扫黑除恶专项整治工作领导小组的通知》,余炜宣读《东湖区重点行业领域扫黑除恶专项整治工作方案》,东湖公安分局通报全区扫黑除恶专项斗争有关情况,相关单位作表态发言。

13—14 日

区领导刘闯、胡志强、余炜分别到区法院、区检察院、东湖公安分局以及扬子洲镇调研、督导扫黑除恶专项斗争工作,区法院院长、检察院检察长参加。刘闯分别听取被调研单位关于开展扫黑除恶专项斗争的工作情况及下一步工作重点汇报,查看宣传栏、台账资料、案件卷宗等,详细了解公安、法院和检察院办理涉黑涉恶犯罪案件进展情况。

14 日

下午,区领导高辉红、胡志强、万明先后到区市场监管局、区城建局、青山客运站、贤士湖管理处长巷村及七里村、赣昌水产品批发市场等地,察看扫黑除恶专项斗争工作情况及下一步工作计划,调研到、督导区重点行业领域扫黑除恶专项斗争工作进展。

15 日

上午,南昌市人大常委会副主任王敏一行到江西银行滨江支行、滕王阁景区调研无障碍环境建设工作,仔细查看轮椅、助盲卡、盲道、专用车位、低位服务窗口、卫生间专用洗手台、专用厕位等无障碍设施设置情况,并要求进一步完善设施,保证无障碍设施完好及正常使用,进一步加大宣传力度,培养无障碍理念。市残联党组书记、理事长余颖,区领导喻国泰陪同调研。

下午,由区委宣传部、区委政法委、区文化广电新闻出版旅游局主办,区文化馆承办的“亮剑扬正气　丹心筑平安”2019 年东湖区扫黑除恶专题文艺巡演在扬子洲镇三联村举行。文艺演出节目形式多样,内容既精彩又寓意深远,较好地营造全民参与扫黑除恶专项斗争工作的良好社会氛围。

15—16 日

区领导高辉红、袁晨赴深圳开展招商活动。高辉红一行拜访了深圳市九米信息技术有限公司总经理刘彬,考察九米跨境电商综合服务平台项目,并就“一站式”跨境电商平台的合作搭建进行友好沟通。高辉红一行还与深圳众一控股集团总裁廖卫中就健康养老产业项目落户事宜进行交流。区商务局、区投资促进局、区人社局、东湖文旅公司相关负责人随同。

18 日

上午,南昌赣发绣项目京东众筹上线启动仪式在东湖区文化传承中心举行,江西省文化和旅游厅副厅长宣布仪式正式启动。江西省文化和旅游厅非遗处处长杨丁、南昌市文广新旅局局长赵刚平、南昌市委宣传部副部长万晓东、江西省非遗中心主任程明、江西中文大业大数据有限公司总裁杜子涵,区领导高辉红、胡洪水、童萍如出席。仪式结束后,参加活动人员参观赣发绣非遗传承基地。

上午,区领导高辉红会见中科梧桐公司创始人孙兆华、总经理郭连和一行,向客人介绍东湖区经济和社会发展情况及全区互联网大数据产业发展方向,并就企业意向投资合作相关项目事宜进行友好沟通。区领导陈俊,区委组织部、区人社局、区投促局相关负责人参加会见。

20 日

上午,东湖区招商引资工作调度会在区政府常务会议室召开。区领导高辉红出席并讲话,陈俊主持会议,袁晨出席。区投促局通报 2019 年 1—3 月全区招商引资工作完成情况,区城管局和彭家桥街办作经验交流发言,各经济责任单位分别就招大引强项目情况进行汇报。区投促局、区发改委、区教科体局、区民政局等各经济责任单位及各镇、街道、管理处主要负责人参加会议。

22 日

上午,东湖区在八一公园举办“筑梦新时代

阅读伴你行”——东湖区2019年全民阅读系列活动,通过“读、绘、换、选、推”五个环节,充分发挥公共图书馆引领社会阅读的积极作用,开启全民阅读新篇章。

下午,南昌市总工会城镇困难职工解困脱困推进会暨技能培训促就业(东湖站)开班仪式在东湖区举行,市人大常委会副主任、市总工会党组书记、主席李福如出席,区领导高辉红、谭阿莉参加。南昌市总工会党组成员、副主席邹循泷主持会议。会上宣读了《南昌市工会困难职工解困脱困行动计划》,东湖区、进贤县、江铃汽车集团分别就城镇困难职工解困脱困工作情况作了汇报。市总工会机关各部门、直属单位负责人参加活动。

下午,区领导高辉红在区政府常务会议室主持召开全区安置房建设及安排调度会议,万勇出席。区城投公司在会上通报了全区安置房建设情况并重点汇报七里村安置房建设推进情况,贤士湖管理处重点汇报七里安置房安排工作情况,万勇就下一步工作作具体部署。区政府办、区城投公司、市国土资源局东湖分局、市城乡规划局东湖分局、区财政局、区审计局、贤士湖管理处、区旧改办等单位参加会议。

下午,区领导高辉红、余炜以不打招呼、直插现场的方式察看江旅都市方舟、沁庐旅、苏宁广场商业及安置房项目等在建重大重点项目建设情况,现场调度项目建设中存在的困难和问题。区政府办、区发改委等部门相关负责人参加。

23日

下午,东湖区在区政府第一会议室召开南昌市育新学校教育集团紫金校区和邮政路小学教育集团天骥校区建设工作推进会,区领导高辉红主持会议并讲话,童萍如、万勇出席。各与会单位主要负责人分别汇报了两所学校建设推进完成情况,并就遇到的困难和问题进行分析研判。会前,高辉红一行到邮政路小学教育集团天骥校区征迁现场,察看房屋拆除情况,听取相关单位的工作汇报。区政府办、区发改委、区教科体局、区城建局、区财政局、区旧改办、董家窑街道、彭家桥街道、东湖国土分管、东湖规划分局、区城投公司主要负责人参加会议。

21—24日

区领导刘闯、贾彧超、陈俊、杨峻赴杭州、上海开展招商活动。刘闯一行拜访了伟光汇通集团等公司高管,就企业意向投资合作相关项目等事宜进行沟通;考察了杭州玉皇山南基金小镇、上海星巴克臻选咖啡烘焙工坊等项目,热诚欢迎广大优质的新金融企业和产业运营商到东湖区投资合作。区投资促进局、百花洲街办、东湖文旅公司主要负责人随同。

24日

上午,东湖区第十六届人大常委会第二十次会议在区人大常委会会议室召开。区领导喻国泰主持会议,彭雅琳、余瑾、郑洪健、谭阿莉、万里涛出席。会议听取和审议区卫健委关于东湖区家庭医生签约服务工作情况报告、区文广新旅局关于文物保护工作的情况报告,听取东湖区人大常委会代表资格审查委员会关于东湖区十六届人民代表大会代表资格的审查报告。区领导童萍如,区法院院长梁洪、区人大副县级干部桂兵,区人大、区纪委监委、区检察院,街道人大工委主任、相关部门负责人和部分区人大代表列席会议。

下午,区领导刘闯、胡洪水、胡志强深入新地商务中心、熊邓村安置房、江旅都市方舟、苏宁广场、沁庐旅生活广场项目现场,察看工程建设,了解项目建设过程中的问题,调研全区重大重点项目推进情况。区委办、区政府办、区发改委、区城建局、区城管局、区消防大队、区环保局、大院街道、公园街道、滕王阁街道、区城投公司主要负责人随同调研。

25日

上午,东湖区生态环境保护委员会2019年第一次会议在区委常委会议室召开,区领导刘闯出席并讲话,高辉红主持会议,万明、袁晨出席。区环保局在会上通报了全区中央环保督察及“回头看”、省环保督察、长江经济带共抓执法大保护等问题整改工作进展情况;汇报了《东湖区生态环境保护委员会工作规则》《东湖区突出生态环境问题领导包案制度》《东湖区生态环境突出问题整改销号制度(送审稿)》。

上午,区领导刘闯会见重庆大龙网(中国)有限公司副总裁陶燕一行,向客人介绍东湖区经济和社会发展情况及全区跨境电商产业发展方向等,双方就意向在东湖区投资建设跨境电商产业园事宜进行友好沟通。区领导陈俊,区商务局、区投促局、区城投公司负责人参加会见。

下午，中共东湖区委中心组理论学习（扩大）会在区文化活动中心新闻发布厅召开，区领导刘闯、高辉红、喻国泰、王玮等在家的区四套班子成员，区法院院长出席。江西财经大学财税与公共管理学院书记、教授陈荣应邀到会专题讲解《中华人民共和国个人所得税法》，就增值税、企业所得税、个人所得税等新税政策作专题解读，并对个人所得税的自行纳税申报、特殊规定、税收优惠和专项附加扣除等多方面内容进行辅导。各镇、街道（管理处）党政主要负责人，区委各部门、区直各单位主要负责人参加会议。

26 日

上午，区领导高辉红在区政府常务会议室主持召开全区民生实事票决项目调度会，唐铭市、谭阿莉、童萍如、杨峻出席。会上，项目牵头单位汇报了项目总体情况，各项目责任单位依次汇报项目基本情况及进展。高辉红要求各责任单位进一步明确目标任务、责任主体和推进节点，强力推进民生实事项目按计划完成。

下午，区委第十二届六十七次常委会议在区委第一会议室召开，区领导刘闯主持。会议审议区委组织部提出的《关于对区城投公司在殷家巷地块土地出让中不作为问题给予处理的请示》。区领导高辉红、焦玉庄、胡洪水、唐铭市、刘光荣、陈俊、胡志强、张恩出席会议，喻国泰、王玮列席。

晚，由南昌市总工会、中共东湖区委、东湖区人民政府主办，东湖区总工会、南昌市工人文化宫承办，东湖文化旅游发展有限公司协办的“中国梦·劳动美”2019 年南昌市总工会庆祝“五一”国际劳动节慰问演出活动在区文化活动中心演艺大厅隆重举行。江西省总工会党组书记、常务副主席饶剑明，南昌市委副书记刘烁，市人大常委会副主任、市总工会党组书记、主席李福如，省总工会党组成员、副主席饶冬梅，省总工会党组成员、经审会主任吴丽云，区领导刘闯、高辉红、王玮等四套班子领导观看演出。南昌市总工会党组成员，各县（区）总工会、开发区（新区）、市直机关工会工委主席（主任）及常务副主席（副主任），东湖区劳模及先进职工代表，市总工会机关及直属单位干部职工 300 余人参加活动。

区领导高辉红、郑洪健、万明、冯于水突击检查全区各镇（街道、管理处）“美丽南昌·幸福家园”环境综合整治工作。检查不打招呼、直插现场，从每个单位随机抽取一个社区（村、家委会），实地察看环境卫生状况并现场评分。检查中，高辉红要求各单位持续加力、久久为功，以翻篇归零的心态坚持问题导向，聚焦突出问题、难点问题，不断将环境整治工作引向深入。

28 日

上午，东湖区在区委第二会议室召开招大引强项目专题调度会，区领导陈俊出席并讲话，袁晨主持会议。会上，各招大引强项目责任单位分别汇报了本单位项目情况，袁晨对招大引强项目推进情况进行点评、分析。区开放办、区发改委、区教科体局、区城管局等项目责任单位主要负责人和区工商联相关负责人参加会议。

下午，东湖区在区纪委会议室召开落实全面从严治党主体责任现场办公会，听取扫黑除恶专项斗争工作汇报并部署下一步工作。区领导刘闯出席并讲话，刘光荣主持会议。会上，区纪委、区委政法委、区公安分局、区检察院、区法院分管负责人分别汇报了区纪检监察系统扫黑除恶监督执纪工作及各自扫黑除恶专项斗争工作推进情况。刘闯要求，开展扫黑除恶专项斗争，一是头脑要清，坚持“问题导向”改。针对中央扫黑除恶督导组下达的整改任务清单，坚持问题导向，狠抓问题整改，站在讲政治的高度，务必将督导组和纪委反馈自查的问题从严从实、不折不扣整改到位。二是打击要狠，聚焦“深挖彻查”干。做到断苗拔根、打财断血、打伞破网。三是干劲要足，强化“主责意识”抓。要从增强“四个意识”、坚定“四个自信”、坚决做到“两个维护”的政治高度，深入开展社会治安综合治理，加强基层组织建设，加大行业治理力度。政法部门要发挥扫黑除恶主力军作用，快侦、快诉、快审、快判，加快办案进度。同时，要加强与纪委监委、行业主管部门之间的协作配合，建立适用于黑恶案件办理的衔接机制，落实提前介入工作机制，提高涉黑涉恶案件办理效率。

下午，东湖区纪念五四运动 100 周年暨表彰大会隆重召开，区领导贾彧超出席并讲话，谢蓉、袁晨、胡薇出席。袁晨宣读中共东湖区委《关于表彰东湖区“优秀共青团员”“优秀共青团干部”“五四红旗团委（团支部）”和区校共建“优秀志愿者”的决定》，万嘉玉等10人荣获“优秀共青团员”称号，胡世薇等5人荣获“优秀共青团干部”称号，区教科体局团委等20个基层团组织荣获“五四红旗团委（团支部）”称号，董富香等20人荣获区校共建“优秀志愿者”称号；4名获奖代表分享了获奖感言。全区各镇（街道、管理处）、系统分管领导及各镇（街道、管理处）、系统、村（社区）、区属各校以及区校共建单位等各行各业的团干、团员青年代表150余人参加大会。

29日

下午，江西省第一环境保护督察组召开督察南昌市情况反馈电视电话会，东湖区在区政府常务会议室组织收听收看。区领导刘闯、高辉红、喻国泰、王玮、胡洪水、刘光荣、陈俊、童萍如、余炜、万明、杨峻、袁晨，区法院院长梁洪出席。区委、区人大、区政府、区政协相关部门，区直相关单位及各镇（街道、管理处）有关负责人参加会议。

下午，东湖区委退役军人事务工作领导小组第一次全体会议在区委常委会议室召开。区领导刘闯主持会议并讲话，高辉红、张恩、余炜、杨峻出席。会议书面传达江西省委、南昌市委退役军人事务工作领导小组第一次全体会议精神，审议通过相关文件，区退役军人事务局汇报相关工作。区委相关部门，区直相关单位，各镇（街道、管理处）负责人参加会议。

晚，区领导刘闯、万明深入辖区紫云路、豫章后街等地调研建设夜市街工作。刘闯一行沿着街区边走边看，听取相关单位负责人情况汇报，详细了解街区商业运营、环境优化、店铺经营、夜市经济发展等相关情况。各单位负责人在座谈会上分别围绕建设和管理夜市街、打造特色夜市、创新发展夜市交流经验做法，并畅谈对推进夜市建设、发展夜市经济的建议。

晚，东湖区2019年经济指标汇报会在区政府第一会议室召开。区领导高辉红主持会议并讲话，陈俊、万勇、袁晨出席。区经济办在会上汇报全区经济指标总体情况，各经济指标牵头单位依次汇报经济指标基本情况，区财政局、区投促局、区商务局、区发改委、区统计局、区文广新旅局分别汇报经济指标计划分解情况。

30日

上午，东湖区委常委议军会暨全区党管武装工作会在区委常委会议室召开，区领导刘闯出席并讲话，高辉红、喻国泰、王玮、胡洪水、唐铭市、刘光荣、陈俊、胡志强、张恩、邱建新出席。张恩在会上汇报了提请区委常委会解决的问题，邱建新传达习近平总书记有关国防动员重要论述和江西省、南昌市党管武装工作会议及省军区、警备区党委全会精神，各镇、街道（管理处）党（工）委书记进行了大会述职或书面述职。

下午，区政府2019年廉政工作会议在区政府常务会议室召开。会议总结2018年政府系统廉政工作，安排部署2019年工作，区财政局、区城建局、区市场监管局负责人分别作工作发言。区领导高辉红出席并讲话，刘光荣、陈俊、童萍如、余炜、万勇、杨峻、袁晨出席。

由中共东湖区委、东湖区人民政府主办，东湖区商务局承办的2019年百花洲购物节在胜利路步行街正式开幕。活动现场举办了老店名品品鉴交流会，邀请市民品美食、鉴美酒、赏文创。此次百花洲购物节于4月30日启动，至5月20日结束。活动期间商银、商旅、商文互联互动，有10余场活动、近百家商家、千余种商品覆盖全区。购物节还将与“春满东湖”百花洲市民艺术节相结合，进一步丰富市民群众的精神文化生活。

5月

1日

上午，区领导高辉红、万明到三经路、二七北路铁路沿线、中山西路和沿江北大道等处，察看非法侵占公共绿地（违规种植）专项行动开展情况，并看望慰问在一线值守的工作人员。高辉红一行还到街道、社区，看望慰问一线值守的环卫工人、城管队员和值班干部，向他们送去节日的问候和祝福。

5日

上午，区领导高辉红主持召开文化强省建设推进大会有关东湖区保障工作调度会，专题调度部署相关工作，胡洪水、胡志强、万明、杨峻出席。会上，区委宣传部、区文广新旅局有关负责人分别汇报社会氛围布置工作和有关文化活动落实情况。

下午，区委第十二届六十八次常委会议在区委第一会议室召开，区领导刘闯主持。会议学习传达《省委办公厅、省政府办公厅关于深入学习贯彻习近平总书记重要指示精神切实履行扫黑除恶专项斗争重大政治责任的通知》文件精神，南昌市委保密委员会全体（扩大）会及市委密码工作领导小组第十三次全体（扩大）会议精神，江西省宣传部长、南昌市宣传思想文化工作会议精神；审议区委宣传部提出的《关于审议〈东湖区建设新时代文明实践中心试点工作方案（送审稿）〉的请示》、区法建办提出的《关于成立中共东湖区委全面依法治区委员会的请示》、区委办公室提出的《关于审议〈中共南昌市东湖区委常委会2019年工作要点（送审稿）〉的请示》，听取区旧改办关于股家巷旧改项目清算工作情况汇报。区领导高辉红、贾彧超、焦玉庄、胡洪水、唐铭市、刘光荣、陈俊、胡志强出席会议，喻国泰、王玮、万勇、袁晨列席。

6—7日

区领导刘闯、陈俊考察大龙网淮海跨境电商产业园，听取徐州大龙跨境电商产业服务有限公司总经理骆健对跨境电商产业园发展情况和运营模式的介绍，并与大龙网集团副总裁夏建锋进行座谈，就各自关心的问题进行充分交流。区商务局、区财政局、区司法局、区投促局、区税务局、区城投公司负责人随同考察。

8日

上午，东湖区2019年江西文化发展巡礼暨“春满东湖”百花洲市民艺术节在南昌市八一公园百花大舞台拉开序幕。南昌市委常委、宣传部部长龙和南宣布艺术节开幕并观摩开幕式的精品文艺节目展演。8—12日，艺术节将在八一公园百花大舞台持续开展一系列丰富多彩的文化活动，包括朗诵比赛、广场舞大赛、少儿京剧专场演出、筱贵林社传统文化专场演出以及江西省庆祝改革开放40周年手机摄影大赛获奖作品巡展等，真正让“优质公共文化服务”走进寻常百姓家。区领导刘闯、胡洪水，南昌市文化广电新闻出版旅游局副局长刘国产参加活动。

10日

上午，东湖区《中华人民共和国水污染防治法》执法检查工作部署会在区政府常务会议室召开，区领导喻国泰主持会议，郑洪健、万明出席。会上，区人大农业和城建环保委负责人宣读执法检查工作方案；区环保局、区农业农村局、区城建局分别汇报贯彻实施水污染防治法有关情况；区发改委、区城管局、区卫健委作书面汇报。区人大常委会执法检查组成员，区政府办、区发改委、区环保局、区城建局、区城管局、区农业农村局、区卫健委主要负责人，各镇（街办、管理处）人大工委主任参加会议。

11日

下午，区领导刘闯、贾彧超、万明、杨峻到玉带河北支及洪都北大道沿线，详细了解河流水质、水污染综合防治、周边环境管理等相关情况，听取相关单位负责人情况汇报。区委办、区环保局、区农业农村局、区城建局、区城管局、彭家桥街道、董家窑街道、贤士湖管理处等有关单位负责人参加。

14日

上午，东湖区在区政府常务会议室组织收听收看江西省委召开的全省县（市、区）委书记座谈会实况。会议的主要内容是坚持以习近平新时代中国特色社会主义思想为指导，深入学习贯彻习近平总书记关于反对形式主义、官僚主义的重要论述，锲而不舍、驰而不息加强作风建设，持续深入整治“怕、慢、假、庸、散”作风顽疾，着力打造“四最”营商环境，推进江西高质量跨越式发展。在家的区四套班子成员、区法院院长出席，区委各部门、区人大办公室、区政府各单位、区政协办公室，各镇（街道、管理处）党政主要负责人，各垂管单位主要负责人参加会议。

中午，区领导贾彧超到东湖区仁爱之家残疾人日间照料中心，走访慰问精神残疾人及其家属，为他们送上了慰问金。区残联、培智学校负责人随同走访。

15日

下午，东湖区召开全区深化全国文明城市创建部署会，区领导高辉红出席并讲话，胡洪水、郑洪健、万明出席。胡洪水在会上解读《东湖区进一步深化全国文明城市创建工作方案（送审稿）》并部署相关工作，郑洪健宣读《街道（镇、管理处）环境综合整治2019年2月、3月、4月考核结果通报》，万明传达南昌市相关会议精神并部署工作；百花洲街道、贤士湖管理处、董家窑街道作经验介绍。会议还表彰了2月、3月、4月环境综合整治考核先进单位。各街道(镇、管理处)党政主要领导、分管领导、执法中队长;区委办、区政府办等18家单位主要负责人,区委组织部、区委老干部局等13家单位分管领导参加会议。

区领导刘闯、喻国泰到青岛市人大培训基地看望正在学习的东湖区人大代表,并以普通人大代表身份参加区人大代表培训班。

16日

上午,东湖区城镇贫困群众脱贫解困工作第二次推进会在区政府常务会议室召开,区领导高辉红主持会议并讲话,杨峻出席。杨峻在会上传达了区领导刘闯批示精神并部署全区城镇贫困群众脱贫解困帮扶工作,区民政局通报了工作进展和民政部门责任落实情况,区人社局、区医保局、区房管局、墩子塘街道分别作工作发言。

17日

下午,东湖区在区综合服务中心举办"三请三回"暨中博会重点客商座谈会。区领导刘闯致欢迎辞,高辉红主持会议,贾彧超、陈俊出席。金狮集团董事长钟廷森、步步高投资集团股份有限公司总裁陈志强、大新银行(中国)有限公司常务副行长成勇、百盛集团董事钟珊珊、百胜中国控股有限公司公共事务总监赵成松等知名企业代表参加座谈会并为东湖区的经济发展建言献策。

下午,南昌市委副书记刘烁莅临东湖区残疾人之家,看望残疾人工作者,慰问残疾人。刘烁听取东湖区委、区政府对残疾人康复、就业、宣传、文化情况的汇报,看望正在进行电脑、按摩、手工培训的学员,详细询问他们的学习、上岗情况。在智力儿童康复中心,刘烁走到智力儿童及其家属身边,把书包亲手送到智障孩子手中,并送上慰问金。南昌市残联党组书记、理事长余颖,区领导刘闯、贾彧超、杨峻随同。

南昌市政协主席周关,副主席周智安、陈匡辉到东湖区调研"三风"活动开展情况。周关一行先后到榕门路滕王阁景区周边、东湖区文化传承中心、红色记忆展示馆,详细了解东湖区"三风"社会面宣传、"三风"宣讲、"三风"阵地建设等情况,高度评价活动取得的实效。就进一步深入推进"三风"活动,周关提出三点要求:一是突出时代主题,二是紧扣中心工作,三是贴近群众生活。区领导刘闯、王玮、胡洪水、胡薇陪同调研。

18日

下午,区领导高辉红、万明、杨峻通过实地察看和召开会议的方式专题调度全国生态环境保护工作会有关东湖区的保障工作,对会议召开地周边道路沿线、附近市容环境等进行现场巡查,发现问题,及时提出整治要求。区政府办、区环保局、区城管局、扬子洲镇、彭家桥街道、贤士湖管理处等有关单位主要负责人参加。

21日

上午,区领导高辉红、杨峻到百花洲街道小金台社区、火神庙社区和公园街道上营坊社区,调研社区邻里中心建设工作。区民政局、百花洲街道、公园街道主要负责人随同调研。

下午,东湖区中央及省环保督察反馈问题整改暨大气污染防治工作调度会在区政府常务会议室召开。区领导高辉红主持会议并讲话,万明出席。区环保局通报了东湖区中央环保督察及"回头看"、江西省环保督察、长江经济带审计等未销号问题整改情况以及该区大气污染防治工作情况,各领域牵头单位就问题整改销号工作发言,部分责任单位在会上发言。区政府办、区发改委、区环保局、区城建局、区城管局、区房管局、区商务局、区市场监管局、区农业农村局,各街道(镇、管理处)主要负责人参加会议。

晚上7点,由中共东湖区委、东湖区人民政府、南昌市政公用集团主办的蓝海特色夜市街开街暨"蓝海夜食代"品牌签约仪式在青山南路蓝海购物广场举行。南昌市商务局局长陈建军,东湖区委副书记、区长高辉红,南昌市政公用集团党委副书记、总经理万义辉出席仪式,东湖区委常委陈俊代表东湖区委、东湖区政府致辞。陈建军等出席领导一同触摸启动球,宣布"蓝海特色夜市街"正式开街,并进行了实地参观。

22日

上午,区领导高辉红、陈俊、胡志强、万勇到启明星辰运营中心、中金中心、江旅都市方舟、苏宁广场、沁庐旅生活广场和新地商务中心等全区重大重点项目现场,察看项目建设情况,听取项目进展情况介绍和下一步实施计划。区政府办、区发改委、区城建局、区城管局、区消防大队、大院街道、公园街道等相关单位负责人参加。

下午，中国残联副理事长相自成到东湖区残疾人之家调研东湖区五大专门协会工作开展情况，江西省残联党组成员、副理事长黄建国，南昌市残联党组书记、理事长余颖，区领导刘闯、杨峻陪同调研。相自成听取东湖区委、区政府对残疾人基层组织建设工作和“五大”专门协会工作的介绍，并与正在进行摄影、书法、按摩、化妆、葫芦丝演奏活动的聋协、盲协、肢残人协会人员亲切交流并合影留念。相自成高度评价东湖区残疾人之家的工作，并对下一步工作提出更高要求。

23 日

上午，南昌市政协党组成员、副主席朱东带领市政协视察组一行 10 人到东湖区法律服务中心调研公共法律服务及社区矫正工作。朱东一行视察了法律援助、法律咨询、公证办理、人民调解、社区矫正等便民服务办事窗口和人民调解室、心理咨询室、远程会见室等多功能区域，以及社区矫正执法大队、直属中队、正航助矫工作室等联合办公区域，听取了东湖区社区矫正官试点工作及“队建制”改革情况介绍，观看东湖区七五普法工作宣传片《法治扬帆逐浪行》和社区矫正官试点工作宣传片《阳光下的感化》，对东湖区在七五普法工作中取得的成绩和创新开展社区矫正官试点工作新模式给以充分肯定。区领导刘闯、王玮陪同调研。

上午，2019 年度东湖区食品安全工作会暨创建国家食品安全示范城市第六次调度会在区政府常务会议室召开，区领导高辉红主持会议并讲话，童萍如、杨峻出席。会议书面学习《地方党政领导干部食品安全责任制规定》和《学校食品安全与营养健康管理规定》，童萍如通报 2018 年度东湖区食品安全考核结果，杨峻传达江西省委副书记、省长易炼红视察南昌市食品安全工作的指示精神和 2019 年度南昌市食品安全工作会暨创建国家食品安全示范城市第四次调度会议精神，区政府与各镇（街办、管理处）签订 2019 年食品安全工作目标责任书。区创建国家食品安全城市工作领导小组成员单位主要负责人，各街办（镇、管理处）主要和分管负责人，区市场监管局及各分局主要负责人参加会议。

下午，区委第十二届六十九次常委会议在区委第一会议室召开，区领导刘闯主持。会议学习传达江西省基层党建工作重点任务培训班精神、《江西省委组织部 2019 年工作要点》文件精神、江西省深化省纪委省监委派驻机构改革动员部署会议精神、全国巡视工作会议暨十九届中央第三轮巡视动员部署会议精神，审议区委统战部提出的《关于推荐东湖区政协第九届委员会委员候选人的请示》《关于审议〈中共东湖区委 2019 年度政党协商计划（送审稿）〉的请示》、区委政法委提出的《关于成立中共东湖区委平安建设领导小组的请示》《关于成立东湖区综治中心的请示》《审议〈东湖区关于加强综治中心实体化建设和创新基层社会治理工作实施方案（送审稿）〉的请示》、区委办公室提出的《关于审议〈2019 年区委督查工作计划（送审稿）〉〈2019 年区政府督查工作计划（送审稿）〉的请示》《关于审议〈中共东湖区委进一步加强督促检查工作实施办法〉的请示》。区领导高辉红、贾彧超、焦玉庄、胡洪水、唐铭市、刘光荣、陈俊、胡志强出席会议，王玮列席。

24 日

下午，区领导高辉红、陈俊、万明到八一桥街道调研社区微改造和夜市经济工作，并召开座谈会。高辉红一行在八一桥街道豫章后街，实地察看该处的现状，详细了解规划设计、项目特色、业态布局等情况。座谈会上，东湖文旅公司介绍了蛤蟆街（豫章后街）夜市经济工作开展情况和下一步工作打算，八一桥街道介绍社区微改造工作开展情况和下一步工作打算。与会人员就相关工作畅所欲言，为打造特色夜市经济建言献策。区政府办、区城管局、区财政局、区城建局、区商务局、区综管办、区文旅公司、八一桥街道、东湖交警大队主要负责人参加会议。

25 日

上午，东湖区在区委常委会议室召开全区领导干部会议，传达学习习近平总书记在推动中部地区崛起工作座谈会、江西省委省政府工作汇报会上的重要讲话精神和江西省、南昌市领导干部会议精神。区领导刘闯主持会议并作重要讲话，高辉红传达习近平总书记在推动中部地区崛起工作座谈会、省委省政府工作汇报会上的重要讲话精神和全省、全市领导干部会议精神。区四套班子领导成员、区法院院长出席会议，区委、区人大、区政府、区政协办公室，区委各部门，区直各单位，各镇(街道、管理处)党政负责人,各垂管单位主要负责人参加会议。

上午,东湖区招商引资工作调度会在区政府常务会议室召开。区领导高辉红出席并讲话,陈俊主持会议,袁晨出席。区开放办就南昌市1—3月开放型经济发展情况及全区1—4月招商引资工作完成情况进行通报,各经济责任单位分别汇报本单位招大引强项目情况,1—4月连续排位第一和倒数第一的单位作了经验交流和表态发言。区政府办、区开放办与全区各经济单位负责人参加会议。

27日

下午,区领导高辉红、万明、杨峻到新洲桥、金达莱污水处理泵、赣东管理处电排站、蓑衣荚排污口、玉带河北支等处,查看各处水质达标情况和水治理工作开展情况,听取相关单位工作情况汇报,详细了解各处工作流程、举措及设施设备运转等。区政府办、区农业农村局、滕王阁街道主要负责人随同调研。

26—28日

区领导刘闯、袁晨赴北京开展招商活动。刘闯一行先后考察58集团总部、北京金手杖国际养老公寓、北京康莱德酒店,分别拜访58众创创业投资有限公司副总裁谢安妮、北京宏福集团副总裁胡君、招商蛇口行政人事高级经理范巍巍,就企业意向投资合作相关项目等事宜进行友好沟通。区投资促进局主要负责人随同考察。

28日

区领导高辉红、胡洪水、郑洪健、万明、冯于水对辖区各镇、街道、管理处开展“美丽南昌·幸福家园”环境综合整治工作进行突击检查,及时发现问题,现场督促整改。区政府办、区文明办、区委政法委、区城建局、区城管局、区商务局、区综管办和部分人大代表参加检查。

29日

下午,东湖区重点产业项目调度会在区政府常务会议室召开。区领导高辉红主持会议并讲话,唐铭市、陈俊、彭雅琳、袁晨出席。区发改委通报了区重点产业项目进展情况,区投促局、区文旅公司、豫章街道、区城建局分别重点汇报项目存在的问题和下一步工作举措,各挂点区领导提出工作要求。区政府办、区发改委、区城建局、区旧改办、区城管局、区投促局(开放办)、区文旅公司、豫章街道、百花洲街道、贤士湖管理处、区国土分局、区规划分局、区消防大队主要负责人参加会议。

30日

上午,区领导高辉红主持召开全区安全生产工作紧急调度会,通报安全生产形势,安排部署下一步工作,陈俊、袁晨出席。区安委办在会上传达江西省、南昌市安全生产工作有关文件会议精神,通报了5月29日方大特钢燃爆事故情况以及全区安全生产工作形势,并就全国安全生产月及下一阶段全区安全生产工作做出具体部署。区安委会成员单位及有关部门主要负责人参加会议。

上午,东湖区经济运行调度会在区政府常务会议室召开。区领导高辉红主持会议并讲话,陈俊、袁晨出席。区统计局、区财政局(区经济办)、区投促局、区税务局、区发改委、区商务局依次分析经济指标完成情况及研判下一步工作,与会区领导分别就相关工作进行部署。区相关经济责任单位,各镇、街道、管理处主要负责人和分管负责人参加会议。

上午,区委第十二届七十次常委会议在区委第一会议室召开,区领导刘闯主持。会议审议区委组织部提出的有关干部人事议题(略)、《关于审定东湖区公务员2018年度考核优秀等次的请示》,区人才办提出的《关于推荐卜斌、章翔二位同志到南昌东湖文化旅游发展有限公司任职的请示》。区领导高辉红、焦玉庄、胡洪水、唐铭市、刘光荣、陈俊出席会议,喻国泰、王玮列席。

下午,东湖区在区政府常务会议室召开校园食品安全工作会议,区领导童萍如出席并讲话。会上,区教科体局传达南昌市校园视频安全有关会议精神。区教科体局、市场监管局、卫健委相关人员参加会议。

31日

上午,区领导刘闯会见众一控股集团江西公司总裁刘阳等一行,向客人介绍东湖区经济和社会发展情况及全区主攻产业发展方向等思路,并就企业意向投资合作健康养老产业项目相关事宜进行友好交流。区人社局、区投促局主要负责人参加会见。

下午,东湖区委中心组理论学习(扩大)会在区文化活动中心演艺大厅召开，区领导刘闯、高辉红、喻国泰、王玮等在家的区四套班子成员出席。会议邀请南昌市政府参事、国家药品监管总局高级研修院教授徐艳钢作食品安全专题辅导。徐艳钢以《食品安全责任重于泰山》为题，从多角度看中国食品安全，如何评价我国食品安全法律制度，党政同责、强化属地管理，健全食品安全工作机制，以创建为抓手，提高食品安全水平等多个方面进行深入讲解。全区副科级以上领导干部（不含二级单位）参加会议。

下午，东湖区召开全区农贸市场管理工作调度会，区领导高辉红出席会议并讲话，陈俊、万明出席。区商务局就2019年1—5月全区农贸市场文明创建工作情况及存在的主要问题作了汇报，并对下一步工作进行安排；相关街办就进一步做好农贸市场属地管理工作作了发言。陈俊、万明分别就农贸市场创建工作及周边环境整治工作提出要求。区政府办、区综管办、区商务局、区市场监管局、区城管局、各街道（镇、管理处）主要负责人和分管负责人、物业站班子成员参加会议。

6月

2日

区领导刘闯、贾彧超、万明、杨峻到扬子洲镇调研该镇经济社会发展、人居环境、防洪防汛等工作。刘闯一行先后到扬子洲镇为民村、三联村、庙后村、氐港村、联民村、南洲村、新村村、前洲村、滕州村、长村村、上房村和莘洲村，察看每个村的环境卫生状况、村民人居环境，询问村民生产生活情况，了解防洪防汛准备工作，听取各村下一步工作打算，并就有关工作进行现场调度和部署。刘闯肯定扬子洲各项工作所取得的成绩，并要求镇村干部保持初心和定力，结合镇、村实际情况，研究更加科学、务实、高效的发展规划。他要求全区各级各部门根据自身职能特点做好相关问题研究，加强协作，为扬子洲镇经济社会发展打下坚实基础，提供强有力保障。区委办、区城管局、区农业农村局、区国土分局、扬子洲镇主要负责人和分管负责人参加调研。

3日

上午，东湖区融媒体中心在区文化活动中心正式挂牌成立，区领导刘闯、南昌市委宣传部副部长万晓东共同为东湖区融媒体中心揭牌。区领导高辉红致辞，胡洪水主持揭牌仪式，南昌广播电视台台长张金洁、南昌日报社社长万利平等出席。张金洁、万利平为东湖区融媒体中心签发稿件，与会领导和嘉宾参观了融媒体中心建设情况。区委组织部、区委宣传部、区编办、区发改委、区公安分局、区财政局、区教科体局、区文广新旅局、区机管局、区文旅公司有关负责人和各镇（街道、管理处）宣传委员参加揭牌仪式。

上午，南京路小学举行南昌市"家校联动齐携手，共育文明小市民"千所学校、百万师生誓师大会，区领导胡洪水出席并讲话。师生、家长们通过大屏幕观看《南昌文明宣传公益片》，并共同宣誓签名，承诺从我做起，从现在做起，从身边做起，做文明的宣传者，倡导者和践行者，为文明南昌添彩、加分。南京路小学全体师生、社区、家长代表共计2000余人参加。当天东湖区属中小学校均同步开展誓师活动，参与人数达2.7万人。

下午，区领导高辉红在区政府第一会议室主持召开全区民生实事票决项目调度会，唐铭市、陈俊、童萍如、万明出席。区政府办汇报了民生实事项目总体进展情况，项目监督评估工作组通报了对项目督查情况，各项目责任单位分别通报了项目基本情况及进展。区政府办、区委组织部、区人大选任联工委、区发改委、区财政局、区民政局、区城建局、区城管局、区商务局、区教科体局、各街道（管理处）有关负责人，区人大代表履职服务中心主任参加会议。

下午，区领导高辉红、杨峻深入百盛中山城百货、胜利路步行街地下商城等商场综合体开展明察暗访，检查企业安全生产主体责任落实情况、特种人员岗前培训情况、应急预案制定及演练开展情况，重点查看消防控制室报警系统运行情况、微型消防站建设情况和水泵房机械操作情况等。针对发现的问题，要求企业负责人靠前指挥，加强管理，立即抓好整改落实。区政府办、区安监局、东湖消防大队主要负责人随同。

下午，南昌市委政法委综治办副主任、市创建全国文明城市指挥部第三组组长辜峰一行到东湖区调研指导文明城创建工作。区领导胡洪水就东湖区创建工作的组织机构设置、社会氛围营造、日常工作开展、上下联动机制以及存在的难点问题等方面情况作工作汇报。幸峰一行在董家窑街道紫金城社区点位,察看时间银行、健身房等文明城市创建设施。区相关部门负责人陪同调研。

4日

上午,东湖区委全面依法治区委员会第一次会议在区委常委会议室召开。区领导刘闯主持会议并讲话,高辉红、胡洪水、唐铭市、刘光荣、胡志强出席。会议书面传达学习中央全面依法治国委员会第一次、第二次会议,江西省委全面依法治省委员会第一次、第二次会议和市委全面依法治市委员会第一次会议精神,审议并通过《中共东湖区委全面依法治区委员会工作规则(讨论稿)》《中共东湖区委全面依法治区委员会协调小组工作规则(讨论稿)》《中共东湖区委全面依法治区委员会办公室工作细则(讨论稿)》《中共东湖区委全面依法治区委员会协调小组成员建议名单(讨论稿)》《关于健全工作制度统筹推进全面依法治区工作的通知(讨论稿)》《中共东湖区委全面依法治区委员会2019年工作要点(讨论稿)》《2019年东湖区全面依法治区重点任务责任分工表(讨论稿)》。区委全面依法治区委员会全体成员参加会议,各镇(街道、管理处)党委(党工委)书记列席。

上午,区领导高辉红在区政府第一会议室主持召开七里嘉和小区安置房分配工作调度会,万勇出席。区城投公司通报七里嘉和小区安置房建设推进情况,贤士湖管理处汇报七里嘉和小区安置房分配工作开展情况,万勇部署下一步工作。区政府办、贤士湖管理处、区旧改办、区城投公司有关负责人及区旧改法律顾问参加会议。

5日

上午,东湖区2019年总河(湖)长会议在区政协会议室召开。区领导高辉红出席并讲话,唐铭市、张恩、杨峻、谢保成出席,杨峻主持会议。会议书面传达2019年省级、市级总河(湖)长会议精神,杨峻宣读总河长令,区河长办(水利局)汇报2018年度东湖区河(湖)长制工作情况并部署2019年工作;会议审议并通过《2018年东湖区河(湖)长制工作考核结果》《东湖区2019年度河(湖)长制工作要点及考核方案》。区委办、区政府办、区委组织部、区委宣传部、区委有关部门、区直相关单位、各镇(街道、管理处)等区级河(湖)长制责任单位主要负责人参加会议。

上午,东湖区"美丽南昌·幸福家园"环境综合整治暨深化全国文明城市创建调度会在区政协会议室召开。区领导高辉红主持会议并讲话,胡洪水、陈俊、余炜、冯于水出席。胡洪水在会上部署深化全国文明城市创建工作,陈俊部署综合市场创建工作,余炜布置交通秩序创建工作,冯于水传达全市相关会议精神并布置创建全国文明城市实地推进工作,市容环境创建工作部、综合市场创建工作部、"六小"行业创建工作部负责人分别作了工作汇报。会议通报《街道(镇、管理处)环境综合整治2019年5月考核结果通报》,并表彰了考核成绩优秀的单位,相关单位作表态发言。区委办、区政府办、区委组织部、区委宣传部、区委政法委等相关部门、区直相关单位,东湖国土分局、东湖交警大队、东湖消防大队、东湖公安分局、区综合调度工作部宣传舆情工作组、考核监督工作组、沟通联络工作组、区创建工作办公室等单位主要负责人及分管负责人参加会议。

8日

下午,区领导高辉红、杨峻深入扬子洲镇辖区巡查调度防汛工作,先后到扬子洲镇新村村地势低洼段、扬子洲中心渠、电排站、圩堤管理站等点位,察看堤内积水、河流水位、防汛排涝设备运转和雨量监测情况,并到田间地头了解农户生产生活状况。区农业农村局、扬子洲镇主要负责人随同。

10日

晚,东湖区在区委常委会议室召开防汛工作调度会,区领导刘闯出席并讲话,贾彧超主持会议,张恩、万明、杨峻出席。区农业农村局传达省市领导指示及有关文件精神,通报防汛工作进展情况并部署下一步工作;区防震减灾局通报气象分析情况,相关责任单位分别作工作发言。区委办、区政府办、区委宣传部、区人武部、区教科体局、区民政局、区城建局、区城管局、区房管局、区农业农村局、区卫健委、区应急管理局、区防震减灾局和各镇(街道、管理处)主要负责人参加会议。

9—11 日

区领导高辉红、袁晨赴深圳考察深圳梅林农批市场及特色街区、大鹏文化产业基地，并与招商东湖意库董事刘波进行会谈。区投资促进局、区文旅公司主要负责人随同考察。

11 日

上午，区领导刘光荣、彭雅琳、余瑾深入豫章街道，现场巡查调度赣江八一桥至聆江花园段防汛工作。刘光荣就全力以赴做好防汛抢险工作提出三点要求，即强化巡堤查险、强化值班值守、备足防汛物资。豫章街道主要负责人陪同巡查。

下午，江西省扫黑除恶专项斗争领导小组（扩大）暨中央督导组反馈情况整改工作电视电话会议在南昌召开，东湖区在区政府常务会议室设立分会场组织收听收看。区领导刘闯、胡志强、余炜，区法院院长、检察院检察长出席。区扫黑办主任、区扫黑除恶专项斗争五个专项组组长、各区直成员单位主要领导、各镇（街道、管理处）党政主要领导参加会议。

13 日

下午，区委第十二届 71 次常委会议在区委第一会议室召开，区领导刘闯主持。会议学习传达赵乐际在市县巡察工作推进会上的讲话精神，通报向中铝国际山东建设有限公司拨付殷家巷项目合同结算和清理资金的有关情况，审议区委宣传部提出《关于审议〈2019 年度全区党委（党组）理论学习中心组专题学习重点内容补充安排〉的请示》、区委编办提出的《关于区委机构编制委员会组成人员任职的请示》、区委办公室提出的《关于审议〈东湖区党内法规工作联席会议制度（送审稿）〉的请示》《关于召开全区党群工作会议的请示》及相关会议材料。区领导高辉红、贾彧超、焦玉庄、胡洪水、唐铭市、刘光荣、张恩、雷强、李婷出席会议，喻国泰、王玮、谭阿莉、胡涛湘列席。

区领导高辉红、胡洪水、万明、冯于水到扬农管理处德成社区、扬子洲镇臣港村、彭家桥街道文教北路社区、贤士湖花园农贸市场、贤士湖管理处嘉兴住宅小区、豫章街道四经路社区等处，深入社区、村各个角落，街边巷口，认真检查“美丽南昌·幸福家园”环境综合整治情况。区政府办、区委政法委、区城建局、区城管局、区商务局等相关单位负责人参加。

13—14 日

区领导刘闯、李婷赴长沙考察步步高·梅溪新天地项目、长沙市著名餐饮品牌文和友及夜市街，详细了解了步步高·梅溪新天地项目的各项业态尤其是品牌主力店，考察了当地夜市经济的发展情况。区投促局、八一桥街道、区文旅公司主要负责人随同考察。

14 日

晚 8 时，江西省防汛工作部署视频会在省水利厅防汛会商室召开，东湖区在区农业农村局（水利局）设立分会场组织收听收看。区领导高辉红、杨峻出席，区防指有关成员单位主要负责人参加。全省防汛工作部署视频会结束后，高辉红主持召开全区防汛工作部署会，对全区防汛工作存在问题和薄弱环节进行分析，并部署下一步工作。

15 日

下午，区领导高辉红、杨峻深入辖区巡查全区防汛工作。高辉红一行先后察看了东湖区防汛物资堆放处、前洲村防汛物资堆放处、扬子洲镇圩堤管理站、扬农管理处防汛物资仓库、重点圩堤等点位，详细了解河水涨势、堤坝巡查、值守人员安排等情况。

17 日

下午，区领导高辉红、童萍如、杨峻调研社区邻里中心工作进展情况。高辉红一行到百花洲街道小金台社区邻里中心，察看中心建设情况，详细了解中心的设计理念、社区机构、功能布局等，并就优化布局、美化形象、强化功能等事宜与大家进行交流和探讨。在座谈会上，童萍如、杨峻分别就相关工作进行部署，区民政局汇报总体建设情况，各相关街道和与会区直部门分别就相关工作进行汇报。区发改委、区教科体局、区民政局、区财政局、区卫健委、区商务局、区文广新局和各街道主要负责人参加座谈。

17—19 日

区领导刘闯赴珠海、上海开展招商活动，重点考察珠海微度芯创科技有限公司和上海圣拉维商业等项目。刘闯参观了珠海微度芯创科技有限公司在汽车电子、智能交通、安检以及工业控制领域的技术成果，并就企业发展规划、投资意向与企业高管进行友好沟通。在上海圣拉维一站式婚礼会馆,刘闯考察了企业在婚宴、婚庆、婚礼、妮唯娜婚纱礼服馆、婚礼摄影摄像等一站式婚礼服务项目。区投促局、东湖文旅公司有关人员随同考察。

19 日

上午,南昌市举办全市学习贯彻习近平总书记视察江西时的重要讲话精神宣讲报告会,东湖区设立分会场组织收听收看。区领导高辉红、贾彧超、喻国泰、王玮等四套班子领导成员,区法院院长、检察院检察长出席。区委、区人大、区政府、区政协办公室主任,区纪委副书记,区委各部门、区直各单位、区人大专委会、区政协专委会主要负责人,各镇、街道、管理处党政主要负责人参加会议。

下午,东湖区召开全区党群工作会议,总结2018年全区组织、宣传、统战及群团工作,部署2019年相关工作。区领导刘闯出席并讲话,高辉红主持会议,贾彧超、焦玉庄、胡洪水、唐铭市出席。贾彧超在会上总结2018年全区群团工作并部署2019年相关工作,焦玉庄、胡洪水、唐铭市分别就2018年统战、宣传和组织工作进行总结并部署2019年相关工作。区人武部、区法院、区检察院、东湖公安分局分管领导和政工科(政治处)负责人;区委办公室、区人大办公室、区政府办公室、区政协办公室负责人;各镇、街道、管理处党工委书记、专职副书记、党政办主任;区委各部门、区直各单位主要负责人,各系统办公室主任参加会议。

20 日

上午,东湖区在区政府第一会议室召开邮政路小学教育集团天骥校区建设工作调度会,区领导高辉红主持会议并讲话,童萍如、万勇出席。与会单位主要负责人分别汇报学校建设推进情况和下一步工作打算,童萍如、万勇就相关工作分别进行强调。区政府办、区发改委、区教科体局、区财政局、区城建局、区旧改办、彭家桥街道、东湖国土分管、东湖规划分局、区城投公司主要负责人参加会议。

上午,区领导李婷在区委常委会议室主持召开全区深化全国文明城市综合市场创建工作部调度会。区综合市场创建工作部负责人在会上宣读《东湖区进一步深化全国文明城市综合市场创建工作推进方案》,并部署下一步工作;各参会单位分别作了发言。区商务局主要领导及分管负责人,区残联、区企资中心、区城管局、东湖公安分局、区民政局、区市场监管局、东湖交警大队、区应急管理局、区消防救援大队、区卫健委等单位分管领导,扬子洲镇、各街道(管理处)分管负责人参加会议。

22 日

上午,东湖区在区政府常务会议室召开开放型经济工作调度会。区领导高辉红主持会议并讲话,李婷出席。区开放办在会上通报全区1—5月招商引资工作完成情况,各单位汇报了招大引强项目推进工作进展,相关单位作了经验介绍和表态发言;李婷就开放型经济相关工作进行部署和强调,区政府办、区商务局、区投促局(区开放办)、区发改委、区教科体局、区民政局、区人社局、区环保局、区城建局、区城管局、区房管局、区文广新旅局、区卫健委、区企资中心、区工商联、区委台办、各镇(街道、管理处)主要负责人参加会议。

上午,东湖区招商引资工作调度会在区政府常务会议室召开,区领导高辉红出席并讲话,李婷出席。区开放办在会上通报全区1—5月招商引资工作完成情况,各经济责任单位分别汇报了招大引强项目进展情况,获得1—5月综合排名第一和倒数第一的单位作经验交流和表态发言,李婷对相关工作进行沟通交流与点评分析。区政府办、区开放办、全区各经济单位主要负责人参加会议。

下午,江西省、南昌市防汛工作视频调度会先后在省水利厅、市水利局召开,东湖区在区农业农村局(水利局)设立分会场组织收听收看。区领导高辉红、杨峻出席,区防指有关成员单位主要负责人参加会议。

25 日

上午,区领导高辉红高辉红到八一桥街道豫章后街社区困难党员黄龙飞家中走访慰问,代表组织向他们致以节日问候并送上节日慰问金。区委组织部、八一桥街道有关负责人陪同。

26 日

上午,区领导刘闯到公园街道上营坊社区困难党员熊子信家中走访慰问,代表党组织送上慰问金和节日祝福。区委办、区委组织部、公园街道有关负责人陪同走访。

下午，东湖区在区纪委会议室召开履行全面从严治党主体责任现场办公会，区领导刘闯出席并讲话，刘光荣主持会议。会议学习《关于纪检监察机关提请公安机关协助采取搜查、留置、通缉措施的规定（试行）》。会议明确，成立沟通协调工作领导小组，分别由区纪委区监委主要领导任组长、东湖公安分局主要领导任副组长，区纪委区监委、东湖公安分局相关科室负责人任成员，并明确工作职责。刘闯提出三点要求：一是要发挥好沟通协调工作领导小组的作用，为协助采取搜查、留置、通缉工作提供有力保障。二是积极探索建立沟通协调配合工作机制，及时研究解决协作配合过程中的问题。三是要相互配合，相互支持，形成有效合力。区纪委副书记、东湖公安分局及区纪委相关科室负责人参加会议。

区领导高辉红、贾彧超、胡洪水、郑洪健、万明、冯于水到辖区检查“美丽南昌·幸福家园”环境综合整治工作情况，先后到扬农管理处绿苑社区、扬子洲镇庙后村、彭家桥街道七里街社区、贤士湖管理处永溪村、豫章街道上沙窝社区等处，认真察看地面保洁、楼道环境、垃圾广告等，对发现的问题及时督促责任单位进行整改。区政府办、区委政法委、区城建局、区城管局、区商务局等有关单位负责人参加检查。

27 日

上午，区领导刘闯会见北京宏福集团董事、副总裁胡君、澳大利亚 SDG 设计集团总工乔欣、赛伯乐绿科投资集团战略合伙人龙峻、中国老龄事业发展基金会主任马琳一行。区领导李婷、袁晨，区发改委、区投促局、区民政局、区卫健委、区医保局、区国土分局、区规划分局主要负责人参加会见。

上午，区委第十二届七十二次常委会议在区委第一会议室召开，区领导刘闯主持。会议学习传达《中共中央关于李平同志搞形式主义、官僚主义案件查处情况及其教训警示的通报》文件精神，审议区委宣传部提出的《关于学习宣传贯彻习近平总书记视察江西时的重要讲话精神的请示》，区政府党组提出的《关于审议〈东湖区贯彻落实中央环境保护督察“回头看”及鄱阳湖水环境问题专项督察反馈意见整改方案（送审稿）〉的请示》《关于审议〈2019 年东湖区房屋征收（征迁）工作实施方案（送审稿）〉的请示》《关于审议〈2019 年东湖区旧城改造工作指挥部工作方案（送审稿）〉的请示》，区委办公室提出的《关于调整区委副书记贾彧超同志分工的请示》，区纪委提出的《关于审议〈南昌市东湖区纪委监委派驻机构改革实施方案（送审稿）〉的请示》《关于对部分干部违纪问题立案审查的请示》。区领导高辉红、贾彧超、焦玉庄、胡洪水、唐铭市、刘光荣出席会议，喻国泰、王玮、万明列席。

28 日

东湖区在区委常委会议室召开创建工作调度会，区领导贾彧超主持会议并讲话，胡洪水、万明出席。与会人员观看会上播放的第八期“不文明行为曝光台”；相关部门分别汇报创建工作进展情况及下步工作安排；胡洪水、万明分别就分管的相关工作进行强调和部署；贾彧超传达了全市创建工作调度会议精神，并从六个方面提出要求：一是思想认识必须再深化。二是调度推进必须再加强。三是排查整改必须再严格。四是督查考核必须再发力。五是协调联动必须再紧密。六是氛围热度必须再升温。区创建办，宣传舆情、考核监督、沟通联络三个工作组，社会动员工作部、12 个实地对标部，各镇（街道、管理处）党委（党工委）主要负责人参加会议。

29 日

上午，区领导李婷到辖区文教北路、董家窑过渡农贸市场开展调研，与市场负责人、管理员、经营户交谈，查看农贸市场内外环境卫生，督导文明城创建工作。区商务局负责人陪同调研。

7 月

1 日

晚，东湖区 2019 年旧改工作动员大会在区委常委会议室召开，区领导刘闯出席并讲话，高辉红主持会议，雷强、胡志强、李婷、彭雅琳、郑洪健、万勇、万明、杨峻、谢保成、冯于水以及区人大副县级干部桂兵出席。万勇在会上解读《2019 年东湖区房屋征收（征迁）工作实施方案》并部署旧改工作，墩子塘街道、贤士湖管理处、区房管局、东湖国土分局、区城投公司分别作表态发言。东湖区

2019年房屋征迁有7个地块,征迁总面积约18.24万平方米,总户数约1393户。区委办、区政府办、区委宣传部、区委政法委、区纪委、区财政局、区房管局、八一桥街道、豫章街道等单位有关负责人参加会议。

区领导李婷到区投资促进局专题调研指导工作,与全体干部进行座谈。区投促局局长在座谈会上汇报本单位工作职责、机构编制、党务管理等基本情况,区开放办主任全面报告全区开放型经济工作的任务指标、项目推进、存在问题、工作目标和下一步举措。李婷对区投促局的工作给予高度肯定,认为区投促局成立后管理很精细,运转很到位,干事创业有活力、服务发展有能力、履职尽责有动力。区委办负责人陪同调研。

2日

上午,区领导高辉红、雷强、杨峻到叠山路136号调研东湖区居家养老志愿服务"时间银行"总行建设工作并召开现场调度会。高辉红一行察看了"时间银行"总行办公用房实际情况,听取相关部门情况介绍。区民政局在会上汇报"时间银行"总行建设情况,区文旅公司汇报设计方案相关情况,各相关部门分别就负责的工作发言。区政府办、区发改委、区民政局、区财政局、区机管局、区文旅公司、公园街道主要负责人参加调研。

上午,区领导李婷到蓝海夜市街调研建设运营情况,听取南昌市政公用集团蓝海商管公司对夜市街运营情况的介绍,希望公司加大招商力度,引进一些符合街区经营业态的、带动能力强的商户入驻街区,区商务局要在政策支持上给予全力协助。区商务局、豫章街办主要负责人陪同调研。

3日

下午,区领导高辉红、雷强、万明先后到启明星辰创新中心、江旅都市方舟、苏宁广场、刘将军庙社区改造、东南北湖水环境提升改造、八一馆地铁商业综合体、新地商务中心、宪法广场等8个重点项目现场,察看各项目建设进展情况,了解项目推进过程中存在的困难和问题,共同探讨解决问题的办法和路径。区政府办、区城管局、区投促局、区城建局、区发改委、区旧改办、大院街道、董家窑街道、滕王阁街道、百花洲街道主要负责人参加。

3—4日

区领导刘闯赴北京开展招商活动,拜访中国动漫集团和北京中文发文化发展公司,详细了解了动漫、影院等文创产业项目运营发展情况,并就企业意向投资合作"全息影院"等相关项目事宜进行友好沟通。区投促局负责人随同。

4日

上午,东湖区第十六届人大常委会第二十一次会议在区人大常委会会议室举行,区领导喻国泰、彭雅琳、余瑾、谢蓉、郑洪健、谭阿莉、万里涛及常委会组成人员参加会议。会议听取并审议区法院刑事审判工作情况报告,区检察院诉讼监督工作情况报告,区政府关于办理区第十六届人大四次会议代表意见、建议情况的工作报告;会议以电子表决投票方式通过有关人事任免事项,决定免去夏小兰的南昌市东湖区人民政府副区长职务,任命雷强为南昌市东湖区人民政府副区长;会上喻国泰向雷强颁发任命书,并举行宪法宣誓仪式。区领导高辉红,区法院院长梁洪、区检察院检察长杜迎春,区人大副县级干部桂兵,区人大、区政府有关部门负责人,各街道人大工委主任及部分人大代表列席会议。

上午,区领导高辉红在区政府常务会议室主持召开全区民生实事票决项目调度会,唐铭市、雷强、李婷、童萍如、万明出席。区政府办公室汇报了项目总体进展情况,项目监督评估工作组汇报项目督查情况,各项目责任单位分别汇报项目基本情况及进展。与会区领导就民生实事项目相关工作分别作具体部署。区政府办、区委组织部、区人大选任联工委、区发改委、区财政局、区民政局、区城建局、区城管局、区商务局、区教科体局、各街道(管理处)有关负责人,区人大代表履职服务中心主任参加会议。

东湖区在区政协会议室召开"美丽南昌·幸福家园"环境综合整治暨全国文明城市创建工作调度会,区领导高辉红出席并讲话,贾彧超主持会议,胡洪水、余炜、万明、冯于水出席。会上,万明通报6月督查情况并部署下步环境综合整治工作,冯于水宣读《街道(镇、管理处)环境综合整治2019年6月考核结果通报》,余炜布置交通畅通整治工作,胡洪水部署全国文明城市创建工作。区委办、区政府办、区委组织部、区委宣传部、区委政法委等相关部门和单位，东湖国土分局、东湖交警大队、东湖消防大队、东湖公安分局、区综合调度工作部宣传舆情工作组、考核监督工作组、沟通联络工作组、区创建工作办公室等单位主要负责人及分管负责人参加会议。

6日

上午，东湖区重点巡查项目推进工作调度会在区委常委会议室召开，区领导刘闯出席并讲话，高辉红主持会议，贾彧超、胡洪水、唐铭市、雷强、胡志强、李婷、童萍如、万勇、万明、杨峻、袁晨出席。会上，区发改委（重点办）通报全区重大重点项目进展情况和《东湖区2019年重点巡查推进项目工作方案（送审稿）》，各项目牵头责任单位分别汇报项目进展情况、需要协调的问题和下一步工作计划，雷强解读各个重点巡查项目的安排情况并部署下一步工作。区委办、区政府办、区发改委（重点办）、区民政局、区财政局、区城建局、区城管局、区旧改办、区商务局、区投促局、区国土分局、区规划分局、区消防大队、区城投公司、区文旅公司主要负责人和各街道、管理处党政主要负责人参加会议。

8日

上午，东湖区在区综合服务中心大楼隆重举行"东湖文明日"启动仪式，区领导刘闯出席并致辞，高辉红主持仪式，贾彧超宣读关于开展"东湖文明日"的决定，在家的区四套班子领导成员、区人武部政委、区法院院长、区检察院检察长出席仪式。驻区全国文明单位代表——江西省儿童医院、中国好人代表——南昌供电公司职员周海萍、街道代表——董家窑街道分别作表态发言。全体与会人员举行了庄严宣誓并在签名墙签名后，分赴各自所在片区，参与文明知识宣传、交通劝导、清洁环境等"东湖文明日"系列活动。设立"东湖文明日"，旨在充分发挥机关、企事业单位示范引领作用，发动全社会共同参与文明城创建工作，实现全国文明城市创建工作常态长效，活动内容涵盖文明创建知识宣传、市容环境整治、道路交通环境秩序整治、"文明餐桌"行动、志愿服务活动、文明创建模范宣讲、文明创建意见建议征集等方面。各镇（街、处）党政主要负责人、分管负责人、宣传委员，部分社区主任、群众代表，区直系统（单位）、垂管单位主要负责人及部分干部职工，驻区文明单位代表参加启动仪式。

9日

傍晚，区领导高辉红、杨峻前往扬子洲地区的前洲村自排闸和圩堤管理站，巡查防汛工作，实地察看设备运行状况及水位情况，检查扬子洲镇防汛工作责任人和技术人员物资储备、泄洪排涝、值班值守、应急预案等各项工作落实情况。农业农村局、区应急管理局、扬子洲镇主要负责人随同。

晚，区委第十二届七十三次常委会议在区委第一会议室召开，区领导刘闯主持。会议学习传达《省委办公厅关于十四届省委第五轮巡视发现倾向性问题的通报》文件精神及江西省巡视巡察工作会议暨十四届省委第六轮巡视工作动员部署会议精神，习近平总书记关于扫黑除恶专项斗争有关批示及讲话精神；听取东湖区2018年经济工作考核情况汇报；审议区委办公室提出的《关于召开中共南昌市东湖区委十二届七次全体（扩大）会议的请示》、刘闯在区委十二届七次全体（扩大）会议上关于区委常委会工作的报告等有关材料，《关于召开2018年度全区经济社会高质量发展综合考评通报大会的请示》和《审议〈关于2018年度全区高质量发展目标管理绩效考核结果的通报（送审稿）〉的请示》，区纪委提出的《关于审议〈东湖区县级党员领导干部廉政谈话实施办法（送审稿）〉的请示》《关于给予干部开除党籍、开除公职处分的请示》。区领导高辉红、焦玉庄、胡洪水、唐铭市、刘光荣、雷强、胡志强、李婷出席会议，王玮列席。

10日

晚，区领导刘闯、高辉红、胡洪水、雷强、杨峻、冯于水到辖区各防汛值守点察看水情，并看望慰问坚守在防汛一线值守的干部群众。刘闯一行到扬子洲镇三联村防汛值守点查看防汛巡察记录和防汛物资准备情况；还巡查扬子洲堤全线及城区赣东大堤、富大有堤全线，同值班人员一道详细检查各点位特别是险工险段堤防情况及值班记录、防汛物资准备等情况，要求各防汛责任单位科学安排值班人员，严密监控关键部位，妥善处置发现的问题。区委办、区农业农村局、区应急管理局、扬子洲镇、扬农管理处、豫章街道、八一桥街道、滕王阁街道等相关单位负责人随同。

南昌市政协主席周关到东湖区开展进一步加

强政协党的建设工作专题调研。周关听取东湖区关于加强政协党的建设工作情况汇报,并就如何进一步加强政协党的建设工作与东湖区主要领导进行交流探讨。周关要求抓住关键问题,把政协党的建设工作做实、做细、做深,切实加强政治建设、思想建设、组织建设、作风建设、纪律建设,推动政协工作严起来、紧起来、动起来;要以高质量履职成果检验政协党的建设工作成效,坚持建言资政和思想政治引领双向发力,围绕中心,服务大局,探索肩负新时代人民政协新方位新使命的地方特色经验,始终坚持以人民为中心的发展思想,在服务人民群众方面做实事,确保政协各方面的工作按照党的要求,按照人民的期待,真正履行好职能、发挥好作用。区领导刘闯、王玮、欧阳桃花、谢华陪同。

11日

上午,中共东湖区委十二届七次全体(扩大)会议在区文化活动中心演艺大厅召开。会议主要任务是:坚持以习近平新时代中国特色社会主义思想为指导,深入学习贯彻习近平总书记视察江西重要讲话精神,聚焦“在加快革命老区高质量发展上作示范、在推动中部地区崛起上勇争先”的目标定位和“五个推进”更高要求,按照江西省委十四届八次全会和南昌市委十一届八次全会部署,动员全区上下立说立行抓落实、善作善成求实效,为描绘新时代江西改革发展新画卷、做大做强做优大南昌都市圈作出东湖区应有贡献。区领到刘闯代表区委常委会作工作报告,高辉红传达省委十四届八次全会和市委十一届八次全会精神。刘闯、高辉红、王玮、焦玉庄、胡洪水、唐铭市、刘光荣、雷强、胡志强、李婷在主席台就座,区委委员、区委候补委员出席会议;不是区委委员、区委候补委员的县级领导,区纪委委员、区监委委员、区纪工委书记,各镇、街道、管理处党政主要负责人,区委各部门、区直各单位(含区委巡察组)主要负责人(区领导担任正职的部门增加一名副职),区人大、区政协各委(室、办)主要负责人,各垂管单位主要负责人,部分基层党代表、人大代表、政协委员,部分非公企业党组织负责人,部分村(社区)党委(支部)书记,全区副科级以上领导干部列席或旁听会议。

上午,区领导童萍如到区疾控中心调研防洪救灾应急物资储备工作,传达区委区政府主要领导关于防洪救灾工作的讲话精神,查看中心应急仓库救援物资储备情况及了解防洪救灾应急人员安排情况。

下午,东湖区第十二次夜间经济调度会在区政府第一会议室召开,区领导万明主持会议并讲话。区文旅公司汇报蛤蟆街夜市建设工作进展情况,各有关单位作交流发言。万明强调,要继续加大推进力度,确保蛤蟆街夜市街按既定时间开街营业;要全力做好安全生产工作,不能有丝毫侥幸心理;各相关单位要高度重视,全力支持。区商务局、区城建局、区城管局、八一桥街办、东湖消防救援大队、区文旅公司负责人参加会议。

下午,东湖区在区委常委会议室召开“习近平总书记在江西视察时的重要讲话精神”专题学习会。区领导刘闯主持会议并讲话,高辉红、王玮等四套班子成员,区检察院检察长出席。会上观看了习近平总书记在江西视察时的新闻短片,各区委常委围绕主题依次发言畅谈学习体会。区委、区人大、区政府、区政协办公室主任,区纪委副书记,区委组织部、区委宣传部、区直机关工委、区委党校主要负责人参加会议。

下午,东湖区在区政府常务会议室召开防汛工作紧急部署会议,区领导高辉红主持会议并讲话,焦玉庄、胡洪水、唐铭市、雷强、胡志强、李婷、邱建新、彭雅琳、余瑾、谢蓉、郑洪健、万里涛、童萍如、万勇、万明、杨峻出席。区防办通报全区防汛工作进展情况,区防震减灾局通报天气情况,扬子洲镇、扬农管理处汇报防汛工作进展及下一步工作安排,杨峻传达上级有关会议和文件精神,各分指挥部指挥长(副组长)分别就相关工作进行部署。高辉红指出,赣江南昌站水位超过警戒水位,市区两级均启动防汛Ⅳ级应急响应,防汛形势异常严峻。他要求全区各单位迅速进入战备状态,切实做到设备物资到位、人员值守到位、思想认识到位,坚决克服麻痹、侥幸懈怠的思想。区委各部门、区政府各部门、区直各单位、各人民团体和各镇、街道、管理处主要负责人参加会议。

区领导贾彧超赴上海拜访百盛集团执行董事钟珊珊,推进百盛八一馆站地铁上盖购物中心项目。贾彧超重点了解该项目的定位、招商情况及开业计划,并就加快推进项目建设、运营与企业进行沟通。百盛集团置业总经理、财务总监、江西区总经理，百花洲街道、区投促局负责人随同。

12 日

上午，区领导高辉红、万明到辖区社区微改造项目现场察看项目建设情况，并召开全区城市功能与品质提升项目现场推进会，安排部署下一步工作。高辉红一行先后到董家窑街道杏苑社区、墩子塘街道马家池社区、滕王阁街道民巷社区等10个微改造项目现场，察看项目建设进展，了解属地社区微改造项目的主体工作内容、建设进度、施工效果以及计划完成情况，并就加快项目推进提出指导性意见。区政府办、区发改委、区财政局、区城建局、区城管局、各街道(管理处)、区品质办主要负责人参加。

上午，区领导李婷、谢蓉到区市政养护管理所防汛防涝物资储备仓库、百花洲路、建德观等点位，察看防汛物资储备、重要积水点改造情况，巡查调度防汛防涝工作。区城建局、区市政养护管理所主要负责人随同。

下午，区领导高辉红到扬子镇联民村、林场村，扬农管理处绿苑社区、莘洲村等防汛值班点，察看防汛工作开展情况，并对广大干部群众坚守岗位，奋战在一线的敬业精神表示慰问。区政府办、扬子洲镇、扬农管理处等单位负责人随同。

16 日

区领导高辉红、贾彧超、胡洪水、郑洪健、万明、冯于水一行对全区街道、社区“美丽南昌·幸福家园”环境综合整治工作开展突击检查，先后到彭家桥街道文教北路社区、贤士湖管理处永和村、董家窑街道贤士花园第二社区贤士花园集贸市场、豫章街道洪城社区等处，查看地面保洁、楼道环境、垃圾广告、社区绿化等整治情况。区政府办、区委宣传部、区委政法委、区城建局、区商务局、区城管局等有关单位负责人，部分区人大代表、政协委员随同。

17 日

上午，东湖区在区文化活动中心新闻发布厅组织收听收看江西省深化“放管服”改革优化营商环境电视电话会议，区领导高辉红、童萍如、万明、杨峻、袁晨出席，区委相关部门，区直相关单位，各镇、街道、管理处及东湖公安分局、东湖税务局、东湖国土分局、东湖规划分局主要负责人参加会议。

下午，东湖区深化全国文明城市创建工作推进会在区委常委会议室召开，区领导贾彧超主持会议，胡洪水、万明出席。胡洪水传达南昌市深化文明城市创建工作推进会会议精神，并就相关工作进行布置；万明针对九大方面文明创建工作重点进行布置；区创建办、综合调度工作部宣传舆情组、考核监督工作组、沟通联络工作组，社会动员工作部以及12个实地创建工作对标部汇报工作及下一步打算；与会人员观看了相关暗访情况的录像片。贾彧超要求各单位思想不能溃堤、盯牢重点区域、注重微小细节、熟悉掌握规律，要从历年检查中总结经验找规律，更好地开展创建工作。综合调度工作部宣传舆情组、考核监督工作组、沟通联络工作组组长，社会动员工作部以及12个实地创建工作对标部常务副部长，创建办主任、副主任，各镇(街道、管理处)行政主要负责人参加会议。

下午，东湖区政协推进民营经济发展专题协商会在区政协常委会会议室召开，区领导王玮出席并讲话，雷强出席，胡涛湘主持会议。会上，区政协经济和农业农村委作《关于东湖区2018年民营经济发展情况的调研报告》，区政协委员分别发言。

18 日

上午，政协东湖区第九届委员会第十四次常务委员会议在区政协常委会议室召开，区领导高辉红出席并讲话，王玮主持会议，欧阳桃花、谢保成、冯于水、谢华、余坚、胡涛湘出席。会议第一阶段专题协商打造历史文化旅游街区工作，听取《关于打造历史文化旅游街区的调研报告》，课题调研组成员、区文广新局、区城建局、区商务局分别发言。会议第二阶段区政协第九届常委会专题学习习近平总书记在江西视察时的重要讲话精神和区委十二届七次全体(扩大)会议精神；听取区退役军人事务局、区应急管理局、区医疗保障局工作通报；协商通过修订的《政协东湖区委员会全体会议工作规则(送审稿)》《政协东湖区委员会常务委员会工作规则(送审稿)》。

19 日

下午，区领导高辉红、雷强、李婷到辖区巡查防汛抗洪工作，并看望慰问一线值班的干部群众。

高辉红一行到扬子洲镇、扬农管理处多个值班点,巡查值守堤段,并着重检查曾经出现渗水情况的出险点及部分险工险段。区政府办、扬子洲镇、扬农管理处有关负责人随同。

晚,区委第十二届七十四次常委会议在区委常委会议室召开,区领导刘闯主持。会议传达江西省、南昌市学习贯彻新修订的公务员法暨推行公务员职务与职级并行制度业务培训会议主要精神,研究东湖区贯彻落实意见,审议区政府党组提出的《审议〈东湖区关于加快推进“1+5+X”社区邻里中心建设的实施方案(送审稿)〉的请示》《审议〈东湖区关于优化调整社区规模布局的实施方案(送审稿)〉的请示》。区领导高辉红、贾彧超、焦玉庄、胡洪水、唐铭市、刘光荣、雷强、胡志强、张恩、李婷出席会议,喻国泰、王玮、杨峻列席。

20日

上午,东湖区招商引资工作调度会在区政府常务会议室召开,区领导高辉红出席并讲话,李婷、袁晨出席。会上,区开放办通报全区1—6月招商引资工作完成情况。1—6月综合排名第一和倒数第一的单位分别作经验交流和表态发言;重点推进的几个招商项目单位汇报项目推进情况;李婷、袁晨分别就相关工作作点评分析。区政府办、区开放办与全区各经济单位主要负责人参加会议。

江西省应急管理厅厅长龙卿吉、国家应急管理部防汛抗旱司副司长徐宪彪等国家防总工作组到东湖区察看豆芽巷176号防汛排涝工作。龙卿吉、徐宪彪一行听取该处居民小区排水管道等硬件基本情况、7月13日该处内涝积水情况和属地街道、城管、城建、消防应急救援部门应急联动工作情况,查看原积水点位高度,充分肯定东湖区在防汛排涝应急处置工作中政府提前预判、指挥部专题调动、属地及业务单位点位巡守、专业部门合力联动共同处置等工作表现,并希望城区能思考推进互联网+分级监管模式,即对城区内积水点位采集相关数据,进行分级分层管理,进一步提高应急处置的科学性和及时性。南昌市应急管理局局长陈曙,市水利局局长胡崇敬,区领导刘闯、雷强陪同。

22日

上午,东湖区委书记刘闯、区长高辉红一行先后到江西省军区和南昌警备区,与部队官兵共叙军地情谊,向他们送去即将到来的“八一”中国人民解放军建军节的问候和祝福。江西省军区司令员吴亚非代表省军区感谢东湖区委、区政府和东湖人民长期以来对国防和军队建设的关心支持;南昌市委常委、南昌警备区政委王宗军对刘闯一行的到来表示感谢,表示警备区将继续巩固和发展军政军民团结的良好局面,继续为东湖经济社会发展提供强有力的支持和保障。区领导贾彧超、喻国泰、张恩、杨峻随同走访。

23日

下午,区领导高辉红、雷强到区人武部走访慰问,张恩参加走访。高辉红代表区委、区政府给区人武部全体官兵送上节日慰问金,并向他们致以节日的问候和诚挚的祝福。

24日

上午,东湖区在区文化活动中心新闻发布厅组织收听收看江西省“不忘初心、牢记使命”主题教育专项整治工作部署会实况,区领导刘闯、高辉红、贾彧超、喻国泰、王玮、胡洪水、唐铭市、刘光荣、胡志强,区委各部门、区直各单位主要负责人,各镇、街道、管理处党政主要负责人参加收听收看。

下午,南昌市委“学习贯彻习近平总书记视察江西时的重要讲话精神”宣讲团成员、市委宣传部调研员张定章来到东湖区,围绕深刻领会和把握习近平总书记再次视察江西的重大意义、深刻领会和把握习近平总书记对江西工作的充分肯定、深刻领会和把握习近平总书记对江西发展的目标定位、深刻领会和把握习近平总书记对江西工作的更高要求、深刻领会和把握学习宣传贯彻习近平总书记重要讲话的部署要求等五个方面,对习近平总书记视察江西时的重要讲话精神作全面、系统、深入的阐释解读,为与会人员作一场高质量、高水平的宣讲报告。区委书记刘闯主持宣讲会,全区副科级以上领导干部参加。

24—25日

区领导高辉红、李婷赴北京开展招商活动,分别考察北京宏福集团、随行付支付公司等企业总部,并拜访南昌市政府驻北京联络处。高辉红一行重点考察宏福集团金手杖国际养老公寓项目,对企业搭建全方位、多层次康复养老产业思路表示赞许；在随行付支付公司，高辉红一行重点了解企业在金融科技创新服务等方面的举措，并就如何防范化解金融风险进行深入探讨。区投资促进局、区卫健委、区民政局主要负责人随同。

26日

上午，东湖区在区委宣传部会议室设立分会场组织收听收看全国安全生产电视电话会议实况，区领导高辉红、雷强、李婷、童萍如、余炜、杨峻，区委相关部门、区直相关单位，东湖公安分局、东湖交警大队、东湖消防救援大队及各镇、街道、管理处主要负责人参加。

27日

东湖区2018年度全区经济社会高质量发展综合考评通报大会在区文化活动中心新闻发布厅召开，区领导刘闯、高辉红、贾彧超、喻国泰、王玮等在家的四套班子成员，区法院院长出席。会议通报2018年全区高质量发展目标管理绩效考核结果、2019年上半年全区主要经济指标运行情况，表彰一批2018年度目标责任考核优秀部门和单位。

30日

上午，东湖区在区政府常务会议室召开安全生产工作会，区领导高辉红出席并讲话，雷强主持会议。区政府办传达江西省委书记刘奇批示精神及7月19日全省安委会成员扩大会议精神；区安委办通报2019年上半年安全生产工作形势、解读"打非治违"百日行动方案并安排下半年重点工作；区城建局、扬子洲镇分别作表态发言。区安委会成员单位主要负责人，区文投公司、区城投公司主要负责人参加会议。

31日

区领导高辉红、贾彧超、万明在全区开展本月第二次"美丽南昌·幸福家园"环境综合整治突击检查。高辉红一行先后到扬农管理处绿苑社区、扬子洲镇三联村、文教北路农贸市场、董家窑新华社区等处，认真检查地面保洁、楼道环境、安全秩序等，并根据检查情况现场打分，对发现的问题及时反馈并督促整改。区政府办、区委政法委、区城建局、区城管局、区商务局等相关单位负责人参加。

东湖区深化文明创建实地工作、五大文明提升行动、城市功能与品质提升工作调度会在区政府常务会议室召开，万明主持会议。区创建办传达南昌市文明创建实地工作推进会议精神和相关要求，通报中央文明办2019年3月暗访涉及东湖区的37个点位问题整改情况及下步工作计划；区品质办布置迎接江西省城乡办、省品质办督查区城乡环境综合整治和城市功能与品质提升工作事项；区城建局通报社区微改造以及"六改"项目工作进展情况；区12个创建工作部牵头单位通报创建工作进展情况。万明要求各单位进一步提高认识、加快推进、做好对接、改进作风，要对照工作职责，统筹协调，相互配合。区创建办、区品质办、12个创建工作部牵头单位和各街道（镇、管理处）分管领导参加会议。

8月

3日

上午，东湖区在区政府常务会议室召开区生态环境保护委员会2019年第二次全体会议暨环保督察反馈问题整改、蓝天保卫战工作调度会，区领导高辉红主持会议并讲话，余炜、万勇、万明、杨峻出席。会议通报2019年上半年该区空气质量状况、八大标志性战役进展及该区环保督察问题整改销号情况，10个专业委员会以书面形式汇报牵头负责的有关专项行动工作进展，部分责任单位作了发言。区委相关部门、区直相关单位，各镇、街道、管理处主要负责人参加会议。

6日

上午，区领导高辉红、杨峻到扬子洲镇察看码头拆除复绿工作及该镇抗旱工作开展情况。区政府办、区农业农村局、区城建局、扬子洲镇主要负责人随同。

下午，区领导高辉红、万勇到上沙窝地块东湖小区项目，熊邓村地块贤湖佳苑项目，阳明路邓家自然村地块安置房项目，沙滩魏村地块贤湖雅苑项目，香江家具城地块C03、C08安置房项目，七里村安置房C地块、DE地块项目，起凤路地块长巷新区项目，察看全区安置房项目建设情况，并对下一步工作提出指导性意见。区政府办、区城投公司、区城建局、区城管局、区生态环境局、豫章街道、贤士湖管理处等单位主要负责人参加。

7日

下午,东湖区在区政府常务会议室召开2019年民生实事票决项目调度会,区领导高辉红主持会议并讲话,唐铭市、李婷、童萍如、杨峻出席。区政府办公室汇报项目总体进展情况,项目监督评估工作组汇报项目督查情况,项目责任单位分别汇报各项目基本情况及进展,与会区领导就相关工作进行了部署。区政府办、区人大选任联工委、区发改委、区财政局、区民政局、区城建局、区城管局、区商务局、区教科体局、各街道(管理处)主要负责人,区委组织部、区政府督查室分管负责人和区人大代表履职服务中心负责人参加会议。

8日

上午,南昌市自然资源局东湖分局正式挂牌,东湖自然分局班子成员及全体干部职工参加揭牌仪式。出席挂牌仪式的南昌市自然资源局党组成员、副局长袁义松和区领导万勇分别在仪式上发表讲话,东湖自然分局吴有根局长代表新一届领导班子作表态发言。

上午,东湖区召开全区深化全国文明城市创建工作调度会,区领导高辉红出席并讲话,贾彧超、胡洪水、李婷、万明、杨峻出席。参会人员观看第九期"不文明行为曝光台"视频,贾彧超传达南昌市委副书记刘烁调研东湖区文明创建工作有关精神,与会区领导分别就分管工作作具体部署,各创建工作对标部部长报告阶段工作进展情况并布置下一阶段工作。综合调度工作部宣传舆情组、考核监督工作组、沟通联络工作组组长,社会动员工作部以及12个实地创建工作对标部常务副部长,创建办主任、副主任;各镇(街道、管理处)主要负责人参加会议。

下午,区领导高辉红、万明到永和村社区微改造项目及八一公园水生态修复工程现场,察看调度项目建设情况。区政府办、区城建局、贤士湖管理处、百花洲街道主要负责人随同。

9日

上午,东湖区在区政府常务会议室召开创建江西省双拥模范区"八连冠"动员部署会,区领导高辉红出席并讲话,杨峻主持会议,区人武部政委邱建新和驻区部队领导出席。会议解读《东湖区创建全省双拥模范区"八连冠"工作实施方案(征求意见稿)》,并部署争创全省双拥模范区"八连冠"项目任务分解和推进计划。区双拥领导小组各成员单位及有创建迎检任务相关单位和各镇、街道、管理处主要负责人参加会议。

10日

上午,东湖区在区政府常务会议室召开全区深化全国文明城市创建工作调度会,区领导高辉红主持会议并讲话,贾彧超、李婷、童萍如、余炜、杨峻出席。与会人员观看了深化文明城市创建工作暗访视频,贾彧超传达全国文明城市创建工作部署会议精神并部署相关工作,相关责任单位分别报告相关问题整改情况。综合调度工作部宣传舆情组、考核监督工作组、沟通联络工作组,社会动员工作部,12个实地创建工作对标部负责人,以及创建办、各镇(街道、管理处)党政主要负责人参加会议。

13日

下午,区领导刘闯、贾彧超到贤士湖公园及永和村社区微改造项目现场,察看公园环境、水体质量及项目建设情况。刘闯要求主管单位和属地部门持续加强贤士湖公园内外环境卫生保洁工作,加强水情监测,进一步提高标准,实现贤士湖湖水长治长清;在社区微改造中,要坚持问题导向,科学筹划,对村民反映最强烈的突出问题要优先解决,把微改造工程做成群众满意的精品工程。区城建局、贤士湖管理处、董家窑街道等有关单位主要负责人随同。

14日

下午,广西壮族自治区司法厅党委委员、副厅长潘东率考察团一行10人到东湖区法律服务中心考察社区矫正工作,江西省司法厅社区矫正管理局局长魏淑燕、南昌市司法局局长涂慧玲、区领导贾彧超等陪同考察。潘东一行参观法律援助、法律咨询、公证办理、人民调解、社区矫正等便民服务办事窗口和人民调解室、心理咨询室、远程会见室等多功能区域以及社区矫正执法大队、直属中队办公室、正航助矫工作室等联合办公区域,听取东湖区社区矫正官试点工作及"队建制"改革情况介绍,与全国法治宣传教育模范王文宪警官进行亲切交谈,并观看信息化建设指挥平台系统演示和东湖区社区矫正官试点工作宣传片《阳光下的感化》。潘东一行充分肯定东湖区创新开展社区矫正官"一体两翼"的改革模式,希望广西、江西两地进一步加强交流学习,共同推动社区矫正工作高质量、高水平发展。

下午,东湖区在区政协会议室召开“美丽南昌·幸福家园”环境综合整治暨全国文明城市创建工作调度会,区领导贾彧超主持会议,郑洪健、万明出席。会议通报文明创建相关工作情况并布置了下步工作,宣读《街道(镇、管理处)环境综合整治2019年7月考核结果通报》并对考核前三名单位进行颁奖。区委相关部门、区直相关单位,各镇、街道、管理处主要负责人参加会议。

15日

上午,区领导刘闯、雷强、李婷到七里嘉和农贸市场巡查工程项目建设情况,详细了解农贸市场规划设计和市场布局,并对相关设计规划提出建议。区商务局、区城投公司、贤士湖管理处等单位主要负责人随同。

区领导高辉红、贾彧超、郑洪健、万明深入辖区开展“美丽南昌·幸福家园”环境综合整治突击检查,在各街道、镇、管理处随机抽取社区(村)和部分农贸市场,认真检查地面保洁、管网改造、楼道环境、垃圾广告清理等,查问题、找原因,就相关工作进行探讨交流,并进行现场评分。区委政法委、区文明办、区城建局、区城管局、区综管办等单位相关负责人随同检查。

15—16日

区领导刘闯赴日照市考察创泽智能机器人股份有限公司的智能机器人产业项目,参观生产车间和研发基地,并与企业就意向投资机器人研发销售区域总部和产业园项目进行友好沟通。区发改委主任、区投资促进局相关人员随同。

19日

东湖区卫生健康委在区文化活动中心南广场开展“2019年东湖区第二个中国医师节暨大型义诊进机关”活动,区领导童萍如出席并讲话。60余名医务人员举行宣誓仪式,宣读《中国医师宣言》,并现场提供中医推拿、健康体检、三伏养生、家庭医生签约、妇幼健康指导和心理康复咨询等健康服务。现场共签约125人,接受健康咨询义诊268人,免费测量血压225人,免费测血糖60人,免费贴三伏贴60余份,免费发放避孕药具100余份,发放宣传资料500余份。

19—20日

区领导高辉红、李婷赴深圳开展VR产业招商活动。高辉红一行重点考察了深圳市为汉科技公司在VR领域的技术创新与智能应用,热诚欢迎企业来南昌投资与东湖区合作共赢;拜访南昌市政府驻深圳办事处,就两地合作开展招商引资工作事宜进行友好交流。区投促局、区商务局相关负责人随同。

20日

下午,“法润东湖”公益律师志愿团成立大会暨签约仪式在东湖区公共法律服务中心举行,东湖区司法局局长和“法润东湖”公益律师志愿团代表、听讼律师事务所签署合作协议,与会领导向在场的公益律师代表颁发聘书,共有50名签约律师。“法润东湖”公益律师志愿团的成立,为东湖区推进法治建设和法治宣传教育提供一支专业化、高质量的法律服务力量。江西省司法厅律工处、南昌市司法局相关领导出席仪式并讲话。

24日

上午,东湖区在区政府常务会议室召开招商引资工作调度会,区领导高辉红出席并讲话,李婷、袁晨出席。会议通报全区1—7月招商引资工作完成情况,1—7月综合第一和倒数第一的单位分别作经验交流和表态发言,与会区领导就做好全区招商引资工作分别进行点评。区政府办、区开放办与全区各经济单位主要负责人参加会议。

26日

下午,东湖区在区委常委会议室召开深化全国文明城市创建实地工作推进调度会,区领导万明主持。会议通报了江西省文明城市模拟测评有关情况并布置相关工作,传达8月26日南昌市迎接全国文明城市省检工作调度会议精神。12个实地创建工作对标部常务副部长,创建办主任、副主任,各镇(街道、管理处)行政主要负责人参加会议。

28日

上午,东湖区第十六届人大常委会第二十二次会议在区人大常委会会议室召开,区领导喻国泰主持会议,彭雅琳、余瑾、郑洪健、谭阿莉、万里涛出席。会议听取2019年区政府上半年经济运行情况报告、区法院上半年工作情况报告、区检察院上半年工作情况报告,听取和审议区财政局关于全区2019年1—6月财政预算执行情况的报告、区发改委关于全区2019年1—6月国民经济和社会发展计划执行情况报告。区领导雷强、区监察委员会副主任肖迎春、区法院院长梁洪、区人民检察院副检察长罗健珍、区人大副县级干部桂兵,区政府办、各街道人大工委主任和部分区人大代表列席会议。

下午,南昌市人大常委会副主任张力率市人大常委会2019年市政府民生实事专项第四监督小组到东湖区,就老旧社区环境整治工程项目推进情况进行实地调研。监督组一行先后到南湖社区、北湖社区,详细了解社区环境整治工程项目推进情况,对相关工程建设情况进行查看,并对个该区相关工作进展给予充分肯定。区领导喻国泰、郑洪健、万明陪同调研。

30日

区领导贾彧超、郑洪健、万明深入辖区开展本月第二次“美丽南昌·幸福家园”环境卫生综合整治突击检查工作,先后到董家窑街道杏苑社区、四经路农贸市场、贤士湖管理处公园村等12个社区(村、家委会),仔细察看社区(村、家委会)地面保洁、楼道环境、管线整理、公共设施等各项环境治理情况,对各项环境要素治理情况进行打分,并针对发现的问题提出整改意见。区委宣传部、区委政法委、区政府办、区城建局、区城管局、区商务局、区综管办参加检查。

30—31日

区领导高辉红、李婷赴上海开展招商活动。高辉红一行考察上海龙投金融信息服务集团在政府引导基金、股权投资、融资租赁、新能源投资等业务领域体系,并就企业意向在南昌投资相关项目进行友好沟通;拜访南昌市政府驻上海办事处、上海南昌商会及上海先捷投资公司董事长梅建新、上海澳辉照明电器公司总经理蒋以新、上海吉帮生物科技公司总经理谌祖桂等在沪赣籍优秀企业家代表,就两地合作开展招商引资工作及“三请三回”事宜开展座谈。区委办、区投促局相关人员随同考察。

31日

下午,中共东湖区委班子成员履行主体责任情况报告会在区委第一会议室召开。区领导刘闯主持会议并讲话,高辉红、贾彧超、唐铭市、刘光荣、雷强、胡志强、李婷出席。关于履行好主体责任,刘闯要求做到“三个始终”,即在知责上找准定位,始终做到知责必躬;要在履责上靠实本位,始终做到履责必实;要在问责上落实到位,始终做到问责必严。

下午,区委第十二届七十五次常委会议在区委常委会议室召开,区领导刘闯主持。会议学习传达《中共中央办公厅关于贵州省认真贯彻习近平总书记重要指示精神深入开展领导干部利用茅台酒谋取私利问题专项整治情况的通报》文件精神,刘奇在《今日信息汇要》(第125期)上的批示精神;审议区委组织部提出的《关于审议〈东湖区“不忘初心、牢记使命”主题教育筹备工作方案(送审稿)〉的请示》,区委宣传部提出的《关于审议〈东湖区庆祝中华人民共和国成立70周年活动总体方案(送审稿)〉的请示》,区委办公室提出的《关于审议〈中共东湖区委全面深化改革委员会2019年工作要点(送审稿)〉的请示》。区领导高辉红、贾彧超、唐铭市、刘光荣、雷强、胡志强、张恩、李婷出席会议,喻国泰、王玮、余炜、万勇、万明、杨峻、袁晨列席。

9月

2日

下午,东湖区政府党组班子成员履行主体责任情况报告会在区政府常务会议室召开,区领导高辉红主持会议并讲话,雷强、余炜、万勇、万明、杨峻、袁晨以及区政府党组成员查秋滚、刘文俊出席。会议学习《关于召开2019年县级党委领导班子成员履行主体责任情况报告会的通知》,与会人员依次就履行主体责任情况作汇报。高辉红要求区政府党组班子成员切实把从严治党主体责任落实落地,做到严格落实党风廉政建设主体责任、严格落实党风廉洁建设监督责任、严格落实“五型政府”建设责任等三个“严格落实”。

3日

上午,东湖区在区政府常务会议室召开经济运行调度会,区领导高辉红主持会议并讲话,雷强、李婷、袁晨出席。会议通报2019年上半年各经济责任单位任务完成情况,并就下步工作进行安排;相关单位作经验交流。区政府办、区工商联、区委台办、区发改委、区财政局、区统计局、区投促局、区商务局、区教科体局、区民政局、区人社局、区城建局、区城管局、区房管局、区生态环境局、区文广新旅局、区卫健委、区企资中心、区金融办、区税务局,各镇(街道、管理处)主要负责人和分管负责人参加会议。

下午,区领导高辉红、贾彧超、万明、杨峻专题调度赣江沿线东湖段周边环境整治工作。高辉红一行先后到青山湖区水政码头、滨江码头、赣江水产品市场码头、聆江花园小区等地,察看整治情况并召开专题调度会,听取各责任单位就相关问题的整治整改汇报及下一步工作计划。区委办、区政府办、区城建局、区城管局、区农业农村局、扬子洲镇、豫章街道、董家窑街道、彭家桥街道主要负责人参加。

4 日

上午,东湖区召开"美丽南昌·幸福家园"环境综合整治暨深化全国文明城市创建调度会,区领导高辉红出席并讲话,贾彧超主持会议,郑洪健、余炜、万明、冯于水出席。郑洪健宣读了《街道(镇、管理处)环境综合整治2019年8月考核结果通报》,余炜布置交通畅通整治工作,万明通报情况并布置工作。会议对8月考核前3名的单位进行了表彰。区委办、区政府办、区委组织部、区委宣传部、区委政法委、区发改委、区教科体局、区生态环境局、区城建局、区城管局、区商务局等单位负责人,各街道(镇、管理处)党政主要领导、分管领导、执法中队长,区十三个创建对标工作部常务副部长,区综合调度工作部宣传舆情工作组、考核监督工作组、沟通联络工作组组长,区创建工作办公室主任、副主任参加会议。

下午,区领导高辉红、万明到10个街道(管理处)的社区微改造项目现场,采取"走、看、听、评"的形式,对相关工作进行现场调度。区政府办、区发改委、区财政局、区城建局、区城管局、区品质办负责人和各街道、贤士湖管理处党政负责人参加。

南昌市副市长、市公安局局长万秀奇在区领导刘闯、李婷陪同下赴北京拜访世界VR产业大会重点企业北京凌宇智控科技有限公司董事长张道宁,邀请企业参加2019世界VR大会,并就企业意向投资VR科技项目进行考察调研。万秀奇一行对企业在PolarTraq空间定位系统、端云协同渲染及传输系统等技术在产业发展中的应用进行深入调研,并就加强双方在VR产业领域合作等事宜进行友好座谈。区投促局有关人员随同考察。

6 日

区人大常委会组织常委会委员、部分人大代表视察全区民生实事项目实施情况,区领导喻国泰、彭雅琳、余瑾、郑洪健、谭阿莉、万里涛等参加,高辉红、雷强陪同。视察组先后到上沙窝农贸市场、民巷社区、东南北三湖水治理、上营坊小游园、江药社区、叠山路"时间银行"总行等地,详细了解民生实事项目推进情况,高度肯定全区民生实事项目进展和成效,并就更好推进民生实事项目提出意见和建议。

7 日

上午9点,"庆祝中华人民共和国七十华诞 弘扬新时代尊师风尚"——东湖区第35个教师节表彰暨庆祝大会在区文化活动中心演艺大厅隆重举行。区领导刘闯出席并致辞,高辉红、贾彧超、喻国泰、王玮、胡洪水、童萍如出席。与会人员观看东湖区首届"功勋教师"事迹短片,大会表彰东湖区首届"功勋教师"和优秀教师,举行了新入职教师宣誓仪式,大会最后进行了文艺演出。区教科体局班子成员、系统各单位主要负责人、东湖区首届"功勋教师"、受表彰的先进教师、2019年全体招聘教师、部分教师代表及局机关干部共420余人参加大会。

10 日

上午,区领导高辉红、童萍如到南昌市邮政路小学、东湖区教研室、南昌市育新学校教育集团走访慰问,向全区广大奋战在教育一线的教师和教育工作者送上节日问候和祝福。区政府办、区教科体局主要负责人陪同。

上午,东湖区人社局党委、江西省人社厅直属机关党委、东湖区大院街道党工委在人民公园南大门联合开展"不忘初心帮脱贫,牢记使命共发展"为主题的志愿帮扶活动,现场设置六个功能区域:就业扶贫招聘区、残疾人员就业招聘区、政策咨询区、豫章赣绣现场展示区、东湖区妙手生花手工、推荐微型创业项目,提供政策宣传和解读、免费创业培训、小型创业项目推荐及免息创业贷款等帮扶服务。青山湖风景区管理处、江中物业、唐宁 ONE 酒店等 14 家用工单位，提供 1200 个岗位参加活动。

11 日

上午，东湖区在区政府常务会议室召开民生实事票决项目调度会，区领导高辉红主持会议，雷强、李婷、谭阿莉、童萍如、余炜、杨峻出席。区政府办公室汇报项目总体进展情况，项目监督评估工作组汇报项目督查情况，各项目责任单位分别汇报项目基本情况及进展，与会区领导就分管工作和挂点项目进行点评。区政府办、区人大选任联工委、区发改委、区财政局、区民政局、区城建局、区城管局、区商务局、区教科体局、东湖消防救援大队、各街道（贤士湖管理处）的主要负责人，区委组织部、区政府督查室分管负责人和区人大代表履职服务中心负责人参加会议。

上午，区领导高辉红、胡洪水、雷强到“招商·东湖意库项目”建设现场，了解工程建设及招商进度，听取项目负责人对项目进展情况汇报及建设推进过程中需协调的问题，并对下一步工作提出指导性意见。区政府办、区发改委、区文旅公司等有关单位主要负责人参加。

上午，东湖区纪委区监委、区普法办、扬子洲镇政府、新法制报在扬子洲镇二楼会议室，联合开展“学习监察法　争做明白人”法治宣传活动。江西道善律师事务所律师、“法润东湖”公益律师团成员张建华应邀通过“以案释法”的方式为大家宣讲《中华人民共和国监察法》，公益律师还带领全体参会人员宣读农村“法律明白人”誓词。活动中还播放由市、区纪委监委主创的廉政文化微电影——《本色》《变色》。扬子洲镇、贤士湖管理处共 102 名农村“法律明白人”骨干参加。

下午，东湖区在区政府常务会议室召开“十三五”中小学基本建设项目推进调度会，区领导高辉红主持会议并讲话，童萍如、万勇出席。区房管局、区旧改办分别汇报天骥小学、育新学校紫金分校征迁工作情况，区自然资源分局、区教科体局、区城投公司分别汇报学校建设准备工作情况，与会区领导就相关工作作部署。区政府办、区教科体局、区发改委、区城建局、区财政局、区旧改办、董家窑街道、彭家桥街道、东湖自然资源分局、区城投公司主要负责人参加会议。

区领导贾彧超、郑洪健、冯于水对全区“美丽南昌·幸福家园”环境综合整治情况进行检查。贾彧超一行先后到扬农管理处德成社区、扬子洲镇三联村农贸市场、彭家桥街道文教北路农贸市场、贤士湖管理处七里村、董家窑街道紫金城社区等处，认真察看社区地面保洁、楼道环境、墙面垃圾广告、社区绿化、农贸市场内外环境等，发现问题及时督促责任单位整改落实。区委宣传部、区委政法委、区城建局、区商务局、区城管局等有关单位负责人随同。

12 日

上午，东湖区在区委宣传部会议室设立分会场组织收听收看江西省、南昌市安全生产暨秋冬季森林防灭火工作电视电话会议实况，区领导高辉红、雷强参加。省、市电视电话会议之后，该区随即召开中秋国庆“两节”安全生产工作部署会议。区委相关部门、区直有关单位、各镇（街道、管理处）、区法院、区检察院等单位有关负责人参加会议。

上午，区委第十二届七十六次常委会议在区委第一会议室召开，区领导刘闯主持。会议学习传达南昌市“不忘初心、牢记使命”主题教育部署会议精神，审议区委“不忘初心、牢记使命”主题教育领导小组办公室提出的《关于召开全区“不忘初心、牢记使命”主题教育部署会议的请示》、区委“不忘初心、牢记使命”主题教育领导小组办公室《关于审议〈全区“不忘初心、牢记使命”主题教育实施方案（送审稿）〉的请示》。区领导高辉红、贾彧超、胡洪水、唐铭市、刘光荣、雷强、胡志强、李婷出席会议，喻国泰、王玮列席。

下午，东湖区“不忘初心、牢记使命”主题教育部署会议在区文化活动中心演艺大厅召开，会议传达南昌市“不忘初心、牢记使命”主题教育部署会议精神。中共南昌市委第六指导组组长、市委办公厅正县级督查专员赖继红一行到会指导。东湖区在家的四套班子成员，区法院院长、区检察院检察长出席；各镇（街道、管理处）党委（党工委）主要负责人、分管负责人、主题教育领导小组办公室负责人；区委各部门、区直各单位主要负责人和分管负责人；区委“不忘初心、牢记使命”主题教育领导小组及办公室全体成员；区委指导组全体成员；部分基层党代表；区委组织部全体干部参加会议。

17日

下午，东湖区政府党组召开“不忘初心、牢记使命”主题教育部署会，区领导高辉红出席并讲话，雷强主持会议，童萍如、余炜、万勇、万明、杨峻、袁晨出席。区委第三指导组到会指导。会议主要内容是深入学习习近平总书记关于“不忘初心、牢记使命”主题教育的重要讲话和重要指示批示精神，认真落实《中共中央关于在全党开展“不忘初心、牢记使命”主题教育的意见》《关于开展第二批“不忘初心、牢记使命”主题教育的指导意见》和中央、省委“不忘初心、牢记使命”主题教育第一批总结暨第二批部署会议精神，市委、区委“不忘初心、牢记使命”主题教育部署会议精神，对区政府党组主题教育进行动员部署。雷强传达全市和全区“不忘初心、牢记使命”主题教育部署会议精神。

20日

下午，东湖区在区委常委会议室召开《全国文明城市测评体系操作手册》网上申报工作动员部署会，区领导贾彧超出席并讲话，胡洪水主持会议。会议传达南昌市《全国文明城市测评体系操作手册》网上申报工作动员部署会精神及南昌市2018明城市测评网上材料申报工作情况并部署相关工作；区商务局、八一桥街道在会上递交《全国文明城市测评体系操作手册网上申报工作责任状》，相关单位作发言。区委相关部门、区直相关单位，各镇（街道、管理处）、东湖公安分局、东湖交警大队等单位主要负责人参加会议。

23日

上午，东湖区委常委“不忘初心、牢记使命”主题教育暨科级主要领导干部专题读书班开班式在区文化活动中心新闻发布厅举行，区领导刘闯作专题辅导报告，南昌市委第六指导组副组长、湾里区政协副主席魏菊保一行到会指导。刘闯紧扣“不忘初心、牢记使命”主题，结合学习习近平新时代中国特色社会主义思想的思考，从三个方面进行辅导：一是传承红色基因，在回顾党的初心和使命中坚定前行之向；二是勇担发展重任，在践行党的初心和使命中答好时代之问；三是强化行动自觉，在深化党的初心和使命中落实应尽之责。在家的区四套班子成员，区法院院长，全区科级主要领导干部参加开班仪式。

24日

上午，东湖区委在区文化活动中心新闻发布厅举行“不忘初心、牢记使命”主题教育暨科级主要领导干部专题读书班专题辅导，邀请江西省委党校公共管理学教育部主任、教授李才平进行辅导。李才平以《扎扎实实开展“不忘初心、牢记使命”主题教育》为题，详细阐释开展“不忘初心、牢记使命”主题教育活动的伟大意义、目标和任务，并对中国共产党人如何做到“不忘初心、牢记使命”进行深入解读。区领导刘闯、高辉红、贾彧超、喻国泰等区四套班子成员，区法院院长、检察院检察长参加听讲。区委各部门、区直各单位、各镇（街道、管理处）党政主要负责人参加。

下午，东湖区委常委“不忘初心、牢记使命”主题教育暨科级主要领导干部专题读书班举行分组研讨。区领导刘闯主持集中学习交流研讨，高辉红、贾彧超、喻国泰等区四套班子成员围绕党的政治建设、全面从严治党、理想信念、宗旨意识、担当作为、政治纪律和政治规矩、党性修养、廉洁自律专题，结合“守初心、担使命”、研究解决突出问题、改进自身不足，先后作交流发言。南昌市委第六指导组副组长、湾里区政协副主席魏菊保一行到会指导。

下午，区委第十二届七十七次常委会议在区委第一会议室召开，区领导刘闯主持。会议学习传达《中国共产党宣传工作条例》，中共南昌市委办公厅印发的《关于深化市纪委市监委派驻机构改革的实施方案》《关于推进市属国有企业纪检监察体制改革工作方案》和《中共江西省委、江西省人民政府、江西省军区关于加强新时代基层人民武装部建设的意见》《中共中央、国务院、中央军委关于加强新时代退役军人工作的意见》《关于做好新形势下退役军人信访工作的实施意见》等文件精神；审议区委组织部提出的有关干部人事议题（略），区政府党组提出的《关于审议〈东湖区2019年食品安全重点工作安排（送审稿）〉的请示》，区开放型经济领导小组办公室提出的《关于成立东湖区重大产业招商引资决策领导小组的请示》和《关于审议〈东湖区重大产业招商引资决策机制（送审稿）〉的请示》；听取东湖区扫黑除恶专项斗争工作情况汇报。区领导高辉红、贾彧超、胡、唐铭市、刘光荣、雷强、张恩、李婷出席会议,喻国泰、杨峻、袁晨列席。

区领导高辉红会见百度(宁波)云智基地总经理王洪全一行,就企业意向投资百度云智南昌大数据产业基地项目等事宜进行友好沟通。区领导李婷,区投促局有关人员参加会见。

25日

上午,国家住建部陈嘉音、陈鹍调研员一行,到东湖区对该区"马路本色行动"情况进行现场视察。听取"马路本色行动"基本情况及环卫作业实行机械化作业的介绍,观看"马路本色"演示,调研了东湖区城市管理行政执法大队规范化建设情况,对东湖区"共享单车路长制"工作给以高度肯定。区领导刘闯、万明陪同调研。

上午,东湖区区委常委暨科级主要领导干部专题读书班领导干部集体赴方志敏广场开展"不忘初心、牢记使命"主题教育集中学习活动,大家在方志敏雕像前重温入党誓词,进入陈列馆观看展陈,聆听方志敏干部学院余福英老师的"微党课",进一步感受方志敏为了党和人民的利益,不屈不挠,英勇奋斗的革命精神。区领导贾彧超、喻国泰等在家的区四套班子成员,区法院院长、区检察院检察长及科级主要领导干部参加活动。

下午,东湖区委在区文化活动中心新闻发布厅举行"不忘初心、牢记使命"主题教育暨科级主要领导干部专题读书班专题辅导,邀请南昌市委党校讲师刘征汇授课。刘征汇以《习近平新时代中国特色社会主义经济思想》为题,引用大量资料和案例,从习近平经济思想的形成、习近平经济思想的科学内涵、在实践中坚持和发展习近平经济思想三个方面进行详细讲解。区领导刘闯、贾彧超、喻国泰等区四套班子成员,区法院院长、区检察院检察长参加听讲;区委各部门、区直各单位、各镇(街道、管理处)党政主要负责人参加。

下午,东湖区委常委"不忘初心、牢记使命"主题教育暨科级主要领导干部专题读书班结班式在区文化活动中心新闻发布厅举行,区领导贾彧超出席并作总结讲话,五位学员代表分别作发言。在家的区四套班子成员,区法院院长、区检察院检察长出席;区委各部门、区直各单位、各镇(街道、管理处)主要负责人参加结班式。

晚,东湖区在区政府常务会议室召开三季度经济运行调度会,区领导高辉红主持会议并讲话,雷强、李婷、袁晨出席。会议听取关于各经济责任单位1—9月任务完成情况的通报和下步工作安排,与会区领导分别就各自分管工作进行部署。区政府办、区工商联、区委台办、区教科体局、区民政局、区人社局、区城建局、区城管局、区房管局、区生态环境局、区文广新旅局、区卫健委、区企资中心、区金融办、区税务局、区发改委、区财政局、区统计局、区投促局、区商务局及各镇(街道、管理处)主要和分管负责人参加会议。

26日

上午,东湖区老年教育工作会暨重阳节庆祝会在区老年大学演艺厅召开,区领导刘闯出席并讲话,贾彧超主持会议。会议表彰优秀教师、班长及志愿者代表,部分学员代表作发言。区老年教育工作委员会成员单位、区副县级以上离退休干部、社区老年学校负责人、区老年大学部分教师及学员代表参加会议。

27日

区领导贾彧超、郑洪健、万明、冯于水到墩子塘街道右营街社区、百花洲街道刘将军庙社区、扬子洲镇为民村、扬农管理处绿苑社区、叠山路农贸市场、贤士花园农贸市场、彭家桥街道江中花园社区、豫章街道聆江社区等处,深入社区、村各个角落,检查社区地面、道路、楼道环境、社区绿化等卫生情况,并进行现场打分。区城建局、区城管局、区商务局等相关单位负责人参加检查。

29日

上午,区领导贾彧超到伤残军人严友来,烈士遗属杨发英、汪振宇等家中,走访慰问部分伤残军人和烈士遗属,感谢他们为党和国家事业发展做出的贡献,向他们送去党和政府的节日问候和美好祝愿。区老干局、区退役军人事务管理局、滕王阁街道、百花洲街道相关负责人陪同。

上午,东湖区在区委宣传部会议室组织收听收看南昌市生态环境保护委员会2019年第三次全体(扩大)视频会实况,区领导高辉红、雷强、万明、袁晨出席。视频会之后,高辉红随即主持召开全区生态环境保护委员会2019年第三次全体会议部署相关工作,区生态环境局在会上通报全区1—9月大气污染防治及环保督察反馈问题整改情况。区生态环境保护委员会成员单位、区直相关单位主要负责人和各镇、街道、管理处主要负责人参加会议。

30日

上午，区领导刘闯、雷强深入辖区交通运输、危险化学品、建筑施工和消防安全等重点行业领域部分企业，督查国庆前夕安全生产工作。刘闯一行先后到青山客运站、江西长运石油有限公司加油站、中金国际交易中心在建工地和蓝海购物广场等处，认真听取各单位关于节日期间安全生产工作措施落实和生产经营情况汇报，仔细查看商业综合体和加油站消防设施设备正常使用维护、消防安全通道畅通情况，并随机抽查工作人员对消防设施的使用掌握状况。区委办、区政府办、区应急局、区城建局、东湖消防救援大队和属地街道主要负责人随同。

下午，区领导高辉红、雷强先后到区统计局、区发改委、区财政局开展“不忘初心、牢记使命”主题教育专题调研活动，听取各单位主要负责人及相关领导干部关于国内外经济形势、全区经济社会发展情况和主要经济指标运行情况分析，并围绕发展态势、存在问题及高质量发展政策思路等话题开展深入交流。区政府办有关负责人陪同调研。

10月

1日

上午，东湖区在区委常委会议室组织收看庆祝中华人民共和国成立70周年大会实况，观看大会阅兵式和群众游行活动，共同见证举世瞩目的历史时刻。收看实况后，在场人员由衷感慨中国的繁荣昌盛，综合国力的快速提升，进一步激发为伟大梦想继续奋斗的豪情。区四套班子领导和全区各单位部门主要负责人参加收看活动。

2日

区领导刘闯、万明到八一公园观看区文化部门组织的欢度国庆系列文艺演出，并察看八一公园提升改造情况。八一公园内的百花大舞台上，“壮丽七十年　奋斗新时代——东湖区庆祝中华人民共和国成立70周年京剧专场演出”上演，刘闯与居民群众一起观看节目，并向参加演出的少儿京剧演员和工作人员表示慰问和感谢。刘闯在察看八一公园整体提升改造情况后，就相关工作提出要求。区委办公室、区委宣传部、区文广新旅局、区城建局有关负责人随同。

8日

上午，在第四个“东湖文明日”之际，区四大家领导带领机关企事业单位党员干部深入辖区开展垃圾分类宣传、文明创建知识宣传、市容环境整治、文明出行、志愿服务等多种形式的文明活动。区领导高辉红在百花洲街道象山北路与街道、社区干部群众一起走上街头，向沿街店铺和行人发放垃圾分类宣传折页，讲解相关知识；贾彧超到滕王阁街道京门花园小区，与街道社区干部一起清扫树底下落叶和道路上的垃圾；胡洪水、唐铭市、雷强、李婷、彭雅琳、万里涛、余炜、万勇、杨峻、冯于水、谢华、胡涛湘和区法院院长梁洪等，也分别到各自挂点的街道和社区开展各类文明创建活动，以实际行动引导和促进市民文明行为，共建共享文明城市。

9日

上午，东湖区“美丽南昌·幸福家园”环境综合整治调度暨世界VR产业大会工作布置会在区政协会议室召开，区领导高辉红出席并讲话，贾彧超主持会议，雷强、胡志强、李婷、郑洪健、万明、冯于水出席。万明通报全区环境综合情况并部署工作，李婷传达10月8日南昌市世界VR产业大会工作部署会议精神并部署有关工作，郑洪健宣读《街道(镇、管理处)环境综合整治2019年9月考核结果通报》。区委相关部门、区直相关单位，各镇(街道、管理处)主要负责人参加会议。

10日

上午，区领导高辉红、杨峻到辖区部分社区调研“1+5+X”社区邻里中心和时间银行建设工作情况。在墩子塘街道马家池社区邻里中心，看到群众积极参与、支持社区邻里中心的建设工作，高辉红表示肯定，并要求邻里中心进一步优化功能布局，在内容上做好文章，为广大群众提供更优良、更精准的服务。在滕王阁街道民巷社区，高辉红一行认真听取街道和社区关于邻里中心建设情况和时间银行工作开展情况，察看社区办公场地、服务场所和相关配套设施，并就相关问题提出指导性意见。在东湖区时间银行总行，高辉红要求加快总行建设进度，切实加强对各分行、支行的业务培训和指导力度，更好地为老年人提供方便、快捷、优质、可持续的居家养老服务。高辉红一行还察看八一桥街道芭茅巷社区、百花洲街道小金台社区、大院街道公园社区、董家窑锦苑春天社区和紫金城社区等处的邻里中心、时间银行及幸福食堂建设和工作开展情况。区政府办、区民政局、墩子塘街道、滕王阁街道、八一桥街道、公园街道、百花洲街道、大院街道、董家窑街道主要负责人参加调研。

下午，江西省人大常委会委员、财经委副主任委员、预算工委主任周山印率省人大督办组一行到东湖区就民生保障资金和惠民项目审计问题整改情况进行指导和督办。省人大督办组介绍审计整改督办有关情况，区领导雷强汇报整改工作情况，区相关部门、乡镇作补充汇报，省审计厅对东湖区整改情况进行了评价，督办组成员就整改情况作发言。周山印认为，东湖区审计整改报告客观、全面，坚持问题导向，敢于发现问题，敢于处理问题，审计查出问题的整改率达到100%，审计整改工作取得明显成效。区领导高辉红、喻国泰、雷强、余瑾等参加。

11日

下午，区领导高辉红、贾彧超、雷强、万明、袁晨开展全区重大重点项目巡查，先后到启明星辰创新中心、八一馆地铁百盛商业、东南北湖水环境整治、苏宁广场、永外印象、国资澜湖广场、宪法广场小游园等项目现场，察看项目施工进展、听取项目建设情况、了解存在的问题及下步打算，并就提升项目建设及服务提出指导性意见。巡查结束后，高辉红主持召开全区重大重点项目推进工作调度会，贾彧超、胡洪水、雷强、李婷、万勇、万明、袁晨出席。会议通报重点项目进展情况，以及各项目负责单位工作进展、需要协调的问题和下步工作推进计划，与会区领导分别就挂点项目作工作部署。区政府办、区发改委、区城建局、区城管局、区旧改办、区商务局、区投促局、东湖自然资源分局、区消防大队、区城投公司、区文旅公司和百花洲街道、公园街道、大院街道、董家窑街道、豫章街道、彭家桥街道、滕王阁街道、贤士湖管理处等单位主要负责人参加会议。

12日

上午，东湖区在区政府常务会议室召开城镇小区配套幼儿园专项治理工作调度会，区领导高辉红主持会议并讲话，万勇出席。会议传达江西省城镇小区配套幼儿园治理工作中期推进电视电话会议精神，通报辖区小区配套幼儿园治理工作摸排情况并部署下一步工作，相关部门就有关问题进行发言。区委编办、区政府办、区发改委、区教科体局、区司法局、区民政局、区财政局、区人社局、区城建局、区房管局、区市场监管局、区行管委、区税务局、东湖自然资源分局，以及各镇、街道、管理处主要负责人参加会议。

下午，东湖区召开“不忘初心、牢记使命”主题教育领导小组办公室主任会议，区领导唐铭市出席会议并讲话。会议传达《全市主题教育作风建设和专项整治督查情况通报》，对全区各单位主题教育开展情况和存在问题进行梳理总结，部署下一步重点工作。区委主题教育领导小组办公室相关负责人、各指导组组长，全区各单位分管领导参加会议。

下午，东湖区2019年旧改工作调度会在区政府常务会议室召开，区领导高辉红主持会议并讲话，雷强、胡志强、万勇、杨峻和区人大副县级干部桂兵出席。区旧改指挥通报2019年旧改工作进展情况，区财政局通报区旧改资金运行情况，市自然资源局东湖分局通报土地出让情况，区城投公司通报安置房建设进展情况，各属地单位分别汇报相关工作情况。区政府办公室、区旧改指挥部、区财政局、区审计局、区城建局、区城管局、区卫健委、区市场监管局、区房管局、市自然资源局东湖分局、区城投公司、八一桥街道、墩子塘街道、百花洲街道、公园街道、大院街道、董家窑街道、彭家桥街道、滕王阁街道、贤士湖管理处等单位相关负责人参加会议。

晚，东湖区在区委常委会议室召开深化全国文明城市创建工作动员部署会，区领导刘闯出席并讲话，高辉红主持会议，贾彧超、胡洪水、李婷、余炜、万明、杨峻出席。会议传达南昌市深化全国文明城市创建工作电视电话会议精神，相关单位及创建对标部作表态发言。区委相关部门，区直相关单位，各镇、街道、管理处主要负责人参加会议。

14 日

区领导高辉红、贾彧超、郑洪健、万明、冯于水到辖区部分社区、村、家委会和农贸市场，开展“美丽南昌 · 幸福家园”环境综合整治突击检查。高辉红一行深入社区角落、楼道小巷，仔细查看公益公告张贴位置、消防设施、消防通道、油烟排放、社区绿化等，并对各社区的整体情况进行评分。区政府办、区委宣传部、区委政法委，区城建局、区城管局、区商务局、区品质办等单位参加检查。

15 日

下午，南昌市委党校组织 2019 年秋季学期主体班学员 220 余人赴东湖区开展生态文明、居家养老、历史文化、红色记忆调研活动，先后到贤士湖公园综合改造项目、火神庙社区居家养老“时间银行”项目、红色记忆展示馆和车览百花洲历史文化旅游街区，察看现场，听取相关工作的汇报和介绍。区领导刘闯、贾彧超陪同调研。

下午，区领导高辉红、胡志强、杨峻到辖区调研抗旱工作，先后到扬子洲镇上房村外河抽水点位、莘洲村干旱点位和联民村打机井点位，察看旱情和抗旱工作开展情况，听取相关工作汇报，研究解决问题的办法。区政府办、区应急管理局、区农业农村局、区防震减灾局、扬子洲镇、扬农管理处主要负责人参加调研。

下午，区委第十二届七十八次常委会议在区委第一会议室召开，区领导刘闯主持。会议学习传达南昌市委统一战线工作领导小组暨市民族宗教工作领导小组会议精神，学习传达南昌市“不忘初心、牢记使命”主题教育办公室主任会议精神并研究东湖区贯彻意见，学习传达《省委办公厅关于十四届省委第六轮巡视发现倾向性问题的通报》文件精神和赵乐际在十九届中央第四轮巡视工作动员部署会上的讲话精神；审议区委组织部提出的《关于推荐雷强等同志为东湖区第十六届人民代表大会代表候选人的请示》，区纪委提出的《关于对干部违纪问题立案审查的请示》；听取东湖区 2019 年上半年贯彻落实党委（党组）意识形态工作责任制的情况通报，关于执行滨江学校改扩建工程结算仲裁调解的情况汇报，关于返还江西博瑞置业有限公司项目征迁成本的情况汇报。区领导高辉红、贾彧超、胡洪水、唐铭市、刘光荣、雷强、胡志强、李婷出席会议，喻国泰、王玮、万勇列席。

晚，东湖区深化全国文明城市创建工作调度会在区委常委会议室召开，区领导高辉红出席并讲话，贾彧超主持会议，李婷、余炜、万明、杨峻出席。区创建办、宣传舆情组、考核监督组、沟通联络组、社会动员工作部以及 12 个实地创建工作对标部分别通报工作进展情况和存在问题，各街道（镇、管理处）汇报了创建工作中存在的有关问题。区委相关部门、区直相关单位，区创建办各工作部和各镇（街道、管理处）主要负责人参加会议。

16 日

上午，区领导高辉红到八一桥街道开展“不忘初心、牢记使命”主题教育系列活动，参观街道党建服务中心，与街道领导班子成员、主题教育办公室工作人员及社区党组织书记代表进行座谈，听取街道主题教育开展情况汇报和大家的收获、体会，还来到豫章后街社区，以《不忘初心勇担当 牢记使命展作为》为题为街道、社区干部群众上党课。区政府办、区委主题教育办、区委主题教育第一指导组等相关人员随同。

上午，区政府办公室机关党支部到方志敏广场开展“党员活动日”活动。全体党员在方志敏雕像前进行宣誓，重温入党誓词；参观方志敏爱国事迹陈列馆，观看纪录片《革命的理想》。大家表示要学习方志敏“爱国、创造、清贫、奉献”的精神，牢记初心使命，做一名对党忠诚、热爱祖国、敢于担当、清贫自律、奉献为民的新时代党员。区领导高辉红、雷强、余炜、万勇、万明、杨峻参加活动。

下午，区领导刘闯到挂点的滕王阁街道，开展“不忘初心、牢记使命”主题教育系列活动。刘闯先后到榕门路社区、民巷社区和铁街社区，与街道、社区干部和党员代表进行座谈，了解群众有关诉求并推动问题整改落实，还排查软弱涣散的党组织。

18 日

上午，区领导高辉红、万明一行突击检查辖区开展深化文明创建工作部分重点点位整改情况。高辉红一行到大街小巷、农贸市场、社区、公园等处，察看公益广告张贴、公厕基础设施配备情况以及是否存在垃圾乱堆乱放、存在非机动车占道停放等问题，并对发现的问题进行拍照记录。区政府办、区创建办主要负责人参加。

下午,东湖区在区文化活动中心新闻发布厅组织收听收看南昌市文明创建“工作成效大评比”活动阶段性评比会议实况。区领导刘闯、高辉红、贾彧超、胡洪水、雷强、胡志强、万勇、万明、杨峻,以及区委相关部门、区直相关单位主要负责人,各街道(镇、管理处)主要负责人和区创建指挥部相关人员参加。

19 日

下午,东湖区在区委常委会议室召开深化全国文明城市创建工作调度会,区领导刘闯出席并讲话,高辉红主持会议,贾彧超、胡洪水、李婷、余炜、万明、杨峻出席。区创建办、宣传舆情组、考核监督工作组、沟通联络工作组、社会动员工作部及12个实地创建工作对标部分别通报工作情况和问题,各街道(镇、管理处)汇报工作中存在的有关问题,与会区领导分别就分管工作进行部署。区委各部门、区直各单位、各街道(镇、管理处)主要负责人和区创建指挥部相关人员参加会议。

下午,区委第十二届七十九次常委会议在区委第一会议室召开,区领导刘闯主持。会议审议区委组织部提出的有关干部人事议题(略)。区领导高辉红、贾彧超、胡洪水、唐铭市、刘光荣、雷强、胡志强、张恩、李婷出席会议,喻国泰列席。

21 日

上午,区政府办公室机关党支部组织党员干部到红色记忆展示馆,开展“不忘初心 · 牢记使命”主题教育活动。全体党员在讲解员带领下,参观馆内“红旗源”“红旗谱”“红旗颂”“红旗扬”四大主题区域,仔细观摩每一幅图片和每一件展品,聆听文物和展品所蕴含的红色故事,追寻红色记忆。区领导高辉红、雷强、万勇、万明、袁晨参加活动。

下午,东湖区在区政府常务会议室召开2019年民生实事票决项目调度会,区领导高辉红主持会议并讲话,唐铭市、雷强、李婷、谭阿莉、余炜、万明出席。区政府办公室通报项目总体进展情况,各项目责任单位汇报项目基本情况及进展,区委组织部、区民政局、区城建局、区城管局、区商务局、区教科体局、东湖消防救援大队分别报告相关项目进展情况。区政府办、区人大选任联工委、区发改委、区财政局、区民政局、区城建局、区城管局、区商务局、区教科体局、东湖消防救援大队主要负责人,各街道(管理处)主要负责人,区委组织部、区政府督查室分管负责人和区人大代表履职服务中心负责人参加会议。

22 日

上午,国家住建部保障司司长曹金彪一行五人莅临东湖区对棚户区改造工作开展调研,江西省住建厅厅长卢天锡,南昌市政府副市长宋铀,区领导高辉红、万勇陪同。住建部保障司调研组实地查看青山湖西岸登月食品厂地块棚改项目,并在彭家桥街道会议室进行座谈,听取东湖区棚改工作的总体情况汇报,询问棚改的项目融资、资金利用、棚改项目的房屋状况等情况,并就2020年如何多渠道融资、继续做好棚改工作进行探讨。

上午,南昌市委常委、宣传部部长龙和南在南昌红色记忆展示馆主持召开梁书美术馆陈展大纲和概念设计方案专家评审会并讲话。龙和南强调,南昌市始终致力于鼓励社会力量参与公共文化建设,推动文化强市战略。他要求各相关部门把工程质量作为第一前提,严格按照时间节点,把梁书美术馆打造成特色鲜明、与众不同、省内首屈一指的艺术殿堂。要循序推进,在做好工程保障的同时,鼓励社会各界群策群力,通过公办民助的方式,为美术馆建设添砖加瓦。要加大艺术把关力度,充分挖掘梁书先生的艺术成就,严把内容、文字关,紧紧围绕专家组的意见建议,完善设计方案,让美术馆在英雄城熠熠生辉。区领导刘闯、胡洪水、袁晨出席,区委宣传部、区文广新旅局、区城建局、区文旅公司相关负责人参加。

23 日

上午,南昌市人大常委会党组成员、副主任魏国华一行到东湖区墩子塘街道,调研指导“不忘初心、牢记使命”主题教育,走访街道便民服务中心,认真查看街道便民服务中心各业务窗口工作办理情况,并与在场办事的群众亲切交谈,听取他们的意见建议。区领导李婷陪同调研。

上午,东湖区委“不忘初心、牢记使命”主题教育区委书记党课报告会在区文化活动中心新闻发布厅举行。区领导刘闯作题为《牢记初心使命 答好党建“三问”》的专题党课报告,唐铭市主持报告会。南昌市委第六指导组组长、市委办公厅正县级督查专员赖继红,区四套班子成员,区法院院长、检察院检察长出席。刘闯在报告中分享学习党的理论的深切体会，强调要把"自我革命"贯穿始终，答好党"如何永葆先进性和纯洁性、永葆青春活力"之问；要把"为民宗旨"牢记心头，答好"党如何永远得到人民拥护和支持"之问；要把"党的建设"落到实处，答好党"如何实现长期执政"之问。他号召与会人员行动起来，牢记初心使命、答好党建"三问"，为实现"两个百年"目标和伟大复兴的"中国梦"而不懈奋斗。区委各部门、区直各单位，各镇（街道、管理处）主要负责人参加会议。

下午，东湖区在区文化活动中心演艺大厅召开区委中心组理论学习（扩大）会，邀请江西省生态环境厅大气污染防治专家库专家、上海交通大学环境科学与工程学院教授、上海市微量元素学会副理事长程金平辅导授课。区领导高辉红主持会议，在家的区四套班子领导成员出席，江西省生态环境厅大气处处长王琳、南昌市生态环境局副局长曾晓翔应邀参加。程金平重点围绕污染源识别、分析研判、严防布控、工作机制、职责要求、指挥调度以及督察制度等方面进行辅导，具有很强的理论性、指导性和操作性。区委各部门、区直各单位、各镇（街道、管理处）主要负责人及相关单位负责人参加学习会。

下午，东湖区在区委常委会议室召开深化全国文明城市创建工作调度会，区领导高辉红出席并讲话，贾彧超主持会议，胡洪水、李婷、万明、杨峻出席。区创建办、宣传舆情组、考核监督组、沟通联络组，社会动员工作部以及12个实地创建工作对标部通报相关情况和存在的问题，各街道（镇、管理处）汇报工作中的有关问题，与会区领导分别就相关工作进行部署。区委各部门、区直各单位、各街道（镇、管理处）主要负责人和区创建指挥部相关人员参加会议。

南昌市豫章小学教育集团紫金校区举办以"可爱的中国——方志敏的故事"为主题的红色教育进校园宣讲活动。江西省妇联党组成员、副主席吴艳玲，南昌市妇联副主席梅丽，区领导贾彧超等出席。活动现场，十位"小青苗"小小讲解员为来宾和同学们讲解印章、航标灯、铜圆等10件文物背后的历史故事；"赣鄱红色娘子军"宣讲团成员讲述革命烈士方志敏家国情怀的故事；南昌师范学院青风学堂表演情景剧《可爱的中国——方志敏》，全体与会人员齐诵《可爱的中国》片段。区妇联、区教科体局负责人，学校200余名学生及党团员代表、党建联系单位代表、社区代表参加活动。

东湖区召开"不忘初心、牢记使命"主题教育县处级领导干部调研成果交流会，区领导刘闯主持会议并讲话，南昌市委主题教育第六指导组副组长魏菊保、指导组成员皮娇阳到会指导。与会区领导分别围绕选题汇报个人调研情况，认真查摆问题，深入分析症结，提出有针对性的改进措施。魏菊保对东湖区县处级党员领导干部的调研成果表示高度肯定。区委、区人大、区政府、区政协、区法院、区检察院县处级党员领导干部参加会议。

24日

东湖区十六届人大常委会第二十三次会议在区人大常委会会议室召开，区领导喻国泰主持会议，彭雅琳、余瑾、郑洪健、谭阿莉、万里涛出席。会议分上午和下午两个阶段。上午会议听取和审议区政府城市管理专项工作情况报告、区审计局关于东湖区2018年财政预算执行和收支情况的审计工作情况报告，审议并通过区财政局关于东湖区2018年区级财政决算的报告（草），还研究人事任免事项。下午会议为东湖区城市管理工作专题询问会，9位委员和代表就垃圾分类、电动车管理难、流动摊点占道经营、社区环境整治、大气污染治理等社会关切的热点、难点问题提出询问，被询问的相关单位负责人到场应询；区领导万明对进一步加强城市管理工作作表态讲话，郑洪健就相关工作进行点评。区领导刘光荣、万明，区法院院长梁洪、区人大副县级干部桂兵、区人民检察院副检察长罗建珍，区政府相关部门、各街道人大工委主任和部分区人大代表列席会议。

25日

上午，区领导高辉红、李婷、万勇、杨峻一行先后到王家庄地块、登月食品厂地块、七里村安置房C地块、沙坝巷地块、汤家园地块5个项目现场，看望慰问征迁一线的干部群众，现场调度该区2019年城市棚户区征迁工作。区政府办、区房管局、区城投公司、豫章街道、墩子塘街道、公园街道、彭家桥街道、贤士湖管理处等相关单位负责人参加。

区领导贾彧超、胡洪水、郑洪建、万明、冯于水开展“美丽南昌·幸福家园”环境综合整治突击检查。检查组先后到各街道、镇、管理处随机抽取社区(村)和部分农贸市场,实地察看各处地面保洁、楼道环境、公共设备、垃圾广告清理等整治工作开展情况,并进行现场评分。区委政法委、区城建局、区城管局、区商务局、区品质办等相关单位随同检查。

25—26 日

区领导刘闯先后到滕王阁街道民巷社区居民万秀梅、聆江社区居民康宜强、马家池社区居民张明、豫章后街社区居民支永华、包家巷社区居民焦振远、上营坊社区居民黄顺花家中,开展“进万家、送文明”活动。刘闯向他们送上《创建全国文明城市应知应会》手册,就社区文明创建工作开展情况、社区环境、基础设施等听取意见建议。区委办公室、豫章街道、墩子塘街道、八一桥街道、百花洲街道、滕王阁街道、公园街道主要负责人随同。

26 日

下午,东湖区在区政府常务会议室召开开放型经济工作调度会,区领导高辉红主持会议并讲话,雷强、李婷、袁晨出席。区开放办通报全区1—9 月开放型经济工作完成情况,并解读《南昌市东湖区“三请三回”暨现代服务业(上海)招商推介会工作方案(草)》;相关单位分别作经验交流和表态发言;与会区领导分别就做好全区四季度招商引资工作和上海招商推介会筹备工作进行部署。区委办、区政府办、区委宣传部、区财政局、区机管局和全区各经济单位主要负责人参加会议。

东湖区在区委常委会议室召开深化全国文明城市创建工作动员部署会,区领导刘闯出席并讲话,高辉红主持会议,贾彧超、胡洪水、李婷、童萍如、余炜、万明、杨峻出席。区创建办、宣传舆情组、考核监督组、沟通联络组、社会动员工作部以及 12 个实地创建工作对标部通报创建工作情况和存在的问题,各街道(镇、管理处)汇报创建工作中存在的有关问题,与会区领导分别就相关工作进行部署。区委各部门、区直各单位、各街道(镇、管理处)主要负责人和区创建指挥部相关人员参加会议。

27—28 日

区领导刘闯赴上海开展招商活动。刘闯重点考察中骏集团在商业运营方面的投资管理模式,并与董事局主席黄朝阳一行进行友好沟通,希望双方加强沟通合作,促进东湖区商贸产业转型升级。刘闯还到宝龙集团详细了解宝龙商业综合体项目的规划定位、招商推广及商业运营模式,热诚欢迎宝龙集团等知名商业运营商投资东湖区。区投促局、彭家桥街道有关人员随同。

28 日

上午,区领导高辉红到百花洲街道,开展“进万家、送文明”活动。高辉红先后到杨家厂社区万秋兰、鄢梅青、王爱国,桂旺巷社区刘建琴、高路辉、朱立新,邮政路社区熊辉、戴万和、梅秀英等 9 户居民家中,听取大家对深化全国文明城市创建工作的意见建议,并送上《南昌市文明行为手册》宣传册。百花洲街道主要负责人陪同。

上午,广东省委老干部局及广东省离退休干部一行来东湖区参观海昏侯博物馆,江西省政协副主席张勇,江西省委老干部局副局长王海燕,南昌市政协副主席黄耀华等随同。南昌市委组织部副部长、老干部局局长凌菲,区领导贾彧超、欧阳桃花陪同参观。

29 日

上午,中共东湖区委常委会班子对照党章党规找差距专题会在区委常委会议室召开。江西省委第一巡回指导组派员指导,南昌市委第六指导组副组长、湾里区政协副主席魏菊保、组员谭芳垠到会指导。区领导刘闯主持会议,高辉红、贾彧超、胡洪水、唐铭市、刘光荣、雷强、胡志强、李婷出席。与会区委常委会全体班子成员紧扣党章党规,对照“十八个是否”,紧密联系自身思想和工作实际,逐一进行深入查摆和自我检查,剖析自身存在的问题。魏菊保对此次专题会议进行了点评,认为此次会议党委重视作部署,领导带头作表率,对照要求作检视,深挖根源作剖析,明确方向作思考,求真求实作完善,敞开心扉作交流,达到会议预期效果,并要求全体成员进一步细化整改措施,将整改落到实处。

中午,东湖区政府党组班子对照党章党规找差距专题会议在区政府常务会议室召开,区领导高辉红主持会议，雷强、万勇、万明、杨峻、袁晨以及区政府党组成员查秋滚、刘文俊出席。与会区政府党组班子全体成员紧扣“十八个是否”内容，结合自身思想认识和分管工作实际，深入查摆自身存在问题和不足，明确努力方向和整改措施。

下午，东湖区大气污染防治攻坚行动动员部署会在区政府常务会议室召开，区领导高辉红主持会议并讲话，刘光荣、万明出席。刘光荣就秋冬季大气污染防治攻坚期间工作作风讲话，万明部署相关工作，区生态环境局解读《东湖区2019—2020年秋冬季大气污染防治攻坚行动方案（草）》，区城建局、区城管局、彭家桥街道分别作表态发言。区委相关部门，区直相关单位，东湖自然资源分局、东湖交警大队、东湖公安分局、各街道（镇、管理处）主要负责人和分管负责人参加会议。

晚，区领导高辉红在区政府党组“不忘初心、牢记使命”主题教育中，以《不忘初心勇担当、牢记使命展作为》为题开展上主题党课活动。高辉红强调，要把担当作为融入改革发展的血液里，把担当作为展示在实事求是的精神上，把担当作为展示在干事创业的举措上，把担当作为展示在服务群众的行动上。他要求践行初心和使命要从自身做起，从区政府党组和区政府办公室做起，从具体的工作做起，从人民的期盼做起，在担当作为中不负党和人民的重托，不负自身的岗位职责，不负东湖复兴的神圣使命。区领导雷强、余炜、万勇、万明、杨峻、袁晨和区政府党组成员查秋滚、刘文俊，区政府机关党支部全体人员参加活动。

29—30日

区领导刘闯到辖区部分企业走访调研，开展“不忘初心、牢记使命”主题教育下基层进企业活动。刘闯先后到华润万家有限公司江西分公司、珠海格力电器股份有限公司江西分公司，察看企业项目建设及企业运营情况，并就企业项目建设方面存在的困难和问题与企业负责人进行交流探讨。区委办、区财政局、区税务局，彭家桥街道、大院街道、豫章街道主要负责人随同调研。

30日

下午，东湖区在区政府常务会议室召开义务教育学校网点建设调度会，区领导高辉红主持会议并讲话，胡洪水、童萍如、万勇出席。区旧改办、董家窑街道、彭家桥街道分别汇报学校建设用地上房屋征迁工作情况，区自然资源局、区教科体局、区城投公司分别汇报学校建设推进完成情况和下一步工作计划，与会区领导就相关工作分别进行强调和部署。

下午，东湖区在区委常委会议室召开深化全国文明城市创建工作调度会，区领导高辉红出席并讲话，贾彧超主持会议，胡洪水、李婷、童萍如、万明、杨峻出席。创建办、宣传舆情组、考核监督组、沟通联络组、社会动员工作部以及12个实地创建工作对标部通报情况和存在问题，各街道（镇、管理处）汇报创建工作中存在的有关问题，与会区领导分别就有关工作进行部署。区委有关部门、区直有关单位、各街道（镇、管理处）主要负责人和区创建指挥部相关人员参加会议。

31日

上午，全市文明创建“工作成效大评比”活动阶段性评比电视电话会议在市委第一会议室召开，东湖区在新闻发布厅设立分会场组织收听收看。区委书记刘闯出席分会场会议，区委副书记、区长高辉红在主会场参会，区委副书记贾彧超，区领导胡洪水、雷强、胡志强、李婷、童萍如、余炜、万明、杨峻、袁晨出席会议。会议播放各区文明创建工作中存在的问题以及整改工作效果的视频，整改不到位县区作发言表态，与会市领导针对创建工作作发言讲话。视频会议结束后，刘闯就有关工作进行部署和强调。区委相关部门，区直相关单位主要负责人、各街道（镇、管理处）主要负责人和区创建指挥部相关人员参加收听收看。

上午，东湖区在区文化活动中心新闻发布厅组织收听收看南昌市文明创建“工作成效大评比”活动阶段性评比电视电话会议实况。区领导刘闯、高辉红、贾彧超、胡洪水、雷强、胡志强、李婷、童萍如、余炜、万明、杨峻、袁晨，区委相关部门，区直相关单位主要负责人、各街道（镇、管理处）主要负责人和区创建指挥部相关人员参加。会议播放了各区文明创建工作中存在的问题以及整改工作效果的视频，整改不到位的县区作表态发言，与会市领导针对创建工作作发言。视频会议结束后，刘闯就有关工作进行部署和强调。

下午，区委第十二届八十次常委会议在区委第一会议室召开，区领导刘闯主持。会议学习传达《省委办公厅、省政府办公厅关于切实做好防范化解地方政府隐性债务风险有关事项的通知》《中共中央办公厅、国务院办公厅关于法治政府建设与责任落实督察工作规定》《关于开展法治政府建设示范创建活动的意见》《关于做好当前财政收支预算管理支持落实减税降费政策的通知》等文件精神,并通报东湖区财税工作情况;审议区政府党组提出的《关于审议〈南昌市东湖区国有控股集团改革实施方案(送审稿)〉的请示》《关于审议〈南昌市东湖区区属企业国有资产监督管理暂行办法(送审稿)〉的请示》《关于成立扬子洲地区前期发展工作领导小组的请示》《审议〈关于加强和完善城乡社区治理的实施意见(送审稿)〉的请示》,区委办公室提出的《审议〈关于贯彻落实《中共江西省委关于深入学习贯彻习近平总书记视察江西重要讲话　努力描绘好新时代江西改革发展新画卷的决定》的措施及责任分工方案(送审稿)〉的请示》;听取全区"不忘初心、牢记使命"主题教育工作情况汇报并研究部署相关工作。区领导高辉红、贾彧超、胡洪水、唐铭市、雷强、胡志强、张恩、李婷出席会议,喻国泰列席。

11 月

1 日

南昌市政府副市长宋铀在东湖区会见前来考察交流东湖意库项目的招商蛇口常务副总经理刘伟一行,对考察组的到来表示欢迎,并希望项目方加大工作力度、加快项目推进,确保东湖意库尽早竣工、尽早投产、尽早见效。宋铀陪同刘伟一行考察了东湖意库项目建设现场,了解工程建设及招商进度。区领导刘闯、高辉红、胡洪水、袁晨陪同考察。

2 日

上午,东湖区在区委常委会议室召开深化全国文明城市创建工作调度会,区领导刘闯出席并讲话,区高辉红主持会议,贾彧超、胡洪水、童萍如、万明、杨峻出席。区创建办、宣传舆情组、考核监督组、沟通联络组、社会动员工作部以及 12 个实地创建工作对标部通报工作情况和存在问题,各街道(镇、管理处)汇报创建工作中存在的有关问题,与会区领导分别就分管工作进行部署。刘闯强调,要集中精力抓创建,扎实抓好文明创建各项工作落实;要用心细心抓创建,统筹调配人员力量;要责任明确抓创建,建立健全工作责任。区委各部门、区直各单位、各镇(街道、管理处)主要负责人和区创建指挥部相关人员参加会议。

东湖区开展"环境卫生大清扫"活动。区领导高辉红、贾彧超等四套班子领导成员分别到所在挂点街道社区,开展大清洗、大清扫行动。上午,高辉红在百花洲街道民德路南方大厦停车场,和干部群众一起清扫垃圾死角,清理废弃杂物。下午,贾彧超到滕王阁街道省歌舞剧院内,与街道、社区的干部群众一起铲除垃圾和杂草。区领导胡洪水、唐铭市、雷强、胡志强也分别带领机关干部在挂点的董家窑、大院、豫章街道及扬子洲镇参加"环境卫生大清扫"活动。区领导、谭阿莉、余炜、杨峻、袁晨、谢华参加大清洗、大清扫行动。

5 日

上午,东湖区在区委常委会议室召开全区领导干部会议,学习传达中共十九届四中全会精神和江西省领导干部会议精神、南昌市领导干部会议精神。区领导刘闯主持会议并讲话,高辉红传达中共十九届四中全会精神和全省领导干部会议精神、全市领导干部会议精神,贾彧超、喻国泰等在家的区四套班子成员,区法院院长、检察院检察长出席会议。刘闯讲话中强调三点意见:一是提高政治站位,学深悟透四中全会核心要义。二是对照全年目标,全力推进年底各项重点工作。三是精心组织学习,迅速掀起学习宣传贯彻热潮。区委各部门、区直各单位、各垂管单位主要负责人,各街道(镇、管理处)党政主要负责人参加会议。

6 日

上午,江西省教育厅基础教育处处长何少加、省发改委收费管理处处长刘生康、省发改委收费管理处副处长翁亚萍一行到东湖区教科体局调研义务教育阶段课后服务工作。调研组听取了区教科体局关于东湖区财力现状、教育经费投入情况、义务教育阶段课后服务工作基本情况,以及东湖区课后服务工作的主要做法、课后服务工作存在的困难及建议;区发改委、区财政局、区人社局、南师附小相关负责人简要汇报课后服务工作并提出遇到的困难及建议。南昌市教育局党委委员、副局长付青岚,市发改委收费处副处长郭玉峰等陪同调研,区发改委、区财政局、区人社局、南师附小、区教科体局相关负责人参加座谈会。

7日

下午,东湖区在区委常委会议室召开第四季度安全生产工作部署会,区领导刘闯出席并讲话,雷强主持会议,余炜、万勇、杨峻、袁晨出席。区应急局通报1—10月全区安全生产工作形势,与会区领导分别就相关工作进行部署。区委办、区人大办、区政协办、区安委会成员单位、区文旅公司、区城投公司等单位主要负责人参加会议。

区领导贾彧超、胡洪水、冯于水对全区部分社区、村、家委会和农贸市场等处,开展"美丽南昌·幸福家园"环境综合整治工作突击检查。检查组深入社区角落,仔细排查是否存在消防设施老旧过期、消防通道堵塞、路面破损、垃圾堆积等问题,并对各处整体环境卫生状况进行评分。区政府办、区委宣传部、区委政法委、区城建局、区城管局、区商务局、区品质办等相关单位参加检查。

9日

上午,南昌市政府副市长宋铀到东湖区董家窑街道调研深化全国文明城市创建工作,先后到董家窑街道江纸生活区、贤士一路沿线老旧庭院和永外正街沿线庭院,察看环境整治和老旧庭院改造等工作开展情况,听取街道和社区负责人对相关工作的情况汇报。区领导高辉红、万明,南昌市城管局副局长唐尚洪陪同调研。

上午,东湖区在区政协会议室召开深化全国文明城市创建暨"美丽南昌·幸福家园"环境综合整治工作调度会,区领导高辉红出席并讲话,贾彧超主持会议,胡洪水、李婷、童萍如、余炜、万明、杨峻、冯于水出席。万明通报相关工作情况并布置相关工作,冯于水宣读《街道(镇、管理处)环境综合整治2019年10月考核结果通报》,与会区领导分别就相关工作进行强调和部署。会议表彰了10月考核前3名的单位,相关单位作表态发言。区创建办、宣传舆情组、考核监督组、沟通联络组、社会动员工作部以及12个实地创建工作对标部汇报相关工作情况和存在问题。区委相关部门、区直相关单位、各街道(镇、管理处)主要负责人,区13个创建对标工作部、区创建指挥部相关人员参加会议。

12日

上午,区领导高辉红、雷强、李婷、童萍如、万明、袁晨先后到宪法广场小游园、国资澜湖广场、东南北湖水环境整治、八一馆地铁百盛商业、新地商务中心、启明星辰创新中心和城泰0728商业中心项目现场,巡查各个项目进展情况,现场调度项目建设中存在的困难和问题。区政府办、区发改委、区城建局、区城管局、区投促局、豫章街道、百花洲街道、滕王阁街道、彭家桥街道、董家窑街道主要负责人随同。

下午,南昌市文明创建"工作成效大评比"活动阶段性评比电视电话会议在市委第一会议室召开,东湖区在区文化活动中心新闻发布厅设立分会场组织收听收看。区领导刘闯、贾彧超、胡洪水、李婷、余炜、万明、杨峻参加收听收看。视频会议结束后,贾彧超就下一步相关工作推进进行强调部署。区委相关部门、区直相关单位主要负责人,各街道(镇、管理处)主要负责人和区创建指挥部相关人员参加。

13日

下午,东湖区在区委常委会议室召开深化全国文明城市创建工作调度会,区领导高辉红出席并讲话,贾彧超主持会议,胡洪水、李婷、童萍如、余炜、万明、杨峻出席。区创建办、宣传舆情组、考核监督组、沟通联络组、社会动员工作部以及12个实地创建工作对标部通报相关工作情况和存在问题,各街道(镇、管理处)汇报创建工作中存在的有关问题,与会区领导分别就分管工作进行部署和强调。区委各部门、区直各单位主要负责人,各镇(街道、管理处)主要负责人和区创建指挥部相关人员参加会议。

14日

区领导刘闯、李婷到新公园路农贸市场督导深化全国文明城市创建工作。刘闯一行仔细察看市场内外环境卫生,询问经营状况和农产品的价格波动情况。刘闯要求,各农贸市场要进一步扫盲点、提品质、建机制,落实好深化文明创建各项标准,维护好全区农贸市场农产品供应和价格稳定,提升全区人民群众的幸福指数。

区领导高辉红先后到宪法广场、东湖意库、启明星辰、八一馆地铁上盖、新地中心等10个项目现场，对在建的重大重点项目落实调度机制和建设情况进行暗访和督查。高辉红随机询问现场施工人员相关工作开展情况，详细了解施工安排、工程进度、安全生产责任落实和大气污染防治工作落实等情况，并就相关工作进行指导。

16 日

上午，东湖区2019年度高质量发展目标管理考核大会在区委常委会议室召开。区领导刘闯出席并讲话，高辉红主持会议，贾彧超、胡洪水、唐铭市、刘光荣、雷强、胡志强、张恩、李婷、童萍如、万勇、万明、杨峻、袁晨出席。会上，区考核办就《2019年度东湖区高质量发展目标管理绩效考核实施意见(征求意见稿)》的起草作说明，区统计局解读《2019年度江西省高质量发展考核评价实施意见》。区委各部门、区直各单位、各垂管单位和各镇、街道、管理处党政主要负责人参加会议。

上午，东湖区在区委常委会议室召开深化全国文明城市创建工作调度会，领导刘闯出席并讲话，高辉红主持会议，贾彧超、胡洪水、李婷、童萍如、万明、杨峻出席。区创建办、宣传舆情组、考核监督组、沟通联络组、社会动员工作部以及12个实地创建工作对标部通报工作情况和存在的问题，各街道(镇、管理处)汇报创建工作中存在的有关问题，与会区领导分别就分管工作进行部署和强调。区委各部门、区直各单位、各街道(镇、管理处)主要负责人和区创建指挥部相关人员参加会议。

东湖区继续开展“环境卫生大清扫”活动，区四套班子领导成员纷纷到各自挂点的镇、街道(管理处)，开展文明创建宣传、清理卫生死角、环境整治督导等活动。刘闯带领区委办机关党支部干部18人到豫章街道滨江社区幸福庭院，开展文明创建入户宣传和庭院环境卫生整治活动；贾彧超到滕王阁街道上凤凰坡社区，与街道、社区干部群众清扫卫生死角、搬运垃圾；王玮带领区政协机关干部10人到公园街道戴家巷社区发放宣传手册及环保袋、张贴市民公约、公益性广告等；胡洪水带领区委宣传部机关干部12人到董家窑街道南京西路南社区福州路26号庭院、南大医学院南院宿舍清理庭院卫生死角；张恩一行3人到彭家桥街道光明社区，与社区工作人员和志愿者清理青山支路26号庭院内废弃杂物、地面枯枝烂叶等；李婷到墩子塘集贸市场，督导深化全国文明城市创建工作。余瑾、欧阳桃花、余坚、胡薇等也分别到挂点街道社区开展“环境卫生大清扫”活动。

2019南昌市“滕王阁杯”青少年体育联赛足球总决赛在南昌市体育中心落下帷幕，东湖区派出由育新学校教育集团、南京路小学、豫章小学教育集团、东湖小学组建的三支队伍参赛，东湖区足球代表队获得本届赛事团体总分第一名、足球总冠军。

18 日

下午，东湖区在区文化活动中心演艺大厅召开区委中心组理论学习(扩大)会。会议邀请了省委网信办副主任周森昆就网络意识形态工作进行专题授课，全区副科级以上领导干部共300余人参加会议。

下午，东湖区在区文化活动中心演艺大厅召开区委中心组理论学习(扩大)会，邀请江西省委网信办副主任周森昆就网络意识形态工作进行专题授课。区领导刘闯主持学习会，高辉红、贾彧超等区四套班子领导成员，区法院院长、检察院检察长，全区副科级以上领导干部共300余人参加学习。

19 日

上午，区领导高辉红到百花洲景区综合改造工程项目现场，了解东、南、北湖水体生态环境处理、东湖泊岸沿线亲水栈道施工进展情况，并现场协调相关问题。区城建局等相关单位负责人随同。

20 日

下午，东湖区在区委常委会议室召开深化全国文明城市创建工作调度会。区领导高辉红主持会议并讲话，贾彧超、胡洪水、李婷、童萍如、万明、杨峻出席。区创建办、宣传舆情组、考核监督组、沟通联络组、社会动员工作部以及12个实地创建工作对标部通报工作情况和存在的问题，各街道(镇、管理处)汇报创建工作中存在的有关问题，与会区领导分别就分管工作进行部署和强调。区委各部门，区直各单位，各镇(街道、管理处)主要负责人和区创建指挥部相关人员参加会议。

下午，东湖区在区政府常务会议室召开重大重点项目调度会，区领导高辉红主持会议并讲话，贾彧超、雷强、李婷、童萍如、袁晨出席。区发改委汇报重大重点项目工作情况，各项目牵头单位和责任单位分别汇报工作进展和存在的问题，与会区领导就挂点项目进行了部署和强调。区政府办、区发改委、区城建局、区城管局、区投促局、区自然资源局、区消防大队，百花洲街办、豫章街办、董家窑街办、彭家桥街办、滕王阁街办主要负责人参加会议。

21日

上午，区领导刘闯到滕王阁街道调研“不忘初心·牢记使命”主题教育工作开展情况，区委第四指导组相关人员陪同调研。刘闯一行查看了街道党工委班子及班子成员检视问题和整改落实工作台账、党员集中培训工作台账、班子每月集中学习台账等相关资料，听取了街道主要负责人关于主题教育开展情况的工作汇报，并与班子成员就集中学习、检视问题和整改落实情况进行重点交流。

上午，区领导高辉红、万明先后到贤士湖集贸市场、墩子塘街道马家池社区等处，督查深化全国文明城市创建工作。区政府办、区创建办相关人员参加。

下午，区委第十二届81次常委会议在区委第一会议室召开，区领导刘闯主持。会议学习传达《中共中央办公厅关于做好党的十九届四中全会精神学习宣传工作的通知》《中共南昌市委关于印发〈贯彻落实中共江西省委关于加强党的政治建设的若干措施责任分工〉的通知》《关于印发〈全省扫黑除恶专项斗争第2次推进会部门发言材料〉的通知》《市委办公厅、市政府办公厅印发〈关于推进基层整合审批服务执法力量的实施方案〉的通知》《中共中央关于新时代加强和改进人民政协工作的意见》等文件精神，学习传达中央政协工作会议暨庆祝中国人民政治协商会议成立70周年大会精神并研究初步贯彻意见；听取南昌市委第六指导组督查东湖区“不忘初心、牢记使命”主题教育开展情况的意见反馈，研究主题教育下一步工作安排；审议区政府党组提出的《审议〈东湖区关于深入学习浙江千万工程成功经验扎实推进农村人居环境整治的实施意见（送审稿）〉的请示》、区纪委提出的《关于给予干部党内警告处分的请示》《关于给予干部开除党籍、政务撤职处分的请示》。区领导高辉红、胡洪水、唐铭市、刘光荣、雷强、李婷出席会议，喻国泰、王玮列席。

22日

上午，东湖区在区委宣传部会议室设立分会场组织收听收看全国安全生产电视电话会议和省、市安全生产电视电话会议实况，区领导高辉红、雷强出席，区委相关部门、区直相关单位，东湖公安分局、东湖交警大队、东湖消防救援大队及各镇、街道、管理处主要负责人参加会议。

下午，中共东湖区委常委会班子学习贯彻中共十九届四中全会精神专题集中研讨会在区委常委会议室召开。研讨会上，与会区委常委围绕自学内容，并结合回顾坚持和完善中国特色社会主义制度的光辉历程，结合感悟党的初心和使命，根据各自职责和分工，逐个进行了交流发言。就做好下步工作，刘闯提出三点意见，一是要把学习教育牢牢抓在手上。要紧密结合“不忘初心、牢记使命”主题教育，抓好全区各级党组织的理论学习和党员的培训轮训，切实增强党员领导干部对习近平新时代中国特色社会主义思想的政治认同、思想认同、情感认同，进一步树牢“四个意识”、坚定“四个自信”、坚决做到“两个维护”。二是要把群众利益牢牢记在心上。要时刻把人民群众的冷暖铭记在心，始终做到群众的实际困难尽量给予帮扶，在主题教育期间调研发现、群众反映、自身查摆出的民生热点难点问题，尽快拿出方案，尽力整改到位，以实际成效取信于民。三是要把年底工作牢牢扛在肩上。要合理利用时间，党员领导干部要带头对上勤沟通、对下多调度，既各司其职、各负其责，又密切配合、通力协作，坚定信心不动摇、咬定目标不放松，全力以赴确保各项工作高标准、高质量、高水平完成。

下午，中共东湖区委常委会班子学习贯彻中共十九届四中全会精神专题集中研讨会在区委常委会议室召开，区领导刘闯主持会议并讲话，高辉红、贾彧超、胡洪水、唐铭市、刘光荣、雷强、李婷出席。与会区委常委围绕自学内容，结合回顾坚持和完善中国特色社会主义制度的光辉历程，结合感悟党的初心和使命，根据各自职责和分工，逐个进行交流发言。刘闯在讲话中就做好下步工作提出三点意见；一是要把学习教育牢牢抓在手上。二是要把群众利益牢牢记在心上。三是要把年底工作牢牢扛在肩上。

23 日

上午，东湖区在区委常委会议室召开深化全国文明城市创建工作调度会，区领导刘闯出席并讲话，高辉红主持会议，贾彧超、胡洪水、李婷、童萍如、余炜，万明、杨峻出席。区创建办、宣传舆情组、考核监督组、沟通联络组、社会动员工作部以及12个实地创建工作对标部通报工作情况和存在问题，各街道（镇、管理处）汇报创建工作中存在的有关问题，与会区领导分别就相关工作进行部署和强调。高辉红就楼道消防器材、非机动车停放、卫生死角全面清理等相关工作进行强调。区委有关部门、区直相关单位，各街道（镇、管理处）主要负责人和区创建指挥部相关人员参加会议。

上午，东湖区在区政府常务会议室召开招商引资工作调度会，区领导高辉红出席并讲话，李婷、袁晨出席。区开放办通报全区1—10月招商引资工作完成情况和东湖区“三请三回”暨现代服务业（上海）招商推介会筹备工作进展情况，相关单位作经验交流和表态发言，李婷、袁晨分别就做好全区招商引资工作进行部署。区政府办、区开放办与全区各经济单位主要负责人参加会议。

东湖区继续开展“环境卫生大清扫”活动，区四套班子领导成员纷纷到各自挂点的社区（村、家委会），开展卫生死角清理、周边环境整治、文明创建入户宣传等形式丰富的文明创建活动。刘闯、雷强到豫章街道江柴社区开展文明创建入户宣传活动；高辉红到百花洲街道刘将军庙社区与街道、社区工作人员、志愿者一起清运重物、清扫垃圾等；贾彧超到滕王阁街道省歌舞剧院内，与街道、社区干部群众一起清理垃圾死角；王玮到公园街道戴家巷社区与社区干部一起清理花坛杂物、堆积物；胡洪水到董家窑街道南京西路北社区永外正街266号清理庭院卫生死角；胡志强到扬子洲镇南江路与镇村干部一起清理杂物；张恩到彭家桥街道光明社区青山支路26号庭院内清理废弃杂物、地面枯枝烂叶、堆积物等。余瑾、万明、杨峻、谢华、胡涛湘以及区法院院长梁洪等分别到挂点的街道社区参加“环境卫生大清扫”活动。

25 日

下午，南昌市政府副市长宋铀深入东湖区墩子塘街道阳明社区督导调研文明城市创建工作。宋铀一行来到阳明社区，对标测评体系，逐一查找机动车、非机动车停放不规范、垃圾分类不到位、乱张贴乱涂写现象与公益广告设置不足等突出问题，并提出整改意见。南昌市城管局副局长唐尚洪、市民政局副局长邱锐、区领导万明陪同调研。

25—26 日

区领导刘闯、李婷赴广州参加南昌市对接“粤港澳”大湾区（广州）推介会并开展招商活动。刘闯一行考察了海珠唯品同创汇项目，重点了解该企业在城中村旧城改造方面的举措，并就园区环境质量提升与企业高层进行深入交流。区投促局、贤士湖管理处、区文旅公司主要负责人随同。

26 日

上午，东湖区政府党组到江西革命烈士纪念堂，开展“不忘初心、牢记使命”主题教育暨中共十九届四中全会精神专题研讨主题党日活动，区领导高辉红、雷强、余炜、万勇、万明、杨峻、袁晨及区政府机关党支部全体党员参加。在纪念堂内，高辉红带领大家奏唱中华人民共和国国歌，并向革命烈士三鞠躬。全体党员在讲解员带领下参观了“中国共产党的创立和大革命时期”“土地革命战争时期”“抗日战争时期”“解放战争时期”“社会主义革命和社会主义建设时期”“褒扬先烈，继往开来”等6个展厅。

上午，东湖区政府党组班子学习贯彻中共十九届四中全会精神专题集中研讨会在区政府常务会议室召开，区领导高辉红主持会议并讲话，雷强、万明、杨峻、袁晨以及党组成员查秋滚、刘文俊出席。与会党组成员围绕贯彻中共十九届四中全会精神就自学内容，结合回顾坚持和完善中国特色社会主义制度的光辉历程，结合感悟党的初心和使命，根据各自职责和分工，逐个进行交流发言。高辉红在讲话中提出三点意见：一是要强化理论学习，二是要强化宗旨意识，三是要强化责任担当。晚上，区政府党组全体成员和区政府办副科级党员干部集中观看中纪委《警示教育片》，并进行集中学习。

下午，东湖区在区文化活动中心新闻发布厅设立分会场，组织收听收看南昌市学习贯彻中共十九届四中全会精神省委宣讲团宣讲报告电视电话会实况。区领导高辉红、贾彧超、喻国泰、王玮等在家的区四套班子成员，区委各部门、区直各单位、各街道（镇、管理处）主要负责人参加。

东湖区深化全国文明城市创建工作调度会在区文化活动中心新闻发布厅召开，区领导高辉红主持会议并讲话，贾彧超、胡洪水、童萍如、万明、杨峻出席。区创建办、宣传舆情组、考核监督组、沟通联络组、社会动员工作部以及12个实地创建工作对标部通报工作情况和存在问题，各街道（镇、管理处）汇报工作中存在的有关问题，与会区领导分别就分管工作进行部署和强调。区委有关部门、区直相关单位，各街道（镇、管理处）主要负责人和区创建指挥部相关人参加会议。

29日

江西省防治艾滋病工作委员会办公室、南昌市艾滋病防治工作委员会办公室、东湖区艾滋病防治工作委员会，在南昌市八一公园联合开展主题为"社校联动齐防艾，健康江西我行动"世界艾滋病日暨性病防治主题宣传活动。江西省卫健委副主任曾传美、省红十字会救护赈济处处长陈建平、省司法厅监所工作处副调研员熊丹、省公安厅治安总队科长林恩宁、南昌市卫健委副主任万鹏、区领导袁晨等参加活动。现场展出艾滋病防治知识展板36块，发放艾滋病、性病防治知识宣传折页12种5000余份、宣传单3000余份，宣传扑克牌2000副等。活动旨在让市民熟知艾滋病的传播方式及预防方法，树立健康的人生观。

30日

上午，东湖区继续开展"环境卫生大清扫"活动，区四套班子领导成员纷纷到各自挂点的社区（村、家委会），开展卫生死角清理、周边环境整治、文明创建入户宣传等形式丰富的文明创建活动。贾彧超到地铁一号线万寿宫站地铁口疏通街面淤堵的雨水井，清理路边绿化带垃圾杂物等；王玮到公园街道戴家巷社区戴家路18号、50号、64号清理楼道堆积杂物；胡洪水到董家窑街道杏苑社区永外正街158号清理庭院绿化带；唐铭市到大院街办督导文明创建工作；雷强到豫章街道四经路农贸市场300米范围内的庭院小区和背街小巷巡查问题并指导整改。余瑾、郑洪健、万里涛、万明、杨峻、欧阳桃花、余坚、胡涛湘、胡薇以及区检察院检察长杜迎春也分别到挂点的街道社区参加"环境卫生大清扫"活动。

晚，东湖区在区委常委会议室召开深化全国文明城市创建工作调度会，区领导刘闯出席并讲话，贾彧超主持会议，胡洪水、万明、杨峻出席。区创建办、宣传舆情组、考核监督组、沟通联络组、社会动员工作部以及12个实地创建工作对标部通报工作情况和存在的问题，各街道（镇、管理处）汇报创建工作中存在的有关问题，与会区领导分别就有关工作进行部署。区委相关部门、区直相关单位、各街道（镇、管理处）主要负责人和区创建指挥部相关人员参加会议。

12月

1日

晚，东湖区在区委常委会议室召开生态环境保护委员会2019年第四次会议，区领导刘闯出席并讲话，高辉红主持会议，雷强、童萍如、余炜、万勇、万明、杨峻、袁晨出席。会议通报全区环境空气质量状况和落实中央环保督察"回头看"及省环保督察组转（交）办信访件销号进展情况，相关单位作表态发言，与会区领导就相关工作进行部署和安排。区委相关部门、区直相关单位，各镇（街道、管理处）党政主要负责人参加会议。

晚，东湖区在区委常委会议室召开深化全国文明城市创建工作调度会，区领导刘闯出席并讲话，高辉红主持会议，胡洪水、李婷、童萍如、余炜、万明、杨峻出席。区创建办、宣传舆情组、考核监督组、沟通联络组、社会动员工作部以及12个实地创建工作对标部通报工作情况和存在的问题，各街道（镇、管理处）汇报创建工作中存在的有关问题，与会区领导分别就分管工作进行部署和强调。刘闯要求，各级各部门务必高度重视深化全国文明城市创建工作，切实做到全员发动、全体参与、全面到位，将各项工作全部落实落细；要压实责任，以问题为导向，对照工作标准逐一补齐短板，切实做到主动作为，不等不靠，抢抓时间节点全力攻坚克难；要充分动员群众参与文明创建，调动起市民主动参与的热情和积极性，形成人人支持创建、全民参与创建的良好氛围，以实际行动向市委、市政府交上一份满意答卷。区委各部门、区直各单位、各镇（街道、管理处）主要负责人和区创建指挥部相关人员参加会议。

区领导高辉红、万明到辖区部分社区、村、家委会、集贸市场开展深化文明创建整改工作情况突击检查。高辉红一行深入集贸市场、网吧、小餐饮店、社区,查看公益广告张贴情况、“六小”门店执照是否齐全、是否有未成年人进入网吧、是否存在垃圾乱堆乱放、是否存在非机动车占道停放等问题,并对未整改到位的点位进行拍照记录。区政府办公室相关人员参与检查。

2日

上午,区领导刘闯、胡洪水、万明调研区智慧城管平台建设运行情况。刘闯一行查看平台系统功能演示,听取指挥中心负责人的工作汇报,详细了解监控设施、平台功能、日常运行等有关情况,并就平台拓展内容、优化功能等进行指导。刘闯指出,要充分利用智慧城管系统平台,不断提升城市的信息化、规范化、精细化管理水平;要强化平台运用,加强日常监管,增强预警能力,确保各类城市管理问题得到及时发现和有效解决;要充分发挥平台功能,进一步提高城市管理精细化水平,不断增进民生福祉,提升东湖区城市品质。区委办、区创建办、区综管办主要负责人随同。

3日

上午,南昌市人大常委会副主任陈以荻一行到东湖区调研市级民生工程七里嘉和农贸市场建设情况,详细了解七里嘉和农贸市场规划设计、市场布局及工程进度等,对该区高效推进市级民生工程表示肯定。区领导刘闯、喻国泰、李婷、余瑾陪同调研。

4日

上午,东湖区2019年“12·4”国家宪法日主题宣传教育活动暨大型宪法宣誓仪式在区宪法广场举行,南昌市人大常委会副主任王敏出席并讲话,市司法局局长涂慧玲主持仪式。区领导刘闯致欢迎辞,高辉红、喻国泰、刘光荣、雷强、彭雅琳、余瑾、谢蓉、郑洪健、谭阿莉、万里涛、童萍如、万明、杨峻、袁晨和区法院院长梁洪、区人大副县级干部桂兵参加活动。王敏在集体宣誓仪式上作监誓,刘闯主持仪式,高辉红领誓。现场还举办市区法治成果展览,并开展法治宣传咨询活动,有18家单位开设宣传咨询服务台,为群众提供法治宣传、法律咨询服务。区人大、区政府、区监委、区直有关单位和东湖公安分局、区人民检察院、区人民法院共150人参加宣誓仪式。

5日

下午,区委第十二届八十二次常委会议在区委第一会议室召开,区领导刘闯主持。会议学习传达习近平总书记在中央政治局第十八次集体学习时的讲话精神、《市委办公厅印发〈南昌市当前意识形态领域有关情况的通报〉的通知》文件精神、习近平总书记在中央政治局第十九次集体学习时的讲话精神及《生产安全事故应急条例》,听取东湖区义务教育优质均衡发展督导评估试点工作情况汇报、东湖区2019年度计划生育工作有关情况汇报,审议区委组织部提出的《关于推荐李青峰同志为东湖区第十六届人民代表大会代表候选人的请示》、区委主题教育办提出的《关于审议〈中共东湖区委常委班子“不忘初心、牢记使命”专题民主生活会工作方案(送审稿)〉〈中共东湖区委常委班子“不忘初心、牢记使命”专题民主生活会检视剖析材料(送审稿)〉的请示》并研究部署主题教育下一步工作。区领导高辉红、胡洪水、唐铭市、刘光荣、雷强、张恩、李婷出席会议,喻国泰、王玮、童萍如列席。

江西省人大常委会委员、社会委主任委员龚绍林,副主任委员舒仁庆,省民政厅副厅长龚建辉,南昌市人大常委会副主任王敏一行到东湖区考察该区居家养老服务中心,参观中心的阅览室、书画室,网络室、就餐室和日间照料室等处,对该中心为老服工作务给予充分肯定。南昌市民政局局长邹晓东,区领导刘闯、喻国泰、杨峻等陪同。

6日

下午,东湖区政府办机关党支部组织生活会在区政府常务会议室召开,区领导高辉红、雷强、万勇、万明、杨峻、袁晨参加会议。区政府办机关党支部通报班子2018年度组织生活会查摆问题的整改落实情况和2019年度工作报告,支委班子成员分别作个人对照检查和自我批评,其他党员均逐个进行个人对照检查、开展自我批评,与会党员互相提出批评意见并表态。会议还进行民主测评。

7日

上午,东湖区在区委常委会议室召开深化全国文明城市创建工作调度会,区领导刘闯出席并讲话，高辉红主持会议，胡洪水、万明、杨峻出席。区创建办、宣传舆情组、考核监督组、沟通联络组、社会动员工作部以及12个实地创建工作对标部通报工作情况和存在问题，各街道（镇、管理处）汇报创建工作中存在的有关问题，与会区领导分别就分管工作进行部署和强调。区委各部门、区直各单位、各街道（镇、管理处）主要负责人和区创建指挥部相关人员参加会议。

东湖区开展第六个"东湖文明日"暨"环境卫生大清扫"活动，区四套班子领导成员纷纷到各自挂点的社区、村、家委会，开展环境卫生整治、公共秩序维护、文明创建宣传等多种形式的活动。高辉红在百花洲街道沿着象山北路、民德路、保赤仓、大顺巷等路段捡拾垃圾、烟头，规范出店经营、维护公共秩序；王玮到公园街道戴家巷社区清理戴家路14号、50号菜场周边楼道堆积物；胡洪水在朱家湖社区红原星城1栋清理庭院卫生死角；张恩到彭家桥街道光明社区清理庭院内路面菜地、地面枯枝烂叶、堆积物等。余炜、万明、欧阳桃花、谢华、胡涛湘等也分别到挂点单位参加"东湖文明日"暨"环境卫生大清扫"活动。

9日

上午，东湖区在上海虹桥绿地铂瑞酒店隆重举行2019年"三请三回"暨现代服务业招商推介会。本次推介会以"智谋发展，擎启未来"为主题，邀请苏宁集团、步步高集团、中骏集团、北京宏福集团、百盛商业集团、香港奥中集团股份有限公司、上海市南昌商会等重点客商59位，世界500强企业15家、央国企17家、行业龙头32家、独角兽企业3家、驻外商会4家，共200余人参会。区领导袁晨主持推介会，高辉红致辞，李婷作区情推介。上海市南昌商会会长、上海沪工焊接集团股份有限公司董事长舒宏瑞，苏宁置业集团副总裁马晓咏，北京宏福集团董事局主席、北京市企业发展促进会会长黄福水分别作了发言。推介会上共签约12个项目，其中，外资项目1个，生产性服务业项目4个，现代商贸项目4个，智慧零售项目1个，智慧康养项目1个，夜经济项目1个。总金额达128亿元。南昌市政府驻上海联络处副主任李建平、市投资促进局副局长曾伟群、市商务局副局长胡足卿以及区领导余瑾、胡涛湘参加推介会。

上午，区领导胡洪水、万明到贤士花园、新公园路和墩子塘农贸市场，督导深化全国文明城市创建工作。区商务局有关负责人随同。

区领导胡洪水、万明、郑洪健、冯于水深入全区各镇（街道、管理处）的部分社区（村）和农贸市场，开展"美丽南昌·幸福家园"环境卫生综合整治突击检查。检查组认真察看地面保洁、管网改造、楼道环境、垃圾广告清理等，现场查问题、找原因，并进行现场评分。区委政法委、区城建局、区城管局、区商务局、区品质办等单位参加检查。

10日

上午，东湖区委常委班子"不忘初心、牢记使命"专题民主生活会在区委常委会议室召开，区领导刘闯主持会议，高辉红、胡洪水、唐铭市、刘光荣、雷强、胡志强、张恩、李婷参加，喻国泰、王玮及5名基层党员代表列席。刘闯通报2018年度区委常委班子民主生活会整改落实情况和此次专题民主生活会征求意见情况，并代表区委常委班子进行检视剖析；与会区委常委逐一开展检视剖析并作自我批评，对其他常委提出批评意见。南昌市委常委、市警备区政委王宗军出席并讲话。王宗军指出，此次专题民主生活会在"学习教育"上下功夫，固本强基，在守初心中增强了定力；在"调查研究"上下功夫，紧贴实际，在担使命中破解了难题；在"检视问题"上下功夫，精准聚焦，在找差距中补齐了短板；在"整改落实"上下功夫，靶向施策，在抓落实中见到了成效；在"批评与自我批评"上下功夫，开门见山，在"红脸出汗"中求得了团结；在"八个说明"上下了功夫，实事求是，在对党忠诚上做出了表率。他认为会议准备充分、主题突出，班子及成员相互批评严肃认真、坦诚交流，达到预期效果。王宗军还代表市委提出四点工作建议：一是要坚持学习贯彻习近平新时代中国特色社会主义思想。二是要全面深入学习贯彻中共十九届四中全会精神。三是要始终牢记初心使命，真抓实干做好永恒课题。四是要发扬自我革命精神，确保主题教育善作善成。江西省委第一巡回指导组成员钱洁、梅丁丁，南昌市委第六指导组副组长魏菊保、成员谭芳根到会指导。

下午，东湖区政府党组召开"不忘初心、牢记使命"专题民主生活会，区领导高辉红主持会议，雷强、余炜、万勇、万明、杨峻、袁晨以及区政府党组成员查秋滚、刘文俊参加，南昌市委第六指导组副组长魏菊保到会指导。会议通报2018年度区政府党组民主生活会整改落实情况和此次专题民主生活会征求意见情况，高辉红代表区政府党组进行检视剖析，其他党组成员逐一开展检视剖析、作批评与自我批评。区政府党组主题教育办的人员列席会议。

12日

下午，区领导刘闯出席区人民法院党组“不忘初心、牢记使命”主题教育专题民主生活会，区委第二指导组及区委政法委有关人员到会指导。区法院党组书记、院长梁洪主持会议。会议通报2018年度区法院党组班子民主生活会整改落实情况和此次专题民主生活会征求意见情况，梁洪代表区法院党组班子进行检视剖析，区法院党组班子成员逐一进行检视剖析、作批评与自我批评。在认真听取大家发言后，刘闯提出三点意见：一是要紧扣主题主线，持续深化理论学习。二是要坚持立行立改，全力落实问题整改三是要突出主责主业，践行司法为民宗旨。区法院部分党员及群众代表参加会议。

下午，东湖区在区政府常务会议室召开深化全国文明城市创建工作调度会，区领导高辉红主持会议并讲话，贾彧超、胡洪水出席。区创建办、宣传舆情组、考核监督工作组、沟通联络工作组、社会动员工作部及12个实地创建工作对标部分别汇报工作情况和存在问题，各街道(镇、管理处)汇报工作中存在的有关问题，与会区领导分别就分管工作进行部署和强调。区委各部门、区直各单位、各镇(街道、管理处)主要负责人和区创建指挥部相关人员参加会议。

下午，区领导高辉红、贾彧超、雷强、李婷、童萍如、袁晨先后到国资澜湖广场、宪法广场小游园、启明星辰创新中心、东南北湖水环境整治和八一馆地铁百盛商业现场，巡查重大重点项目进展情况，详细了解各项目工作安排，现场调度项目建设中存在的困难和问题。区政府办、区发改委、区城建局、区城管局、区投促局、豫章街道、百花洲街道、彭家桥街道、董家窑街道主要负责人参加。

13日

晚，东湖区大气污染防治工作调度会在区委常委会议室召开，区领导刘闯出席并讲话，高辉红主持会议，刘光荣、杨峻出席。刘光荣传达南昌市委环保工作会议精神并就下一步有关工作进行强调，区生态环境局通报全区环境空气质量状况并部署下一阶段重点工作任务。区委相关部门、区直相关单位、各街道(镇、管理处)主要负责人参加会议。

南昌市第七届校园体育节闭幕式在江西外语外贸职业学院室内体育馆举行。东湖区在本届校园体育节上获得团体总分第一名，并获得优秀组织奖。

14日

东湖区继续开展“环境卫生大清扫”活动，区四套班子领导成员纷纷到各自挂点的社区、村、家委会，开展环境卫生整治、公共秩序维护、文明创建宣传等多种形式的活动。贾彧超到子固路京门小区与街道、社区干部群众一起清除庭院杂草、搬运乱推乱放杂物、清理垃圾；唐铭市到大院街道对社区周边花坛进行清理。万里涛、欧阳桃花、胡涛湘也分别挂点社区参加“环境卫生大清扫”活动。

16日

下午，区领导高辉红、李婷到七里嘉和农贸市场，查看市场规划、业态布局、工程进展等情况，认真听取市场设计理念、特色亮点及后续工作安排等工作汇报。区政府办、区商务局、区城建局、区城投公司主要负责人参加调研。

下午，南昌市文明创建“工作成效大评比”活动第五阶段评比电视电话会议在市委第一会议室召开，东湖区在区文化活动中心新闻发布厅设立分会场组织收听收看。区领导刘闯、贾彧超、胡洪水、李婷、童萍如、万明、杨峻、袁晨出席。视频会议结束后，贾彧超就下一步全区文明创建工作推进进行了强调。区委各部门、区直相关单位、各街道(镇、管理处)主要负责人和区创建指挥部相关人员参加。

东湖区在南昌市八一公园、贺龙指挥部休闲公园精心打造两处食品安全主题公园，以营造食品安全共治共享良好氛围。主题公园分为“放心购”“放心吃”“保健品防骗消费提醒”“预防食物中毒”和“创建食安城主题宣传”五个模块，各个模块的知识分别制作成造型各异、独具特色的宣传栏、广告牌，穿插点缀在公园的绿树花丛中。内容涵盖食品安全科普知识、食品安全事故应急常识、真假食品鉴别方法、法律法规等，成为贴近群众的“食品安全教科书”，群众在游玩、散步、健身、赏景的过程中就能获取食品安全知识，增强食品安全意识，提升自我防范能力。

17日

下午，东湖区在区文化活动中心演艺大厅召开学习贯彻中共十九届四中全会精神宣讲会。邀请南昌市委宣讲团成员，南昌日报社党委副书记、总编辑李良生作主题宣讲。李良生以《夯实兴旺发达长治久安的制度保证——深入学习贯彻党的十九届四中全会精神》为题，从历史逻辑、实践逻辑、理论逻辑等方面深入介绍如何准确把握中共十九届四中全会精神，并结合全会重大部署阐述南昌实践。区领导刘闯主持会议，高辉红、贾彧超等区四套班子领导成员，区法院院长梁洪，全区副科级以上领导干部共300余人参加听讲。

18日

下午，东湖区在区政协会议室召开深化全国文明城市创建暨“美丽南昌·幸福家园”环境综合整治工作调度会，区领导高辉红出席并讲话，贾彧超主持会议，胡洪水、李婷、郑洪健、万明、杨峻、冯于水出席。会议通报文明创建相关工作情况并布置下一步工作，宣读《街道（镇、管理处）环境综合整治2019年11月考核结果通报》并表彰11月考核前3名的单位，区创建办、宣传舆情组、考核监督组、沟通联络组、社会动员工作部以及12个实地创建工作对标部汇报工作情况和存在问题，与会区领导分别就相关工作进行强调和部署。区委相关部门、区直相关单位、各街道（镇、管理处）主要负责人，区13个创建对标工作部、区创建指挥部相关人员参加会议。

19日

上午，东湖区在区文化活动中心新闻发布厅设立分会场，组织收听收看江西省委召开的县（市、区）委书记座谈会电视电话会实况。区领导刘闯、高辉红、喻国泰、王玮等在家的四套班子领导成员出席，区委各部门、区直各单位、各街道（镇、管理处）主要负责人参加。

下午，区委第十二届八十三次常委会议在区委第一会议室召开，区领导刘闯主持。会议学习传达江西省委十四届十次全会精神，《关于转发中央保密委员会〈关于切实加强基层保密工作的通知〉的通知》《中共中央关于印发〈中华人民共和国成立70周年庆祝活动总结报告〉的通知》，全国、全省、全市安全生产电视电话会议精神，《陈希同志在学习贯彻党的十九届四中全会精神深入推进第二批“不忘初心、牢记使命”主题教育工作座谈会上的讲话》精神及《关于整治“景观亮化工程”过度化等“政绩工程”“面子工程”问题的通知》精神并研究主题教育下一步工作安排；书面学习《省委办公厅关于认真学习贯彻〈中国共产党党内法规制定条例〉等三部党内法规的通知》《中共江西省委办公厅印发〈关于贯彻《中国共产党党内关怀帮扶办法》实施细则〉的通知》文件精神；审议区委组织部提出的《关于推荐东湖区政协第九届委员会委员候选人的请示》《关于审议东湖区归国华侨联合会第五届委员会主席、副主席候选人的请示》，区委编办提出的《关于审议〈东湖区推进基层整合审批服务执法力量的实施方案（送审稿）〉的请示》，区政府党组提出的《审议〈关于建立和实行及时奖励制度激励担当作为工作方案（试行）（送审稿）〉的请示》，区纪委提出的《关于给予干部党内严重警告处分的请示》；听取东湖区2019年区委依法治区工作有关情况汇报。区领导高辉红、贾彧超、胡洪水、唐铭市、刘光荣、李婷出席会议，喻国泰、王玮、余炜列席。

20日

上午，东湖区人大常委会组织常委会委员、部分人大代表考察全区重大重点项目建设情况。区领导喻国泰、彭雅琳、余瑾、谢蓉、郑洪健、万里涛等参加活动，高辉红、雷强、李婷、袁晨陪同考察。考察组先后到启明星辰创新中心、东南北湖水环境治理及南湖北湖精品社区改造、墩子塘街道马家池社区微改造、华润Mart、七里嘉和农贸市场及宪法广场等重大重点项目现场，感受重大重点项目建设成果。代表们认为，随着重大重点项目逐步竣工，东湖区城市板块功能不断优化，城市基础设施日臻完善。表示将进一步履行好人大代表职责，为推动东湖区经济社会高质量发展做出积极贡献。区政府办、区发改委、区城建局、区城管局、区商务局、区城投公司、豫章街道、彭家桥街道、董家窑街道、百花洲街道、墩子塘街道主要负责人随同。

下午，东湖区在区政府常务会议室召开义务

教育优质均衡发展督导评估试点省级过程督导反馈会议,江西省督学、督导组组长、鹰潭市教育局党委委员、调研员张进龙出席会议并反馈意见。区领导高辉红出席并讲话,胡洪水主持会议,童萍如参加。张进龙在反馈意见时充分肯定东湖区在推进区域义务教育优质均衡发展试点工作中付出的努力,并针对义务教育资源、政府保障程度、学校校园文化建设等方面提出宝贵意见建议。高辉红在讲话中表示,一是抓落实、强保障,全方位推进优质均衡教育。二是盘存量、扩增量,进一步完善教学资源。三是提品质、展内涵,高标准提升课程品质。教科体局、区委编办、区财政局、区人社局、东湖自然资源分局以及相关单位负责人参加会议。

21日

上午,东湖区在区委常委会议室召开深化全国文明城市创建工作调度会,区领导刘闯出席并讲话,高辉红主持会议,贾彧超、胡洪水、李婷、童萍如、余炜、杨峻出席。区创建办、宣传舆情组、考核监督组、沟通联络组、社会动员工作部以及12个实地创建工作对标部通报工作情况和存在问题,各街道(镇、管理处)汇报创建工作中存在的有关问题,与会区领导分别就分管工作进行部署和强调。区委各部门、区直各单位、各街道(镇、管理处)主要负责人和区创建指挥部相关人员参加会议。

21—22日

2019—2020年全国啦啦操联赛(吉安站)暨2019年江西省青少年啦啦操锦标赛在吉安市体育馆举行,东湖区育新学校教育集团获得儿童组爵士自选动作冠军、滕王阁保育院获得幼儿园花球自选动作冠军。

22日

上午,区领导刘闯、贾彧超、万明、杨峻到辖区督查深化全国文明城市创建工作。刘闯一行先后到扬子洲镇前洲村、滕洲村和百花洲街道钟鼓楼农贸市场等处,重点针对移风易俗、市容环境、背街小巷卫生状况等情况进行全方位督查。刘闯要求各级各部门注重在常态中抓好文明创建成果巩固,在巩固中促进城市管理水平提升和创建成效的提升,以更高标准、更实举措持续抓好文明创建工作。区委办、区城管局、区民政局、区生态环境局、区农业农村局、区综管办等单位负责人随同。

南昌日报《政经周刊》以“东湖区城市更新的样本价值”,用4个版面专题报道东湖区坚持产城融合发展理念,通过“城市更新”,向旧城改造、土地集约利用和二次开发要空间,在存量更新和增量创新上谋突破,以生产、生活、生态的统筹布局,实现东湖生产更加兴旺、生活更加幸福、生态更加宜居。

23日

上午,区领导高辉红、雷强、万明到百花洲景区提升改造项目现场,了解项目进展情况,听取工作汇报,并就有关问题进行现场调度。区城建局主要负责人和分管负责人参加。

24日

上午,区领导高辉红、雷强、李婷、童萍如、杨峻对辖区9个“1+5+X”社区邻里中心建设工作进行实地巡查。高辉红一行先后到豫章街道滨江社区、八一桥街道芭茅巷社区、墩子塘街道马家池社区、滕王阁街道民巷社区、百花洲街道小金台社区、公园街道上营坊社区、大院街道公园社区、彭家桥街道光明社区和董家窑街道锦苑春天社区,察看社区邻里中心办公场地、服务场所和相关配套设施,详细听取各街道和社区负责人关于社区邻里中心建设情况,并就相关问题提出指导性意见。区政府办、区民政局、区教科体局、区卫健委、区商务局、区文广新旅局、各相关街道主要负责人参加巡查。

下午,东湖区经济运行调度会在区政府常务会议室召开,区领导高辉红主持会议并讲话,雷强、李婷、袁晨出席。会议听取区财政局(区经济办)、区税务局、区统计局、区发改委、区投促局和区商务局等相关单位关于各经济责任单位任务完成情况的通报和下一步工作安排,与会区领导分别就分管工作进行部署。区政府办、区工商联、区委台办、区教科体局、区民政局、区人社局、区城建局、区城管局、区房管局、区文广新旅局、区卫健委、区企资中心、区金融办、区税务局、区发改委、区财政局、区统计局、区投促局、区商务局及各街道(镇、管理处)主要领导及分管领导参加会议。

晚,区领导高辉红、雷强、余炜、杨峻带领相关部门负责人突击检查辖区部分人员密集场所消防安全工作。高辉红一行先后到东湖区鑫之桥娱乐中心店、南昌市基督教志道堂、五月花会所、东湖区苏格缪斯酒吧、东湖区奈弗酒吧等处，仔细检查各处消防控制室操作人员在岗情况、是否持证上岗，并随机抽测员工基本消防安全知识及消防器材使用情况；还检查每个场所消防栓内消防器材是否齐全、是否正常使用，各处安全通道是否完备、是否符合要求等，对发现的问题责令迅速整改。区政府办、区应急管理局、区文广新旅局、东湖消防救援大队、东湖公安分局等单位主要负责人和分管负责人参加检查。

25 日

上午，东湖区第十六届人大常委会第二十四次会议在区人大常委会议室举行，区领导喻国泰、彭雅琳、余瑾、谢蓉、郑洪健、谭阿莉、万里涛及常委会组成人员出席。会议听取区政府2019年度民生实事代表票决项目完成情况、区2019年度民生实事项目评估情况报告，听取并审议区生态环境局关于东湖区生态文明建设工作情况报告、区政府关于2018年度全区行政事业性国有资产管理情况专项报告、区政府关于2018年度全区国有资产管理情况综合报告（书面）、区政府关于提请审议2019年区级预算调整方案（草案）的议案，会议以电子表决投票方式通过有关人事任免事项，任命王义华、刘妍、郑贵阳为南昌市东湖区人民法院审判员。区领导雷强，区法院院长梁洪、区检察院检察长杜迎春，区人大副县级干部桂兵，区人大、区政府、区监委有关部门负责人，各街道人大工委主任和副主任及部分人大代表列席会议。

26 日

上午，东湖区在区文化活动中心新闻发布厅组织收听收看南昌市推进市域社会治理现代化工作动员部署电视电话会，区领导贾彧超、胡志强、谢蓉、童萍如、余炜、杨峻、谢华出席，区委各部门，区直各单位主要负责人参加会议。

28 日

区领导高辉红、贾彧超，区领导雷强、郑洪健、万明、杨峻、冯于水开展东湖区2019年社区微改造项目验收工作。高辉红一行先后到豫章街道江药社区、董家窑街道南京西路沿线社区、百花洲街道小金台社区、扬农管理处绿苑社区、扬子洲镇及彭家桥街道文教路沿线社区、贤士湖管理处永溪村铁路街社区、墩子塘街道马家池社区、八一桥街道豫章后街社区、滕王阁街道民巷社区、公园街道民德路社区、大院街道广场北路社区等微改造项目现场，察看各社区微改造效果，听取各街道和社区负责人关于社区微改造项目建设情况汇报，对项目验收中存在的问题进行逐一交办并对项目验收情况进行现场评分。区委办、区政府办、区委政法委、区城建局、区发改委、区财政局、区审计局、区房管局、区城管局、区民政局、区品质办、区文明办和各街（管理处）主要负责人和分管负责人参加。

30 日

上午，区领导高辉红、万明突击检查辖区部分项目工地大气污染防治工作情况。高辉红一行先后到八一公园微改造项目、人民公园地铁站项目、东湖意库项目、上沙窝旧改安置房项目、新城公馆项目等处，察看各个项目工地是否停工、施工区域是否做好环保覆盖、是否做好降尘工作，仔细了解工作安排，并就下步工作开展提出要求。区政府办、区生态环境局主要负责人参加。

31 日

“我们的中国梦　文化进万家”2020年东湖区元旦欢乐汇文艺展演在八一公园百花大舞台举行。此次参加演出的文艺节目均来自东湖区优秀民间文艺团队。

该月

在12月中旬结束的南昌市第三十一届菊花展览会上，东湖区以豫章十景中的三个景点“东湖夜月”“苏圃春蔬”“龙沙夕照”为主题的展点，运用色彩丰富、品种多样的菊花品种，采用艺术绿雕、园林造景等手法，集中展示精致的布展技艺、高超的栽培水平以及深厚的文化底蕴。经多方多轮评定，该区荣获“南昌市第三十一届菊花展大型室外景点布置特等奖”和“南昌市第三十一届菊花展艺术造型奖”。

（区史志办公室）

东湖概览

综述

东湖区地处南昌市东北部，区域面积56.95平方千米，辖1个镇、9个街道办事处和2个管理处。截至2019年底，全区总人口48.2万人，其中城镇常住人口47.63万人，人口城镇化率为98.83%。人口出生率为8.68‰，自然增长率为3.20‰。辖区拥有园林绿地面积472.2公顷，绿化覆盖面积472.33公顷，城区绿化覆盖率29.69%，人均公共绿地面积7.19平方米。

2019年，全区地区生产总值366.69亿元，同比增长7.5%。其中第一产业增加值0.68亿元，增长1.5%；第二产业增加值36.16亿元，增长12.5%；第三产业增加值329.85亿元，增长7.1%。完成财政总收入81.4亿元（省口径），增长5.7%；地方一般公共预算收入13.7亿元，增长3.7%。其中，财政总收入税收占比在全省100个县（市、区）中排名第二位。地方一般公共预算支出28.90亿元，增长13.4%。规模以上服务业实现营业收入57.73亿元，增长17.9%。利用外资实际到位资金3.4亿美元，增长20.13%；实际利用内资74.08亿元，增长24.13%。城镇居民人均可支配收入45941元，增长7.8%。固定资产投资增长11.8%，增速位居全市第一位；社会消费品零售总额完成354.03亿元，增长11.1%，总量居全市第二位。

2019年，东湖区投入民生资金20.46亿元，全力推进涵盖安置房、“1+5+X”社区邻里中心和“时间银行”总行等7个方面的64个民生实事项目。“时间银行”志愿服务项目被评为南昌市最佳志愿者服务项目，并以立法的形式在《南昌市居家养老服务条例》中予以确定；打造首批9个融合养老、文体、医疗、教育、商业等功能为一体的“1+5+X”社区邻里中心；戴家巷社区便民服务中心被国家商务部评为首批已建成城乡便民消费服务中心；在全省率先打造残疾人“喘息式”临时托养暖心驿站服务项目。启动并全面完成青山南路登月食品厂地块、南昌轨道交通4号线东湖段、象山北路地块、省中医院地块等5个地块的房屋征收工作。实施东、南、北湖水生态修复及周边环境（八一公园）提升改造工程。建立“5G+路长”共享单车管理模式，运用电子围栏技术，破解共享单车乱停放难题。建成全省首座大件垃圾破碎中心，全市首个四分类智能垃圾屋落户聆江社区、首个人脸识别垃圾屋亮相光明社区。不断深化“马路本色”行动，在全市率先推动“路长制”向“街巷长制”延伸。持续推进“蓝天、碧水、净土”行动，在全市率先完成赣江沿线东湖段非法码头整治工作，关停码头13个，迁移滕王阁周边水域趸船15艘。教育文化卫生事业稳步发展，全区普惠性幼儿园覆盖率位居全省前列，获得第23届中国少儿戏曲小梅花荟萃活动集体项目金奖及个人项目金奖5个，文化馆总分馆制试点工作在全省作经验介绍并推广，开展家庭医生签约服务“健康百场行”活动，新增建立居民电子档案3.8万份。

2019年，东湖区筑牢夯实党建责任，开展“基层组织建设质量提升年”活动，政治建设纵深发展。打造5个街道党建服务中心；党建研究论文《东湖区构筑“五纵五横”城市基层党建共同体》入选全国城市基层党建创新案例。推进全面从严治党，原创制作的微电影《变色》获全市纪检监察系统“廉洁南昌”微电影比赛一等奖，并收录在中央纪委国家监委出版的《廉政微电影(江西南昌篇)》。推进综治中心实体化建设工作,在全市率先试点推行网格融合工作。持续开展扫黑除恶专项斗争,中央督导组下发的97条线索、全国扫黑办12337平台下发的12条线索、省市扫黑办交办的12条线索全部办结。有序推进"五型"政府建设,区政府荣获全省"五型"政府建设先进单位。打造"正航助矫工作室",区社区矫正执法大队获"全国社区矫正机构先进集体"荣誉称号。全面推行行政执法"三项制度"工作,试点推行行政纠纷诉前调解工作。"放管服"改革不断深化,实现与全省统一"一窗式"综合服务平台对接,顺利完成"赣服通"东湖分厅上线工作。办理省、市、区人大代表建议59件、政协委员提案87件。

(区史志办公室)

自然环境

【地理位置】 地处南昌市东北部,位于北纬28°40′15″—28°47′50″、东经115°50′39″—115°58′50″之间。东面由南往北沿洪都北大道、青山湖西岸、富大有堤、赣江南支为界与青山湖区相连,沿赣江中支为界和南昌县相邻;南面与西湖区相接,以北京西路、八一广场南端、八一大道、中山路、中山桥、中山西路为界;西濒赣江与新建区、青山湖区接壤,以赣江主航道中线为界;北与新建区、南昌县为邻。

【地形地貌】 地势西南高东北低,境内最高点位于民德路西海拔27.2米,最低点位于赣江中线海拔16.4米。

【河流湖泊】 北傍赣江,西连抚河,东临青山湖,内含东湖、南湖、北湖、贤士湖,区域内水系分布合理,环境宜人。

【气候】 属盆地气候,其特点是四季分明。年平均气温17.5℃,1月平均气温5.0℃,极端最低气温-9.3℃(1972年2月9日);7月平均气温29.6℃,极端最高气温40.6℃(1961年7月23日)。平均气温年较差24.6℃,年平均日照时数1903.9小时,年总辐射4819千卡/平方厘米。

【自然灾害】 主要有水灾、风灾等,多发生在5—10月。

(区史志办公室)

历史沿革

东湖区是古老南昌城一个重要组成部分。北魏年间,郦道元著《水经注》中,即有东太湖的记载,唐宋以后至今,均称东湖。清代南昌旧城的五门——章江门、德胜门、永和门、广润门和顺化门的一部分地区以及3条大街(中大街、西大街、东大街)均在辖区内。民国15年(1926年)南昌正式改市后,开始改为区、保建置。1949年解放初期为第一区、第二区,同年10月撤区。1951年8月恢复第一区、第二区。1955年4月分别称名东湖区、胜利区。1980年6月两区合并统称东湖区。1997年11月,根据南昌新城发展规划,将豫章街道办事处昌北街的5个居委会划归昌北开发区管辖。2004年9月7日,国务院批准(国函〔2004〕70号)《南昌市人民政府关于市辖区老城区行政区划调整的决定》,东湖区青山路街道办事处划归青山湖区,青山湖区的长巷、公园、七里、贤湖、永和、永溪6个行政村纳入东湖区管辖,并成立贤士湖管理处。2014年9月16日,南昌市政府印发《南昌市人民政府关于将扬子洲镇从青山湖区划归东湖区管辖的通知》(洪府字〔2014〕34号),10月9日上午,又专门开会明确扬农管理处也一并从青山湖区划归东湖区管辖;10月24日,扬子洲镇和扬农管理处分别举行划归东湖区管辖揭牌仪式,标志着东湖区正式对扬子洲镇和扬农管理处行使管辖权。之后,东湖区行政区划保持至2019年。

东湖区的区位优势独特鲜明。中华人民共和国成立以后,东湖区一直是省会中心城区,是南昌市的一个重要行政区。南昌市第一条马路,是区内的民德路;全省第一条商业步行街,是区内的胜利路步行街。辖区内有中央、省部属单位,江西歌舞剧院等省级艺术团体和江西艺术剧院、江西体育馆等众多重要文体场所,江西省人民医院等全省三甲以上知名医院,中国人民银行以及几大国有银行的省级分行,江西师范大学、南昌大学医学院等高等院校均坐落其中。东湖区北依赣江水道,城区干道纵横交错,基础设施完善,社会资源丰富,人流、物流、信息流、资金流枢纽地位突出。

东湖区的人文环境源远流长。域内“滕阁秋风”“苏圃春蔬”“东湖夜月”“章江晓渡”“龙沙夕照”等南昌著名的“豫章十景”,江南名楼滕王阁、千年古刹佑民寺、唐朝水观音亭、宋朝百花洲等名胜古迹,朱德旧居、朱德军官教育团、贺龙指挥部、叶挺十一军指挥部旧址等一批人文历史景观蕴含着深厚的文化底蕴,尽显南昌市“山水都市、现代新城、历史文化名城”三城底蕴,红色、绿色、古色、宗色“四色”旅游方兴未艾。

东湖区自古风景秀丽、人文荟萃、繁华万千,一直是智者纵横、商贾云集、百业兴旺之地。跨入21世纪,东湖区被确定为全省“县域经济发展综合改革试验区”的唯一城区,该区深入贯彻落实科学发展观,驶上了发展的快车道。先后获“全国推进义务教育均衡发展先进地区”“全国科技进步先进区”“全国民政工作先进区”“全国文化先进县(区)”“全国和谐社区建设示范城区”“全国计生优质服务先进区”“全国群众体育先进区”等几百项国家级、省级荣誉。东湖区已成为南昌市人气最旺、商业最繁华的城区之一。

眺“落霞与孤鹜齐飞,秋水共长天一色”美景,观“一江两岸”新貌,东湖区厚重的历史文化积淀与现代商业繁荣交相辉映,积淀了2000多年的古老文明,成就了现代都市的繁华美景,令人流连忘返。

(区史志办公室)

风景名胜

【概况】 东湖区有许多名胜古迹和闻名遐迩的人文景观。南昌著名的“豫章十景”胜迹在辖区就有“滕阁秋风”“苏圃春蔬”“东湖晓月”“章江晓月”“龙沙夕照”。全区有文物保护单位11家,其中,国家级文物保护单位4家,省级文物保护单位5家,市级文物保护单位2家。辖区水网密布,园林坐落,古老名胜交融于奇妙自然风光之中,江南文化古城的独特风貌构成了城区特有的旅游资源。

【杏花楼(曾名水观音亭)】 市级文物保护单位,坐落在市区中心的南湖湖心岛,即今“水观音亭”。湖心观音亭建自唐代。据传明正德年间(1506—1521年)曾为宁王朱宸濠之妻娄妃的梳妆台,明万历年间(1573—1620年),一度为相国张位(字明成)别墅,称“杏花楼”。汤显祖、刘应秋、吴应宾等人在此曾多有吟咏。清时,因祀娄妃,募捐修建,始名为“因是庵”,清乾隆五十三年(1788年)重修时改称“观音”。有巷通广济桥,巷口额称“湖心观音阁”,俗称“水观音亭”。民国8年(1919年)民间募捐重修。1983年年底重加修缮。现南昌画院设在此。

【佑民寺】 省级重点文物保护单位,坐落于南昌市八一公园北面,东湖东岸。始建于南朝梁天监年间(502—519年),初名上蓝寺,又因寺傍一井时闹蛟患,后建一大佛镇之,故太清元年(547年)改称大佛寺。唐开元年间(713—741年),改称开元寺。该寺先后修复、重建7次,民国18年(1929年)定名佑民寺。寺内后殿有巨型铜佛,高1.6丈,重1.8万公斤。前殿有千佛缸,缸外装饰90余个佛像,另有南唐所铸铜钟1只。佑民寺殿宇雄伟,是江西省著名的古代寺院,在东南亚佛教界有一定影响。

【滕王阁】 位于南昌市西北部沿江路赣江东岸,始建于唐永徽四年(653年),为唐高祖李渊之子李元婴任洪州都督时所创建,阁以其封号命名。唐上元二年(675年),洪州都督阎公重修此阁,王勃写成《秋日登洪府滕王阁饯别序》,此阁因“落霞与孤鹜齐飞,秋水共长天一色”而流芳后世。先后重建达29次之多,今主阁落成于1989年10月8日,是1985年按照梁思成绘制的《重建滕王阁计划草图》重建的。滕王阁共九层,濒邻赣江,面对西山,距唐代阁址百余米,主体建筑为宋式仿木结构;与湖北黄鹤楼、湖南岳阳楼并称为“江南三大名楼”,是南昌市的标志性建筑之一。2001年1月滕王阁景区核准为首批国家AAAA级旅游景区,2018年10月29日晋升为国家AAAAA级旅游景区。

【佑民寺钟楼】 位于南昌市佑民寺右侧。为一栋4层四角形花岗石建筑,建于民国18年(1929年)。上悬铜钟,为南唐大将林仁肇于北宋乾德五年(967 年)铸。重 5032 公斤,高 2.3 米,围长 4.9 米。林仁肇为南唐南都留守、南昌尹,后被后主毒死。是南昌三宝(普贤铁像、佑民寺铜钟、宋代铜钟)中仅存的一宝。

【钟鼓楼】 位于南昌市东湖西岸、状元桥南。楼原名岑楼,创建年代失考。南唐时节度使林仁肇施铜铸巨钟悬楼上。明洪武年间(1368—1398 年)楼倾斜,遂移钟普贤寺。明万历十六年(1588 年),知府范涞复修,明末毁于兵火。清初江西巡抚蔡士英复建。楼高 33.3 米、广 16.7 米,飞檐高栋,可以俯瞰东湖。楼悬大钟,大 20 围,重 600 钧。“钟鼓楼中,终夜钟声撞不断”。因“钟、中、终、撞”四字同音,颇不易对,故人称为绝对云。

【状元桥】 位于南昌市东湖和南湖的交界处,是两湖的分界桥。建于明万历四十七年(1619 年),过去是石拱小桥,南昌人称之为“广济桥”。清朝乾隆年间,江西大庾人戴衢亨才华出众,80 天当中从乡试到殿试连中三元,皇帝召见,钦点头名状元。后南昌知县钱志遥主持修建并将“广济桥”改为“状元桥”。民国 24 年(1935 年)改为混凝土平桥,1996 年南昌市政府整治四湖时再次修缮。

【洗马池】 位于南昌市胜利路中段。汉高祖五年(前 202 年),灌婴进驻南昌,常饮马、洗马于此,故名。原为赣江岸沙洲,中有一池,面积约 333 平方米,深 3.3 米,四周生有绿草。次年,置豫章郡,灌婴筑城于今市区东南皇城寺,立木栏以护东、西、南三面。池的北面,为范仲华所居,作轩于池上,名“临清栾”。

【贡院(贡院井)】 位于南昌市八一公园内。八一公园原系宋明两朝贡院。清康熙二十年(1681 年)巡抚宋世鼎又将设在进贤门内的清代贡院迁于东湖故址(即今八一公园内)。南昌贡院共有 49 口贡井,以供考生、考官饮水之用。其中最大的那口叫贡院井,井口比人头还小,据说是为了防止有人名落孙山而跳井自杀。

【东湖书院】 位于南昌市百花洲街办刘将军庙社区,南宋嘉定四年(1211 年)隆兴府通判丰有俊倡建于李寅涵虚阁故址。其地风景极佳。继任知府袁燮又“縻钱二百万,米百余石,以竟其役”。规制益广,合三十有四间。并奏闻朝廷,赐额“东湖书院”,又发文征求江南西路 11 个郡图书充实其中,日用经费赖东湖部分收入与公田之租。四方学者众。嘉定中陆持之曾任山长。南宋嘉定十六年(1223 年)计使滕强恕兼府事。移东百余米长。宋代黄翰、李燔、饶鲁曾讲学其中,江万里,程文海在此游学。

【宁王府】 位于南昌市子固路。为明宁献王朱权改封南昌后所营建。朱权系朱元璋第十六子(《明史》说是第十七子),原封大宁。朱棣(成祖)约其起兵,夺取建文帝位后,遂被改封南昌,建宁王府。府第规模宏伟,雕梁画栋,十分华美。因年代久远,风雨侵蚀,都已倒毁,仅头门尚存。头门两壁还嵌有明娄妃所写的“屏翰”二大字,高 2.7 米,宽 2 米,用青石刻成。为历代宁王居住之所。明正德年间(1506—1521 年)宁王朱宸濠起兵谋夺武宗帝位,失败后宁王府废。清代改为藩署。中华人民共和国成立前后,南昌市政府、江西省文艺南昌市民俗博物馆学院(后改为文艺学校)均曾设于此。

【娄妃墓】 位于南昌市沿江路华光庙 8 号门前。娄妃系明太祖朱元璋十六子(一说十七子)朱权之孙宁王宸濠妻。明正德十四年(1519 年)宁王朱宸濠欲反,娄妃曾泣谏不听,后以诗讽之。宁王反叛被巡抚南赣都御史王守仁(即王阳明)平定被擒,于槛车中泣曰:“昔纣用妇人言亡天下,我以不用妇人言亡其身,今悔恨何及!”后娄妃亦投江自尽,王守仁收其尸葬之。清乾隆初年,江西布政使彭家屏修其墓时碑题“前明宁王庶子宸濠娄妃墓在此”。清乾隆四十一年(1776 年)署布政使吴翥堂重修。后人钦娄妃之贤烈,墓经多次修缮。娄妃手书“屏翰”二字石刻,今仍保存完好。“屏翰”喻国家之重臣。中华人民共和国成立后,墓经多次维修,为南昌有名古迹。

【八一公园】 位于南昌市区的东湖之中,北临民德路,南临中山路,东滨苏圃路,由东湖、百花洲及东湖东岸陆地组成。面积约 26.27 公顷,其中陆地面积 6.4 公顷、水面面积 19.8 公顷。唐元和三年(808 年),观察使韦丹为除水患,首倡治湖、浚淤植柳,后遂有“万柳堤”及“黄金堤”。杜牧曾赞其为“十顷平湖柳堤合”,自此以后东湖即为著名风景湖,清代为贡院,民国 21 年(1932 年)辟为湖滨公园,民国35年(1946年)4月3日改称为中正(介石)公园。1950年7月定名为八一公园,公园可分为湖区和陆区两部分。园内有“水木清华馆”“苏圃”“九曲桥”“柳堤”等著名景点和建筑。“豫章十景”中的“东湖月夜”和“苏圃春蔬”就在园中。

【百花洲】 位于南昌市东湖湖心,状元桥和三道桥之间。原有三洲,其中两洲现在八一公园内,一洲为省图书馆、少年宫所在地。原为水泽之乡,被东湖(旧名东太湖)萦回环抱。其北一洲叠石成峰,土阜孤耸,亭峙其巅,故称“冠鳌亭”。东一洲深入湖心,为宋隐士苏云卿灌园处,名为苏翁圃。南宋绍兴年间(1131—1162年),豫章节度使张澄在此建“讲武堂”以习水军。清乾隆十一年(1746年),江西布政使彭家屏书“百花洲”碑。唐代诗人张九龄、杜牧,宋代词家辛弃疾均留有描绘百花洲旖旎风光的辞章。“豫章十景”中的“东湖夜月”“苏圃春蔬”二景均在此间。

【叶挺指挥部旧址】 全国重点文物保护单位,坐落在南昌市苏圃路南昌二中校园内,原为心远中学的教学楼。为砖瓦结构工字形二层楼房,面积907.2平方米。民国16年(1927年),国民革命军第11军24师司令部、办公室、会议室、电话总机房及警卫部队驻地。民国16年(1927年)7月30日下午2时,叶挺在此召开第11军第24师营以上及师直机关军官会议,传达中国共产党关于武装起义的决定,部署战斗任务。南昌起义后,叶挺任国民革命军11军军长,此楼即为11军指挥部。解放后经人民政府修缮,基本保持原貌,并于1977年8月正式对外开放。

【朱德军官教育团旧址】 全国重点文物保护单位,坐落在南昌市八一大道58号。清末是训练清军的场所,后改为江西陆军“讲武堂”。占地几公顷,前后三进共四五十间房,另有礼堂及操场。民国16年(1927年)春,朱德在这里创办军官教育团并亲任团长,培养了一批革命武装干部,其中一部分人参加了南昌起义,这里成为南昌革命活动的一个基地和堡垒。抗日战争时期大部分建筑被毁,未毁建筑已按原貌进行恢复。

【贺龙指挥部旧址】 全国重点文物保护单位,全国爱国主义教育基地,坐落在南昌市子固路95号。原为中华圣公会宏道堂,是一座中西合璧的古建筑,民国16年(1927年)7月下旬,贺龙率领国民革命军第21军参加南昌起义,军指挥部设在宏道堂,在此举行过多次策划起义行动的重要会议,民国16年(1927年)8月1日凌晨,贺龙、刘伯承、周逸群在此指挥武装起义。大楼前三层窗口仍留有当年敌方炮弹弹痕。旧址小楼有贺龙等起义领导人当年的卧室,军官会议室的复原陈列,大楼大厅设有《贺龙元帅生平展》。

【花园角二号】 位于南昌市八一公园至朱德军官教育团旧址之间。是“八一”南昌起义时周恩来、朱德的旧居。为砖木结构两层楼房,有前后两进,面积436.92平方米。民国16年(1927年)春,朱德在南昌创办军官教育团,为便于开展革命活动,租下这所住宅。6月间,时任江西省政府主席朱培德以“礼送”共产党人出境为名,迫使朱德离开江西。7月,为准备起义,朱德从武汉返南昌,仍居此。7月下旬,周恩来从武汉秘密到南昌,首先会见朱德。第一天就住在此住宅的厅堂里。旧居的一层北侧是朱德的卧室,南、北前房及正房是警卫员的住房。二层北侧是郭沫若的住房,他曾在此写下“请看今日之蒋介石”。

【南昌市民俗博物馆】 位于南昌市子固路95号。创建于1988年,为中国目前唯一的一座省会民俗博物馆。博物馆展览主要有4个部分:南昌婚俗、儿童服饰、吉祥图案、中国岁月风俗画。所收藏及展示以江西剪纸,民间绣品,南昌地区民间习俗最具特色。先后举办江西儿童绣品展、江西傩文化展、南昌婚俗展等一系列专题展览。

【八一广场与八一起义纪念塔】 八一广场地处南昌市八一大道核心地段,占地7.8万平方米,原称人民广场,是南昌的窗口,也是南昌市民活动的中心,每年在此会举办各种各样的政务和商务活动。广场以“八一”历史文化为主题,分两轴三区:两轴为南北向广场主轴线、东西向广场景观副轴线,三区为南部纪念区、中部中央文化区、北部休闲区。八一起义纪念塔耸立在广场南段,为英雄城的城徽;1977年8月1日为纪念八一南昌起义五十周年破土兴建,1979年1月8日落成。塔呈长方体,总高45.5米;塔身正北面是叶剑英元帅题写的“八一南昌起义纪念塔”九个铜胎鎏金大字，下嵌“八一南昌起义简介”花岗石碑；塔身基座有27个台阶，意指1927年。

【江西革命烈士纪念堂】 位于南昌市八一大道北段，建于1953年。纪念堂前的广场中心有一座红军战士塑像。堂前厅有毛泽东手迹“死难烈士万岁！”正厅祭坛上立有纪念碑，由朱德题字：“革命烈士永垂不朽！”陈列柜中，珍藏25万多名革命烈士名册。两边厅陈列第二次国内革命战争时期的10个战斗史迹。二、三楼陈列300多位烈士生平斗争事迹、遗著和遗物等。

【方志敏广场（方志敏爱国事迹陈列馆）】 南昌市爱国主义教育基地，位于南昌市下沙窝滨江边，该地带也是方志敏烈士的就义之地。2007年9月中旬动工，2008年8月6日竣工并向市民开放。广场占地约1万平方米，分为“红色畅想”革命足迹区、“铁骨忠魂”塑像纪念区、“薪火传承”文化景观区等三大功能区。广场中央有方志敏雕像，左右两边矗立四块纪念墙，上面刻写着毛泽东、邓小平、江泽民、胡锦涛对方志敏的怀念之情和赞美之词。广场建设的宗旨是打造爱国主义教育基地、党风廉政教育基地和新的红色旅游基地。

【江西省博物馆】 坐落在南昌市赣江、抚河环抱的新洲上，东临抚河，南接中山桥，西面赣江，北依滕王阁。占地4万平方米，建筑面积3.5万平方米，展厅面积1.3万平方米，1999年10月1日落成并正式对外开放，该馆将历史、自然、革命三个博物馆合在一起，形成大型综合性博物馆，馆舍主体建筑造型取材明代景德镇御窑出土白瓷三管器，历史馆、革命馆、自然馆三馆合一，将古代陶瓷艺术与现代建筑风格巧妙地融于一体。馆内中心广场矗立大型青铜雕塑《时空》，由3根仿商代青铜器上的扉棱提梁、仿国宝级文物商代立鹿四足青铜甗和伏鸟双尾虎以及火炬4个部分组成，寓意灿烂文明，源远流长；物华天宝，人杰地灵；星星之火，可以燎原。

【江西省科技馆】 全国科普教育基地，坐落于赣江之滨，与滕王阁相毗邻，占地面积4.6万平方米，建筑面积1.6万平方米，总投资1.45亿元。2000年4月动工兴建，2002年9月22日开馆。由天工厅、智慧厅、开物厅三个展厅和序厅、航空航天、交通能源、生命奥秘、儿童天地等十四个展区，以及4D影院、穹幕影院和院士厅、儿童科学乐园、青云厅、国际会议厅、世纪广场等配套设施组成。它以展览教育、实验教育、培训教育为基本功能，是中国中部6个省中建设规模最大、展示内容最全、科技含量最高的科技馆。

【八一大桥】 位于南昌市区北部，新桥于1997年9月29日通车。是江西省第一座斜拉桥，为双独塔双索面斜拉桥，总造价4.4亿元。主桥长1040米，主跨4×160米，塔高103米。全桥共有斜拉索144根，主桥桥面宽28米，双向车道，可通行55吨重型车辆，设计日流量2.32万车次。大桥外形雄伟壮观，不锈钢栏杆上嵌有汉白玉十二生肖图案。在两座桥塔上，镶嵌着江泽民题写的桥名。在南北桥头地面，广植奇花嘉木，并仿建成有江西省盛名风著的浔阳楼、郁孤台、牡丹亭、龙珠阁。南岸桥头石雕黑白双猫，敏捷灵动；北岸桥头铜铸双狮，威风凛凛。

【青山湖风景区】 位于南昌城区东北，北依赣江。古时因湖四周山丘环抱，山色青青而得名。湖面南北长近5公里，东西宽1.5公里，水域面积300公顷，陆地面积近65公顷，承担着南昌城区52平方千米雨水污水调蓄。2001年10月，南昌市委、市政府决定把青山湖整治工程列为建设花园城市的标志性工程。工程计划总投资2.8亿元。相继建成了相思林公园、湖滨公园、燕鸣岛公园。整治后的青山湖显现出欧式风格，是公共休闲的大型城市公园。

【相思林公园】 位于南昌市青山湖的西岸，呈“飞”字状，是青山湖风景区的一个组成部分。湖滨地块长约540米，最宽处约80米，最窄处约15米。隔湖滨路还有一处矩形地块，长约50米，宽约38米，两块地合称相思林公园，总面积2.4公顷。相思林公园分为4个主题，从左到右依次分别为“人生有约”“心心相印”“天地之合”“比翼齐飞”，表示对情侣们的美好祝愿和深切祝福。灯光雕塑“城市之韵”是相思林公园标志性的灯光小品。

（区史志办公室）

行政区划

【概况】 2019年,东湖区辖扬子洲镇和八一桥、豫章、墩子塘、百花洲、公园、大院、董家窑、彭家桥、滕王阁9个街道办事处以及贤士湖、扬农2个管理处。全区设90个社区居民委员会、7个单位社区、21个村民委员会。

【扬子洲镇】 辖1个社区居民委员会:青扬社区;15个村民委员会:三联村、联民村、为民村、庙后村、前洲村、新村村、滕洲村、熊万村、上房村、莘洲村、长村村、渔业村、南洲村、林场村、臣港村。

【八一桥街办】 辖6个社区居民委员会:大士院南区社区、大士院西区社区、大士院北区社区、叠山路西社区、芭茅巷社区、裘家厂社区。

【豫章街办】 辖11个社区居民委员会:四经路社区、洪城社区、滨江社区、下沙窝社区、经纬路社区、东濠街社区、上沙窝社区、下正街社区、江药社区、聆江社区、江柴社区;辖1个单位社区:爱国社区。

【墩子塘街办】 辖7个社区居民委员会:党家巷社区、张家厂社区、马家池社区、右营街社区、下水巷社区、北湖社区、阳明社区;辖2个单位社区:省儿童医院社区、江中社区。

【百花洲街办】 辖10个社区居民委员会:刘将军庙社区、状元桥社区、火神庙社区、南湖路社区、杨家厂社区、桂旺巷社区、邮政路社区、小金台社区、渊明北路社区、白马庙社区;辖1个单位社区:市一医院社区。

【公园街办】 辖6个社区居民委员会:上营坊社区、环湖路社区、戴家巷社区、经堂巷社区、民德路社区、永宁社区。辖1个单位社区:省妇保社区。

【大院街办】 辖6个社区居民委员会:省府院内一社区、省府院内二社区、公园社区、体苑社区、二七北路社区、广场北路社区。

【董家窑街办】 辖21个社区居民委员会:贤士一路社区、贤士二路社区、贤士花园一社区、贤士花园二社区、南京西路南社区、南京西路北社区、殷家巷社区、南永和路社区、青桥社区、青山南路社区、金家山社区、豆芽巷社区、五纬路社区、朱家湖社区、新华社区、青阳社区、锦苑春天社区、紫金城社区、杏苑社区、龙沙社区、佘山社区;辖1个单位社区:南医社区。

【彭家桥街办】 辖12个社区居民委员会:北京西路社区、文教路社区、福州路北社区、文教路北社区、江中花园社区、李家庄社区、光明社区、七里街社区、建新社区、湖滨南路社区、新祺周社区、观欣社区;辖1个单位社区:江西师大社区。

【滕王阁街办】 辖8个社区居民委员会:子固路社区、榕门路社区、滕王阁社区、上凤凰坡社区、民巷社区、李家巷社区、章江路社区、射步亭社区。

【贤士湖管理处】 辖6个村民委员会:长巷村、公园村、七里村、贤湖村、永和村、永溪村。

【扬农管理处】 辖2个社区居民委员会:德成社区、绿苑社区。

(邓建平)

城区环境

【概况】 2019年,东湖区空气质量优良天数281天,优良率为77.1%,全年未出现重度以上污染天气。

【饮用水】 2019年,东湖区饮用水源地水质达标率100%。

【环境质量主要指标】 2019年,二氧化硫年日平均值11微克/立方米,二氧化氮年日平均值43微克/立方米,可吸入颗粒物年日平均值80微克/立方米,一氧化碳年日平均值4微克/立方米。

【声环境】 2019年,东湖区域环境噪声平均等效A声级为55.1分贝,达到Ⅱ类区噪声标准;道路交通噪声等效A声级的加权平均值为68.7分贝,达到国家噪声控制标准。

(李　浩)

1处(佑民寺)、基督教2处(清钟堂、志道堂)。

（黄　帆）

民族·宗教

【概况】　2019年,东湖区继续牢牢把握“共同团结奋斗,共同繁荣发展”的民族工作主题和宗教工作方针政策,不断加强和改进民族宗教事务管理,实现辖区内民族宗教领域和谐稳定。

【少数民族】　2019年,东湖区辖区内常住人口中有民族26个,少数民族25个,户籍人口3916人。其中人口最多的是回族,1479人,其次是满族921人。人口100人以上的民族有回族、满族、畲族、壮族、蒙古族、土家族、苗族等7个,人口10人以下的有傣族、羌族、哈尼族、景颇族、傈僳族、维吾尔族、高山族、藏族、土族、纳西族、鄂温克族等11个。辖区内流动少数民族人口主要来自宁夏、甘肃、新疆三省区,以回族、维吾尔族群众居多,主要从事清真餐饮、民族风味食品和特色商品经营。

【宗教活动场所】　截至2019年底,东湖区辖区内共有经批准登记的佛教、道教、基督教三大宗教活动场所12处。其中区属管理的场所9处,其中佛教1处(淡斋寺)、道教2处(三郭庙、郭公庙)、基督教6处(仰恩堂、青山堂,灵恩、化纤厂、新货村、光明聚会点);市属管理的场所3处,其中佛教1处(佑民寺)、基督教2处(清钟堂、志道堂)。

（黄　帆）

人口发展状况

【概况】　2019年,东湖区以习近平新时代中国特色社会主义思想为指导,落实四个全面战略布局,以“五大发展理念”为指引,围绕优化计生服务的理念,坚持计划生育基本国策,扎实推进人口计生工作。坚持把民生工作作为工作重点,将“奖、优、保、救、助、养”六位一体计生奖励扶助政策惠及计生家庭,优化计划生育服务与管理,强化基础提升管理水平,狠抓村级计生目标管理责任落实,坚决落实“一票否决”和“责任追究”制。扎实推进计生基层群众自治示范创建,开展母婴设施建设工作。着力抓好家庭发展体系建设,完善落实计划生育利益导向政策,推进全区医疗卫生与养老服务相结合,重点推进“医养结合”型养老机构建设。截至年底,全区共出生婴儿4189人,出生性别比104.14,出生率为7.38‰,自增率4‰,出生政策符合率98.02%。

（傅志慧）

2019年东湖区人口及其变动情况表

表1

单位	年末总户数(户)	年末总人口(人)									2019年度人口变动(人)									
		合计	城镇人口	乡村人口	性别		年龄				出生			死亡			迁入		迁出	
					男	女	0—17岁	18—34岁	34—59岁	60岁及以上	合计	男	女	合计	男	女	省内迁入	省外迁入	迁往省内	迁往省外
八一桥	10025	29031	29031	0	14701	14330	3241	5661	11388	8741	180	93	87	331	201	130	302	46	725	124
墩子塘	11627	34525	34525	0	16853	17672	4871	6529	14066	9059	187	88	99	348	183	165	285	46	1096	174
百花洲	16040	48989	48989	0	24106	24883	7469	9818	19601	12101	303	167	136	451	220	231	555	67	1538	372
大　院	11724	48411	48411	0	24914	23497	7048	11728	19502	10133	387	201	186	316	169	147	729	164	2258	728
董家窑	31282	91840	91840	0	45680	46160	16389	18224	36109	21118	828	455	373	419	230	189	1624	217	2014	558
公　园	10671	33064	33064	0	15926	17138	5440	6053	13339	8232	253	123	130	226	98	128	392	70	1001	260
豫　章	16598	49541	49541	0	24338	25203	7431	8994	20297	12819	380	205	175	249	133	116	558	120	1512	371
彭家桥	8986	25728	25728	0	12897	12831	4107	4982	10463	6176	236	128	108	132	75	57	525	104	853	200

续表 1

单位	年末总户数(户)	年末总人口(人)									2019年度人口变动(人)									
		合计	城镇人口	乡村人口	性别		年龄				出生			死亡			迁入		迁出	
					男	女	0—17岁	18—34岁	34—59岁	60岁及以上	合计	男	女	合计	男	女	省内迁入	省外迁入	迁往省内	迁往省外
扬子洲	10632	34418	4579	29839	17156	17262	8870	9548	11114	4886	460	238	222	115	58	57	49	32	84	32
滕王阁	10861	32444	32444	0	16116	16328	5184	6153	12662	8445	235	126	109	431	181	250	590	53	978	159
七里街	6327	17120	17120	0	8547	8573	2603	3457	6883	4177	182	99	83	84	51	33	322	44	355	106
东湖区	144773	445111	415272	29839	221234	223877	72653	91147	175424	105887	3631	1923	1708	3102	1599	1503	5931	963	12414	3084

（陈国栋）

经济运行概述

【概况】 2019年，东湖区紧紧围绕“奋力在大南昌都市圈建设征程中续写高质量跨越式发展新篇章”战略主线，不忘初心勇担当、牢记使命展作为，经济社会各项事业取得崭新成绩。全区实现地区生产总值366.69亿元，按可比价计算同比增长7.5%。分产业看，第一产业实现增加值0.68亿元，增长1.5%；第二产业实现增加值36.16亿元，增长12.5%；第三产业实现增加值329.85亿元，增长7.1%。第一产业增加值占地区生产总值的比重为0.19%，第二产业增加值比重为9.86%，第三产业增加值比重为89.95%。全年人均地区生产总值7.44万元。全年地区生产总值中，非公有制经济增加值165.82亿元，按可比价计算，同比增长9.0%，占地区生产总值的比重为45.2%。

【固定资产投资持续发力】 2019年，全区固定资产投资同比增长11.8%，增速全市排位第一，高于全市平均速度1.6个百分点，其中新开工计划投资5000万元以上项目10个，5000万元以上项目投资额同比增长8.6%；房地产开发投资同比增长20.1%。

【消费品市场持续繁荣】 2019年，全区社会消费品零售总额354.03亿元，同比增长11.1%，其中限额以上零售额205.33亿元，同口径比增长11.0%。按行业统计，批发业实现零售额13.19亿元，同比下降26.1%；零售业实现零售额280.26亿元，同比增长13.0%；住宿业实现零售额3.48亿元，同比增长16.3%；餐饮业实现零售额57.10亿元，同比增长14.6%。

【服务业规模持续扩大】 2019年，全区规模以上服务业营业收入实际完成57.73亿元，同比增长17.9%。其中，十二大行业营业收入完成32.69亿元，同比增长18.0%。

【财政收支持续向好】 2019年，东湖区财政总收入(省口径)完成81.4亿元，同比增长5.7%，税收收入占比96.0%；地方一般公共预算收入完成13.7亿元，同比增长3.7%，税收收入占比85.6%；地方一般公共预算支出完成28.9亿元，同比增长13.4%。八项支出完成27.5亿元，同比增长14.3%，其中，一般公共服务支出35625万元，公共安全支出30554万元，教育支出45474万元，科学技术支出3532万元，社会保障和就业支出85837万元，卫生健康支出31131万元，节能环保支出904万元，城乡社区事务支出42189万元。

【建筑业持续稳健】 2019年，东湖区资质以上建筑业企业83家，其中有工作量企业77家。建筑业总产值141.75亿元，同比增长18.6%，其中建筑工程产值115.34亿元，安装工程产值11.48亿元。建筑业从业人员平均人数为1.7万人，建筑业企业签订合同额210.03亿元，房屋建筑施工面积为136.24万平方米。

【外向型经济持续增长】 2019年，东湖区实际利用外资 34059 万美元,同比增长 20.1%,现汇进资 3906 万美元;实际利用内资 74.08 亿元,同比增长 24.1%。

【居民收入持续提升】 2019 年,东湖区城镇居民人均可支配收入 45941 元,同比增长 7.8%。

(俞　昱)

城乡居民生活水平

【概况】 2019 年,东湖区城乡居民收入稳步增长,居民消费支出稳中有升。居民消费结构变化较大,生活质量显著提高,并呈现出以下两个特点:一是工资性收入稳中有升;二是交通通信消费显著增加。

【城市居民生活水平】 2019 年,城镇居民人均可支配收入为 45941 元,同比增长 7.8%,城镇居民人均可消费支出为 28650 元,同比增长 8.8%。

【城镇居民消费情况】 2019 年,东湖区城镇居民人均食品烟酒消费为 9069 元,同比增长 15.6%;衣着消费为 1671 元,增长 -7.4%;居住消费为 7794 元,增长 10.3%;生活用品和服务 1319 元,增长 8.75%;城镇居民人均交通通信消费为 2792 元,增长 37.3%;城镇居民人均教育文化娱乐消费为 3154 元,增长 2.5%;城镇居民人均医疗保健消费为 1863 元,增长 11.6%;其他用品和服务消费为 988 元,增长 3.6%。城镇居民消费支出增长较快有三方面原因:一是居民收入持续增长,后劲较足,收入来源多源化,财产性收入呈现良好的势头。二是居民消费观念发生变化,由温饱性消费正逐步向享受性消费转变。三是消费市场持续完善,消费环境逐步好转。同时,消费结构也显著变化,主要体现在三个方面:一是食品支出比重略有提高,主要是肉类支出较大。二是交通通信消费比重上升。家庭汽车拥有量日渐增多,居民外出旅游的需求增加,自驾出行旅游频次增加,拉动了居民交通费、燃料费等方面支出的增长;随着手机的普及和功能拓展,手机的功能性和娱乐性消费增加。三是居住消费增多,居民对居住条件讲究舒适度,室内装修、美化绿化及家用电器配置等方面的消费增加,居住条件明显改善。

2019 年东湖区经济、财政收入人均水平情况表

表 2

指　　标	绝对值(亿元)	增长(%)	人均水平(元)
地区生产总值	366.69	7.5	74410
财政总收入	81.39	5.7	16516
地方财政一般预算收入	13.70	3.7	2780

(俞　昱)

中国共产党南昌市东湖区委员会

综　述

2019年，中共东湖区委坚持稳中求进工作总基调，紧扣市委“十个大抓”既定部署，团结带领全区广大党员和干部群众在困境中砥砺奋进，统筹推进强产业、兴城市、惠民生、促改革、扩开放、谋创新、优生态、防风险、保稳定、抓党建等中心工作，经济社会持续保持平稳健康发展。

加快经济转型升级。紧紧扭住发展第一要务，强攻产业不动摇，紧盯项目不放松，高效率、高标准推动经济发展提质增效。实施50个总投资471.21亿元的重大重点项目，全年共开工项目40个，累计完成投资62.98亿元，投资完成率101%，项目开工率、投资量、投资完成率均创历年新高。通过持之以恒抓招商、攻项目，全区产业层次不断提升，三次产业结构比例由上年同期0.13∶7.99∶91.88调整0.12∶7.91∶91.97，服务业增加值对地区生产总值贡献率达92.0%。提升城市品质升级。紧紧围绕“美丽南昌·幸福家园”环境综合整治“三年上台阶”工作部署，紧盯制约城市发展的短板和弱项，高标准完善城市功能设施，管优城市环境，推动城市品质跃上更高台阶。扎实推进旧改“净地行动”，推进房屋征收历史遗留问题解决。投资2.56亿元实施55个“六改”项目。不断深化“马路本色”行动、共享单车管理、垃圾分类、文明城市创建等工作。大力推行殡葬改革，进一步树立丧葬文明新风。深化改革开放。坚持以改革增添发展动力，以开放激发经济活力，发展红利持续释放。七大领域80项改革任务基本完成。对外开放力度持续加大，实际利用外资到位资金3.2亿美元，同比增长20%；实际利用内资70.47亿元，同比增长20%；利用省外资金项目进资51.84亿元，同比增长20%。减税降费各项政策落到实处，多渠道破解融资难、融资贵问题。持续改善民生。始终把实现好、维护好、发展好最广大人民根本利益作为衡量一切工作的标尺，坚持不懈惠民生、添福祉。坚持民生投入优先保障、民生工程优先安排、民生需求优先满足，确保民生投入比例不降、增速不减。全面落实城镇各项奖补政策，全年累计发放低保金、特困人员供养救助金3118.8万元，发放独生子女父母奖励3876万元。平安建设更有强度。持续开展扫黑除恶专项斗争。完成国庆70周年、“中国共产党的故事——习近平新时代中国特色社会主义思想在江西的实践”主题宣介会、南昌国际军乐节、2019南昌国际马拉松比赛等重要时间节点维稳工作。强化党建工作。坚决落实管党治党政治责任，全方位、多层次、高标准推进管党治党工作，推动全面从严治党向纵深发展。紧紧围绕“不忘初心、牢记使命”主题教育总体要求和目标任务，推动全区干部群众进一步增强“四个意识”、坚定“四个自信”、做到“两个维护”。聚焦解决群众反映强烈的热点难点问题，坚持把整改成效作为检验主题教育的标尺，一批掣肘经济社会发展和群众急难盼愁的问题得到化解。深入开展“基层组织建设质量提升年”活动。始终保持反腐败高压态势，紧盯违反中央八项规定精神、基层微腐败、扫黑除恶“打伞破网”等重点领域开展追责问责。牢牢把握意识形态主动权。结合深化全国文明城市创建工作，把“三风”活动融入群众。

（李怡璇）

区委重要会议

【区委全委(扩大)会议】 2019年,中共东湖区第十二届委员会共召开2次全体会议,区委常委会主持。

【中共东湖区委十二届七次全体(扩大)会议】 于7月11日在区文化活动中心三楼演艺中心召开。会议的主要内容是:深入学习贯彻省委十四届八次全会和市委十一届八次全会精神,坚持以习近平新时代中国特色社会主义思想为指导,深入学习贯彻习近平总书记视察江西重要讲话精神,聚焦"在加快革命老区高质量发展上作示范、在推动中部地区崛起上勇争先"的目标定位和"五个推进"更高要求,按照省委十四届八次全会和市委十一届八次全会部署,动员全区上下立说立行抓落实、善作善成求实效,为描绘新时代江西改革发展新画卷、做大做强做优大南昌都市圈做出东湖应有贡献。会议总结了2019年上半年工作,研究部署了下半年工作。区委书记刘闯代表区委常委会向全会报告工作,区委副书记、区长高辉红传达省委十四届八次全会和市委十一届八次全会精神。区委委员、区委候补委员出席会议;列席会议的有不是区委委员、区委候补委员的县级领导人;区纪委委员、区监委委员、区纪工委书记;各镇、街道、管理处党政主要负责人;区委各部门、区直各单位(含区委巡察组)主要负责人(区领导担任正职的部门增加一名副职),区人大、区政协各委(室、办)主要负责人;各垂管单位主要负责人;部分基层党代表、人大代表、政协委员,部分非公企业党组织负责人,部分村(社区)党委(支部)书记;全区各镇、街道、管理处,区委各部门,区直各单位副科级以上领导干部旁听了会议。

【中共东湖区委十二届八次全体(扩大)会议】 于2020年1月3日在区文化活动中心三楼演艺中心召开,会议由区委书记刘闯主持。会议的主要内容是:坚持以习近平新时代中国特色社会主义思想为指导,深入学习贯彻中共十九届四中全会、中央经济工作会议和习近平总书记视察江西重要讲话精神,认真按照省委十四届十次全会、省委经济工作会议和市委十一届九次全会部署要求,总结2019年工作,部署2020年任务,动员全区上下不忘初心、牢记使命,拿出更大担当、更强干劲践行新发展理念、推进高质量发展,以"三生融合"开启东湖治理体系和治理能力现代化新征程。区委委员、区委候补委员出席会议。列席和邀请参加会议的有不是区委委员、区委候补委员的县级领导人;区纪委委员、区监委委员;各镇、街道、管理处党政主要负责人;区委各部门、区直各单位主要负责人;区人大、区政协各委(室、办)主要负责人,区纪委区监委派驻纪检监察组组长;各垂管单位主要负责人;部分基层党代表、人大代表、政协委员,部分非公经济组织和社会组织党组织负责人,部分村(社区)党委(支部)书记等。

(李怡璇)

区委重要决策

【概况】 2019年,中共东湖区委积极应对国内外复杂多变形势,坚持稳中求进工作总基调,带领全区经济社会平稳健康发展。聚焦重点工作任务,制定并印发《东湖区推进创新型城区建设行动方案》《东湖区农村人居环境整治三年行动实施方案》《东湖区县级党员领导干部廉政谈话实施办法》《东湖区关于推进"1+5+X"社区邻里中心建设的实施方案》《东湖区关于优化调整社区规模布局的实施方案》《关于加强和完善城乡社区治理的实施意见》《东湖区推进基层整合审批服务执法力量的实施方案》《中共东湖区委、东湖区政府关于实施东湖区"高层次人才创新创业"的办法》等文件,推进各项工作任务在东湖区的落实,全面推进东湖区经济社会各项事业的发展。

【推进创新型城区建设行动】 2月2日,中共东湖区委办公室、东湖区政府办公室印发《东湖区推进创新型城区建设行动方案(2018—2020年)》。该方案的出台旨在贯彻落实创新驱动发展战略,加快创新型城区建设而制定的。方案中明确了创新城区建设目标,提出要聚焦创新要素、提升创新供给能力,要立足科技强区、加强成果转移转化,要强化协同保障、营造科技创新生态。

【农村人居环境整治三年行动】 5月16日,中共东湖区委办公室、东湖区政府办公室印发《东湖区农村人居环境整治三年行动实施方案》。该方案提出2020年,基本建成整洁美丽、和谐宜居新农村,为打造富裕美丽幸福现代化江西"南昌样板"作出东湖贡献。文件明确了行动的主要任务是全面推进农村生活垃圾治理全覆盖、全面完成农村改厕任务、全面治理农村生产生活污水、全面推进农村环境综合整治、全面建立长效管护机制。

【县级党员领导干部廉政谈话】 7月15日,中共东湖区委办公室印发《东湖区县级党员领导干部廉政谈话实施办法》,明确县级党员领导干部的廉政谈话对象、主要内容及工作要求,有利于压实党委主体责任、强化纪委同级监督职能、加大党内监督力度,增强党员领导干部廉洁自律和履责担当意识,不断筑牢思想防线、明晰纪法底线,教育、挽救和保护干部。

【推进"1+5+X"社区邻里中心建设】 8月16日,中共东湖区委办公室、东湖区政府办公室印发《东湖区关于推进"1+5+X"社区邻里中心建设的实施方案》。该方案是为贯彻落实《中共南昌市委办公厅、南昌市人民政府办公厅关于加快推进"1+5+X"社区邻里中心建设的实施意见的通知》(洪办发〔2019〕6号)文件精神,结合东湖区实际制定的。方案提出"1+5+X"社区邻里中心建设,坚持以社区党建为统领,打造集教育、医疗、助老、商业、文体等多种服务功能于一体的社区邻里中心,更好地优化社区环境,提升城市品质,丰富公共功能,满足民生需求,探索城市社区发展新模式和推动社会治理新发展。

【优化调整社区规模布局】 11月11日,中共东湖区委办公室、东湖区政府办公室印发《东湖区关于优化调整社区规模布局的实施方案》,该方案是根据《南昌市民政局关于做好优化调整城区社区规模布局工作的通知》(洪民字〔2019〕28号)要求,结合东湖区实际制定的。通过对社区调规模、优布局,推动资源整合、功能融合、力量聚合,全面推进"1+5+X"社区邻里中心建设,不断提升社区品质、强化基层治理、服务民生需求,切实增强广大人民群众的获得感、幸福感。

【加强和完善城乡社区治理】 11月11日,中共东湖区委办公室、东湖区政府办公室印发《关于加强和完善城乡社区治理的实施意见》,该文件是结合上级文件精神,为加强东湖区城乡社区治理体系建设,提升社区治理水平而制定的。意见提出,通过完善城乡社区治理体系、夯实城乡社区治理基础、提升城乡社区治理水平,达到促进社区治理体系和治理能力现代化的目标。

【推进基层整合审批服务执法力量】 12月27日,中共东湖区委办公室、东湖区政府办公室印发《东湖区推进基层整合审批服务执法力量的实施方案》,该方案是贯彻落实中央、省、市文件精神,结合各乡镇(街道)机构改革和东湖区实际制定的。通过综合设置基层审批服务机构,明确推进基层综合行政执法改革的工作要求,明确整合基层网格管理和指挥平台,并对资源服务管理下沉提出具体内容和工作时限,切实推进基层整合审批服务执法力量工作,减轻基层负担。

【实施"高层次人才创新创业"行动】 12月30日,印发《中共东湖区委、东湖区政府关于实施东湖区"高层次人才创新创业"的办法》。该办法是为贯彻落实《关于实施"天下英雄城,聚天下英才"行动计划的意见》,吸引高层次人才到东湖区创新创业,实施人才强市强区战略,加速人才聚集、引领产业发展,进一步把东湖区打造成全省人才强区而制定的。该办法明确了高层次人才引进的具体对象、相关政策及申报流程。

(李怡璇)

区委中心组理论学习

【概况】 2019年,中共东湖区委以习近平新时代中国特色社会主义思想、习近平总书记视察江西时的重要讲话及省、市重要会议精神为指导,围绕全区经济社会发展中心工作,采取区委常委会专题学习、区委中心组集体研讨学习、聘请专家学者授课、个人自学等多种形式,全年共组织中心组理论学习25次;研究出台《关于提高区委中心组集中学习质量的几点措施》,通过课题征集、学习研讨、现场答疑、考试测评等,推动中心组学习质量进一步提高、学习效果进一步增强。

【个人所得税专题辅导讲座】 4月25日，东湖区举行个人所得税专题辅导。在家的区四套班子成员，区法院院长出席会议。此次区委中心组理论学习会邀请了江西财经大学财税与公共管理学院书记、教授陈荣对个人所得税法进行专题讲解。讲座就增值税、企业所得税、个人所得税等新税政策作专题解读，并对个人所得税的自行纳税申报、特殊规定、税收优惠和专项附加扣除等多个方面进行了辅导，重点介绍了子女教育、继续教育、大病医疗、住房贷款利息、住房租金、赡养老人等六项专项附加扣除知识。通过学习进一步增强了各级领导干部法制意识，提升了对税法知识的掌握程度，对推进区内个税改革工作，保障新个税政策顺利实施，进一步释放惠民红利，促进东湖高质量转型发展起到了积极作用。

【食品安全专题辅导报告会】 5月31日，东湖区举行食品安全专题辅导报告会。报告会旨在进一步学习贯彻习近平总书记关于食品安全工作的重要指示，落实好《中共中央国务院关于深化改革加强食品安全工作的意见》文件精神，切实保障人民群众身体健康和生命安全。在家的区四套班子成员出席会议。此次区委中心组理论学习会邀请了南昌市政府参事、国家药品监管总局高级研修院教授徐艳钢作专题辅导。报告会以《食品安全责任重于泰山》为题，从多角度看中国食品安全，如何评价国家食品安全法律制度，党政同责、强化属地管理，健全食品安全工作机制，以创建为抓手，提高食品安全水平等多个方面进行了深入的讲解。通过学习，进一步增强了各级领导干部食品安全意识，对全区贯彻落实食品安全“四个最严”的要求，不断提高食品安全工作水平，保障全区人民群众食品安全将起到重要积极作用。

【“习近平总书记在江西视察时的重要讲话精神”专题学习会】 7月11日，东湖区召开“习近平总书记在江西视察时的重要讲话精神”专题学习会。在家区四套班子成员，区检察院检察长出席会议。会议观看了习近平总书记在江西视察时的新闻短片，随后，区委常委围绕学习主题依次进行了发言。会议强调要以更高站位认识更高要求。深刻领会、准确把握总书记重要讲话蕴含的丰富思想内涵和精神实质，把总书记视察期间提出的“在加快革命老区高质量发展上作示范、在推动中部地区崛起上勇争先”目标定位和“五个推进”更高要求，与“新的希望、三个着力、四个坚持”的重要要求结合起来，作为做好江西各项工作的总纲领总方针总遵循。不断树牢“四个意识”，坚定“四个自信”，坚决做到“两个维护”，把总书记的关怀厚爱转化为做好各项工作的强大动力，转化为感党恩、听党话、跟党走的实际行动。以更实举措推进更快落实。在“稳增长”上狠抓落实，以咬住青山不放松的韧劲和干劲，确保全区既定的各项目标全面完成。

【“学习贯彻习近平总书记视察江西时的重要讲话精神”专题宣讲】 7月24日，南昌市委“学习贯彻习近平总书记视察江西时的重要讲话精神”宣讲团到东湖区开展专题宣讲。在家的区四套班子领导成员，区法院院长出席会议。宣讲会上，宣讲团围绕深刻领会和把握习近平总书记再次视察江西的重大意义、深刻领会和把握习近平总书记对江西工作的充分肯定、深刻领会和把握习近平总书记对江西发展的目标定位、深刻领会和把握习近平总书记对江西工作的更高要求、深刻领会和把握学习宣传贯彻习近平总书记重要讲话的部署要求等五个方面，对习近平总书记视察江西时的重要讲话精神作了全面、系统、深入的阐释解读。

【网络意识形态工作专题讲座】 11月18日，东湖区在区文化活动中心演艺大厅举行区委中心组理论学习(扩大)会专题学习网络意识形态工作。会议邀请省委网信办副主任周森昆就网络意识形态工作进行专题授课。在家区四套班子领导成员，区“法检”两长出席会议，全区副科级以上领导干部共300余人参加会议。

（黄　甜）

纪律检查与行政监察工作

【概况】 2019年，东湖区坚持以习近平新时代中国特色社会主义思想为指导，全面贯彻习近平总书记视察江西重要讲话精神，认真落实赵乐际同志在赣调研指示要求，积极按照中央、省、市纪律检查与行政监察工作有关部署,扎实推进纪检监察各项工作。出台《稳中求进 创先争优 推动东湖纪检监察工作高质量发展工作任务细化安排》,对全年60项具体工作明确内容要求、方法路径、责任部门、完成时限,全力推动纪检监察工作高质量发展。

【中共东湖区纪委十二届四次全体会议】 1月26日上午,中共南昌市东湖区第十二届纪律检查委员会第四次全体会议在区文化活动中心演艺大厅召开。区委书记刘闯出席会议并讲话,区委、区人大、区政府、区政协等在家的四套班子成员、区法院院长出席会议。区委常委、区纪委书记、区监委主任刘光荣主持会议并代表区纪委常委会作《改革创新不止步 监督执纪再出发 推动"廉洁东湖"建设高质量发展》工作报告。会议书面传达十九届中央纪委三次全会、省纪委十四届四次全会精神和市纪委十一届四次全会精神,会前还集中观看了廉政微电影《本色》《变色》,相关单位在会上作了学习交流。会议强调要准确把握当前形势,从更高的站位认识全面从严治党;聚焦重点任务,用更大的力度落实全面从严治党;扛起工作责任,用更强的担当推进全面从严治党。

【强化政治监督】 2019年,东湖区强化政治监督,推动党中央重大决策部署和习近平总书记重要指示批示精神以及省、市、区委决策部署在基层落地生根。区纪检监察部门集中开展落实减税降费政策监督检查,对办税大厅、退税窗口、企业商户开展明察暗访,重点检查政策知晓度、企业满意度和政策落实程度,推动习近平总书记重要批示精神落地;积极开展了优化营商环境监督检查,加强对审批部门"一把手"和分管领导的监督提醒,特别对办证窗口"科股长"重点人群建档监管,整改问题8个,问责处理3人,形成监督震慑;深入开展人防系统腐败问题专项治理,突出政治、问题、效果"三个导向",通过专项自查、专项督查、专项巡察,发现存在问题6个,建立完善相关制度4个。

【推动全面从严治党责任落实】 2019年,东湖区坚持高位推动各级党组织落实全面从严治党主体责任和各级纪检监察机关落实监督责任双向发力,不断压实"两个责任"。出台《领导干部廉政谈话实施办法》,区委书记带头开展区委常委班子成员党风政风廉政谈话,区纪委书记积极参与对区委常委班子成员的同级监督廉政谈话,推动人大、政府、政协党组书记和各级党委书记、纪委书记对班子成员的廉政谈话,全年共开展谈话775人次;出台《党委书记履行全面从严治党主体责任现场办公操作办法》,开展两级党委书记现场办公会179次,解决问题211个。"一张清单"精细督责。对区县级领导干部点送达《履责提醒清单》18份,有效夯实了区县级领导干部加强日常监督的分管责任,形成纪委监委与区级领导齐抓监督的工作格局。充分发挥好问责利器作用,全年共开展党内问责55次,有效推动党员干部在履责中知责、守责、尽责。同时,坚决防止问责泛化简单化问题,对2018年以来区纪委和乡镇街道纪(工)委问责案件逐一起底、过筛检查,全面整改问责简单泛化、畸轻畸重、程序失范等问题共23个;建立基层纪委问责备案制度,对不符合要求的拟问责案件提出撤销建议12个。

【推进纪检监察体制、机构改革】 2019年,东湖区扎实稳妥推进纪检监察体制、机构改革,以改革成效推动工作高质量发展。纪检体制改革方面。持续推进乡镇街道纪检监察工作标准化规范化建设。全年乡镇街道纪委处置线索101件,增长27.8%;谈话函询82件,增长24.2%;立案32件,增长45.5%。全区12个乡镇街道函询数、立案数无一空白。监察体制改革方面。查办了监委成立以来首例零口供职务犯罪移送司法案件,探索搭建了监察、公诉、审判的法法衔接"直通车",审理部门提前介入精准化、检察机关提前介入常态化、案管部门全程介入有效化,大大节省了办案时间和成本。持续加强村级监察联络员政治素养和业务能力建设。全年,村级监察联络员参加两委会议930次,提出意见建议251条,收集问题线索201条,参与初核20件,立案15件。派驻机构改革方面。根据上级要求,新设立8个派驻纪检监察组,明确了派驻纪检监察组的业务管理、履职监督、干部管理及后勤保障等相关事宜,体制机制更加顺畅。全年派驻机构共处置问题线索69条,谈话函询34件,立案审查17件。

【深化反腐败工作】 2019年,东湖区在惩治、预防、教育上齐头并进，着力构建一体推进“不敢腐、不能腐、不想腐”体制机制，巩固发展反腐败斗争压倒性胜利。全区共受理信访举报438件，处置问题线索218件，开展谈话函询135件，立案审查调查74件，党内问责55起，通报曝光数103起，确保了惩治“后墙”不松、节奏不变、力度不减。按照“发现问题、解决问题、完善制度”的原则，在发现处理解决问题的同时，区纪委联合民政、人防等行业部门和案发单位一起加强制度管理、注重长效提升，不断扎紧“不能腐”的笼子，得到赵乐际书记的高度肯定。推出《变色》廉文化微电影，在地铁二号线展播，产生极大社会效果。同时，在区纪委“莲韵东湖”官方微信公众号上创立警示教育专栏“以案说纪”，线上线下累计阅览学习量达8万人次。

【扎实开展正风肃纪工作】 2019年，东湖区聚焦群众痛点难点焦点，强化正风肃纪工作，着力解决群众反映强烈的突出问题。驰而不息纠治“四风”，紧盯重要节点和重点区域，着力发现“四风”隐形变异问题，全年共查处问题31起，处理53人。深入开展形式主义官僚主义问题专项整治，重点对“文山会海”、考核过多过滥等问题开展监督检查。全年发现形式主义官僚主义问题线索93条、处理145人，查处“怕慢假庸散”问题93个、处理163人；重拳出击“打伞破网”，建立“一例会三联动”模式，实施“每周例会”制度和公安机关、办案力量、职能部门“三联动”机制，发现问题线索17条，立案调查15起，结案10起；针对全区19个职能部门(成员单位)和12个乡镇街道履责情况开展4次全覆盖监督检查，发现问题39个，下发监察(督查)建议书14份；系统开展专项整治，大力开展民生领域侵害群众利益突出问题的专项整治，全年查处侵害群众利益问题70起，处理113人。以“不忘初心、牢记使命”主题教育为契机，开展漠视侵害群众利益问题整治，排查整改各类问题42个。

【强化纪检监察干部队伍建设】 2019年，东湖区坚持一手抓“铸魂”，不断提升政治素养，一手抓“塑形”，不断提升专业水平，锻造政治过硬、本领高强的纪检监察铁军。区纪检监察机关坚持晨会学习制度，每天利用晨会半小时开展集中学习，既学政治理论、又学上级精神，既学业务知识，又学市情区情，干部理论素养和业务水平明显提高。多层次开展培训。扎实开展全员培训，统一印制讲义手册，集中学习中央纪委17门培训课程内容，80余名纪检监察干部全程参加培训。在全省纪检监察系统全员培训统一考试中，区纪委区监委班子成员平均成绩93.45分，机关干部平均成绩88.55分，优秀率90%。针对“三专两兼”干部和村级监察联络员举办业务培训班4期，累计参加学习350余人次。多渠道吸纳人才。通过招考、调入、遴选等方式，有针对性地补充熟悉财政、金融、审计、法律等方面知识的人才，进一步充实了干部队伍。

【赵乐际到东湖区调研工作】 4月2日，中共中央政治局常委、中央纪委书记赵乐际到东湖区纪委监委机关视察调研，与纪委监委干部亲切交流，对东湖区党风政风监督、纪检监察“两化”，特别是一体推进“三不”等方面的工作给予肯定。他强调，要适应新时代新要求，提高政治站位，坚守职责定位，加强能力建设，扎实推进纪检监察工作高质量发展。中央纪委副书记肖培，省委书记刘奇，省委常委、省纪委书记、省监委主任孙新阳及有关人员陪同调研。

（鲁　烨）

组织工作

【概况】 2019年，东湖区组织工作在上级主管部门的正确指导下，紧盯2019年组织工作要点，紧扣全年工作目标任务，立足全局、统筹实施，各项工作扎实推进，成效良好。

【扎实开展“不忘初心、牢记使命”主题教育工作】 9—12月，东湖区全面开展“不忘初心、牢记使命”主题教育工作，成立由区委主要领导担任组长的“不忘初心、牢记使命”领导小组，并成立5个指导组。主题教育涵盖学习教育、调查研究、检视问题、落实整改四个方面，覆盖单位60个(4套班子+56个单位)、支部511个，参与党员总数共计13772人。

【干部选拔任用工作】 2019年，中共东湖区委常委会任免干部3批次,调整干部161人次,含涉及机构改革106人次。其中提拔重用干部23人次,军转安置干部4人次,平职交流及其他134人次。提拔重用的23名干部中,30岁及以下的5人,30—40岁的11人,40岁以上的7人。

【贯彻落实干部教育培训规划】 2019年,东湖区做好《2018—2022年全国干部教育培训规划》《2018—2022年江西省干部教育培训规划》的贯彻落实工作,结合"不忘初心,牢记使命"主题教育,推动学习教育往深里走、往实里走,往心里走。推动学法规学政策,按照"领导干部要熟悉,组工干部要精通,一般干部要了解"的原则,着重对新修订的《党政干部选拔任用工作条例》(简称"条例")等进行广泛宣传和深入解读,组织全区县级干部和组织人事部门干部对条例进行专题学习。

【超职数配备干部问题专项整治工作】 2019年,东湖区按照规定对违规设置职务名称"空挂"的干部5人改任主任科员或副主任科员职务;对违规低职高配干部1人进行调整改任。

【干部选拔任用事项报备工作】 2019年,东湖区严格落实《江西省党政领导干部选拔任用工作有关事项报告实施办法(试行)》和江西省委组织部《关于领导干部近亲属和身边工作人员提拔任用事项报告审核暂行规定(试行)》,加强领导干部近亲属和身边工作人员选拔任用的监督管理,严格执行了各项报备审批制度。

【推行公务员职务与职级并行制度】 2019年,东湖区以建设人民满意的公务员队伍为要求,落实省、市公务员职务与职级实施方案具体要求,推行公务员职务与职级并行制度,并在规定时间内完成职级套转工作。

【公务员2019年度考核工作】 2019年,东湖区参加年度考核的公务员832人,121人为优秀等次,占参加考核人数的14.54%,705人确定为称职等次,1人基本称职,4人不定等次,1人被确定为不称职等次。

【城市基层党建共同体建设】 2019年,东湖区率先在全市开展街道"大工委"、社区"大党委"试点工作,建立大工委3个,社区党委43个,邀请省司法厅、省老年书法协会、江西瑞颐大酒店等各领域党组织党员干部兼任副书记或委员。坚持直联支部。全面推行机关和企事业单位党组织与村(社区)、困难企业或两新组织等开展结对共建、开展直联支部活动,将直联支部工作与支部"五化"建设结合起来,城市党建工作群众满意率明显提升。

【强化村(社区)"两委"干部队伍建设】 2019年,东湖区认真落实村(社区)"两委"干部常态化联审机制,制定下发《关于建立村党组织书记区级备案管理制度的通知》,严格村党组织书记人选把关。注重选配年富力强,致富能力较强人员担任村干部,131名村"两委"干部中,有36人是本村致富能手,10人是外出务工经商返乡人员,5人是本乡本土大学毕业生,14人是退役军人。2019年4月,集中召开了全区村(社区)"两委"干部扫黑除恶专项斗争专题重点培训班,实现培训全覆盖。

【推进议事协调机制建设】 2019年,东湖区试点开展社区党组织领导下的居委会、民情理事会、业委会、物业公司"五位一体"议事协调机制和大院街道的公共法律服务工作站、贤士湖管理处"红色物业"等工作,被"洪城红"城市基层党建攻坚行动选为机制体制攻坚或示范点位攻坚项目,并全部在第一届全省党务技能大赛中荣获了奖项。拍摄的《时间银行》党员电教片荣获第三届中国梦·青年影像盛典宣教类一等奖。

【推进机关在职党员下基层活动】 2019年,东湖区协调60个省、市属机关企事业单位,组织48个区直单位与村(社区)结对共建,制定下发《东湖区机关在职党员下基层"1+X"服务活动的实施方案》,各级机关在职党员下到基层开展"同过党员活动日""我当一天社区干部""时间银行"等活动。

【党务技能大赛获奖】 9月,东湖区在全市党务技能大赛中,选送的35个参赛作品在12个类别的比赛项目,共获得2个一等奖、9个二等奖、5个三等奖、8个优胜奖的优异成绩,获奖率近70%,综合成绩位居全市前列。

【落实村(社区)"两委"干部常态化联审机制】 2019年,东湖区委组织部会同纪委、政法、信访、公安等15家区直单位对村(社区)"两委"干部进行三次“回头看”联审(第1次不含社区“两委”干部),清除1名违反计划生育的村干部,开除1名被确定为酒驾的社区党组织书记党籍,免去3名因身体原因不适宜继续任职的社区党组织委员职务。确保每名村(社区)“两委”干部都过一次筛子。

【软弱涣散党组织整顿工作】 2019年,东湖区共排查软弱涣散村(社区)党组织12个,含村党组织2个、非公党组织6个,社会党组织4个。按照“因地制宜、分类施策”的原则,制定“一村(社区)一策”,报请区委安排了县级党员领导干部挂点整改,帮助解决实际问题。通过整改,这些党组织的班子合力有较大提升,作风得到转变,各项工作得到明显进步与加强,排查出的12个党组织在10月底已全部整改完毕。

【公开选聘优秀村(社区)党组织书记、主任入编工作】 2019年,东湖区严格按照从优秀村(社区)党组织书记、主任中公开选聘乡镇(街道、管理处)事业编工作的有关要求,严格按照“动员部署、推荐报名、资格审查、综合加分、组织考试、确定考察人选、实绩考察、拟聘人选公示、办理聘用手续”等程序进行,切实把优秀村(社区)干部选聘到乡镇事业编制人员队伍中来。共选聘3名乡镇(街道)事业编制人员,其中从优秀村书记、主任中选聘1名,从优秀社区书记、主任中选聘2名。

【分类培训各领域基层党组织书记】 2019年,东湖区推动党员学习教育常态长效。区委组织部联合区委党校举办2期培训班,对全区各领域基层党组织书记进行集中培训,分别赴延安、遵义、赤水、重庆等各大红色教育基地缅怀革命先烈,传承红色精神,深入学习习近平新时代中国特色社会主义思想和中共十九大精神,完成培训511人次。

【开展“党务基础工作大比武”评比活动】 2019年,东湖区组织开展“党务基础工作大比武”评比活动。全区共有51个单位参加,87个党组织参与评比,通过台账互查等方式,推动党费收缴、党员组织关系转接、“三会一课”制度落实、民主评议党员、发展党员、组织生活会等基础党务工作质量得到提升,形成“比学赶超”的浓厚氛围。

【健全基层党务工作日常监督机制】 2019年,东湖区健全基层党务工作日常监督机制。从3月起,区委组织部每周随机抽取一到两个村、社区和区直单位进行党建业务督查,对“三会一课”等各项工作进行督导,共发现各类问题110个,全部问题形成督查专报呈区委领导批阅并责令各单位进行整改,已全部整改到位。

【人才工作专项述职质量考评】 2019年,东湖区制定出台《人才工作专项述职质量考评办法》,细化工作考核任务,将人才工作目标分解落实到区街道(镇、管理处)和区人才领导小组成员,纳入领导班子和领导干部年度目标考核责任书进行考核。

(李洪涛)

宣传工作

【概况】 2019年,东湖区宣传工作在上级宣传部门的悉心指导下,自觉承担举旗帜、聚民心、育新人、兴文化、展形象的使命任务,坚持正确政治方向,严格落实意识形态工作责任制,对内凝聚东湖力量,对外展示东湖形象,主旋律更响亮、正能量更强劲、精气神更昂扬,为东湖建设和发展提供了强大思想保证、舆论支持、精神动力和文化条件。

【理论武装工作】 2019年,东湖区围绕学习贯彻习近平新时代中国特色社会主义思想、习近平总书记视察江西时的重要讲话精神、学雷锋志愿服务等主题开展新时代文明实践“每月一主题”活动,全年共开展“微宣讲”活动近400场。按照“六有”工作标准,区、乡镇(街道、管理处)、村(社区)三级新时代文明实践中心(所、站)实现全覆盖;建立“一月一品牌”月调度机制,集中展示全区文明实践精品活动。清明节期间举办的《可爱的中国》清明诗歌会,被央视、新华社、学习强国、光明日报作了重点推送,并形成网络热点,省委宣传部布置全省融媒体系转发。丰富学习载体,启动智慧书屋项目,在辖区主要公共场所配置12台智慧书屋、1台朗读亭,打造有温度的阅读城市。组织做好“学习强国”学习平台运用推广工作,上线总人数达5.8万人,占辖区人口总数12.59%,全年上稿43条,两项指标均排名全市前列。开展

“学习强国”“学习达人”年度评选活动,评选出“学习达人”500名,为他们分别赠送2020年《人民日报》等党报党刊,被评为“全市2019年度宣传思想工作亮点”并向全市推广,市委宣传部向省委宣传部推荐这一做法。为纪念方志敏烈士诞辰120周年,组织创作歌曲《下沙窝的这朵花》,新华社、央视、人民日报、光明日报等进行重点推送,“学习强国”“每日一曲”栏目采用,并被市委定为“不忘初心、牢记使命”主题教育研学班学唱歌曲,在全市党员领导干部中学唱。

【精心采写新闻选题】 2019年,东湖区抓住脱贫攻坚、“不忘初心 牢记使命”主题教育、区委中心工作等重要节点精心策划一批特色活动。围绕“时间银行”在光明日报发稿《“时间银行”春节期间“不打烊”》,在经济日报发稿《让老年人拥有幸福晚年》,在《新华每日电讯》发稿《让老人在家门口安享晚年》报道东湖区持续深入推进时间银行居家养老服务工作成效。在中央电视台《新闻联播》发稿《江西:完善环保监督 重拳防治污染》,抓好水生态综合治理宣传报道。在经济日报发稿《江西:补齐城镇贫困群众脱贫短板》,报道东湖区开展城镇贫困群众脱贫解困工作的成效。抓好“不忘初心、牢记使命”主题教育宣传,在光明日报刊发《江西部署开展“不忘初心、牢记使命”主题教育》,中央电视台《新闻联播》刊发《“不忘初心 牢记使命”主题教育进行时》报道东湖区主题教育开展情况。围绕典型人物宣传,在经济日报刊发《我要奉献到100岁》报道了东湖区文明道德模范章金媛的事迹。抓好非物质文化遗产保护工作宣传,人民日报刊发《青丝入画》、新华每日电讯刊发《指间青丝成丹青》集中宣传东湖区非遗工作成效。抓好文化历史建筑的利用保护宣传工作,新华每日电讯刊发《盘活历史文化建筑 南昌接续城市文脉》详细介绍了东湖区利用历史文化建筑注入红色基因推动保护工作的创新举措。

【策划特色活动】 2019年,东湖区宣传部门围绕中央精神贯彻、传统节庆假日等时间节点精心策划一批特色活动,推出系列报道,以活动促上稿。大年初一,策划开展了“说民俗、展民俗,南昌味道南昌年”大型文化惠民活动,在中央电视台《新闻联播》上稿《除旧岁幸福满满 迎新春好运连连》,在人民日报头版上稿《人民幸福安康 祖国繁荣吉祥》,有力地宣传春节期间东湖区丰富多彩的文化活动。清明期间,在方志敏广场开展东湖区“可爱的中国”清明诗歌会活动,在光明日报刊发单篇稿件《江西南昌:“可爱的中国”清明诗歌会缅怀先烈》,取得了良好社会反响。策划欢度中秋系列宣传报道,9月13日、14日,中央电视台《东方时空》播发稿件《海上生明月 天涯共此时》,中央电视台《新闻1+1》播发稿件《秋水长天 千年名楼月依旧》,中央电视台《朝闻天下》播发稿件《中秋月满人团圆 咏月抒怀家国情》共同关注中秋期间滕王阁节日活动盛景,营造了浓厚的节日氛围。

【构建新闻宣传联动大格局】 2019年,东湖区深入推进媒体融合,面积达300余平方米的东湖区融媒体中心正式挂牌成立,“掌上东湖”APP同步上线,东湖区在媒体融合方面取得了新突破。整合政务微信、微博、掌上东湖APP等平台和载体,先后开通东湖融媒抖音号和头条号,媒体矩阵进一步壮大,截至年底,微博粉丝数达141781,微信粉丝数达27831,“掌上东湖”APP下载量达96248人次。积极加强与各级媒体的合作,进一步健全与南昌电视台《东湖新闻》《南昌日报》等主流媒体合作机制,着力拓展报道深度和广度,不断构筑立体式宣传平台,营造全方位宣传格局。做好微信公众号“南昌东湖区发布”时政类新闻稿件的采集、供稿等工作,不断健全媒体融合发展大格局,形成内外宣传强大合力。全年,东湖区在江西日报上稿120篇,南昌日报上稿480篇,在南昌电视台《东湖新闻》发稿1000余篇,有力地宣传东湖经济社会发展的强劲势头,营造了浓浓的发展氛围。

【强化舆情处置】 2019年,东湖区强化舆情管控,确保舆情平稳。围绕中华人民共和国成立70周年、全国两会、“八一”中国人民解放军建军节等时间节点,强化网上舆情监测管控,主动发声、正面引导、及时回应。坚决落实上级网评指令,认真完成网评任务,按照《网上涉赣新闻跟帖引导工作制度》开展日常跟帖引导,积极报送省市负面信息,同时,注重回应网友诉求,在微博、微信、南昌民声栏目回应网友诉求100余件，回复率100%，良性互动得到众多网友点赞。

【推进网信管理】 2019年，东湖区强化网络治理、提升管理水平。开展“净网勤政”专项行动，定期对区属各单位政务网站、政务微博、政务微信的运营和各单位微信工作群的管理进行督查，坚决杜绝“僵尸账号”不作为现象，杜绝发布审核不严、微信工作群使用不当、管理不严的现象；加强了属地网站排查，配合省市深入开展自媒体账号整顿、僵尸平台清理、空壳及备案信息虚假网站清理等系列专项行动，持续净化网络环境；狠抓队伍建设，东湖区在全区200多名网络通信员的基础上，发展了10名市级网评员，30名核心网评员，并对优秀网络通信员进行表彰和激励；注重提高全区干部对网络意识形态工作的认识，先后三次邀请省委网信办领导、专家在区委理论中心组学习（扩大）会、全区网信工作专题培训班授课，结合每季度网信工作培训例会和线上实战演练，努力提高全区干部的网络舆论引导能力和网络舆情处置能力；注重加强网评员专业化培养，积极培养网络大V，培养的网络通信员在省市重点网站上稿网评文章30余篇，其中一人被评为省级网络通信员并被市委网信办评为“优秀网评员”。

【强化文明创建工作】 2019年，东湖区强化文明创建工作。宣传部门在“南昌东湖区发布”公众号，南昌电视台《东湖新闻》开辟《东湖　文明有我》专栏，征集市民群众在文明城创建中的好行为、好声音、好愿望线索，通过专业拍摄、剪辑制作、广泛刊播微视频，以达到影响群众、引领群众，共建共享的效果；全年共制作转发微视频17期，在大型商场、小区广告和楼栋电视刊播视频，得到了市委副书记刘烁的大力点赞。“文明微视频、社区好声音”登上了中国文明网首页大图，单篇点击量转发最大已达10万人次。自2019年7月起，将每个月的8日设立为“东湖文明日”，动员辖区内所有驻区单位、各级文明单位参与文明日活动，发动各级单位481个，参与人数上万人次。率先在全市开展“进万家　送文明”活动，向驻区单位、沿街店面、中小学幼儿园、银行医院、窗口单位、车站宾馆、商场酒店等开展拉网式宣传，印制发放“创建全国文明城市应知应会”宣传手册3万份、“920文明有礼”环保袋1万个、《共创全国文明城市倡议书》5万份、《2019年全国文明城市模拟测评问卷》10万份。

【培育精神文明先进典型】 2019年，东湖区加大文明先进典型的培育。李文文、张萍家庭获2019年度全国“最美家庭”；区文广局退休干部郑小惠成功入选2019年3月中国好人榜——助人为乐榜单，是近年来区直部门涌现的首位中国好人。辖区全国文明单位——国网江西省电力有限公司南昌供电分公司员工周海萍入选6月中国好人“助人为乐”榜单及2019年第三期“江西好人”。全国第九届未成年人网络春晚豫章小学《蒲公英》荣获一等奖、向荣小学《爷爷的“茶”》荣获优秀奖、东湖区文明办获优秀组织奖。深入开展“东湖暖心人”评选活动，2019年累计征集“暖心人”故事线索5000余条，发布榜单23期，编印“东湖暖心人”故事汇编三期。在广场北路设计制作十面“道德模范”“中国好人”“首届功勋教师”展览墙，让文明之风吹遍大街小巷。

【开展“三风”志愿服务活动】 2019年，东湖区深入开展兴家风、淳民风、正社风“三风”活动。依托新时代文明实践中心（站、所）建设，以区、镇（街道、管理处）、村（社区）三级为单元，以志愿服务为基本形式，组建了10支区级层面的专业性志愿服务队伍（理论宣讲、乡村振兴宣讲、乡风文明、文化、教育、科技科普、卫生健康、普法、健身体育、红色故事宣讲），设置宣讲“菜单”，开展“三风”宣讲百余场。在全区征集“三风”主题书画作品、摄影作品各60余幅，短视频20个，H5创意设计5个，歌曲1首参加全市“三风”文化系列竞赛活动，舞台音乐情景剧《时间银行》，登上“兴家风淳民风正社风，共建美丽南昌幸福家园”——南昌市政协系统纪念人民政协成立70周年文艺会演舞台。深入开展“我们的节日”主题活动，先后开展了“春意桃符绘　送福进万家”——春节送春联“千门共庆上元夜，万家欢腾闹宵”“清明祭英烈，传承好家风”“粽香飘飘，全家老少包粽子”“月饼送关怀　共享浓浓中秋情”等节日主题活动，联合南昌市志愿服务联合会、南昌小蜜蜂志工协会，开展“城市猎人”志愿服务活动。

（黄　甜）

统一战线工作

【概况】 2019年,东湖区贯彻落实《中国共产党统一战线工作条例(试行)》精神和中央、省委、市委关于统一战线一系列重大决策部署,以机构改革为契机,在合编、合心、合力上下功夫,整合资源强队伍,构建大统战工作格局。以凝聚人心、汇聚力量为抓手,在服务大局上求突破,强化责任担当,推动统战工作在新时代展现新气象。

【统一战线成员思想政治引领工作】 2019年,东湖区坚持把广大统一战线成员的政治引领工作摆在首位,引导统一战线广大成员牢固树立"四个意识",坚定"四个自信",坚决做到"两个维护",始终坚持正确的政治方向。加强自身建设,部机关深入开展为期3个月的"不忘初心、牢记使命"主题教育活动,进一步提升党组织的凝聚力和战斗力。在全区统战系统开展庆祝中华人民共和国成立70周年系列纪念活动,8月,组织参观庆祝中华人民共和国成立70周年全市统战系统书画摄影作品展,10月,组织开展庆祝中华人民共和国成立70周年文艺会演。引导全区统战系统深入学习习近平同志视察江西时重要讲话精神和中共十九届四中全会精神,促进统战系统把思想和行动统一到中共中央的决策和部署上来。以中国共产党领导的多党合作和政治协商制度确立70周年为契机,引导和支持全区各民主党派开展"不忘合作初心、继续携手前进"主题教育活动。

【推进多党合作事业发展】 2019年,东湖区持续强化多党合作事业的发展。制定下发《中共东湖区委2019年度政党协商计划》,召开区各民主党派、工商联、知联会、新联会负责人参加的《政府工作报告》征求意见会。组织各民主党派、知联会结合自身优势各选择一项课题进行调研,共完成调研报告7篇。支持各民主党派、无党派代表人士开展文明城创建、巡堤查险、社区义诊、"1%工程"志愿者服务等社会服务活动。贯彻落实《中共中央关于加强中国特色社会主义参政党建设的意见》及省、市实施意见,支持各民主党派加强自身建设,指导全区各民主党派于12月底召开首次民主生活会,切实提高各民主党派履职能力。

【促进非公有制经济健康发展】 2019年,东湖区多措并举推动非公经济健康发展。深入学习习近平总书记2018年11月1日在民营企业座谈会上的讲话精神,帮助非公有制企业解决实际困难。2月,区委统战部联合区税务局举办了2019年民营企业减税降费培训座谈会,对减税降费税收政策进行解读和答疑解惑。5月联合区检察院召开非公企业维权工作联席会议,8月,区委统战部联合区检察院开展"检察护航民企发展"主题检察开放日活动,着力为民营经济的健康发展提供更有效、便利的司法服务。加强非公有制经济人士的理想信念教育,引导非公有制经济人士听党话,跟党走,做好事,做对事。区委统战部于6月远赴西柏坡组织开展理想信念教育培训班,于10月组织开展庆祝中华人民共和国成立70周年理想信念教育活动。

【举办宗教界代表人士培训班】 6月27日,东湖区举办2019年宗教界代表人士培训班。全区宗教场所负责人及各有关部门、各镇(街道管理处)的分管负责人和具体工作人员共60余人参加此次培训班。此次培训班邀请市委党校、市民宗局有关专家学者分别就《统一战线上的宗教》和2019年新修订的《江西省宗教事务条例》进行解读。培训加强宗教界代表人士爱国爱教意识和法治意识,提高领导干部对宗教工作特殊重要性的认识,提升宗教干部做好新时代宗教工作的能力和水平,营造依法管理宗教事务的良好氛围培训。

【举行宗教活动场所垃圾分类推进启动仪式】 11月28日,东湖区在基督教志道堂举行宗教活动场所垃圾分类推进启动仪式。区垃圾分类办负责人、辖区宗教活动场所负责人、相关镇、街道(管理处)民宗干部及部分信教群众一共60余人参加启动仪式。启动仪式上,区委统战部(区民宗局)发放垃圾分类宣传手册,并请区垃圾分类办负责人就生活垃圾分类的重大意义、基本知识和基本方法进行详细讲解,使宗教场所负责人对生活垃圾分类工作提高思想认识、积极付诸行动,广泛动员宗教界人士参与生活垃圾分类工作,引导广大信众树立生活垃圾分类意识。2019年底,辖区内所有宗教活动场所实现垃圾分类箱覆盖率100%。

【东湖区新的社会阶层人士联谊会成立】 12月15日上午，东湖区新的社会阶层人士联谊会（简称“新联会”）成立大会暨第一次会员代表大会在区文化活动中心四楼新闻发布厅举行。市委统战部副部长、市社会主义学院党组书记麦建宁、区委副书记贾彧超出席会议并讲话。区各民主党派、工商联、知联会、侨联代表及区新联会会员代表共计60余人参加会议。会议选举产生东湖区新联会第一届理事会、监事会和领导班子成员，圆满完成了各项议程。新联会是党和政府联系新的社会阶层人士的桥梁和纽带，东湖区新联会的成立巩固和壮大了新时代统一战线，为东湖新的阶层人士联谊交流合作、发挥作用的搭建了重要平台。

【前往社区开展主题党日活动】 11月1日，东湖区委统战部前往滕王阁街道铁街社区开展“群众之问　初心之约　使命之谈”主题党日活动。区党代表、统战部常务副部长朱莉群宣讲了习近平新时代中国特色社会主义思想中关于民族宗教的理论政策和文明城创建的相关知识。以亲民、忧民为本，统战部党员们听取了社区居民对党和政府的意见建议和诉求，对居民反映的急事、难事、烦心事一一记录，分类整理，反馈给区相关部门跟进处理。活动使党员们锤炼了党性，强化了宗旨意识，把统战部“不忘初心、牢记使命”主题教育活动推向深入。

（黄　帆）

巡察工作

【概况】 2019年，中共东湖区委坚持以习近平新时代中国特色社会主义思想为指引，深入贯彻落实中共十九大精神，认真贯彻中央、省市关于巡察工作的重要部署要求，坚实履行巡察工作主体责任，全面提升巡察监督质量效益，全年共组织开展2轮常规巡察，1轮村（社区）巡察，巡察工作五年规划阶段任务圆满完成，巡察监督利剑震慑作用持续彰显。

【推进“两个全覆盖”任务落实】 2019年，东湖区委按照巡察工作五年规划要求，稳步推进政治巡察任期全覆盖阶段任务落实，扎实开展2轮常规巡察，截至年底，已完成45个单位党组织巡察覆盖任务，巡察覆盖率达到73%。按照中央、省市巡察工作相关部署要求，紧密结合东湖区实际，积极探索推进村居专项巡察，组织开展1轮村（社区）巡察，聚力打通全面从严治党的“最后一公里”，逐步实现巡察向村居基层的有形覆盖和有效延伸。

【做好巡察“后半篇文章”】 2019年，东湖区委建立完善区委巡察工作领导小组成员带队进行巡察反馈机制，推行区领导参加分管单位巡察问题反馈会议制度，强化提升政治站位，推动巡察整改任务落细落实落地。建立巡察整改“双约谈”机制，压紧压实巡察整改主体责任和监督责任。组织开展巡察整改回访督察和调研督导，推进巡察发现问题起底清零。开展巡察共性问题通报，建立共性问题巡察整改机制，全面推动巡察共性问题整改落实。强化巡察成果运用，加大巡察发现问题线索的查处力度，强化巡察利剑震慑作用。

【开展第四轮巡察整改回访督察】 3月中旬，东湖区委组织3个巡察组对区委第四轮巡察问题整改情况开展回访督查，巡察组就督查中发现的问题向被巡察单位党组织提出了进一步整改意见，督促指导被巡察单位落细落实整改举措，确保巡察整改目标任务落实。

【召开巡察发现共性问题通报会】 3月22日，东湖区委召开十二届区委巡察发现共性问题通报会。会议针对历轮整改问题清零梳理中发现的诸如党的建设宽松软、作风建设不严不实等普遍存在、反复发生的顽疾问题，研究提出针对性解决方案，在全区范围内进行会议通报，督促警醒各单位、各部门对标对表、举一反三查找本单位本部门存在的政治偏差、行动落差，切实提高各单位主要负责人对政治巡察整改的认识程度，有力推动了巡察发现共性问题的整改落实。

【开展第六轮巡察暨扫黑除恶专项巡察】 4—5月，东湖区委第一、二、三巡察组采取“一拖二”形式对区司法局、区委党校、区审计局、区委编办、信访局、区行政服务中心管委会6家单位党组织开展政治巡察。重点围绕党的政治建设、思想建设、组织建设、作风建设、纪律建设、夺取反腐败斗争压倒性胜利、巡视巡察整改落实情况和扫黑除恶专项斗争等方面内容进行深入监督检查。

【区委书记专题会议听取第六轮巡察情况汇报】 7月15日，区委书记专题会议听取各巡察组关于第六轮巡察工作情况的汇报。区委副书记、区长高辉红，区委副书记贾彧超，区委常委、组织部长唐铭市，区委常委、区纪委书记、监委主任刘光荣出席会议。专题会议分别听取了第一、二、三巡察组关于区司法局、区委党校、区审计局、区委编办、信访局、区行政服务中心管委会6个单位党组织巡察情况汇报及意见建议。会议要求对发现的问题提出了明确的整改要求。

【区委常委参加第六轮巡察情况反馈】 7月下旬，区委第一、二、三巡察组分别对司法局党组、区委党校、审计局党组、区委编办、信访局党组、区行政服务中心管委会党组织进行巡察情况反馈。区委副书记、区长高辉红，区委副书记贾彧超，区委常委、组织部长唐铭市，区委常委、区纪委书记、监委主任刘光荣分别出席所分管单位巡察反馈会议，并就巡察问题整改工作提出明确要求。

【开展第七轮巡察暨村（社区）巡察】 8月13日至9月13日，区委第一、二、三巡察组采取“一拖二”形式对贤士湖管理处贤湖村、董家窑街道青山南路社区、八一桥街道大士院南区社区、滕王阁街道榕门路社区、扬子洲镇渔业村、扬子洲镇上房村党组织开展了政治巡察。

【开展第五轮巡察整改情况督导调研】 10月8—14日，区委巡察办主任傅子松带领区委第一、第二、第三巡察组组长对区委第五轮政治巡察单位整改落实情况进行督导调研，了解区属单位党组织政治巡察问题整改方案落实情况，了解分析整改工作推进中存在的问题及原因，了解发现调研对象在巡察共性问题整改落实上采取的有效举措，取得的优秀成果和典型经验，研究形成政治巡察问题整改工作对策和建议。

【区委书记专题会议听取第七轮巡察情况汇报】 11月1日，区委书记刘闯主持召开专题会议听取十二届区委第七轮巡察工作情况汇报。区委副书记、区长高辉红，区委副书记贾彧超，区委常委、组织部长唐铭市，区委常委、区纪委书记、监委主任刘光荣出席会议。专题会议分别听取了第一、二、三巡察组关于贤士湖管理处贤湖村、董家窑街道青山南路社区、八一桥街道大士院南区社区、滕王阁街道榕门路社区、扬子洲镇渔业村、扬子洲镇上房村6个单位党组织巡察情况汇报及意见建议，对巡察工作取得的成绩给予了充分肯定，对发现的问题提出了鲜明意见，并就持续做好政治巡察特别是巡察向村居延伸工作提出了新的更高要求。

【开展巡察整改“双约谈”】 11月27日，东湖区委召开十二届区委第六轮被巡察单位党组织负责人和派驻纪检组长集体约谈会议。区委常委、区纪委书记、区监委主任、区委巡察工作领导小组组长刘光荣主持会议并通报了第六轮巡察发现的主要问题，区委书记刘闯出席会议并作约谈讲话。会议强调，被巡察单位党组织必须提升政治站位，坚实扛牢巡察整改主体责任，党组织主要负责人必须强化政治担当，扎实推进整改目标落实。派驻纪检组要把推动巡察整改作为督促被巡察单位党组织落实管党治党政治责任的重要举措，要把协助被巡察单位党组织把这次巡察整改作为营造良好政治生态的重要实践，全力协助被巡察单位党组织始终在政治高度上突出党的领导、在政治要求上抓住党的建设、在政治定位上聚焦全面从严治党，时刻保持执纪监督的高压常态。

【开展区委第八轮政治巡察】 11月中旬至12月底，东湖区委按照巡察工作五年规划，结合“不忘初心、牢记使命”主题教育工作要求，组织对团区委、区妇联、区科协、区红十字会、区人防办、区文广新旅局、区应急管理局、区机关事务管理局、区农业农村局9个单位党组织开展巡察。重点对照中央巡视工作规划提出的“六个围绕一个加强”、习近平总书记视察江西重要讲话精神和主题教育工作要求开展监督检查。

（程亮明）

信息调研与督查工作

【概况】 2019年，东湖区委信息调研与督查工作紧紧围绕区委决策部署，努力发挥好参谋助手、督促检查的作用，信息调研与督查工作各项工作扎实推进。

【信息调研工作】 2019年，东湖区委信息调研工作围绕全区中心工作，积极构筑“大信息”工作格局，为服务区委领导决策和推动东湖经济发展、加速老城复兴贡献智慧和力量。全年向省委办公厅报送信息57篇，其中，信息专报10篇，信息稿件34篇，社会热点类信息8篇，问题建议类信息5篇；《江西信息》采用5篇，《今日信息汇要》采用12篇；向市委办公厅报送信息1566篇，其中，信息专报36篇，信息稿件1340篇，社会热点问题专报66篇，问题建议类信息24篇，《信息专报》采用6篇，《今日南昌信息》84条。同时，在《今日信息汇要》第167期上刊登的《东湖区扎实推进老城区城市功能与品质提升》被省委副书记、省长易炼红批示，在《南昌信息专报》第50期上刊登的《推行我市垃圾分类面临的问题和建议》被市委副书记、市长刘建洋批示。全区党办信息工作在全省县区排名第31位，在全省县区排名中位列南昌市县区前三，荣获“南昌市党办信息工作先进单位”称号。

【督查工作】 2019年，东湖区委督查工作围绕省委、市委、区委决策部署，创新督查工作方式、完善督查工作机制，认真开展督促检查，狠抓工作落实。服务大局促发展，督查内容不断丰富。紧紧抓住产业升级、城市品质与功能提升、重大重点项目推进、时间银行等涉及全区经济发展、社会建设、民生实事领域的关键性问题开展督查，确保决策部署落到实处。科学规范强谋划，督查机制不断完善。紧跟省市督查工作要点，制定全区全年督查工作要点，并结合实际工作，及时调整工作重心，确保督查方向不跑偏，决策部署落到位。制定印发了《中共东湖区委进一步加强督促检查工作实施办法》，规范各类督办件的办理流程、办理要求、职责分工，杜绝推诿扯皮，在全区上下形成统一认识促督查、凝聚合力抓落实的良好氛围，提高了督查工作的时效性。统筹协调抓落实，督查合力不断形成。充分发挥党委督查牵头抓总的作用，科学整合全区各方资源，形成“大督查”格局。对解决周期较长的重点难点问题，做到主动出击、持续跟踪、定期催办，运用暗访督查避开人情关系，不打招呼深入一线，督任务、督进度，查责任、查作风，确保一竿到底，督出成效。

（李怡璇）

全面深化改革工作

【概况】 2019年，东湖区深入贯彻落实中共中央总书记习近平视察江西时有关改革重要讲话精神，严格按照省、市全面深化改革工作统一部署，抓重点，攻难点，创亮点，不断推动全面深化改革工作走深走实。

【健全改革工作推进机制建设】 2019年，东湖区推进改革工作机制建设。及时出台《区委办公室关于成立或调整部分议事协调机构及相关组成人员的通知》，及时成立东湖区全面深化改革委员会；下设办公室和7个全面深化改革委员会专项小组，配备了副科级分管领导和专职人员。制定《狠抓落实推动改革走深走实的九条举措》《中共东湖区委全面深化改革委员会工作规则》《中共东湖区委全面深化改革委员会专项小组工作规则》《中共东湖区委全面深化改革委员会办公室工作细则》，确保改革工作推进有章有法。在此基础上，督查考核及时跟进，先后2次下沉七个专项小组，将深化改革工作纳入全区高质量发展目标管理绩效考核，打通改革落实的“最后一公里”。

【重点领域改革成效显著】 2019年，东湖区紧盯重点攻难点，改革红利持续释放。七大领域80项改革任务基本完成。“放管服”改革不断深化，全区212项行政审批事项，9项实现“一次不跑”，69项实现“只跑一次”，67项实现“少跑一次”，其中社保、医保等46项涉民涉企密切事项实现“一站式”办理。依法治区实现新突破，在东湖召开全市检察机关适用认罪认罚从宽工作现场会；召开全省社区戒毒社区康复暨缉毒执法工作现场推进会并作了典型发言；东湖区法院作为全省唯一中、基层法院，荣获全国“青少年维权岗”称号，区检察院被最高检评为2019年度全国检察宣传先进单位。充分利用辖区历史文化优势，重点打造12个新时代文明实践站，实现区、街道、社区三级全覆盖。打造全市首个“民办公助”博物馆——南昌红色记忆展示馆,纪念方志敏烈士诞辰120周年制作的原创歌曲《下沙窝的这朵花》,在全市主题教育读书班中广泛传唱,并得到央广网、人民网等媒体广泛关注;赣发秀等非物质文化遗产传承保护先后获得新华社、人民日报专题报道。先后向群众配送免费培训60期,节日文化巡演75场,并在全省公共文化领域重点改革任务暨旅游厕所革命工作现场推进会上作典型发言。完成9个“1+5+X社区邻里中心”建设并投入使用。4月,在国家义务教育质量监测结果应用成果交流会上东湖区作经验发言,并在11月被教育部基础教育质量监测中心授予“国家义务教育质量监测优秀组织单位”;监察联络员改革走深走实,全区配备监察联络员70名,覆盖12个镇(街道、管理处)。“洪城红”共驻共建筑起公共法律服务工作项目在全市基层党建工作项目评价中获一等次评价;党建研究论文《东湖区构筑“五纵五横”城市基层党建共同体》荣获全省“提高党的建设质量”专题研讨优秀论文,并作为全省唯一县区级代表,参加全国党建研究会研讨班。

(李怡璇)

保密机要工作

【概况】 2019年,东湖区坚持党管密码、党管保密这一最高政治原则,始终同以习近平同志为核心的党中央保持高度一致,确保机要保密工作始终沿着正确的方向前进。切实增强紧迫感和责任感,提升机要保密工作服务保障水平,在确保指示政令畅通、保护国家秘密中发挥更大作用。聚焦重点难点问题,严格落实管理责任,扎实做好保密基础性工作,坚决守住绝对安全这条底线,以发展理念、工作思路、重要举措的创新推动保密各项重点工作任务落实到位。

【健全保密工作机制】 2019年,东湖区召开了保密委全体(扩大)会议,学习传达市有关会议精神,总结、部署全区保密工作。区委保密机要局督促全区各单位按要求明确保密工作分管领导,配备了专(兼)职保(涉)密人员,指导全区各单位明确了保密工作的职责与内容,建立完善了保(涉)密人员管理、上网信息审批、涉密介质管理等制度,进一步规范了保密工作程序。为做好全区机构改革期间的保密工作,防范失泄密事件发生,保障机构改革工作平稳有序高效推进,制定下发了《关于做好机构改革期间保密工作的通知》,积极联系指导全区各涉改单位做好了涉密档案交接工作。

【升级保密技术设备】 2019年,东湖区对重点保密技术设备实施升级。对核心密码机房设备进行了全面升级改造,对核心设备全面实现了国产化替代,有效提升了机要密码通信安全。高标准地推进了电子政务内网横向展开工作,制定了第一批8家试点单位横向展开计划。统一了工作程序和标准,确保所有试点单位按时保质的完成了网络布线和涉密计算机国产化替代,并按保密要求安装了“三合一”防护软件,配备了“三铁一器”,明确了专人负责管理,高分通过了全省党政机关电子公文系统安全可靠应用试点项目分级保护测评。高效高质的保障了涉密电视电话会议的技术保障,全年保障会议16次,得到了省市业务部门的好评。加强了重点单位非涉密计算机巡查工作,依靠非涉密计算机监管平台全年共排查可疑信息2300余条,下发整改通知书23份。

【强化保密宣传教育】 2019年,东湖区强化保密宣传教育。结合保密法制宣传月活动,充分利用板报展览,悬挂标语、沿街店面LED屏等载体,广泛深入开展保密法治宣传,不断增强干部群众的保密意识。积极组织专(兼)职保(涉)密人员参加上级保密部门举办的各类培训班。结合电子政务内网横向展开试点工作需要,及时召开了8家试点单位分管负责人和具体经办同志的保密业务培训会,提高了试点单位干部保密意识和工作能力。强化督促检查,开展了全区保密工作全方位大检查,通过检查全面排查漏洞消除隐患,督促落实防范措施,增进了有关单位安全保密意识,提升了保密工作水平。

(肖自强)

信访工作

【概况】 2019年,东湖区以习近平总书记加强和改进人民信访工作的重要思想为根本遵循，全力做好了中华人民共和国成立70周年大庆等重大活动、重要节点的信访稳定各项工作。全年，全区信访总量为679批3350人次，批次和人次同比分别下降28%和29%；赴京非接待场所涉访19人次，同比下降59.6%，信访形势持续好转。

【强化信访工作的组织领导】 2019年，东湖区坚持党政一把手亲自抓、负总责，把信访工作纳入全局工作中去研究、部署、推进，坚持领导干部阅批群众来信制度和主要领导亲自抓、分管领导具体抓的工作机制，区领导对重要信访事项亲自参与解决，亲自批阅群众来信，亲自接待上访群众。区信访工作联席会议建立动态调度机制和信息共享机制经，常性、规律性召开调度会，先后召开专题调度会4次，研判调度突出信访问题24件。

【畅通信访渠道】 2019年，东湖区不断畅通群众利益诉求渠道。区县级领导每个工作日轮流接待群众来访暨视频接访工作和区县级领导下访约访工作，全年区县级领导来区信访局接访、到基层下访约访共计500余次。规范日常群众来访接待、来信办理、网上信访和省市长手机信箱信访件办理工作，引导群众更多以网电形式反映诉求。网上信访公信力提升，全区网上信访占比为76%，同比增加8.1个百分比。

【强化信访突出问题排查化解】 2019年，东湖区对上级交办和本级排查出来的信访突出问题认真筛选后，对199件重点信访事项实行区、责任单位两级领导包案，向全区各重点责任单位交办赴京非访重点信访人员、本级排查的集体访等重点信访人员500余人次。通过开展党政领导干部大接访活动、信访积案"四大攻坚战"和信访积案大化解活动，化解信访积案、难案36件。

【保障重要节点稳定】 2019年，东湖区通过京昌联动、每日调度、警地协作等措施，实现了重要节点赴京非接待场所涉访为零。第二届"一带一路"国际合作高峰论坛、中共十九届四中全会、世界VR产业大会、第十七届国际农产品交易会和全省重要会议、重要活动等重要时期，全区先后派出干部400余人次进行维稳保障。

【依法规范信访秩序】 2019年，东湖区对多名非正常信访人员进行了依法处置，规范信访秩序。

（岳江凡）

对台工作

【概况】 2019年，东湖区对台工作以习近平新时代中国特色社会主义思想为指导，坚定不移贯彻"和平统一、一国两制"方针，坚持稳中求进工作总基调，把党中央对台工作决策部署落到实处。区台办完成实际利用台资980万美元，现汇189万美元，实际利用内资16000万美元，新增税收100.8万元，引进了注册资金1000万内资项目6个，亿元项目1个，注册台资项目1个。

【参加省台办在东莞组织的招商引资会】 4月18日，东湖区参加了由省台办、省商务厅主办的2019年东莞（江西）招商引资推介会，此次推介会在广东省东莞市举行，230余名在粤台商参加活动。在推介会上，积极对接老朋友、主动洽谈新客商，对接了一批有兴趣到赣投资考察的台商。

【参加海峡两岸经贸交易会】 5月18日，东湖区参加了（福州）海峡两岸经贸交易会。主动对接参会企业、客商，并带去区招商引资手册，意在突出东湖区招商引资成效，提升交流合作成果，与沿海地区企业建立良好互动。

【开展涉台宣教进社区活动】 10月14—17日，东湖区台办组织开展"携手推动两岸关系和平发展　同心实现中华民族伟大复兴"主题涉台教育活动。活动现场共发放300本涉台教育宣传册，台办干部现场为的市民讲解宝岛台湾的历史文化、风土人情、党中央对台政策论述等多方面知识。

【开展"精准服务台企月"活动】 11月，东湖区组织开展"精准服务台企月"活动。活动开展期间，区台办走访辖区内台资企业元祖食品、南昌市馥郁餐饮管理有限公司、永康高端节能产业（江西）有限公司等50余次，台商台胞反映问题总解决率在95%以上，同时确保反映的问题"件件有回音"。进一步优化东湖区涉台营商环境，做好在赣台资企业服务工作。

【组织台商参加招商推介会】 12月9日，南昌市东湖区“三请三回”暨现代服务业（上海）招商推介会，区台办特邀请蜂鸟供应链公司、上海硕丰金控集团和瑞思客（重庆）市场管理有限公司三家企业参会。

（肖舒婷）

老干部工作

【概况】 2019年，东湖区老干部工作坚持以人为本、服务为先，围绕落实老干部的政治、生活待遇，突出抓好离退休干部思想政治建设和党支部建设，不断深化服务管理工作，努力提升老干部幸福感和满意度，较好地完成年度工作任务。截至年底，全区共有离休干部33人（其中移交到东湖区属地管理的省属改制企业离休干部17人），副县级以上（含享受副县级待遇）的退休干部98人，离退休干部总数131人。全区共有1个离退休干部党总支，7个离退休干部党支部，离退休干部党员385名。

【举办全区离退休干部形势报告会】 1月23日，东湖区召开离退休干部形势报告会，向广大老干部通报了全区2018年经济社会发展情况和2019年发展要求。区委书记刘闯出席并作形势报告，区委副书记贾彧超主持会议，区领导万里涛、袁晨、欧阳桃花出席会议。全区副县级以上离退休干部，离退休干部党支部书记及各镇（街道、管理处）党委主要负责人，各镇（街道、管理处）、区委各部门、区直各单位分管领导参加会议。

【老年大学完成改造投入使用】 1月，老年大学提升改造项目基本完工，3月1日，改造后的老年大学正式开学投入使用。

【离退休干部棋牌比赛活动】 3月29日，东湖区老干部工作部门组织开展2019年度全区离退休干部棋牌比赛活动。活动共设麻将、扑克牌、象棋、跳棋、围棋、乒乓球6个比赛项目。春日里阳光和煦，比赛现场热闹、和谐、团结，老干部们叙旧、聊天、比赛，笑声不断，现场一片“棋”乐融融。

【老年教育工作会暨重阳节庆祝会】 9月26日上午，东湖区老年教育工作会暨重阳节庆祝会在区老年大学演艺厅召开。区委书记刘闯出席并讲话，区委副书记贾彧超主持会议。会上，区老年大学校长闵建波宣读了表彰决定。区委书记刘闯指出，东湖区老年教育委员会认真贯彻落实中央、省、市、区老年教育各项工作部署，在办学环境、规模、水平、质量、效益等方面有明显提升，做到投入有力度、办学有温度、成绩有亮度。区老年教育工作委员会成员单位、区副县级以上离退休干部、社区老年学校负责人、区老年大学部分教师及学员代表参加会议。

【老年书画、摄影作品展】 9月29日，东湖区举行“魅力东湖展新颜，共庆祖国七十华诞”书画摄影作品展。老干部寄情书画摄影创作，用书画摄影作品描绘中华人民共和国成立70周年的伟大成就。

【开展主题教育宣讲活动】 10月29日，东湖区关爱报告团积极开展“腾飞中国、辉煌70年”主题教育活动，庆祝中华人民共和国成立70周年，弘扬爱国精神，传承红色基因。报告团成员分别在东湖区城北学校、光明学校等20余所中小学开展宣讲活动，全区共有近万人聆听此次宣讲报告。

【卡拉OK歌唱比赛】 12月17日—12月20日，东湖区老干部活动中心、老年大学举办“迎新春·贺新年”卡拉OK歌唱比赛，以贯彻落实中共十九届四中全会精神，展示老年人多姿多彩的文化生活，丰富老年人的精神文化世界。

（李　芫）

机构编制工作

【概况】 2019年，东湖区全力推进新一轮党政机构改革，将事业单位改革与党政机构改革、综合行政执法体制改革、行业体制改革、公益服务机构改革等相衔接，以创新体制机制为核心，着力推进政事分开，破除体制机制障碍，提高行政效能，提高公益服务能力和水平，为推进高质量跨越式发展，打造实力东湖、创造活力东湖、塑造魅力东湖提供保障。

【扎实推进机构改革】 1月7日，东湖区印发《南昌市东湖区机构改革实施方案》。方案以2018年底省委、省政府批复的《南昌市东湖区机构改革方案》为依据和指导，将改革任务、衔接单位和主要举措进行科学合理的分解，对主要任务、责任部门、完成时间等组织实施工作进行分工细化。改革后，区级共设置党政机构33个，其中党委工作机关12个、政府工作部门21个。3月底前完成涉改部门领导班子配备、机构挂牌、集体办公、印章刻制，以及涉及70多名行政、事业人员的转隶工作，印发涉改部门“三定”方案15个、机构编制事项调整的通知17个。

【机构改革动员大会】 1月7日，东湖区召开机构改革动员大会。会议以习近平新时代中国特色社会主义思想为指导，全面贯彻中共十九大和十九届二中、三中全会精神，深入学习贯彻习近平总书记关于深化党和国家机构改革的重要论述，聚焦高质量完成机构改革目标任务，部署推进全区机构改革组织实施工作。会议由区长高辉红主持，区委、区人大常委会、区政府、区政协领导班子成员，区法院、区检察院主要负责人，扬子洲镇、各街道（管理处）党政主要负责人，区委各部门、区直各单位主要负责人参加。

【全区机构改革工作会】 3月28日，东湖区召开机构改革工作会。会议由区委书记刘闯主持，区长高辉红、区委副书记贾彧超、区委组织部部长唐铭市、区纪委书记刘光荣出席，区委、区政府有关部门主要负责人参加。会议审议通过涉改单位人员转隶名单、涉改单位办公用房分配方案、区直承担行政职能事业单位改革方案、涉改单位“三定”方案和部分单位机构编制调整事宜。

【全面清理事业单位行政职能工作】 3月下旬，东湖区委编委印发《南昌市东湖区直承担行政职能事业单位改革方案》。方案对全区事业单位承担的行政决策、行政执行、行政监督等职能进行严格甄别和全面梳理，研究形成《南昌市东湖区直承担行政职能事业单位行政职能回归机关清单》和《政府部门行政权力调整清单》的基础上制定出台，由区委、区政府统一领导，区机构改革领导小组办公室牵头抓总，区委编办负责指导协调，各主管部门抓好所属承担行政职能事业单位改革的组织实施。3月底，涉及22个区委区政府直属事业单位和部门所属事业单位承担的行政职能已全部剥离，回归至17个相应主管部门，并在主管部门“三定”方案或机构编制事项调整的通知中予以体现。

【生产经营类事业单位改革工作】 11月8日，东湖区印发《东湖区区属从事生产经营活动事业单位改革实施方案》。该方案明确了改革的目标任务、组织机构、实施范围及时间、基本原则和改革方式，严格了资产管理、人员安置、社保衔接和机构编制管理方面的相关政策，细化工作步骤、职责分工和具体要求。12月28日，东湖区委编委印发各涉改事业单位撤销实施方案的批复。批复后，各经营类事业单位的资产处置、人员安置及社会保险关系接续、事业单位法人注销等工作有序推进。

【基层整合审批服务执法力量改革工作】 12月24日，东湖区印发《东湖区推进基层整合审批服务执法力量的实施方案》，全区所有街道、镇纳入改革范畴，依法明确乡镇和街道执法主体地位，进一步推进乡镇（街道）职能转变，优化乡镇（街道）运行机制，统筹优化乡镇（街道）机构设置，创新乡镇（街道）编制管理，构建简约高效的基层管理体制。在时间节点内重新制定、印发了扬子洲镇及各街道的“三定”方案。

【配合市级综合行政执法改革】 2019年，东湖区按照中央关于整合组建市场监管、生态环境保护、文化市场、交通运输、农业等5个领域综合执法队伍的要求，在上级确定的应由区级执法的领域整合组建相应的执法队伍。进一步加大整合力度，实行更大范围的综合执法。按照市委、市政府统一部署，落实市和市辖区原则上只设一个执法层级的要求，积极配合市级部门完成市场监管、生态环境保护、文化市场、交通运输、农业等5个领域综合执法队伍的整合组建工作。

【事业单位登记管理服务标准化建设】 2019年，东湖区进一步推进事业单位登记管理业务标准化建设，建立健全“窗口”服务制度和机制，实现统一受理、统一回复、一站式服务，推行即时办结和办理时限承诺制。实现事业单位登记业务办结时限比法定时限压缩50%以上，机关群团统一社会信用代码赋码做到100%现场申请、现场办理，大大简化优化登记审批服务流程。同时，探索线上线下一体化服务,利用"事业单位在线"网站功能,推进登记公告、年度报告公示等信息一网归集、一网公开,实现年度报告"零跑腿"、其他登记"最多跑一次"的预期目标。

(杜涤欣)

党校工作

【概况】 2019年,东湖区全面贯彻《干部教育培训工作条例》,充分发挥党校干部教育培训的主渠道、主阵地作用,以实际工作需要为导向,注重党校教学质量,创新培训理念、教学内容、培训模式,努力提升培训效果,大力推进干部教育培训工作的科学化、制度化、规范化。全年,区委党校共举办各类培训班22期,参训人员20000余人次。

【全区组织员暨党务工作者理想信念教育培训班】 3月,东湖区委党校联合区委组织部,组织全区各镇(街道、管理处)党委(党工委)组织员办主任(组织员)和各区直系统党委专职党务工作者进行培训,培训采用异地教学培训形式,主要采取专家授课与现场教学相结合的方式进行、进一步坚定全区广大党务工作者的理想信念,切实加强全区基层组织员和党务工作者队伍建设。

【全区综治维稳防范干部培训班】 5月,东湖区委党校联合区委政法委开展培训,培训分两阶段进行,集中学习阶段邀请了行业专家学者对"新媒体时代舆情应对与舆论引导"和"深入开展扫黑除恶专项斗争,共建平安和谐新都"作专题辅导和解读,第二阶段分别组织全区各单位的综治工作分管领导和部分综治干部赴杭州厦门两地学习相关单位在综治维稳工作方面的先进经验和做法,进一步提高综治干部的思想政治素质和政策水平,使之更好地掌握社会管理综合治理的方针、政策、主要工作内容和工作方法,不断提高创新能力,做好新形势下的综治工作。

【全区村级监察联络员业务培训班】 3月,东湖区委党校联合区纪委组织全区村级监察联络员开展培训。培训内容丰富,既有政策宣讲,又有业务指导,还组织全体学员前往南昌市党章教育馆参观,系统的学习党章、梳理党章历史沿革、回顾入党历程、重温入党誓词、开展履职宣誓,全面把握党章的科学内涵,进一步提高全区村级监察联络员的政治涵养和业务能力。

【区直机关党务工作者理想信念教育培训班】 6月,东湖区委党校联合区直工委组织区委各部门、区直各单位分管领导赴赤水市委党校进行培训,培训班围绕学习贯彻习近平新时代中国特色社会主义思想和中共十九大精神,继承红色基因、发扬革命传统,开展室内教学、现场观摩、红色基地参观等一系列党性教育活动,坚定领导干部的理想信念,增强了党性修养。

【中青年干部政治理论培训班】 12月,东湖区委党校联合区委组织部举办东湖区中青年干部政治理论培训班,共有53名学员参加,教学形式多样,有专题教学、体验式教学、模拟教学、现场教学、互动教学、课题调研等,既有在区里的本地教学,也有在市委党校的教学,还有在方志敏干部学院的异地教学,针对性强、覆盖面广,切实提升了中青年干部的政治素质和综合能力,更加坚定理想信念,牢记初心和使命。

【组织参加各项评比活动】 2019年,东湖区委党校制作的视频作品《历次党代会极简史》选送参加市委组织部开展的"不忘初心、牢记使命"微视频评比活动,获评单项优秀奖。党校还选派了教师参加市委党校系统精品课比赛,并获优秀奖。

(周　凯)

党史与地方志工作

【概况】 2019年,东湖区史志工作围绕区委、区政府工作大局,认真贯彻落实2010年以来中央和省、市、区各级党委关于加强和改进新形势下党史工作的相关文件精神以及《地方志工作条例》《江西省实施〈地方志工作条例〉办法》,以深入学习宣传贯彻中共十九大精神为主线,抓住中华人民共和国成立70周年契机,大力开展党史宣传教育活动,以《东湖年鉴(2019)》编纂工作为抓手,全力推动地方志工作不断向前迈进。《东湖年鉴(2019)》荣获江西省第五届年鉴质量评比二等年鉴。

【党史宣传教育工作】 2019年,东湖区史志工作部门围绕中华人民共和国成立70周年和"不忘初心、牢记使命"主题教育活动,积极参与并主动开展党史宣传教育工作。5月26日,积极参加区委办公室党支部组织到共青城瞻仰胡耀邦陵园活动,接受革命传统教育。9月,按照区委要求,开展"不忘初心、牢记使命"主题教育活动,全程派人参加读书班研讨活动、撰写学习心得,并深入基层开展调查研究,撰写调研报告,通过认真检视自身问题,狠抓整改落实,促进史志工作。10月1日,认真收听收看国庆大阅兵和群众游行活动;11月,及时开展中共十九届四中全会精神学习活动,听取市委宣讲团宣讲,领会会议精神实质,结合实际撰写学习体会。

【月度大事记编写和信息上报工作】 2019年,东湖区史志办公室编写《东湖大事记》12期、约9.7万字;坚持每月向《南昌大事记》(内刊)上报东湖大事信息,编发上报稿件142篇、约2.6万字,用稿97篇,比较准确、及时地反映了东湖区发生的大事和史志工作最新动态。

【编印《东湖大事记(2018)》】 3月,东湖区史志办公室在2018年月度《东湖大事记》资料的基础上,充实完善2018年全区经济社会发展各方面情况的大事、要事资料,按照时间先后顺序,以月、日编排,7月完成《东湖大事记(2018)》的编印工作。该书为年度大事记(内部资料),以编年体为主,约8.7万字。

【《东湖年鉴(2018)》荣获全省年鉴质量评比三等年鉴】 6月,由中共东湖区委、东湖区人民政府主办,东湖区史志办公室具体负责编纂的《东湖年鉴(2018)》在江西省第四届年鉴质量评比活动中获得三等年鉴,这是《东湖年鉴》获得的又一个奖项(第二个奖项),也是东湖区地方志工作取得进展的又一个重要标志。

【开展省、市年鉴2019卷组稿工作】 3月,东湖区史志办公室按照2019年《江西年鉴》编辑委员会、《南昌年鉴》编辑委员会的工作要求,严格遵循年鉴编纂体例要求,将东湖区2018年度比较有影响和代表性的反映当年全区经济社会发展的大事、要事及部分图片资料,编成文稿材料提供给省、市年鉴编辑部,分别上报年鉴文稿约0.45万字和0.85万字、图片资料共11张(幅),相关上报材料均被《江西年鉴(2019)》和《南昌年鉴(2019)》分别采用。

【制定《东湖年鉴(2019)》编纂工作方案】 2月,东湖区史志办公室按照上级业务部门年鉴编纂"一年一鉴"的工作要求,结合全区年鉴编纂工作实际,从指导思想、篇目结构、稿件要求、篇目及撰稿单位分工等方面详尽、规范地编写《〈东湖年鉴(2019)〉编纂工作方案》,并以"东办字〔2019〕1号"文件下发全区贯彻落实。该方案在2018年的基础上进行一些调整,对部分类目的相关分目进行了完善,使之更加科学合理,做到内容全面、要求明确、操作性强。同时,新增了"索引"类目。

【《东湖年鉴(2019)》公开出版】 2019年,东湖区史志办公室按照《〈东湖年鉴(2019)〉编纂工作方案》要求,认真组织开展年鉴编纂工作,收集全区69个相关单位(部门)年鉴资料近97万字、图片资料3300余张(幅),通过工作人员改写、编辑、校稿,9月完成初稿并分别报送上级业务主管部门及相关领导审核。11月,《东湖年鉴(2019)》由方志出版社正式出版发行。该书记述2018年东湖区政治、经济、文化、社会生活以及人文与自然等各方面的主要资料和信息,为社会各界提供较为翔实的地情资料,具有较强的权威性、指导性、实用性和可读性。

【积极参与全区中心工作】 2019年,东湖区史志办公室坚持大局意识,全员参与全区各项中心工作。积极参与城区文明创建工作和城市扶贫工作。一是按区里的统一部署,到挂点的聆江社区开展"美丽南昌,幸福家园"环境综合整治活动;二是坚持参加每月的东湖文明日活动,深入社区开展文明宣传;三是到扶贫挂点社区开展城市帮扶工作。7月,派员到挂点的扬子洲镇三联村参与防汛抗洪工作,认真按照村里的安排值班值勤,开展巡堤工作。

(陈耀武)

南昌市东湖区人民代表大会

综 述

2019年，东湖区人大常委会坚持以习近平新时代中国特色社会主义思想为指导，紧扣全区重大决策部署和群众期盼关注，依法履职、积极作为，各项工作取得新进展。全年共召开常委会会议7次，主任会议10次，共审查规范性文件7份，审查文件目录84条；听取审议专项工作报告19项，开展专题询问1项，开展专题调研20项；办理代表建议57件，依法任免国家机关工作人员36人次。

2019年，区人大常委会自觉提高政治站位，把握人大职能特点，精心制定了全年工作要点，确保人大工作沿着正确方向、踩着坚实步伐前进。听取了区政府上半年经济运行情况报告和区法院、区检察院上半年工作情况报告，听取和审议了政府机构设置调整、家庭医生签约服务、文物保护、生态文明建设等工作情况汇报，认真负责地提出审议意见，支持和督促“一府一委两院”落实好区委决策部署，依法行政、公正司法，把改革、发展、稳定各项工作做得更好，推动全区经济加快转型升级。建立区人大预算审查监督咨询专家库，对区政府及有关部门预算执行情况进行监督，促使优化资源配置，提高资金使用效益。组织部分区人大代表对全区重大重点项目推进情况进行集中考察，汇集众智群力，共破难点堵点。围绕群众当前生产生活急需解决的热点难点问题，区第十六届人大四次会议票决出10个2019年度民生实事项目，总投资10087.29万元。区人大常委会先后制定专项监督方案、评估方案，成立项目监督小组、评估小组，由常委会领导、各委办、各行业人大代表参加，通过考察、走访、座谈以及听取汇报等形式监督项目实施，进行客观实在评估，有效推动各个项目落地落实，见功见效。围绕人民群众广泛关注的重点领域，精心组织调研和监督，促进解决实际问题。开展《中华人民共和国水污染防治法》实施情况执法检查，区委书记刘闯同志、区长高辉红同志以普通区人大代表身份参加实地执法检查。针对城市管理工作，对区政府及有关部门开展专题询问，与会代表就垃圾分类、共享单车等一系列疑难问题提出询问，有关部门认真应询。就全区居家和社会养老服务工作情况深入开展视察和调研，摸清底数、查找问题、提出建议，为区委区政府精准决策提供依据，助推养老事业健康发展。协助市人大对全区消防基础设施建设情况开展专项监督。听取并审议区法院《刑事审判工作情况报告》、区检察院《诉讼监督工作情况报告》，提出有关审议意见，着力形成以人为本、公平正义的法治环境。配合全国人大教科文卫委、社会建设委员会做好《中华人民共和国公共文化服务保障法》《社会救助法》的实施情况调研。倡议推动建设的宪法广场，被选为全市国家宪法日主题宣传教育活动启动场地。

重要会议

【概况】 2019年，中共东湖区人大常委会党组、东湖区人大常委会深入学习贯彻中共十九大精神，坚持党的领导、人民当家做主和依法治国的有机统一，紧紧遵循宪法法律依法履职，紧紧围绕中心工作尽责履职，紧紧依靠全体代表积极履职。

勇于担当、主动作为、开拓创新、注重实效，为全区经济社会健康发展做出了积极贡献。

【区第十六届人大常委会第十八次会议】 2月28日，区第十六届人大常委会第十八次会议在区人大常委会会议室召开。出席会议的有区人大常委会主任、副主任及委员共计23人。列席会议的有区人民政府副区长袁晨、区人民法院副院长胡昊、区人民检察院副检察长罗建珍、区人大副县级干部桂兵，以及区人大、区政府办、街道相关部门人员和部分区人大代表。会议传达学习了江西省第十三届人大三次会议精神和南昌市第十五届人大五次会议精神和《中华人民共和国各级人民代表大会常务委员会监督法》；会议通过了东湖区第十六届人大常委会2019年工作要点与安排、东湖区人大常委会内务司法工作委员会更名为东湖区人大常委会监察和司法工作委员会的决定和2019年区政府民生实事项目人大代表监督方案；会议以电子表决器表决方式进行人事任免。

【区第十六届人大常委会第十九次会议】 3月27日，区第十六届人大常委会第十九次会议在区人大常委会会议室召开。出席会议的有区人大常委会主任、副主任及委员共27人。列席会议的有区人民政府区长高辉红、区监察委副主任肖迎春、区人民法院院长梁洪、区人民检察院副检察长罗建珍、区人大副县级干部桂兵，以及区人大、街道相关部门人员和部分区人大代表。会议听取了东湖区人民政府关于机构设置和调整情况的报告会议审议通过人事议案。会议以电子表决器表决方式进行人事任免，并举行宪法宣誓仪式。

【区第十六届人大常委会第二十次会议】 4月24日，区第十六届人大常委会第二十次会议在区人大常委会会议室召开。出席会议的有区人大常委会主任、副主任及委员共25人。列席会议的有区人民政府副区长童萍如、区监察委副主任肖迎春、区人民法院院长梁洪、区人民检察院副检察长罗建珍、区人大副县级干部桂兵，以及区人大、区政府办、街道相关部门人员和部分区人大代表。会议听取并审议了区卫健委关于东湖区家庭医生签约服务情况的报告、区文广新旅局关于东湖区2018年文物保护工作情况的报告。会议听取区人大常委会代表资格审查委员会关于区第十六届人民代表大会代表资格的审查报告。

【区第十六届人大常委会第二十一次会议】 7月4日，区第十六届人大常委会第二十一次会议在区人大常委会会议室召开。出席会议的有区人大常委会主任、副主任及委员共26人。列席会议的有区人民政府区长高辉红、区监察委副主任肖迎春、区人民法院院长梁洪、区人民检察院检察长杜迎春、区人大副县级干部桂兵，以及区人大、区政府办、街道相关部门人员和部分区人大代表。会议听取并审议区法院刑事审判工作情况的报告、区检察院诉讼监督工作情况的报告、区政府关于办理区第十六届人大四次会议代表意见、建议情况的工作报告、区人大常委会代表资格审查委员会关于区第十六届人民代表大会代表资格的审查报告。会议以电子表决器表决方式进行了人事任免，并举行了宪法宣誓仪式。

【区第十六届人大常委会第二十二次会议】 8月28日，区第十六届人大常委会第二十二次会议在区人大常委会会议室召开。出席会议的有区人大常委会主任、副主任及委员共22人。列席会议的有区人民政府常务副区长雷强、区监察委副主任肖迎春、区人民法院院长梁洪、区人民检察院副检察长罗建珍、区人大副县级干部桂兵，以及区人大、区政府办、街道相关部门人员和部分区人大代表。会议听取了区政府上半年经济运行情况的报告、区法院上半年工作情况的报告、区检察院上半年工作情况的报告。会议听取和审议了区财政局《关于东湖区2019年1—6月财政预算执行情况的报告》、区发改委《关于东湖区2019年1—6月国民经济和社会发展计划执行情况报告》。会议以电子表决器的表决方式进行人事任免。

【区第十六届人大常委会第二十三次会议】 10月24日，区第十六届人大常委会第二十三次会议在区人大常委会会议室召开。出席会议的有区人大常委会主任、副主任及委员共25人。列席会议的有区监察委员会主任刘光荣、区人民政府副区长万明、区人民法院院长梁洪、区人民检察院副检察长罗建珍、区人大副县级干部桂兵，以及区人大、区政府办、街道相关部门人员和部分区人大代表。会议听取和审议了区政府城市管理专项工作情况报告 、区审计局《关于东湖区2018年财政预算执行和收支情况的审计工作情况报告》、区财政局《关于东湖区 2018 年区级财政决算的报告》。会议以电子表决器的表决方式进行人事任免，并组织新任职干部进行宪法宣誓仪式。

【区第十六届人大常委会第二十四次会议】 12 月 25 日，区第十六届人大常委会第二十四次会议在区人大常委会会议室召开。出席会议的有区人大常委会主任、副主任及委员共 27 人。列席会议的有区人民政府常务副区长雷强、区监察委副主任金栋、区人民法院院长梁洪、区人民检察院检察长杜迎春、区人大副县级干部桂兵，以及区人大、区政府办、街道相关部门人员和部分区人大代表。会议听取了区政府 2019 年度民生实事代表票决项目完成情况报告、区政府关于 2018 年度行政事业性国有资产管理情况的综合报告、东湖区 2019 年度民生实事项目评估情况报告；会议听取并审议区生态环境局《关于东湖区生态文明建设工作情况报告》、区政府关于 2018 年度行政事业性国有资产管理情况的专项报告、区政府关于提请审议 2019 年区级预算调整方案（草案）的议案。会议以电子表决器表决方式进行人事任免。

2019 年 12 月 25 日，东湖区人大常委会举行十六届人大二十四次会议

监督工作

【概况】 2019 年，东湖区人大常委会着眼于促，立足于帮，积极回应群众对更加美好生活的需求，努力使人大依法履职与全区中心工作合拍同步，为东湖发展凝心聚力。同时，加强自身建设，着力提升常委会及其机关履职能力和工作水平。

【推进家庭医生签约工作】 4 月 24 日，区人大常委会听取并审议了区卫健委家庭医生签约服务工作情况报告。要求继续做好相关工作，加强宣传引导，推进医联体建设，提升家庭医生团队的基本医疗能力，努力满足群众的医疗健康服务需求。制定全科医生队伍建设。着重培养现有社区医生，包括全科医生招聘、培养、考核、管理、使用的等内容的具体规划，充分挖掘大型医院医师资源，让想干事，能干事的年轻医生加入到家庭医生服务的行列中来。建立家庭医生签约服务专项资金保障机制和激励机制。建立家庭医生绩效工资补偿机制，对签约居民实行配套优惠政策。科学制定家庭医生签约服务的工作内容和操作流程。由于医生团队不足，建议优先向重点人群提供服务，明确服务内容，提供适宜、可及的基本医疗卫生服务，增加居民感兴趣的特殊服务，如预约门诊、家庭诊疗护理服务、VIP 式双向转诊服务等。加强医疗信息化建设。通过互动平台、网站、手机客户端、微信等手段，实现预约、咨询、健康管理等功能，加大服务宣传力度，让更多的居民了解并享受家庭医生的服务。建立家庭医生满意度测评体系。制定不同需求的签约服务内容，通过不断优化签约服务内涵，满足居民的多样化医疗服务需求。

【关注文物保护工作】 4 月 24 日，区人大常委会听取并审议了区文广新旅局关于东湖区 2018 年文物保护工作情况的报告。要求区人民政府及主管部门认真贯彻“保护为主、抢救第一、合理利用、加强管理”的文物工作方针，切实抓好文物普查、推动文物利用、加强文物修缮保护等重点工作，在城市化进程中努力传承历史文化文脉，全面掌握了全区文物保存状况和价值，为建立健全文化遗产保护体系、传承弘扬优秀传统文化奠定坚实基础。

【维护司法公平正义】 7 月 4 日，区人大常委会听取并审议区法院刑事审判工作情况的报告。要求继续认真履行法律职责，以维护安全稳定为第一责任，紧紧围绕“努力让人民群众在每一个司法案件中感受到公平正义”为目标，积极推动平安东湖建设，有力维护和促进了全区社会的和谐稳定。听取并审议了区检察院诉讼监督工作情况的报告。要求继续牢固树立“在监督中办案，在办案中监督”的监督理念，深耕诉讼监督主责主业，严把是事关、证据关和法律适用关，为确保社会大局稳定、促进社会公平正义做出了积极贡献。

【举行城市管理工作情况专题询问会】 10月24日，东湖区人大常委会以联组会议的形式开展城市管理工作专题询问。旨在更深入地了解东湖区城市管理工作情况，把脉城市管理重症顽疾，落实好《南昌市城市管理条例》等法律法规，进一步推动了东湖区城市管理工作水平提质升级。出席此次会议有的区人大常委会班子成员、区政府副区长万明，区人大常委会委员、各街道人大工委主任、区政府各组成部门主要负责人、部分区人大代表共80余人参加会议。专题询问会采取一问一答的形式，鼓励询问人进行追问、点评。内容涵盖了垃圾分类、电动车管理、流动摊点占道经营、社区环境整治、大气污染治理、市政设施、农贸市场管理等9个方面的问题。区城管局、区城建局、区房管局、区环保局、区商务局、区自然资源局、东湖交警大队等单位主要负责人进行了答询。

【健全代表建议办理责任制度】 7月4日，区人大常委会听取并审议了区政府关于办理区第十六届人大四次会议代表意见、建议情况的工作报告。区十六届人大四次会议期间共收到区人大代表建议57件。区政府办在规定时间内召开人大建议交办会，明晰工作责任，落实承办主体。在办理过程中，各承办单位遵循思想认识、责任领导、承办人员、办理措施、办结时限、办理效果“六到位”的原则，把协商沟通贯穿于办理工作全过程，对提出意见的代表基本上都进行上门走访，为建议办理工作更加严谨有序提供保障。

【督促生态文明建设工作】 12月25日，区人大常委会听取并审议了区生态环境局关于生态文明建设工作情况报告。要求区环境生态局高度重视环保生态建设，全面强化大气、水、土壤等重点领域污染防治，求真务实，攻坚克难，切实解决一批人民群众反映强烈的生态环境突出问题。保持战略定力。统筹经济社会发展与生态文明建设，坚持标本兼治、综合施策，更高水平推进治水、治气、治土、治废工作，为加快东湖区高质量发展提供良好的生态环境支撑。突出问题向导。高度重视中央及省环保督查整改销号工作，认真抓好问题整改督办。补齐环保基础设施能力短板，发挥科技支撑作用，完善行政执法与司法协调联动机制，依法惩处生态环境违法犯罪行为。加大宣传力度。充分利用新媒体开展生态环境保护政策法规宣传和知识普及，鼓励公众监督环境违法行为，真正实现生态文敏建设全民动员、全员参与、全区治理、全面提升。

【强化常委会自身建设】 2019年，区人大常委会切实加强思想政治、履职能力、工作作风等方面的建设，不断提升依法履职尽责的意识和能力，努力打造成全面担负起宪法法律赋予的各项职责的工作机关，同人民群众保持密切联系的代表机关。以“学习、研究、宣传、贯彻习近平总书记关于坚持和完善人民代表大会制度的重要思想”为主题，赴瑞金干部学院开展专题教育，强化了思想武装，提升了理论修养。按照区委部署，扎实开展第二批“不忘初心牢记使命”主题教育活动，牢牢把握“守初心、担使命，找差距、抓落实”这个总要求，紧紧围绕学习贯彻习近平新时代中国特色社会主义思想这条主线，处处抓实学习教育、调查研究、检视问题、整改落实四项重点工作，查找出领导班子问题12条，整改12条，达到“理论学习有收获、思想政治受洗礼、干事创业敢担当、为民服务解难题、清正廉洁作表率”的目标任务。把加强党的领导贯彻到常委会各项工作，自觉用习近平新时代中国特色社会主义思想武装头脑，增强“四个意识”，坚定“四个自信”，坚决做到“两个维护”。不折不扣落实请示报告制度，紧紧围绕区委中心工作，保证区委重大决策和意图的实现，保证区委对人大工作的指示坚决贯彻落实，做到不走样、不打折。切实发挥党组领导核心作用，大力加强了机关党的建设，认真落实党风廉政建设各项要求，积极配合和支持派驻纪检监察组工作，自觉接受监督，确保党中央关于全面从严治党的部署要求落地生根。

代表工作

【概况】 2019年，东湖区人大常委会着力把握新时代人大代表工作的规律和特点，着力密切常委会同代表、代表同人民群众的联系，积极搭建代表履职平台，丰富活动内容，健全工作制度，提升服务水平，充分发挥代表主体作用。

【认真办理代表建议】 区第十六届人大四次会议期间共收到代表建议、批评和意见57件，依照优先解决民意所向、民生所急的原则，常委会认真梳理、建立台账、明确责任，与区政府共同召开交办会议，加强与政府办公室和有关承办单位的沟通联系，实时掌握、分析办理情况，指导和督促办理到位。常委会专题听取和审议了代表建议办理情况。截至2019年底，57件代表建议、批评和意见均已办结，所提问题解决或基本解决的45件，占78.95%；正在解决或已列出计划逐步解决的12件，占21.05%。经满意度测评，满意54件，占94.7%；基本满意2件，占3.5%；不满意1件，占1.8%。

【广泛开展代表培训】 2019年，区人大常委会在青岛市人大培训基地先后举办了两期人大代表培训班，共计组织72人参加。培训深入学习习近平总书记关于坚持和完善人民代表大会制度的重要思想、有关法律法规和业务知识，考察学习了当地人大工作的经验做法。安排了“学习习近平重要思想、坚持完善人大制度”“新时代的人大代表履职”“如何履行好代表职务”“依宪治国必须树立的基本理念”“中国经济新时代、新趋势、新机遇”等专题教学。让代表掌握履职应知应会、了解政情社情，同时也将青岛在经济发展、城市建管、民生福祉等方面的先进理念和发展举措带回到各自岗位中去，通过模范行动，为东湖经济建设和社会发展积极建言献策，更好地履行代表职责。

【积极组织代表活动】 2019年，区人大常委会组织开展“坚持民有所呼、我有所应”为主题的调研活动，就代表建议办理、代表票决制项目、代表联系选民、代表为民办实事等内容开展集体调研5次。同时，组织代表考察全区民生实事项目，力促代表和群众关心、关注的问题得到有效解决。组织“服务群众、奉献社会、共享文明”主题活动，发动全区人大代表积极投身到创建全国文明城市工作中，齐心协力促进创建工作扎实开展。

【启动民生项目票决】 1月11日，东湖区人大代表票决选出区人民政府2019年10个民生实事项目。围绕这些项目，区人大常委会制定了专项监督方案，成立项目监督小组，分别由区人大常委会副主任带队，区人大各委办和各行业的专业人大代表参加，通过考察、走访、座谈以及听取汇报等形式监督项目实施。

【开展法治主题活动】 2019年，区人大常委会在全区人大代表中开展主题为“弘扬宪法精神、建设法治东湖”的法治主题活动，通过专题座谈、代表征文等形式深入学习宣传宪法。12月4日国家宪法日上，在宪法广场举办一场大型的宪法宣传活动，准确、生动、有效地宣传宪法的内容。并组织全区国家工作人员开展向宪法宣誓的活动，不断增强广大干部群众自觉做宪法信仰的崇尚者、宪法内容的遵守者、宪法权威的捍卫者、为实现东湖区社会稳定和长治久安营造良好的法治环境。

人事任免

【概况】 2019年，根据工作需要，东湖区人大常委会依法选举、补选人大代表15人次，任免国家机关工作人员52人次，组织宪法宣誓5次，为奋力开启生产更加高质、生活更具品质、生态更为优质的东湖发展新征程贡献更大力量。

【选举、任免情况】 东湖区第十六届人大常委会第十八次会议，免去柯杞进的东湖区人民检察院检察员职务；免去李桂兰的东湖区人民检察院检察委员会委员、检察员职务。接受万屯娘辞去东湖区第十六届人民代表大会代表职务的请求。

东湖区第十六届人大常委会第十九次会议，免去陈海龙的东湖区公园街道人大工作委员会专职主任职务；免去易年忠的东湖区发展和改革委员会主任职务；免去王长虹的东湖区人民法院审判委员会委员、审判员职务；免去伍建平的东湖区人民法院审判委员会委员职务；免去万芸、郭岚的东湖区人民法院审判员职务。万云初为东湖区人大常委会监察和司法工作委员会主任；杨羽为东湖区百花洲街道人大工作委员会专职副主任；周春雷为东湖区发展和改革委员会主任；熊林梁为东湖区城市管理局局长；张志忠为东湖区农业农村局局长；陈贞珍为东湖区文化广电新闻出版旅游局局长；涂勇为东湖区卫生健康委员会主任；程涛为东湖区退役军人事务局局长；蔡舸为东湖区应急管理局局长；黄超为东湖区市场监督管理局局长；张庆川为东湖区医疗保障局局长；易年忠为东湖区投资促进局局长。

东湖区第十六届人大常委会第二十次会议，根据代表资格审查委员会提出的代表资格审查报告，确认邓纪的代表资格有效。

东湖区第十六届人大常委会第二十一次会议，任命雷强为东湖区东湖区政府副区长；免去夏小兰的东湖区政府副区长职务。接受陈海龙、张小康、易年忠、黄灿、彭晓虹、喻建国辞去东湖区第十六届人民代表大会代表职务的请求。根据代表资格审查委员会提出的代表资格审查报告，确认刘珍泉的代表资格有效。

东湖区第十六届人大常委会第二十二次会议，王绍江为东湖区出席南昌市第十五届人民代表大会代表。免去伍建平、才建军的东湖区人民法院审判员职务。荣玉婷、况太兴为东湖区人民检察院检察员。接受皮非辞去东湖区第十六届人民代表大会代表职务的请求。

东湖区第十六届人大常委会第二十三次会议，接受居国屏辞去南昌市第十五届人民代表大会代表职务请求；接受夏小兰、杨斌、杨征宇、邱波辞去东湖区第十六届人民代表大会代表职务请求。免去李青峰的东湖区环境保护局局长职务；免去金栋的东湖区监察委员会委员职务；侯华力的东湖区人民法院审判委员会委员、审判员职务。吴学锋为东湖区人大常委会办公室主任；杨骥为东湖区八一桥街道人大工作委员会专职副主任；罗年明为东湖区豫章街道人大工作委员会专职副主任；敬小平为东湖区公园街道人大工作委员会专职副主任；冯启明为东湖区大院街道人大工作委员会专职副主任；傅建林为东湖区彭家桥街道人大工作委员会专职副主任；邱波为东湖区环境保护局局长；金栋为东湖区监察委员会副主任。

东湖区第十六届人大常委会第二十四次会议，免去张强的东湖区人民检察院检察委员会委员、检察员职务；免去陈卫英、龚端阳、周运魁、伍洪、章丰平、晏葵、梅国梁、李军、占南生、舒立煌的东湖区人民检察院检察员职务。王义华、刘妍、郑贵阳为东湖区人民法院审判员。根据代表资格审查委员会提出的代表资格审查报告，确认龚玮、周春雷、罗琴、吴学锋、唐浩、陈川、李磊、宋德豪、刘文斌、雷强、黄天祥、李青峰的代表资格有效。

（龚　行）

2019年10月10日，江西省人大督办组一行到东湖区督办民生保障资金和惠民项目审计问题整改情况

南昌市东湖区人民政府

综　述

2019，东湖区人民政府以习近平新时代中国特色社会主义思想为指导，聚焦“在加快革命老区高质量发展上作示范、在推动中部地区崛起上勇争先”的目标定位和“五个推进”更高要求，紧紧围绕“奋力在大南昌都市圈建设征程中续写高质量跨越式发展新篇章”战略主线，不忘初心勇担当，牢记使命展作为，较好地完成区十六届人大四次会议确定的目标任务，经济社会各项事业取得崭新成绩。

发展动能更加强劲。全区地区生产总值同比增长7.5%。社会消费品零售总额完成354.03亿元，同比增长11.1%。完成财政总收入81.4亿元（省口径），同比增长5.7%。三次产业结构比例调整为0.19∶9.86∶89.95，服务业增加值贡献率达80.1%。开展“大干项目年”活动，全年重大重点项目开工40个，开工率比上年度同期高5个百分点。城乡魅力更加彰显。启动了5个旧改地块的房屋征迁。完成贤士二路等15条背街小巷“白改黑”升级改造；新建东万宜巷等12个公共停车场；完成豫章后街等10个老旧小区微改造和南湖、北湖2个老旧小区综合提升改造。投入9000余万元，实施了东、南、北湖水生态修复及周边环境提升改造工程。城市管理向精细化深入，在全市农贸市场、“六小”整治、马路本色、垃圾分类、垃圾广告整治等年度考核中均名列前茅；在全市“美丽南昌·幸福家园”环境综合整治暨城市功能与品质提升行动综合考评获第二名；在全市创建全国文明城市“工作成效大评比”中荣获第二名，居主城区之首。城市生态向品质化提升。全年空气优良天数比重超过85%。民生保障得到夯实。全年推进了涵盖安置房、“1+5+X”社区邻里中心和“时间银行”总行等7个方面的64个民生实事项目。2019年，区人大票决的十大民生实事如期完成。全区财政投入民生资金20.46亿元，同比增长16.3%，占一般公共预算支出比重达到70.8%。社会治理得到加强。扬子洲地区10年控储到期，实现平稳过渡。社会治理成效显著，全省公众安全感测评连续四年位居全市主城区第一名。

重要会议

【概况】 2019年，东湖区人民政府共召开区政府常务会议17次，区长办公会13次。

【区政府常务会议】 2019年，东湖区人民政府共召开了17次常务会议。区长高辉红主持，区委常委、常务副区长雷强，副区长童萍如、余炜、万勇、万明、杨峻、袁晨，区政府党组成员、区政府办公室主任查秋滚，区政府党组成员、区政府办公室正科级督查专员刘文俊出席会议。（其中：区委常委、常务副区长雷强出席2019年区政府第6次至17次常务会议）

第1次常务会，3月1日下午召开。会议学习传达了中共中央办公厅、国务院办公厅《地方党政领导干部食品安全责任制规定》，市安委办《关于切实做好2019年全国“两会”期间安全生产工作的通知》以及《江西省人民政府关于印发全省政府系统推动“三减三强两倡导”深化“五型”政府建设推进高质量跨越式发展若干措施

（试行）的通知》；会议审议并原则同意区民政局草拟的《关于审议〈东湖区关于加强镇政府能力建设的实施方案〉的请示》、区“美丽南昌·幸福家园”环境综合整治推进工作组办公室草拟的《2019 年全区“美丽南昌·幸福家园”环境综合整治“三年上台阶”工作方案》、区环保局草拟的《关于审议〈东湖区打赢蓝天保卫战三年行动计划（2018—2020 年）〉的请示》、区教科体局草拟的《关于审议〈东湖区推动企业研发机构建设工作方案〉的请示》；会议听取了区财政局关于 2019 年区财政预算安排的汇报，以及区城投公司《关于滨江学校改扩建工程结算仲裁情况的汇报》。

第 2 次常务会，4 月 2 日上午召开。会议学习传达了《江西省安委会转发国务院安委会关于认真贯彻落实习近平总书记重要指示精神坚决防范遏制重特大事故的紧急通知》和市安委会《关于深刻吸取江苏响水“3·21”特别重大爆炸等事故教训进一步加强安全生产工作的紧急通知》；会议听取了区教科体局关于“党政领导干部履行教育职责”省级督导情况及反馈意见的汇报；会议审议并原则同意区“美丽南昌·幸福家园”环境综合整治推进工作组办公室草拟的《关于请求审议〈东湖区城市功能与品质提升三年行动暨深入推进“美丽南昌·幸福家园”环境综合整治实施方案（送审稿）〉的请示》、区农业农村局草拟的《关于提请审议〈东湖区农村人居环境整治三年行动实施方案（送审稿）〉的请示》、区农改办草拟的《关于提请审议〈关于推进村级集体经济发展的实施意见（送审稿）〉的请示》、区房管局草拟的《关于下达东湖区青山南路一号（省监狱管理局）地块城市棚户区（旧城）改造项目房屋征收决定书的请示》、公园街办草拟的《关于请求办理津润教育消防手续的请示》《市人社局关于请求协助办理南昌市军转大厦消防建审手续事宜的函》；会议听取了区教科体局关于九鼎投资公司对育新中学紫金分校建设的总投资概算进行审核的有关情况汇报。

第 3 次常务会，4 月 14 日上午召开。会议观看了《“媒体啄木鸟”行动光碟》，会议学习传达了中共中央政治局常委、中央纪委书记赵乐际调研南昌纪检监察工作的重要指示精神，省委、省政府《关于全面实施预算绩效管理的实施意见》，以及省委《关于防范化解地方政府隐性债务风险的实施意见》；会议审议并原则同意区政府办草拟的《关于印发东湖区重点行业领域扫黑除恶专项整治工作方案的通知（送审稿）》和《关于成立全区重点行业领域扫黑除恶专项整治工作领导小组的通知（送审稿）》、区城建局草拟的《关于请求审议〈2019 年东湖区微社区环境综合整治工作方案（送审稿）〉的请示》、区旧改办草拟的《关于请求尽快调拨审计整改所需旧改工作经费的请示》、豫章街办草拟的《关于协调办理慧凡下沙窝幼儿园相关消防手续的请示》、区城投公司草拟的《关于请求协调东湖区殷家巷旧城改造项目借款及有关事项的请示》；会议听取了区金融办关于《市金融办认购缴款通知书》有关汇报，区旧改办关于《市自然资源局关于终止东湖区南京西路以南、二七北路以东地块（殷家巷旧城改造项目）交易的请示》有关汇报，以及区投促局关于下正街地块出让与招商工作的汇报。

第 4 次常务会，4 月 30 日下午召开。会议学习传达《易炼红同志在加强行业监管推进扫黑除恶专项斗争工作座谈会上的讲话》（赣府办通报〔2019〕第 31 期）；会议审议并原则同意区政府办草拟的《关于提请区政府审议〈东湖区 2019 年民生实事票决项目建设推进工作实施方案（送审稿）〉的请示》和《关于提请区政府审议〈2019 年区政府督查工作计划（送审稿）〉的请示》、区教科体局草拟的《关于请求解决育新学校教育集团、豫章小学教育集团组建遗留问题的请示》、董家窑街办草拟的《关于协助办理董家窑街道辖区贤士一路 39 号综合楼（省公安厅原刑侦总队大楼）消防建审的请示》、大院街办草拟的《关于南昌苏宁广场项目配建安置房 25% 建设保证金返还申请的请示》、区人社局草拟的《关于请求拨付东湖区机关事业单位养老保险专项基金的请示》；会议听取了区医保局有关工作汇报，以及董家窑街办关于与北京众荟信息技术股份有限公司签订投资协议的汇报。

第 5 次常务会，5 月 27 日上午召开。会议学习传达了习近平总书记在江西考察并主持召开推动中部地区崛起工作座谈会、省委省政府工作汇报会上的重要讲话精神；会议观看《“媒体啄木鸟”行动光碟》；会议学习《中华人民共和国监察法》;会议审议并原则同意区司法局草拟的《关于提请区政府常务会议审议〈东湖区2019年法治政府建设工作要点(送审稿)〉的请示》、区经济办草拟的《关于审议东湖区2019年经济发展计划(送审稿)的请示》、区商务局草拟的《关于请求印发〈东湖区促进夜间经济和高品位步行街发展三年(2019—2021年)行动方案〉的请示》;会议听取殷家巷地块资金清算工作领导小组关于清算工作领导小组第一次工作会议情况的汇报。

第6次常务会,6月14日上午召开。会议学习传达了中央有关统计工作重要文件精神和全省依法统计依法治统工作座谈会精神;会议学习了《生产安全事故应急条例》《政府投资条例》;会议审议并原则同意区民政局草拟的《东湖区关于进一步加强基层民政能力建设的实施方案》、区环保局草拟的《关于请求以区委办、区政府办名义印发〈东湖区贯彻落实中央环境保护督察"回头看"及鄱阳湖水环境问题专项督察反馈意见整改方案〉的请示》、东湖消防救援大队草拟的《关于做好东湖区移交承接建设工程消防设计审查验收职责的请示》、区教科体局草拟的《关于审议〈东湖区儿童青少年近视防控工作实施方案(草)〉的请示》、区政府办草拟的《关于调整区政府领导同志分工的请示》;会议听取了殷家巷地块资金清算工作领导小组关于向中铝国际山东建设有限公司拨付殷家巷项目合同结算和清理资金的汇报。

第7次常务会,6月25日上午召开。会议审议并原则同意区旧改指挥部草拟的《2019年东湖区旧城改造工作指挥部工作方案(送审稿)》和《2019年东湖区房屋征收(征迁)工作实施方案(送审稿)》、区房管局草拟的《关于下达东湖区青山南路地块(登月食品厂地块)城市棚户区(旧城)改造项目房屋征收决定书的请示》。

第8次常务会,7月10日上午召开。会议观看《"媒体啄木鸟"行动光碟》;会议学习传达了《李克强总理在部分企业和地方政府减税降费座谈会上的讲话》、省政府办公厅《关于建立和实行及时奖励制度激励担当作为的工作方案(试行)》;会议审议并原则同意区财政局草拟的《关于请求拨付各镇、街办(管理处)2018年经济工作考核专项经费的请示》和《关于请求拨付区直单位2018年经济工作考核专项经费的请示》、区商务局草拟的《关于请求审议〈东湖区进一步激发商贸消费潜力促进商贸消费升级三年行动实施意见(2019—2021年)(送审稿)〉的请示》、区民政局草拟的《关于提请区政府常务会审议东湖区关于加快推进"1+5+X"社区邻里中心建设的实施方案(送审稿)的请示》、区民政局草拟的《关于提请区政府常务会审议东湖区关于优化调整社区规模布局的实施方案(送审稿)的请示》、区残联草拟的《关于提请区政府常务会审议东湖区残疾儿童康复救助工作实施细则(送审稿)的请示》、东湖消防救援大队草拟的《关于提请区政府常务会议审议建设东湖一级应急救援消防站的请示》、区教科体局草拟的《关于批准邮政路小学教育集团天骥校区项目建设模式的请示》、区经济办草拟的《关于提请兑付江西晟和建设发展有限公司等7家企业招商引资优惠政策的请示》;会议审议了大院街办草拟的《关于请求协调办理消防审批手续的请示》、贤士湖管理处草拟的《关于请求办理公园村福州路251号产业用房消防手续的请示》和《关于请求协调办理永溪大厦市行政审批局消防手续的请示》。

第9次常务会,7月22日上午召开。会议学习传达了《南昌市小额工程交易管理办法(试行)》;会议听取了区旧改指挥部关于《南昌东湖碧桂园项目规划、建筑设计方案》的汇报;会议审议并原则同意贤士湖管理处草拟的《关于请求拨付长巷、七里、贤湖村等三个行政村2018年度经济专项扶持发展资金的请示》。

第10次常务会,8月22日下午召开。会议观看了《"媒体啄木鸟"行动光碟》;会议传达学习了《中共中央关于李平同志搞形式主义、官僚主义案件查处情况及其教训警示的通报》、省纪委《关于4起"怕慢假庸散"典型问题的通报》;会议审议并原则同意区财政局草拟的《关于请求审议〈关于加强行政事业单位财务管理的意见〉的请示》和《关于请求审议〈南昌市东湖区区级行政事业单位国有资产管理暂行办法〉的请示》、区政府办草拟的《关于请求审议〈2019年东湖区民生实事工程安排意见(送审稿)〉的请示》、区政府办草拟的《关于申请建设"赣服通"东湖区分厅项目的请示(送审稿)》、区城投公司草拟的《关于请求执行滨江学校改扩建工程结算仲裁调解的请示》、区旧改指挥部草拟的《关于请求审议返还江西博瑞置业有限公司项目征迁成本的请示》、东湖消防救援大队草拟的《关于提请区政府常务会议明确东湖区城北消防站建设有关事项的请示》、区商务局草拟的《关于请求协调办理蓝海购物广场特色夜市街项目消防验审的请示》、区城建局草拟的《关于请求对赣江东湖沿线码头资产评估报告予以备案的请示》;会议听取了区文旅公司关于投资成立江西文汇人力资源有限公司的汇报。

第11次常务会,9月2日下午召开。会议审议并原则同意区生态环境局草拟的《关于请求以区委、区政府名义印发〈东湖区贯彻落实省生态环境保护督察反馈意见整改方案〉的请示》、区生态环境局草拟的《关于请求以区政府名义印发〈东湖区2019年水污染防治工作计划〉的请示》、区市场监管局草拟的《关于提请区政府常务会议审议〈东湖区2019年食品安全重点工作安排〉的请示》、区人社局草拟的《关于请求以区政府名义下发〈东湖区关于加快推进社会保障"一卡通"应用工作实施方案〉的请示》、区房管局草拟的《关于下达东湖区老动物园周边地块(青山南路二七北路南二期)旧城(城市棚户区)改造项目房屋征收决定书的请示》。

第12次常务会,9月12日下午召开。会议审议并原则同意区投促局草拟的《关于提请审议〈成立东湖区重大产业决策领导小组〉的请示》和《关于提请审议〈东湖区重大产业决策机制〉的请示》、区房管局草拟的《关于下达东湖区象山北路地块(汤家园地块)城市棚户区(旧城)改造项目房屋征收决定书的请示》、区房管局草拟的《关于下达东湖区象山北路地块(沙坝巷地块)城市棚户区(旧城)改造项目房屋征收决定书的请示》、董家窑街办草拟的《关于申请返还南昌碧辉房地产开发有限公司配建安置房建设保证金的请示》。

第13次常务会,9月29日下午召开。会议观看《"媒体啄木鸟"行动光碟》;会议传达学习省政府办公厅《关于严格财政收支预算管理加大开源节流挖潜力度若干措施的通知》、市纪委《关于我市4起违反中央八项规定精神典型问题的通报》;会议听取了区财政局关于全区财税工作的汇报,区政府办关于2019年人大代表建议、政协提案办理情况汇报,区政府办关于2019年民生实事人大票决项目进展情况汇报、区食安办关于东湖区省级食品安全城市创建和四部门联合专项整治工作情况的汇报;会议审议并原则同意区农业农村局草拟的《东湖区2019年河长制湖长制工作要点及考核方案》、区农业农村局草拟的《东湖区2019年河湖整治提升实施方案》、区行政服务中心管委会草拟的《东湖区区本级电子证照目录》、东湖公安分局草拟的《东湖区公共场所安全防护设施建设实施方案》、区城建局草拟的《关于请求下拨码头补偿款的请示》。

第14次常务会,10月25日下午召开。会议观看《"媒体啄木鸟"行动光碟》;会议传达学习《中共中央办公厅　国务院办公厅印发〈法治政府建设与责任落实督察工作规定〉》;会议审议并原则同意区民政局草拟的《东湖区关于加强和完善城乡社区治理的实施意见(送审稿)》、区民政局草拟的《东湖区关于加强困境儿童保障工作的实施方案(送审稿)》、区民政局草拟的《关于请求审议〈东湖区政府与江西省天同健康产业发展有限公司签订战略合作协议〉的请示》、区政府办草拟的《关于成立扬子洲地区前期发展工作领导小组的通知(送审稿)》、区教科体局草拟的《东湖区城镇小区配套幼儿园专项治理工作实施方案(送审稿)》、区财政局草拟的《南昌市东湖区国有控股集团改革实施方案》和《南昌市东湖区区属企业国有资产监督管理暂行办法》、区教科体局草拟的《关于请求协调办理"澜湖小区"商业写字楼11号楼增加商务酒店经营项目消防建审及验收手续的请示》、区文广新旅局草拟的《关于申请梁书美术馆进行立项的请示》。

第15次常务会,11月13日上午召开。会议观看《"媒体啄木鸟"行动光碟》;会议传达学习《中共中央办公厅关于做好党的十九届四中全会精神学习宣传工作的通知》,习近平总书记及中央、省、市领导关于人防系统腐败问题专项治理工作重要批示精神;会议听取了区宗教工作领导小组办公室关于全区宗教工作情况的汇报;会议审议并原则同意区行管委草拟的《东湖区关于进一步精简区级行政权力事项的决定(送审稿)》、区退役军人事务局草拟的《东湖区争创全省双拥模范区"八连冠"工作实施方案(送审稿)》、区农业农村局草拟的《东湖区关于深入学习浙江"千万工程”成功经验 扎实推进农村人居环境整治的实施意见(送审稿)的请示》、区财政局草拟的《东湖区区级财政专项资金暂行管理办法(送审稿)》;会议听取了区委编办关于东湖区区属从事生产经营活动事业单位改革实施方案的汇报。

第16次常务会,12月14日上午召开。会议观看《“媒体啄木鸟”行动光碟》;会议传达学习省安委会《关于迅速贯彻落实全国安全生产电视电话会议精神进一步加强安全生产工作的通知》,并听取了全区安全生产工作情况汇报,部署全区安全生产工作;会议听取了区教科体局关于全区教育工作情况的汇报、区卫健委关于全区2019年计划生育工作情况的汇报,关于项目审批、投资审计、政府采购有关制度的汇报,区“五型”政府建设领导小组办公室关于“五型”政府建设情况汇报,并审议区“五型办”草拟的《东湖区“五型”政府建设“一年巡礼”工作方案》;会议审议并原则同意区城管局草拟的《关于请求以政府名义印发〈东湖区2019年生活垃圾分类工作推进方案〉的请示》、区人社局草拟的《东湖区关于建立和实行及时奖励制度激励担当作为工作方案(试行)(送审稿)》、区农业农村局草拟的《关于请求区政府批复东湖区2019年度河湖和水利工程管理范围划界报告的请示》、区旧改办草拟的《关于请求审议变更东湖区香江家具城旧城(城市棚户区)改造项目工程征收范围的请示》、区卫健委草拟的《关于拨付2019年东湖区城镇居民独生子女父母奖励费的请示》、区经济办草拟的《关于提请兑付南昌TCL电器销售有限公司等4家企业招商引资优惠政策的请示》,区城建局、区教科体局、区商务局分别草拟的《关于化解隐性债务的请示》,区财政局草拟的《关于呈报东湖区2019年区级预算调整方案(草案)的请示》、区政府办草拟的《关于调整区政府领导同志分工的请示》。

第17次常务会,12月27日下午召开。会议传达学习了省委经济工作会议精神、市委办公厅《关于转发〈整治形式主义为基层减负工作负面清单〉的通知》;会议学习了《南昌市居家养老服务条例》;会议审议并原则同意区委组织部(区委人才办)草拟的《关于请求审议〈东湖区“高层次人才创新创业”实施办法(送审稿)〉的请示》、区市场监管局草拟的《关于提请区政府常务会议审议〈东湖区食品安全事故应急预案〉的请示》、区政府办草拟的《关于提请区政府常务会议审议〈2020年东湖区民生实事候选项目〉的请示》、区发改委草拟的《东湖区营商环境考核评价工作实施方案(送审稿)》、区卫健委草拟的《关于印发东湖区改革完善医疗卫生行业综合监管制度的实施方案的请示》、区卫健委草拟的《关于印发南昌市东湖区落实健康江西行动的实施方案的请示》、区农业农村局草拟的《关于提请区政府常务会议审议〈东湖区农村集体资金、资产、资源监督管理办法(试行)〉的请示》、区考核办草拟的《关于东湖区2018年度绩效管理奖励发放意见的请示》、区财政局草拟的《关于请求组建南昌市东控投资有限公司的请示》。

【区长办公例会】 2019年,东湖区人民政府共召开了13次区长办公例会,参加会议的人员为区政府区长、副区长以及区政府党组成员、区政府办公室主任,区政府党组成员、区政府办公室正科级督查专员等。区长办公会由区长高辉红主持。

第1次办公例会,3月1日下午召开。会议审议并原则同意东湖公安分局草拟的《关于增加社区辅警编制数的请示》和《关于区禁毒委增加年度财政经费预算的请示》、区卫健委草拟的《关于建议政府接管南昌市东湖区彭家桥街道北社区卫生服务中心(南昌发电厂卫生所)的请示》、区委政法委草拟的《关于请求续签东湖区天网工程城市治安监控系统租赁项目的请示》、区人社局草拟的《关于申请调整东湖区劳动保障(监察)专干工资待遇的请示》,区城建局草拟的《关于拨付2018年EPC项目工程款的请示》《关于请求拨付百花洲景区提升改造工程EPC项目工程费用的请示》《关于拨付2017年EPC项目工程款的请示》和《关于请求拨付滕王阁周边建筑立面综合改造工程费用的请示》。

第2次办公例会,4月2日上午召开。会议审议并原则同意区行管委草拟的《东湖区第三批“一次不跑”和第二批“只跑一次”政务服务事项清单目录(送审稿)》、区教科体局草拟的《关于东湖区2019年拟向社会公开招聘30名中小学(园)教师的请示》。

第3次办公例会,4月9日上午召开。会议审议并原则同意区委组织部草拟的《关于申请拨付街道党建服务中心装修改造项目工程款的请示》、区人武部草拟的《关于申请增拨民兵调整改革、民兵军事训练和预定新兵役前教育经费的请示》、东湖公安分局草拟的《关于追加2019年度人民警察执勤岗位津贴预算的请示》，区城建局草拟的《关于请求拨付2017年EPC项目工程费用的请示》《关于请求拨付国际马拉松赛道改造工程款的请示》和《关于请求拨付东湖区2018年VR大会环境氛围布置工作经费的请示》，区企资中心草拟的《关于“参战”老兵李建平信访问题的调查处理情况的请示》、扬子洲镇草拟的《关于恳请继续拨付扬子洲镇各村村“两委”、聘干和退休干部2017年度工作补助的请示》。

第4次办公例会，4月30日下午召开。会议审议并原则同意区行管委草拟的《关于建设区监察系统视频监控项目的请示》、区旧改指挥部草拟的《关于请求协调拨付青山北路综合管廊建设相关经费的请示》、区城投公司草拟的《关于请求拨付南昌电影公司行政楼旧址修缮工程项目相关工程款的请示》、董家窑街办草拟的《关于申请购买青桥社区居委会办公及服务用房的请示》、区卫健委草拟的《关于申请南昌市第二中西医结合医院中医馆建设项目进行立项的请示》，区城管局草拟的《关于请求政府采购中大路装配式钢结构垃圾站及倾倒转运设备的请示》《关于对半步街等3座垃圾中转站升级改造的请示》和《关于政府采购大件垃圾处理系统的请示》，区城管局草拟的《关于请求明确2019年区城市管理相关工作经费的请示》、区综管办草拟的《关于请求拨付2019年城市综合管理工作经费的请示》、区经济办《关于提请兑现江西鹏润国美电器有限公司等2家企业2018年招商引资优惠政策的请示》。

第5次办公例会，5月27日上午召开。会议审议并原则同意区政府办草拟的《关于审议〈关于开展“全区‘五型’政府建设基层调研行”活动方案（送审稿）〉的请示》，区委宣传部草拟的《关于东湖区与南昌日报社开展宣传战略合作的请示》《关于在南昌广播电视台继续开设〈东湖新闻〉栏目的请示》和《关于请求批准同意对东湖区融媒体中心筹建所需系统设备进行政府采购的请示》，区城管局草拟的《关于政府采购60座公厕改造工程的请示》和《关于政府采购25座装配式公厕的请示》、区商务局草拟的《关于拨付东湖区2019年外贸出口专项扶持资金的请示》、区城建局草拟的《关于请求下拨码头补偿款的请示》。

第6次办公例会，6月14日上午召开。会议审议并原则同意扬农管理处草拟的《关于扬子洲农场（垦区）危房改造工程配套幼儿园无偿移交的请示》。

第7次办公例会，7月10日上午召开。会议审议了区城建局草拟的《关于请求拨付2019年春节前市政设施专项整治市级奖补经费的请示》《关于请求拨付滕王阁周边建筑立面综合改造工程费用的请示》《关于请求拨付2017年EPC项目工程款的请示》和《关于请求拨付2018年道路“白改黑”等5个市政建设项目工程款的请示》。

第8次办公例会，8月22日下午召开。会议审议并原则同意区教科体局草拟的《关于请求成立东湖区城镇小区配套幼儿园专项治理工作领导小组的请示》、区教科体局草拟的《关于请求兑现〈2018年东湖区加快推进科技创新工作奖励〉的请示》、区城建局草拟的《关于申请拨付百花洲景区提升改造项目二期工程预付款的请示》。

第9次办公例会，9月29日下午召开。会议审议并原则同意区教科体局草拟的《关于请求与戴雯歆等6人签订师范生免费教育协议的请示》、区城建局草拟的《关于请求拨付2017年EPC项目工程款的请示》、区经济办草拟的《关于提请兑现江西金融租赁股份有限公司等3家企业招商引资优惠政策的请示》。

第10次办公例会，10月25日下午召开。会议审议并原则同意区退役军人事务局草拟的《关于做好2019年义务兵家庭优待金发放工作的通知》、区商务局草拟的《关于恳请拨付2019年农贸市场改造启动经费的请示》、区商务局草拟的《关于申请墩子塘市场改造市级奖补资金的请示》、区商务局草拟的《关于政府采购七里嘉和小区农贸市场设备的请示》。

第11次办公例会，11月13日上午召开。会议审议并原则同意东湖公安分局草拟的《关于增加禁毒社工人员及相关经费的请示》、区城建局草拟的《关于请求下拨码头补偿款的请示》、区创建办草拟的《关于申请拨付深化全国文明城市创建工作经费的请示》；会议听取了区城建局关于八一公园设施整治工作的有关汇报。

第12次办公例会，12月14日上午召开。会议审议并原则同意区房管局草拟的《东湖区创建先进物业服务示范小区工作方案（送审稿）》、区房管局草拟的《东湖区创新老旧居民区物业服务模式试点工作方案（送审稿）》、东湖消防救援大队草拟的《关于请求区政府明确区城投公司为城北消防站代理业主的请示》。

第13次办公例会，12月27日下午召开。会议审议并原则同意区退役军人事务局草拟的《东湖区关于做好2019年度退役士兵安置工作的意见的请示》、区卫健委草拟的《关于印发东湖区公务员健康体检实施方案的请示》、区城建局草拟的《关于申请拨付2016年PPP项目和2017年EPC项目工程款的请示》。

重大决策

【概况】 2019年，东湖区人民政府根据中央、省、市的有关部署，结合东湖实际，依法依规推进全区行政事务的决策。先后制定并印发《东湖区推动企业研发机构建设工作方案》《东湖区打赢蓝天保卫战三年行动计划（2018—2020年）》《东湖区重点行业领域扫黑除恶专项整治工作方案》《东湖区促进夜间经济和高品位步行街发展三年行动方案（2019—2021年）》《东湖区进一步激发商贸消费潜力促进商贸消费升级三年行动计划方案（2019—2021年）》等文件，推进东湖区经济社会发展。

【推动企业研发机构建设】 3月6日，东湖区人民政府办公室印发《东湖区推动企业研发机构建设工作方案》，该方案根据《中共南昌市委、南昌市人民政府关于深入推进创新驱动发展战略加快创新型城市建设的实施意见》《南昌市人民政府办公厅关于印发南昌市推动企业研发机构建设攻坚行动计划（2018—2023年）的通知》等有关文件精神，结合东湖区实际制定出台。主要从指导思想、目标任务、企业研发机构建设标准、保障措施等方面进行了明确。目的是深入实施创新驱动发展战略，更好地扶持高新技术企业和企业研发机构建设，推进研发机构的培育，实现更大的扶持总量，惠及广大科研型企业，实现稳增长。

【推进蓝天保卫战工作】 3月17日，东湖区人民政府印发《东湖区打赢蓝天保卫战三年行动计划（2018—2020年）》。该计划是依据《中华人民共和国大气污染防治法》《江西省大气污染防治条例》等有关法律法规和《南昌市人民政府关于印发南昌市打赢蓝天保卫战三年行动计划（2018—2020年）的通知》（洪府发〔2018〕37号）要求而制定。目标是深入贯彻新发展理念，严格落实国家、省、市关于坚定不移打赢蓝天保卫战的部署要求，扎实推进扬尘、工业、机动车、餐饮、燃煤、禁燃禁烧等重点领域大气污染防治工作，持续改善空气质量，确保完成省、市下达的大气污染防治工作目标。

【推进重点行业领域扫黑除恶专项整治】 4月15日，东湖区人民政府办公室印发了《东湖区重点行业领域扫黑除恶专项整治工作方案》。该方案根据《南昌市扫黑除恶专项斗争实施意见》（洪发电〔2018〕2号）和《南昌市重点行业领域扫黑除恶专项整治工作方案》（洪府发〔2019〕11号）文件精神，旨在有效铲除黑恶势力滋生土壤，推动全区扫黑除恶专项斗争向纵深推进，切实做好东湖区重点行业领域扫黑除恶专项整治工作，结合东湖区实际制定。方案主要从指导思想、工作目标、工作原则、重点任务、方法步骤、保障措施六个方面对全区重点行业领域扫黑除恶专项整治工作进行了明确。

【推进夜间经济和高品位步行街发展】 5月31日，东湖区人民政府办公室印发《东湖区促进夜间经济和高品位步行街发展3年行动方案（2019—2021年）》，该方案旨在贯彻落实《南昌市政府办公厅关于印发南昌市进一步促进夜间经济发展3年行动方案》（洪府厅发〔2019〕26号）精神，促进全区夜间经济快速发展，培育新的消费热点，满足消费提质升级需求。目标是用3年时间重点培育、建设、提升一批东湖夜间经济消费街区，打造风格各异适合夜间消费的“零售网点”，充分挖掘夜间消费资源，调整夜间商业业态，形成夜间经济产业聚集，创造良好的夜间发展生态圈。至2021年，全区建成福州路酒吧夜市街、榕门路娱乐夜市街、胜利路高品质步行夜市街、樟树林文创园夜市、东湖意库文创园夜市和“夜东湖”商业街区(“三街二点一区”)等一批市级高品质夜间经济消费街区,培育建设各类“夜间零售网点”24家,形成布局合理、功能完善、特色鲜明、业态丰富、管理规范的夜间经济发展格局。

【激发商贸消费潜力促进商贸消费】 7月23日,东湖区人民政府办公室印发《东湖区进一步激发商贸消费潜力促进商贸消费升级3年行动计划方案(2019—2021年)》。该方案旨在贯彻落实《南昌市进一步激发商贸消费潜力促进商贸消费升级3年行动方案(2019—2021年)》(洪府厅发〔2019〕23号)精神,实施激发商贸消费潜力促进商贸消费升级的“五大工程”,实现全区商贸流通业高质量跨越式发展。目标是全面实施商贸消费升级3年行动,力争实现“一年大改观、两年大提升、三年大跨越”。至2021年,力争全区社会消费品零售总额突破400亿元,电子商务相关交易额突破700亿元,限额以上商贸流通企业(单位)突破250家。

【加强基层民政能力建设】 7月30日,东湖区人民政府办公室印发《东湖区关于进一步加强基层民政能力建设的实施方案》,该方案根据《南昌市人民政府办公厅关于印发南昌市关于进一步加强基层民政能力建设的实施方案的通知》和《中共东湖区委 东湖区人民政府关于进一步推进全区民政事业改革发展的意见》精神,结合东湖区实际制定出台。主要从指导思想、基本原则、主要目标、重点工作、保障措施等方面进行了明确。目的是不断提高加强基层民政工作的自觉性,主动适应经济社会发展新要求,探索建立加强基层民政工作的长效机制。

【推进民生实事工程】 9月2日,东湖区人民政府印发《2019年东湖区民生实事工程安排意见》,文件根据《南昌市人民政府关于印发〈2019年南昌市民生实事工程安排意见〉的通知》(洪府发〔2019〕22号)精神,结合东湖区《2019年政府工作报告》、2019年东湖区民生实事人大票决项目和2019年区级重大重点项目安排等制定出台。2019年东湖区民生实事工程安排着重围绕就业和创业、社会保险、抚恤和社会救助、医疗保障、教育文化体育等社会事业、住房保障以及群众生产生活等7个方面,共计64件民生实事。

【强化区级行政事业单位国有资产管理】 9月2日,东湖区人民政府办公室印发《东湖区区级行政事业单位国有资产管理暂行办法》,该暂行办法根据《行政单位国有资产管理暂行办法》(财政部35号令)、《事业单位国有资产管理暂行办法》(财政部36号令)、《江西省财政厅关于印发江西省省级行政事业单位国有资产配置使用处置管理暂行办法》(赣财资〔2017〕15号)、《南昌市人民政府办公室转发市财政局〈南昌市市级行政事业单位国有资产管理暂行办法〉的通知》(洪府办字〔2019〕26号)及有关规定制定,主要目的是规范和加强全区行政事业单位国有资产管理,维护国有资产的安全和完整,合理配置国有资产,提高国有资产使用效益,保障行政事业单位履行职能。该暂行办法明确了区级行政事业单位国有资产的管理机构及职责,并对区级行政事业单位国有资产的配置、使用、处置、评估以及产权纠纷调处、资产统计报告、监督检查和法律责任等有关事项进行了规范。

【加强行政事业单位财务管理】 9月2日,东湖区人民政府办公室印发《东湖区关于加强行政事业单位财务管理的意见》,该意见根据《南昌市人民政府办公厅印发关于加强行政事业单位财务管理意见的通知》(洪府厅发〔2018〕45号)精神提出,主要目的是贯彻落实《中华人民共和国预算法》《中华人民共和国会计法》和厉行节约反对浪费相关要求,明确主体责任,规范财务行为,保障财政资金安全,降低运行成本,提高资金使用效益。该意见就单位财务管理责任、单位预决算管理、政府非税收入管理、单位财务支出管理、单位资产管理制度、单位会计核算管理、单位内部控制制度、单位财经纪律等方面的工作进行强调,并明确有关的责任。

【推进全省双拥模范区创建】 10月31日,东湖区人民政府、东湖区人民武装部联合印发《东湖区创建全省双拥模范区“八连冠”工作实施方案》,该方案根据《江西省双拥模范城(县)创建命名管理实施办法》和《南昌市人民政府 南昌警备区关于印发南昌市创建全国双拥模范城“九连冠”工作实施方案的通知》要求,结合东湖区实际制定出台。主要从指导思想、工作目标、组织领导、工作内容、实施步骤、措施要求等方面进行了明确。目的是大力弘扬拥军优属、拥政爱民光荣传统,开创新时代双拥工作新局面,确保实现全省双拥模范城“八连冠”目标。

【加强困境儿童保障】 11月4日,东湖区人民政府办公室印发《关于东湖区加强困境儿童保障工作实施方案》,该方案根据《南昌市人民政府办公厅印发关于加强困境儿童保障工作实施方案的通知》精神,结合东湖区实际制定出台。主要从总体要求、主要任务、保障措施等方面进行了明确。目是不断提升全区困境儿童保障服务水平,实现困境儿童利益最大化。

【强化公共场所安全防护设施建设】 11月11日,东湖区人民政府办公室根据《江西省人民政府办公厅关于转发省公安厅等部门江西省公共场所安全防护设施建设意见的通知》(赣府厅字〔2018〕129号)要求,结合东湖区实际,印发《东湖区公共场所安全防护设施建设实施方案》。该方案主要从指导思想、目标任务、组织领导、工作职责、实施步骤、建设范围、建设要求、建设标准、工作要求九个方面对东湖区公共场所安全防护设施建设工作进行了明确。目的是进一步规范完善公共场所防护设施建设,提升公共场所安全防范能力,严密重点管控和社会整体防控,最大程度地减少驾车冲撞等暴力侵害事件及意外事故对人民群众生命财产的危害,不断增强人民群众的安全感,为人民群众营造更加和谐的工作生活环境。

【推进城镇小区配套幼儿园专项治理】 11月18日,东湖区人民政府办公室印发《东湖区城镇小区配套幼儿园专项治理工作实施方案》,该方案根据《中共中央 国务院关于学前教育深化改革规范发展的若干意见》《国务院办公厅关于开展城镇小区配套幼儿园治理工作的通知》《南昌市政府办公厅关于印发南昌市城镇小区配套幼儿园专项治理工作实施方案的通知》等有关文件精神,结合东湖区实际制定出台。主要从总体要求、治理范围、工作任务、工作步骤、工作措施、工作要求等方面进行了明确。目的是进一步提高学前教育公益普惠水平,切实办好学前教育,满足人民群众对公益普惠性学前教育的迫切需要。

【强化区级财政专项资金管理】 12月13日,东湖区人民政府办公室印发《东湖区区级财政专项资金管理实施细则》,该细则根据《中华人民共和国预算法》《中华人民共和国预算法实施条例》《中央对地方专项转移支付管理办法》《江西省财政监督条例》《江西省省级财政专项资金管理办法》等法律法规和有关文件的规定,结合东湖区实际制定出台。主要从职责分工,专项资金的设立、调整和撤销,预算编制和公开,资金拨付和使用,预算绩效管理,监督检查和责任追究等方面进行了明确。目的是加强区级财政专项资金管理,提高财政资金使用的规范性、安全性和有效性,促进经济社会协调发展。

【强化营商环境考核评价工作】 12月30日,东湖区人民政府办公室印发《东湖区营商环境考核评价工作实施方案》,该方案根据《南昌市营商环境考核评价工作实施方案》制定,主要目标是以服务企业、服务社会需求为导向,聚焦企业和群众办事创业的痛点、难点、堵点,全面优化政务环境、市场环境、信用金融环境、创新创业环境、法治环境和生活生态环境,不断强化服务理念,增强服务意识,提升服务品质,加快构建市场化、法治化、国际化的一流营商环境,确保东湖营商环境综合水平在全市处于领先地位。

督查督办工作

【概况】 2019年,东湖区政府督查部门以促工作落实为落脚点,严格按照年度督查计划抓好督促落实,持续推进政务督查督办工作。严格根据市委办公厅、市政府办公厅《关于印发〈2019年市委督查工作计划〉〈2019年市政府督查工作计划〉的通知》精神,结合东湖区实际,制定出台《2019年区政府督查工作计划》。重点围绕《政府工作报告》任务分解明确的目标任务、区政府常务会确定的工作任务和要求、全区重大重点项目推进、2019年度民生实事人大票决项目建设以及2019年度民生工程安排、区政府领导指示批示,以及市政府督查室安排的相关工作等方面的内容,全力抓好督促落实,全面开展各类督查督办70余次。采取及时交办、主动领办、按时催办等方式,认真办好每一件人大代表建议和政协委员提案，确保建议提案落到实处、彰显成果，完成人大代表建议和政协委员提案。全年督促、办理省政协委员提案1件、市人大代表建议2件、市政协委员提案1件、区人大代表建议57件、区政协委员提案85件。

【开展建议提案督查督办工作】 6月21日，东湖区召开政协九届四次会议委员提案催办会。会议听取了各承办单位关于提案办理的情况以及未能及时办结的原因，了解存在的存在，并针对困难提出解决办法，要求必须在规定时间内办结全部提案。

【开展2019年民生实事人大票决项目督查督办工作】 7月3日，区政府督查部门组织开展2019年民生实事人大票决项目督查督办工作。对豫章后街沿线社区改造项目、马家池社区改造项目、民德路社区改造项目、南京西路沿线社区改造项目、江药社区改造项目等5个老旧小区改造项目进展情况进行了实地督导查看，对存在的问题进行梳理统计，并记录在每月项目进度表中，提交每月调度会研究讨论，促进了项目建设。

【开展重大重点项目督查督办】 8月12日—13日，区政府督查部门对部分重大重点项目进行了现场督导。12日上午，督导组就慧铭广场、城泰江阅、下正街3个未开工项目进行座谈，针对慧铭广场和城泰江阅逾期开工问题提出意见建议和整改要求，并实地察看江药社区改造现场。下午，督导组实地察看中金中心项目、贤士湖大厦和永溪村铁路社区改造现场，针对项目存在的问题提出意见建议。13日上午，督导组实地查看了赴沁庐旅生活广场项目、民德路社区改造现场，以及苏圃路电网下地、八一公园苏圃园改造、东南北湖水环境治理、刘将军庙社区改造、百花洲路改造等百花洲景区提升改造工程，针对项目当前进度滞后问题提出工作建议。下午，督导组先后现场查看七里嘉和农贸市场、招商东湖意库、中大路垃圾中转站等项目工程现场，并针对项目进度提出了意见建议。

外事工作

【概况】 2019年，东湖区外事工作以习近平新时代中国特色社会主义思想为指导，以开展“不忘初心、牢记使命”主题教育为契机，结合新冠肺炎疫情防控工作特点，积极发挥外事工作的职能作用，统筹做好疫情防控和服务经济社会发展工作，开拓创新，积极进取，较好地完成了各项外事工作任务。

【妥善处理涉外事件】 12月10日，美国驻广州外交官在区档案局调档一事发生后，东湖区高度重视，在市外办的大力支持和帮助下，及时追回了美国驻广州外交官在区档案局调取的相关材料。为认真汲取经验教训、严肃外事纪律，区外办部门督促涉事部门强化外事法规政策的学习，对相关责任人员分别进行了批评教育、提醒约谈，并在全局职工大会上作出深刻检讨，对区档案局主要领导、分管领导、科室负责人和直接责任人进行处理。

【强化涉外服务】 2019年，东湖区外事侨务管理部门坚决贯彻执行省、市外事侨务的有关规定，注重管理与服务相结合，在管理中体现服务，在服务中促进管理。根据外交部领事司转省外办外交明码发电《关于转去群众救助邮件事》（外发14127号）的要求，区外办主动上门服务，积极协助辖区周淑媛老人完成《协助寻亲申请书》的填写，得到老人的高度肯定。

信息化建设工作

【概况】 2019年，东湖区信息化建设工作积极适应新的形势发展需要，不断创新工作思路，努力提高信息工作质量和服务水平，政务网络建设取得新突破，政务网站建设管理规范化，信息公开依法依规推进，政务新媒体建设不断强化，“东湖人民政府发布”微信公众号正式上线，政务服务不断便捷高效。

【政务网络建设】 2019年，东湖区进一步强化政务网络建设。通过建设“东湖区机房温控系统”，完成对机关大楼内中心机房及所有弱电配线间的温度、湿度监控，同时与各弱电间内的空调进行了联接，结束每天人工巡查弱电间的历史，确保所有弱电间内设备不受空调停机影响。统一按照省信息中心对政务视频会议室建设的要求，重新挑选更适合建设视频会议室的“区新闻发布厅”“区委宣传部会议室”作为新的视频会议室，通过更换会议室的光源，增设相关会议设备，确保视频会议系统安全、稳定运行。完成“消防纵向业务网”“数字民政网”“环保专网”的迁移，保障消防、民政、环保等相关业务平稳过渡。加强了网络巡检，定期对机房设备进行除尘、整线操作，对精密空调进行清洗，对 UPS 进行放电，对安全设备进行更换升级。

【政府网站建设】 2019 年，东湖区进一步强化政务网站建设管理。不断完善“南昌东湖”门户网站建设，发布政务信息 2.2 万余条，区长信箱、网上信访、民声通道等互动栏目共接收网民 200 余件信件，受理率 100%，为市民咨询、建议、投诉提供了便捷的渠道。不断完善的网站进一步提升了政府服务效能，提高政务公开质量，更加适应“互联网 + 政务服务”要求。健全《东湖区人民政府网站管理办法》《东湖区人民政府网站信息审核发布制度》《东湖区人民政府网站奖惩办法》等系列文件，完善了月度通报制度，加强对政府门户网站日常管理，每月对各单位在门户网站更新情况进行通报，并将通报结果纳入政务公开考核范围。进一步保障网站安全运行。强化网站内容进行扫描，避免出现内容安全问题，清除安全应用漏洞，加强防火墙、web 应用防火墙、入侵检测、入侵防御等安全设备的管理及配置。

【“东湖人民政府发布”微信公众号正式上线】 2019 年 10 月，“东湖人民政府发布”微信公众号正式上线，公众号设置信息发布、“赣服通”“政务互动”“微信矩阵”等栏目，有利于促进政民互动，有利于扩大舆论影响，有利于抢占舆论阵地，有利于加强舆情管控。

【政务应用建设】 2019 年，东湖区强化政务应用建设。深入贯彻“放管服”改革要求，全面推进“赣服通”项目建设。截至年底，“赣服通”东湖区厅已接入各类便民利企应用事项 20 余项，真正做到“掌上办、随时办、提醒办、全程办”，实现“一次不跑”“一网通办”。“赣服通”的上线，将极大方便辖区老百姓办理相关业务。

（周海波）

机关事务管理工作

【概况】 2019 年，东湖区以“管理科学化、服务人性化、保障精细化”为重点，深入贯彻落实《机关事务管理条例》及《江西省机关事务管理办法》，切实履行“管理、保障、服务”职能，转变服务理念、加强队伍建设，扎实推进各项后勤服务保障工作高效开展。获评 2019 年度省、市公共机构节能先进县区。

【完成公车信息化平台建设】 2019 年，东湖区根据江西省公务用车制度改革领导小组《关于进一步加快全省公务用车信息化平台建设的通知》要求，区公车办积极与移动公司对接，在全市县区中率先完成了公务用车信息化平台的建设，实现公务用车“全省一张网”。

【开展办公用房清理整顿】 2019 年，东湖区开展 2 次办公用房督查，共计督查单位 66 个，督查办公室 1087 间。督促指导超标办公用房清理整改，并与各单位签订“责任状”。共计整改办公室 56 间。基本解决办公室超标的问题。

【开展全区党政机关土地房产清查登记】 2019 年，东湖区强化党政机关土地房产管理，构建党政机关土地房产集中统一管理体制，组织开展了全区党政机关土地房产清查登记培训会，对全区所有单位土地房产统一进行清查登记。

（张　海）

政协南昌市东湖区委员会

综 述

2019年，东湖区政协在中共东湖区委的坚强领导和南昌市政协的关心指导下，坚持以习近平新时代中国特色社会主义思想为引领，牢牢把握团结和民主主题，深入贯彻中央政协工作会议精神和习近平总书记视察江西重要讲话精神，认真履行政治协商、民主监督、参政议政职能，为在做大做强做优大南昌都市圈中展现东湖更大作为做出了积极贡献。

深化理论学习，筑牢共同思想政治基础。区政协常委会率先垂范带头学，并通过专委会、界别活动小组、委员联络小组组织委员开展多种形式的学习研讨活动。发挥人民政协制度优势和组织优势，引导各参加单位和全体委员用好界别渠道，发挥界别作用，夯实团结奋斗的共同思想政治基础。获全市政协组织纪念人民政协成立70周年知识竞赛活动优秀组织奖，报送的1篇理论文章从60篇纪念人民政协成立70周年理论征文中脱颖而出，在市政协理论研讨会上进行交流发言。扎实民主协商，服务东湖发展大局。围绕中心工作，制定《2019年度区政协协商工作计划》。下发《关于建立沟通联络机制开展东湖区政协委员联系民营企业活动的方案》，并召开推进民营经济发展协商会，专题建言民营经济发展。通过协商座谈、调研视察、民主监督等多种方式接续发力，持续建言推动东湖兴城市。九届十四次常委会专题议政性协商历史文化街区的打造，区委副书记、区长高辉红参加会议并对《关于打造历史文化旅游街区的调研报告》作出批示。发挥政协优势，增强民主监督实效。坚持把促进党政重大决策部署落实作为民主监督工作的重点。2019年，区委常委会首次专题研究并印发《2019年度区政协民主监督工作计划》。区政协常委会主动服务深化改革，两次专题听取工作通报，对东湖区机构改革工作进行协商式监督。区政协主席会议选择全区重大重点项目推进情况开展专项监督性考察。组织委员就扫黑除恶专项斗争、水环境整治、城镇贫困群众脱贫解困、“1+5+X”邻里中心建设等工作开展民主监督和专委会视察监督。积极参政议政，助推东湖高质量发展。围绕医疗卫生、教育、养老等热点难点问题，区政协组织广泛协商，推动相关工作有序推进。各专委会撰写5篇调研报告，为区委、区政府和党政有关部门科学决策提供了有价值的参考意见。《关于“时间银行”志愿服务可持续发展的几点建议》获区委书记刘闯批示。社情民意信息《电梯基坑渗漏治理工作需引起高度重视》被全国政协采用。加强自身建设，为政协履职提供坚实保障。大会期间首次成立党组织，《人民政协报》予以报道；专委会外出调研考察和委员培训均设立临时党组织；建立政协党组成员联系党外副主席和界别工作制度。建立了委员联络小组党建服务站。扎实开展“不忘初心、牢记使命”主题教育。建立健全《中国人民政治协商会议南昌市东湖区委员会全体会议工作规则》等4项政协机关规章制度，出台《中国人民政治协商会议南昌市东湖区委员会委员履职工作规则（试行）》，探索建立政协委员列席常委会会议制度。新成立了委员履职服务管理中心。宣传信息工作位居全市政协组织前列。

重要会议

【概况】 2019年,东湖区政协共召开1次政协委员全体会议,5次政协常委会议。

【政协东湖区第九届委员会第四次会议】 中国人民政治协商会议南昌市东湖区第九届委员会第四次会议于2019年1月8—10日在区文化活动中心演艺大厅隆重举行。会议应到委员243人,实到委员225人。会议审议批准了区政协副主席欧阳桃花代表区政协九届常务委员会所作的工作报告和区政协副主席余坚所作的关于区政协九届三次会议以来提案工作情况的报告;列席了东湖区第十六届人民代表大会第四次会议,委员们听取、讨论并赞同区长高辉红所作的政府工作报告;讨论并赞同区法院工作报告、区检察院工作报告及其他报告。

【区政协九届十二次常委会议】 1月10日上午,区政协九届十二次常委会议在东湖区综合服务中心南楼四层区政协常委会会议室举行。应到人员35名,实到34名。会议听取了区政协第九届委员会第四次会议各镇、街道委员联络小组讨论情况和各专委会会议讨论情况汇报,审议通过区政协九届四次会议决议(草案)。

【区政协九届十三次常委会议】 3月27日上午,区政协九届十三次常委会议在区综合服务中心南楼四层区政协常委会会议室举行。应到人员35名,实到29名。会议专题学习全国两会精神,听取区发改委2019年全区重大重点项目计划安排工作通报,审议通过2018年区政协常委会工作要点和《中国人民政治协商会议南昌市东湖区委员会委员履职工作规则(试行)》,并研究了其他事项。

【区政协九届十四次常委会议】 7月18日上午,区政协九届十四次常委会议在区综合服务中心南楼四层区政协常委会会议室举行。应到人员34名,实到29名。会议分两阶段举行。第一阶段专题议政性协商打造历史文化旅游街区工作。区委副书记、区长高辉红参加协商会,面对面与委员交流,共商共议提升东湖城市品质。第二阶段常委会专题学习习近平总书记在江西视察时的重要讲话精神和区委十二届七次全体(扩大)会议精神,听取区退役军人事务局、区应急管理局、区医疗保障局工作通报,协商通过修订的区政协工作制度《政协东湖区委员会全体会议工作规则(送审稿)》《政协东湖区委员会常务委员会工作规则(送审稿)》,并研究了其他事项。

【区政协九届十五次常委会议】 9月26日上午,区政协九届十五次常委会议在区综合服务中心南楼四层区政协常委会会议室举行。应到人员34名,实到27名。会议专题学习习近平总书记在中央政协工作会议暨庆祝中国人民政协协商会议成立70周年大会上的重要讲话精神,听取区投资促进局的工作通报,听取区政府办有关提案办理工作的情况通报,协商通过《政协东湖区委员会关于进一步提高提案质量的实施意见》,并研究了其他事项。

【区政协九届十六次常委会议】 12月27日上午,区政协九届十六次常委会议在区综合服务中心南楼四层区政协常委会会议室举行。应到人员33名,实到28名。会议学习传达十九届四中全会精神和中央政协工作会议精神,听取区财政局有关财税工作的情况通报,协商通过区政协九届五次会议的有关事项,并研究了其他事项。

提案工作

【概况】 2019年,东湖区全体政协委员和政协各参加单位紧紧围绕区委、区政府中心工作和人民群众最关心、最直接、最现实的热点难点问题,深入开展调研,积极建言献策,为助推东湖区高质量发展起到了积极作用。共收到提案103件,经审查,立案85件,不予立案18件,立案率为82.52%。立案提案中,委员个人提案72件,占84.71%;集体提案13件,占15.29%。不予立案的提案,作为委员来信或社情民意已转有关部门处理。截至8月,所立提案全部办复。从提案办理结果看,意见建议被采纳和反映问题基本得到解决的58件,占68.24%;意见建议和反映问题列入计划采纳与解决的25件,占29.41%;因受条件限制或其他原因难以解决的 2 件，占 2.35%。从反馈意见看，委员对提案办理的满意率达 100%。

【提高提案办理实效】 2019 年，区政协常委会紧紧围绕进一步提高提案质量、办理质量和服务质量开展工作。印发了《政协东湖区委员会关于进一步提高提案质量的实施意见》，进一步推进提案工作的制度化、规范化建设。联合区委、区政府督查部门开展“政协提案督办月”活动，分批次对提案承办单位办理提案的情况开展联合督办。对义务教育阶段课后服务等提案建议内容落实进行了“回头看”，使委员关注的问题得到重视，反映的问题得到解决，提高提案的质量和办理实效，提升提案工作质量。对九届四次会议以来的 10 件优秀提案和区委宣传部、区市场监督管理局、区民政局 3 个提案办理先进单位予以表彰。

政协东湖区第九届四次会议优秀提案一览表

表 3

提案号	优 秀 提 案	提案人	提案人所在单位
第 5 号	《关于打击和防范以老年群体为目标涉众经济犯罪的建议》	钟泽欢 周 俊	江西百川法律服务有限公司 东湖区人民法院
第 7 号	《关于打造老龄服务综合体，助力幸福东湖的建议》	胡海燕	东湖区红十字会
第 21 号	《关于党组织进小区、规范小区业委会选举及运行监管的建议》	陆玉娟	绿地集团客户关系中心
第 26 号	《关于明晰城市架空管线管理的建议》	邓建平	东湖区民政局
第 45 号	《关于落实综合防控儿童青少年近视实施方案的建议》	熊 芳	民盟东湖支部
第 50 号	《关于进一步加大力度推进东湖政务新媒体发展的建议》	喻新文 林浩裕	无党派知识分子联谊会
第 54 号	《关于家庭教育理念的更新和变革迫在眉睫的建议》	教育界别	（执笔：熊金辉）
第 60 号	《关于加强中小学校外培训机构规范管理的建议》	赵英姿	东湖区机关事务管理局
第 76 号	《关于加快我区母婴设施建设的建议》	农工东湖总支	（执笔：刘怀京）
第 80 号	《关于构建平安东湖，加强对市民个人安全主体责任意识相关法规法条宣传的建议》	蔡 舸	东湖区应急管理局

调查研究

【概况】 2019 年，东湖区政协下大力气，用真功夫，围绕全区中心工作组织调研考察，各专委会发挥优势撰写了 5 篇调研报告，为区委区政府和有关党政部门科学决策提供了有价值的参考意见，有力推动全区经济社会发展。

【扬子洲传统文化保护与利用调研】 2019 年，区政协教卫文体学习委组成调研小组，就扬子洲传统文化保护与利用开展了深入调研，提出如下建议：坚持绿色、生态定位，以文化内涵提升开发品位，优化整体布局，将扬子洲打造成为南昌展示城市形象的生态名片和文化窗口；组织文化专家、学者们深挖区域特色资源；加强产品创意设计，可按照“一路”（打造环岛、穿岛航线）、“一带”（建设环扬子洲文体风光带）、“一街”（建设环臣子港文化休闲街区）、“两区”（建设红色文化示范区和渔俗文化展示体验区）的框架，将文化亮点融入规划中，充分发挥文化引领作用，使之成为东湖区靓丽的“文化名片”。

【关于东湖区防控青少年近视工作的调研】 2019 年，区政协人资环城建社法委和民盟东湖区支部组成联合调研小组,就防控青少年近视工作开展了专题调研。通过分析东湖区防控青少年近视工作现状、存在的问题,调研组提出以下建议:搭建专业技术平台,设立东湖区青少年视力低下预防控制中心;建立区校二级管理责任机制、学校防控综合评估通报机制;开展视力健康组合监测工作和数字化全程跟踪管理工作,健全智能化监测风险预警防线;加快基础设施建设工作,建立户外运动阳光防线;构建科学防控多方共管的责任体系。

【关于打造历史文化旅游街区的调研】 2019年,区政协人资环城建社法委开展了关于打造历史文化旅游街区的专题调研。调研旨在策应区委、区政府提出的关于重点推进百花洲历史文化旅游街区提升改造,深度挖掘历史文化底蕴,改善人居环境,提升城市发展品位的工作部署。通过深入调研,调研组认为打造历史文化旅游街区,重点是要依托历史文化遗存,将街区整治与商旅、文旅相结合与互动,重塑商业格局,推动消费升级,不断增强城区活力,促进东湖经济社会发展。为此,提出如下建议:加强顶层设计,注重规划引领;密切协同配合,注重聚合人气;做好遗存保护,延续文脉传承;建立协同管理机制,加强历史文化旅游街区的保护;注重引进专业设计运营团队。

【关于东湖区2018年民营经济发展情况的调研】 2019年,区政协经济和农业农村委就东湖区2018年民营经济发展情况开展了专题调研,为新时代促进民营经济健康发展提出如下建议:建议成立区促进非公有制经济发展领导小组,组建区非公企业维权服务中心,统筹协调推进全区民营经济发展工作;贯彻落实好中央、省、市出台的《关于支持民营经济健康发展的若干意见》的各项政策措施,加大强化要素保障;加强对民营企业家特别是年轻一代开展有计划地理论培训、政策培训、科技培训、管理培训、法规培训,加速提升企业创新;通过加大"放管服"制度改革、召开座谈会、走访调研等路径抓服务强宣传、抓环境建制度,加紧优化营商环境。

【关于东湖区公共体育健身场所的调研】 2019年,区政协经济和农业农村委员会对全区公共体育健身场所建设和管理情况进行了调研。调研旨在贯彻实施《"健康中国2030"规划纲要》和《全民健身条例》,推进东湖区公共体育事业发展。调研组重点分析了当前公共体育健身场所建设和管理中存在的不足,并提出如下建议:通过将体育健身场所建设纳入城市建设规划、探索社会力量参与体育健身场所项目建设,改造、新建一批市民体育健身场所;开放、共享一批公共体育健身场所,为全区公共体育健身场所数量和质量的提升注入新的力量;出台体育健身场所管理的相关办法,以强化、提升公共体育健身场所管理。

【周关调研东湖区"三风"活动开展情况】 5月17日,南昌市政协主席周关来区调研"三风"活动开展情况。市政协副主席周智安、陈匡辉参加。周关一行先后来到榕门路滕王阁景区周边、环湖路区文化传承中心、象山北路红色记忆展示馆,详细了解东湖区"三风"社会面宣传、"三风"宣讲、"三风"阵地建设等情况。在随后召开的座谈会上,周关听取了东湖区"三风"活动开展情况以及部分单位"三风"工作情况汇报,充分肯定东湖区推进"三风"工作做法,认为东湖区"三风"活动领导重视、措施有力、参与度高、形式新颖,越做越实、越做越新、越做越有良好的社会效应,为全市"三风"活动提供了好的经验做法,不少做法具有示范引领作用。

【市政协在东湖区开展"三风"专题调研】 7月24日,南昌市政协"以'三风'活动为引领,促进市民文明素质上台阶"专题协商课题组成员到东湖区进行调研,深入百花洲街道刘将军庙社区,实地了解考察社区组织开展的微心愿活动、邻里互夸活动等活动。座谈交流会上,与会人员就如何提高市民对"三风"活动的参与度、扩大"三风"工作宣传、城管在创建文明城市的执法工作中依法依规文明执勤、企事业单位更好地支持"三风"活动、封闭式小区物业支持"三风"工作、增强"三风"活动的实效性等一系列实际问题互动交流。

民主监督

【概况】 2019年,东湖区民主监督工作持续强化。中共东湖区委常委会专题研究区政协民主监督年度工作计划,区委办公室、区政府办公室、区政协办公室联合印发《2019 年度区政协民主监督工作计划》。区政协充分运用视察、调研、提案等载体,畅通渠道,广开言路,有力推动民主政治建设。

【推进区政协九届四次会议重点提案督办协商】

2019 年,区政协强化重点提案办理落实。4 月 9 日,区政协主席王玮率提案委员、承办单位负责人围绕《关于东湖区加快医联体建设的建议》和《关于推动东湖区家庭医生签约服务工作的几点建议》等重点提案开展实地调研视察,座谈协商交流。4 月 16 日上午,区政协副主席谢华组织区政协人资环城建社法委委员,就《关于落实综合防控儿童青少年近视实施方案的建议》进行提案督办协商。4 月 17 日下午,区政协副主席冯于水组织提案委员围绕《关于以文化产业发展推进文化城市建设的建议》进行重点提案督办协商。4 月 19 日下午,区政协副主席余坚率区政协提案委委员和部分提案委员围绕《关于开展物业管理小区考核的建议》《关于规范小区业委会选举及运行监管的建议》《关于进一步加强对小区业委会的引导和管理的建议》和《关于加强街社对业委会指导、监督管理和服务的建议》等提案进行重点提案督办协商。5 月 7 日下午,区政协副主席欧阳桃花组织提案委员及相关承办单位负责人就《关于打击和防范以老年群体为目标涉众经济犯罪的提案》进行重点提案办理协商。5 月 31 日,区政协副主席胡薇组织提案委员和教卫文体学习委部分委员就《关于家庭教育理论更新和变革的建议》进行重点提案督办协商。

【区教科文卫体学习委考察文化事业项目】 8 月 29 日,区政协教科文卫体学习委组织部分委员视察部分文化事业发展项目。在东湖区非遗传承中心,委员们视察了赣发绣、赣方言传承基地——贵林社老茶馆、南昌红色记忆展示馆。通过与传承人小筱贵林交谈,委员详细了解了贵林社以每周演出和教育培训等方式打造新时代文明宣传阵地情况、开展方言进校园的试点情况。大家一致认为,南昌红色记忆展示馆是一座唤醒南昌红色记忆、存续红色血脉、传播红色文化、传承红色基因的小而精、简而全的红色革命教育基地,要充分发挥场馆作用,引导更多群众进馆参观学习。

【考察全区扫黑除恶专项斗争工作】 11 月 19 日,区政协人资环城建社法委组织部分政协委员到东湖公安分局扫黑除恶侦察打击工作队、区法院扫黑除恶办考察扫黑除恶专项斗争工作。区政协主席王玮,副主席谢华、胡涛湘,区法院院长梁洪参加。委员们实地参观了东湖公安分局扫黑除恶侦察打击工作队,详细听取了区委政法委、区法院、东湖公安分局扫黑除恶工作汇报,围绕如何提升政治站位、依法高效审理涉黑恶案件等方面进行深入交流。王玮主席指出,全区扫黑除恶专项斗争工作政治站位高,高位推进,靠前指挥,依法办理,社会效果好,并鼓励公检法队伍继续站位高准,总结工作经验,规范工作程序,为推进国家治理体系和治理能力现代化做出贡献。

【开展社区邻里中心建设工作民主监督视察活动】 11 月 22 日,区政协人资环城建社法委组织部分主席会议成员、常委、委员对社区邻里中心建设工作情况进行民主监督视察。区政协副主席谢华参加。视察组一行深入墩子塘马家池、百花洲小金台等社区实地察看,并召开座谈会,分别听取了区民政局、区教科体局、区文广新旅局、区商务局、区卫健委等职能部门的工作汇报,详细了解全区社区邻里中心建设工作情况。座谈会上,委员们对全区“1 + 5 + X”社区邻里中心的社区发展模式新探索表示满意,同时围绕如何克服空间不够设施不足,扎实推进社区邻里中心建设,完善相应管理制度,建立长效运营机制等问题,纷纷建言献策。

【政协主席会议成员考察活动】 12 月 18—19 日,区政协主席王玮率主席会议成员对各街道、贤士湖管理处“三风”主题文化街、文化村(社区)建设工作进行视察。区政协副主席谢保成、冯于水、谢华、余坚、胡涛湘、胡薇参加。考察组一行先后深入马家池社区邻里中心、上营坊社区小游园、二七北路社区文化广场、杏苑社区永外正街等地,现场察看了“三风”主题文化街、文化村(社区)阵地打造、“三风”社会面宣传和“三风”宣讲等活动开展情况。考察组对各单位结合文明城市创建、城市微改造等工作需要和居民生活需求,充分挖掘辖区历史文化资源,积极打造一批精品“三风”主题文化街、文化社区(村)的做法给予了充分肯定。

团结联谊

【概况】 2019年,东湖区政协充分发挥联系广泛的优势,在建言资政和凝聚共识上双向发力,加强与社会各界群众联系交往,积极协助区委、区政府做好协调关系、理顺情绪、化解矛盾、增进团结的工作,为巩固民主团结、生动活泼、安定和谐的政治局面贡献政协力量。

【做好民主团结工作】 2019年,区政协积极支持党派、团体运用大会发言、提案、社情民意等方式建言献策,认真听取、反映并积极推动落实他们的意见建议,努力让党派特色与界别优势在政协议政平台上得到更加充分地展现。深入推进与各党派团体和社会各界人士的合作共事,求同存异,聚同化异,促进共同思想政治基础上的大团结、大联合,营造了更加浓厚的团结民主氛围。先后接待了江苏、辽宁、湖北、广西、安徽等省兄弟市(县、区)政协的学习考察。

【深化“三风”主题活动】 2019年,东湖区深入开展“兴家风、淳民风、正社风”主题活动。打造了上营坊、二七北路社区等一批“三风”主题文化社区,扩展“三风”社会面宣传广度。经济界别、农业界别、医药卫生界别、无党派人士界别等界别纷纷组织委员走进社区和农村,开展捐资助学、扶贫帮困等“三风”公益活动。依托新时代文明实践中心(站、所),组建了10支区级专业性志愿服务队伍,在全区开展了形式多样、面向群众的“三风”宣讲活动。

【举办履职能力暨“三风”活动培训班】 6月12—18日,区政协联合区委组织部、区委统战部举办了区政协委员履职能力暨“三风”活动培训班。区政协常委、各镇(街道)委员联络小组组长、联络员共46人参加。委员们认真聆听了“习近平总书记关于加强人民政协工作的重要思想的核心要义与思想内涵”“提高政协委员的履职能力”“新时代多党合作的意义”等课程,学习参观了爱国主义教育基地厦门大学校史馆、古田会议旧址,并在全国民主法治社区金尚社区开展了“三风”活动实地教学,进一步拓展“三风”工作思路,提升履职意识和能力。

【组织委员开展重阳节敬老慰问活动】 10月7日,区政协副主席谢保成带领区政协经济和农业农村委员会、九三学社东湖支社部分委员和扬子洲镇委员联络小组委员、南昌市民促会纵横装饰建材分会、洲上青年志愿者协会的代表深入扬子洲镇熊万村开展重阳节敬老慰问活动。委员们同老人们亲切交谈,详细了解老人的身体状况和生活起居情况,送上慰问品和节日红包。活动共发放善物善款合计价值1.8万多元,慰问高龄困难老人36名。

【组织委员开展义诊咨询活动】 11月22日,区政协人资环城建社法委组织医药卫生界别委员在紫金城社区广场举办了“不忘初心惠百姓、牢记使命送健康”主题义诊咨询活动。活动现场,委员们发挥所学专业优势,免费向居民提供中医、妇幼保健、儿童保健、健康咨询等多项医疗保健服务。活动累计接受咨询300余人次,向居民发放各类宣传折页1000余份,免费测量血压血糖180余人次。

【组织政协委员开展同心同向同行文艺会演】 11月29日,区政协组织60余名委员在紫金城社区举行“同心同向同行 共建文明城市”文艺会演。区政协副主席谢保成、胡薇参加。通过现场发放《共创文明城市倡议书》、开展文明创建知识问答、在“共创文明城市 共签文明诺言”签名墙上签名等活动环节,委员们引导居民群众积极响应深化全国文明城市创建工作,号召他们发挥主人翁精神,树立文明观念、展示文明形象、争当文明公民。

(裘 洁)

社会团体

综　述

2019年，东湖区各社团组织始终把工作置于中共领导之下，坚决贯彻中共的意志和主张，引导群众听党话、跟党走。紧扣中心，勇挑重担，找准工作切入点，面对新形势、新任务，积极调整工作重心，努力创新机制和工作方法，始终保持旺盛的生机和活力。各社团组织不断加强班子建设，健全基层组织网络，围绕推动经济跨越式高质量发展、"美丽南昌·幸福家园"环境综合整治、"时间银行"志愿服务等全区重点工作争当先进。坚持"向中心聚焦、为大局聚力"，致力打造服务更优、品质更高的工作品牌。

工会组织充分发挥工人阶级的主力军作用，维护好职工安全保障、民主管理、劳动收益等权益，促进和保持劳动关系和谐稳定，预防和化解劳动争议，维护企业、职工权益。共青团组织充分发挥党的得力助手和后备军作用，组织团员青年积极服务经济建设。妇联组织强化妇女儿童维权工作，以争创"巾帼文明示范岗"等活动为载体，不断深化"巾帼建功"活动，树立妇女新形象。归国华侨组织以团结动员归侨侨眷，推动经济社会发展为首要任务，在服务大局、服务群众中发挥了重要作用。残联组织以残疾人康复工作为主题，以残疾人帮扶就业为重点，全力实施好惠及残疾人的民生项目。红十字会组织发扬人道、博爱、奉献的红十字精神，以改善最易受损害群体境况为重点，更好地服务大局、服务社会、服务群众。科协组织团结动员广大科普工作者深入开展科普活动，全面落实《全民科学素质行动计划纲要》，实施科学素质行动，提高全民科学素质。工商联组织工作以理想信念教育为引领，以服务立会为宗旨，团结引导广大会员企业，为东湖经济发展发挥积极作用。

（区史志办公室）

职工工作

【概况】　2019年，东湖区职工工作坚持以习近平新时代中国特色社会主义思想为指导，强化以职工为中心、服务职工美好生活需要的理念，以保持和增强政治性先进性群众性为根本，以改革为动力，紧紧围绕职工需求导向，推进重点工作落实落地，推动实现工会品牌更亮、工会服务更强、工会改革更实，进一步增强了工会组织的吸引力、凝聚力和战斗力。

【党工共建工作】　2019年，东湖区坚持党对工会工作的领导不动摇，不断增强工会组织的政治性、先进性、群众性。把引领职工群众听党话跟党走作为开展工作的出发点，积极引导非公企业建立基层党支部，吸收优秀党员加入工会组织。全年，打造的6家非公有制企业"六型"工会中，有5家的工会主席由中共党员担任。按照"党工共建，带促互动，双赢发展"的总体思路，在辖区内鸿基伟业装饰工程有限公司等13家非公有制企业和社会组织打造党工共建示范单位，推动组织、工作双覆盖、全覆盖，实现党工一体、共促双赢。

【推进基层工会基础建设】　2019年，东湖区持续强化基层工会建设。全年新增基层工会68家，新增会员984人，新建2家农民工（散工）服务站点、

2家爱心驿站、8家“爱心妈咪小屋”、打造8家星级六型工会。爱心驿站和散工服务站点全年共为户外劳动者提供帮助5000余人次。发放送清凉物资9.6万元,惠及一线职工500余人;送温暖资金7.96万元,惠及困难职工80余人;发放中央、省财政帮扶资金317320元,帮扶人数160人次。

【劳模成长课堂进企业、进高校活动】 2019年,东湖区组织劳模协会会员践行志愿服务理念,积极培育打造“东湖区劳模志愿服务队”。开展“劳模成长课堂”进社区、进农村、进学校、进企业系列活动。1月23日,东湖区劳模成长课堂走进南昌市鸿基伟业装饰工程有限公司,区劳模志愿服务队21人实地观摩了党建、工会工作,并与天盾安保集团公司等11家企业的职工代表面对面交流互动,让企业职工感受到了劳模精神、劳动精神和工匠精神。9月10日,以“弘扬劳模精神,培养新时代奋斗者”为主题的“劳模成长课堂”进高校—走进江西财经大学活动,“中国好人榜”入围奖、全国“最美志愿者”称号获得者郑小惠,“全国先进个体工商户”称号获得者余茶花,东湖区人大代表、南昌市鸿基伟业装饰工程有限公司董事长胡克伟等三人与现场的百余名江西财经大学师生一起分享劳模故事,勉励学生常怀感恩之心,常念相助之谊,立志践行公益,让奋斗成为青春最亮丽的底色,成为兼具国际视野和家国情怀的国际化人才。

【劳模红色教育活动】 8月8—10日,东湖区组织开展“不忘初心牢记使命”主题红色教育瑞金行活动,全区29名劳模参加活动。通过参观学习,进一步提升了广大劳模的政治素质,切实推动劳模自觉用习近平新时代中国特色社会主义思想武装头脑、统一思想、凝聚力量、指导实践、推动工作,不断提高劳模的履职能力。

【东湖区快递外卖行业工会联合会成立】 4月29日,东湖区快递外卖行业工会联合会成立仪式在贤士湖管理处长巷村举行。江西省总工会基层工作部部长聂九华,南昌市总工会调研员梅树华为工会联合会揭牌。此次成立仪式由南昌市当乐送快运有限公司等10家公司的快递外卖小哥代表110余人参加,联合工会委员向参会的每位快递小哥赠送了1套综合应急救援包。

【庆“三八”趣味运动会】 3月7日,东湖区组织开展庆“三八”暨女职工趣味运动会。来自全区各单位、街道及企业的40支代表队,207名巾帼健儿参赛。此次运动会将竞技与娱乐相结合,默契十足的仙人指路,考验记忆力的送鸡毛信,活泼有趣的企鹅漫步,争分夺秒的双人夹球,引得现场开怀大笑。比赛展现了女职工自信阳光、健康向上的青春活力和合作无间的团队精神。

【庆“五一”国际劳动节慰问演出】 4月26日,庆祝“五一”国际劳动节慰问演出在区职工文化活动中心隆重举行。演出由南昌市总工会、中共东湖区委、东湖区人民政府主办。演出在气势磅礴的开场舞《盛世中华》中拉开帷幕,精彩纷呈的各类节目展现了南昌山水相间的美丽景色,体现了伟大的时代造就了伟大的劳动者,表达了中华儿女共同为中华祈福,祝福美丽中国继续筑梦翱翔的美好愿望。结束歌舞《共圆中国梦》赞美了新时代中华儿女用实际行动唱响时代强音,同铸复兴路,共圆中国梦。省、市、区有关领导,各县区工会负责人、市总工会相关人、南昌市在各条战线上做出突出贡献的先进人物,工作一线的劳动者近400余人现场观摩了慰问演出。

【“平安创建”文艺会演】 6月20日,东湖区职工文化艺术团“平安创建”文艺会演在滨江学校隆重举行。来自全区各街道的居民代表200余人观看了文艺演出,共享视听盛宴。演出由舞蹈、演唱、快板、诗朗诵等节目组成,表现了国家富强,社会安定,家庭和谐的氛围,并融入了扫黑除恶专项斗争的宣传,整台演出既精彩又寓意深远,获得了观众们的阵阵掌声与一致好评。

【应急救护培训活动】 6月18日,东湖区总工会联合区红十字会,举办以“爱心相伴,‘救’在身边”为主题的应急救护培训班。培训班主要学习突发事件中的急救知识和技能。全区劳模志愿者、工会干部、基层工会及部分企业职工近百人参加培训。

【庆“七一”羽毛球比赛】 7月7日,由东湖区总工会与江西日报社大江网站、南昌市羽毛球协会联合举办的“活力东湖 健康‘羽’你同行”新城杯羽毛球比赛在东湖区天天羽毛球馆举行。21支队伍,近300名队员参加比赛。此次比赛分为男双、男单和混双3个项目,分三场进行,以"小组循环赛+淘汰赛"的形式决出各项目冠亚季军。经过两天的角逐,决出团体比赛一等奖1名,二等奖1名,三等奖2名。

【参加省职工运动会拔河比赛获奖】 8月28日,东湖区组队参加江西省第四届职工运动会拔河项目比赛。比赛分男女两队参赛,经过两天激烈的角逐,女队勇夺冠军,男队获得第五名。

【职工工间操比赛】 9月20日,由东湖区总工会主办的"庆祝中华人民共和国成立70周年"全区干部职工工间操比赛在区综合服务中心南广场开赛。全区30支队伍,560余人参赛,经过激烈角逐,共有4支队伍荣获一等奖,6支队伍荣获二等奖,10支队伍荣获三等奖。此次活动的开展旨在提高全区干部职工身体素质,培养健康生活方式,营造和谐、快乐的工作氛围,受到广大干部职工的欢迎。

(林如霞)

青少年工作

【概况】 2019年,东湖区青少年工作立足实力东湖、活力东湖、魅力东湖建设,服务党政中心工作,服务青年成长成才,推进各项点工作目标和任务落实。荣获全市共青团工作先进单位、全市团的基层组织专项述职会第一、全市共青团工作年终流动现场会第一等多项荣誉。

【组织"青年大学习"活动】 2019年,东湖区组织发动线下理论宣讲和线上"青年大学习"活动,学习总书记视察江西期间的重要讲话精神"7·2"重要讲话精神。组织全区161个基层团组织、各行各业团员青年代表300余人,集中收听收看纪念五四100周年大会,迅速掀起了学习宣传贯彻总书记讲话精神的热潮。

【开展共青团基层组织建设质量年行动】 2019年,东湖区坚持抓基层、打基础,从严治团,做好基层团组织五项重点工作,开展团的基层组织建设质量年行动。开展"智慧团建"系统业务培训2场,培训人员180人次,辖区团员全面录入"智慧团建"系统,按照时间节点要求录入并及时更新团组织、团干部信息,完成率达100%。全面核查2017年、2018年、2019年新入团团员信息,严格落实"学社衔接"制度。做好团员发展与管理、三会两制一课、团费收缴管理和使用、团组织关系转接、团的活动开展等基础团务工作。

【开展春运"暖冬行动"】 1月28日,共青团东湖区委联合星巴克咖啡开展"青春志愿行　温暖回家路"春运"暖冬行动",给客运站40余名工作人员免费送上一杯热咖啡,对春运期间他们辛勤的工作表示感谢,并送上了新春祝福。同时,协助客运站工作人员做好接送站秩序维护及交通劝导,指导旅客快速查询出行讯息,做好老幼病残孕等重点旅客帮扶服务。

【开展点亮"微心愿"活动】 3月5日,东湖区组织开展"大手牵小手　圆梦微心愿"志愿服务活动走进培智学校,为30名残障儿童点亮"微心愿"。"9·9"公益日期间,团区委积极组织团干青年,发动全区师生、社会爱心人士捐款"点亮微心愿",筹集善款102668.8元,用于东湖区留守、困境儿童或结对帮扶地区儿童点亮"微心愿"。

【实施"赣青扶贫"】 3月30日,东湖区联合江西樟树林文化生活公园等数家爱心单位联合举办"小创客·创益集市",义卖所得3万多元善款将捐给南昌市青少年发展基金会小创客公益专项基金,用于在东湖区建立小创客儿童服务站,助力扶贫帮困。常态化开展"童心圆梦"公益性社区少年宫,全年在光明社区、刘将军庙社区、新华社区、二七北路社区、扬子洲庙后村已持续开课28期,为168名社区贫困青少年免费提供绘画、手工、书法课程,让贫困家庭孩子在家门口享受到全免费的优质教育。

【召开纪念五四运动100周年暨表彰大会】 4月28日,东湖区召开纪念五四运动100周年暨表彰大会,会上,表彰"优秀共青团员"10名、"优秀共青团干部"5名,五四红旗团委(团支部)20个、区校共建"优秀志愿者"20名。

【组织"青春快闪"活动献礼"五四百年"纪念】 4月28日,东湖区在八一广场精心策划、组织开展"青春心向党·建功新时代"主题快闪,全区30名团干团员、各行各业青年朋友组成五角星图案,手举国旗共同高歌《光荣啊,中国共青团》,省团校学生志愿者表演街舞《骄傲的少年》,豫章小学教育集团少先队员歌唱《我和我的祖国》,吸引几百名市民的驻足观看。

【举行纪念五四运动100周年主题活动】 2019年,东湖区组织开展系列活动纪念五四运动100周年。4月29日,举行"青春心向党·建功新时代"献礼五四——全区集中退队入团仪式,全区112名少先队员们庄严宣誓加入共青团组织。4月30日,组织来自各行各业团员青年代表300余人集中收听、收看纪念五四运动100周年大会,认真学习习总书记重要讲话,并在全区迅速掀起了学习宣传贯彻总书记讲话精神的热潮。在全区各街道、社区、学校开展"致敬青春"纪念五四运动100周年集中亮屏行动,学校、社区以及银行、酒店、餐饮店、药店等各类社会单位全天候、多时段滚动播放"青春心向党 建功新时代庆祝五四运动100周年"纪念标语。组织各级团、队组织在"五四"青年节前后,开展"青春心向党·建功新时代"主题的各类宣传教育实践活动,激发青春热血,展现青春风采。

【开展"文明东湖·红领巾志愿行"活动】 9月7日,东湖区组织60名东青小小志愿者前往滕王阁景区、中山路天虹百盛商场、八一公园地铁站三地开展"文明东湖·红领巾志愿行"活动,宣传文明旅游、文明购物、文明出行。组织区属各校大队部开展少年队员"进万家 送文明"活动,每周深入结对的街道、社区开展环境整治、入户宣传等形式多样的志愿服务活动。

【"东青号"移动志愿服务】 2019年,"东青号"在胜利路步行街明秀广场常态化为附近居民提供休息、饮水、手机充电、图书借阅、交通指引、信息咨询等暖心服务,持续开展"红色主题教育'代代传'""东青志愿微团课""文明祭祀·平安清明""让文明之风吹进千家万户""文明创建 志愿先行"等各类主题志愿服务活动。

【"时间银行"区校共建志愿服务】 2019年,东湖区与南昌大学、江西财经大学、江西中医药大学、南昌市卫校等四所院校团组织成功签约合作,建立长期的"区校共建"模式,成功吸纳2100名青年志愿者参与东湖区居家养老志愿服务"时间银行"。志愿者坚持每周深入社区开展一次"时间银行"志愿服务活动,服务时长不少于2小时,全年开展"时间银行"志愿服务活动10期,服务社区老人200余人。

(于 凡)

妇女工作

【概况】 2019年,东湖区各级妇联组织联系带领广大妇女,围绕中心、服务大局,深入基层、服务妇女,为东湖经济社会发展贡献巾帼力量。

【妇女儿童专项服务】 2019年,东湖区通过购买服务的方式,开展妇女儿童专项服务。开展10场"建设法治江西·巾帼在行动"宣传活动,提供维权咨询、婚姻家庭纠纷调解、法律知识培训等服务。利用送课堂到基层、东湖妇女之声公众号推送、成立13支"赣鄱红色娘子军"宣讲团等多途径,将习近平总书记的殷殷嘱托和中国妇女第十二次全国代表大会精神传达到基层,传达到妇女群众中,引领全区广大妇女高举旗帜、把正方向,坚定不移听党话、跟党走,建功新时代。截至年末已开展20场有特色、接地气的宣讲活动。

【开展最美家庭角色评选】 "三八"国际妇女节前夕,东湖区自下而上评选出了12户最美家庭,通过先进的评选,进一步弘扬了"修身齐家"的传统家庭美德。

【开展贫困妇女两癌免费筛查救助活动】 2019年,东湖区扎实开展贫困妇女两癌免费筛查救助活动。3月,通过逐级申报、审核为4名两癌患病妇女发放"城镇贫困妇女两癌救助2018年度省级专项彩票公益金"4万元。6月,印制了1000余份宣传册、购买价值1万多元的宣传品,发动120余位基层妇联干部上门上户对764位在册三类贫困妇女开展两癌免费筛查宣传动员。

【开展反家暴宣传活动】 3月5日,东湖区妇联在董家窑街办贤士二路社区开展了以"学法知法,守法用法,共创文明和谐家园"为主题的法治宣传活动,通过发放宣传单、悬挂横幅等,提升了妇女群众学法用法守法的意识。11月25日,在董家窑街办五纬路社区内开展"倡导文明家风,抵制家庭暴力，共享美好生活”反家庭暴力宣传活动，让广大妇女知法懂法，远离家庭暴力伤害。

【开展防艾滋病宣传】 5月20日，东湖区妇联在董家窑街办贤士二路社区开展“远离毒品、预防艾滋”为主题的宣传活动，活动旨在提升广大居民远离毒品、预防艾滋病的意识，向社区居民广泛宣传预防艾滋和远离毒品的常识，号召市民积极投身到预防艾滋和远离毒品的活动中来。

【举办家庭教育高峰论坛】 3月6日，南昌市首届家庭教育高峰论坛东湖区分会场“南昌市妇联幸福家庭成长计划”宣讲活动在东湖区区文化活动中心举行。活动旨在深入贯彻习近平总书记关于“注重家庭、注重家教、注重家风”的重要指示和落实《江西省家庭教育促进条例》的要求。

【为农村留守儿童捐赠图书活动】 5月28日，东湖区妇联走访扬子洲镇八一嘉实希望小学，为30位贫困学生发放价值约9000元学习用品，看望3位贫困家庭在读学生发放共3000元脱贫解困资金。

【开展防儿童溺水教育活动】 7月5日上午，东湖区妇联在环湖路社区新时代文明实践站组织志愿者开展“三风”主题的“珍爱生命、防止溺水”安全教育宣传活动，70多名儿童、家长观看了预防儿童溺水教育片。

【开展“清洁家庭”系列活动】 2019年，东湖妇联发动广大妇女争做“清洁家庭”的宣传员和推动者，树立讲文明树新风、讲卫生爱环境的意识，积极开展“清洁家庭”活动。制作2000个清洁家庭宣传环保袋和1000块“清洁家庭”光荣牌，在各街道、镇、管理处开展了“清洁家庭”季度评比活动，表彰316户区级“清洁家庭”，年底清洁家庭挂牌率达全区总家庭的50%以上。同时在彭家桥街办光明社区设立清洁家庭创建示范社区，以点带面推动清洁家庭创建活动的深入开展。

（刘　达）

归国华侨工作

【概况】 2019年，东湖区团结、动员广大归侨侨眷和海外侨胞，坚持围绕中心、服务大局，新建立2个“侨胞之家”。紧扣“为侨服务”主题，凝聚侨心侨力，为东湖经济社会发展做出贡献。

【开展学雷锋主题活动】 3月5日，东湖区侨联联合大院街道院一社区、江西拜博口腔医院在南昌八一广场举办“雷锋精神　传递爱心”创建全国文明城暨口腔义诊主题活动，为居民提供免费口腔检查服务，科普口腔健康和爱牙护牙知识，体现了新形势下侨联干部服务群众的积极态度和决心，赢得群众好评。

【请律师进社区】 8月7日，南昌市侨联律师服务团进社区、进企业工作对接会，在大院街道二七北路社区党群服务站举行。活动中，南昌市侨联律师服务团与东湖区大院街道二七北路社区侨胞侨属联谊会、滕王阁街道民巷社区侨胞侨属联谊会、江西海学茂文化发展有限公司进行了法律服务对接，颁发了服务团公示牌，将为他们提供法治宣传、法律咨询、矛盾化解等法律服务。

【开展侨企专题调研】 10—11月，东湖区侨联开展“群众之问　初心之约　使命之谈”侨企专题调研。调研组一行先后走访5家侨资企业以及滕王阁街道办事处，就企业生产经营情况及遇到的困难和问题进行详细了解，征求侨企、街道办事处对区侨联班子和个人的意见建议，为区侨联补好自身工作短板，切实解决侨企所急、所需、所求提供了参考和方向。

【东湖区第五次归侨侨眷代表大会】 12月30—31日，东湖区第五次归侨侨眷代表大会在区文化活动中心四楼新闻发布厅举行，市侨联副主席刘卫东，市侨联秘书长尚飞，区人大党组副书记、副主任彭雅琳出席会议并讲话，部分群团单位负责人，区相关单位主要负责人，镇、街道、管理处分管领导及归侨侨眷代表共计90余人参加本次会议。会议选举产生东湖区侨联第五届委员会委员、常委及领导班子成员秘书长、兼职副主席、专职副主席，姚涛全票当选为东湖区侨联主席。

【组织侨界文化交流】 2009年，东湖区持续强化侨界联谊工作。4月，区侨联联合海学茂人工智能教育公园举办首次澳大利亚旅游留学文化沙龙活动。5月，组织全区侨界学生参加第二十届“世界华人学生作文大赛”,参赛的40个作品中荣获二等奖4名,荣获三等奖5名,区侨联荣获“优秀组织奖”。8月,组织侨界人士参加《海外江西人》庆祝中华人民共和国成立70周年征稿活动,共选送作品30余件,促进文化交流、凝聚侨心侨力。

【加强归国华侨工作信息宣传】 2019年,东湖区侨联积极开展信息宣传工作,加强侨联重点、特色工作宣传,展示侨联工作新作为。2019年在《中国统一战线》上稿2篇,在《江西日报》上稿6篇,上报市侨联侨情专报12篇,2篇稿件获区委、区政府主要领导批示。

(杨邸著)

残疾人工作

【概况】 2019年,东湖区围绕实现“全面建成小康社会,残疾人一个也不能少”目标,积极破解发展难题,全面开启了新时代东湖残疾人事业新征程。“东湖区残疾人之家”被江西省人民政府残疾人工作委员会授予“残疾人之家”称号。

【中残联到东湖区调研工作】 2019年,中残联多次到东湖区调研残疾人工作。4月,中残联康复部副处长沈晓勇莅临东湖区专题调研残疾人精准康复工作,给予高度肯定并评价希望再接再厉,力求残疾人精准康复上台阶。5月,中残联党组成员、副理事长相自成赴东湖区调研五大专门协会工作,高度评价“这就是真正的残疾人之家”。11月,由中国残联委托的第三方评估机构北京大学人口研究所对东湖区开展全国残疾人基本服务状况和需求信息数据动态更新工作进行了现场评估,评估组认为东湖区措施到位,信息采集和入户情况以及残疾人的满意程度高,更加坚定了区残联干事创业信心。

【实施精准康复工程】 2019年,东湖区加大力度实施精准康复工作。全年,重度残疾人居家托养50名,两项补贴4648名,发放服药代金券320名,配发轮椅、尿不湿、儿童防走失定位器等辅具1155件;打造公园街道上营坊社区康复站,配备豪华跑步机等10件康复器材,累计4.19万元;建立南昌市培智学校智障人士工作站,为近百名智障亲友搭建互动交流平台;与14家医疗机构和康复机构建立联系机制,帮助56名孤独症、脑瘫儿童得到及时救治。

【助力全国残疾预防综合试验区创建】 2019年,区残联与区卫健委、市第十二医院、各街道社区卫生服务中心深入合作,全年共下街道社区办证27场,为1175名残疾人提供了筛查义诊、办证签约服务。深入开展残疾预防核心知识宣传和补助发放工作,为71名0—6岁儿童发放残疾诊断补助2.13万元;为1100名残疾人发放残疾评定补助8.8万元,全社会残疾预防知识知晓率进一步提高。

【开展教育就业培训工作】 2019年,东湖区着力实施国家助学项目,积极做好贫困残疾学生和残疾人家庭子女助学、中央彩票公益金助学工作,为10名学龄前残疾儿童发放补助3万元,为14名贫困残疾人学生发放补助4.7万元,为8名贫困残疾人家庭子女学生发放补助1.15万元。大力实施残疾人创业就业,开办了摄影、按摩等免费职业技能培训班3期,为51名残疾人提升就业本领;区残联联合区人社局、爱心企业举办了就业专场招聘会5场,使180名残疾人实现了再就业;在各镇、街道、管理处开展摸底排查工作,选送了20名残疾人参加市残联举办的淘宝“云客服”就业项目,并为月工资达标的残疾人发放了电脑、网络奖励费用。

【残疾人家庭创业帮扶】 2019年,东湖区制定扶持政策,鼓励各类残疾人自主创业。为视力残疾人进行盲人按摩“五统一”示范店打造扶持,扶持资金2.9万元;为肢体残疾人进行网吧扶持,扶持资金4.96万元;为听力残疾人进行手工义卖扶持,听力残疾人增收4.5万元;为精神残疾人进行辅助性就业、文化创业帮扶,精神残疾人家庭增收2万元,进一步提升了精神残疾人家庭创业增收信心。

【残联基层组织建设】 2019年,东湖区着力夯实残疾人事业基础,落实《南昌市残疾人专职干事选聘管理办法》,在全区范围内开展残疾人专干选聘工作,推动街道残联有专职人员干事。加强残疾人五大专门协会建设,推动残疾人专门协会依法依规注册,活跃各类残疾人精神文化生活。

强化基层残疾人专职委员队伍建设，落实22名残疾人从事农家书屋管理员工作，提升专职委员履职能力。建立动态更新工作长效机制，全面真实掌握残疾人基本服务状况和需求，加强与相关部门信息数据共享，以需求为导向加强和改进残疾人服务。

【残疾人事业宣传】 2019年，东湖区精心组织各项重大活动的宣传报道，加强宣传工作阵地建设。发挥主流媒体的宣传优势，在南昌一套等电视频道宣传报道12次，在《南昌日报》等报刊登稿5篇；继续用好新媒体，在中央文明网、“学习强国”平台登稿2篇，在东湖区发布上稿22篇，在本级网站、公众号发稿549篇，大量信息被省、市残联网站采用。围绕传统节日、重大节日和残疾人节日，开展进村展演、演讲比赛、知识竞赛、70周年快闪等主题活动12次。《赛马》等3个节目分别获南昌市参加江西省首届残疾人文化艺术节二等奖、三等奖和优秀奖。

【举办“全国助残日”活动】 5月19日是第29个“全国助残日”，东湖区残联联合扬子洲镇残联、前洲村残协在前洲村文化大院，共同举办“自强脱贫·助残共享”庆祝第29个“全国助残日”活动暨残疾预防核心知识竞答暨残疾人艺术团进村展演活动，300余名残疾人朋友及其家庭共同参加。活动设置了文艺表演、残疾预防核心知识竞答环节，村民和残友们踊跃上台，参与互动答题，详细了解0—6岁儿童、孕产妇等重点人群残疾预防知识。活动现场还发放了残疾预防《核心知识》《补助政策》宣传折页，宣传0—7岁儿童抢救性康复政策，进一步提高了村民对残疾预防知识的知晓率。

【依法维护残疾人合法权益】 2019年，东湖区以法律援助、春节走访、矛盾排查、无障碍建设为重点，制度化、规范化做好残疾人权益维护工作。全年为150户残疾人家庭实施无障碍改造，为886名贫困残疾人开展了走访慰问，举办了各类法治讲座3场，处理政策咨询来电420次，接待来访人员110余次，处理网上信访件3件，办结率均达100%。2019年3月，建立无障碍监督管理员队伍，配合区市监、商务、民政、农业农村等部门做好辖区商超、宾馆、公厕、新建小区的无障碍检查工作。

【打造喘息服务项目】 7月，东湖区残联立足智力、精神残疾人及重度肢体残疾人实际状况，在全省率先打造了残疾人“喘息式”临时托养暖心驿站服务项目，通过有党组织领导、有分支实施、有党员示范、有群众共建的“四有”党建品牌和临托服务进学校、爱心服务进社区、志愿服务进家门的“三进”服务以及扶志、扶智的“两扶”教育及志愿服务蔚然成风的“一风”氛围，成功探索出贴心、暖心、舒心、爱心的“四心”共筑工作法，切实解决了智力、精神、重度肢体残疾人及其亲友的现实照料需求和精神压力。2019年已开展暖心临托服务17期，为45名孩子提供绘画、手工、声乐、家政等技能培训服务；开展家庭服务10次，累计15个小时，项目还为120余名亲友提供交流平台。该项工作获得学习强国、新华网、中国文明网、南昌日报等媒体的广泛报道，进一步营造了惠残助残的良好文明社会新风尚。

（徐　薇）

科普工作

【概况】 2019年，东湖区落实《科普法》《全民科学素质行动计划纲要》，推进科普各项工作。全年，打造了南昌市东湖区青少年宫、南昌市缤谷众创企业管理咨询有限公司、江西省阳普企业管理有限公司等3个省级“科普教育基地”，南昌市北湖小学、南昌市豫章小学等2个市级“科普教育基地”；墩子街道阳明社区市级“科普示范社区”。

【完善科协基层组织建设】 2019年，东湖区不断强化科协组织建设。各镇、街道、管理处健全完善了科协组织，按照中央、省、市科协组织“3+1”改革工作要求，在推进《东湖区科协关于提升基层科协组织力“3+1”工作方案》基础上，东湖区科协组织“3+1”工作在全市率先全面完成。

【科普宣传信息化】 2019年，东湖区科协注册了微信公众号“科普东湖”“东湖科协”微博，在机关、学校、村、社区安装共计10台“科普e站”，利用互联网宣传科普知识。

【举办科普之春活动】 3月29日，东湖区2019

年科普之春暨学雷锋科普志愿者服务月活动在墩子塘街道阳明公园举行。此次活动由东湖区科协、东湖区教科体局、东湖区卫健委、东湖区环保局联合举办，来自科技、教育、环保、卫生等方面的科普志愿者为社区居民和过往群众提供科普咨询、口腔和眼科义诊等服务，开展了“地球不流浪”百米长卷环保主题绘画、环保换物、手绑绿丝带加入环保志愿者及在低碳行动签名墙署名等活动，活动围绕弘扬“奉献、友爱、互助、进步”的志愿服务精神，传播科学健康文明生活方式，提升了公民科学素质。活动共设立宣传展牌30余块，发放科普宣传资料10000余份，近5000余名社区居民参加了此次活动，收到了良好社会效果。

【开展三风活动】 6月18日下午，东湖区科协、公园社区、江西明智家长学校联合举办“弘扬传统文化传承家风家训”主题讲座，周丽云教授受邀前来授课，讲座引经据典、深入浅出地阐释了家风家训是什么、传承家风家训的意义，为大家讲解一个家庭中各个角色所承担的责任以及相处之道，并结合生活实际，向大家传授成功的家教经验，引导家长树立正确的家庭教育观念，掌握科学的家庭教育方法，提高家长们教育子女的能力，建立良好的亲子关系，努力弘扬中华民族的优秀治家传统。

【开展“百场科普报告进社区”活动】 2019年，东湖区科协分别在墩子塘街道、豫章街道及社区开展科普知识讲座4场次。讲座内容都是与社区居民生产生活息息相关，确保群众能够看得懂、记得住、用得上。

【举办“全国科普日”主题活动】 9月17日，东湖区举办“全国科普日”活动。活动通过科普展示篇、科技体验篇、红色教育篇、文明实践篇四个环节，展示中华人民共和国成立70周年以来科技创新方面的发展成就和历程，感受科技照亮生活的魅力。让参与者在活动中领略“创新、协调、绿色、开放、共享”的发展理念，同时激发全社会的创新热情和创造活力，促进全民科学素质的跨越提升。此次活动吸引5000余名市民参与，发放宣传品6000余份、科普宣传小册25000余册。

【举办“示范＋科普”主题活动】 2月18日，东湖区科协在紫金城社区开展“小手牵大手文明齐步走”中小学生社会实践活动，此次活动旨在让学生成为环境保护、垃圾分类的“推广大使”，通过“小手牵大手”形成“教育一个孩子，影响一个家庭，带动一个社会”的良好氛围，共同推进社会文明健康发展。

【开展送科技进农村活动】 5月10日，东湖区科协在扬子洲镇举行“送科技进村入户、乡风文明、科普惠民”活动，村民现场可以向南丁格尔志愿服务团心理咨询专家进行法律咨询、参加南昌市雄鹰救援队开展应急救护知识普及培训、观摩3D打印、体验逃生、太空VR、试跑机器人和参与蔬菜种植有奖知识竞猜，活动吸引了1000余名学生和村民们，发放科普小册5种，3000余册。

【举办“创安＋科普”活动】 3月25日，东湖区法院、东湖区科协、东湖区妇联、百花洲街道等单位在百花洲街道桂旺巷社区广场举行“社会治安人人有责”综治宣传月活动。现场以综治、平安建设、扫黑除恶等内容为主的文艺演出，提高居民对综治工作的知晓率和参与感。此次活动内容涉及法律援助、信访维稳、反邪教、禁毒、法制、医疗等综治方面的法律法规知识，随着活动的展开，居民的法制意识得到提高。

【文明创建主题科普活动】 7月18日，江西省科技馆、东湖区科协建设新时代文明实践所、滕王阁社区联合在江西省科技馆开展“文明创建人人参与、科学普及从我做起”的科普宣传活动，科普志愿者们为广大社区居民表演了《食品搭配禁忌》《溺水救急知识》及《文明礼仪、文明用知识有奖竞猜》，通过此次活动，动员广大居民积极参与文明创建活动，人人争做文明市民，普及科学知识，传播科学思想，提高社区居民科学素养，让科普走进社区，走进家庭。

（吴　昊）

红十字会工作

【概况】 2019年度，东湖区红十字会认真贯彻落实习近平新时代中国特色社会主义思想和十九大重要精神，紧紧围绕全区中心工作，坚持人道宗旨，坚持依法建会、依法治会、依法兴会，在服从大局、服务社群、人道传播、人道救助等方面做了大量卓有成效的工作，唱响红十字会好声音，传播社会正能量，充分发挥党和政府在人道领域的桥梁和纽带作用，完成各项工作目标任务。

【开展帮扶活动】 2019年，东湖区红十字会以“红十字博爱送万家”活动为抓手，面向社会各界经常性开展形式多样的人道救助公益活动。通过社区红十字会组织居民开展爱心义卖活动，为特困家庭捐款捐物；在全区干部职工中开展“人道救助十元捐”活动，为全方位救助辖区弱势群体储备力量；通过网络筹款的方式，号召辖区居民群众、人大代表、非公人士、在校学生等各界人士，开展“悦读名著”——为贫困流动人口子女捐资助学活动，为阳明路学校130多位贫困学子送去经典读物1600多册；精心设计公益项目，利用腾讯公益平台开展“9·9”公益日网络募捐活动，用于开展抗洪救灾及扶贫救助工作，为贫困家庭及贫困儿童、无偿捐献者家庭、见义勇为英雄实施精准帮扶。共筹集爱心款物价值305532.35元，不同程度救助958人次。

【应急体系建设】 2019年，东湖区红十字会以应急救护进“社区、机关、学校、农村、企业”为方向，以全面提高公众应急处置能力，最大程度降低意外事件的伤害为目标，联合区政法委、区民政局、区委党校、区教科体局、区总工会等部门，大力培植机关干部、志愿者骨干为初级救护员，组织专业师资进入辖区所有中小学校为孩子们传授应急知识及处置技能。全年共开展各类培训46场次，普及近万人次，培训初级救护员1300人，提前超额完成全年目标任务。逐步完成应急体系建设目标任务。

【组织红十字会组织参与防汛工作】 7月汛期，东湖区红十字会组织红十字雄鹰救援队东湖中队的志愿者成立两支抗洪抢险突击队，一支在赣江边搭建值守亭，24小时不间断在最险段巡查排险，一支参与市中心内涝排险，帮助转运被洪水围困的老弱居民，为全面打胜抗击洪峰突击战奉献了力量。筹措资金8000多元为联民村修复变电设施，为全面打胜抗洪抢险突击战奉献了力量。

【组织开展无偿捐献活动】 2019年，东湖区红十字会以保护人的生命健康为己任，紧密结合“5·8”红十字日、“6·14”世界献血者日、世界急救日等重大时间节点，组织志愿者在密集场所，宣传无偿献血、无偿捐献造血干细胞及遗体器官的知识及登记流程，普及预防艾滋病的知识，宣传弘扬无偿捐献事业中涌现的典型人物与感人事迹，努力打消广大市民对无偿捐献的顾虑与抵触，营造“和谐友善、乐于奉献”的良好社会氛围，动员更多的人参与无偿捐献的高尚事业。全年，共组织采集全血350人次，采血量86000毫升，无偿献血100%满足临床用血的要求，完成500个造血干细胞登记志愿者入库回访任务，慰问帮扶20位遗体器官捐献者家庭。

【深化红十字会组织改革】 2019年，东湖区根据国家及省市红十字会的总体部署，按照上级红十字会改革方案的各项要求，逐条对照，逐一落实，制定《南昌市东湖区红十字会改革方案》，通过深化改革，不断完善治理结构、健全组织体系、调整机构职能、优化运行机制、创新工作方法、夯实基层基础、改进工作作风、提升服务能力，建设组织体系健全、作风扎实过硬、运行机制科学的红十字组织。

【推动基层组织建设】 2019年，东湖区红十字会在全区建立了学校红十字工作委员会，在辖区所有中小学校组建了红十字会，为深入开展红十字青少年工作奠定了坚实的基础。加强对社区（村）红十字会工作的指导和监督力度，在条件成熟的刘将军庙社区、小金台社区、李家庄社区成立了红十字组织，选举红十字会会长、秘书长，为基层红十字工作夯实基础。打造社区红十字志愿服务站，推动红十字事业在群众中生根开花。

【开展红十字精神弘扬活动】 2019年，东湖区红十字会借助网络、媒体等平台，大力宣传红十字会法，大张旗鼓宣传典型人物及事迹，加大对无偿捐献志愿者的表彰及宣传力度，弘扬正能量。主动与相关部门联合，寻找合作契机，通过开展敬老爱老服务、捐资助学、关爱捐献者家庭、打造平安社区、参与推动无偿捐献、普及急救知识等系列主题公益活动，弘扬“人道、博爱、奉献”红十字精神，不遗余力地提升红十字会公信力，重塑红十字会公益形象。全年发布各类信息报道120篇，高唱社会主义核心价值主旋律。

（胡海燕）

工商联工作

【概况】 2019年,东湖区工商联工作以理想信念教育为引领,以服务立会为宗旨,以载体活动为抓手,持续保持着服务高效、特色鲜明、平台宽广、政企认可的良好态势,团结引导广大会员企业,为东湖新一轮大建设、大发展、大跨越发挥积极作用,做出积极贡献。截至年底,辖区共有1个镇商会、9个街道商会、1个管理处商会,家具行业商会1个,1个叠山路商会、1个东湖闽东商会、1个市民营企业家东湖分会,会员近600名。

【开展慈善系列活动】 6月4日,东湖区组织企业开展"2019年浓情暖端午·帮扶进社区"活动,为北湖社区贫困居民送去近5000元的慰问食品;8月19日中国医师节,组织会员企业在下水巷社区开展"送爱心、送健康"义诊活动;中秋节、重阳节期间,组织会员企业开展了进社区献爱心活动;9月7—9日,组织会员企业参与"9·9"公益日线上筹款活动,凝聚社会关爱力量,救助更多因疾病或意外伤害导致生活处于困境中的弱势人群,帮助更多因贫困失学无法圆梦的莘莘学子。不仅如此,区工商联还引导会员企业采取"一对一挂点帮扶"。如王晓莲上门慰问看望民巷困难党员(患癌症空巢老人)徐桂香,彭志刚在新祺周社区慰问困难居民,唐建波慰问豫章街办洪城社区环卫工人、捐赠豫章街道办监控设备用于制药厂小区,姚建冰为南昌市培智学校送去帽子和围巾200套,孔德永捐赠5000元至区残联用于残障人士帮扶,欧阳华进社区送温暖等。

【开展招商活动】 4月23—27日,东湖区工商联组织招商小分队赴珠海、湛江开展了招商活动。主要参观考察了辽宁中盛生物技术集团、湛江市海天精品馆、湛江招商港城投资有限公司(总部楼宇)等知名企业,并与企业负责人面对面进行宣传和推介。11月26日,在市联的组织领导下,区工商联邀请8位客商在广州参加南昌市对接"粤港澳"大湾区(广州)推介会,并主动出击拜会广东省南昌商会和广州市南昌商会,助推赣籍企业家回乡投资创业。12月9日,区工商联邀请10余位客商在上海参加东湖区"三请三回"暨现代服务业(上海)招商推介会,广为宣传东湖区的区位优势和招商优惠政策。

【第一次主席(会长)会】 2月28日上午,东湖区工商联在区政府南楼4楼政协会议室,召开了2019年第一次主席(会长)会。区委常委、统战部长焦玉庄,区政协副主席、区工商联主席胡涛湘出席会议。区工商联第五届兼职副主席(副会长)、常委代表、执委代表、各基层商会企业代表、工商联机关全体人员共60余人参加会议。会上,传达学习了省委、省政府印发《关于支持民营经济健康发展的若干意见》(赣发〔2018〕34号)和省政府办公厅印发《关于金融支持民营经济发展若干措施的通知》(赣府厅发〔2019〕6号)文件精神,通报了各小组2018年度评比排名得分及《红色家书》诵读会演节目得分情况,审议通过《东湖区工商联2019年工作要点(草)》,并将新入会执委纳入到各小组中。

【第二次主席(会长)会】 12月26日,东湖区工商联在区综合服务中心南楼8楼宣传部会议室,召开了2019年第二次主席(会长)扩大会。区政协副主席、区工商联主席胡涛湘出席会议。区工商联第五届兼职副主席(副会长)、各小组秘书长、常委代表、执委代表、新入会企业代表、工商联机关全体人员共40余人参加会议。会上,传达学习了中共十九届四中全会精神、中央经济会议精神、省委十四届十次全体(扩大)会议精神和全国工商联十二届三次执委会议精神。各小组组长通报了2019年工作和2020年计划,以及经费收支情况。会议讨论了《东湖区工商联(总商会)五届五次执委会工作报告(草)》,通报了各小组2019年度评比得分排名,并进行了增补副主席(副会长)、常委提名投票。

【深入开展理想信念教育】 6月25—29日,东湖区组织非公经济代表人士赴西柏坡等红色教育基地开展现场教学,学习体会"两个务必"的历史内涵,深入领会"赶考精神",进一步地接受爱国主义、集体主义和革命英雄主义的思想认识,提升对党的认识,学习、继承、弘扬红色精神;10月23日,区工商联组织非公经济代表人士参观东湖区域内的方志敏纪念广场、贺龙指挥部旧址等红色教育基地及火神庙社区"时间银行"等民生实事项目，增强了理想信念，明确了以人为本、向群众学习、向实践学习的理念，进一步增强了开拓创新意识坚定非公经济人士发展信心。

【减税降费培训座谈会】 2月28日，东湖区工商联联合东湖区税务局举办2019年减税降费培训座谈会。辖区70多家会员企业的法人或财务人员参加会议。会议由黄天祥主持。会上，区税务局税政股股长魏涌涛介绍并解读了新近出台的减税降费税收政策，让企业纳税人、缴费人充分了解政策口径和适用标准，确保准确理解和充分享受。区税务局副局长李渊简要介绍了东湖区税务局减税降费背景，做法及成效；各参会企业对税务方面面临的困惑进行了提问，区税务局相关股室负责人现场解答了企业的相关疑问，得到企业的一致好评，为企业送上实实在在的新春"红包"。

【企业"大走访、大调研"活动】 2019年，东湖区工商联为加强与会员企业的联系，畅通会员企业沟通交流渠道。先后走访了豫章1号文化产业园区、慧谷科技产业园区、江西海印餐饮管理有限公司等40余家企业，并于炎炎夏日中开展了送"清凉"活动，给招商引资企业代表及会员企业代表等共25人，送上绿豆、冰糖、银耳等防暑降温食品。在春节、端午、中秋期间区工商联还为新入驻企业代表和会员企业代表送上了节日慰问品，倾听企业的诉求，协调帮助企业解决发展中遇到的问题。

【非公有制企业维权工作联席会】 5月22日，东湖区工商联组织部分会员企业家代表在区委统战部会议室与区检察院就非公企业维权工作服务进行座谈交流。参加会议的有区委统战部副部长、工商联党组书记黄天祥，区检察院党组成员、专职检委会委员胡国洪，区检察院相关处室人员，区工商联会员企业家代表等共10余人。现场就企业发展中遇到的问题进行答疑解惑，并进行交流讨论，更深层次的探讨进一步加强工作协作机制，保护东湖区非公经济发展等事宜。

【构建企业维权联系协调机制】 2019年，东湖区工商联经过多次沟通交流，与区检察院、区法院、区公安分局、区司法局建立了联系协调机制。在这个联系协调机制中，辖区企业在诚信经营合法的同时，如遇不正当"吃拿卡要"等办证各项事宜有麻烦时，都可勇敢地拿起"武器"进行维权。

【参政议政】 2019年，东湖区充分发挥非公经济人士中的人大代表、政协委员作用，围绕难点、热点问题，深入开展调查研究，引导和帮助非公经济人士撰写议案提案、社情民意共计10余篇，其中《关于打造民营企业四大服务平台的建议》被区领导批示，并在全区传阅；《关于加强办公物业管理　服务东湖经济发展的思考》的建议得到区政协主要领导的肯定。

【信息宣传工作】 2019年，东湖区工商联充分发挥宣传载体作用，积极利用微信公众号、短信、网站等信息化手段进行宣传报道，通过各种渠道报送相关活动信息20余条，都被收录在微信公众号或网站上。为主动展示东湖区民营企业形象，提升工商联影响力。4月10日，推荐辖区上规模民营企业，江西海印餐饮管理有限公司参加"江西省民营企业100强"评选活动。5月19日，向南昌市工商联维权处推荐副主席企业南昌市鸿基伟业装饰工程有限公司参与中国民营企业社会责任优秀案例评选。

（秦　越）

民主党派

综　述

2019年，东湖区各民主党派深入学习贯彻中共十九大，中共十九届三中、四中全会精神，在区委统战部的指导下，加强自身组织建设，深入开展"不忘合作初心　携手继续前进"主题教育活动，积极履职尽责，为东湖区经济社会高质量发展贡献智慧和力量。

各民主党派先后3次参加中共东湖区委、区人民政府召开的通报会、协商会、征求意见会，就东湖区当年的社会经济发展情况提出意见建议。积极参加区委统战部组织的"党委出题、党派调研、政府采纳、部门落实"活动，精心组织力量，深入开展调查研究，形成调研文章6篇。

截至2019年底，东湖区有民主党派东湖总支（支部、支社）6个，即民革东湖总支、民盟东湖支部、民建东湖总支、民进东湖总支、农工东湖总支、九三学社东湖支社。共有支部27个，成员757人。

2019年东湖区各民主党派基本情况表

表4

党派名称	人数（人）	支部数（个）	主　要　领　导
民革东湖总支	249	7	主　委：周胜明 副主委：帅钢华　周晓勤　易小春　于文凯　余学军
民盟东湖支部	38	—	主　委：肖　贤（女） 副主委：郭爱香（女）　杨林青（女）　魏　群（女）　蔡　舸（女）
民建东湖总支	198	6	主　委：赵赣涛 副主委：王树珊（女）　王妮娜（女）　裘　峻　邓文辉　晏明智
民进东湖总支	173	7	主　委：郑洪健 副主委：陈魏华　胡涛湘（女）　李吁红（女）
农工东湖总支	59	5	主　委：陈贞珍（女） 副主委：熊丽萍（女）　赵青武　张毓琴（女）
九三学社支部	40	—	主　委：何志勇 副主委：练　红（女）

中国国民党革命委员会南昌市东湖区总支委员会

【概况】 2019年，民革东湖总支在民革南昌市委会的领导下，在中共东湖区委统战部的关心、支持和帮助下，紧紧围绕中共东湖区委、东湖区人民政府的中心工作，全面加强自身建设；以建言献策为重点，认真履行参政议政、民主监督职能，发挥自身优势，积极开展社会服务，各项工作取得新进展，为东湖区高质量发展做出积极贡献。民革东湖区五支部党员王龙获得“南昌市五一劳动奖章”，总支党员崔怡雯获得民革南昌市委会举办的“庆祝中华人民共和国成立70周年”主题演讲比赛一等奖。

【履行参政议政职能】 2019年，民革东湖总支围绕中共东湖区委、东湖区人民政府的中心工作开展调研工作，积极建言献策。截至年底，民革东湖总支1人为市人大代表，3人为市政协委员，其中1名为市政协常委，区级“两会”代表共16人。2019年“两会”期间提交区级提案5件，提交市级提案3件。担任市、区级各部门监督员、监察员、督导员的党员8人次，充分发挥民主监督作用。

【开展“不忘合作初心　继续携手前进”主题教育】 2019年，民革东湖总支深入开展“不忘合作初心　继续携手前进”主题教育活动，继承光荣传统，认真履职尽职。11月，总支党员在主委周胜明带领下前往瑶湖开展“不忘合作初心　继续携手前进”的主题教育活动，周胜明带领党员共同学习中共中央加强中国特色社会主义参政党建设的文件精神和中共中央总书记习近平关于多党合作的重要论述。12月31日，总支召开“不忘合作初心，继续携手前进”主题教育专题民主生活会，会议紧扣“不忘合作初心，继续携手前进”主题，聚焦思想政治建设、组织建设、履职能力建设、作风建设、制度建设等方面的不足，检视问题、深刻剖析、整改落实，加强了党员的政治建设。

【开展“观故居　走多党合作之路”活动】 6月21—23日，民革东湖总支与民革西湖总支、青云谱总支组织50余名党员赴湖南衡阳和永州开展“观故居　走多党合作之路”主题教育活动。参观途中党员们学习了中共中央总书记习近平视察江西时的重要讲话精神以及民革市委会会议精神和市委会下半年的工作部署。通过开展“观故居　走多党合作之路”活动，引导民革党员进一步继承和发扬民革先辈与中国共产党风雨同舟、肝胆相照的光辉历史和伟大精神，全面推进民革党员的思想建设。

【开展社会服务活动】 2019年，民革东湖总支组织开展系列社会服务活动。1月6日，由湾里区关工委主办，民革东湖区总支、民革东湖区三支部、南昌福山书画院和世旗联合会江西省湾里分会共同承办了“爱心人士春节送温暖”活动。党员们把爱心款、运动器材以及书法家们现场书写的春联送到从山里来的特困生手中，并向这些孩子致以诚挚的祝福。3月30日，民革东湖一支部联合七支部来到高安五桥龙山村开展扶贫济困活动，向龙山村“幸福食堂”捐款。3月30日，民革东湖三支部开展以“学习国学文化、承继尊老传统”为主题的活动，党员们参与百人诵读国学经典活动，并前往看望民革东湖三支部高龄老党员。

【吸收新会员】 2019年，民革东湖总支向有关部门推荐党员4人，选派6名党员外出参加各种学习教育培训；积极稳妥地发展新生力量，严把入口关，推荐2名党员担任支部主委；高度注重党员发展质量，发展新党员4人，均为本科以上学历。

中国民主同盟南昌市东湖区支部委员会

【概况】 2019年，民盟东湖支部积极履行参政党职能，扎实推进自身建设，为东湖区的经济建设、文化教育等各项事业的蓬勃发展竭尽全力，各项工作取得新的成绩。

【履行参政议政职能】 2019年，民盟东湖支部参政议政工作成效显著。支部有市人大代表1人、市政协委员2人、区人大代表1人、区政协常委1人、区政协委员5人。盟员撰写的调研报告《防控青少年近视》刊登在《南昌政协信息》上、《关于东湖区青少年近视工作的问题及对策》刊登在《东湖政协信息》。区政协谢华副主席主持课题《完善乡村学术老师补充机制》和《加强政协队伍建设，发挥委员主体作用》，撰写数万字的调研报告。积极反映社情民意，一年来提交9条社情民意，其中有8条合理化建议被盟市委采用，1篇刊登在《南昌政协信息》上，2篇被盟省委采纳。支部委员黄铁瑛撰写的社情民意《关于将机关、事业单位和自由职业人员纳入生育保险参保范畴的建议》被盟省委采纳并推行，2020年起机关、事业单位和自由职业人员参加职工医保时，同步参加生育保险。

【加强队伍建设】 2019年，民盟东湖支部增补蔡舸为副主委，发展新盟员三名，推荐2名盟员为东湖区党外代表人士后备人才。支部全年精心策划、组织一系列丰富多彩的活动，提高了盟员的政治素养和盟组织的凝聚力。包括参加盟市委组织的趣味运动会，开展“红五月听创业者故事”主题活动，组织传达学习习近平总书记视察江西时的重要讲话精神，开展“不忘教育初心，献礼祖国华诞”教师节庆祝活动，参观精诚教育交流会，参观南昌市红色记忆展示馆主题教育活动，参观南昌市庆祝中华人民共和国成立70周年书画摄影展等。

【召开主题教育专题民主生活会】 12月30日，民盟东湖支部召开“不忘合作初心、继续携手前进”主题教育专题民主生活会。支部主委肖贤代表民盟东湖支部班子做检视剖析，汇报了主题教育活动开展以来取得的成效，同时从加强理论武装、巩固政治共识、履职能力建设、强化自身建设四方面查摆领导班子存在的差距和不足，深刻反思问题产生根源，提出以后工作方向和整改措施。班子成员依次进行个人检视剖析，开展严肃认真的相互批评。会议要求，要把主题教育活动和民主生活会的成果转化为推动具体工作的动力，认真履职尽责，发挥好参政党作用。

【开展公益送教活动】 4月，民盟东湖支部副主委、省特级教师、国家级骨干教师郭爱香在扬子洲学校举行了大型公益名师送教活动，为东湖区60多位一线教师带来了一场生动的互动教学体验，讲座内容具有很强的指导性，为进一步推进语文课堂教学指明了方向，江西省政协报对活动进行报道。12月，组织“情系乡村儿童，携手健康成长”公益送教活动，邮政路音乐骨干教师曹炜来到扬子洲南林小学为师生授课，获得了师生的一致好评。

【岗位建功】 2019年度，民盟东湖支部盟员立足本职建功立业。盟员获得国家级奖励4人次，省级奖励8人次，市级奖励6人次，区级奖励6人次，编纂书籍1本。盟员负责主持的国家义务教育质量监测结果应用实验区工作获教育部基础教育质量监测中心专家评定为第一档好评；东湖区获得国家义务教育质量监测实施工作优秀县区；东湖区在国家义务教育质量监测结果应用高峰论坛大会发言。盟员指导学生C4D作品获2019全国大学生广告与艺术大赛三等奖。截至年底，在职盟员26人。

中国民主建国会
南昌市东湖区总支委员会

【概况】 2019年，民建东湖总支在民建南昌市委会的坚强领导下，在中共东湖区委统战部的悉心指导下，认真学习贯彻中共十九大，中共十九届三中、四中全会精神，紧紧围绕中共东湖区委、东湖区人民政府中心工作，立足实际，服务大局，认真履行参政议政职能，全面完成各项工作任务，并在百花洲街道小金台社区设立民建之家。

【履行参政议政职能】 2019年，民建东湖总支积极参加民建南昌市委会、南昌市政协、南昌市委统战部、东湖区委统战部举办的各类座谈会、报告会。共提交提案建议15件，如赵赣涛、涂偲偲执笔的《赣绣结合东湖文化发展的建议》，裘峻执笔的《关于推进南昌高铁车站建设，打造城市副中心的建设》等。共撰写调研报告1篇，社情民意2篇，理论研讨2篇。其中，裘峻撰写的《关于南昌市民办校外培训机构规范发展的调研报告》得到了市委殷书记的批示。

【加强自身建设】 2019年，民建东湖总支共有会员198人，其中担任市级以上人大代表和政协委员的同志4人，担任区人大代表3人，区政协委员13人（其中常委4人）。3月，总支组织参观学习了青山湖民建之家。6月，会员涂偲偲参加了全省民主党派骨干培训班，11月组织会员参加市人大代表、政协委员议政日活动，党员的政治素养得到进一步提高。

【开展扶贫济困、捐资助学活动】 2019年，民建东湖总支积极履行社会服务职能，开展扶贫济困、捐资助学等社会服务活动。1月，民建东湖总支班子成员对高龄会员进行春节走访慰问，带去慰问品，给他们送去组织的温暖和关怀。2月，总支参加省民建同心扶贫基金会慈善晚会。5月，民建东湖区总支为豫章教育集团豫章路校区六年级学生捐赠课外读物300本，南昌市政协副主席、民建南昌市委会主委黄清玉，民建南昌市委会副主委田艳，东湖区委常委、统战部长焦玉庄，东湖区政协副主席胡薇参加捐赠仪式。6月，总支与大院街道开展共建谐社区活动，走访慰问辖区空巢老人，让人民群众体会到了党和政府以及民主党派对他们的关心和帮助。7月，总支主委赵赣涛与企业家王武伟前往东湖区启音学校为在校学生捐赠课外辅导书3000余册。

【开展调研考察】 5月31日，民建东湖总支综合一支部一行7人赴湾里区梅岭镇开展调研考察活动。支部一行与梅岭镇相关负责人进行座谈交流，从乡村振兴、旅游经济、脱贫攻坚、基础教育、基层党建等多方面详细了解乡镇情况和基层工作。支部一行还看望梅岭镇的4名留守儿童，为每一个孩子送上一份学习用品和慰问金，与孩子们一起庆祝“六一”国际儿童节。

【开展主题教育活动】 2019年11月，民建东湖总支在会员企业雷式学校参加市委会召开的“不忘合作初心、继续携手前行”主题教育会。12月底，总支在东湖民建之家召开2019年领导班子“不忘合作初心　携手继续前行”主题教育专题民主生活会。

中国民主促进会
南昌市东湖区总支委员会

【概况】 2019年，民进东湖总支在民进市委会和中共东湖区委统战部的关心、支持和帮助下，认真学习贯彻中共十九大，中共十九届二中、三中和四中全会精神，认真履行参政党职能，在参政议政、民主监督、服务社会和加强自身建设等方面，取得了新的成绩。

【履行参政议政职能】 2019年，民进东湖总支认真履行参政议政职能，会员参政议政的积极性进一步提高，提交参政议政提案建议信息42篇。郑洪健执笔的《补上短板，提升基层社区文明建设水平》调研文章被南昌人大杂志刊登采用。程玉玲执笔的《将爱洒向每个角落》和《盛世中华》分别刊登在《民主》杂志和《中国民主促进会》杂志上。谷勇执笔的《江西省高校大学生艾滋病防控的调研报告》获得副省长孙菊生批示，同时被民进省委会转化为政协江西省十二届二次会议集体提案，《关于高校大学生艾滋病防控的建议》在《江西民进》杂志发表。

【加强自身建设】 3月26日，民进东湖总支开展了“寻访红色记忆　重温光辉历程”教育活动，民进东湖各支部会员来到南昌红色记忆展示馆，重温红色历史，接受红色洗礼，活动进一步增强了总支组织凝聚力。9月28日，民进东湖总支会员20余人在湾里九龙溪生态公园开展“国旗在我心　爱国永真情”主题快闪传唱活动，表达了民进东湖会员庆祝中华人民共和国成立70周年的喜悦心情，展现民进人积极向上、奋发有为的精神风貌。2019年，总支发展新会员5名，均为本科以上学历。

【召开2019年总支工作会议】 3月8日，民进东湖总支在东湖区人大会议室召开2019年总支扩大会议，会议学习中共南昌市委十一届六次全体（扩大）会议和中共东湖区委全委会精神，总结总支2018年的工作及经费使用情况的说明，下发《民进东湖总支工作制度》《民进东湖总支参政议政工作安排和奖励办法》《民进东湖总支新闻宣传舆情理论研究工作及奖励发放办法》，为扎实开展好2019年各项工作打下良好基础。

【开展“不忘合作初心　继续携手前进”主题教育】 11月2日，民进东湖总支组织参观铜鼓秋收起义纪念馆，开展“不忘合作初心　继续携手前进”主题教育活动，带领会员重温红色记忆，不忘合作初心。11月16日，总支联合董家窑街道杏苑社区党支部和南昌大学第二附属医院康复科开展“不忘合作初心 继续携手前进”主题教育义诊活动，为居民提供免费医疗服务。12 月 5 日，总支召开“不忘合作初心、继续携手前进”主题教育专题学习会，强调要把深入学习贯彻中共十九届四中全会精神作为民进东湖总支当前和之后一个时期的重要政治任务，要通过开展主题教育活动，展现民进新面貌，成为中共好参谋、好帮手、好同事，为多党合作增添新气象。

【开展社会调研和考察】 3 月 17 日，民进东湖总支 3 个支部 21 名会员到新建区恒湖农场生态园，调研考察恒湖生态园把生态环境优势转化为经济发展优势、努力实现生态保护和经济发展的“双赢”、践行“绿水青山就是金山银山”的发展理念和实践成果。4 月 4 日，总支调研组在百花洲街道就社区治理情况召开调研座谈会议。通过调研考察活，提升了会员发现解决问题的能力，进一步增强了履职尽责能力。

【开展社会服务活动】 2019 年，民进东湖总支积极履行社会服务职能，积极开展扶贫济困、科普宣传、法律援助、助学支教等社会服务活动，用自己的知识、技能服务大众，得到社会各界和人民群众的一致好评。1 月 24 日，总支来到挂点的滕王阁街道榕门路社区走访慰问 3 位家庭经济困难的学生。3 月 23 日，总支联合民进省委会来到小金台社区开展“学习贯彻全国两会精神，共建共享平安家园”为主题的综治宣传日暨平安志愿者服务活动，活动现场向社区捐赠书籍、向贫困学生发放助学金、向居民提供法律服务，并走访社区失独户。3 月 27 日，在南昌三中校长助理、省特级教师、民进三中支部主任蒋玉清带领下，蒋玉清名师成长工作室专家送课团队 5 位成员和民进东湖区一支部“1% 工程”志愿者，到新建区溪霞镇中心小学开展义务送教活动。5 月 16 日，总支和民进市委会社会服务部、民进经开区支部来到南昌市经开区前进小学开展“名师下乡 好书进校”活动，为前进小学的孩子们带去精彩课程，向学生们赠送了足球、足球网、护膝和书籍。

中国农工民主党
南昌市东湖区总支委员会

【概况】 2019 年，农工东湖总支在农工党南昌市委会的关心指导下，在中共东湖区委统战部的大力支持下，认真履行参政党职能，大力加强自身建设，各项工作取得了新的成绩。

【履行参政议政职能】 2019 年，农工东湖总支培养参政议政骨干人才，截至年底，总支共有南昌市人大代表 1 名，南昌市政协委员 1 名，东湖区人大代表 1 名，东湖区政协委员 12 名。通过“两会”平台，农工东湖总支积极发挥参政议政职能，党员胡阳代表农工界别在东湖区政协第九届委员会第四次会议上作大会发言，党员刘怀京撰写的提案《关于完善“马路本色”行动中细节的建议》荣获东湖区政协九届三次会议优秀提案。

【加强自身建设】 2019 年，农工东湖总支积极组织党员参加省、市委会以及省、市、区统战部组织的报告会、座谈会、研讨会、培训班。9 月，总支组织党员开展“不忘合作初心，继续携手前进”主题教育学习会。10 月，党员胡阳参加由农工省委会组织的农工省委会参政议政骨干培训班。通过一系列学习培训，党员的政治素养得到进一步提高。

【开展“不忘合作初心，继续携手前进”主题教育学习】 9 月 26 日，农工东湖总支在百花洲街道小金台社区开展“不忘合作初心 继续携手前进”主题教育学习会，农工市委会副主委徐静应邀参加。会议学习了农工党党章和习近平总书记“不忘初心，牢记使命”主题教育讲话精神。学习研讨后，党员们赴南昌红色记忆展示馆参观学习，接受红色教育。

【召开 2019 年党员大会暨迎新春座谈会】 1 月 25 日，农工东湖总支组织召开党员大会暨迎新春座谈会，时任农工南昌市委会副主委许秀柏、农工南昌市委会宣传部部长尹雨应邀出席。会议从参政议政、社会活动、党费收缴和党员新增 4 个方面对过去一年党派的工作进行了总结和回顾，并就 2019 年主要工作进行了部署安排。在随后召开的迎新春座谈会上，与会的新老代党员相互介绍，积极交流。最后，许秀柏及农工东湖总支主委陈贞珍分别表市委会和东湖总支向各位党员致以节日问候和美好祝愿。

【开展走访慰问活动】 2019年，农工东湖总支充分发挥民主党派广泛联系群众优势，联合挂点社区小金台社区积极开展走访慰问活动。9月，总支对小金台社区2位困难老人进行了走访慰问，为他们送去了大米和食用油，并祝他们重阳节快乐。12月，为响应农工党中央消费扶贫工作，进一步帮扶困难群众，总支购买了10份大方县扶贫农产品猕猴桃，集中赠予小金台社区贫困户及志愿者。

【开展医疗服务进基层活动】 2019年，农工东湖总支立足党派优势，经常性地开展医疗服务进基层活动。党员万江田除积极参与总支组织的各项活动外，还积极奔赴外地义诊送药，有效扩大总支的影响力和美誉度。7月2日，赴南昌县塔城乡东游溪村为村民免费治疗风湿病、老年颈肩腰腿痛病，并现场教授中暑闭痧症的防治。7月18日，赴安义县长均乡把口村参与由市委统战部组织的送医送药义诊活动。12月7日，赴抚州市崇仁县孙坊镇参与由农工江西省委会、南昌市委会及抚州市委会联合开展的“不忘合作初心，继续携手前进”义诊捐赠活动，向当地卫生院医生传授万氏治颈腰椎病的中医手法。

九三学社南昌市东湖区支社

【概况】 2019年，九三学社东湖支社在九三学社南昌市委会的坚强领导下，在中共东湖区委统战部的指导帮助下，以习近平新时代中国特色社会主义思想为指导，围绕思想政治建设、参政议政、强化履职能力等方面不断加强自身建设，主动关注民生，了解民情，积极发挥参政党职能，各项工作再上一个新台阶。

【履行参政议政职能】 2019年，九三学社东湖支社社员充分利用“两会平台”，积极参政议政，紧紧围绕党委、政府的中心工作以及人民群众普遍关心和急需解决的热点难点问题，在点子上参政，在关键处监督，通过提案和大会发言形式，积极建言献策。“支社加大庭审直播力度，放大执法裁判效应”“关于进一步改进中小学教材发行工作的建议”“加强养殖业从业人员健康危害监测与报告的建议”3个课题通过了社省委的参政议政课题立项。社员“刘伟关于提高基本公共卫生均等化服务的建议”获省政协采纳、“关于我市农村饮水安全的建议”获市委主要领导批示。

【开展“不忘合作初心　继续携手前进”主题教育】 9月22日，九三学社东湖支社组织开展“不忘合作初心，继续携手前进”主题教育活动专题政治辅导。区政协副主席谢保成主持会议，号召社员进一步发扬民主党派优良传统，切实加强学习教育、履职尽责、查找不足、整改提高，为推动东湖经济社会发展做出应有贡献。会上还结合主题教育活动的内容，围绕支社在政协大会发言等内容进行了意见征集。

【开展专题学习培训】 5月，九三学社东湖支社组织部分社员赴井冈山进行“弘五四精神，承红色基因，扬九三传统，建功新时代”专题学习培训活动，东湖区政协副主席谢保成、九三市委会专职副主委白雪参加了学习培训。此次培训以井冈山革命传统教育基地为依托，运用体验式教学、现场教学、情景教学等多种方式，加强社员政治建设，提升九三人参政履职能力，助推在新的历史起点上把九三参政履政事业推向前进。

【开展走访慰问活动】 2019年，九三学社东湖支社积极发挥优势，组织开展丰走访慰问活动。2月，对支社共建和谐社区光明社区的困难群众和社员进行了走访慰问。7月，支社部分社员在东湖区政协副主席谢保成的带领下，看望并慰问参加东湖区扬子洲镇防汛一线的社员及当地巡堤查险干部群众，给他们送去“清凉”慰问品。

【开展爱老敬老活动】 2019年，在国庆、重阳节双节期间，九三学社东湖支社走访了光明社区获得中华人民共和国成立70周年荣誉勋章的90岁以上老人及东湖区支社老同志。携手南昌市民促会纵横装饰建材分会一行30余人到扬子洲镇看望扬子洲孤寡老人，为他们每人送上慰问金、慰问品，送上支社的关怀和温暖。

（谢　萍）

法　治

综　述

2019年，东湖区坚持以习近平新时代中国特色社会主义思想为指导，全面贯彻落实中共十九届四中全会精神和中央、省、市政法工作会议要求，以《中国共产党政法工作条例》为准则，牢牢把握构建共建共治共享社会治理新格局的总要求，坚持以人民为中心的发展思想，以改革创新为动力，以解决市域内影响国家安全、社会安定、人民安宁的突出问题为着力点，充分发挥政治、法治、德治、自治、智治“五治”融合作用，统筹谋划、精心组织、狠抓落实，不断完善社会治理党委领导、政府负责、群团组织助推、社会力量协同、人民群众参与、高效联通、上下贯通指挥体制，以迎大庆、保平安为主线，聚焦新形势，展现新作为，通过强化安保机制、狠抓扫黑除恶、探索智慧平安、深化政法改革、创新社会治理、强化队伍建设，努力推进东湖区市域社会治理现代化，让人民获得感、幸福感、安全感更加充实，有力维护了全区社会大局和谐稳定。2019年上半年，全省公众安全感测评中，东湖区公众安全感指数在全省100个县区中排位38位，保持近三年来全市主城区第一。

（区史志办公室）

政法委工作

【概况】　2019年，东湖区把维护政治安全作为头等任务，做到不留死角。开展了敲门行动，入户调查460人，进一步摸清底数情况，正面接触训诫56人，制止了21起负面、行动性的案事件，坚持落实重大项目社会稳定风险评估机制，全年共对6项重大项目进行稳评工作。全年处理重大涉稳事件若干起，确保全区社会秩序稳中向好，没有发生影响社会稳定的重大群体性事件。完成了军人运动会、军乐节、马拉松、省市领导向革命烈士敬献花篮等警卫安保任务100余起。

【狠抓信访稳定工作】　2019年，东湖区共处理赴京到省去市到区访671批若干人次，赴京访、到市访、来区访同比均呈现下降趋势。严格落实区县级领导坐班接访工作制度和领导包案制度，对170余件信访积案、难案全部实现应包尽包，强化重要敏感时期每日调度机制，有力维护全国全省“两会”、中华人民共和国成立70周年、中共十九届四中全会等重点时期节点的社会稳定。

【扫黑除恶专项斗争】　2019年，东湖区始终站在维护社会大局稳定、巩固党的执政基础的政治高度上，把推进扫黑除恶专项斗争作为一项中心工作，积极采取有效措施，切实抓紧抓实抓好。聚力侦破大案、打财断血。成立了60人的线索核查专班，提高线索排查效率和质量，共收到中央督导组下发线索97条、全国扫黑办“12337”平台下发线索12条、省市扫黑办交办线索12条，已全部办结。加大对涉黑涉恶财产追缴、没收力度，彻底摧毁黑恶势力经济基础，成功破获一批群众反映强烈、影响较大的涉黑涉恶大要案件。全年，共侦破九大类涉黑涉恶案件58起，刑拘293人，批捕183人，起诉163人，查封、扣押、冻结涉案资产1960万元，打掉涉恶犯罪集团1个、涉恶团伙1个。聚力深挖幕后、打伞破网。坚持把打击“保护伞”问题作为主攻方向，坚持定期召开执纪监察组、侦查打击组联组会议，加强线索双向互通、快速移送，拓宽线索来源。区纪委监委查处涉黑涉恶问题共立案15起，其中保护伞7起，群众身边腐败1起，失职失责7起，截至年底已结案9起，8人受到党纪处分，1人移送司法机关。聚力综合治理、固本强基。针对易滋生黑恶势力的重点行业领域和地区，组织开展一系列行业专项整治工作。重拳出击整治码头乱象，在全市率先完成赣江南北2支沿线码头整治工作，关停码头13个，迁移趸船11艘，非法码头由“乱”到“治”。加强基层组织和干部队伍建设，认真落实村（社区）“两委”干部常态化联审机制，对村（社区）“两委”干部进行了“回头看”联审，清除了违法违规村（社区）干部2名，免去不适宜继续任职的社区党组织委员3名。组织对村（社区）党组织书记、公安派出所所长、乡镇站所负责人，普遍开展了扫黑除恶专项斗争谈心谈话活动。狠抓了软弱涣散基层党组织专项排查整顿工作，采取由区领导挂点、镇主要领导任综合整治组组长的方式，对有村“两委”干部涉黑恶案件的扬子洲镇三联村、渔业村，进村驻点开展全面综合整顿工作，取得了明显的效果，坚决铲除黑恶势力在基层的生存土壤。四是聚力问题整改、逐一销号。坚持问题导向，针对中央第15督导组所列共六大项（政治站位、依法严惩、深挖彻查、综合治理、组织建设、组织领导）70小项，省、市督导组所列六大项23个小项整改问题清单，及时响应，出台方案，深入整改，强化督查，逐一销号，推动全区扫黑除恶专项斗争走深走实。认真组织开展辖区“黄赌毒”专项整治工作。专项整治，处理涉黄、赌、毒案件75起120人，检查场所310余家，停业整顿200余家；对八一桥下、八一公园、青山路立交桥下、扬子洲桥下、汤家村等5处黄赌毒治安乱点进行了深入整治，取得良好反应和效果。治安类警情迅速下降，出现了多日治安零警情。

【平安东湖建设】　2019年，东湖区持续深化平安东湖建设。坚持打防并举，社会治安状况持续改善。坚持重拳出击，守卫社会平安。共破获各类刑案1139起，刑拘犯罪嫌疑人653人，抓获网上逃犯251名。打响全市2019年“猎狐行动”第一枪，“云剑”行动抓存比102.13%，在全省率先破百。全省“8·31”工程暨缉毒执法现场会在东湖召开，信息化禁毒经验得到国家禁毒办肯定。推进网格融合，综治中心实体化稳步推进。始终将综治中心实体化建设作为重点工作加以推进，制定下发《东湖区关于加强综治中心实体化建设和创新基层社会治理工作的实施方案》。高效推进网格融合，选取百花洲街道、公园街道先行开展网格化融合试点工作。把城市管理、消防、信访、司法、卫健、防邪工作整合在综治网格中，配备职能部门专兼职网格员，实现“六网合一”。区网格化融合工作共配备职能部门网格员77人，重点处置网格内涉及本部门的各类案（事）件共计632件。强化区综治中心硬件建设、资源整合，区综治中心已建成，综治专网、视联网、多路社会公共视频已全部进入综治中心平台。全年，平台共转派办结各类案（事）件8278件，其中城市管理类5045件、民生服务类808件、综合治理类2425件，办结率达到98%。

【平安创建水平稳步提升】　2019年，东湖区深入开展平安创建。全力推进智慧平安小区建设。全年确定2019年智慧平安小区建设的15个点位。深入推进智慧行业平安创建工作。2019年共打造完成了滕王阁保育院、东湖小学等智慧行业平安创建点位5个。积极组织平安挂点帮创工作。区综治各责任单位共向镇、街道（管理处）、村（社区）提供平安挂点帮扶资金27.75万元。帮扶基层建设、维修改造非机动车停放点9个、固定综治宣传栏62块。广泛开展平安宣传。紧紧围绕中心主题和最新内容，积极组织开展提升公众安全感和综治宣传月活动，有效提升辖区群众对新时期政法综治工作的知晓率、支持率和参与率。综治宣传月期间，共举办综治（平安建设）大型集中宣传活动14场，各类社区宣传活动91场，共发放《致辖区居民的一封信》42万份。

【平安志愿者活动】　2019年，东湖区重点抓好平安江西志愿者APP的推广使用工作。截至年底，在平安江西志愿者APP上注册的平安志愿者队伍达160支，7063人，合规发布平安志愿者活动共计521次。先后积极扶持培育了滕王阁水上救援协会、章金媛服务团队、德济家园、南昌市雄鹰救援队等一批平安志愿者社会组织和品牌，引入培育第三方调解组织9个，化解矛盾124起。

【推进政法领域改革】　2019年，东湖区稳步推进政法领导改革。深化政法机构改革。按照区委政法委把握政治方向、协调各方职能、统筹政法工作、建设政法队伍、督促依法履职、创造公正司法环境等职能定位,全面完成区委政法委机关内设机构改革,共设立内部科室7个,高规格成立由区委书记任组长的中共东湖区委平安建设领导小组,为东湖区12个镇(街道、管理处)全面配备政法委员,进一步加强了党对政法综治工作的领导。区法院紧紧围绕做精做强南昌市第一金融审判庭,坚持以金融纠纷“分调裁审”改革为引领,创新了金融审判“树状工作法”,公正高效审理类各类金融案件。区检察院突出专业化导向,改革后共设10个内设机构和3个派出检察室,成立全省首个金融检察团队,常驻红谷滩检察室办公。东湖公安分局持续深化融警改革,打造了滕王阁派出所“网格化”融警升级版,机关“基层时间”融警推动了业务工作融合、缓解警力不足,公园派出所通过警务融合化、标准化、示范化创建大力打造“枫桥式”派出所;推行“所领导+战斗小组”的“破案工厂”打击模式,在“云剑”“百日缉毒风暴”等行动中发挥了重要作用。区司法局承接区政府法制办各项工作职责,收到行政复议申请17件,受理17件,办结14件;累计承办区政府一审应诉案件74件。深化司法体制综合配套改革。区法院审慎推进以庭审为中心的刑事诉讼制度改革。通过规范庭前会议、庭审程序、排除非法证据程序,对长期以来刑事案件审判中普遍存在的庭审走过场、庭审审理庭下定案等痼疾进行开刀,推动关键证人“应出尽出”,复杂案件先行召开庭前会议,促进庭审实质化,确保事实调查、定罪量刑辩论和裁判结果均形成于法庭。积极开展未成年犯罪宣传、帮教、预防工作,被全国“青少年维权岗”创建活动领导小组命名为“青少年维权岗”,是全省中、基层法院中唯一获此殊荣法院。区检察院在刑事检察工作上实行“捕诉一体”,做到一个案件、一类事项由一个办案组或检察官负责到底。加强对员额检察官的动态管理,共补充遴选员额检察官2人。区司法局积极做好刑事案件律师辩护全覆盖和值班律师工作,受理刑事案件律师辩护全覆盖案件70多件,有值班律师13人,确保了刑事速裁程序中有值班律师的到场,共提供值班律师服务100余次。

【政法公共服务体系建设】 2019年,东湖区强化政法公共服务体系建设力度。加大政法系统“放管服”改革力度。区法院逐步推进2个“一站式”诉讼服务体系建设,即完成“分区域、规范化、标准化”一站式诉讼服务中心建设和推进一站式多元纠纷解决机制建设,利用东湖掌上微法院这一微信小程序为3000多名当事人提供导诉、缴费等诉讼服务,网上立案已达1605件。东湖公安分局购买11台融警务智慧服务一体机,推开了网上办证,探索微信办证,打造“365天不打烊”的出入境办证大厅和户籍高频办理事项窗口,极大地方便人民群众。区司法局积极推广使用“东湖区掌上法宝”(东湖区公共法律服务掌上办公大厅),打造15分钟公共法律服务圈,东湖区法律服务中心累计接待群众来电来访咨询237人次,受理法律援助案件201件。

【深化执法司法规范化建设】 2019年,东湖区委政法委协调区政法各单位从2019年起,司法救助工作标准流程按《江西省国家司法救助办法》的规定办理,对符合司法救助的一律纳入救助范围,完成司法救助案件16起,救助资金87万多元。区检察院紧紧扭住司法规范生命线,开展三书比对588份,开展案件质量评查172件;开展涉案财物检查2次;督促各业务部门进行各类案件风险评估1173件;对办案过程中存在的不规范情形发出口头及书面流程监控通知122次。区司法局组织开展了司法所外观标识规范化改造,就司法行政徽、标准色、专用字3个基本要素,对8个司法所外观标识进行了规范和统一;进一步强化刑满释放人员“必接必送”机制,共接收刑满释放人员328人,发放刑满释放人员临时过渡性生活补助费67.28万元。

【政法综治干部队伍建设】 2019年,东湖区强化政法综治干部队伍建设,不断提升干部能力素质。坚持政治建警。始终坚持把政治建设摆在首位,切实抓好政法系统全员理论学习。紧紧围绕学习贯彻习近平总书记关于新时代政法工作重要思想、习近平总书记在中央政法工作会议、省部级主要领导干部专题研讨班上的重要讲话精神、《中国共产党政法工作条例》和中共十九届四中全会精神等重点内容,以开展“不忘初心、牢记使命”

主题教育为契机，组织政法干警定期参加中央政法委集中培训、开展集中理论学习、举办政法领导讲党课、主题党日活动、组织观看《榜样》电教片，推动新时代政法工作重要思想入脑入心。区委政法委派员全程列席各政法单位民主生活会。坚持素质强警。突出专业化建设，组织开展政法系统业务培训、岗位练兵，举办了2019年政法综治维稳干部培训班，就新媒体时代舆情应对与舆论引导、涉众型经济犯罪、救护员理论及实践操作等课题，对239名综治分管领导和干部进行了内容丰富、贴近实战的理论业务培训，达到了为政法综治维稳干部“充电蓄能”的效果。同时着眼拓宽工作视野，组织政法综治维稳干部，赴政法、综治工作先进地区，开展以学习基层社会治理创新、综治中心运行、“枫桥经验”、扫黑除恶等为主题的学习考察活动，有效提升了政法综治干部适应新形势、新任务的能力水平。

（陶 辉）

法治政府建设

【概况】 2019年，东湖区认真贯彻中共中央、国务院《法治政府建设实施纲要（2015—2020年）》，全面落实《江西省法治政府建设实施纲要（2016—2020年）》和《南昌市贯彻落实〈江西省法治政府建设实施纲要（2016—2020年）〉实施意见》以及省、市有关部署的工作任务和省、市“五型”政府建设要求，对标对表，补齐短板，推动政府及其部门整体提升法治能力和依法行政水平，为全区经济社会高质量发展提供坚实的法治保障。

【决策机制更加畅通】 2019年，东湖区持续推进区政府常务会学法规范化、制度化、常态化，将合法性审查和公平竞争审查贯穿各项重大行政决策全过程；建立经济发展决策机制，科学高效破解经济发展中的困难与问题。全面推行行政执法“三项制度”工作，试点推行行政纠纷诉前调解工作，行政执法公信力不断提升。

【法治建设成效显著】 2019年，东湖区深入实施“七五”普法规划，荣获全国“七五”普法中期先进集体；区青少年宫荣获江西省青少年法治教育示范基地，区法治科普安全宣教中心荣获全省首批法治文化示范基地。打造“正航助矫工作室”，积极引入社会力量参与社区矫正工作；区社区矫正执法大队获全国社区矫正机构先进集体荣誉称号。深入推进综治中心实体化建设工作；在全市率先试点推行网格融合工作。

（周海波）

公 安

【概况】 2019年，东湖区以习近平新时代中国特色社会主义思想为统领，紧紧围绕中华人民共和国成立70周年大庆安保维稳，持续深化扫黑除恶专项斗争，强力推动公安改革和打造亮点，做强合成作战体系和治安防控体系，狠抓执法规范建设、队伍正规建设、基层基础建设，有力维护了全区政治大局安定、社会治安稳定、人民群众安宁。连续五年，全区保持了刑拘数上升、刑事警情数下降的两个强劲势头；连创公众安全感主城区五年第一的历史性突破。连胜“2·17”、“3·15”国际消费者权益日、“五一”国际劳动节、“八一”中国人民解放军建军节、“十一”国庆节八一广场安保五大战役；连夺“百日缉毒风暴”、反邪收网、“赣鄱霹雳3号”、打击电诈行动4个全省第一；连膺安保维稳、扫黑除恶、禁毒工作3个集体二等功。

【维稳安保工作】 2019年，东湖区零失控、零非访、零登记，取得全区信访维稳历史最好成绩；完成军乐节、马拉松等安保任务100余次，以5万多人次的辛劳，确保全年140余天、160余次维稳安保绝对安全。

【扫黑除恶】 2019年，东湖区刑拘数、行政处罚数大幅攀升，刑事警情同比下降28.8%，“零黄赌警情”天数同比增长50%。扫黑除恶在全市率先完成13个非法码头整治，攻克了多起省纪委交办大案，打掉了“4·14”套路贷涉恶集团，得到省、市领导肯定。命案7年全破，子固路故意杀人案入选全省十大精品案例；取得盗抢骗跨区域犯罪破案线索数、发起“百城会战”公安部集群战役数全市“双第一”；打响全市“猎狐行动”第一枪，“云剑”追逃抓存比全省率先破百；破获电信诈骗案149起，打掉团伙11个，抓获103人，同比均攀升近10倍；参与侦办部督“4·30”网络赌博案，冻结资金近亿元，查封房产超亿元。

【禁毒工作】 2019年，东湖区智慧化社区戒毒社区康复体系更加完善，全省禁毒现场会在东湖召开，全国50多个县市来交流，得到国家禁毒办肯定，“东湖品牌”全省、全国唱响。以必胜的决心，顽强的斗志，打赢缉毒系列行动，“百日缉毒风暴”以刑拘、强戒两项主要指标绝对优势，领跑全省；缉毒冲刺行动创下了单月刑拘超两百、强戒破百的历史新高，连拔头筹。开创了分局侦办涉毒反洗钱案先河，侦破了“2019—413”全市首起部督贩卖违禁药品案，“2019—461”全市年度唯一的部督网络寄递贩毒案，缴毒近3公斤。

【融警改革】 2019年，东湖区深化融警改革，打造了滕王阁、公园所融合化、标准化、示范化的网格融警升级版，公园所评为“全省十佳派出所”；实行机关“基层时间”融警，下沉50余人；创新与一附医院社会化融警，经验在《人民公安报》推介，实现警力不增、效力倍增。加速公安改革，15个智慧小区如期建成，126名社区辅警增招到位，全市率先普及11台融警务智慧服务一体机，研发“数据餐厅”等小软件，建强了分局情指“大脑”、所队联勤“小脑”，滕王阁所抓获潜逃27年命案逃犯。

【强化干警队伍建设】 2019年，东湖区不断强化干警队伍建设。东湖公安分局党委创新了网上党建园地、“党建+”，经验公安部专栏推广；获评“全省离退休干部先进党总支”；涌现出公安部推介的医院“大管家”邓金海、通报表扬的援疆辅警欧阳小冬、全市优秀教官刘磊强、学习强国刊播的破案标兵康宜强等一大批先进；建立绩效与政策性奖金挂钩的奖惩制度，杜绝“南郭先生”，打造铁军。

（陈国栋）

检　察

【概况】 2019年，东湖区人民检察院注重更新司法理念，切实服务发展大局，全面履行法律监督职责，各项检察工作稳中有进。先后获得“全国检察宣传先进单位”“全国青少年维权岗”“江西省文明单位”“全市检察机关先进集体”等集体荣誉7项；涌现出“全国维护妇女儿童权益先进个人”“全市优秀政法干警”等一批先进典型。

【推进扫黑除恶专项斗争】 2019年，东湖区检察院紧盯涉黑涉恶重大案件、黑恶势力经济基础、背后“关系网”“保护伞”三大主攻方向，纵深推进扫黑除恶专项斗争。坚持快捕快诉，所有涉黑涉恶案件均做到提前介入，引导取证，并在一个月内审结起诉。共起诉涉黑案件8件65人，涉恶案件15件87人。

【打好防范化解金融风险攻坚战】 2019年，东湖区检察院紧扣打好防范化解重大风险攻坚战要求，依法严惩金融领域犯罪。办理涉案金额3.7亿元、受害群众2700余人的“佟鑫娘”集资诈骗、非法吸收公众存款案等涉众型经济犯罪案件28件80人。加强与人民银行等单位的沟通协作，着力打击“洗钱”等衍生犯罪，起诉洗钱案件4件，总涉案金额4750余万元，起诉案件数占全省洗钱案的50%。注重将办理案件与化解风险、追赃挽损、维护稳定相结合，最大限度减少投资人损失，化解社会矛盾。在办理“小猪理财”非法吸收公众存款案中，成功追回资金2.36亿元，挽损额在全国同类案件中居前列。

【依法保护与促进非公经济发展】 2019年，东湖区检察院设立非公企业维权工作办公室和联系点，着力构建依法、平等、全面保护的工作格局。严厉打击侵犯非公有制经济合法权益犯罪行为，起诉强迫交易、串通招投标、合同诈骗、职务侵占等犯罪案件26件28人。准确把握罪与非罪界限，慎用羁押及查封、扣押、冻结等强制措施，最大限度保护非公企业正常经营。如在办理涉及数十家企业、价税合计8.55亿元的陈大萍虚开发票系列案件中，对33名涉案犯罪嫌疑人依法决定取保候审，未查封、冻结企业财产，有效避免“办了案子、垮了厂子”的情况出现。

【群众来信工作】 2019年，东湖区检察院坚持“办信就是办案，办信就是办民生”理念，以群众满意为标准推进“群众来信件件有回复”工作。

通过实行领导包案、首办负责等工作制度，安排业务骨干组成工作专班，确保群众来信工作专人管、专人抓、专人办、专人答。全年共收到来信113封，涉及事项32件，均在7日内作出程序性回复，对属于本院管辖范围的信访件在3个月内办结并作出了实体性回复。工作成效获最高人民检察院肯定。

【牵头会签刑事速裁程序实施细则】 2019年，东湖区检察院联合区法院、南昌市公安局东湖分局、南昌市公安局红谷滩分局等8家单位，会签《刑事速裁程序实施细则（试行）》（简称“实施细则”）。实施细则明确了速裁程序的适用范围，详细规定速裁案件在侦查、审查逮捕、审查起诉、审判各阶段的程序和工作要求，细化认罪认罚集中具结、值班律师批量阅卷、轮值检察官集中出庭、法院集中排庭、社区调查前置等举措，为刑事速裁程序真正实现侦诉辨审全程提速提供了有力支撑。

【公益诉讼工作】 2019年，东湖区检察院积极树立“双赢多赢共赢”的监督理念，紧盯食品药品安全和环境保护两大人民群众最关心、最直接、最现实的领域开展监督，共发出诉前检察建议22件，提出刑事附带民事案件1件。积极开展“落实食品药品安全‘四个最严’要求专项行动”，加大对餐饮业非法使用添加剂、散装食品标签不规范、药品运输和销售监管不严等公益问题的监督力度。紧扣打好污染防治攻坚战要求，针对赣江蓑衣荚排水口非法排污污染饮用水水源情况，发出行政公益诉讼诉前检察建议，被列入全省检察机关第6批典型案例。积极参与辖区范围内13座非法码头、不合格码头整治活动，督促有关部门履职尽责。

【“护航南昌金融商务区建设”主题新闻发布会】 2019年9月18日，东湖区检察院召开“护航南昌金融商务区建设”主题新闻发布会，介绍2017年以来该院惩治金融犯罪的经验做法和主要成果，通报一批金融犯罪案例。法制日报、检察日报、中国江西网、新法制报、南昌日报、南昌新闻网和来自海南、广西、山西等7家省级法治报共13家媒体、20名记者应邀出席。

2019年9月18日，东湖区人民检察院召开“护航南昌金融商务区建设”主题新闻发布会

【新媒体宣传工作】 2019年,东湖区检察院紧紧围绕检察中心工作,扎实开展新媒体宣传工作,传播检察好声音,凝聚法治正能量,为各项检察工作提供良好舆论环境。组建新媒体工作团队,引进新闻、中文等专业人才等方式,不断充实团队力量。主打原创,注重质量,及时发布案件信息、检察要闻和工作动态,持续系统地宣传检察工作亮点。交叉采取图解、H5、视频、微电影等网民喜闻乐见的方式增强宣传效果。依托全省、全市检察新媒体工作整体联动机制,加强信息互通,实现资源共享,发挥整体合力,形成宣传声势。加强与各级媒体沟通互动,主动对外提供多元化、差异化、分众化新闻素材,不断扩大新闻宣传覆盖面,形成宣传规模效应。

【司法救助工作】 2019年,东湖区检察院把开展国家司法救助工作作为促进社会和谐稳定的有效载体,采取有力措施提升国家司法救助工作成效。结合辖区情况,将未成年人、残疾人和贫困户等群体作为重点救助对象。改被动受理为主动启动,确定凡符合救助条件的案件,不论案件在哪个环节、被害人或近亲属是否申诉上访,都积极主动地提出救助意见。对实施国家司法救助后仍然无法解决基本生活问题的刑事被害人,与政府、民政、社会团体等相关单位,多方联动开展社会救助,努力从源头上消除不稳定因素。

【检察建议工作】 2019年,东湖区检察院进一步加强和规范检察建议工作,确保检察建议的质量,提升检察建议刚性。在发出检察建议前,要求办案部门进行广泛、深入的调研,切实加强与被建议单位的沟通交流,全面了解被建议单位或者其行业主管部门的管理流程、规章制度等情况,找准发案的根源和管理漏洞,研究案发规律特点,提出有针对性的措施建议。检察建议发出后,加强与被建议单位的沟通协调,及时提醒督促、积极帮助支持被建议单位落实好检察建议。

【被命名为全国"青少年维权岗"】 2019年,东湖区检察院被共青团中央、最高人民检察院命名为全国"青少年维权岗"。近年来,在开展未成年人检察工作中,区检察院始终坚持"教育、感化、挽救"的方针和"教育为主、惩罚为辅"的原则,认真贯彻落实未成年人特别保护制度,全面加强对未成年人的特殊保护,努力呵护未成年人健康成长。

【获评"全国检察宣传先进单位"】 2019年,东湖区检察院坚持以习近平新时代中国特色社会主义思想为指引,紧紧围绕"讲政治、顾大局、谋发展、重自强"的新时代检察工作总要求,注重将检察业务工作与检察宣传工作同部署、同落实,牢牢把握正确政治方向和舆论导向,营造良好宣传工作氛围。构建起集门户网站、微信、微博于一体的多形式、全角度检察宣传格局,聚焦检察监督职责定位,大力宣传检察工作新成效、检察改革新进展和检察队伍新形象,及时高效传递检察好声音,为推动新时代检察工作创新发展营造了良好的舆论环境。被最高人民检察院、检察日报社评为2019年度"全国检察宣传先进单位"。 (刘华明)

法　院

【概况】 2019年,东湖区人民法院紧紧围绕全区工作大局,秉承"司法为民、公正司法"之初心,践行"努力让人民群众在每一个司法案件中感受到公平正义"之使命,各项工作稳步推进。全年共受理各类案件29198件,审(执)结27935件(含旧存),法官人均结案558.7件,同比分别上升43.45%、42.75%和36.76%,该三项数据均位列全省基层法院之首,结案率95.67%,案件平均审限59.9天,整体司法质效明显提升。

【开展扫黑除恶专项斗争】 2019年,东湖区人民法院受理涉黑涉恶案件23件153人,审结22件141人,已结案件重刑率(判处五年以上有期徒刑)32.03%,针对案件审理中发现的管理漏洞向派出所等相关单位发出强化综合治理司法建议书7份,完成扫黑除恶专项斗争第二阶段关于"攻案件,提升群众满意度"的任务目标。依法率先审结了全市首例涉恶犯罪集团案。彻底摧毁黑恶势力的经济基础,加大打财断血力度,对102名涉黑涉恶案件被告人并处罚金共计3194.5万元,追缴、没收涉黑涉恶财产530万元。

【打击重点领域犯罪】 2019年,东湖区人民法院共审结杀人、强奸、抢劫等严重暴力犯罪案件65件。依法打击涉众型经济犯罪,受理集资诈骗和非法吸收公众存款案29件84人,其中仅"金三江案"

的犯罪数额就高达3.48亿元。贯彻四部委打击虚开发票、骗取退税违反犯罪两年专项行动要求，精准打击相关犯罪，规范税收秩序，受理虚开发票案40件，审结33件。保障群众食药安全，审结涉食品药品安全案件4件。推进反腐败斗争，审结贪污、贿赂等职务犯罪案件10件14人。

【成立环境资源审判团队】 2019年东湖区人民法院策应南昌市绿色崛起战略安排，按照市中院下发的《江西省环境资源案件案由范围（试行）》，落实环境资源民事、行政、刑事案件归口审理模式，在行政审判团队内加挂"环境资源审判团队"牌子，实现相关案件"三审合一"。全年办理涉环境资源案件14件，其中刑事案件2件，行政非诉审查12件。依法对在赣江非法采砂1600余吨的11名被告人判处一年至八个月不等有期徒刑，并处人民币八万元至五万元不等的罚金，追缴违法所得上缴国库。

【助力防范化解金融风险】 2019年，东湖区人民法院紧紧围绕南昌市努力打造红谷滩为全省金融商务区的战略定位，以服务保障供给侧结构性改革为主线，紧扣服务实体经济、防控金融风险、深化金融改革三项任务，全年，区人民法院共审结涉金融民商事案件8820件，涉案标的额15.58亿元。创新金融审判工作方法，通过"三抓三促"做好金融审判"放管服"文章：一是抓信息化应用促人工减负，做好"放"字文章。依托法院智慧建设成果，将以往靠人海战术解决的事务性工作"放"给各类信息化系统处理，实现电子送达率100%、电子排期开庭率100%、应用法官E助理生成送达类文书率100%。二是抓员额法官统筹促案件增效，做好"管"字文章。将证据提交、笔录、整卷工作前置到庭前由书记员完成，庭审主要完成"核诉状、核证据、核数据"工作，提高庭审实质化水平，庭后由法官助理草拟裁判文书交员额法官审核，充分发挥员额制改革的制度效能和员额法官在审判团队中的主导作用，大大提高团队整体运作效率。全年，区人民法院金融案件服判息诉率达98.87%，单个审判团队最高月度结案数超800件。三是抓程序保障促服务提质，做好"服"字文章。找准提高审判效率与改进司法服务的结合点，实行多种送达方式同时进行的平行送达方式缩短送达周期，结合引导金融机构申请诉前保全，其后由一名法官集约办理等举措，努力寻求规范与高效的最大公约数。

【执行工作】 2019年，东湖区人民法院共执结各类案件11263件，有财产可供执行案件法定期限内执结率99.79%，终本合格率100%，执结案件标的50.52亿元，实际执行到位金额9.04亿元，有效避免胜诉判决"打白条"。规范执行行为，制定了《执行质效考核细则》和《执行实施人员外出规范用语》，通过严格的考核监管机制，提高文明执行水平。加大执行惩戒，全年拘传被执行人326人，司法拘留98人，罚款25件计9.9万元；强制腾房清场29次；发布网络司法拍卖607次，成功拍出物品245件成交额计3.48亿元，溢价率19.05%；向公安机关移送拒执线索5件，以严格的惩戒机制倒逼被执行人主动履行义务。

【诉讼服务体系建设】 2019年，东湖区人民法院完成了"分区域、规范化、标准化"一站式诉讼服务中心建设，提升信息化配套应用水平，全年办理跨域立案198件，通过东湖掌上微法院微信小程序为3000多名当事人提供导诉、缴费等诉讼服务，实行网上立案1605件。利用该程序的微信视频开庭功能成功审理二起民事纠纷（含一起跨国诉讼）。推进一站式多元纠纷解决机制建设，一方面坚持"走出去"，深入社区、校园开展各类普法宣传10余次，竭力强化诉源治理；另一方面坚持"引进来"，扩展多元调解组织和参与人员的行业覆盖范围，促进矛盾纠纷非诉化解。

【办案机制改革】 2019年，东湖区人民法院完善了案件"分调裁"办理工作机制，全年已结案件中，调解结案1596件，撤诉结案2789件，调撤率24.97%，适用速裁程序结案9319件，占已结诉讼案件的55.9%，最长审限不超过30日。大力试点"法院＋行业协会"诉调对接机制。通过"法院＋工会"模式开展劳动争议纠纷化解工作，与南昌市总工会对接，利用其"三师一室"维权平台，在12月3日省高院和江西省总工会联合下发关于开展劳动争议诉调对接工作试点通知后，1个月内，成功调解劳动争议案件21件。通过"法院＋证券期货业协会"模式打通证券期货纠纷诉调对接"最后一公里"，成功办理了全省首例证券期货纠纷调解协议司法确认案件。

【司法救助工作】 2019年，东湖区人民法院共为

7名困难群众依法减、免、缓交诉讼费7.65万元,为生活困难刑事被害人和申请执行人落实执行救助金97.76万元,为被告人指定辩护60人次,为聋哑当事人指定翻译2人次。推动保险救助,向保险机构申请救助涉民生案件的困难申请人8名,落实保险救助金14.87万元。

【司法公开工作】 2019年,东湖区人民法院进一步加大了司法公开力度,全年邀请代表委员视察法院3次42人,旁听庭审2次14人,参加座谈会2次8人,院领导带头走访全国和全省人大代表19人次。上网公布生效裁判文书22399份,开展庭审直播977次。在法院官方网站和各类媒体平台及时发表工作动态、案件报道463篇,协助制作广播电视新闻19条,司法宣传工作被最高人民法院通报表扬。

(刘　芳)

司法行政

【概况】 2019年,东湖区坚持党对司法行政工作的绝对领导,牢固树立以人民为中心的发展思想,加快建设高水平公共法律服务体系,大力推进司法行政改革,着力夯实安全稳定基础,为经济社会高质量发展提供优质高效的法律服务和公平正义的法治保障,各项工作有序推进。区司法局荣获"全国人民调解宣传工作先进集体""2018年度东湖区高质量发展目标管理绩效考核先进单位""市级文明单位"及"全区综治工作先进单位"。东湖区司法局公园司法所荣获全国模范司法所,百花洲司法所荣获全省"五好司法所"、彭家桥司法所荣获全省校所合作型"特色司法所"。

【法治宣传教育】 2019年,东湖区夯实"谁执法谁普法"主体责任的实施机制。以宪法学习宣传活动为重点,广泛开展重点法律法规的学习和宣传活动。盯紧领导干部这个"关键少数",狠抓青少年这个"重要主体",关心特殊人群这个"特殊群体"。区司法局在原微信公众号"东湖微普法"的基础上全新改版升级,推出"东湖区掌上法宝"微信服务号。区司法局与新法制报社、聆江社区进行资源整合、优势互补、共驻共建"法睦邻(family)"社区,打造东湖区宪法主题公园;联合公司创作了《司法局是干啥的》《隔夜醉驾小知识》MG微动漫普法视频,深入推进法治文化载体大融合。

【法律服务工作】 2019年,东湖区积极推广使用"东湖区掌上法宝"(东湖区公共法律服务掌上办公大厅),打造15分钟公共法律服务圈,真正实现法律服务"网上办""指尖办"。强化人员配备,融合政府、媒体和律师三方资源,打造"法润东湖"公益律师志愿团,拓宽公共法律服务边界;开展"精准法律援助质量年"活动,认真做好根治拖欠农民工工资工作,发放《法治袋书》《法律援助宣传册》《劳动监察宣传读本》等宣传资料100余份;推进刑事案件律师辩护全覆盖试点工作,及时与区检察院、区法院沟通,完善好值班律师工作,挑选政治过硬、业务过硬的律师办理,加强对涉黑涉恶案件援助律师监督引导;创新启动公证绿色通道,深入贯彻落实"放管服"改革举措,搭建微信平台,为群众提供在线咨询、在线申请、预约办证、涉外公证办理、国内公证在线咨询等公证服务,预约上门办证,优先安排受理"特殊人群",配备"上门服务专用包",实现公证人员外出服务办证核实的便民化、规范化。

【司法所建设】 2019年,东湖区司法局购置了近120平方米办公用房作为滕王阁司法所办公场所,并对司法所外观标识规范化改造;继续推进"校所合作"工作和司法所台账资料展评工作。

【矛盾纠纷调处】 2019年,东湖区各镇(街道、管理处)、村(居)两级人民调解委员会全部实现"五有四落实";打造个人调解工作室,积极引入退休法官、律师等专业人员参与人民调解工作,打造一批人民群众"信得过、口碑好、威望高、叫得响"的个人调解工作室如:"张跃生调解工作室""宁老帮帮团""邓小满调解工作室";发挥"头雁"示范引领作用,成立区人民调解专家库,选聘了首批五位区级人民调解专家;探索"访调对接"试点工作,东湖区被纳入全省"访调对接"第二批试点地区,研究制定试点工作方案;启动"大排查、早调解、护稳定、迎国庆"专项活动,充分发挥人民调解"第一道防线"作用。

【社区矫正工作】 2019年,东湖区扎实开展社区矫正工作。社区矫正执法大队制定并下发了规范性台账范本、统一了台账格式，重新调整了直属一中队和直属二中队的工作职能，制定完善的审前调查档案验收制度，提高调查评估质量；管控教育上持续发力，在“两会”、中秋、国庆等重点时期多次开展“大走访、大排查”安全隐患排查活动。组织社区服刑人员参观江西省强制隔离戒毒所，进行戒毒专项警示教育，与此同时依托法治大讲堂、“学习助矫”APP平台，利用在编干部、职工、正航助矫等社会力量及网络对社区服刑人员普法教育；矫正监管中不断创新引智，使用全新社区矫正监管平台，大幅提高监管效率，引入“心岸”智慧社区矫正APP，有效落实社区矫正“双八”监管制度。

【行政司法案件】　2019年，东湖区收到行政复议申请17件，受理17件，办结14件。区司法局主动协调积极参与应诉工作，有效落实行政机关负责人出庭应诉制度，截至年底，累计承办区政府一审应诉案件74件。

（叶华康）

仲　裁

【概况】　2019年，东湖区坚持民生为本，不断夯实劳动人事争议处理工作基础，结合全区劳动人事争议仲裁案件的实际情况，研究改进仲裁工作机制和办法，做到快立、快调、快审、快结，促进劳动争议调解仲裁工作更加有利于当事人尽快解决纠纷、降低仲裁成本、提高仲裁效率，提高仲裁机构的权威性，树立良好的调解仲裁服务形象。

【劳资双方权益维护工作】　2019年，东湖区强化劳资双方权益维护工作。区劳动人事仲裁院热心接待来信来访，耐心回答来访者的咨询，积极宣传法律、法规和政策，为用人单位和劳动者提供了满意的服务。积极做好劳动人事争议的调处工作，全年仲裁院共受理各类劳动争议仲裁案件145件，其中裁决96件，调解和其他方式结案47件，依法中止案件审理2件，共为劳动者挽回各类经济损失450.84万元。区属10个基层劳动争议调解中心全年共受理劳动争议案件118件，全部调解结案。同时，区劳动人事争议仲裁院加强预防职能，对用人单位在办理解除劳动者劳动关系的备案手续时，不符合法律程序的手续一律不予备案，经审查，仲裁院全年办理了符合程序的各类用人单位和劳动者解除劳动关系的备案手续120人，切实维护劳资双方的合法权益，预防双方之间劳动争议的发生。

【规范仲裁案件审理】　2019年，东湖区仲裁院加强对近几年来出台的劳动保障法律、法规和政策的学习，努力提高了自身的素质和业务水平。按照省厅的要求实行了仲裁办案系统的上线工作，为庭审程序的规范性、合法性提供了保障，有力地促进了仲裁员对案件的正确审理，确实维护控辩双方的合法权益。安排仲裁员参加省、市仲裁院举办的培训4次，不断提升仲裁员的判案能力区劳动争议仲裁院选派的仲裁员参加全省劳动争议仲裁员“比武练兵”活动中，荣获“优秀仲裁员”称号，并在团体比赛中获得全省第二名的好成绩。

【仲裁院队伍建设】　2019年，东湖区仲裁委积极谋划兼职仲裁员办案的思路，仲裁院聘请了法学教授和担任了多年人民陪审员的两位同志担任区仲裁委员会的兼职仲裁员。2位兼职仲裁员已正常开展案件审理工作，办10余起各类案件，达到良好的效果。此举一来解决了区仲裁委专职仲裁员人手不足的现状，同时变革了以往只由仲裁部门独家审理劳动人事争议仲裁案件的局面，加强案件处理的效率和透明度，为全区和谐劳动关系缔造了更加良好的环境。

【劳动普法宣传】　2019年，东湖区仲裁院组建普法宣传队伍，先后6次深入企业、建筑工地、招聘会场、大专院校开展普法宣传。受到了一致好评。

【基层劳动争议调解组织规范化建设】　2019年，东湖区在全区街道、乡镇建立基层劳动争议调解中心，设立了劳动关系协调窗口，并向社会公布。区劳动人事仲裁院为基层调解组织统一订制了标识和调解员胸徽，积极指导调解组织建立了调解登记、调解记录和档案管理制度，并基本做到“六规范、五上墙”。同时，加大保障力度，将百花洲街道调解中心打造成为全区的调解中心示范单位，并要求其他基层调解组织以示范单位的标准逐步予以达标，获得南昌市基层调解组织“先进单位”称号。

（喻伟文）

军　事

综　述

2019年，东湖区坚持党管武装工作，加强国防后备力量建设，按照党中央、中央军委、习主席一系列重要指示精神，坚定不移把国防动员和后备力量建设事业推向前进。

坚持将思想政治建设放在武装工作的首位，扎实开展军队历史使命、理想信念和社会主义核心价值观教育，确保国防后备力量建设的正确政治方向。认真学习贯彻民兵和预备役部队政治工作规定，切实增强广大官兵的政治敏锐性和政治鉴别力。坚持把学习党和国家法律法规、军队条令条例作为思想政治建设的重要内容，不断强化纪律意识，坚决贯彻党的路线方针政策，坚决执行上级的命令指示，确保部队绝对忠诚、绝对纯洁、绝对可靠。按照“平时服务、急时应急、战时应战”的要求，做实各项“兴武”举措，把管武装和用武装紧密结合起来，推动武装工作全面发展。认真贯彻落实加强和改进新形势下民兵工作的意见，深入研究征兵工作中出现的新情况、新问题，严把体检关、政审关和定兵关，让优秀青年积极参军入伍，不断提高兵源质量。

（区史志办公室）

民兵和预备役部队

【概况】　2019年，东湖区积极贯彻习近平新时代中国特色社会主义思想和强军思想，按照省军区、警备区党委的部署要求，始终坚持以强军目标为统领，突出铸魂、备战、从严，坚定信念、强化担当、凝聚合力、狠抓落实，人民武装工作保持了稳步向上发展的好势头。被江西省军区评为征兵工作先进单位。

【开展兵役登记】　1月，东湖区对全区兵役登记工作全面动员部署，提出“工作早筹划、宣传早展开、业务早培训、登记百分百”的目标。通过摸清适龄青年底数，分批组织业务骨干培训，采取全程督导和技术指导的工作思路，明确标准要求，规定完成时限，区分责任到人，完成兵役登记工作。

【开展条令学习月活动】　2019年，东湖区人武部积极开展条令学习月活动，通过开展知识竞赛、讨论辨析等形式，让干部职工们在唇枪舌剑中明事理、析是非、知要义。同时结合当前部队正规化管理规定要求，不断规范完善各类设施设备，提升部队“硬实力”，并将督导官兵践行条令条例作为重点，训练上按照队伍条令对表标准、生活上按照内务条令规范细节、管理上按照纪律条令严格奖惩，从点滴上抓点滴、在细节上抠细节，将依法治军、从严治军引向新常态。

【组织战备拉动演练】　2019年，东湖区组织开展战备拉动演练。拉动演练设置接收命令、发布信号、下达预先号令、下达行军命令、摩托化机动、预定地域展开、徒步行进10公里、回撤归建等8个程序组织实施。演练课目包括队伍集结拉动、野战指挥所开设、枪械拆装比武、体能考核等内容。演练进一步增强民兵队伍战备意识，提高民兵应急队伍实战能力。

【开展国防教育大讲堂活动】　3月，东湖区结合中心组理论学习（扩大）会，开展国防教育大讲堂活动，对区四套班子、副科以上干部集中进行国防教育，宣讲国家安全形势。

【展开新年度征兵宣传】 2019 年，东湖区组织宣传队伍深入辖区高校开展征兵宣传工作。通过展示宣传图片、悬挂宣传横幅和标语、发放宣传资料、提供现场咨询解答和开展征兵宣讲等方式，激发优秀大学生报名应征热情。

【抓好民兵调整改革】 2019 年，东湖区贯彻落实国家、省国防动员会议有关精神，紧盯目标要求，创新工作方法，进一步提升国防动员工作质效。人武部以《江西省民兵调整改革实施方案》为依据，采取先潜力再编组的办法，探索采取“九张网”（人劳、社保、医保、民政、计生、工会、经济、片警、兵役登记）全面铺开的办法，重点抓实 18—35 周岁男性青年、企（行）业、装备器材等潜力数据。坚持编兵重点由普通民兵向新型力量转移，特别是积极向企（行）业等部门拓展，最大限度挖掘潜力资源，推动编兵向新质力量跃升。

【组织防汛勘察】 4 月下旬，东湖区按照责任落实到位、预案制订到位，队伍组建到位、监测预警到位、检查督导到位的要求，组织应急抢险队伍利用一天半时间到辖区江、河堤坝及历年险工险段现地、防汛物资储备点位和机电泵站、涵闸等重要部位，进行 1 次拉网式防汛勘察，充分掌握防汛工作的第一手资料，汛期组织民兵应急分队进行巡堤护堤，为确保安全度汛做出了应有贡献。

【召开党管武装工作会】 4 月 30 日，东湖区召开区委常委议军会暨全区党管武装工作会。区委书记、区人武部第一书记刘闯主持会议并讲话。区人武部政委邱建新传达学习习主席有关国防动员重要论述和省、市有关会议精神；区委常委、区人武部部长汇报了提请常委会研究解决的事项；区委各常委同志及人大、政协主要领导出席了会议。

【组织高校征兵“宣传月”活动】 5 月，东湖区高校征兵宣传工作全面展开，辖区 6 所高校的 400 余名师生参加了启动仪式。仪式结束后，现场开展了丰富多彩的征兵宣传活动，组织了国防知识图片展，发放了《大学生参军入伍宣传手册》，开设了征兵政策咨询站，并现场组织了大学生报名应征。

【民兵整组点验大会】 6 月 5 日，东湖区组织开展 2019 年民兵整组点验大会在东湖区政府四楼会议室举行。民兵应急连 117 人在现场接受点验。点验大会在《中国人民解放军军歌》中拉开帷幕，宣布了民兵分队建制、宣读民兵干部任命。随后还组织授衔、宣誓、新入队民兵代表发言等活动。

【开展抗洪抢险分队水上训练】 6 月 22 日，东湖区组织抗洪抢险分队水上训练。训练在九龙湖水域展开，共出动冲锋舟 4 艘，70 余人参训，主要完成了“舟艇靠岸、水中救人、模拟编队、打捞救援”等训练科目，通过训练检验了抗洪抢险分队的实兵实战水平，有效锻炼了民兵分队的应急救援和协同能力。本次训练紧紧围绕抗洪抢险非战争军事行动，全体参训人员在暴雨中苦练救援本领，把“练技能、练指挥、练协同、练组织、练作风”紧密结合起来，以实际行动确保招之即来、来之能战、战之必胜。

【开展民兵应急分队训练】 6 月，东湖区组织民兵开展为期 14 天的集中训练，集训实行准军事化管理，按照理论讲解与实际操作相结合、考核评比与综合演练相结合的方法，组织参训民兵系统学习。参训民兵严守纪律，听从指挥，按照要求进行了民兵业务知识、军事理论和战备常识教育等业务学习，完成了队列动作、擒敌拳、盾牌术、驾驶冲锋舟等军事基础课目训练，以及防暴队形班排动作、森林防火等专业课目训练。

【召开政治考核培训会】 7 月，东湖区组织辖区公安民警、专武干部召开政治考核培训会，主要是围绕征兵政考工作需要，统一规范全区征兵政治考核的程序流程和相关规定说明，提高参训人员考核业务能力，为年度征兵政治考核工作奠定坚实基础。培训会从征兵政治考核工作相关政策规定、征兵政治考核工作重点难点内容及考核中应当注意的事项等多方面进行授课辅导，并对 2018 年征兵工作中存在的问题及有关注意事项提出了意见和建议，对年度全区征兵工作出了明确的要求。

【组织开展廉洁征兵监督员培训】 7 月 12 日，东湖区组织开展 2019 年廉洁征兵监督员聘任仪式及业务培训会。区人武部为 88 名廉洁征兵监督员颁发了聘书，并就如何履行廉洁征兵监督员职责作了专题辅导。

【组织第二批民兵分队集训暨比武竞赛活动】 7月19—30日,东湖区组织第二批基干民兵集中培训,来自各区、各街道、部分企业、市属应急连的多名新入队人员参训。重点围绕兵役法规政策、国际国内形势、习近平总书记关于国防和军队建设重要论述等方面,扎实搞好民兵思想政治教育。同时还将组织民兵展开参战支前、应急维稳、抢险救灾等业务训练。

【征兵工作】 2019年,东湖区紧紧围绕提高大学生征集比例的目标要求,以"五率"量化考评标准为抓手,切实打好征兵工作主动仗。完成征集任务,大学生征集比例高达93%,报名率、上站率、合格率、择优率、退兵率五率得分95.43分,位居全省第8名,南昌地区第3名。

2019年9月,东湖区人武部组织送新兵活动

【组织群众性岗位练兵活动】 10月,东湖区组织开展群众性岗位练兵活动。此次竞赛内容包括轻武器射击、手榴弹投掷、战术基础动作、参谋六会等数10个项目。通过比武,进一步激发民兵参训热情,增强民兵军事素质,为随时执行维护稳定、支援保障等任务提供保证。

(魏嘉琛)

人民防空

【概况】 2019年,东湖区围绕有效履行战时防空、平时服务、应急支援职能使命的要求推进人民防空各项工作。深化解放思想,聚焦能力建设、聚力对标补短。

【加强人防知识宣传教育】 2019年,东湖区坚持把人防宣传教育作为一项基础性、常态化工作来抓,营造了社会各界关心支持参与人防工作的良好发展环境。利用"3·1"国际民防日、"5·12"防灾减灾周,"9·18"防空警报试鸣日等重要节日,走进社区等企事业单位和学校开展特色鲜明的宣教活动。

【人防通信警报建设】 2019年,东湖区对辖区内部分警报进行升级(计划3年内全部完成),扩展防空警报辐射纵深,抓好防空防灾警报设施建设维护。9月18日,全民国防教育日,全市警报统一试鸣,鸣响率达100%。

【人防工程的维护管理】 2019年,东湖区强化早期人防工程维护与管理工作,对人防工事安全责任到人,工程维管扎实有效。组织干部职工每周对人防工程进行安全巡查,规范人防工程平时使用管理。对新建的人防地下室内设置人防工程标识标牌。10月,区人防办联合执法局、消防部门等部门对防空地下室工程及设施进行了排查。主要检查:有无擅自改变人防工程主体结构、拆除人防工程设备设施或者采用其他方法危害人防工程安全和使用效能的行为;有无向人防工程内排入废水、废气或者倾倒废弃物的行为;有无在人防工程内生产、储存爆炸、剧毒、易燃和腐蚀性物品的行为等。对排查中发现的问题予以通报并责令整改。

(涂　成)

重大项目建设

综　述

2019年，东湖区深入开展“大干项目年”活动，全力推进省、市、区三级重大重点项目，全区重大重点项目呈现成绩佳、进度快、效益好喜人面貌。

印发了《东湖区2019年重大重点项目投资计划》《东湖区2019年大干项目年重大重点项目推进工作方案》，进一步扩充了项目推进领导小组的成员，对项目实施分类推进、分类调度、分类考核。从区重大项目中筛选20个左右重点项目作为区委、区政府巡查项目，明确由区委常委挂点，起带头示范作用；重大产业项目集合了区人大、区政协的领导挂点，加强项目的协调、监督作用。注重项目的推动效率。项目的推进机制体制更加完善。进一步完善和修改《东湖区重大重点项目管理办法》《东湖区重大重点项目推进调度办法》《东湖区重大重点项目推进考核办法》等文件办法，细化管理、调度、督查、考核等多个方面内容，保障项目工作推进有效。调度机制更加创新。实行“6个1”的挂点推进机制，明确了工作职责和工作目标，制定了《东湖区重大重点项目工程建设推进计划表》，倒排进度、挂图作战。调度方式更加优化。重点项目由挂点区领导牵头，建立工作微信群，项目责任单位和业主单位每天在群里汇报项目进展情况，挂点区领导每周至少1次赴项目现场或者召开调度会。针对重点巡查项目，区政府每月中旬进行项目巡查，每月底召开项目调度会，针对项目前期的土地和报建难题，项目建设过程中的管线、土方难题，项目竣工阶段的验收、招商难题，集中力量攻破。全年，共开展项目巡查10次，召开大范围项目调度会11次。突出督查问效。由区委督查室、区政府督查室、区作风整治办、区重点项目办开展联合专项督查，针对列入省市重大项目、区重点巡查项目、区重大产业项目、重点民生实事项目进行专项督查，重点发现和解决项目推进过程中的“肠梗阻”问题。突出成效落实。考核引导，依据东湖区制定的考核办法对项目考核，在年底进行综合考核排名。

全年重大重点项目开工40个，开工率比上一年度同期高5个百分点；累计完成投资62.98亿元，比上年度同期增加12.91亿元；投资完成率101%，高于上年度同期18.97个百分点。项目的开工率、投资量、投资完成率再创历年新高。建设进度持续加快。苏宁广场、江旅都市方舟、启明星辰创新中心等重大产业项目建设进程不断加快，城泰0728商务中心、新地商务中心等一批重大产业项目实现如期开工，启明星辰创新中心项目实现当年开工当年投产。东南北湖水环境整治、社区微改造、校园环境提升等一批城市建管、社会事业、民生实事项目陆续竣工。项目效益逐步显现。总投资5亿元的国资澜湖广场和华润旗下全省第一家绿标“万家mart”超市旗舰店于1月12日开业，开业当天即实现销售额102万元，创全国“万家mart”店日销售额新纪录；总投资8亿元的全省第一家双地铁接轨商业体八一馆百盛商业综合体正式运营，预计新增社消7亿元，年创税收3000万元。东南北湖水环境治理和刘将军庙社区改造完成标志着百花洲景区提升改造的初步完成。全区重大项目建设为全区固定资产投资贡献率创历史新高。

2019 年东湖区重点工程项目一览表

表 5

类别	项目名称	项目地址	项　目　简　况
产业建设类项目	南昌苏宁广场项目	原省政府大院	项目总建筑面积 58.26 万平方米,建设内容包括商业综合体、办公楼、酒店、公寓、住宅及回迁房等,项目投资 85 亿元
	江旅都市方舟项目	福州路	项目占地 2.612 公顷,用地性质为商业、商务,容积率 4.3 左右,建设体量为 16 万平方米。拟打造时尚消费区,引进国际先进的乐玩、酷玩项目,引领新消费业态发展,项目投资 16.9 亿元
	沁庐旅生活广场项目	苏圃路 91 号	项目总投资 3 亿元,对江西宾馆原旺中旺片区(苏圃路 91 号)进行整体改造,占地面积约 2 万平方米,拟打造成集古城楼茶文化、旅生活馆、精品酒店、餐饮、景观为一体的旅生活综合体
	城泰 0728 商务中心项目	三经路聆江花园旁	项目用地 2.7 公顷,容积率为 5.0,由 2 栋 152 米的超高层办公楼、1 栋 100 米的高层办公楼及多栋商业楼组成,总建筑面积 17.81 万平方米
	新地商务中心项目	叠山路	项目位于原凯莱大酒店,按照高标准,由内到外进行全新装修改造,引进法国美居和全季品牌,打造成南昌中心城区标志性商务中心
	中海商业项目	青山北路	项目总用地面积约 6 公顷,建筑面积 19 万平方米;主要包括写字楼、集中商业、住宅等
	金投铂翠中央地产项目	中大路	项目地处中大路以东、斗门以北、安山路以南、城市阳台以西(青山湖西岸 11 号地块),用地面积约 1.91 公顷,规划用途为商住用地,规划容积率 3.0,规划新建面积 5.7 万平方米
	新城公馆地产项目	下沙窝	项目占地 2.2 公顷,容积率 2.5,总建筑面积 6.93 万平方米,其中住宅 5.17 万平方米,商业 2600 平方米
	中金国际交易中心项目	青山南路 18 号	项目占地面积 2.47 公顷,规划建成中金黄金旗舰店、写字楼及服务中心、五星级酒店及酒店式公寓为一体的"高端商业消费 MALL",总建筑面积约 17 万平方米,绿化率达 25%,停车泊位约 1000 个,项目投资 20 亿元
	东湖意库项目	中大南路	由招商局蛇口工业控股股份有限公司、中外运长航事业发展有限公司、东湖文化旅游投资发展有限公司共同投资运营,总投资 5 亿元,占地超过 8 万平方米,拟打造文化、艺术、历史、生态四位一体的国际文化创意街区
	融创青山湖壹号地产项目	青山北路	项目定位"高品质住区",规划总建筑面积 7 万多平方米,包括高层精装修住宅,丰富的临街商业等
	江湾豪庭商住项目	规划六路	项目地处规划六路以南、爱国路以西,用地面积 1.01 公顷,建筑面积 41782 平方米,其中商业面积 4950 平方米(2 层),土地性质为商业居住用地(2∶8),容积率 3.0
	碧桂园地产项目	二七北路	用地面积 1.25 公顷,规划用途为商住用地,容积率 5.92
	七里滨江项目	青山湖西岸	项目位于原南昌发电厂地块,面积为 8.07 公顷,容积率 2.8,土地性质为商住(1∶9),总建筑面积 22.58 万平方米
	贤士湖大厦项目	贤士湖管理处	总占地面积 0.27 公顷,拟建筑面积约 1.4 万平方米,共 18 层,地下 2 层

续表5

类别	项目名称	项目地址	项目简况
产业建设类项目	国资澜湖广场项目	青山北路	占地面积4.71公顷，总建筑面积7.1万平方米，其中含5万平方米2栋写字楼及2.1万平方米的集中商业，拟打造总部经济大厦，引进一批工业设计、创意设计、信息服务等区域性总部企业落户
	启明星辰网络安全运营中心项目	三经路	建立以东湖为纽带南昌为核心，延伸全省“智慧城市”的安全独立运营中心
城市建管类项目	青山湖西岸片区基础设施建设工程	青山北路	业主为市土储中心，承建方为市城投公司。建设青山湖片区内规划的共20条道路，道路总长15.54公里；建设“两横两纵”综合管廊，其中的七里路、青山支路、中大路三条综合管廊，长度约6.3公里
	百花洲景区综合提升改造项目	百花洲街办辖区	对八一公园、南湖路、北湖路、苏圃路、百花洲路等进行综合改造，对百花洲周边配套设施进行提升
	东、南、北湖（三湖）水生态环境整治	东湖区城区	彻底治理东、南、北湖（三湖）水生态环境
	老旧社区“旧改新”工程	东湖区城区	在全区对10个微社区进行提升改造
	街头小游园“绿改彩”工程	龙沙路	新建宪法广场小游园
	农村公路改造	扬子洲镇	对扬农路进行道路升级改造，全长1.4公里；对建制村路面（北江路）升级改造
民生实事类项目	滕王阁街道“三个中心”建设装修工程	滕王阁街道	打造街道便民服务中心、文化活动中心、党建服务中心及附属功能设施。
	时间银行总行	叠山路136号	项目建设总面积约270平方米
	农贸市场建设改造项目（上沙窝、七里嘉和）	东湖区城区	上沙窝农贸市场改造项目总面积约1200平方米；七里嘉和农贸市场项目属于七里嘉和小区建设配套规划，市场为地上三层框架式结构，占地面积为2364.75平方米，总建筑面积为7093.92平方米
	“优质均衡校”建工程	东湖区城区	包括城北幼儿园装修工程，邮政路小学、扬子洲学校基础设施改造工程，育新学校小学部、南京路小学校安工程，向荣小学、右营街小学操场改造，滨江学校、培智学校、八一嘉实希望小学、南林小学、东湖小学校园维修工程，区教研中心、区教育督导室整体维修工程

社会事业和民生实事项目

【概况】 2019年，东湖区财政投入民生资金20.64亿元，同比增长16.3%，占一般公共预算支出比重达到70.8%。推进了涵盖安置房、“1+5+X”社区邻里中心和“时间银行”总行等7个方面的64个民生实事项目。2019年，区人大票决的十大民生实事如期完成，人民群众的幸福感、获得感不断提升。深入推进居家养老志愿服务“时间银行”总(分)行建设,“时间银行”志愿服务项目被评为南昌市最佳志愿者服务项目;创新开展“时间银行·幸福食堂”服务,重点保障空巢、独居、失能等困难老年人用餐问题。积极推进安置房规划、建设和验收工作;总投资约5000万元的扬农管理处垦区危房改造二期项目顺利通过验收并交付使用。融合养老、文体、医疗、教育、商业等功能为一体的首批9个“1+5+X”社区邻里中心在小金台、芭茅巷等社区成功打造,并在全区推广;完成上沙窝农贸市场升级改造,建成品质优、功能全、环境好的七里嘉和农贸市场;戴家巷社区便民服务中心被国家商务部评为首批已建成城乡便民消费服务中心;在全省率先打造残疾人“喘息式”临时托养暖心驿站服务项目。

【安置房建设项目】 2019年,东湖区推进了七里嘉和、起凤路地块、熊邓村地块、上沙窝地块等安置房项目建设。其中,七里嘉和AB地块:项目总投资约2亿元,用地面积33.92亩,总建筑面积7.16万平方米,安置户数443套。截至年底,已完成所有主体施工,正在外接水电,已完成投资约1.8亿元(含前期)。七里嘉和C地块项目:建筑面积33.05万平方米,安置户数2531户,投资约8.8亿元,已完成竣工备案。七里嘉和DE地块:D地块建设安置住宅,E地块建设产业用房。项目总投资约7亿元,用地面积60.4亩,总建筑面积17.87万平方米。截至年底,D地块主体施工至10—18层,E地块完成桩基和支护,土方开挖完成65%,已完成投资约1.5亿元。起凤路地块(长巷新区):项目总投资额3.22亿元,用地面积54亩,总建筑面积约11.5万平方米,安置户数934套。D04、E08两个地块主体结构及砌体已全部完成,所有外架已全部拆除,待进行装饰装修及安装工程施工。D04地块:1号楼公共部位乳胶漆完成90%,施工洞口已封闭,准备人货电梯拆除工作;2号楼外墙漆施工完成(除人货电梯部位之外),人货电梯位置正在封堵工作,电梯门套完成75%;3号楼电梯安装完成,外墙漆施工完成95%,进户门安装完成60%。E08地块:1号楼门窗工程完成80%,进户门完成85%,商铺GRC线条安装完成,准备拆除商铺脚手架;2号楼电梯门套包边完成80%,商铺GRC线条安装完成50%;3号楼施工洞口封堵完成20%。熊邓村地块(贤湖佳苑):项目总投资额约1.45亿元,用地面积约25.32亩,总建筑面积约5.18万平方米,安置户数386套。至年底,项目已进入扫尾阶段,待进行水电安装和室外配套设施等施工。施工内容:D06-1号楼北面室外停车泊位植草砖,路缘石施工,东面围墙地梁抹灰,柱帽安装,一层外墙漆喷漆;D09-3号楼东面路面破除开挖;现场道路冲洗,裸露土绿网覆盖。累计完成投资额1.37亿元。上沙窝地块(东湖小区):项目总投资额约1.68亿元,用地面积约28.55亩,总建筑面积约5.73万平方米,安置户数498套。已完成投资约13300万元。工程进度:1号楼20层刮瓷,5层内粉,外保温施工。2号楼三单元外架拆除,内粉,外保温施工,20层刮瓷,消防安装。3号楼5层刮瓷。

【精品小区提升改造项目】 2019年,东湖区投资2000万元对南湖社区、北湖社区进行精品社区改造,以高标准对社区进行道路、排水、立面、路灯改造。涉及改造面积2.6万平方,384个空调外罩,21个店铺店招,865个晾衣架,185个雨棚。通过老旧社区改造小区内的违章建筑全部得以拆除,楼顶、外墙渗水、破损的道路等全部得到改造。

【时间银行项目】 2019年,东湖区持续推进居家养老志愿服务“时间银行”工作,该项目被确定为东湖区“民生实事”与“重大重点”项目,为更好的运营时间银行工作,将叠山路136号场地打造成时间银行总行,正式投入运营。并以“老年人信息数据库”为基础,打造“时间银行”智能云平台。加强志愿者教育培训、完善志愿服务存取制度、建立时间银行视频管理系统;同时与天安保险公司达成合作,为65周岁以下(含65周岁)的20名星级志愿者,统一购买了价值220元上门服务保险。“时间银行”荣获2019年“南昌市最佳志愿服务项目”,广泛受到社会点赞和舆论好评。截至年底支行数量113个、志愿者5178人、星级志愿者77人、公益活动数量4867次、媒体报道156次、服务总时长14万小时。

【邻里中心项目】 2019年,东湖区“1+5+X”社区邻里中心建设项目在完成市政府下达的5个建设任务的基础上,区本级自我加压,在每个街道各打造1个社区邻里中心，全区共9个社区邻里中心建设目标任务，项目总投资约412.05万元。结合各社区实际和居民需求，整合社区养老、教育、医疗、文化、商业等资源，精心打造以党建为引领、以“三风”建设为基础、以民生工程为重点、以志愿奉献为支撑的新型社区服务品牌项目。在打造社区邻里中心过程中进一步做活文章，创新服务业态，引进养老服务企业“江西省天同健康产业发展集团有限公司”，进行战略协作，多内容、多形式的开展养老服务；每个社区邻里中心均建立了居家养老志愿服务“时间银行”；开展了“三点半课堂”服务；小金台社区邻里中心引进章金媛爱心奉献团等社会组织开展关空巢老人、失独家庭；上营坊社区邻里中心引进绿色心门心理咨询、宁老帮帮团等等，满足居民群众物质文化生活需求。截至年底，豫章街道滨江社区、八一桥街道芭茅巷社区、墩子塘街道马家池社区、滕王阁街道民巷社区、百花洲街道小金台社区、公园街道上营坊社区、大院街道公园社区、彭家桥街道光明社区和董家窑街道锦苑春天9个“1+5+X”社区邻里中心已全部完成并投入使用。

【优质均衡校建工程项目】 2019年，东湖区大力推进义务教育优质均衡发展区创建进程，高标准提升学校硬件设施，实施了优质均衡校园提升改造工程。项目总投资约1500万元，改造涉及包括扬子洲学校、育新学校教育集团小学部、育新学校教育集团初中部、邮政路小学教育集团本部、滨江学校、南京路小学、培智学校、八一嘉实希望小学、南林小学、百花洲小学、东湖小学等11个校园维修提升改造项目，向荣小学、右营街小学两个运动场翻新项目；区教研中心、区教育督导室整体改造项目。所有项目如期竣工并投入使用。通过一系列提升工程的实施，学校更美了，设施更齐全了，得到了教师、学生、家长们的高度认可，在社会上引起反响强烈。

城市建设和管理项目

【概况】 2019年，东湖区以深入实施城市功能与品质提升三年行动暨“美丽南昌·幸福家园”环境综合整治为抓手，不断提升城区功能品质。全年共投入2.56亿元实施55个“六改”项目。完成对渊明北路等15条背街小巷“白改黑”升级改造，实施了扬农路等农村公路提升改造，完成三经路二七北路口交通渠化改造，完成百花洲路等3处积水点整治；新建东万宜巷、花园角等12个公共停车场，新增停车场泊位2556个，同时新增道路泊位1600余个，有效缓解了“停车难”问题；完成豫章后街、马家池等10个老旧小区微改造和南湖、北湖2个老旧小区综合提升改造。翻陈出新，大力提升城市品质。投入9000余万元，实施了东、南、北湖水生态修复及周边环境（八一公园）提升改造工程；实施百花洲路、苏圃路南段空中管线“上改下”工程、象山北路建筑立面综合改造工程。遵循“修旧如旧”原则保护文物建筑，完成对民德路159号民国小洋楼、“南昌行营”等4处文物建筑的保护性修缮。完成二经路等19条主次干道“绿改彩”工程。强力推进城市建成区违法建设专项治理工作，共拆除违章搭建96处、9200余平方米。

【象山北路建筑立面综合改造项目】 2019年，东湖区投入5000万元对象山北路进行空中管线下地改造、外立面改造、店招改造、人行道改造、路灯亮化改造、城市家居打造等，道路全长1335米，本次综合改造工程以府城文化为特色打造，结合象山北路实际情况，多数以高层建筑为主，以及一层商铺立面改造，增设街头雕塑小品等方式，丰富府城文化形象。

【老旧小区改造项目】 2019年，东湖区投资2000万元，对小金台、民巷等10个老旧社区微改造工程，此次改造范围包括路面破损、管道堵塞、照明不足等问题进行。共对7563户270栋房屋进行了改造，建筑面积约43.45万平方米。改造后的社区，水通、路平、墙美、灯亮、线齐、窗明，有效提高居民幸福指数。

【宪法广场小游园项目】 宪法广场小游园项目占地约1.18公顷，位于东湖区龙沙路与三经路交叉路口，该处原为废置已久的街头绿地，由于长年无人管理，堆满生活垃圾，杂草丛生。2019年，东湖区对该空地进行提升改造，建设以宣传宪法知识为主题的街头广场。项目保留已有绿化、更换树种、融入宪法宣传元素等设计理念，实现政治性、文化性、教育性和休闲性于一体,让群众在休闲中领略法治文化、感受宪法精神。通过铺设广场地面,调整绿化结构、增设文化景墙、景观雕塑等多种措施,达到市民出行“300米见绿,500米见园”的景观效果,同时也为市民腾出更多的活动空间,真正做到在改善周边居住环境的同时也满足市民健身娱乐的需求。

【百花洲景区提升改造项目】 2019年,东湖区投入9000余万元,实施了东、南、北湖水生态修复及周边环境(八一公园)提升改造工程,对百花洲周边的刘将军庙社区、南湖社区、北湖社区、百花洲路、苏圃路进行综合改造,此次主要改造内容包括外立面美化、店招更新、增加空调机罩、增设景观标识、增设居民休闲区、道路改造、绿化提升、下水道改造、“上改下”综合管线下地等,同时通过“食藻虫控藻引导水体生态修复技术”重建了三湖水体生态。通过对百花洲景区及其周边建筑进行综合改造,进一步提升了区域土地价值环境的改变,实现居住满意度的提高,绿化、净化、美化均达到更高的人居要求。

(张宏宇)

2019年,东湖区实施百花洲景区提升改造工程。图为改造后的效果

商贸流通和服务业

综　述

2019年，东湖区坚持传统和现代商贸体系双向发展，特色商业街、专业市场、特色文化消费、餐饮服务、购物中心、百货卖场、城市商贸综合体等多层次、多业态的商贸格局基本形成。

在现代商贸业方面，东湖区大型商场云集，辖区内有大型商超11家，分别是华润万家八一店、叠山店，百货大楼中山路、青山店，沃尔玛八一店、青山店，财富广场，大众购物中心，百盛中山城百货，万达广场（城市综合体），蓝海购物广场（城市综合体）；在商业街区方面，东湖区拥有全省第一条国家级步行街——胜利路商业步行街，全市南昌市唯一的集休闲观光、娱乐购物为一体的全封闭式商业步行街。拥有蓝海夜市街和夜东湖蛤蟆街等特色夜市街。

截至2019年底，全区限额以上贸易业单位共计278家，其中限上批零企业共有116家；限上住餐企业共有28家；批零个体产活单位共有15家；住餐个体产活单位共119家，限上批零住餐单位占全市总量的10.71%。随着整体商贸经济的复苏，消费品市场发展也逐步进入上升通道。全区社会消费品零售总额共计完成354.03亿元，总量排全市第二位，同比增长11.1%，增速排全市第8；限额以上零售额共计完成205.33亿元，总量排全市第1；同口径比增长11%，增速排全市第6。完成外贸出口2.93亿美元，指导目标完成比全市排名第4。接包合同执行额2.48亿美元，完成比198.43%，其中在岸接包执行额2.01亿美元，完成比191.35%。离岸接包执行额4712万美元，完成比235.61%。

（姚韶翔　罗　娟）

商贸业管理服务

【概况】　2019年，东湖区着力在促消费、稳经济、助民生上做文章，深入实施消费升级行动计划，大力提升商贸流通水平，积极构建全面开放新格局，着力打造特色夜间经济，促进商业街区消费水平，取得了较好的经济与社会效益。

【社会消费品零售情况】　2019年，东湖区社会消费品零售总额共计完成354.03亿元，总量排全市第2位，同比增长11.1%，增速排全市第8位；限额以上零售额共计完成205.33亿元，总量排全市第1位；同口径比增长11%，增速排全市第6位。

【夜间经济】　2019年，东湖区制定《东湖区促进夜间经济和高品位步行街发展三年（2019—2021年）行动方案》，确定全区“三街二点一区”的夜间经济建设目标。5月21日，蓝海夜市正式开街营业，进一步丰富了东湖区夜间经济、满足市民夜间消费习惯。7月18日，夜东湖·蛤蟆街夜市街开街营业，共吸引70余家餐饮和小吃商户入驻，开街以来经营火爆，消费人群明显增加，原有经营商户的营业额同比增长30%以上。

【推广瓦罐汤品牌】　2019年，东湖区积极响应南昌市做大做强“天下英雄城·南昌瓦罐汤”品牌行动计划，持续打造“一汤一粉一座城，有滋有味有南昌”的深厚文化氛围。截至年底，有7家瓦罐汤门店被评为第二批南昌“瓦罐汤”品牌门店。辖区内“赣味汤源”门店更是成为了接待全国以及世界来宾的必备之地。

【社区便利店建设】 2019年,东湖区积极鼓励生鲜便利店品牌发展。戴家巷社区便民服务中心被国家商务部评为首批已建成城乡便民消费服务中心。完成了5家社区生鲜便利店顺利升级改造,其中,小金台社区浩山生鲜便利店被定为全市生鲜便利店建设样板店。

【成品油市场治理】 2019年,东湖区继续加强对成品油销售企业的管理,严厉打击非法经营成品油行为,严防安全事故的发生,确保成品油市场的正常经营秩序。全区各执法部门联合开展专项检查和专项整治工作,共检查成品油企业23次,督查城乡接合部、施工地段等重点区域25次,出动人员100人次。收到举报、排查线索20条,取缔违法经营窝点3处、查扣流动黑加油车2辆,采取强制措施人数3人,收缴非法改造油罐车1辆,拆除非法加油设备16件,收缴非法销售的成品油30余吨。

(刘　丹)

商贸街及商贸活动

【概况】 2019年,东湖区积极推进商业经济的发展,以打造特色夜市街、开展商贸活动、提升促消费水平为契机,不断优化商贸业发展布局,促进特色街区和城市文化融合,引导企业发展新形势、新业态、新格局,实现现代商贸和传统商贸融合发展。

【助力"老字号"发展】 2019年,东湖区实施"名品、名店、名企"工程,加大对本地传统优势商贸企业品牌创塑工作。成功申报辖区企业东南饼庄为江西省老字号企业。组织辖区中华老字号企业亨得利、江西老字号企业三花酒业、东南饼庄等,参加了第十一届中国中部投资贸易博览会(简称中博会)、第三届中华老字号(山东)博览会暨老字号品牌发展高峰论坛、第十六届中国中华老字号精品博览会(浙江)等展会活动,助力辖区"老字号"企业做大做强,助推东湖区商贸业繁荣发展。

【开展系列商贸促销活动】 2019年,东湖区组织辖区内百货大楼、财富广场、百盛百货、华润万家、旺中旺等企业开展多次大型促消费活动,营造出"月月有活动、节节有安排"的浓郁促销氛围。3月1日起,东湖区围绕"应季消费、实惠消费、品质消费"这一主题,组织开展了为期1个多月的"走进春天·东湖消费促进季"活动,共组织商场、超市、家电、餐饮等100余家商户开展了近30场大型促销活动,参与活动品牌200余个,涵盖服饰、家居、餐饮、儿童、化妆品等10余个种类。6月14—23日,百盛在商场正门广场处,开展"兰蔻无人机搭台"特别企划活动,进一步激发了市民消费潜力,顺应了市民消费升级趋势,为中山路沿线商家聚集了人气,带动了商气,实现了销售额在同期城市活动销售中排名第2的好成绩。8月3日、8月4日、8月7日,百盛开展了"夏夜情歌演唱会"活动,极大的活跃了中山路商圈的购物氛围,让夜间的购物消费更加"有声有色";百货大楼于6月6—9日开展了"粽情购"活动,6月14—18日开展了"6·18年中庆"活动,7月12—21日开展了"仲夏大抽奖·双重抽好礼"活动,7月26日至8月4日开展了美的空调超级内购会,8月2—7日开展了"玩美七夕嗨翻天"活动,满足了市民不同时期的购物需求,带动了八一广场商圈的购物氛围;华润万家八一店于7月30日至8月5日开展了"好看不贵·夏不为利"活动,8月2—7日开展了"深情白首·美好相依"七夕节情人节活动,8月23日至9月3日开展了"囤货送好礼·万家奇遇记"中秋前嗨购盛惠活动。通过活动,不断满足市民群众的日常生活需求,带动了商场、超市、家电、餐饮等行业百余家商户参与,实现了销售额和利润的同步增长。

【胜利路步行街商贸活动】 2019年,胜利路步行街举办各类大小活动90余场次,其中公益活动约15余次,大小商务及企业形象展示活动近75次。街内企业有百年老字号的龙头企业南昌亨得利,还有中国黄金、老凤祥、周大福、克徕帝、卓尔珠宝、裕泰福、博士眼镜、金冠眼镜、醉风堂摄影、巴黎春天摄影、巴拉巴拉、ABC童装、安奈尔、太平鸟、波司登、三福百货等品牌纷纷从店内走到店外,进行产品推广及形象宣传活动。在公益宣传活动方面,胜利路步行街举办"第29届全国助残日""拥抱妈妈拥抱爱""世界卫生日暨平安志愿者服务活动”“党建引领、筑牢防线”健康人生、绿色无毒纪念“6·26”国际禁毒日宣传、东湖区家庭医生签约服务“健康百场行”活动等公益宣传活动。在重大商贸活动方面，胜利路步行街举办了2019首届紫藤海·油纸伞美食娱乐嘉年华盛大活动、以“政府搭台、企业唱戏、大众参与、共促消费”为运作模式，在胜利路步行街明秀广场举行2019东湖百花洲购物节开幕式、庆祖国70华诞“礼赞新中国、奋进新时代”活动、2019东湖区金秋招聘会·退役军人专场等活动。通过举办各类活动，激活了步行街的人气、拉动了步行街的消费，取得了较好的社会效益，促进了步行街的发展。

【组织企业参加商贸活动】 2019年，东湖区积极组织辖区企业参加各类商贸活动。5月18日，第十一届中国中部投资贸易博览会（简称“中博会”）在江西南昌绿地博览中心举行，东湖区中华老字号企业亨得利、江西老字号企业三花酒业参加此次展会。此届中部博览会以“高水平开放、高质量发展”为主题，会期三天，围绕绿色金融、航空、智能制造、大健康等产业举办多场专题对接活动。11月1—3日，第二十届中国美食节暨第二届赣菜美食文化节在江西南昌绿地博览中心举行。东湖区时鲜楼、久鸿庄园、牧蜂人养蜂专业合作社、东南饼庄、金议宣面食坊、赣味汤源等企业，分别以专业宴席、优质食材、特色小吃为代表参加了此次展会。其中，时鲜楼准备的宴席“豫章拾味”以百年老店“北味时鲜楼”的传统菜色为代表，精雕细工、惊艳全场，展现了百年传承东湖历史、东湖味道。中国饭店协会韩明会长与江西省商务厅和南昌市政府领导，在东湖区时鲜楼“豫章拾味宴”展台考察时，更是对时鲜楼展示的传统、经典、创新的赣菜给予高度评价。东湖区“赣味汤源瓦罐汤”和金议宣的“小吃油香”荣获中国饭店协会颁发的特色小吃奖，东湖时鲜楼的“豫章拾味”荣获中国饭店协会颁发的文化宴席奖。12月20日上午，由国家商务部、江西省人民政府共同主办的第十二届中国绿色食品博览在南昌绿地国际博览中心正式开展。东湖区企业南昌东南饼庄、江西久鸿庄园食品有限公司、南昌市东湖牧蜂人蜂蜜园、南昌三花实业有限公司参加了本次展会。其中，东湖区省级老字号企业南昌三花实业有限公司携“江西省老字号”绳金塔三花酒独家冠名赞助了由商务部、江西省人民政府、江西省商务厅、南昌市人民政府、各省（区、市）代表团及境外代表团负责人参加的“第十二届绿色食品博览会‘绳金塔三花之夜’餐叙会”。

（刘　丹）

农贸市场建设

【概况】 2019年，东湖区坚持以人民为中心的发展理念，不断提升市场专业化管理水平，推动农贸市场基础建设和规范化管理。截至年底，全区共有15个农贸市场，其中墩子塘、新公园、四经路、花园角、董家窑、新建德观、青山路疏导点、贤士花园等8个集贸市场为东湖区市场物业管理站自营市场；文教北路、叠山路、章江路、钟鼓楼等4个集贸市场为东湖区市场物业管理站卫生托管市场；二七路农贸市场、三联农贸市场、上沙窝农贸市场为私人业主自营农贸市场。

【农贸市场管理】 2019年，东湖区成立了农贸市场环境卫生督查组，不定期对农贸市场脏乱差等现象进行督查，建立问题清单和整改清单，抓好工作落实，争取做到每个点位不遗漏问题，并定期对存在的问题进行复查。同时加大整改力度，区商务局联合城管、市场业主对违规累计3次的经营户实行处罚和暂停营业，有力改善了农贸市场的卫生状况。开展农贸市场蔬菜农残药超标检测工作，在检测过程中严格把好质量关，并将检测结果公布到市场LED显示屏商进行循环播放。全年，在全市农贸市场管理考核方面，东湖区取得了7次第一、4次第二的好成绩。

【农贸市场改造】 2019年，东湖区全力推进农贸市场改造民生工程。斥资700余万元新建七里嘉和农贸市场，市场为三层主体建筑，集购物买菜、刷卡消费、智慧体验、肉菜追溯于一体，将从根本上解决周边居民买菜难的问题。该项目于12月全部完工；斥资150万元对上沙窝农贸市场的消防设施、菜台、地面等硬件设施进行升级改造，改造面积约1200平方米，有效地提升了上沙窝农贸市场的服务水平和高质量标准，更好的解决周边居民的菜篮子工程。该项目于11月全部完工。

【开展农贸市场领域扫黑除恶宣传】 2019年,东湖区在全区农贸市场向经营户发放扫黑除恶公开信938封,在主要显要位置、宣传栏、活动场所张贴《关于开展扫黑除恶专项斗争的一封公开信》,LED显示屏滚动式宣传,张贴宣传画107幅,公布举报电话13处,畅通举报渠道。同时利用市场人员集中场所向群众进行宣传,与1000余经营户进行谈话了解,共发放各类宣传资料2000余份,有效震慑了商务领域涉黑、涉恶、涉乱违法犯罪现象。

【打造智慧平安农贸市场】 2019年,东湖区以花园角农贸市场作为智慧平安农贸市场创建的试点单位,制定打造方案,明确推进时间表,投资5万余元完成了花园角农贸市场人脸识别系统安装,并将监控探头并入公安网。经过调试运行,达到了预期的效果。

2019年东湖区主要农贸市场一览表

表6 单位:平方米

名　称	营业面积	电　话	详细地址	所属街办	备　注
墩子塘集贸市场	3400	13870887825	右营街31号	墩子塘街办	物业站自营
新公园集贸市场	1700	18970911168	育新路	大院街办	物业站租赁经营
四经路集贸市场	980	13870672552	阳明路33号	豫章街办	物业站自营
董家窑过渡市场	1500	13879118026	上沙窝路	董家窑街办	物业站租赁经营
新建德观集贸市场	620	13879111575	出新路59号	百花洲街办	物业站租赁经营
叠山路集贸市场	1700	18970805572	叠山路565号	八一桥街办	物业站保洁托管
花园角集贸市场	1600	15070000813	戴家巷64号	公园街办	物业站租赁经营
文教北路集贸市场	1800	13870677586	文教北路180号	贤士湖管理处	物业站保洁托管
章江路集贸市场	980	18827917090	子固路72号	滕王阁街办	物业站保洁托管
钟鼓楼集贸市场	1800	15070958315	渊明北路89号	百花洲街办	物业站保洁托管
贤士花园集贸市场	2600	13970910717	贤士花园小区	董家窑街办	物业站租赁经营
青山路疏导点	800	13970010257	青山路与董家窑路	董家窑街办	物业站租赁经营
上沙窝农贸市场	1200	13576915653	上沙窝路383号	豫章街办	业主自营
二七路共享菜场	600	13767080923	福州路317号	董家窑街办	业主自营
三联农贸市场	1200	15807007778	三联街	扬子洲镇	业主自营

(杨　亮　刘　丹)

日用百货经营

【概况】 2019年,东湖区围绕消费特点热点,通过“政府引导、市场运作”这条主线,引导辖区内大型商场、超市、特色商业街等企业商户开展形式多样、特色各异的主题活动以及促消费活动,进一步优化消费环境、丰富消费内涵、提升消费服务,营造浓厚的促消费氛围,加大对传统日用百货的转型升级的支持力度,形成消费市场红红火火、购销两旺、平稳有序的商贸领域态势。

【引导传统零售向新零售转向】 2019年,东湖区大力推进特色商业街建设进程,积极申报老字号企业,加大对便利店的选址以方便社区居民,更好的服务大众,把握传统零售向新零售转向的机遇,引导知名连锁商超向社区延伸。

【百花洲购物节】 4月30日,2019年百花洲购物节在胜利路步行街明秀广场正式开幕。购物节期间,东湖区各大商场、超市、便利店举办主题促销活动,各类商户及农贸市场开展满减优惠活动,特色夜市街举办开街活动等,购物节期间,举办了“春满东湖”百花洲市民艺术节,展示东湖文化的发展历程及成果,进一步丰富市民群众的精神文化生活。

2019 年东湖区大型商场、超市一览表

表 7

名　称	营业面积(平方米)	日均人流量(人)	电　话	详细地址
百货大楼中山店	48000	23000	0791－86222592	东湖区中山路 1 号与八一大道交界
南昌百盛中山城百货	29000	7000	0791－86728888	东湖区中山路 177 号与象山北路交界
财富购物广场	30000	9000	0791－86238888	东湖区八一大道 347 号与中山东路交界
华润万家八一大道店	12000	8000	0791－86219254	东湖区八一大道 358 号(近江西饭店)与民德路交界
沃尔玛八一广场分店	18000	10000	0791－86216215	东湖区八一大道 333 号(万达购物广场第二层及第三层)
沃尔玛青山路分店	14799	3000	0791－86862508	青山南路蓝天碧水大厦地上第二层及地上第三层
万达广场八一店	7000	30000	0791－86293751	八一大道 333 号
华润万家叠山店	4750	3520	0791－87562021	东湖区叠山路 498 号
蓝海购物广场	69000	8000	0791－88630666	东湖区青山南路 78 号
百货大楼青山店	13500	2500	0791－88604191	东湖区青山南路 418 号
大众购物中心	230000	10900	0791－86812802	东湖区叠山路 487 号

(刘　丹　罗　娟)

2019 年 4 月 30 日,东湖区在胜利路步行街举行 百花洲购物节开幕式活动

开放型经济

综　述

2019 年，东湖区抓牢“招商引资生命线”，围绕“发展是第一要务”，强化责任勇担当、咬住指标不放松、高频调度促项目，在资源禀赋的困境中，实现了指标排名稳中向好、产业项目亮点纷呈的良好成绩。全年完成实际利用外资到位资金 3.4 亿美元，完成目标任务 106.37%，同比增长 20.13%，目标完成比列全市第 6；实际利用内资 74.08 亿元，完成目标任务 105.12%，同比增长 24.13%，目标完成比列全市第 6；利用省外资金项目进资 53.5 亿元，完成目标任务 103.2%，同比增长 19.26%，目标完成比列全市第 6。

招商引资

【概况】　2019 年，东湖区对外开放招商力度持续加大，共落户内外资项目 186 个，总投资额 188.83 亿元，其中，千万元以上项目 161 个，亿元项目 25 个，其中 10 亿元以上项目 4 个。成功引进投资 50.98 亿元的洪电置业七里滨江项目、投资 30 亿元的中骏世界城项目、投资 28 亿元的下正街沿江商务中心项目、投资 10 亿元的南昌城央书院项目、投资 8 亿元的百盛八一馆项目，促成思沃文化、宏远控股等一批亿元以上项目顺利落户。

【强化产业链招商】　2019 年，东湖区将招商重心由单体项目向产业链延伸，聚焦高端商贸、现代金融、健康养生、文化旅游、新型科技、大数据等全领域招商，一批龙头型、冠军型、羚羊型企业纷纷抢滩东湖。世界 500 强、央企中国邮政新设的江西省邮政快递服务有限公司及全国航空物流龙头企业宏远控股集团有限公司的顺利落户，将增添全市跨境物流新动能；世界 500 强碧桂园集团斥资 10 亿投资建设南昌城央书院，为旧城复兴注入了新活力；世界 500 强海尔云链公司发起设立“海尔融资担保公司”，为金融产业错位发展增添新亮点；马来西亚金狮集团投资 8 亿打造的高端时尚“潮流离散地”百盛八一馆购物中心，成为辐射全市的地铁经济新标杆；大数据及人工智能行业领军企业北京众荟信息技术股份有限公司投资的众荟智盈信息技术项目，将建设集酒店运营、营销、收益管理、服务为一体的辐射全省的众荟酒店业大数据区域性总部；优秀赣商企业—上海玺巨实业公司建设的集总部办公、五星级酒店于一体的赣电中心，将成为“一江两岸”沿江总部经济带新引擎。

【推进产业园区招商】　2019 年，东湖区重点推进了豫章一号、招商东湖意库、海学茂、启明星辰等特色产业园区招商。通过产业引导，豫章 1 号文化科技园区开枝散叶，在一期园区平稳运营的基础上新启动二期工程建设，建筑面积达 1.3 万平方米，将打造成为全省广告创意产业和数字文化产业集聚发展的高地。世界 500 强招商局集团进驻江西投资的首个产业园区项目——招商东湖意库，虽未正式开园却已吸纳海纳文创、中影交昱影院、康晟体育、千禧盛典等 10 余家企业争相入驻，园区建成之后为东湖区创造税收年均 2500 万元，创造就业岗位 3150 个，带动客流年均 70 万—100 万人。海学茂人工智能教育公园作为全省首个人工智能 + 教育特色产业园区，通过发挥自身产业聚集效应，引进英国圣安德鲁教育集团、海趣科技、航天创客、松鼠AI智适应教育等多家人工智能上下游配套产业企业，对辖区发展人工智能行业起到了强力的拉动作用。

【举行“三请三回”暨中博会重点客商座谈会】 5月17日，东湖区在区综合服务中心举办“三请三回”暨中博会重点客商座谈会，与国内外客商和东湖“三友”共叙友谊、共商合作、共谋发展。区委书记刘闯在会上致欢迎辞，区委副书记、区长高辉红主持会议，区委副书记贾彧超、区委常委陈俊出席。金狮集团董事长钟廷森、步步高投资集团股份有限公司总裁陈志强、大新银行（中国）有限公司常务副行长成勇、百盛集团董事钟珊珊、百胜中国控股有限公司公共事务总监赵成松等国内外知名企业的代表参加座谈会。

【东湖区在省市重大招商活动上签约10个项目】

2019年，东湖区积极参加第二届世界赣商大会、第十一届中博会、2019年江西省与跨国公司（上海）合作交流会和第二届世界VR产业大会以及对接粤港澳大湾区投资合作推介会等招商活动，对接百胜中国控股有限公司、沃尔玛（中国）投资有限公司、步步高投资集团、招商局集团、金狮集团、江西苏宁易购销售有限公司、大新银行（中国）有限公司、广州海印集团等世界500强、国内500强企业和央企、行业知名企业50余家，邀请企业考察28批次120余人，达成意向项目100多个，签约成果项目10个，总投资额100亿元。

【举行“三请三回”暨现代服务业（上海）招商推介会】 12月9日上午，东湖区2019年“三请三回”暨现代服务业招商推介会在上海虹桥绿地铂瑞酒店举行。此次推介会上共签约12个项目，总金额达128亿元，其中，外资项目1个，生产性服务业项目4个，现代商贸项目4个，智慧零售项目1个，智慧康养项目1个，夜经济项目1个。会议邀请苏宁集团、步步高集团、中骏集团、北京宏福集团、百盛商业集团、香港奥中集团股份有限公司、上海市南昌商会等重点客商59位，世界500强企业15家、央国企17家、行业龙头32家、独角兽企业3家、驻外商会4家等200余人参会。

（徐志朋）

2019年5月18日，东湖区召开“三请三回”暨中博会重点客商座谈会

非公有制经济

综 述

2019年，东湖区以积极做好企业各类登记为核心，以强化事中事后监管为重心，以打造良好营商环境为初心，进一步深化放管服改革，为做大做强做优大南昌都市圈，打造富裕美丽现代化江西"南昌样板"找方向、寻亮点、抓落实。

东湖区进一步优化营商环境，行政审批重在降准入，放宽准入门槛，减轻企业负担，通过深化登记改革不断降低审批成本，以"减证"推动"简政"。积极推进"互联网＋市场监管"，深化企业登记电子化改革，完善市场主体准入退出制度；继续推进"放管服"改革，激发市场发展活力持续进发。市场监管重在讲公平，秉承"宽进＋严管"的宗旨，加强"双随机、一公开"监管力度，强化信息管理水平，完善联动抽查机制，实现"事前审批为主"向"事中事后监管"转变。为了维护公平有序的市场环境，东湖区市场监管局聚焦执法重点，以侵犯商业秘密、商业贿赂、串通招投标、虚假宣传等不正当竞争行为为着力点，加强知识产权保护，对大中小型企业平等对待，突出竞争主线，有力打击违规企业，有效震慑违法行为，全力打造公平有序的市场竞争环境。服务质量重在保顺畅，落实全省"多证合一"改革，整合涉及19个部门的39个涉企证照事项，进一步降低了制度性交易成本。进一步提高网上办事效率，简化流程、压缩时间，真正将为民服务解难题落到实处。助推发展重在提质量，东湖区夯实企业计量技术基础，为质量提升提供技术支撑，加强质量监管，深入生产源头开展整治，强化认证认可工作，规范认证行为，推进标准化监管，治理行业乱象。截至2019年底，全区核准企业设立登记1507件，新设立企业注册资本达125.37亿元，企业变更登记4411件，企业注销登记1079件，企业股权质押32件，企业备案登记397件；企业经营异常移出161户，经营异常列入1084户。

个私民营、中小企业管理服务

【概况】 2019年，东湖区推进行政审批服务"不打烊"，做好延时服务，推行预约服务。企业在工作日12时至13时30分期间可咨询或办理业务。在下班时间节点仍在办业务的，工作人员负责将业务受理完毕。企业需周末或法定节假日办事的，可通过电话预约、现场预约的方式自由选定时间，窗口工作人员严格按照预约时间为企业办事。同时，拓展自助服务。群众通过大厅的自助服务机可进行网上申报登记、报送年报、查询企业信息及企业登记业务进度情况。打造优质服务环境。

【推进互联网＋政务服务】 2019年，东湖区以"键对键"代替"面对面"，借助江西省企业登记网络服务平台优势，加快政务服务在移动客户端、自助终端的推广应用，实现"不见面审批"。企业设立登记申请实现全程电子化，其他企业登记申请实现半程电子化。窗口提供免费邮寄服务，群众只需在窗口登记个人地址、联系方式等信息，扫码关注"中国邮政速递物流"二维码，随时关注物流信息，在家签收企业营业执照即可，积极兑现"一次不跑""最多跑一次"的承诺，真正做到让数据多跑路，让群众少跑腿。为简化注销登记手续，降低企业注销成本。从4月1日起，取消清算组备案登记，公司、合伙企业自行通过国家企业信用信息公示系统（江西）公示清算组备案信息及债权人公告，不再收取清算组备案通知书、报纸样张。

【优化证照办理流程】 2019 年，东湖区在全市率先落实营业执照和食品经营许可证“一窗受理”。梳理、优化了办理流程，食品经营许可证从受理申请到制证的时间由以往的 20 个工作日压缩到 12 个工作日以内。营业执照申请人应提供的主要材料不齐全的，先做业务受理，受理日期为初次提交材料的时间并一次性告知缺少的材料清单；主要材料齐全的可先核准业务申请，申请人补充材料至窗口时即可颁发营业执照；进一步缩短办事时间，提升办事体验。

【健全招商引资绿色通道机制】 2019 年，东湖区市场监督管理局为更好地发挥服务职能，建立重点招商项目服务对接机制，凡全区确定的重大项目，如百盛地铁广场、数字产业园等，对重大项目企业登记注册跟踪，特事特办，急事急办，保证重大项目高效办结。对各街办的招商引资项目积极配合。协助 10 户注册资本为 1 亿元以上的企业做好登记注册工作，包括江西住达智能化工程有限公司、中态建设工程有限公司、江西海纳融资担保有限公司等，全程指导南昌水投商务服务集团有限公司母公司及子公司的注册登记。

【扶持小微企业发展】 2019 年，东湖区在全市率先试点商务秘书企业托管登记模式，开通“小微企业绿色通道”，采取“审核合一”“团体化登记”等措施压缩审批流程，解决小微企业创业场地限、资金缺等问题。

【督促非公经济组织公示年报】 2019 年，东湖区通过办事窗口现场督促，制作宣传手册并通过电话、短信、政务公开栏等宣传媒介开展多方位多层次多形式的年报宣传工作，提高年报知晓率、准确率，不断增强市场主体的责任意识，切实提升非公经济组织履行公示义务的主动性、自觉性。针对补报往年年报后申请移出经营异常名录的企业，面对面重点督促并加强后续监管。全年，全区企业、个体户、农民专业合作社年报率分别达到 88.68%、93.72%、91%。

【非公经济组织双随机抽查】 5 月，东湖区系统筛选出的 172 家住所在东湖区的企业进行实地排查；对登记事项发生变化应公示而未公示或不规范经营的，根据具体情节，要求企业进行整改或将其列入异常经营名录。2019 年上半年，区市场监督管理局联合区人社、海关、统计部门对系统抽选出的 7 户企业开展跨部门双随机抽查。9 月，针对金融安全、生产安全、环境安全、食品药品安全等四大重点领域对系统抽选出的 333 户企业、301 户个体工商户及 5 户农民专业合作社开展专项双随机抽查，根据抽查事项清单，确定企业的具体检查项目、程序、方式、标准，对被抽查企业的相关生产经营行为、登记许可备案事项和公示信息情况进行检查并通过国家企业信用信息公示系统（江西）部门协同监管平台录入检查结果，做到安全监管多领域覆盖、多部门协同。

【规范企业经营异常名录管理】 2019 年，东湖区按照“宽进严管”的总要求，对应当列入经营异常名录管理的企业，严格执法，及时列入并公示。移出异常名录坚持“补报移出必查”的原则，实行统一标准、统一受理、统一归档。做好历年未年报企业和公示信息抽查异常企业的经营异常名录列入、移出及公示工作。

【依法吊销“僵尸户”企业】 2019 年，东湖区向登记注册地为东湖区且连续三年未公示年度报告的企业邮寄信函并对其开展实地核查，摸清企业经营基本情况。通过收集证据、依法告知、依法公示等程序确定“吊销企业”名单，严格按照《中华人民共和国公司法》第 212 条、《公司登记管理条例》第 68 条的规定吊销“僵尸户”企业的营业执照，全面整理每户被吊销企业的案卷并装订成册。2019 年被吊销营业执照的企业共 608 户。

【整治冒用身份证乱象】 2019 年，东湖区在业务受理审核过程中收集相关线索，对“被股东”“被高管”的情况，本着维护当事人合法权益的原则，结合当事人提供的笔迹鉴定、身份证补办证明、撤销申请书等材料，东湖区市场监督管理局做出撤销公司登记的决定。全年被撤销登记的企业共 4 家。为从源头上防范冒用身份证骗取公司登记的违法行为，自 5 月 5 日起，区市场监督管理局推行企业登记身份管理实名验证，引导申请人在“登记注册身份验证”APP 上进行实名认证，促进诚信登记体系建设。

【统一换发新版营业执照】 3月1日起，东湖区正式启用新版营业执照，及时做好旧营业执照换新工作，严格控制存续市场主体换照数量，优先保证设立、变更及补发业务有照可用，对尚未使用的原版营业执照集中统一封存保管。

【做好权力清单公示】 2019年，东湖区进一步深化“放管服”改革，扎实推进工作有效开展，以“全面清权、简政放权、科学用权、规范用权、严格控权”，着力构建权界清晰、分工合理、权责一致、运转高效的行政运行体系，深入厘清企业各项登记及企业监管的权力依据，全面公开企业登记及企业监管相关办事流程、申请材料清单、办事所需工作日、办事地址、咨询电话。

【推进商标品牌战略实施】 2019年，东湖区建立地理标志商标注册备选目录3家，有序推进地理标志商标注册；支持企业申请马德里国际注册商标，建立东湖区出口商品生产企业目录50余家，鼓励企业利用自主商标品牌开展国际贸易竞争。

【拓宽融资渠道】 2019年，东湖区市场监督管理局帮助6家企业办理动产抵押登记业务，融资49199.6517万元，办理动产抵押变更1家，融资3000万元。组织开展民营企业注册商标专用权质押融资需求调查摸底，推荐商标质押融资民营企业5家。

【助力司法执行】 2019年，根据全国各级人民法院送达的裁定书、协助公示通知书，东湖区市场监督管理局对文书中裁定被冻结股权或解除冻结的东湖区登记注册的企业或股东依法做好股权冻结或解冻工作并协助公示。未解除股权冻结的企业，东湖区市场监督管理局按照规定限制其股权质押备案登记申请及股权变更登记申请。

（郭　颖）

东湖区市场监管局开展“全国安全用药月”宣传咨询活动

金融业

综述

2019年，东湖区按照“壮大机构、规范管理、改善环境、提升服务、强化保障”的总体思路，以金融生态环境维护为抓手，深入推进地方金融改革和发展。截至年底，全区共有各类金融机构总部129家，其中：银行市级及以上地区总行（营业部）6家，占全市20.00%；证券公司（营业部）20家，占全市38%；保险公司（营业部）10家，占全市33%；期货公司（营业部）2家，占全市15.38%；融资性担保公司4家，占全市25%；小额贷款公司3家，占全市8.33%；网络小额贷款公司1家；典当行5家，融资租赁公司3家，金融租赁公司1家；财务公司2家、资产评估、投资管理公司、第三方支付、保险经纪公司、保险公估公司等金融服务企业总部72家。

2019年，东湖区在金融要素上做好“加法”，推动金融体系完善。引进海尔集团旗下首家融资性担保机构——江西海纳融资担保有限公司和工商银行旗下人寿保险公司省级总部——工银安盛人寿保险有限公司江西分公司，为区内金融机构队伍再添新鲜血液。不断探索金融服务实体经济新模式，缓解企业融资难题。在普惠金融上做好“减法”，优化金融服务水平。与中国建设银行签订总授信为500亿元的金融合作战略协议，进一步密切政银企对接，为区内优质企业及项目提供资金支持。将“百家银行进千企”与降成本优环境等活动有机结合，制作银行融资产品“口袋宝典”1000余份，开展金融知识宣讲、企业融资帮扶、金融机构进园区、进企业等“四个一”活动，切实引导资金流向实体企业。协调驻区省市金融机构倾向性的释放金融优惠政策于优质小微企业，牵线具有采购贷、知识产权贷、商标贷、高新技术贷、高企认证贷等资质的小微企业与驻区银行金融机构“点对点”对接，形成政府、银行和企业间的良性互动。强化对小微企业的融资担保增信功能。出资1000万元，为辖区企业融资取得1亿元担保额度。在企业上市上做好“乘法”，扩大直接融资规模。新增完成股份制改造企业1家：江西省旅游集团。新增纳入市级重点拟上市企业2家：江西省旅游集团和江西省天轴通讯有限公司。纳入全省重点拟上市企业6家。新增江西联合股交中心标准层挂牌1家：南昌市东湖区中金财信小额贷款股份有限公司。江西省港航建设投资集团、南昌水利投资发展有限公司以及南昌文鸿贸易有限公司等4家重点企业通过发行公司债、银行间债务融资工具以及私募可转债等，实现直接融资61亿元。在防控风险上做好“除法”，维护金融秩序稳定。开展打击非法集资宣传月活动，活动期间共计发放宣传单、手册6400余份、张贴海报、展板、横幅2000余条，发放环保袋等其他各类宣传品2200余个，接受现场群众咨询解答200余人。扎实做好日常防范排查。全年，组织进社区（村组）30余次，参与群众近500人次；进机关8次，参与员工125人次；进学校10余次，参与师生近100人次，进企业50余次，参与职工近60人次。重拳出击“套路贷”“校园贷”黑恶势力。制定《东湖区打击“套路贷”“校园贷”违法犯罪专项行动方案》《东湖区开展重点楼宇街区金融风险全面排查整治专项行动部署》，共排查全区6栋商务楼宇、4所高校（东湖校区），68家企业。

（汪　瑜）

银　行

【概况】 2019年,东湖区各银行金融机构回归本源、专注主业,紧紧围绕东湖区经济发展战略和经济特点,增加有效供给,立足服务实体、普惠金融、防范风险,积极支持地方实体经济发展。

【北京银行南昌分行东湖支行】 北京银行股份有限公司南昌分行东湖支行为北京银行第23家文创特色支行,江西省首家文创特色支行。该行以传统授信业务为基础,投行及创新业务发展为中心,文化金融为特色,持续拓展优质无贷户(纯负债)为重点,深化公私联动、渠道建设和营销,努力打造成为独具特色的创新综合型支行。2019年,该行在"信贷规模控制、强化合规经营"的背景下,通过合理优化资源配置,全力满足省、市重点企业、重点项目、城市建设,尤其是优质文化文旅企业的资金需求,重点支持江西省出版集团、江西文演集团、江西日报、江西省港航建设集团、江西省文旅投、江西省广电等一批企业及项目,持续加大对文化金融、区域交通及城市基础设施建设的信贷投入。重点支持民营文化小微企业发展及普惠贷业务,通过批量模式化、创新担保方式、贸易融资等方式着力为中小企业解决融资难问题。加快电子设备投放,自助设备数量同比增加40%,有效减少客户的排队等候时间。通过分层、专人、专业队伍实现优质文旅企业等提供全方位金融服务。同时,加强管理创新,对支行个贷和小企业业务实行差别化和分层管理,构建业务梯次化发展格局,开展信贷作业监督试点改革,实行"5+2、白加黑"的高效作业保证投放效率和执行力。加强产品创新,积极尝试创新业务,全面推动与"文化快贷""农旅贷""文化IP通""智权贷"等产品的推广工作,并代表北京银行参与江西省首届文化巡礼展参展、江西省文化产业招商大会(深圳)等交流活动。截至2019年底,该行设有营业机构1个,下设公司部、零售部、客服中心、营业室、办公室,整体部门设置完备,在岗从业人员27人。各项存款余额(含金融资产)合计18.35亿元,新增4.43亿元,增长32%;各项表内外投放余额(含债券投资等)合计18.51亿元,新增5.6亿元,增长44%。

【上饶银行南昌分行】 2019年,上饶银行股份有限公司南昌分行秉承"扎根"精神,将自身发展与南昌地区发展相结合,主动对接省市战略部署,坚持做到同地方同频共振、同向而行,先后支持了红谷滩新区建设、赣江新区绿色项目、高新产业园建设、老城区棚户区改造、进贤县医疗产业园建设、青山湖纺织产业等特色产业,重点支持了赣江新区鸿发商务中心、赣江新区鸿信大厦、赣新大道暨中运量交通系统建设和赣江沿岸码头开发等绿色项目,累计投放信贷资金277.66亿元,为当地社会经济持续发展贡献力量。分行不断完善机构设置,延伸服务触角,营业网点逐步向各县区拓展,力求打通服务居民,服务企业的"最后一公里"。大力推进云闪付、行业应用等便民服务项目,推进规范化、精细化的金融服务,推动基础金融服务进一步升级。同时,分行积极推进社区融入计划,以营业网点为阵地,开展丰富多彩的节日活动,紧紧围绕个人客户需求,重点推广适合创新型产业和中小微特点的金融产品及满足居民财富管理、改善生活等多样化需求的个人理财、佟掌柜、掌易行、云闪付等金融产品,切实形成服务社区、服务市民、服务小微企业的发展特色,提升金融消费者服务满意度。主动适应经济新常态下银行由业务驱动型向风险管理型的转变,不断优化内控管理水平,全面提升资产业务发展质效。特别是近年来,分行紧跟监管政策要求,以"真做小微,做真小微"为指导思想,积极探索支农、支小新模式,创新金融产品,累计扶持小微企业220余家,金额6.58亿元,发放涉农贷款2.08亿元。截至2019年底,下辖营业机构6个,从业人员180余人;各项存款余额117.79亿元,比年初增加24.2亿元,增长25.86%;各项贷款余额62.81亿元,比年初增加12.23亿元,增长24.17%。

小额贷款公司·担保公司

【概况】 2019年,东湖区辖区有4家小额贷款公司,累计发放50万以下小额贷款和纯农贷款金额为7.5亿元,全市占比36.80%;2家融资性担保公司,年担保责任余额1.18亿元,全市占比 11.16%。

【南昌随行付小额网络贷款有限公司】 2019 年，南昌随行付小额网络贷款有限公司，服务和支持中小微企业及个人信贷。在信贷规模控制的背景下，通过产品结构调整保证中小微企业及个人等资金需求。针对客群质量较好的客户，加大信贷投入；通过江西省一站式金融综合服务平台，最大程度为中小微企业解决借款难、融资贵的问题，支持中小微企业发展。提升金融服务能力和水平。着力打造合规的金融消费环境，鼓励技术创新，提升用户体验；继续发挥随行付在支付领域积攒的用户、商户规模优势严控用户借款场景，构建庞大线下消费场景；逐步完善大数据风控模型，建立机器模仿及学习能力，发挥商户侧数据累计的优势，提升金融服务能力和水平。推动业务创新发展。加强产品创新，使公司金融产品形态更加灵活、多样，逐步针对差异化客群，形成风险差异化、定价差异化的策略。加强外部征信合作。与百行征信、中国互联网金融协会等权威数据源单位建立合作，区分新借款人与重复借款人的风险，增强公司的数据分析及信贷决策能力。截至年底，从业人员 176 人；各项存款余额 2.69 亿元；各项贷款余额 2.67 亿元，累计放款金额 16.50 亿元。

【南昌市东湖区捷信小额贷款有限责任公司】 南昌市东湖区捷信小额贷款有限责任公司是以洪客隆集团旗下的江西洪客隆投资集团有限公司，泰豪集团旗下的南昌创业投资有限公司，煌上煌集团旗下的江西合味原酒店管理有限公司，正邦集团旗下的江西维雀乳业有限公司，蓝天学院旗下的江西中嘉投资有限公司等七家企业共同出资设立的小额贷款非银行金融机构，注册资金 30000 万元，于 2009 年 7 月成立，为江西省第一批小额贷款公司试点企业。公司组织架构科学、管理规范，贷款品种多样、方式灵活，操作流程高效务实。改善省市中小企业、个体工商户和“三农”等资金需求，实行可供客户选择的分期还本付息或一次性还本、分期付息等多种方便的还本付息方式，以日对日据实计算，适应中小企业“短、小、频、急”的融资特点，服务和促进区域经济发展。面对激烈的市场竞争，公司强化整体服务意识，加强员工培训，整体提升员工素质，致力向社会和客户提供一流的服务。始终把控制和防范信贷投放风险置于突出位置，坚守资产质量“生命线”，积极调整贷款结构，增加低风险贷款比例，进一步压缩高风险贷款规模。2019 年，公司贷款余额 1.86 亿元。

【江西海纳融资担保有限公司】 江西海纳融资担保有限公司于 2019 年 4 月 28 日成立，注册资本 2 亿元，由重庆海尔云链科技有限公司 100% 持股，由海尔集团（青岛）金融控股有限公司直接控股。主营业务包括借款类担保业务、发行债券担保业务和其他融资担保业务及按规定以自有资金进行的投资。自成立以来，该公司积极践行“助力中小企业，践行普惠金融”理念，各项业务得到了快速健康的发展。与银行、小贷等金融机构建立了良好的业务合作关系，为后续业务量持续平稳提升打好了坚实基础。围绕普惠金融房抵贷款及消费类贷款的融资担保项目已逐步落地，以服务普惠金融及消费金融领域为重点发展。依靠股东的强有力的金融科技实力，引入“万链云科”及“云盾引擎”，着手海纳融担系统的自主开发，全流程系统化作业，全面提升海纳融担科技能力，系统已完成第一阶段开发。截至 2019 年底，公司员工 16 人，设业务部、风险管理部、运营部、财务部、人力资源部、法务部、综合管理部、信息技术部。累计担保额 1.25 亿元，年担保责任余额 8693.5 万元。

（邓　菁）

财政·税务

综　述

2019年,东湖区加快推进财税体制改革,进一步落实减税降费政策,完善税收管理机制,提高财政收入质量;不断优化支出结构,牢固树立过紧日子的思想,严格压缩一般性支出,加强保障和改善民生,努力提高资金配置效率;全面实施预算绩效管理,加强资金运行监控,加大专项资金管理力度,切实提高财政预算执行水平,努力为全区经济社会发展提供坚实的财力支撑。财政收入量质齐升,在财政总收入(市口径)稳步向90亿元新高点冲刺的同时,全区财政总收入(省口径)历史性突破80亿元大关,税收占比达到96%,收入质量位居全省100个县(市、区)第二。全年一般公共预算收入增幅高于全市平均增幅0.6个百分点,税收占比高于全市平均占比6.3个百分点。

(高熙炜)

财　政

【概况】 2019年,东湖区落实减税降费,夯实治税基础,加大组织财政收入力度,努力夯实财源基础,做好民生福祉保障,推进各项财政改革,提升资金使用效益。全年,财政总收入(市口径)稳步向90亿元新高点冲刺的同时,全区财政总收入(省口径)历史性突破80亿元大关,税收占比达到96%,收入质量位居全省100个县(市、区)第二。全年一般公共预算收入增幅高于全市平均增幅0.6个百分点,税收占比高于全市平均占比6.3个百分点,继续保持了有质量可持续的稳定增长。

【全面落实减税降费】 2019年,东湖区贯彻党中央、国务院关于减税降费的决策部署,充分发挥部门职能,及时组织开展学习宣传,加强与企业的沟通联系,积极主动配合协调税务部门跟踪减税降费落实情况,确保减税降费政策落到实处,见到实效,切实帮助企业降低运营成本。

【有效夯实税源基础】 2019年,东湖区强化重点税源企业的税收申报和入库情况,组织各街办着重开展对房地产项目以及市级重大重点市政项目、区招税引税项目等关键增量的跟踪服务。实现了对12个房地产项目、16个市级重大重点项目、35个区招税引税项目的台账化管理,在为企业提供纳税业务辅导等全程服务的同时,确保了经济发展成果及时转化为财政增收。

【非税改革】 2019年,东湖区贯彻执行取消、停征和免征的行政事业性收费政策和投诉举报查处机制,主动与有关执收部门协作配合,严格按收费目录清单落实,进一步减轻企业负担。另外,财政票据和非税收入收缴电子一体化系统在2019年已全面上线,全区155家行政事业单位纳入系统管理,非税收入征缴工作效率得到大大提升。

【优化调整支出结构】 2019年,东湖区在减税降费落地显效,可用财力增速放缓的大环境下,区财政部门牢固树立过“紧日子”的思想,坚持将“保工资、保运转、保基本民生”放在首要位置,优化调整支出结构,统筹聚合资金资源,补短板兜底线,民生实事工程保障有力,资金倾斜力度继续加大。财政用于保障和改善民生投入资金20.46亿元,较上年同期增长16.3%,占一般公共预算支出的比重为70.8%，较上年提高1.8个百分点。

【助推社会保障体系建设】 2019年，东湖区加大推进"时间银行"建设运行，加大对绿色殡葬改革、城镇脱贫解困等民心工作的支持力度，持续推进弱寡长者、孤残儿童、失业人群等社会各类困难群体的扶助力度，积极落实各项社保扶贫政策的资金需求。全年，全区社会保障和就业支出累计投入8.6亿元，同比增加近1.5亿元，占全区支出比重达到30%。

【支持教育事业蓬勃发展】 2019年，东湖区继续加大教育经费投入力度，健全完善生均经费保障机制，加强学校安全防卫设施提升，加快普惠性学前教育发展和中小学校改扩建工程建设。全年，财政对教育事业累计投入4.5亿元，支出增幅达到10%以上，继续保持"两位数"高速增长。

【配合城居环境优化升级】 2019年，东湖区及时拨付百花洲景区改造、"六改"工程建设等环境提升项目资金，积极助力"1+5+X"邻里中心以及社区微改造等惠民工程，加快垃圾分类、"厕所革命"等城市基础设施升级步伐，加大农贸市场提质改造、市场管理等方面经费投入，不断提升居民生活环境品质。全年，累计拨付城乡社区事务经费4.2亿元。

【提升卫生健康服务水平】 2019年，东湖区持续推进全区公共卫生服务均等化，支持食品药品安全综合监管建设，主动落实城乡居民医保统筹、城乡大病医疗救助等民生政策，为城乡居民健康保驾护航。全年，共投入卫生健康支出3.1亿元。

【推进全口径预算绩效管理】 2019年，东湖区按照"全方位、全过程、全覆盖"的要求，深化预算绩效管理，管理面由一般公共预算向政府性基金预算延伸，管理口径由年初预算向追加预算延伸，管理层次由一级预算单位向二级预算单位延伸，可评价项目基本纳入了绩效管理的笼子。督促指导全区各预算单位开展2018年度财政项目支出绩效自评工作，涉及项目109个，金额共计3.65亿元；督促指导全区各预算单位开展2019年度财政项目支出绩效监控工作，涉及项目223个，金额共计6.64亿元。

【探索线上采购服务模式】 2019年，东湖区组建启用政府采购宣传策划类和信息技术类事前评审专家库，专家对评审项目给出指导价格，为采购单位做好参谋；全面开展政府采购网上商城业务，全区预算单位纳入市政府采购网上商城，通过直购和竞价采购两种采购模式，不断提高采购效率，进一步规范了政府采购运作。2019年，全区货物及服务类政府采购实际金额约为9650万元，节约率为8.7%。

【健全完善政府投资评审管理】 2019年，东湖区严把政府投资评审质量关，重点推进市政基础设施建设、公共服务领域等重大工程项目的跟踪服务，确保政府投资合理、节约、有效。2019年，全区共受理基本建设工程预算评审业务52件，评审定案金额约为6301万元，核减率为10.2%。

【国有资产管理】 2019年，东湖区出台《南昌市东湖区区级行政事业单位国有资产管理暂行办法》，明确了"财政—部门—单位"三个监督管理层次，即财政综合管理、部门具体监管、单位主体责任，实现各负其责、各尽其责的分层分项分岗的管理体制；明确了行政事业单位资产管理过程中涉及的资产配置、使用、出租、评估、产权纠纷调解等事项的具体要求，有效规范财政、部门、单位的具体资产管理行为；明确资产管理过程中监督检查、责任追究，进一步健全完善了资产管理制度体系。

【完善财政资金内控机制】 2019年，东湖区进一步规范预算单位资金管理，防范资金安全风险，开展了预算单位实有资金账户清理工作，梳理和掌握了全区预算单位实有资金账户的开立依据等情况。对不符合开户规定的账户，下达销户通知书要求单位限期销户。通过多级对账、代理银行上门对账等方式，对财政专户资金情况进行逐一核对，及时排除资金安全隐患。

【地方政府债务管控】 2019年，东湖区要求各有关单位填报隐性债务监测平台月报，并针对项目的工程进展、审计进度等情况进行摸排，定期上报项目情况进度表，督促各单位按进度化解隐性债务。

【资金运行监管改革】 2019年，东湖区完善现代财政管理体系，提高财政资金使用的安全性、规范性和有效性,出台预算执行动态监控办法、规程,上线使用预算执行动态监控系统,加强源头监管、过程跟踪和效果考核,为财政资金安全运行保驾护航。

(高熙炜)

税　务

【概况】　2019 年,东湖区全年完成税收收入 27.32 亿元,同比增收 2.76 亿元,增长 11.22%,完成一般预算收入 5.46 亿元,与上一年同期相比减少增收 0.3 亿元,增长 6.18%。同时,经济发展质效进一步提升,与企业增值能力相关的增值税增长 25.43%;与经济活跃程度相关的印花税下降 1.94%;与企业盈利水平相关的企业所得税增长 21.49%。区局征收社保费 7.03 亿元。

【征收管理】　2019 年,东湖区夯实征管基础、强化户籍管理、提高数据质量、推进征管档案电子化、实名办税、金三并库等工作,持续、全面提升税收征管质量与效率。区税务局自主研发征管档案电子化管理信息系统,实现涉税资料的“数字化采集、一户式存储、多方共享、随机查询”,使得纳税人报送的资料做到一次采集归档,多岗位、多层次信息共享,切实规范税收执法行为,尤其对各项税收减免政策的执行进行监控,降低潜在的执法风险,提升税务部门的公信力。

【纳税服务】　2019 年,东湖区优化办税服务,全面完成“一城一厅”资源整合,大力推进办税服务智能管控平台建设。全面落实首问责任、一次性告知制、预约服务、限时办结和领导值班制等各项服务制度。区税务局积极落实上级税务部门提出的“套餐式”服务、容缺受理服务等各项便利化措施。强化税收宣传辅导,全年共完成走访纳税人 4.7 万户次,累计培训辅导纳税人 22615 户次。以税企 QQ 群、微信群等为依托,加强对新出台的税收政策和管理措施的宣传解读,特别是对东湖区落实减税降费政策、优化税收营商环境的新思路、新举措进行了持续宣传。全年共计开展纳税人学堂 19 场,参训人数 2024 人次。

【减税降费】　2019 年,东湖区积极响应上级号召,从讲政治的高度出发,把“实施更大规模的减税降费”作为全年税收工作“一号工程”,不折不扣落实好各项减税政策。全区落实税收优惠政策共减免税 5.99 亿元,其中:落实中央更大规模减税降费政策新增减税 2.94 亿元,惠及企业面达 95%,所有行业税负只减不增。全年共召开了 20 余次工作“碰头”会和再推进会,组织集体约谈,对减税降费工作进行再部署再强调。同时先后 30 余次向区委区政府和纪委监委专题汇报区局减税降费工作情况,争取大力支持,齐心协力推动减税降费政策落地落实。共举办减税降费政策培训 25 场,累计培训 2692 人次,有力保障纳税人、缴费人“懂政策、能申报、会操作”。

【税务队伍建设】　2019 年,东湖区税务局将“责任税务、服务税务、快乐税务”的理念植入工作细节,深入干部内心,扎实抓好“合”的事情、做好“人”的工作,加大“融”的力度,逐步由初期的“物理整合”实现了“事合、人合、力合、心合”的“化学融合”。充分发挥工会组织的桥梁作用,先后组建完善了机关党委、工会委员会、妇委会等,形成了坚强的领导核心和完善的工作服务网络。积极选树先进,开展改革典型事迹宣传。大力发挥业务骨干的优势,积极参与各类大比武、大比拼等竞赛活动,展示出干部队伍团结积向上的良好风貌。牢固树立争先进位意识,强化绩效考核成果运用。

(熊　莹)

经济管理与监督

综　述

2019 年，东湖区聚焦“在加快革命老区高质量发展上作示范、在推动中部地区崛起上勇争先”的目标定位和“五个推进”更高要求，紧紧围绕“奋力在大南昌都市圈建设征程中续写高质量跨越式发展新篇章”战略主线，经济社会各项事业取得崭新成绩。经济指标稳步提升。地区生产总值同比增长 7.5%；规上服务业实现营业收入 57.73 亿元，同比增长 17.9%。利用外资实际到位资金 3.4 亿美元，同比增长 20.13%；实际利用内资 74.08 亿元，同比增长 24.13%；利用省外资金项目进资 53.5 亿元人民币，同比增长 19.26%。城镇居民人均可支配收入增长 7.8%，向好态势更加明显。固定资产投资同比增长 11.8%，增速位居全市第一；社会消费品零售总额完成 354.03 亿元，同比增长 11.1%，总量居全市第二。完成财政总收入 81.4 亿元(省口径)，同比增长 5.7%；地方一般公共预算收入 13.7 亿元，同比增长 3.7%。其中，财政总收入税收占比在全省 100 个县(市、区)中排名第二。质效提升更加突出。圆满完成第四次全国经济普查工作，并荣获“第四次全国经济普查先进集体”。经济结构进一步调优，三次产业结构比例调整为0.19:9.86:89.95，服务业增加值贡献率达 80.1%。全年新增企业 1507 户，新增企业注册资本达 125.37 亿元，同比增长 52.09%。

（张宏宇）

宏观经济管理

【概况】　2019 年，东湖区严格贯彻落实江西省投资项目在线审批监管平台有关政策精神，建设好、运行好、维护好投资项目在线审批监管平台，逐步建立透明、规范、高效的投资项目纵横联动协同监管机制，规范权力运行，提高行政效能。提高服务型政府办事效率，确保投资项目网上受理、办理、监管“一条龙”服务，让信息多跑路，让企业和项目不跑腿。

【项目审批立项情况】　2019 年，东湖区批复的政府投资项目共计 46 个，项目总投资 21552.27 万元，主要包括城市建设类、民生工程类、基层党建类和文化产业类等。通过平台赋码的企业投资项目 57 个，企业投资项目备案 22 个，项目总投资 675903 万元主要包括城市建设类、民生工程类、文化产业类等。

【投资项目在线审批监管平台运行】　2019 年，东湖区为进一步深化行政审批体制改革，围绕“放管服”的具体要求，按照“高效、公开、便民”的服务原则，稳步提升投资项目在线审批监管平台运行，投资项目审批办结率明显提高，按时办结率为 100%，深受服务对象好评。

【项目审批、备案实现“一项一码”】　2019 年，东湖区项目审批、备案已经实现“一项一码”，针对投资项目报批、建设时间跨度较长的特殊性，为方便项目单位办理有关手续，对已经在发改委立项批复的项目采取补充赋码的措施，确保其他相关部门在平台上正常办理项目。

【开展“不见面”审批】 2019年,东湖区牢固树立“一切为了项目、一切为了群众”的服务理念,把服务对象由原来接受“审查”的从属地位变成享受“服务”的主体地位。非涉密的所有审批、备案的投资项目全部纳入平台办理,各投资项目审批部门投资项目审批事项也全部纳入平台办理,积极推行“平台之外无审批”实现“一网通办”,大大提高项目审批效率。其中,企业备案类项目实现“零跑腿”目标。为企业提供了极大的便利。

(王首文)

企业资产管理

【概况】 2019年,东湖区强化区属企业资产管理。区企资中心围绕解决企业职工困难,认真履行职责,获得2019年度南昌市文明单位、2019年度东湖区人口和计划生育工作达标单位等荣誉称号。

【资产监管工作】 2019年,东湖区创新资产监管工作机制。区企资中心严格按照区经营性租赁小组办公室的租赁房产档案的建档办法及《东湖区经营性房产租赁收入管理暂行办法》的要求,每月及时上报到期店面,并根据纪委批复完成店面签约续租工作,全年共报送到期已店面149处(其中通过“一店一评”公开招拍租22处、成交11处),已经得到批复完成新一轮店面续租工作及合同备案的有134处。同时依法保障企业利益,区企资中心归口管理单位商企办下属企业区百货总店再次对胜利路27号等4家拖欠租金的店面进行起诉。法院已对渊明北路3号店面、后墙路66号等店面作出判决,确保了国有资产的保值增值。

【维护企业稳定】 2019年,东湖区认真做好企业职工的稳定工作,注重排查的广度、调处的力度,同时抓好矛盾的化解。积极稳妥地做好安全生产和消防工作。坚持安全生产排查工作制度化、日常化,对节假日及重大会议前都进行一次全面排查,特别是国庆前期,中心共投入资金对店面进行消防整改,发现事故隐患,采取措施立即整改到位,并下发东湖区安全生产倡议书500余份,制作安全警示牌、标语35余处,更换灭火器90余个,全年未发生一起安全生产事故。

【推进经济发展】 2019年,东湖区区企资中心作为全区主要经济责任单位,克服企业发展、稳定任务重的矛盾,勇挑重担、强力推进招商引资及协税护税工作,全年完成外资580万美元,内资9680万元,一企一策税收区级所得127.15万元新增税收26.26万元。坚持“走出去、请进来”,真抓实干、亲力亲为,主要领导带头抓、职能部门全力抓,下属单位共同抓,形成强大合力。全年成功引入落户东湖的有江西华泽新源开发有限公司、江西川凯建筑工程有限公司、江西点悟教育有限公司等一批实力企业。

(梁国荣)

行政审批

【概况】 2019年,东湖区以抓好“四个一”为主线,全力建好“一张网”,力促只进“一扇门”,对接“一窗式”综合服务平台,深化“最多跑一次”,进一步推动政务服务精简化、便民化,切实提升人民群众的满意度和获得感,推动中心提升服务效能、锻造过硬本领,进一步转作风、优环境,将“放管服”改革不断引向深入。

【开展政务事项标准化工作】 2019年,东湖区实行政务服务事项实行清单管理,动态更新,并在江西政务服务网公布,接受社会监督。8月,完成所有区本级、街道(镇、管理处)事项标准化梳理工作,涉及全区44个单位,共计4789项事项,事项的标准化要素从48项增加至53项。同时根据权力清单明确的拟保留审批职权,严格按照相关法律法规和规章要求以及机构改革、机构编制的“三定”规定,梳理每项权力对应的责任事项,形成《东湖区政府部门行政权力清单等六项清单目录》,以区政府名义对外印发,并通过江西政务服务网公布权力清单、责任清单。

【深化“最多跑一次”改革】 2019年,东湖区大力优化提升服务,加强对实行“一次不跑”改革的政务服务事项日常办理情况的自查,严格兑现承诺,确保改革真正落到实处,努力推动实现更多事项办理“一次不跑”或“只跑一次”。东湖区梳理“区本级第三批“一次不跑”和第二批“只跑一次”政务服务事项清单，并通过东湖区门户网站对外公布。7月，东湖区推行依申请类政务服务事项免费快递寄送服务。申请人可通过政务服务网或中心办事服务大厅进行材料申请受理，审批服务工作人员通过网上审批系统或现场办结后，办事群众可以选择邮政速递EMS将审批证照、批文快递送达申请人，打通政务服务“最后一公里”，最大限度惠企便民。截至12月31日，东湖区行政许可事项122项，公共服务事项（办事指南类）97项，其中4项实现“一次不跑”，占比3.28%；42项实现“只跑一次”，占比34.43%；公共服务事项（办事指南类）共计97项，其中5项实现“一次不跑”，占比5.15%；27项实现“只跑一次”，占比27.84%。此外，行政许可、公共服务事项可实现“少跑一次”共计67项。区本级依申请类政务服务事项“一次不跑”和“只跑一次”办理率81.7%。

【优化升级政务服务网】 2019年，东湖区加快政务服务网在移动客户端、自助终端的推广应用，实现“不见面审批”。区行政服务中心管委会组织开展“一窗式”服务平台培训，分配下发“一窗式”事项配置人员账号，9月，实现全省网上审批系统与全省统一“一窗式”综合服务平台实现对接，区各单位使用“一窗式”综合服务平台办理业务，逐步提高区本级依申请类政务服务事项网上可办比率。7月，部署区级监管目录清单和监管事项检查实施清单梳理和认领，着力推进“互联网+监管”工作，实现“互联网+监管”系统领取检查实施清单共计501项。9月，完成互联网+监管”数据汇聚工作。

【推进“赣服通”政务服务平台建设】 2019年，东湖区强化“赣服通”政务服务平台东湖分厅建设，实现高频多发事项掌上办理，不断方便人民群众办事生活。4月，召开全区“赣服通”政务服务平台建设工作推进会。5月，完成“赣服通”市本级分厅政务服务事项及要素接入和系统对接工作，实现50个以上本地高频事项和创新2个以上特色便民利企服务事项掌上办理；梳理共计25个高频事项，同时配套梳理出共计25个电子证照事项，在省基础上梳理统计出东湖区113个电子证照事项，实现25个高频事项掌上办理，9月30日东湖区“赣服通”政务服务平台正式切换上线。

【启动相对集中行政许可权改革试点工作】 2019年10月，东湖区为深入推进重点领域改革，进一步深化行政审批制度改革，提升审批效，启动相对集中行政许可权改革试点工作。12月，做好东湖区行政审批局组建工作前期摸底工作，制定了《东湖区行政审批局组建工作预案》，对东湖区行政审批局机构设置、人员架构、科室人员设置、划转项目2019年度办件量等情况进行了摸底，为组建区行政审批局做好准备工作。

（张淑华）

市场监督管理

【概况】 2019年，东湖区以“守住底线、营造环境、规范竞争、提升质量、促进发展”为基本思路，坚持稳中求进工作总基调，坚持以改革创新为动力，坚持以问题为导向，全面推进市场监管各项工作，市场安全形势稳中向好，市场竞争环境不断优化，消费环境更加和谐稳定，确保全区食品药品、特种设备、产品质量等领域安全无事故。

【国家食品安全示范城市创建工作】 2019年，东湖区获评南昌市食品安全治理示范县（区）。区委、区政府落实食品安全属地责任，区政府和各街办（镇、管理处）签订东湖区食品安全工作目标责任书，组织对各街办（镇、管理处）进行2018年食品安全年度考核，考核结果与高质量目标管理绩效考核相结合。组织食品安全协管员、信息员开展食品安全隐患排查，将存在的隐患转交各职能部门落实整改。共排查出食品安全隐患2011起，立案查处7起，确保了“六小”行业食品安全。国家食品安全示范城市创建宣传全覆盖，张贴“创食安城”宣传贴画、刊登食品安全科普知识及制作宣传专栏等共计2900处。社区（村）将“致居民的一封信”和宣传折页发放到各自辖区内的每一户居民，入户开展创建宣传工作。在城区主干道、公园、旅游景区等地原有户外广告的基础上，投入资金共计12000余元，在城区主次干道制作了18处大型户外食安城创建宣传广告。

【畅通消费维权渠道】 2019年,东湖区不断畅通消费维权渠道。"12315""12331""12365"热线共接到消费者投诉举报2596件,办结2593件,办结率99.8%,受理各类"12345"市民服务热线消费投诉746件次,办结735件,满意率100%,以上未办结投诉举报件均在办结期内。此外,接听群众来电咨询和现场投诉360余起,做到有诉必接,有诉能投,投诉必有结果。对消费者群体投诉的"方格姆国际教育儿童中心""歇一歇、脚丫丫修脚店""柠檬瑜伽中心"等预付卡消费纠纷案进行重点登记和调查,将调查情况向市、区有关部门报告、通报,并组织各分局对全区的预付卡情况进行大排查。

【食品安全领域专项整治】 2019年,东湖区强化食品安全监管力度,开展多次专项食品安全检查。开展了农村假冒伪劣食品专项整治行动,共排查生产经营主体224个,查处无证小作坊两起。开展非洲猪瘟疫情防控工作,共出动执法人员5072人次,检查肉品经营户12366户次。开展"3·15"国际消费者权益日报道涉及食品专项监督检查。开展散装食品和未包装食用农产品标签标识专项整治行动,共检查食品经营户303户次,发现未规范散装和未包装食用农产品标识的经营单位32户,责令其限期整改。针对学校食堂、网络餐饮服务等开展专项执法检查,督促8所学校(托幼机构)食堂完成了改造提升。在"不忘初心、牢记使命"主题教育中开展整治食品药品安全问题行动。联动配合东湖公安分局,对可疑保健品进行扣押,累计检验81批次,5起案件移送公安机关。检查糕点类食品生产经营单位176户次,下达责令整改11份。

【食品检验检测】 2019年,东湖区以农贸市场、生鲜超市和学校单位企业食堂等为重点,坚持每月对食品生产流通环节、餐饮服务环节和食用农产品进行全面抽检,以散装白酒、卤制品、豆制品、糕点等为重点品种,对全区食品生产经营者进行全覆盖排查,并遴选建立风险监测哨点15个,重点监测食用农产品的质量安全。2019年共抽检1524批次,其中食用农产品621批次。

【推进餐饮服务单位"洁厨亮灶"工程】 2019年,东湖区在餐饮服务单位逐步推广"洁厨亮灶"工程,采取透明隔断、开放明档、视频传输、网上晒厨房和设置参观走廊、参观窗口等多种形式,将餐饮服务单位的食品切配加工、烹饪制作、餐饮具清洗消毒等重点环节和关键部位的加工过程亮出来,公开接受消费者监督,促进企业自律。全区已有64家学校食堂和47家大型以上(含特大型)餐饮服务单位完成了"洁厨亮灶"工程改造。

【药品医疗器械化妆品行业监管】 2019年,东湖区强化了药品医疗器械化妆品行业监管力度。区市场监督管理局对辖区内2家药品生产企业、1家药品批发企业、152家药品零售企业、220家医疗器械经营企业、274家医疗机构(重点对8家三级甲等医院),进一步增加监管频次。开展中药饮片、药品原辅料、第二类精神药品、冷链药品、血液制品、疫苗等专项整治行动;开展无菌和植入性医疗器械监督检查和医疗机构医疗器械使用安全专项整治;开展校园周边隐形眼镜、避孕套等产品专项整治;开展免费体验类医疗器械经营专项监督检查;扎实开展零售药店处方药销售管理专项整治,对辖区内所有药品零售企业多次进行全覆盖排查,并加大对违法违规销售处方药行为的查处力度。共完成化妆品抽验计划10批次,药品抽验省计划58批次、市计划5批次。全区药品安全事故零发生,进一步保障人民群众的用药安全。

【零售药店药师管理】 2019年,东湖区强化零售药店执业药师管理。区市场监督管理局对全区零售药店开展了排查摸底工作。对辖区154家药店注册的执业药师身份证、姓名等信息进行核查,督促药店提交药品经营许可证副本,将执业药师信息与药品经营许可证副本的信息进行核对,确保信息真实。通过一家一家药店信息过筛的方式,防止药店漏报、瞒报、作假。区市场监督管理局联合医保局、人社局对执业药师"挂证"问题进行整治,通过查询执业药师的医保、社保缴费情况,了解执业药师就职的真实性,为后期精准发力、精准打击执业药师"挂证"行为做铺垫。

【特种设备监管做到"三个第一"】 2019年,东湖区共有注册在用特种设备使用单位514家,特种设备95台,其中电梯2210台,锅炉20台,压力容器496台,起重机械37台,大型游乐设施13台。所有六大类(电梯、起重机械、大型游乐设施、场内车辆、锅炉、压力容器）特种设备实际定检率全部为百分之百，全部检验合格，排名全市第一。六大类特种设备在用、未注册情况在全省特种设备监管平台上数据全部为0，排名全市第一。在南昌市企业监管警示系统特种设备日常检查记录录入数据为721户，稳居全市第一名。每月开展特种设备安全知识“三进”宣传活动，共开展活动72次。针对中大青山湖花园小区电梯超期未检老大难问题，采取多种措施，循序推进，积极帮助使用单位将电梯安全隐患整改到位。

【整治“保健”市场乱象百日行动】 2019年，东湖区开展了整治“保健”市场乱象百日行动，检查社区、公园、广场等人员密集场所366个，检查宾馆、酒店等重点场所210个，检查保健类店铺303家，开展行政指导52次；召集东湖区内6家直销企业相关业务负责人共12人进行一次集中行政约谈；积极发动人民群众踊跃投诉举报违法线索，清理虚假信息，整改网站等传媒，为消费者挽回经济损失数万元。

【打击传销】 2019年，东湖区12个“无传销社区”创建工作全面铺开。区市场监督管理局约谈房产中介22家、物业公司70家，督促其落实防范传销相关措施，并建立了出租房、承租人信息登记制度。认真开展涉传窝点排查，端除传销窝点3处。

【整治行业乱象】 2019年，东湖区加大行业乱象整治力度，从打击为主向打击、整治并重转变，重点整治商贸集市、批发市场、家装市场等领域存在的强买强卖、欺行霸市、垄断市场、收保护费、“软暴力”等问题；坚持扫黑、除恶、治乱并行，探索建立行业乱象排查治理常态化工作机制；建立行业乱象治理责任制，推出挂牌督办、约谈主要负责人等刚性化措施，增强行业乱象治理的执行力。部署实施了装修装饰行业、酒类市场、餐饮计量、“套路贷”“保健”广告和房地产广告、保健品和特殊食品等13项专项整治工作。

【计量监督管理】 2019年，东湖区强化计量监督管理。区市场监督管理局组织对辖区16家集贸市场共计1866台在用电子秤开展计量器具强制检定及专项监督检查工作，有效震慑计量作弊违法行为，对辖区计量器具使用单位逐步建立完善设备台账。组织开展了眼镜制配行业专项计量监督检查，实现监督检查全覆盖。

【网络市场监管】 2019年，东湖区组织开展网络市场专项监测，严厉查处违法行为，发现网络涉嫌违法线索30条，并核查立案；移送微商涉嫌销售假药案1起；查处互联网违法广告6起。

【市场监管执法】 2019年，东湖区共立案查处各类涉及市场执法的经济违法案件124件，结案96件，其中公平交易违法6件，商标违法3件，广告违法11件，个体违法8件，市场违法案件2件，食品安全违法案件75件，质量违法案件1件，药品安全违法案件8件，医疗器械违法案件1件，特种设备违法案件6件，计量违法案件3件，罚没款共计238.60万元。通过核审办结的案件，均做到事实清楚、证据确凿，定性准确，处理恰当，程序合法，核审率为100%。

【取缔无照经营】 2019年，东湖区组织执法人员对各类市场主体进行拉网式全面排查，结合政策疏导与经营者自律相结合，日常监管和集中查处相结合，综合治理和重点打击相结合，全面开展清理整治无证无照经营行为专项工作。共对辖区内150余户个体户下达了责令改正通知书，有效引导办照和取缔无照经营户290余户。

【推进智慧监管】 2019年，东湖区推进南昌市企业监管警示系统、特种设备安全监管系统（安全监察工作平台）、云服务平台等智慧监管系统的使用，积极探索建立集生产、流通、消费环节于一体的“全过程、综合性、专业化、高效能”的智慧市场监管体系。

【重大活动食品安全保障】 2019年，东湖区市场监督管理部门共对省政协十二届二次会议、东湖区“两会”、青山湖区恳谈会、2019年全国自然生态保护工作会议、中博会、“2019世界VR产业大会”等6起重大活动（会议）进行了餐饮服务食品安全保障。重大活动（会议）期间，派出执法人员进驻会议接待单位，对菜谱、采购的食品原料、餐饮具消毒、加工制作过程、食品留样、从业人员健康状况等进行24小时全程监督，并运用现场快速检测设备对食品及食品原料进行了食品安全现场快速检测，共快检食品300余批次，保障与会人员的餐饮服务食品安全。

【从业人员食品安全培训】 2019年,东湖区组织全区餐饮服务单位从业人员,开展专项业务知识培训和法律法规教育。在元旦、春节期间和中、高考期间分别召开了举办年夜饭的餐饮服务食品单位和有考生接待任务的学校食堂负责人、食品安全管理员及考生就餐点的餐饮服务单位负责人进行餐饮食品安全宣传与培训。

(周悠然)

安全生产监督管理

【概况】 2019年,东湖区坚持以习近平新时代中国特色社会主义思想为指导,认真贯彻落实习近平总书记、李克强总理关于安全生产的系列重要指示精神和省、市有关要求,牢固树立安全生产红线意识、底线思维,始终坚持科学发展、安全发展,充分发挥安全生产综合协调和监管职能,全面完成了全年安全生产各项指标任务,安全生产态势总体平稳。全年共发生一般及以上安全生产事故2起,死亡2人,与上一年度持平。

【东湖区应急管理局挂牌成立】 3月,根据《南昌市东湖区应急管理局职能配置、内设机构和人员编制规定》(东办字〔2019〕31号),东湖区在原区安全生产监督管理局职责基础上,划入区政府办公室的应急管理职责、公安机关的消防管理职责、区民政局的救灾职责、国土资源部门的地质灾害防治相关职责、区防汛抗旱总指挥部的职责、区减灾委员会的职责、区农水局的水旱防治职能、区防震减灾局的行政职能,划出职业卫生管理职能。组建东湖区应急管理局挂牌组建,为区政府正科级工作部门,核定人员编制14名,其中行政编制4名(设局长1名、副局长3名),全额拨款事业编制10名,实有行政编5人,全额拨款事业编制6人,内设科室9个。

【安全生产七大专项整治行动】 2019年,东湖区制定下发《东湖区深化安全生产七大专项整治行动工作方案》,组织危险物品、工贸、城市运行、交通运输、建筑施工、特种设备和消防安全七大领域整治牵头单位结合各自监管行业特点明确各自行业领域内本年度专项整治的工作重点。在对辖区内监管对象做到全方位宣传动员的基础上对辖区内企业进行全面排查,确保安全隐患第一时间发现,第一时间报告,第一时间整改。

【安全生产百日专项整治活动】 2019年,东湖区制定下发了《东湖安全生产“打非治违”百日行动工作方案》。通过百日行动共检查企业2892家,其中:约谈549家次(其中集中约谈消防安全重点单位526家次、危化品生产经营单位9家、交通运输企业12家、其他2家),实施经济处罚23.35万元(宾馆、商场、餐饮),责令停产、停业、停止建设企业5家(2家餐饮企业,3家无证小作坊:1家炒瓜子、1家制豆皮、1家豆制品),行政拘留17人(均为无证使用明火电焊人员)。

【安全生产宣教“七进”系列活动】 8月23日,东湖区举行《生产安全事故应急条例》(简称“条例”)培训大会,全区263家重点单位主要负责人或分管安全的负责人近300余人参加了宣贯会,市应急管理局政策法规处张文涛处长结合各地发生的事故教训深入浅出地介绍了条例出台的背景、意义,归纳了条例的主要内容和突出特点。组织区安委会所有成员单位参加井冈山安全发展论坛征文比赛;区应急管理局联合区市监局、区城建局、东湖区消防救援大队在南昌昌龙石油液化气有限公司开展燃气安全事故应急救援演练。在大院街道院二社区举办安全生产月文艺会演,通过文艺表演、有奖问答和现场咨询等形式宣传安全生产法律法规。同时充分利用网络、户外LED、张贴宣传海报,新闻媒体报道,并发放宣传手册3000余份。组织各安委会成员单位领导、安监员、辖区经营业主、中小学生和居民群众参加市安全警示教育基地学习,全年组织人员达到2600余名。

【开展“关爱生命,安全发展”主题活动】 6月17日,东湖区举办“关爱生命,安全发展”人主题的宣传咨询活动,区安委会成员单位和辖区内扬子洲镇、各街道(管理处)参加咨询活动,主要宣传了安全生产路线方针政策、法律法规及反映东湖区经济社会发展成果、安全隐患排查治理成效并发放安全常识手册等各类宣传资料共计2000余份,使广大市民受到了一次良好的安全知识教育。

【安全防范工作】 2019年,东湖区不断完善执法检查人员和检查对象名录库,公布随机抽查事项清单;年初制定并严格执行年度执法工作计划及相关制度,规范了执法程序和执法文书记录。"两会"期间先后组织召开3次全区安全生产工作会议,进行具体部署安排,组织成立12个督查组对全区所有街道、管理处和扬子洲镇开展安全生产专项督查,有效保障了两会期间全区安全生产形势的稳定。

【强化落实企业履职报告工作】 2019年,东湖区严格落实《南昌市企业安全生产主体责任履职报告与检查暂行办法》,切实按照"一报告,双签字"和"双随机一公开"的要求,组织区十一个安全专业委员会按照监管行业领域分工对监管企业进行宣传发动,确保监管领域内的生产经营单位按照要求履行企业主体责任。同时组织两个暗访组对昌龙液化气石油有限公司、胜利路步行街地下商城、蓝海购物广场等进行暗访,主要检查了企业安全生产主体责任落实情况、特种人员岗前培训情况、应急预案制定及演练开展情况,重点查看了消防控制室报警系统运行情况、微型消防站建设情况和水泵房机械操作情况。全区所有企业已100%完成省隐患排查信息系统隐患排查整改报送任务和企业主体责任履职报告报送任务。

(李玉林)

农业与水利

【概况】 2019年,东湖区坚定实施"乡村振兴"战略,按照"产业兴旺、生态宜居、乡风文明、治理有效、生活富裕"的总要求,以水生态文明建设为重点,严格落实河长制湖长制工作,夯实农业水利基础设施,加快推进农业农村现代化,确保打赢农业农村改革、水环境治理、防汛抗旱三大攻坚战,确保粮食安全和农产品质量安全,突出统筹城乡和清洁村庄建设,促进农业和水利工作高质量发展。被评为2016—2018年度江西省河长制工作先进集体;连续三年荣获南昌市水利系统"四比四看"竞赛考核先进县区。

【农业农村局挂牌成立】 3月28日,根据《南昌市东湖区机构改革实施方案》(东办发〔2019〕1号),东湖区不再保留承担行政职能的区政府直属事业单位东湖区农业水务局,将区发展和改革委员会的农业投资项目、国土资源部门的农田整治项目等管理职责,以及区农业水务局的行政职能整合,组建东湖区农业农村局,作为区政府工作部门,正科级建制,加挂区水利局牌子。

【农村集体产权制度改革】 2019年,东湖区共完成111个单位清产核资主体任务,占有清产核资任务单位数100%。其中,村级21个、组级90个。乡镇级、村级、组级清产核资确认登记100%数据录入全国农村集体资产清产核资管理系统。全区21个改革任务村中除扬子洲镇联民村和贤士湖管理处长巷村以外,全部完成农村集体产权制度改革。

【农产品质量安全监管】 2019年,东湖区加强农产品质量安全监管,严格按照NY/T762—2004程序定期进行蔬菜等农产品质量安全监督抽查抽样,完成上级交办检测任务,农产品质量安全合格率稳定在98%以上。

【城乡环卫一体化建设】 2019年,东湖区农村人居环境整治深入推进并取得阶段性成果,扬子洲镇7条主干道及扬农管理处2个社区环境卫生及保洁工作实现城乡环卫一体化管理,全年共清理生活垃圾3000余吨。对扬子洲镇3个行政村农村水环境进行整治,新建三格式化粪池362个、氧化塘13座,立面粉刷8.6万平方米。共拆除沿线钢棚等违章建筑约1.3万平方米。实施扬子洲赣江铁路沿线绿色廊道建设工程,共种植水杉、八月桂等树种共种植7.4万多株。

【开展农村人居环境综合整治】 2019年,东湖区扎实推进农村人居环境综合整治,开展"三清二改一管护"(清理垃圾、清理塘沟、清理废弃物,改美家园、改好习惯,建立村庄环境长效管护机制,做到"管得规范")村庄整治行动,解决村庄环境脏乱差问题。共建设涉及水环境治理、农田水利、农村环境综合整治、新农村建设、一村一品、"双带"等项目37个,切实让农村更美丽、更清洁、更安全、更宜居。

【农村"厕所革命"】 2019年,东湖区组建工作专班,明确专人、明确职责,切实把“旱厕清零”纳入重要议事日程,建立区、镇(处)、村三级领导协调机制,细化任务,压实责任,确保行动计划有序推进,按期完成。全年拆除458座农村旱厕,从根本上改善影响健康的人居环境和生活方式,解决与人民群众切身利益相关旱厕问题。改造提升部分农村户厕,整村推进户厕改造,树立一批农村改厕工作示范村,加强引领作用。新建农村公厕,依据学校、医院、养老院、农贸市场、村庄人口分布、现有状况和公厕使用强度,进一步合理规划公厕布局,新建的农村普通公厕,以整洁、实用、节能环保为原则,实行标准化建设。

【支持龙头企业发展壮大】 2019年,东湖区加大农业产业化龙头企业监测服务力度,江西省粮油集团有限公司、赣昌水产品综合大市场等5家市级以上农业产业化龙头企业销售收入突破62.1亿元,同比增长9.58%,带动农户5.5013万户。对江西省粮油集团有限公司、江西农牌粮油饲料有限公司、南昌赣昌水产品综合大市场有限责任公司、江西森美生态园有限公司、江西久鸿庄园食品有限公司5家农业产业化市级龙头企业发展情况进行全面监测,综合监测全部合格。组织江西省粮油集团完成江西省粮油集团粮油产业化联合体的申报,实现目标任务。

【乡村人才队伍建设】 2019年,东湖区围绕农业科技人才发展支撑、基层农技推广队伍建设和农业干部队伍作风建设,做好“一村一名大学生”工程、“千村千名大学生”工程、“洪城农才丰收计划”“双带”致富工程等相关工作。“一村一名大学生”“千村千名大学生”计划任务11人,推荐24人报考,21人通过政审,18人录取,投入资金21.6万元。东湖区累计招收159人,毕业学员中进入村两委的有37人;自主创业成为当地致富带头人的有3人;在当地专业合作社、农业服务部门的有47人。毕业学员留在农村一线服务“三农”的比例占总人数的82.4%。积极开展“双带”致富工程、农村传统与创新工艺专长人才项目、“洪城农才丰收计划”项目,共投入科技资金共34万元。

【打击生猪私屠滥宰违法犯罪行为】 2019年,东湖区农业农村局联合区市场监督局、东湖公安分局执法人员在全区范围内开展打击生猪私屠滥宰等违法犯罪行为,保障猪肉产品质量安全专项行动,对非洲猪瘟防控及其他动物疫情防控情况进行排查。

【“中国农民丰收节”活动】 9月25日晚,以“秀美洲上庆丰收·乡村振兴迎华诞”为主题的2019年“中国农民丰收节”东湖区庆丰收活动在扬子洲镇前洲村文化大院举行。活动充分展示了农民丰收喜悦,突出地方民俗特色,营造强农富农的浓厚氛围,凝聚支农惠农的强大力量,向全社会传递重农崇农的价值取向。

2019年9月25日,东湖区在扬子洲镇举办庆祝农民丰收节活动

【动物诊疗监管工作】 2019年,东湖区组织开展5次动物诊疗活动专项整治行动,累计下发整改通知书16次,查处3起违法行为,罚没款计2600元,有力打击动物诊疗机构、兽药经营机构、执业兽医和乡村兽医无证经营、违规售药、非法行医、执业行为失范等违法行为,省、市畜牧兽医部门领导对东湖区专项整治行动成效给予了充分肯定。

【河长制湖长制工作】 2019年,东湖区按照全面推进河长制湖长制的总体思路、工作任务和要求，强化河湖保护、管理与治理力度，全区赣江、抚河故道、玉带河北支、东湖、南湖、北湖、贤士湖、青山湖等主要河湖水环境得到有效改善，河长制湖长制工作正逐步从“有名”向“有实”转变，区农业农村局被评为2016—2018年度江西省河长制工作先进集体。

【防汛工作】 6—7月，东湖区共出现明显降雨10余次，7月11日出现超警戒水位23.23米（吴淞高程）。其中2次启动及结束防汛Ⅳ级应急响应，第一次为6月11日10时启动防汛Ⅳ级应急响应，6月15日9时结束；第二次为7月9日12时启动防汛Ⅳ级应急响应，7月28日10时结束。

【河湖“清四乱”工作】 2019年，东湖区贯彻落实河湖“清四乱”专项行动工作部署，坚持以河长制湖长制为抓手，高度重视、高位推动，对乱占、乱采、乱堆、乱建等江河湖泊管理保护突出问题开展专项清理整治。共整治河长巡河发现倾倒余土垃圾等问题6处，整治非法砂场清理6家，迁移破损船舶（趸船）5艘，清理整治非法码头13座。

【整治非法采砂】 2019年，东湖区组织开展打击河道非法采砂专项整治行动，共出动执法艇24艘次，执法人员72人次，查处1起非法采砂案及1艘非法运砂船，该案移交至公安机关，其中1人被依法行政拘留。向盗采河砂行为展现“零容忍”和“露头就打”的坚决态度，有力的震慑非法采砂行为，切实维护本辖区内河道水域秩序。

【“世界水日”“中国水周”宣传活动】 3月25日，东湖区在贤士湖公园开展纪念第27个“世界水日”，第三十二届“中国水周”暨第一届“江西省河湖保护活动周”活动。围绕“坚持节水优先，强化水资源管理”、《江西省实施河长制湖长制条例》等主题开展，现场发放《江西省实施河长制湖长制条例》《我家门前流淌的河》等资料600余份，并通过向市民宣传水生态保护、节约用水、水资源管理和河长制湖长制等知识，提高公众参与度和知晓度，营造良好舆论氛围。

【生产建设项目水土保持方案评审会】 3月16日下午，东湖区农业农村局（水利局）与南昌工程学院水土保持教研室在南昌工程学院召开生产建设项目水土保持方案（一稿制）评审会。此次评审会是东湖区在全市率先开展水土保持工作进校园活动。

【举办农村基层防汛预报预警体系建设培训】 4月10日，东湖区农村基层防汛预报预警体系建设项目群测群防培训班在区文化活动中心四楼正式开班。培训班为期1.5天，邀请省水科院专家付佳伟和区农业农村局（水利局）局长张志忠进行授课。

【国家长江委水资源局到东湖区检查调研】 4月19日上午，国家长江委水资源局到扬子洲镇水源地保护区调研检查，实地查看扬子洲水厂取水口及上游1000米内码头关闭整治落实情况，对饮水保护区的整治工作给予较高肯定。

（盛徐有）

价格管理

【概况】 2019年，东湖区严格落实中央、省、市各项价格政策，积极做好价格监督检查等职能转移工作，着力抓好价费管理、价格服务等工作，扎实推进价格工作取得新进展，不断营造良好价格环境，促进全区经济平稳健康发展与社会和谐稳定。

【物价和收费管理】 2019年，东湖区加强物价和收费管理，切实维护民生价格权益。开展行政事业性收费调查。为加强全区国家机关和事业单位收费管理，规范收费标准管理行为，提高收费决策的科学性和透明度，维护公民、法人和其他组织的合法权益，开展全区行政事业性收费情况调查，主要调查各收费单位及下属单位2018年度实施行政事业性收费情况，主要包括收费项目、收费金额、支出金额、是否属于2018年新增、停征、取消项目及涉及金额等。实施收费目录清单制度。梳理区级行政事业性收费、涉企收费有关事项，编制和发布东湖区《2019年行政事业性收费目录清单》《2019年涉企行政事业性收费目录清单》等，并坚决执行“清单之外无收费”，实行动态跟踪管理，制止各种乱收费。强化夜间娱乐场所的价格管理，对辖区江南汇、天圆钱柜KTV、米乐星尚歌KTV、迪卡乐KTV等夜间娱乐场所经营的酒品、饮料、小吃、打火机、餐巾纸的物品进行随意定价,价格虚高,损害消费者权益行为进行监督检查,同时摸排扫黑除恶线索。清理规范转供电环节不合理加价行为,督促辖区范围内36家转供电主体单位同步降低被转供电用户的用电价格,不得截留,确保本次降价政策红利全部传导给终端用户,降低企业用电成本,实实在在为企业和商户减负降费,进一步优化营商环境。规范机动车停放服务收费行为,坚持放管结合原则,对自然垄断经营和公益性特征的停车服务收费的停车场实行政府定价、政府指导价,严格按照南昌市机动车停放服务收费标准执行,其他类型停车设施服务收费则实行市场调节价。并落实好机动车停放服务收费公示制度。督促停车设施经营者按照明码标价规定,在停车场入口处、缴费地点显著位置设置价目牌(表),公示停放服务收费定价方式、收费标准、计费方式及格监督举报电话等信息,接受社会监督。六是强化教育收费管理工作。做好2019年春、秋季开学收费管理工作,要求各学校按规定的项目、标准收费,落实收费公示制度,规范学校收费行为,巩固治理学校乱收费工作成果;按照"家长自愿、成本补偿、非营利性"的原则,合理确定中小学课后服务性收费标准,推动课后服务广泛开展。

【价格服务】 2019年,东湖区优化价格服务,不断提升价格工作水平。加强价格举报工作建设。严格执行《价格违法行为举报规定》,遵守价格举报工作制度,规范价格举报工作流程,认真受理群众来访、来信、来电,做到有问必答、有诉必接、有案必查、有查必果、调处高效、文明服务,热情为民排忧解难。加强平价商店考核管理。每月对15家平价商店从稳价惠民情况、明码标价情况、日常管理情况、守法经营和履行协议情况以及整改情况等五个方面进行实地考核,进一步巩固和提升平价商店建设质量,充分发挥好平价商店"稳物价、惠民生"作用。全年,15家平价商店共为市民"菜篮子"减负约455.4万元。认真开展农产品成本调查。每月定期前往扬子洲镇农户家中或田间进行实地调查,指导农户做好原始数据的收集和整理,督促农户及时做好登统,提高基础数据质量,确定农产品成本调查数据准确、内容真实。同时,详细了解农户们近期化肥、农药等农资供应及价格情况,重点掌握各个品种蔬菜产量、销售价格、农资使用等情况,并帮助农户解决在产销过程中遇到的困难和问题,征询他们对农调及价格工作的意见和建议,切实抓好蔬菜生产,保障市场供应,并加强对农调数据的审核分析,确保农本调查工作质量,为国家制定农业政策提供依据。

(吴慧丽)

统计管理

【概况】 2019年,东湖区以习近平新时代中国特色社会主义思想为指导,按照高质量发展要求,切实加强统计数据监测预警,强化统计分析,做优统计服务,为决策提供参考和依据。

【强化统计预警监测】 2019年,东湖区统计部门强化对现有专业的月报、季报数据的质量控制和评估分析,对采集到的统计数据及时、针对性的提前介入,深入研究,做到事前预测重效率、提速度,事后统计重分析、探规律,特别是对地区生产总值、社会消费品零售总额、投资、服务业等重要指标进行分析,进一步发挥好决策智囊团的作用。

【加强统计调研分析】 2019年,东湖区统计部门通过对区域内重点行业、企业及特色产业开展多种专项调研,有效地增强了对经济走势预测的前瞻性与准确性。全年,印发《东湖统计动态》11期,《东湖统计月报》11期,各类网站、期刊发表调研分析文章23篇,被省局、市局网站及两办采用的信息360余篇,全面、客观地反映东湖区经济社会发展情况,为区委、区政府决策提供了有力的依据。

【全面优化统计资料】 2019年,东湖区统计部门为了更好地当好东湖经济社会发展的参谋助手,区统计局在以往数据资料编印的基础上,全面升级优化各类统计资料。其中包括《东湖统计年鉴》《东湖区情》《数字看东湖》《统计月报》等统计数据资料,通过完整的图表和详实的文字更加直观地展现东湖区经济社会发展情况。

【经济普查工作】 2019年,东湖区第四次全国经济普查入户登记工作圆满完成,荣获第四次全国经济普查国家级先进集体。全区共登记单位

7469 家，其中：一套表单位 342 家，非一套表单位 7127 家（其中：法人单位 6192 家，产业活动单位 935 家），个体户 11514 家。

【统计法制建设】 2019 年，东湖区统计部门积极开展统计法制宣传活动，向调查对象发放宣传资料，并深入企业走访调研，向企业法人和填表人员面对面讲述统计法相关内容；进一步加大统计执法力度，采取有效措施防止迟报、漏报、瞒报、拒报等现象的发生，经济普查期间，对不配合普查登记的企业下达催报单 194 份，数据查询书 3 件。

（谭伟锋）

审计管理

【概况】 2019 年，东湖区共完成各类审计项目 67 个，其中：工程审计项目 46 个，经济责任审计项目 11 个，财务收支审计项目 2 个，自然资源资产任中审计项目 1 个，专项审计项目 7 个。为国家节约财政资金 507 万元，向被审计部门提出问题整改建议 74 条，采纳率 100%，较好地发挥了公共财政的“卫士”职能。区审计局荣获 2018 年度全区综合目标管理绩效考核优秀奖、2018 年度社会治安综合治理目标管理综合先进单位、2018 年度全区公共机构节能工作考核优秀奖、东湖区 2018 年度区级文明单位、南昌市第十七届文明单位。

【深入推进经济责任审计】 2019 年，东湖区创新思路，多措并举，深入推进经济责任审计工作，共对全区 11 名科级党政领导干部开展了离任经济责任审计，经济责任审计报告除报送被审计单位审计个人外，还报送了区委组织部、区委、区政府、区人大、区纪委，充分发挥了经济责任审计在全面从严治党、强化干部监督管理、服务经济社会发展方面的积极作用。

【创新政府投资项目审计】 2019 年，东湖区以促进加强工程建设管理，规范投资为重点，立足监督与服务并重的理念，积极探索政府投资审计工作思路，创新审计技术手段和审计方法，从多个方面加强对政府投资审计工作力度，共对扬子洲镇莘洲村抗旱沟渠建设工程、东湖区“6·26”服务中心杨家厂改造工程、右营街小学校园提升改造工程等 39 个项目进行了审计，审计核减工程造价 705 万元，取得了良好的经济效果和社会效果。

【推动预算执行审计全覆盖】 2019 年，东湖区推动审计全覆盖，以预算执行审计作为突破口，按照年初制定的审计计划安排，对 2018 年度区本级财政预算执行和其他财政收支情况进行了审计，其中延伸审计了 4 个部门预算执行情况，进一步规范了资金运行管理，增强预算执行约束力。10 月，区审计经区政府授权，在区人大常委会上就“2018 年度财政预算执行和其他财政收支情况”作了工作报告，满意率达 100%。

【领导干部自然资源资产任中审计】 9 月，东湖区统计部门对扬农管理处党政领导干部自然资源资产任中审计，审计围绕促进“美丽南昌·幸福家园”建设，对土地、林业、水等各项生态环保指标进行了全方位的审计，揭示问题 3 个，提出建议 2 个，有效增强了领导干部履行自然资源资产管理和生态环境保护工作的意识。

【加大民生项目和专项审计力度】 2019 年，东湖区发挥审计在民生项目建设中的监督职能，对东湖区红十字会 2018 年度财务收支情况进行了审计，保障了惠民政策的贯彻落实；开展了减税降费专项审计、清理拖欠民营企业中小企业账款专项审计、政府隐性债务专项审计，充分发挥了审计监督在服务东湖经济高质量发展中的建设性作用；按季度扎实开展了国家重大政策措施落实情况跟踪审计，针对发现的问题和情况向区政府提出了合理性建议，发挥了审计建设性作用；协助区纪委开展了人防系统腐败问题专项治理工作，取得了惩治腐败和警示教育“双促进”的效果；根据区纪委部署，开展了关于漠视侵害群众利益问题专项整治工作，充分发挥了“审计为民”的监督职责。

【审计管理体制改革】 2019 年，东湖区认真贯彻中共十九大作出的改革审计管理体制的决策部署要求，成立了区委审计委员会，举办了审计委员会第一次会议会务工作，重大事项及时请示报告，顺利完成局本级机构改革任务。加强了全区内审工作，把内审工作摆上重要议事日程，积极推动全区内审委员会工作，启动了在扬子洲镇、贤士湖管理处、区教科体局、区卫健委等单位成立内审委员会工作,在此基础上逐步全面铺开。

【审计法律法规宣传】 2019年,东湖区统计部门围绕"审计延伸到哪里,法律宣传就跟到哪里;审计人员走到哪里,宣传活动就开展到哪里"的宣传理念,强化对审计法律法规的宣传,充分利用审计进点会、审计报告征求意见会等时机,现场解答审计相关法律法规问题,扩大审计法律法规影响力和覆盖面;通过政府常务会和局长办公会,定期学习《中华人民共和国审计法》等法律法规和相关政策;编印《审计知识小手册》200余册。

(陈曼灵)

自然资源管理

【概况】 2019年,东湖区自然资源管理工作围绕"服务经济建设、提升整体素质"两个中心,根据新职能赋予新使命,在提高自身行政能力的基础上,采取积极有效措施,服务政府,服务全区经济,助推东湖发展。东湖自然资源局获得了连续四届"市级文明单位",2019年度"东湖区综合治理先进单位"、南昌市"四星级党支部"、南昌市党性教育基层基地等殊荣。

【民生项目供地】 2019年,东湖区完成了紫禁城中学40亩和小学23.94亩的土地收回工作和紫金城小学的用地划拨手续;完成了上沙窝安置房28.54亩、七里村DE地块60.4亩供地,七里村AB地块用地划拨手续获政府批复;配合市土储完成了发电厂1.754亩的土地收储工作。

【用地预审工作】 2019年,东湖区完成了东湖区沙滩魏村地块贤湖雅苑小区城市棚户区改造安置房、新建铁路九江至南昌客运专线(东湖段)等10宗建设项目用地初审预审工作,面积共计460.9125亩。2019年第一批次集体建设用地报批已完成,南昌市2018年第九批次城市建设用地"农用地转用和土地征收"报批组卷上报省自然资源厅审核。

【国土空间规划】 2019年,东湖区按照"应调尽调、应划尽划"的原则配合做好全市国土空间总体规划编制工作、生态保护红线评估优化、配合市局做好《扬子洲地区发展规划》、配合当地政府积极稳妥推进村庄规划编制。

【耕地保护】 2019年,东湖区耕地面积共计15030亩,超额完成了2019年市里下达东湖区扬子洲镇、扬农管理处宗面积不少于9000亩的耕地保护任务。同时,协助东湖区政府、镇、村三级签订了耕地保护责任状,坚决贯彻最严格的耕地保护制度。

【"大棚房"整治】 2019年,东湖区推进"大棚房"整治工作,处理违法违规项目2个,面积2028亩。

【第三次全国国土调查工作】 2019年,东湖区完成了全域内业矢量化、权属调查、数据库建设、三调外业实地举证拍照、东湖区第三次全国国土调查初始调查成果县级初检、第三次全国国土调查初始调查成果市级质检、第三次全国国土调查初始调查成果省级验收、初始成果地类变化情况分析、同一时间更新问题图斑进行现场实地核实举证。

【房地一体调查工作】 2019年,东湖区完成房地一体调查8054宗,调查面积2307亩,调查房屋数8814幢。

【自然资源领域扫黑除恶工作】 2019年,东湖自然资源局按照市委、市政府和省厅的部署要求,继续坚持问题导向,深化问题专项整治,结合自然资源特点,有效开展动态巡查,全面摸排行业内违法违规行为,严格落实"三书一函"工作机制,积极发挥联动机制,确保扫黑除恶专项斗争取得实效。

【改革稳定工作】 2019年,东湖区根据机构改革的统一安排,抓好自然资源管理机构改革过渡期的队伍稳定工作,确保机构改革工作过程中队伍思想不乱、队伍不散,工作不断。抓好整合职能转变工作,做好国土和规划合并后的职能整合工作。严格按照市局的整合三定方案调整分局各科室职能,明确责任,主动发挥部门职能作用,服务政府、群众,做到"事合、编合、心合、力合"。

(杨爱武)

城市建设和管理

综　述

2019年，东湖区继续以开展“美丽南昌·幸福家园”环境综合整治为重要抓手，全面推进环境综合整治及城市功能与品质提升，不断改善城区环境质量，着力把东湖打造成为“干净整齐、畅通有序、文明友善、和谐宜居”的“南昌之窗”。城区形象、城区功能和城区环境迈上新台阶。

以整治市容环境为基础，认真抓好城市环境整治，持续改善城区人居环境，城区面貌焕然一新。推进背街小巷整治，实行街巷长制度。加强街面秩序整治，强化出店占道治理，强化共享单车管控，强化建筑材料堆放，强化杂物堆砌整治，开展铁路沿线环境整治，开展城市家具清洗保洁，深入推进施工现场文明施工标准化建设。开展农贸市场整治，加强市场秩序管理，加大农贸市场周边环境整治。实施城市美化绿化彩化。改善辖区交通秩序，实施“阻改通”攻坚。打通断头路，改善老城区交通微循环。实施公共停车场建设，为缓解“停车难”痛点。以完善城市功能为抓手，坚持建管并重，打造东湖城市建管品牌。抓好精细管理“智慧工程”，着眼细微处、下足绣花功，不断提升城市管理智慧化、精细化水平，与市“数字城管”实现市区资源共享、并网联动，构建更精确、更高效、更精细的“智慧城管系统”，全面提升城市管理“精细化、人性化、常态化、智慧化”水平。抓好社区环境“精品工程”，城市功能“提升工程”。有序推进生活垃圾“三分类”工作。促进文明创建常态化，着力建立“条块结合、上下联动、常态创建、长效管理”文明创建工作长效常态机制，整治、督查、调度、奖惩4个方面持续发力，相互助力，创建工作有成效，环境有变化。

（区史志办公室）

城市建设

【概况】　2019年，东湖区坚持“扩容提质，统筹发展”的城市建设方针，以重点项目建设为起点，以建设幸福东湖为动力，把城市建设的重点放在树形象、创特色、出精品，增强城市的吸引力、凝聚力和集聚力上来，不断优化城市人居环境，改善城市服务功能，打造宜居城市。

【推进城市建设项目】　2019年，东湖区深入推进“美丽南昌·幸福家园”环境综合整治，投资2.56亿元实施55个“六改”项目，对广场北路社区支一路、渊明北路支一路等15条背街小巷进行了“白改黑”升级改造；城区增亮补亮的“暗改亮”项目，安装路灯1000盏；实施苏圃路“上改下”和象山北路“面改美”项目；推进老旧社区“旧改新”，实施南湖、北湖社区提升改造，高标准完成10个老旧微社区“旧改新”工程；因地制宜完成二经路、三经路、民德路等19条主次干道“绿改彩”项目，新建上营坊街头小游园和宪法广场小游园；新建五纬路爱国东路口、青桥学校左侧、象山北路右营街口、青山南路永外正街口等4个邮票绿地；新建东万宜巷、花园角等12个公共停车场，新增泊位2556个，改善老城区车辆停放功能。

【强化建设领域安全生产】　2019年，东湖区强化安全生产管理，建立健全安全生产监管体系，坚持“安全第一、预防为主、综合治理”的工作方针，加大安全生产管理力度和执法力度,有效杜绝了各类伤亡事故的发生。区城建局采取定期检查、专项检查、日常巡查相结合的方式,配合南昌市安监站组织了4次拉网式安全生产大检查,查出安全隐患260余项,加大安全生产管理力度,杜绝安全事故发生,同时开展建设领域扫黑除恶工作,加大对建设领域涉黑涉恶行为和扰乱建筑市场行为的打击力度。

【运输市场环境专项整治】 2019年,东湖区组织执法人员在辖区各大型医院、公交站台,地铁口等重点路段通过路面巡查和重点地段蹲守等方式交叉开展出租车营运形象大提升攻坚行动和打击非法营运专项整治行动。配合南昌市出租车“攻坚”指挥部开展出租车联合整治3次,与交警部门共同开展打击非法营运执法检查行动31次,共检查出租车120辆,现场整改出租车78辆,检查疑是非法营运车201辆,查处非法营运车154辆,其中异地经营出租车9辆。同时根据交通场站文明创建的要求,对青山青山客运站站内营运秩序,站外周边运环境进行整治。加强青山客运站场文明创建,站外查处站外揽客事件15起。

【强化燃气安全监管】 2019年,东湖区深入开展燃气安全综合治理,确保全区燃气使用和经营安全。区燃气办认真履行燃气安全监管责任,联合南昌市燃管处、消防、辖区派出所、街办等单位,对辖区非法液化气服务点和加气站的安全隐患进行排查,并督促整改。同时按照“四个一律、五个一批”要求,严厉查处燃气违法违规行为。全年共排查燃气隐患40处,整改燃气隐患30余处,严厉打击无相关证照手续擅自经营燃气的违规行为10起,收缴燃气瓶50只,过期钢瓶25只。联合东湖区教科体局开展“燃气安全事故应急演练”和“燃气安全进校园”活动,共发放宣传资料共800余份。

【建设工程消防设计审查和验收工作】 2019年,东湖区加强建设工程消防设计审查验收工作管理,落实建设、设计、施工、监理各方主体责任,科学规范审批流程,将消防设计技术审查纳入施工图设计文件审查内容,消防工程验收技术工作委托专业人员实施,建立专家技术服务、行政主管部门依法监管的管理体制,使简化审批与强化监管有效衔接,共受理50项消防案卷,完成建设工程消防设计审查15项,建设工程消防竣工验收17项。

【建筑工地大气污染防治治理】 2019年,东湖区强化建筑工地管理,落实扬尘治理措施。区城建部门对辖区建筑、拆迁和道路建设工地的扬尘进行了集中整治。对全区14个建筑工地、3个拆迁工地、2个道路建设工地进行拉网式检查治理。严格按照整治要求,进一步细化整治标准,坚持巡查,重点加强复查,立足抓早、抓小、抓苗头,把扬尘问题解决在萌芽状态。在巩固好前期整治成果的基础上,创新工作措施,完善长效管理,努力实现工地扬尘防治工作规范化、常态化。

【数字化城市管理工作】 2019年,东湖区认真开展数字化城市管理工作。区城建局进一步创新工作方法,强化责任,稳步推进数字化城市管理建设工作。利用网络技术,构建了基础设施平台;实现了市区两级平台无缝对接。对数字化城市管理员进行了业务知识和操作技能培训,并对职能工作实行责任网格的管理,实行分路段、分责任、包片区的工作机制,落实管理分级责任。全年共接到城市管理整改问题共计7360件,已整改到位7340件,整改率为99.7%。

【城区绿化】 2019年,东湖区进一步完善绿化管理制度,精心准备,科学规划,抢抓机遇,深化改革,努力提高发展能力,破解发展难题。截至年底,全区拥有绿化覆盖面积472.33公顷,园林绿地面积472.06公顷,城区绿化覆盖率29.67%,人均公园绿地面积7.2平方米。

【全面实施绿化带整治工程】 2019年,东湖区针对城市占绿种菜的行为屡见不鲜,绿化带违规种菜现象成为城市管理的“顽疾”,不仅影响到城市形象,施肥产生的刺鼻气味也令周边居民深受困扰。10月,区城建局组织开展了复绿专项整治行动,对青山南路、上沙窝95号院内等23个点位,3136平方米绿化带进行了复绿工作。5月,区城建局对沿江北大道英雄大桥引桥东湖段绿化带进行了专项提升改造工作,共回真土方1560立方米、种植麦冬1500公斤,果岭草2600平方米、种植各种乔灌木269株、孔雀草1.4万株、安放景石8块。

【在建绿化工程管理】 2019年，东湖区为加强在建园林绿化工程的养护管理水平，将在建园林绿化工程的养护工作纳入规范化、制度化轨道，特对全区所有在建园林绿化工程建设、养护情况进行了调研，拟出台相关规范文件，达到提高施工单位工作效能和促进在建工程再上新台阶的作用。

【绿化养护工作】 2019年，东湖区遵循“大城市、细管理”的理念，加强绿化养护管理，以行道树无缺株、歪斜、绿篱无断档、地被无裸露、绿化设施无缺损、园林植物无病虫害、绿化树木无尘垢的“六无”目标，多管齐下，开展补绿补缺、植物病虫害防治、行道树修剪等绿化专项整治行动。对新栽苗木和一年养护期养管措施作出具体规定，量化苗木品种、规格等指标。新建道路绿化一年养护期满后，立即组织建设、施工、养护、监理等相关单位进行现场移交验收，实行招标养管，确保后续养管“无缝对接”，无管护盲点。城市绿地管理日趋精细化、规范化和长效化。

【八一公园管理】 2019年，东湖区以文明创建为抓手，强化八一公园管理，加大园林植物的浇水、施肥、补植、修剪、病虫害防治和公园设施维护管理及园容保洁工作力度。妥善处理树木与建筑、景观的协调关系，开展树木修剪和植物调整，不断美化优化游览环境。在做好日常绿化养护的基础上，强化美化、花化管理，共补植地被植物8900株、草坪185平方米；及时维修公园设施，更换电线13处、灯具及配件970个，水管7处、水龙头及配件113个，零星维护、更换木栈道、警带、垃圾箱等基础设施79处；新增各类宣传牌183面，保持了园内精细秀美的经典形象。

【园林修剪造型工作】 2019年，东湖区坚持以科学的理念和发展的眼光规划全区绿化的建设规模、标准和特色，为章江园、榕门路部分街头游园及方志敏广场、市民公园进行春季植物局部修剪造景，并对造景植物进行后期养护和精细修整，初步尝试了园林到园艺的转变。全年，全区绿篱及模纹带修剪造型面积达8万多平方米。

（周　菁）

城市环境保护

【概况】 2019年，东湖区以习近平总书记系列重要讲话精神指导，认真贯彻落实中央、省、市各项决策部署，坚守发展和生态两条底线，凝心聚力，克难而进，始终把加强保护环境、推进生态文明建设作为全局性、战略性的头等大事来抓，以改善生态环境质量为目标，扎实开展“污染防治攻坚战”专项行动，着力解决影响群众健康和社会稳定的突出环境问题，全区环境质量、环保能力、环保意识、治污效果得到有效提升。

【南昌市东湖区生态环境局成立】 10月，根据《南昌市机构改革实施方案》相关文件精神，南昌市东湖生态环境局正式挂牌成立成立，单位级别为正科，编制人数8人，作为市生态环境局的派出机构，不再保留南昌市东湖区环境保护局。履行所在地生态环境保护相关工作，承担区域生态环境保护监管工作。所属事业单位一并收归市里，具体工作接受南昌市东湖生态环境局领导。新组建的南昌市东湖生态环境局整合了原南昌市东湖区环保局的环境保护职责，区发改委应对气候变化和减排职责，东湖国土资源分局监督防治地下水污染职责，区农业农业局水功能区划编制、排污口设置管理和流域水环境保护职责及指导农业面源污染治理职责。

【落实生态环境保护工作制度】 2019年，东湖区强化生态环境保护党政同责、一岗双责落实制度，调整了东湖区生态环境保护委员会成员单位，并成立了10个生态环境保护专业委员会。

【强化生态环境保护宣传】 2019年，东湖区强力推进生态环境宣传工作，通过走进社区、走进校园等方式大力开展“4·17”低碳日、“5·22”生物多样性日、“6·5”世界环境日的宣传活动，10月的区委中心理论组专题学习扩大会议中特别邀请了省生态环境厅大气处、市生态环境局领导及上海交大环境科学与工程学院教授对全区领导干部350余人进行了大气污染防治方面的工作进行了全面指导和培训。

【环保督查问题整改工作】 2019年，东湖区扎实推动中央、省环保督查问题整改工作,及时组织召开案件调查、会商、调度、督办、处理等会议,扎实做好问题查办整改工作,并取得阶段性成果。涉及东湖区的2016年中央环保督察组转办信访件12件和中央环保督察组反馈问题整改问题5个,全部办结。涉及东湖区2018年中央环保督察交(转)办投诉举报件41件,解决41件,解决率100%。2018年省环保督察组转办信访件涉及东湖区信访件39件,解决39件,解决率100%。2018年长江经济带"共抓大保护"专项执法检查中督察组现场抽查交办问题整改工作涉及东湖区的15个问题全部完成整改。

【大气污染防治】 2019年,东湖区对大气污染情况实行小时播报制。小时值出现重度污染情况及时启动应急预案,因此全年未出现重度污染天气。同时采取了一系列的防治措施。加大机动车路检路查力度,加强扬尘污染防治,严格落实禁燃禁烧,深入推进餐饮油烟治理,严格执法监管,强化督查问责,坚持稳中求进,在巩固环境空气质量改善成果的基础上,推进空气质量持续改善。

【秸秆禁燃工作】 2019年,东湖区强化秸秆综合利用,严禁露天焚烧秸秆管理。全区综合利用量1495吨,其中秸秆肥料化利用量1047吨,原料化448吨,全区秸秆工业原料化利用主要以秸秆捆扎、包装蔬菜为主,水泥预制品、道路保养、蔬菜花木盖种、蔬菜包装运输等为辅。先后印发了《2019年秋冬季垃圾、秸秆禁烧专项整治工作方案》《坚决打好大气污染防治攻坚战宣传工作方案》,悬挂横幅25条、张贴禁烧公告120余张,分发宣传单1000余份,通过小喇叭宣讲,营造了不能烧、不敢烧的禁烧氛围。

【水环境污染治理】 2019年,东湖区加大了对辖区内双港水厂、城北水厂、牛行水厂3家城市集中式饮用水水源地保护的监管力度。为有效解决赣江东湖段沿江物流码头和滕王阁水域社会趸船存在的突出问题,优化城市功能和环境,对赣江东湖段内沿江物流码头和滕王阁水域社会趸船的清理整治,并在全市率先完成非法码头整治工作,共关停码头13个,封停码头51台吊机,迁移趸船11艘,实现了非法码头由"乱"到"治"的转变,取得了阶段性成效。

【水环境生态修复】 2019年,东湖区对东、南、北湖水环境进行了治理。对八一公园驳岸改造,并通过"食藻虫控藻引导水体生态修复"技术,构建"食藻虫—水下森林—水生动物—微生物群落"共生系统,通过虫控藻、鱼食虫等形成食物链,恢复沉水植被主导的水生态系统,将水质从劣V类提升为Ⅲ类,还原一个碧水通透的公园,同时进行亮化改造,增设景观亮化功能。

【土壤环境污染治理】 2019年,东湖区重点推进重点行业企业用地土壤污染状况调查,配合省环科院完成了南昌白云药业有限公司、江西德诚制药有限公司、中石油海源油库的基础信息采集和风险筛查,确定了采样调查清单和布点方案,启动了初步采样调查。全年,共开展固体废物贮存场所综合整治5次,共排查出产生医疗废物单位16家,产生废机油的汽车4S店7家。全年,全区16家医疗单位医疗废物产生量约为1100吨,7家汽车4S店废机油产生量约为35吨,均按规定委托定点医疗垃圾处置中心和有资质的废机油处置公司进行了处置。

【环境监测】 2019年,东湖生态环境监测部门按时完成地表水、空气、噪声和降水等例行监测、污染源监督监测和其他专项监测工作。严格按监测报告制度要求,及时上报降雨数据72组,地表水数据7组,完成2019年度地表水断面的17次采送样工作。完成扬子洲水厂四次饮用水源地水质监测工作。完成环境质量监测工作。如期完成《2019年度环境质量报告书》。

【生态环保执法】 2019年,东湖生态环境局对辖区内2家违法企业进行了处罚,处罚金额共2.7万元。开展多项环保执法大检查专项行动,共处理各类环境违法投诉案件135起,处理率、满意率为100%;对辖区内13家码头下达《责令改正违法行为通知书》,全程参与了13家非法码头的取缔工作,开展了辖区内校园周边环境安全排查整治工作;对辖区内存在环境风险隐患的建设项目进行了全面排查;配合商务部门对辖区内成品油储运销单位进行了专项整治;对13家存在环境违法行为的企业下达了《责令改正违法行为决定书》;严格执行了"双随机"检查制度,2019年对辖区34家单位进行了28次随机抽查;对辖区内3

家散、乱、污企业进行了整治，关停取缔2家。全年，东湖区未发生突发性环境事件。

（李　浩）

城市管理

【概况】 2019年，东湖区以“美丽家园·幸福南昌”三年上台阶、城市功能品质提升三年行动为抓手，创新工作理念，实施市容环境精细化管理，着力打造城市管理精品工程。在南昌市全市城市管理执法月考核年中、年终考核均为第一名；规划建设月考核5个第一名；施工围挡月考核3个第一名；垃圾分类月考核4个第一名；马路本色月考核2个第一名。在“美丽南昌·幸福家园”环境综合整治暨城市功能与品质综合排名：第一季度第一名、第二季度第二名、第三季度第三名。

【提升智慧城管管理水平】 2019年，东湖区数字城管平台处理市数字城管案卷约21.73万件，中心每天对转派的案卷跟踪督促、及时协调、现场确权、每天分析、每周统计、及时汇报。通过天网平台和督查采集人员，东湖区对符合立案标准的区级城市管理问题立案约15.3万件，及时处置合格率在99%以上。案卷处置情况每周一统计、每月一考评，有效地督促了责任单位及时处置城市管理问题，降低了市级发现问题的概率。

【推进垃圾中转站改造】 2019年，东湖区完成了半步街、肖公庙、南京西路等3座垃圾站的改造，更换新设备，对垃圾站内外进行翻新改造，重新做基坑、污水池、排水沟。在青山湖西岸片区原青山北路垃圾站建设了首座三分类垃圾站，垃圾站主体已完工。

【强化环卫作业管理】 2019年，东湖区推进“马路本色”行动由城市主干道向小街巷和社区延伸，实现全覆盖，在主干道上全面推行“以克论净”。对全区15台大型环卫机械车辆安装GPS，全年完成机扫、洒水千米数约17.3万千米，行车时间约4.72万小时。全年，共清运垃圾1.9万车，约11.2万吨，确保了东湖区的生活垃圾日产日清。

【渣土清运管理】 2019年，东湖区持续强化渣土清运管理。实行24小时无缝对接的工作制度，加强日查夜巡，加强执法的力度，确保了辖区内无重大泄漏污染，严管泄漏污染、偷运偷倒的行为，杜绝擅自清运建筑垃圾行为的发生。安装了天网监控和建筑垃圾管理平台，组织人员到市数字指挥中心学习软件操作，安排人员24小时对工地以及渣土车辆实施监控。由城管执法、交管、公安组成的联合整治队伍，每天坚持上路执法，实施监管，利用公安交警天网系统对车辆进行排查，发现问题车辆，进行扣押并处罚。

【大件垃圾破碎中心投入使用】 2019年，东湖区在洪都大道投资兴建了大件垃圾。该中心系南昌市第一个大件垃圾破碎中心，核心设备是全省第一台大件垃圾破碎处理系统。厂房占地500平方米，其中设备占地230平方米，设备由传送系统、破碎系统、磁选系统三部分构成，全部由电脑自动完成控制，视频监控处理流程。主要处理桌子、椅子、床垫、床板、木床框架、茶几、电视柜、鞋柜、床头柜等等，单件质量较大或体积较大的大件垃圾，可一小时破碎处理25张床垫。该中心还将配套大件垃圾暂存区，对可二次回收利用的旧桌椅、床、沙发在清洗处理后放在暂存区，免费提供给低收入人群或环卫工人二次使用，如果无人认领，确定无二次使用价值废旧家具，在破碎后木质材料给木材厂再次利用或焚烧发电。在该中心还将设置有害垃圾暂存点、可回收物暂存点等。大件破碎中心的建成投产，解决居民、物业、社区普遍反映大件垃圾处理难、运输难等问题，并充分让大件垃圾“物尽其用”，“变废为宝”，成为引领垃圾分类新时尚的标杆。

【推进垃圾分类工作】 2019年，东湖区扎实开展垃圾分类工作。推进组织机构协调联动。构建从区直单位到街办（镇、管理处）、社区（村）的联动机制，明确区各部门职责，强化街办（镇、管理处）属地管理、综合协调和分工协作运行机制，共同推进垃圾分类工作。打造豫章、大院2个街道为垃圾分类示范片区，通过示范片区的引领，促进垃圾分类工作逐步在全区铺开。探索建立“零垃圾桶小区”。豫章街道聆江社区安装“人脸识别”智能垃圾屋，采用新式智能垃圾分类屋逐步取代露天垃圾桶，实现“零垃圾桶小区”。智能垃圾屋有可回收物、有害垃圾、厨余垃圾、其他垃圾四个分类投放口,投放口密闭,通过感应器自动开关门,进行人脸识别、垃圾分错提示,取得效果后将全面铺开,逐步取代老式垃圾桶。深化垃圾分类宣传。在全区范围内广泛开展“十个一”宣传活动,分别为一个宣传长廊;一块宣传条幅;一条宣传标语;一张宣传海报;一处宣传彩绘;一本宣传手册;一块指示铭牌;一个网络平台;一次入户宣传;一次宣传活动。在大院和豫章做了宣传长廊,在滕王阁、豫章做了墙绘,开通了南昌市东湖区生活垃圾分类公众号,提高广大居民主动参与生活垃圾分类的意识,营造良好的分类宣传氛围。

【推进“厕所革命”】 2019年,东湖区投入1239万元新建公厕25座,其中老城区新建17座,扬子洲地区新建8座。新建公厕全部为装配式公厕,根据用地和实际需要设置第三卫生间、母婴室、城市管理驿站等。

【实施垃圾广告专项整治】 2019年,东湖区集中力量对广告垃圾及其行为进行了纠处。对辖区所有庭院、楼道进行了全面的清理,共清除广告垃圾约100万余条。整治标准要求将垃圾广告清理干净,粉刷要做到“小点大刷、块面操作”,尽量成片、配色粉刷,同时对原粉刷不规范的要按要求重新粉刷。对非法张贴、喷涂、书写、散发等非法小广告的行为人,进行思想教育,屡教不改者,移交公安派出所,给予处罚或行政拘留。依法对张贴垃圾广告者12人进行处理,发放举报奖励1万元。

【规范共享单车管理】 2019年,东湖区加大了对共享单车整治力度,将共享单车乱停放纳入日常整治工作。加强落实共享单车“路长制”,推进“路长制”稳步落实到位,通过明确共享单车的数量、分布、运维、问题密度等情况,使“路长制”得以针对重点精准发力。多次约谈共享单车运营商,共同商讨“路长制”管理制度,让企业在深入参与,更好的配合和主动做好“路长制”工作。对共享单车泊位进行了“大升级”,组织城管、交警大队、街道、共享单车企业等多部门在完成对主要干道的泊位规划后,进一步将共享单车泊位深入背街小巷,新增泊位7万米,为共享单车停放打造了一套密集的“毛细血管”系统。泊位升级涉及道路80余条,路段300余千米,升级共享单车“电子围栏”系统3万多辆。

【打击毁绿种菜工作】 2019年5月上旬,东湖区城管部门投入执法力量,加大对擅自侵占公共绿地、闲置地的违法行为的打击力度。出动执法人员、干部职工等3000余人次,取缔了青山南路“城中村”大型私垦菜地、赣江带“邮票菜地”在内的10余处违规菜地,总面积6000余平方米,现场清运垃圾20余吨。

【城管环保执法】 9月3日,东湖区城管执法部门针对环保领域的油烟、扬尘、噪音三大问题领域,打造了一套“天眼前端”“手机中端”“智慧末端”的在线智能监测体系。该套体系建立后,执法队员将在工地、餐饮等监测对象周边设立摄像头与电子检测牌,这些“天眼”实时监测扬尘、噪音、油烟指数,并通过电子检测牌向群众公示声音分贝量、扬尘PM2.5数据以供群众监督。同时,所有“天眼”都通过手机APP直接与执法队员连接,便于随时查看环保监测情况,防止有人遮挡、停用前端监测。此“天眼前端”与“手机中端”的数据最终都汇聚于东湖区智慧城管监督指挥中心,通过计算机系统直观的在大屏幕上呈现全区的环保监测情况,及时处理处置各类环保问题。该系统启用后,执法队员的巡查效率从12家/天迅速增加至80家/天,同时环保案件直接由智慧城管下派,不再需经历上报、审核、分派的流程,使执法效率提升了约50%。截至年末,纳入智能环保监测体系的对象已超过600个,福州路、皇殿侧、豫章后街等环保问题多发地段的监控率超过了95%,执法队员还将继续推动这张环保天网织大织密,让环保问题无所遁形。

【“街巷长”制工作】 2019年,东湖区扎实推进“街巷长”制工作。街巷长每日组织对背街小巷市容环境进行巡查,文明规范背街小巷店外经营行为,严格治理乱拆乱建乱倒到丢等市容环境问题,提升背街小巷综合环境。其次,预防问题隐患。截至年底,“街巷长”上任以来,协调城管、交警、园林、市政等部门,综合处理2000余件问题。全区426条背街小巷街巷长进行日常工作,累计处理社区楼道内废弃堆积物955处,整治共享单车乱停放道路603条,清理楼道内小广告100万余处，整治占道经营10562处，整治乱堆乱放乱吊乱挂538处，修复路面破损337处。拆除违章搭建41处。

【打造城管红色驿站】 11月6日，城管红色驿站在建德观西街口投入使用。驿站占地40平方米。设有城管服务导向台，服务人员可通过电子地图，为市民提供各大景点、餐饮、商业街的位置和介绍，便于市民寻路游玩。主房间两旁，休息室、母婴室、充电室依次罗列，失物招领、紧急包扎、雨伞轮椅、便笺纸笔、热饭热水等服务一应俱全，各类介绍党建工作及城市管理行政执法工作的故事、壁画、照片点缀其中。驿站最内部还可免费体验VR设备，通过VR眼镜、头盔感受南昌VR产业的进步和发展。为城管执法队员、环卫工人、过往市民在街头提供“零距离”服务。

【加强施工围挡管理】 2019年，东湖区加大施工围挡管理力度。对地铁施工、洪都北大道九州高架施工、青山北路管廊工程施工等依法依规督促业主按照中长期围挡设置标准予以整改到位，整改长度23000余米；临时性施工、装修施工等全部按照要求更换成绿篱围挡，已整改、规范临时性围挡1000余处，整改长度9000余米。查处未围挡及不规范围挡行政处罚案件226起，处罚金额27.84万元。

（刘秋燕）

城市房产管理

【概况】 2019年，东湖区围绕旧城改造这个中心，紧扣房产管理、物业管理两条主线，推进房产管理各项工作，住房保障工作做到“应保尽保”。

【住房保障工作】 2019年，东湖区按照“应保尽保”工作原则，积极做好各项住房保障工作。全年，共为6029户住房困难群众发放了住房租赁补贴，累计发放补贴1845万元；落实公租房退出机制，加大了公租房资格审查力度，取消不符合公共租赁住房保障资格家庭646户。积极搭建换房平台，共为21户中签户办理了房源调换。推进经济适用住房上市回购工作，共为534户经济适用房中签家庭补缴购房款，办理产权手续。

【房产管理工作】 2019年，东湖区积极克服经济下行压力影响，继续稳步推进非住宅调租工作。及时更新、完善352个直管非住宅店面的租赁管理台账，做到账实相符，真实详尽。全年直管公房收缴租金1504.9780万元；自管产租金收入完成1180万元；行政服务中心窗口共受理审批事项2942件，符合要求并准予许可审批事项2917件，其中房屋装饰装修申报登记1046件，城市房屋（住宅）出租或者转租登记备案审查1843件，城市房屋（非住宅）出租或者转租登记备案13件。

【城市房屋管理领域安全生产工作】 2019年，东湖区加强了对辖区直管D级危旧公房的巡查，及时制订直管危旧房维修工作计划和方案，妥善解决房屋安全和漏湿问题。对毛家园7号附1号、民巷47—49号、叠山路180号等30处危旧房维修。对全区D、C级危房实行24小时监控，对不能整改的及时通知住户撤离。通过做细致入微的工作，较好地维护了辖区危旧房的安全，有效预防和遏制重特大安全事故发生。

【旧城改造工作】 2019年，东湖区旧改工作以土地出让为重点，全年完成了青山南路一号（省监狱局宿舍）地块、青山南路登月食品厂地块、南昌轨道交通4号线（人民公园站、上沙沟站）、临江商务区下沙沟地块（萍乡驻昌办事处）、沙坝巷、汤家园等地块的房屋征收595户、面积6.69万平方米房屋征收工作。尤其是创造了青山南路登月食品厂地块张贴预征收公告一周内100%领取搬迁序号、青山南路一号（省监狱局宿舍）地块张贴房屋评估价当天100%签约兑付的良好成绩。全年积极稳妥处置房屋征迁涉法涉诉案件271件。

【物业管理工作】 2019年，东湖区加强了对辖区内物业管理企业及业主委员会的指导及备案审验工作，有效缓解业主与业委会、物业企业之间的矛盾纠纷，进一步促进物业管理行业规范、健康发展。全年，共受理物业投诉372起（市长热线投诉212起，民声通道投诉3起，市房管局转办件2起，业主电话及上门投诉151起，信访件4起），调解率达100%；全年办理业主委员会备案15个。

【沟管、化粪池清掏作业】 2019年，东湖区房管部门强化辖区直管房产沟管、化粪池清掏作业。全年，共完成网上报修、啄木鸟报修、民生通道、社区、居民电话报修等各类沟管、化粪池堵塞、满溢的报修任务1123处,开挖沟管78处,1170米,新做窨井234座,疏通沟管15300米,清掏化粪池362座,更换、修补盖板218块,清运污物477车。根据辖区沟管化粪池具体情况,有针对性地对一些陈旧老化、问题突出的沟管化粪池进行开挖改造,全年共计改造沟管化粪池78处,投入经费330余万元。

(郑明阳)

消防救援和管理

【概况】 2019年,东湖区不断强化火灾防控工作力度,提高队伍核心战斗力,推进综合应急救援和多种形式消防队伍建设,大力开展消防宣传工作。确保火灾形势总体平稳。全年共接警774起,其中抢险救援出动709起(含抢险救援和增援其他城区),灭火出动65起。全年消防车出动1330辆,出动警力9132人,抢救被困人员277人,疏散人员637人,抢救直接财产价值2140.95万元,为全区经济社会发展创造了和谐稳定的消防安全环境。

【消防救援队伍思想政治建设】 2019年,东湖消防大队党委坚持把思想政治建设摆在首位,深入学习践行习近平总书记训词精神,确保始终在党的绝对领导下砥砺前行。对标上级党委部署要求,多措并举推进"不忘初心、牢记使命""学训词、铸忠诚、创新业、立新功"主题教育,组织开展总书记授旗致训词一周年系列纪念活动和"践行训词、转型升级、从我做起""牢记训词精神、践行初心使命""消防执法改革当排头""从哪里来、到哪里去,为什么人、担什么责"大讨论等主题实践活动。同时,利用"学习强国"手机APP,认真开展学习习近平新时代中国特色社会主义思想和习近平总书记关于应急管理、公共安全、防灾救灾减灾的重要论述。面对改制第一年,为切实加强队伍思想政治工作,确保队伍高度安全稳定,大队扎实开展思想摸排,逐一建立了谈心笔录,以每周必谈的形式开展"面对面"谈心谈话120余人次,不断打牢了队伍听党指挥、履行使命的思想政治根基。

【执勤训练工作】 2019年,东湖消防大队严格按照《执勤训练工作计划》,立足综合性应急救援主力军国家队的职能定位,遵循战斗力标准,聚焦打赢,坚持练体能、练技能、练指挥、练战术、练协同、练保障,推动救援"理念、职能、能力、装备、方式、机制"转型升级,实现"精准、高效、安全"救援,不断提升综合应急救援能力。大队定期分析训练形势,认真研究和解决训练中的倾向性问题,大力加强训练中的思想政治工作,开展多种形式的小比武、小会操、竞赛活动,有效地调动了消防队员的训练热情,利用"班对抗、周考核、月竞赛"充分提升训练效果。在训练上骨干始终走在队伍前面,身先士卒、科学筹划,大大增强了消防队员的身体素质。

【严格消防执法】 2019年,东湖消防大队严格按照《2019年深化消防安全专项整治行动工作方案》和《防风险保平安迎大庆消防安全执法检查专项行动》通知要求,突出以"查大风险、除大隐患、防大事故"为工作重点,结合东湖区实际,根据整治内容和工作职责,紧紧围绕商场市场、宾馆、饭店、公共娱乐场所、学校、医院、养老机构等人员密集场所和易燃易爆危化品场所以及居民小区住宅,群租房,高层建筑、文物古建筑等重点区域和场所,有力的查处了一批火灾隐患、整改了一批火灾隐患、打击了一批违反消防法律法规的行为。严格落实重大火灾政府挂牌督办制度,提请区政府对存在重大火灾隐患的南昌市中山商务中心进行挂牌督办,并多次联合街办、派出所开展联合检查,约谈单位负责人,要求切实制定整改方案、落实整改资金、确定整改限期等,全力确保整改工作顺利完成。同时大力推行实践"双随机、一公开"消防监管工作,积极探索消防执法改革新路子,创新工作举措,坚决按照上级的部署要求,深入推动消防执法改革。全年,大队共检查单位4767家,发现火灾隐患4866处,整改火灾隐患4366处,下发责令限期改正通知书4287份。下发行政处罚决定书259份,下发临时查封决定书108份,责令"三停"16家。拘留42人。

【公安派出所消防工作】 2019年,东湖消防大队落实公安派出所月消防工作例会制度、落实监督干部挂点指导检查公安派出所工作制度。5月中旬，东湖消防大队对各派出所分管领导、专兼职消防民警和驻社区（村）民警集中开展了消防业务知识培训，重点加强了对消防民警的培训，规范派出所消防执法行为，对派出所法律文书的下达，行政处罚的审批和职责划分进行了规范。通过加大对派出所的消防监督力度，派出所消防工作逐步走向正常化和规范化，社会消防环境大大改善。

【消防宣传培训】 2019 年，东湖区强化消防宣传培训。以"一警六员"为主线，按分析研判重点行业、重点区域和重点场所，倒推制定宣传计划。开展"3·15"国际消费者权益日、"5·12"全国防震减灾日、"119"消防宣传月及安全生产、综治宣传月等消防宣传活动，接待参观学习群众 3000 余人次。在日常宣传工作中，持续加强对重点单位员工的宣传教育培训，大队指战员和宣传人员定期上门走访社会单位，对辖区各单位开展消防安全培训 300 余次，培训人数 7000 余人。同时充分发挥区消委会的协调、督办、考核职能，推动行业部门制定下发行业系统消防基本技能实操实训工作方案，将实操实训工作纳入日常检查范畴。2019 年，全区培训合格人数 7378 人，培训进度已完成 210.8%，培训人数在全市各大队中排名第一。其中数起初期火灾，是经过培训的群众自行扑灭，有效地提高了辖区火灾防控能力。

2019 年东湖区分区域火灾综合情况表

表 8

项目		火灾数(起)	死亡(人)	受伤(人)	直接财产损失(元)
合计		65	0	0	818200
东湖区	八一桥街办	12	0	0	192000
	豫章街办	4	0	0	63100
	墩子塘街办	4	0	0	204000
	百花洲街办	10	0	0	117600
	公园街办	0	0	0	0
	董家窑街办	12	0	0	86300
	彭家桥街办	6	0	0	41000
	滕王阁街办	7	0	0	51200
	贤士湖管理处	1	0	0	3000
	大院街办	0	0	0	0
	扬子洲镇	9	0	0	60000
	扬农管理处	0	0	0	0

2019 年东湖区月季火灾综合情况表

表 9

项目		火灾数(起)	死亡(人)	受伤(人)	直接财产损失(元)
合计		65	0	0	818200
一季度	1月	3	0	0	42000
	2月	4	0	0	24200
	3月	3	0	0	4500
	小计	10	0	0	70700

续表 9

项目		火灾数(起)	死亡(人)	受伤(人)	直接财产损失(元)
二季度	4 月	5	0	0	8400
	5 月	6	0	0	209500
	6 月	2	0	0	7000
	小计	13	0	0	224900
三季度	7 月	7	0	0	109000
	8 月	8	0	0	110400
	9 月	10	0	0	86700
	小计	25	0	0	306100
四季度	10 月	7	0	0	129000
	11 月	5	0	0	42000
	12 月	5	0	0	45500
	小计	17	0	0	216500

(白　云)

城市交通管理

【概况】 2019 年,东湖区紧密结合“美丽南昌·幸福家园”环境综合整治行动,扎实推进城市交通管理工作。东湖交警大队紧扣公安交管主责主业,抓秩序促党建、抓隐患防事故、抓建设强正规,荣获江西省公安厅集体嘉奖一次,大队民警 26 人次荣获省市级荣誉。

【强化政治建警】 2019 年,东湖交警大队加强政治站位,多次层级动员、部署,成立了主题教育领导小组,坚持首位首抓,制定下发了一系列“不忘初心、牢记使命”主题教育工作方案,通过集中学习、参观见学、读红色家书、“三会一课”等形式,扎实推进各项党建活动,坚定新时代中国特色社会主义思想,有力有序推进主题教育活动的纵深开展。加强主题教育学习。大队党总支书记及各支部书记授课 30 余次,以集中培训与自学相结合,每个党员基本学习时间都在 300 个小时以上;开展扫黑除恶行动。排查酒店、客货运企业、娱乐场所、医院 68 处,出动警力 520 余人次,整治 138 次;摸排私设停车场 14 个,其中 8 个私自收费;摸排私设泊位 22 处,其中 7 处存在私自收费,均作为扫黑除恶线索抄告辖区派出所;收到移交线索 2 条,针对移交的五月花、东方魅力娱乐场所的相关线索进行核查,加强业务监管,立整立改;开展纪律作风教育整顿。及时传达部署纪律作风教育整顿工作,统一思想、提高认识,成立大队作风纪律教育整顿工作领导小组,制定下发《东湖大队开展纪律作风教育整顿工作方案》,传达到全体民警;对照整顿内容进行逐一查摆,强化监管力度。

【网格化勤务改革】 2019 年,东湖交警大队大力推行以网格化勤务改革为抓手,以文明创建工作为契机,由被动管理变主动创新,实现“两变”。一是变被动配合到主动联勤,创新综合整治新机制。改变以往辖区交警中队与街办社区沟通不畅,工作协调性不强局面,网格民警积极对接街办社区,参加街办社区综治例会,参与网格化辖区综治工作;联合街办社区综治力量,联手推进“五车”、“僵尸”车清理、泊位施划、交通设施完善等工作;二是变敷衍治表到精细管理,营造背街小巷新环境。改变以往背街小巷交通组织方式不明确、不规范局面,征求背街小巷单位、居民代表意见,明确交通组织方式,施划泊位,完善交通设施,强化巡逻管控力度。全年,根据路口条件,增设了 6 个路口渠化停车线等候区;象叠岗西北角、东南角设置非机动车待转等候区,引导因信号灯、机非交叉产生的路口滞留非机动车进入非机动车待转等候区;施划农贸市场周边各类标线5000余米,施划免费停车泊位1700余个。

【科技兴警】 2019年,东湖交警大队加大查缉布控力度,应用人脸识别系统。抽调骨干民警8人,设置24小时分析研判岗位,落实信息化勤务机制。全年,查缉布控车辆735辆,人脸识别查获348起;利用视频监控系统助推交管工作提质增效。在省人民医院南、北门及周边道路视频监控投入使用,实现"情指勤督"智能警务的高效管理。使用以来,抓拍违法乱停车辆500余起,有效净化省人民医院周边道路交通秩序;主动发现道路交通事故30余起,排除市政清洗、洒水车等对通行影响30余次;互联网在线辅警版、当事人版事故处理APP应用,组织召开推广事故处理辅警版APP应用,推动各中队加强培训和指导,提高路面交通事故快处率。全年,应用APP处置简易交通事故2904起;以形成长效为目标,扩大大队自媒体影响力。

【强化干警培训】 2019年,东湖交警大队组织法制培训3次,邀请法制案审大队骨干讲课,全队民警200余人次参加培训每日进行视频查勤一次,路面查勤1—2次,及时督导路面管理工作开展;各中队每月安排培训计划,加强辅警培训,训练站姿站位,强调文明规范执勤。引导路面管理工作紧紧围绕工作重点、管理难点,时时发现,实时调度部署,结合当日工作任务数据、执勤执法工作状态进行日通报,激励先进,鼓励落后,每周梳理、部署工作重点,进行阶段性小结,及时讲评。

2019年东湖区道路交通事故一览表

表10

项目	次数(次)			死亡人数(人)			受伤人数(人)			经济损失(元)		
	数量	比2018年增减	增加(%)	数量	比2018年增减	增加(%)	数量	比2018年增减	增加(%)	数量	比2018年增减	增加(%)
东湖区	34	-12	-26.09	12	0	0.00	23	-17	-42.5	126861	17261	15.75

(邓　武)

社会管理和服务

综　述

2019年，东湖区坚持民生优先导向，大力兴办民生实事，不断健全公共服务体系，有力地促进了经济持续健康发展和社会大局和谐稳定。

全区财政投入民生资金20.46亿元，同比增长16.3%，占一般公共预算支出比重达到70.8%。加强民生补短板。深入推进居家养老志愿服务“时间银行”总（分）行建设。创新开展“时间银行·幸福食堂”服务，重点保障空巢、独居、失能等困难老年人用餐问题。融合养老、文体、医疗、教育、商业等功能为一体的首批9个“1+5+X”社区邻里中心在小金台、芭茅巷等社区成功打造，并在全区推广。顺利完成上沙窝农贸市场升级改造，建成品质优、功能全、环境好的七里嘉和农贸市场；戴家巷社区便民服务中心被国家商务部评为首批已建成城乡便民消费服务中心。加固保障兜底线。城镇新增就业人数9242人，“4050”人员再就业人数1670人，零就业家庭安置率100%；城镇基本医疗保险参保19.4万人，工伤保险参保人数1.56万人，参加基本养老保险人数达5.6万人，累计发放养老金6.4亿元。聚焦“两不愁、三保障”，精准推进城镇脱贫解困工作，将2228户城镇贫困群众纳入脱贫解困对象，累计发放资金3118.8万元；将6785名困难企业职工全部纳入城镇职工医疗保险范围，为全区3310名城镇贫困群众购买重大疾病医疗补充保险。

（区史志办公室）

人力资源和社会保障

【概况】　2019年，东湖区坚持“民生为本，人才优先”工作主线，始终把保障和改善民生作为一切工作的出发点和落脚点，始终把推进改革创新作为发展根本动力，努力打造阳光人社、服务人社、数字人社，做实施人才战略的重要推动者、改善民生的重要承担者、社会保障的重要建设者、社会稳定的重要守护者、队伍建设的重要示范者。

【农村妇女“小儿推拿”技能培训班】　3月8日，东湖区举办农村妇女“小儿推拿”技能培训班开班仪式，来自全镇农村女性共计40余人参加了此次开班仪式。此次培训主要针对镇内农村户籍，具有提升从业技能意愿的农村女性进行培训。采用集中授课的方式，将有专业资质的讲师授课并提供实习体验，经过考试后可获得相应职业资格证书，帮助农村女性就业人群实现更高质量的就业。

【就业脱贫解困工作】　2019年，东湖区深入开展就业脱贫小组进基层调研活动。全力以赴做好失业保险稳岗补贴工作，帮助困难企业稳定就业岗位，在一定程度上更好地发挥失业保险预防失业、促进就业的功能和作用，促进经济平稳发展，发放稳岗补贴及技能提升补贴金额共计4.15万元；组织开展“就业援助月”活动，活动期间，全区共走访就业困难人员家庭300户，通过政府公益性岗位安置就业困难人员85人，为1884人次灵活就业困难人员发放社保补贴76.78万元。

【“春风行动”大型就业服务活动】　3月12日，东湖区在樟树林文化广场开展“春风行动”专项招聘活动。活动邀请了64家用工单位参加，提供就业岗位3200个，成达意向有106人。通过本场招聘活动，增进农民工等服务对象对就业政策和服务措施的了解，让符合条件的都能享受就业创业扶持政策；使农民工等服务对象都能得到就业服务和创业服务，让有用人需求的企业得到便捷有效的用工服务。

2019年3月12日，东湖区举办“春风行动”专场招聘会

【“人才留赣”大型专场招聘会】 3月22日，东湖区在南昌工学院举办“高校毕业生人才留赣”大型专场招聘会。此次活动以“高校毕业生人才留赣暨就业指导培训”为主题，旨在通过精准招聘，为江西留住技术专业人才，达到企业与大学生供需“双赢”提供有效平台。活动精筛细选出120家用工单位参加，提供适合毕业生工作就业岗位5800个，吸引了毕业生3000余人参加，800余人达成岗位意向，500余人报名参加了就业创业指导培训。

【全面落实公益性岗位签约工作】 4月9日，东湖区举办“2019年东湖区公益性岗位专场招聘会”签约活动。此次专场招聘活动共拟岗85个，其中以后勤人员、协管、基层服务等非营利性公共管理和社会公益性服务岗位，进场招聘的有东湖区疾病预付控制中心、市第二中西结合医院、街办等15家用工单位，符合就业条件的招录人员将签订劳动合同，并且支付工资不低于全市最低1680元工资标准。

【“大学生面试沟通技巧”职业指导活动】 2019年，东湖区就业局在南昌工学院举办“大学生面试沟通技巧”职业指导活动，参加培训学生有400人。邀请应用心理硕士、国家二级心理咨询师授课，职业指导主要是讲解面试基本礼仪、面试技巧、面试禁忌、常见问题如何回答、如何缓解紧张情绪。通过职业指导，全面提升就业面试综合能力，有效提高大学生就业率。

【创贷业务技能练兵比武】 6月1—2日，东湖区创业担保贷款中心参加2019南昌市创业担保贷款业务技能练兵比武竞赛。凭借着不懈的努力，一路过关斩将，经过激烈的角逐，勇夺团体赛一等奖。通过此次练兵比武，营造出全区创业担保贷款工作人人参与、人人比武、人人提升业务技能的良好氛围，并将掀起全区创贷工作新高潮。

【养老保险征缴工作】 2019年，东湖区城镇职工基本养老保险参保人数28477人，完成任务的100.3%，基金征缴13660万元；退休人数16265人，共支付养老金和丧抚费46212万元，支付率100%。机关事业单位养老保险参保人数8071人，完成任务的103%，基金征缴8245万元；退休人数3306人，共支付养老金16590万元，支付率100%。城乡居民基本养老保险参保人数19902人，基金征缴375万元；待遇领取人数5712人，支付金额815万元，支付率100%。

【社会保险费率调整】 从2019年5月1日起，东湖区对全区城镇企业和机关事业单位缴纳养老保险费费率进行了下调，企业单位缴费从19%下调至16%，机关事业单位缴费从20%下调至16%，大大减轻参保单位的缴费负担。

【机关事业单位养老保险制度改革】 2019年，东湖区顺利完成机关事业单位养老保险基金收支结算工作。对全区机关事业单位2014年10月至

2018 年 12 月职业年金进行了征收,并按规定归集至省社保中心专户。

【退休人员养老金待遇调整】 2019 年 7 月,东湖区全面完成年度企业和机关事业单位退休人员养老金调待工作。其中企业调待 15406 人,补发 1—7 月调资额 1333 万元,机关事业单位调待 3224 人,补发 1—7 月调资额 374 万元。

【推进社会保障卡发放工作】 2019 年,东湖区印发《东湖区关于加快推进社会保障"一卡通"应用工作实施方案》,加快推进全区社会保障卡综合应用;从人社领域层面上,制定《关于加快推进东湖区人社领域社会保障"一卡通"应用工作的通知》,进一步提升社保卡"一卡通"管理、服务及应用水平,加强对相关工作的组织领导和统筹协调。引入第三方金融合作机构,在区行政服务中心业务经办大厅专设 3 个领卡及新制卡窗口接待群众,通过现场咨询答疑解惑,发放宣传单等形式,向老百姓宣传社保卡的功能和作用,取得很好的效果。

【养老保险脱贫解困工作】 2019 年,东湖区开展社会保险脱贫解困政策宣传工作,促进困难人员应保尽保,截至年底,共为 1572 位贫困人员代缴城乡居民养老保险。

(喻伟文)

医疗保障

【概况】 2019 年,东湖区坚持全覆盖、保基本、可持续,织密织牢全民医疗保障网。坚持尽力而为、量力而行,积极推进区域医疗保障事业发展新局面,努力提升广大群众获得感。

【东湖区医疗保障局挂牌成立】 1 月 7 日,东湖区将区人力资源和社会保障局的城镇职工和城镇居民基本医疗保险、生育保险职责,区发展和改革委员会的药品和医疗服务价格管理相关职责,区民政局的医疗救助职责等整合,组建区医疗保障局,作为区政府工作部门,为正科级。核编 4 人,实有在编 4 人。下设办公室、财审科、医药和基金监管科、医保综合业务科四个科室。东湖区医疗保险事业管理局为区医疗保障局下属全额拨款事业单位,核编 15 人,实有在编 15 人。

【医疗保险征缴工作】 2019 年,东湖区城镇职工基本医疗保险参保 21922 人,基金征缴收入 6780.58 万元,其中:统筹基金收入 2553.74 万元,个人账户收入 1217.44 万元。城乡居民基本医疗保险参保 172034 人,基金征缴收入 12958.07 万元,其中个人缴费收入 2724.08 万元;中央财政补助资金 5456 万元;省级财政补助资金 2508 万元、市级财政补助资金 304.54 万元、区级财政补助资金 1653.27 万元、利息收入 312.18 万元。生育保险参保 2266 人,基金征缴收入 61.20 万元。降低职工基本医疗保险、生育保险缴费基数,由城镇非私营单位就业人员月平均工资的 6566 元调整为至全口径城镇单位就业人员月平均工资 5703 元,提高中小微企业员工、灵活就业人员和新业态从业人员的参保积极性。

【困难企业职工医疗保障】 2019 年,东湖区贯彻落实深化医药卫生体制改革。将区属国有及国有控股已关闭破产改制企业退休人员、连续停产停业一年以上的国有困难企业、城镇困难大集体企业 63 家,职工 6785 人全部纳入城镇职工医疗保险范围,保障其基本医疗待遇,做到应保尽保。

【医疗救助工作】 2019 年,东湖区为全区 3310 名城镇贫困群众购买重大疾病医疗补充保险,并实行动态管理,确保城镇贫困患者最终实际报销比例达到 90%。将城镇特困人员纳入医疗救助筹资人群范围,将城镇支出型贫困低收入人员纳入医疗救助范围。对城镇贫困群众政策范围内的医疗费用,在现行救助比例的基础上提高 5 个百分点。合理设置支出型贫困低收入家庭大病患者自负医疗费用救助起付线。2019 年,东湖区实施住院救助 1943 人次,门诊救助 11007 人次,已完成医疗救助 655.45 万元。

【深化"放管服"改革优化营商环境】 2019 年,东湖区强化服务窗口作风建设,通过不断建立完善各项规章制度,取消不必要的证明材料,积极推进"一次不跑"和"只跑一次",促进医疗保障各项工作高效地开展。改变过去排外(排除第三方责任)需要参保人在单位或者社区盖章证明后交至医保局审核,参保人只需要住院时在医院填写承诺书;简化特种病申报程序,恶性肿瘤、肾功能衰竭血透腹透等慢性门诊病种,参保人可直接在医院申请审核，由医院将审核结果报至医保局，不需要前往医保局窗口申请；实行异地就医备案制，不再需要定点医院审核，需转至异地就医的参保人员可将通过电话、邮箱进行备案，2019 年东湖区 652 名参保人员办理异地转诊、87 名参保人员办理异地安置。

【医疗保障基金安全防控机制】 2019 年，东湖区建立健全医保经办机构与医疗机构、药品供应商的谈判机制，加强定点零售药店的日常规范医保刷卡检查和对定点医院的日常稽核工作，确保医疗保障资金合理使用、安全可控。推进医疗、医保、医药“三医联动”改革，更好保障人民群众就医需求，减轻医药费用负担。

【打击欺诈骗取医疗保障基金专项行动】 2019 年，东湖区完善智能监控体系，加大日常监管力度，努力实现监督检查全覆盖、日常稽核全贯穿，力争在医保基金监管乃至整个医疗保障工作上，打造更多的“东湖模式”。为切实强化医疗保障基金监管，整顿规范医疗保障运行秩序。按照国家、省、市医保部门统一部署，东湖区医疗保障局专门成立了稽核工作小组，对辖区内的 15 家医院、22 家卫生诊所及 121 家药店进行了检查，并发放了 400 张宣传单，对已发放宣传单的药店进行了回头看。根据群众举报线索积极开展稽核行动，发现问题医院 3 家（南昌东大肛肠医院，南昌市十二医院，江西省水利水建医院），责令整改后并对以上 3 家违规定点医药机构处罚，合计处罚金额 7.08 万元，切实维护了东湖区参保人员的医疗合法权益，为东湖区医疗专项资金的合法使用提供了强有力的保障。

【医保政策秋冬宣传月】 11 月，东湖区开展“医保政策咨询月”、医保政策“五进”秋冬宣传系列活动。医保政策宣传活动现场，工作人员采取生动、有针对性的宣传方式，向干部、群众详细讲解了医保相关政策和办理流程，并就“职工医保待遇”“居民医保”“普通门诊统筹”“打击欺诈骗保”等常见问题做了重点解答。同时结合文明创建活动，开展了医保政策入户宣传。宣传活动共计发放资料 1000 余份。通过医保政策进机关、进乡村、进社区等的宣传，让医疗保障政策更加贴近群众、惠及百姓，切实让参保群众听明白、会办理，不断增强参保群众的获得感，为推动东湖区医疗保障事业高质量发展营造良好的社会环境和舆论氛围。

2019 年 11 月 12 日，东湖区举办医保政策秋冬集中宣传活动

【城乡居民普通门诊统筹签约启动仪式】 11月12日,东湖区医疗保障局联合区卫健委在胜利路步行街明秀广场举行东湖区城乡居民基本医疗保险普通门诊统筹签约启动仪式。南昌市医疗保障局副局长涂小凤、南昌市医疗保障局待遇保障处桂芸处长出席仪式,区政府副区长童萍如宣布东湖区城乡居民基本医疗保险普通门诊统筹签约工作正式启动。截至12月底,全区共有10家定点医疗机构、4200多名群众参加南昌市城乡居民普通门诊统筹签约。

(胡　晨)

民政事业

【概况】 2019年,东湖区坚持以人民为中心,践行"民政为民、民政爱民"工作理念,教育引导广大党员干部牢固树立宗旨意识,切实站稳群众立场,强化担当作为,改进工作作风,聚焦脱贫攻坚、聚焦特殊群体、聚焦群众关切,着力抓好居家养老志愿服务"时间银行"、社区邻里中心建设、城镇脱贫解困等重点工作,扎实做好服务群众和改革发展的各项工作,不断增强人民群众的获得感幸福感安全感。

【深化居家养老志愿服务"时间银行"工作】 2019年,东湖区将"时间银行"工作列为全区十大民生实事项目。着力强化夯实硬件基础、完善软件功能、加强队伍建设三方面工作。以夯实硬件为基础,加强"时间银行"总行建设。对总行进行全面装修,设立接待区、志愿者之家、健康驿站、支行业务办理区,具备统筹管理、服务引导、政策推广和宣传推介等四大功能;以完善软件功能为抓手,着力提高应用水平。将"时间银行"手机APP与微信公众号的功能进行衔接,与总行硬件建设配套。新增用药提醒、个人健康档案、一键求助等服务功能,实现手机端对工单发布、过程监管以及时间币兑换等管理功能,利用动画小视频、H5和微信公众号等新媒体扩大其宣传和影响力度;以加强队伍建设根本,不断深化志愿服务。共招募"时间银行"志愿者7202人,其中登记注册5166人,登记注册志愿服务团队共39个,形成了具有一定规模志愿服务队伍,共开展公益为老活动4741次,志愿服务累计时长达11.7万小时,开展志愿者专业培训20次,培训合格志愿者共1650人。评选出最美志愿者5人,星级志愿者共108余人,获得了良好的口碑。

【城镇脱贫解困攻坚战】 2019年,东湖区瞄准脱贫解困三年攻坚战突出问题和重点任务,以精准认定、精准施策、精准救助为抓手,聚力攻坚,强化保障。多措并举多管齐下,实现精准认定。结合家庭经济核对信息平台,引入第三方评估,对全区特困人员(含孤儿)、最低生活保障对象、支出型贫困低收入家庭,逐一上门入户采集基本情况、致贫原因、帮扶需求等信息,精准认定把好"入口"。至年底,共采集城镇贫困群众2228户3323人。建立和完善科学退出的"出口"机制做到"应退尽退",全区停发低保家庭296户468人,特困人员停发11人;坚持动态管理,助力精准施策。对于脱贫状况不稳定的家庭,做到动态跟踪实施延退政策。对于通过自身无法脱贫的家庭,逐步提高保障水平;实施社会救助,兜住脱贫攻坚底线。全面落实贫困群众基本生活兜底保障和提标提补政策,低保标准提高60元达670元,特困人员供养标准提高82元达875元,孤儿生活费提高80元达880元。截至12月,全区累计发放低保金2974.3万元人均补差554元,发放特困人员供养救助金144.5万元,孤儿生活费12.97万元,临时救助金63.49万元,有效实现了贫困群众兜底保障。

【推进社区邻里中心建设】 2019年,东湖区根据全市统一部署,突出东湖特色亮点,加快建设步伐,建成了首批布局合理、功能完善、服务有序的社区邻里中心。成立了区社区邻里中心领导小组,出台《东湖区关于加快推进"1+5+X"社区邻里中心建设的实施方案》等规范性文件,将全区98个社区优化调整为90个社区,9个社区邻里中心全部建设完成并投入使用。整合资源,努力完善"5"项服务。利用社区现有"5项"资源,精心打造社区邻里中心的养老服务站、幼儿园、卫生服务站、生鲜便利店、文化服务中心等服务平台,形成15分钟社区生活圈。创新特色,不断丰富服务内容。融入志愿服务,每个社区邻里中心均建立"时间银行"开展结对帮扶为老志愿服务;实施课后托教，每个社区邻里中心均开设了“三点半课堂”解决家长们的后顾之忧；开展“时间银行·幸福食堂”配餐送餐服务，解决老人用餐难问题；引进生活超市为社区居民群众提供品种繁多、价格亲民的商业配套服务；引入章金媛爱心奉献团、德济爱民公益协会等社会组织开展关爱空巢老人、失独家庭活动。

【加强基层民政能力建设】 2019年，东湖区按照省民政厅、市民政局部署要求，从健全工作机构、落实工作经费、改善工作环境入手，着力夯实基层民政工作基础，提升基层民政工作整体水平。出台《东湖区关于进一步加强基层民政能力建设的实施方案》，明确各镇(街道、管理处)民政所机构编制人员数量、办公场所面积、办公经费标准以及办公设施要求，使基层在推进民政能力建设过程中有据可依。在每个村(居)落实了1名民政协理员、1名儿童保护工作人员，解决了人少事多的难题。加大民政事业投入，确保政府对民政事业的投入与经济社会发展同步增长，民政经费支出在各级财政支出中的比例逐步提高。明确镇(街、管理处)每年按辖区户籍人数足额列支了民政工作经费，户籍人口2万人以下的按每人每月不低于0.28元的标准安排，2万—5万人的按每人每月不低于0.22元的标准安排，5万人以上的按每人每月不低于0.18元的标准安排，保障了基层民政工作的正常开展。健全完善工作机制和环境。全区所有民政所有足够办公用房，按照民政工作标准化、规范化、信息化、专业化的要求，配齐办公设备，接入“江西数字民政”系统，切实改善基层民政工作条件，提升基层民政管理服务效能。

【开展城企联动普惠养老专项行动】 2019年，东湖区坚持“政府支持、社会运营、合理限价”原则，积极引入有实力肯担当的养老企业运营辖区内居家和社区养老服务设施，并按约定承担公益，深入开展城企合作。经与多家企业洽谈，确定将江西天同老龄产业发展集团有限公司作为与东湖区养老战略的合作单位。

【开展“幸福食堂”服务】 2019年，东湖区为保障空巢、独居、失能等困难老年人用餐问题，采取“政府补一点、老人出一点、社会捐一点”方式，在全区推动开展“幸福食堂”服务，利用社区养老服务机构作为老人助餐配餐点，鼓励有资质的餐饮企业、物业服务企业、社会组织参与助餐配餐送餐服务。至年底，全区有彭家桥街道文教路北社区，董家窑街道豆芽巷等7个幸福食堂正式运营，让辖区老人在“幸福食堂”感受到“幸福”的味道。

【推进民政领域扫黑除恶专项斗争】 2019年，东湖区全面推进民政领域扫黑除恶专项斗争决策部署，认真实施“基层政权建设、社会救助、养老服务、殡葬管理、社会组织管理”5个领域专项整治行动，为打赢扫黑除恶专项斗争贡献“民政力量”。紧盯利用家族、宗族势力操纵村民委员会选举，横行乡里的“村霸”等黑恶势力，深挖基层党员干部涉嫌参与黑恶势力、充当“保护伞”等重点内容，把摸排工作与“两委”换届选举工作“回头看”相结合，对“两委”班子成员重新“过筛子”，再次“全面体检”。加强刑满释放人员的社会救助工作，按程序纳入最低生活保障或特困人员救助供养范围，并给予医疗救助或临时救助，保障其基本生活，防止重新走向违法犯罪。加强养老机构领域非法集资排查，对辖区养老机构进行拉网式排查，对养老机构领域非法集资行为的新动向和新情况，及时会同相关部门向社会发布风险提示公告。围绕殡葬领域损害群众利益的突出问题，加大打击惩处力度，重点惩处阻碍或鼓动村民阻碍坟墓迁移工作的违法违规行为，形成有效震慑。多措并举，有效治理“三沿五区”乱埋乱葬问题。加大对非法社会组织打击力度，依法处理未经过行政审批部门或民政部门登记，擅自以社会组织名义开展活动，以及被撤销登记后继续以社会组织名义活动的组织。

（邓建平）

退役军人事务

【概况】 2019年，东湖区认真贯彻落实中央、省、市退役军人事务管理相关法律法规和政策。坚持以服务退役军人为中心，全面开展就业创业扶持、优抚帮扶、走访慰问等工作，切实增强广大退役军人和其他优抚对象获得感幸福感尊崇感，不断推进退役军人事务工作又好又快发展。

【退役军人事务局挂牌成立】 2月,根据《南昌市东湖区退役军人事务局职能配置、内设机构和人员编制规定》组建东湖区退役军人事务局挂牌组建,为区政府正科级工作部门,下设办公室、思想政治和权益维护科、拥军优抚褒扬科、安置就业军休科4个内设机构和东湖区退役军人服务中心1个正股级公益一类全额拨款事业单位。

【区委退役军人事务工作领导小组成立】 4月,东湖区成立由区委书记任组长,区委副书记、区政府区长,区委常委、政法委书记,区委常委、人武部长,区政府副区长、东湖公安分局局长和区政府分管副区长任副组长,27个成员单位主要领导为组员的区委退役军人事务工作领导小组,下设办公室和秘书科,对全区的退役军人事务工作形成了有力的组织领导。

【强化制度建设】 2019年,东湖区召开了区委退役军人事务工作领导小组第一次全体会议。会议审议通过了《中共东湖区委退役军人事务工作领导小组工作规则》《中共东湖区委退役军人事务工作领导小组办公室工作细则》《中共东湖区委退役军人事务工作领导小组成员单位联络员制度》《中共东湖区委退役军人事务工作领导小组2019年工作要点》,全面规范运行机制,并为年度工作指明了方向。印发了《东湖区退役军人服务中心(站)建设和工作规范》,对区、镇(街道、管理处)、社区(村)三级服务中心(站)的工作原则、主要职责、工作制度和服务标准做了统一规范,为开展工作提供了根本遵循。

【健全退役军人服务保障体系】 2019年,东湖区坚决贯彻落实习近平总书记“有编制、有机构、有人员、有经费、有保障、全覆盖”要求,对标对表省市关于服务保障体系建设的指示精神,全区共组建了1个区退役军人服务中心、12个镇(街道、管理处)退役军人服务站、110个村(社区)退役军人服务站。按照顶格配置落实了区退役军人服务中心、镇(街道、管理处)退役军人服务站人员编制。先后投入240余万元用于区服务中心房屋租赁、装修改造和内部配套建设。各镇(街道、管理处)都能克服困难,挤出专门场所、抽调专门人员、投入专门资金加强服务站建设,全区的服务保障体系建设取得了阶段性成果。

【省双拥模范城创建工作】 2019年,东湖区积极开展创建全省双拥模范区“八连冠”工作,制定《东湖区创建全省双拥模范区“八连冠”工作考核标准》及任务分解表,实时召开动员部署会和推进会,全面部署创建工作。

【优抚政策落实工作】 2019年,东湖区全面落实各项拥军优待抚恤政策,为各类优抚对象发放定期抚恤补助资金1092.3万元,发放公益性岗位工资260.9万元,一次性抚恤213.4万元,发放医疗补助金41.4万元。持续开展退役军人和其他优抚对象信息采集工作,2019年共采集信息21985人次。扎实做好光荣牌悬挂工作,及时召开动员部署会和启动仪式,严格落实光荣牌悬挂工作制度,认真核准悬挂对象身份,全年共悬挂光荣牌21570余张。严格落实送立功喜报政策,共为2名立功受奖现役军人家庭送去了喜报和慰问金。广泛开展走访慰问活动,春节、“八一”中国人民解放军建军节、国庆三节,对驻区部队、重点优抚对象和特困退役军人开展了普遍走访慰问,共投入资金150余万元。

【退役士兵社保接续工作】 2019年,东湖区稳步推进部分退役士兵社保接续工作,成立了工作推进领导小组和工作专班。先后三次举办专场培训会,对多名业务人员进行政策解读和现场指导。全方位扩大宣传,确保政策人人皆知。严格执行中央政策规定,确保上下一致,标准统一。深入研判风险,全面分析可能存在的问题隐患,制定《社保接续重大风险防范化解工作方案》。

【军队退役人员安置工作】 2019年,东湖区共完成89名退役人员档案的接收、审查、登记及岗位安置工作。高标准完成军转干部、符合岗位安置退役士兵的移交安置任务。发放2018年度退役士兵自主就业和自谋职业等补助金133.65万元,输送多名退役士兵参加免费职业教育和技能培训。举办“2019年东湖区退役军人创业就业服务专场招聘会”,有效助力退役军人实现就业。

(刘　淅)

教 育

综 述

2019年，东湖区教育工作在深化改革的基础上，积极探索“高质量”发展新思路，将2019年定位于“质量提升年”，始终坚持立德树人根本任务，不断丰富拓展育人途径，在夯实“学在东湖”品牌基础上，进一步革故鼎新深化“两化两力”办学改革，全面纵深推进品质课程建设，狠抓教育教学质量工作，不断夯实“学在东湖”品牌内涵。迎接县(市、区)2018年度党政领导干部履行教育职责督导评价，再获优秀等次；全省“教育发展”考评连续三年蝉联南昌市第一；在区委7月公布的2018年度全区高质量发展目标管理绩效考核中区教科体局荣获综合优秀奖。大力推进全国首批义务教育质量监测结果应用实验区工作；在全国义务教育质量监测结果应用成果交流会上作典型经验发言；圆满完成2019年国家义务教育质量监测工作，得到国家巡视专家组高度肯定。东湖区被省政府授予“推进义务教育基本均衡发展积极贡献集体”荣誉称号；代表江西迎接教育部组织开展的“落实全教会　奋进迎华诞”1+1系列发布采访活动，多项举措被多家主流媒体报道，并重磅推出《东湖区义务教育均衡发展故事集》，在全市唱响教育均衡春天协奏曲。

截至2019年底，东湖区共有区属义务教育学校20所(其中九年一贯制教育集团1个、学校6所，小学教育集团2个，学校11所)，在校学生25167人，教学班566个；有特殊教育学校1所，在校学生243人；有青少年宫1所、教研中心1所，在校学生25167人。全区现有幼儿园(保育院)55所，其中公办园31所、民办园24所(含普惠性园18所)，在园幼儿12089人，教学班432个。全区拥有优秀省级示范园5所，省级示范幼儿园9所，市级示范幼儿园4所，列全省各县区之首。全区现有在职教师1750人，其中全国优秀教师4人，省特级教师6人，省学科带头人22人，市级学科带头人71人，77个名师工作室。省级素质教育示范校1所，市级素质教育示范校6所，省级文明学校2所，市级文明校园17所，市名校4所。

学前教育

【概况】 2019年，东湖区把学前教育作为基础教育的重要组成部分，坚持以“公益普惠”为导向，以持续提升三个占比为目标，以实现“幼有所育、幼有优育”为宗旨，全力推进学前教育健康发展。推动实施《东湖区第三期学前教育行动计划》，完成南昌市滕王阁保育院谌家坊院区开园招生工作，推进城北幼儿园、扬农幼儿园装修工程，启动光明保育院、香江幼儿园建设工程；开展东湖区普惠性民办幼儿园认定工作，评出普惠性民办幼儿园5所。全年，安排中央、省、市学前教育奖补资金1593.37万元，用于普惠性幼儿园改善办学条件、打造示范园、购买学位服务、补助普惠性民办园、“1+5+X”社区邻里中心幼儿园建设等，不断优化办学条件、提升办园品质。不断加强地区学前教育制度管理，通过严格审批、清理整顿等措施，有效促进学前教育管理的科学化、规范化。截至年底，东湖区经教育部门审批注册的合法幼儿园(保育院)有55所，其中教育部门办3所，事业单位办12所,企业单位办7所,街道办6所,民办24所。乡镇中心幼儿园1所,小学附属幼儿园2所。全区拥有省级示范幼儿园9所,市级示范幼儿园4所。学前三年毛入园率111.38%,公办园在园幼儿占比69.47%,普惠性幼儿园覆盖率92.36%,均超过中央要求。

【深化学前教育改革】 2019年,东湖区继续深化学前教育改革,促进学前教育健康发展,积极推动实施《东湖区第三期学前教育行动计划(2017—2020)》,不断扩充资源,加大公办幼儿园建设,优化学前教育结构。年度,新启动光明保育院、香江幼儿园建设工程,启动城北幼儿园、扬农幼儿园装修工程,预计增加公办位990余个。

【小区配套幼儿园专项治理工作】 2019年,东湖区成立城镇小区配套幼儿园专项治理工作领导小组、印发治理工作实施方案,协调区直相关部门联合开展摸底、排查,采取“一园一案”的工作方式制定针对性的整改措施,全力推动专项治理工作稳步实施。全区治理任务数为15所,其中需要无偿移交11所、协商移交4所。截至年底,已完成无偿移交7所、协商移交1所。

【民办幼儿园办学许可证年审工作】 5月,东湖区对18所民办幼儿园进行办学许可证年审工作,从依法办学、诚信办学、教育教学管理、安全管理、财务管理、教师队伍建设、特色办园和办学条件等方面,对民办幼儿园进行了督查,有效促进全区民办学前教育健康规范有序可持续地科学发展。

【民办幼儿园办学水平督导评估】 5月,东湖区开展民办幼儿园办学水平督导评估工作,并发布《关于表彰2018年度东湖区民办幼儿园办学水平督导评估工作先进单位的决定》,对取得良好成绩的12所民办幼儿园分别授予一、二、三等奖并予以表彰。通过表彰,激发各民办幼儿园要以先进为榜样,积极推进各项工作,为民办教育健康有序科学发展做出新的贡献。

【辖区内3所幼儿园通过市示范园评估】 5月,东湖区扶持蓝天碧水幼儿园、超童情商幼儿园和江西省体育局幼儿园通过“市示范园评估”,被评为“南昌市示范幼儿园”。

【开展2018年度公办幼儿园年审工作】 6月,东湖区对全区28所公办幼儿园进行了年审,审查了幼儿园提交的材料,实地督查了幼儿园的依法办园、食堂管理和安全管理工作,提出了具体的指导意见。

【普惠性民办幼儿园认定工作】 7月,东湖区开展普惠性民办幼儿园认定工作,评估组按照《南昌市普惠性民办幼儿园评估标准》,通过查阅资料、实地考察,从“办园条件、园务管理、保教队伍建设、安全卫士保健、教育教学管理”五方面对幼儿园进行了全面评估认定。经过评估组公平公正公开的评估,最后评出A类普惠性幼儿园4所,C类普惠性幼儿园1所。

【滕王阁保育院谌家坊院区正式开园招生】 12月2日,滕王阁保育院谌家坊院区正式开园招生。该幼儿园位于谌家坊安置小区,占地面积1333.34平方米,建筑面积1000余平方米,是可容纳100余名幼儿的公办幼儿园。

义务教育

【概况】 2019年,东湖区中小学校围绕“立德树人”根本任务,贯彻落实《中小学德育工作指南》,创新课程、文化、实践、管理、协同育人实施途径,不断丰富和提升全区中小学校德育工作内涵和实效,铸好青少年“拔节孕穗期”的思想道德品质。先后获得教育部关心下一代工作委员会“新时代好少年”主题教育读书活动“我为祖国点赞”先进集体;全省中小学红色、绿色和古色文化教育活动先进单位;“人杰杯”南昌市中小学垃圾分类宣传创意设计大赛”优秀组织奖。区属中小学校通过系列主题教育活动,将“三项”文化、爱国教育、传统文化、劳动教育、理想信念等融入学校课程,实现“课程育人”目标。整合区域教育资源,提升活动实践教育功能,加大“小青苗”、班主任、思政教师、家庭教育讲师团等队伍的建设,实现全员育人、全程育人、全方位育人机制。持续加大关心关爱未成年人(残疾儿童)工作力度,落实控辍保学责任机制,加强对困难学生、建档立卡等生源的资助扶贫工作。截至年底,全区共有19所中小学校(含校区),特殊教育学校1所,青少年宫1所、教研中心1所。学生共有25167名(不含培智学校175名),其中小学生21347名,初中生3820名。共有575个教学班,小学474个,初中92个,培智学校9个教学班。

【强化教育督导】 2019年,东湖区紧紧围绕督政、督学、评估监测三大核心内容开展教育督导工作,不断巩固义务教育发展基本均衡成果,大力推动义务教育由基本均衡向优质均衡迈进。教育履职提速增效:全区上下多方联动,综合发力,大力支持教育发展。荣获"全省义务教育基本均衡工作积极贡献集体",连续两年荣获"全省党政领导干部履行教育职责督导评价优秀县区",全省"教育发展"考评连续三年蝉联南昌市第一;迎接义务教育优质均衡发展试点省级过程督导评估深受好评;先后在全省优质均衡、高质量发展、党政履职等工作培训会上作典型经验发言。督导创新辐射推广:创新推出《东湖区义务教育均衡发展故事集》,32个教育故事展现义务教育均衡发展成果;深入探索挂牌督导创新,实现中小学校、幼儿园责任督学挂牌督导全面覆盖;督导工作实践经验辐射省内外,在全省责任督学骨干培训班上作典型经验发言,先后迎接重庆、宁夏、大连等地教育督导考察团考察学习,"走近督学"电视访谈节目专访区责任督学。评估监测科学客观:大力推进全国首批义务教育质量监测结果应用实验区工作,圆满完成2019年监测工作,结合全市义务教育增值评价,探索"双结果对比用"的高效应用路径,工作实效位列全国第一档,荣获"国家义务教育质量监测县级优秀组织单位",在全国义务教育质量监测结果应用成果交流会上作典型经验发言;政府出台办学绩效评估考核办法,与南昌师范学院深度合作,形成由政府统筹推进、多元评价主体参与的评估机制,圆满完成对全区所有学校办学绩效进行全面、客观评估。

【义务教育领域获奖情况】 2019年,东湖区在中小学红色、绿色和古色文化教育活动中,积极组织区属各校开展三项文化教育活动,加强学生红色基因、生态素质和传统美德的教育和培养,成绩显著。东湖区教育科技体育局获全省先进单位荣誉,豫章小学教育集团获先进学校荣誉,80名学生分获省级主题征文、文艺展示、视频示等比赛一二三等奖。8月,东湖区教科体局荣获教育部关心下一代工作委员会"新时代好少年"主题教育读书活动"我为祖国点赞"先进集体,育新学校教育集团荣获"新时代好少年"主题教育读书活动"我为祖国点赞"示范学校,胡中玉荣获"新时代好少年"主题教育读书活动"我为祖国点赞"先进个人。11月,邮政路小学教育集团荣获"首批南昌市家庭教育实践基地"称号。11月18日,滨江学校刘丰赫、育新学校教育集团小学部王子宸同学荣获2019年度南昌市"新时代好少年"称号。12月,百花洲小学王晓苏老师在江西省第四届中小学班主任"育人风采"展示活动比赛中荣获全省三等奖。12月12日,北湖小学代表东湖区参加南昌市第五届少先队辅导员说课大赛喜获一等奖。12月30日,南昌市"三风"宣讲大赛暨最美"三风"典型推荐活动颁奖仪式在南昌日报社四楼多功能厅举行。活动共评选出10位"最美教师",南昌市十九中教育集团城北学校秦文英老师荣获南昌市"最美教师"称号。

【生活垃圾分类知识教育】 2019年,东湖区各学校充分发挥教育先行作用,创新形式全面开展生活垃圾分类知识教育工作,进一步提升全区师生生活垃圾分类和资源环境意识,在"2019年'人杰杯'南昌市中小学垃圾分类宣传创意设计大赛"中荣获2019年"人杰杯"南昌市中小学垃圾分类宣传创意设计大赛"优秀组织奖。

【全省家庭教育主题宣传活动在东湖区启动】 5月30日,江西省教育厅、南昌市教育局在邮政路小学教育集团启动"家校协同,让孩子健康成长"主题宣传活动。省教科所副所长范忠茂、省家校合作研究中心主任王梅雾、南昌市教科所副所长张玉璠、东湖区教科体局副局长周林、南昌市邮政路小学集团校领导以及部分学生和家长代表参加了启动仪式。此次活动持续深入地宣传了家庭教育的重要作用和科学教育理念,促进了家长高度重视家庭教育,增强了家庭教育指导的针对性和有效性,受到了省、市电视台的关注并进行了采访、报道。

【开展庆"六一"主题活动】 5月31日,东湖区开展了主题为"我和祖国共成长,童心筑梦新时代"庆"六一"活动。区属各校举行了少先队新队员入队仪式，在孩子们心中播下爱党爱国的种子，让党的红色基因薪火相递、代代传承。区属各校结合校园特色开展形式多样的庆“六一”国际儿童节会演活动。

【诗朗诵《可爱的中国》献礼省“六一”晚会】 5月31日，由省委宣传部、省文明办、省委教育工委、省教育厅、团省委、省妇联、省关工委、江西广播电视台共同主办的“喜迎新中国70华诞 做追梦时代新人”——全省“唱响中国梦”庆“六一”少儿文艺会演暨2019年第一批江西省“新时代好少年”先进事迹发布活动在南昌市红谷滩会议中心举行。豫章小学教育集团紫金校区师生表演的情景诗朗诵《可爱的中国》在晚会亮相，阵阵掌声将晚会推向高潮，全场观众为之动容。

【文明共建活动】 6月3日，南昌市“家校联动齐携手，共育文明小市民”千所学校、百万师生誓师大会在南京路小学举行，该会场为全市分会场。南京路小学全体师生、社区、家长代表共计2000余人参加大会。

【公益研学夏令营】 7月2—4日，东湖区组织两百名小学生开启为期三天的“传承红色基因 争做时代新人”公益研学夏令营活动。活动旨在为切实关爱贫困留守儿童，为他们提供一个免费享受优质教育资源、开拓眼界，圆研学梦的机会，让孩子们追寻红色赣鄱文化，感受革命光荣历史。

【南昌市人大调研组到东湖开展教育调研】 10月9日下午，南昌市人大常委会组成的调研组一行到东湖区教科体系统调研义务教育阶段课后服务工作，先后到阳明学校、豫章小学教育集团紫金校区实地调研并在豫章小学教育集团紫金校区召开座谈会，部分校长代表、教师代表、家长代表参加座谈。

【开展“我和国旗同框”主题活动】 9月4日，东湖区属中小学校(幼儿园)开展“我和国旗同框”活动，以庆祝中华人民共和国成立70周年。师生们以升旗仪式、护旗仪式、签名活动、诗歌朗诵、齐唱歌曲等方式，祝福伟大祖国，传承爱国之情，弘扬报国之志。

2019年9月4日，东湖区举办庆祝中华人民共和国成立70周年“我和国旗同框”主题活动

【举办全民诵读大赛】　9月26日，“我和我的祖国”系列活动“迎70华诞　为祖国点赞”——东湖区教科体局喜迎中华人民共和国成立70周年全民诵读大赛总决赛，在东湖区文化活动中心三楼演艺大厅隆重举行。中共东湖区委常委、宣传部长胡洪水，省、市社区教育指导中心相关领导出席活动。区属各校(园)党政主要负责人、分管德育副校长及部分教师代表参加活动。此次活动邀请了豫章师范学院教授吴志群，江西教育电视台、南昌电视台节目主持人等多位专家担任总决赛评委。经过精彩角逐，最终评选出一等奖4名，二等奖8名，三等奖19名。少儿组叶俊杰，少年组汪诗媛、王韬智，成人家庭组万伟以优异的成绩，夺得了本次大赛各组别的一等奖。

【开展万名师生向祖国表白活动】　9月30日，东湖区属学校(幼儿园)开展丰富多彩的庆祝活动庆祝中华人民共和国成立70周年，大力弘扬以爱国主义为核心的伟大民族精神，万名师生通过各种形式，向祖国深情告白，通过主题班会、故事演讲、微视频、快闪、红歌传唱，东湖广大师生通过“说”“唱”“拍”“演”等多种形式，积极展示东湖师生风采，传播爱国正能量。表达坚定理想信念，抒发爱国奋斗之志，以责任和担当致敬祖国。

【“红色教育进校园　童心向党颂祖国”主题宣讲活动】　10月23日，江西省妇联、省博物馆来到豫章小学教育集团紫金校区开展以“可爱的中国——方志敏的故事”为主题的红色教育进校园宣讲活动。省妇联党组成员、副主席吴艳玲，南昌市妇联副主席梅丽，东湖区委副书记贾彧超等领导出席活动，学校200余名学生及党团员代表、党建联系单位代表、社区代表参加了此次活动。

【开展校园文化特色展示活动】　11月22日，东湖区中小学校校园文化特色展示活动在滕洲小学、红星小学、扬子洲学校举行。3所学校通过师生体艺展演、现场汇报、课堂教学、劳动实践等方式淋漓展现了学校的办学特色、工作亮点、校园环境及师生的良好精神风貌，体现了东湖教育均衡发展、城乡教育一体化的成果，为打造“学在东湖”品牌注入更多有声有色的文化内涵。

【智能饮水工程公益活动启动大会】　12月23日，中国校园健康行动红军小学校园智能饮水工程公益活动启动大会在江西省南昌市八一红军小学会场成功举行。教育部关心下一代工作委员会常务副主任王富、中国关心下一代健康体育基金会领导孙建新、江西省教育厅副厅长刘菊娇等领导出席此次公益活动启动大会。在南昌市教育局副局长付青岚，东湖区教科体局党委书记、局长舒小红，南昌八一红军小学校长黄涟微的陪同下，领导们参观了校园及校史室，对学校红色教育的开展情况给予了充分的肯定。

特殊教育

【概况】　2019年，东湖区以培智学校为主阵地，推进特殊教育平稳健康发展。培智学校扎实推进残疾孩子的融入社会的脚步，在开足、开齐、开好国家课程的基础上，学校以社团活动为依托，以多元课程为载体，教康并重、师资重组、家校齐心、校企联动、艺体共鸣、满足学生不同康复需求，培植学生兴趣，充分挖掘学生潜能，张扬学生个性，为智障学生教育康复、尽早融入社会奠定坚实的基础。截至年底，智障学生职业技能校内实训基地达到9个，创建校外职业教育实训基地3个，开发职业技能培训校本教材6册。被江西省残联推荐参评2015—2018年全国残疾人体育运动先进单位。

【各级特殊运动赛事中获奖情况】　3月15—20日，在阿联酋举行2019年第十五届夏季世界特殊奥林匹克运动会上，东湖区培智学校两名学生运动员代表中国队参加了女子举重项目比赛，其中李楚楚获1枚金牌、3枚银牌，江如雪荣获1枚金牌、2枚银牌。7月16—18日，在江西新余举办了“江西省第十三次全国特奥日暨2019年特奥足球周比赛”，培智学校特奥足球队代表南昌市参加此次比赛。在为期3天的比赛中，培智学校特奥足球队6位运动员以全胜的战绩获得了此次特奥足球比赛第一名的好成绩，学校教练员郭泽华获得优秀教练员荣誉称号。8月26—31日，培智学校学生运动员参加全国第十届残运会暨全国第七届特奥会，共获得20枚金牌、5枚银牌、3块铜牌的优异成绩，为江西省增光添彩。

【“牵着蜗牛放飞希望”自闭症日活动】　4月1

日,培智学校师生与包家巷社区、射步亭社区和社会人士及志愿者们在南昌市步行街明秀广场开展“牵着蜗牛放飞希望”大型宣传活动。活动中,培智学校的学生与志愿者们同唱歌,共绘画,最后一起放飞对“星星孩子”的祝福风筝,将活动推向了高潮,感动了在场的每一位市民。

【“自强脱贫　助残共享”主题助残日系列活动】 2019年,全国助残日期间,东湖区教科体局组织开展“自强脱贫　助残共享”主题助残日系列活动,局机关干部、区属中小学校师生为培智学校残疾学生爱心捐款总计76604.45元。

【“智力障碍学生职业技能培训”成果展】 6月4日,培智学校举办了“校企多元共建合作,培养特殊学生就业——江西省南昌市智障学生职业技能培训成果展”。南昌市教科所所长韦青、中国教育学会学术委员会教授许家成、江西国立汽车集团董事长邓新、区教科体局副局长周林等出席成果展。南昌市培智学校校长戴玉华与邓新董事长签订协议,联合确定智力障碍学生培养方案和目标,共同进行职业课程设置和学生的培养,共同构建“产学研”联盟的创新体系。许家成教授就“培智学校支持式职业教育探索”开展讲座。

【残疾人“喘息式”临时托养暖心驿站项目】 8月18日,培智学校与区残联启动东湖区残疾人“喘息式”临时托养暖心驿站项目。“喘息式”临时托养暖心驿站项目主要为不同年龄段残疾人提供生活照料和看护、职业康复训练和适当生产劳动以及休闲娱乐活动等服务,努力实现“托养一个人,‘解放’一群人,幸福一家人”的托养服务格局,让智力、精神残疾人和重度肢体残疾人不再成为其家庭的负担。

【培智学校承办江西省第二届智力残疾人田径运动会】 10月18日,江西省智力残疾人及亲友协会协同东湖区培智学校举办了2019年江西省第二届智力残疾人田径运动会。

【特殊教育获奖情况】 2019年,培智学校被评为“江西省教育系统先进集体”,同时,省级课题结项1个,市级课题立项2个、结项1个,校级课题结项2个,新增区级学科带头人2人。11月,在南昌市特殊教育教师教学技能展示比赛中,培智学校甘群、赖娴、娄爱清三位老师分别获得全能一、二、三等奖的优异成绩,并代表南昌市参加全省特殊教育教师教学技能展示比赛,获全省三等奖。

民办教育

【概况】 2019年,东湖区根据民办教育促进法及其实施条例,坚持属地管理、“谁主管谁负责”的原则,贯彻“积极鼓励,大力支持,正确引导,依法管理”的方针,大力发展多元化民办教育,使之真正成为公办教育的合理补充,满足人民群众的教育需求。全区共有31家合法民办非学历教育培训机构,其中学科类27家,艺术类4家。各民办学校依照《中华人民共和国民办教育促进法》等有关法规,依法治教,科学管理,不断优化办学,提升办学水平,积极探索新的办学模式,取得了较好的办学效益,涌现了南昌东湖区新东方语言学校、学大教育、超越英语进修学校、学而思培训等社会口碑好的品牌教育机构。

【做好招生简章和广告备案工作】 8月,东湖区开展2019年民办学校招生简章和广告备案工作,将学校招生简章和广告备案情况作为年度督导评估检查的重要内容和依据,组织各民办教育机构认真学习了文件,明确了备案要求。各民办教育机构积极履行招生简章和广告的备案程序,按照要求和时间办理了招生简章和广告备案。

【开展民办学校年审及办学水平督导评估工作】 11月,东湖区对全区民办学校、幼儿园进行2019年度年审及办学水平督导评估工作。通过学校自评、教育局实地督查相结合的方法,采取“听、看、查、谈”的方法,从“依法办学、诚信办学、规范招生行为、加强常规管理、促进教师队伍建设、提高办学水平和教育质量、改善办学条件”等方面的对民办学校、幼儿园进行年审及督导评估。12月,区教科体局机关各职能科室组成的督导评估组审核了各学校、幼儿园的材料,实地察看了校园环境及教学、安全等设备设施,并与学校反馈了督查意见。通过督导评估工作,督促民办学校、幼儿园总结办学经验、找出差距,加大投入,改善办学条件,进一步加强管理、规范办学、提高质量、增强活力，全面提高民办教育的整体水平，促进东湖区民办教育规范有序发展。

【开展清理整顿非法违规办学行为工作】 2019年，东湖区共开展执法行动30余次，先后对豫章社区、马家池社区、民德路社区、大士院社区、杨家厂社区、蓝天碧水小区和央央春天小区等进行了实地督查，共下发《停办通知书》25份，《整改通知书》8份，答复处理网上投诉23起，满意率100%。对涉及教育行政部门难以解决的问题，主动争取区政府支持，协同公安、消防、市场监管、民政等有关职能部门履行职责，实行综合治理，确保清理整顿工作取得成效，维护社会稳定。

教育教学科研

【概况】 2019年，东湖区以实施素质教育为目标，紧紧围绕省、市、区教育工作重点，以促进学生全面健康发展为核心，以课堂质量与效益提升为重点，以教师队伍建设为根本，以创新教学研究的内涵与形式为主导，以全面培养师生的学科素养为目标，促进全区义务教育进一步高位优质均衡发展。

【东湖区品质课程推进新闻发布会】 1月22日，东湖区品质课程推进新闻发布会在区文化中心四楼新闻发布厅举行。发布会上，专家、领导们共同启动了“东湖区品质课程推进新闻发布会”水晶球。政策文件《南昌市东湖区教育科技体育局关于提升中小学（幼儿园）课程品质的指导意见》正式发布。

【教育教学科研领域获奖情况】 1月9—11日，江西省第五届小学语文教师素养大赛在上饶玉山举办，来自全省各地市的25名选手从朗读展示、粉笔字书写、知识问答、才艺展示和课堂教学五个环节进行综合角逐。东湖区向荣小学教师杨颖佳代表南昌市参加比赛，荣获一等奖及书法特长奖。1月26日下午，华南城杯·江西少年诗词大会（第二季）全省决赛拉开帷幕。东湖小学五（1）班高知远同学夺得此次诗词大会小学组季军。3月19日上午，江西省第十三届深化小学数学课堂教学改革暨发展小学生数学学习力教学观摩研讨活动在南师附小叠山路校区大礼堂拉开帷幕。东湖区豫章小学教育集团杨小莉老师代表南昌市参加比赛获得一等奖。4月，东湖区推送优秀教师参加南昌市第七批学科带头人的评选，经过笔试和说课，12名教师获得“南昌市第七批学科带头人”称号。5月，在全市新进体育教师优秀课例活动中，滨江学校李向阳和育新教育集团青桥校区曹亚波两位老师获一等奖。5月16日，在中小学实验教学说课竞赛活动中，东湖区派出5名教师参加比赛，共获得2个一等奖、2个二等奖和1个三等奖。在2019年中小学实验教学说课活动中，全市共155位优秀教师报名参加了小学科学、物理、化学、生物和创客5个学科的说课比赛活动。东湖区5位教师参赛并均获佳绩。其中育新学校教育集团初中物理教师陈会菊获初中物理组一等奖，阳明学校科学教师朱英获小学科学组一等奖；育新学校教育集团初中化学教师裘知获初中化学组二等奖，邮政路小学教育集团教师郑芳获创客组二等奖；育新学校教育集团初中生物教师周冬红获初中生物组三等奖。10月19日，第十一届“七彩语文杯”华东四省区小学语文协作交流暨优课评选活动在江苏省丹阳市落下帷幕。育新学校教育集团青桥校区教师陈玲作为江西省唯一一名参赛选手荣获特等奖。10月27—29日，2019年江西省基础教育优秀教学课例现场展示交流活动在九江市举行。东湖区青年教师林通、涂凤艳、陈晔作为选手分别代表南昌市小学语文学科、小学英语学科及初中语文学科参加此次教学竞赛活动，三位选手均荣获一等奖的好成绩。其中林通和陈晔分别为小学语文组和初中语文组的第一名。

【开展区级第五批学科带头人评选】 2019年，东湖区为构建和完善骨干教师培养体系，建设一支高素质、专业化的骨干教师队伍，充分发挥学科带头人在教书育人、教学研究及专业引领等方面的模范带头作用，推动全区基础教育改革发展，经笔试、考评评选出了东湖区第五批中小学（幼儿园）学科带头人96名学科带头人。

【学科课程规划建设】 3月3日，东湖区组织教研中心全体学科教研员赶赴南京市玄武区教师发展中心实地学习学科课程规划。3—12月，邀请上海市教育科学研究院杨四耕教授专家团队对东湖区课程变革走向学科深处进行了推进与指导，并开展“跨越学科融合思维”的课程实践展示活动。

【“骏马杯”教学竞赛】 3—5月,东湖区举办第三十届“骏马杯”小学教学竞赛。竞赛涵盖了小学语文、数学、英语、道德与法治、音乐、美术、信息技术、心理健康等八个学科。近400名青年教师参赛,评出一等奖22人,二等奖61人,三等奖39人,优秀团队奖13个。东湖区第一届学前教育“骏马杯”比赛,从3月至6月,针对学前教育健康、语言、社会、科学、艺术五大领域展开。71位幼儿教师参赛,最后选出一等奖1名,二等奖3名,三等奖2名。

【开展青年教师毛笔字培训】 3月至5月每周二、五下午,东湖区在东湖小学书法教室举办东湖区青年教师书法培训,聘请了两位知名书法老师授课,全区95名青年教师参加。

【读书日活动】 4月23日,东湖区举办第六届小学生语言文字素养检测暨整本书阅读经典片段剧展演。此活动是东湖区读书日活动,语言文字特色活动,全区各校按要求组织学生开展阅读经典,编写剧本,开展片段剧表演,推选出最优秀的展演节目参加全区展演活动。

【小学语文骨干教师粉笔字培训班】 2019年,东湖区举办全区小学语文骨干教师粉笔字培训班,旨在提高全区小学语文教师的粉笔书写能力,助推小学语文教师专业化成长。培训3月开班,历时2个月,于6月5日结业。

【能力提升高级研修班】 7月5—17日,东湖区组织近300名校长及管理人员、名师工作室主持人、语文和数学骨干教师、班主任到江苏省南通大学参加高级研修班培训。每个班集中研修一周,用学习提升自我,用行动赢得信任,用反思完善品质,把握幸福的开关。培育一支素质优良、结构合理、充满活力、可持续发展的教师队伍,推动东湖区教育教学质量的不断提高。

【新教师岗前培训】 8月26—28日,东湖区2019年新教师岗前培训活动在东湖小学五楼报告厅举行。此次活动,特别邀请到了“五阶礼仪”创始人、国家注册高级礼仪培训师、礼仪训练指导教练苗一萍和南昌市教科所理论室办公室主任王跃等五位专家为新教师们授课。

【第一届名师博览会】 9月24日,东湖区举行第一届名师工作室博览会。博览会上展示了名师工作室主持人及其成员们深厚的文化底蕴、先进的教育理念和博大的教育情怀。江西省教育厅教学教材研究室副主任喻金水,原南通市教育局副局长、南通市中小学名师培养导师团副团长郭志明,南昌市教育科学研究所所长蔡久胜,南昌市教育科学研究所理论室主任王跃等出席开幕式。南昌市红谷滩区、南昌市经济技术开发区的20余位名师工作室主持人受邀参加活动。

【“班班通”教学资源应用成果展示活动】 10月16日,育新学校谌丹老师获江西省“班班通”教学资源应用成果展示活动一等奖第一名。育新学校谌丹老师、南京路小学吴量老师获南昌市“班班通”教学资源应用成果展示活动一等奖。

【2019年班主任培训工作正式启动】 11月,东湖区区属学校班主任培训工作在教研中心五楼会议室进行。全区共有631班主任参加线上培训,此次会议由区属学校负责人参会。会上认真学习了《中共中央关于进一步加强和改进学校德育工作的若干意见》和教育部《中小班主任暂行规定》等文件,并指出在全面实施新课程改革的过程中,加强和改进未成年人思想道德建设,努力提高教师的教育技能和班主任工作水平,使班主任教师爱岗敬业,教书育人,使学生得到有效的思想道德教育,养成良好的行为习惯,形成优秀的品质,成为品质兼优的学生。

【升级教育城域网建设】 12月,东湖区教育城域网带宽改造提升为1000M,实现了全区校内无线建设办公全覆盖,并在扬子洲片区学校和4所名校建设了常态录播系统,将名校名师资源通过信息化手段覆盖薄弱学校,也为远程网络教研提供硬件支持。建立了全区统一的录直播平台,形成系列本地化资源,充实区级课程资源库。

【“赣教云·教学通2.0”应用培训】 12月18日,东湖区在阳明学校、育新学校初中部开展了“赣教云·教学通2.0”应用骨干教师培训,奉新县教育体育局教师学习中心闵耀成、奉新县第二中学闵嗣生、奉新县冯川第三小学岳强三位信息技术专家参与授课,全区94名骨干教师参加了此次培训。均以优异的成绩顺利通过考核。

【区教育学会第十一届四次年会】　12月，东湖区教育学会召开主题为“走向学科深处的课程变革”第十一届四次年会。年会分优质课展示、论文研讨、颁奖交流三阶段进行。

辖区教育资源

【概况】　东湖区是省会南昌的核心城区，有着丰富、优质的教育资源。截至2019年，东湖区内有江西省人民政府和教育部共建的“211工程”重点建设大学南昌大学，江西省本科办学历史最为悠久的普通高等院校江西师范大学和江西中医药大学等3所大学，有8所中学、1所九年一贯制学校和1所直属于南昌市教育局的南昌师范附属实验小学，其中南昌二中、三中、十中、十九中、豫章中学、八一中学、实验中学等7所学校均为全省重点中学。

2019年东湖区中小学校一览表

表11

名　称	在职教师(人)	在校学生(人)	占地面积(平方米)	电　话	详细地址
育新学校教育集团	244	3648	55435.04	86215641	北京西路287号
育新学校教育集团青桥校区	93	1568	7092.00	88601583	董家窑路138号
市十九中教育集团城北学校	82	1005	5263.70	86828620	阳明路71号
滨江学校	77	1252	9740.00	88606885	五纬路255号
阳明学校	93	1568	9990.00	88500693	洪都北大道480号
市十九中教育集团光明学校	46	645	8448.17	88604510	青山支路26号
扬子洲学校	82	1236	26640.00	18720089498	扬子洲镇望江路273号
邮政路小学教育集团	151	2515	10131.00	86761170	邮政路9号
豫章小学教育集团	171	3177	16174.00	86811983	豫章路31号
豫章小学教育集团爱国路校区	28	514	5047.00	83831665	爱国路87号
北湖小学	58	963	3478.00	86780105	叠山路300号
东湖小学	62	909	9637.50	86280801	上营坊57号
百花洲小学	57	915	3710.00	86736951	火神庙4号
右营街小学	70	937	3701.28	86812612	右营街120号
南京路小学	99	1849	9575.00	88681870	贤士一路281号
向荣小学	43	805	4385.00	86804910	半步街94号
八一嘉实希望小学	42	749	6059.00	88678590	扬子洲镇望江路288号
南林小学	19	255	6642.00	88610795	扬子洲镇扬农路736号
红星小学	16	227	13754.60	88692129	扬子洲镇上房老村86号
滕洲小学	17	255	1300.00	88652092	扬子洲镇滕洲桃花村
培智学校	38	233	3255.00	86776725	包家巷71号

（杨林斌）

科学技术

综　述

2019年，东湖区立率先之志，兴实干之风，大力提高全民科学意识、科技能力和科学素养，激发全社会创新创业活力。东湖区荣获第三十四届江西省青少年科技创新大赛优秀组织奖、邮政路小学教育集团代表江西省参加全国车辆模型比赛获得单项全国第二名。技术合同成交额4.98亿元，同比增长124%。推荐了29家企业认定高新技术企业，兑现了2018年新认定的高企、技术合同登记、专利补助政策，对企业合计补助263.18万元。制作科普宣传图片及展板150块，编印科普宣传资料1.5万册，下发到全区各区直单位和社区，并在紫金广场、樟树林文化生活公园、东湖青少年宫和全区中小学校进行了巡展；以东湖区科普安全宣教中心为基地，开设各类科普讲座45场，举办各类实践培训100余场，共培训2.5万余人次。

科技管理

【概况】 2019年，东湖区以推动创新为重点，以科技项目为抓手，大力推进科技在经济社会发展的先导、示范和推动作用，支持、鼓励科技创新营造了良好的政策环境。努力提高全民科学意识、科技能力和科学素养，激发全社会创新创业活力。强化管理和服务，为东湖区经济社会快速发展提供了有力科技支撑。

【高新技术企业培育和认定工作】 2019年，东湖区组织了有认定高新技术资格的企业参加全市培训，使企业初步掌握了认定高新技术企业的要求和条件。建立了高新技术企业认定工作联系人制度，对重点申报企业实行一对一帮扶。第一批有江西交通咨询有限公司等12家企业通过高新技术企业认定，第二批推荐了江西省洪城一卡通投资有限公司等24家企业申报高新技术企业。其中江铃汽车集团财务有限公司、江西省天驰高速科技发展有限公司、江西春华秋实影视传媒有限公司、江西省机电设备招标有限公司、江西交通工程开发有限公司、江西明源云信息科技有限公司、南昌卓尔精诚信息科技有限公司、南昌市市政建设有限公司、江西省城乡规划设计研究总院、江西三叉数信息科技有限公司、江西中文传媒网络科技有限公司、中咨江西工程有限公司、南昌常有信息服务有限公司、南昌市康比科技服务有限责任公司、南昌山鹰信息服务有限公司、江西省数字证书有限公司、南昌科德信息咨询有限公司、江西拓宇实业有限公司、江西金手指文化传播有限公司、江西省洪城一卡通投资有限公司、南昌市量源智能科技有限公司、江西出众网络科技有限公司、江西一点信息技术有限公司、江西交通咨询有限公司、江西锦平科技有限公司、南昌科冠科技有限公司、南昌泉森科技有限公司、江西省中融文化产业发展有限公司、南昌创智实业有限责任公司等29家企业顺利获得国家高新技术企业认定。

【引导企业加大研发力度】 2019年，东湖区大力宣传《南昌市企业研发经费投入后补助实施办法（试行）》和《南昌市支持新型研发机构发展办法》科技政策，落实区级科技扶持政策。2019年，区本级高企、技术合同工作兑现奖励260万元，引导企业不断加大科技研发投入，提升企业科技创新能力。全年全区申报省级重点新产品11项,已申报并被认定的科技型中小企业51家,江西远大科技有限公司组建的南昌市5G智能电网技术创新团队被认定为2019年南昌市优势技术创新团队,同时被认定为南昌市分布式能源微电网工程技术研究中心。

【技术合同认定登记】 2019年,东湖区加强与科研院所、企业的沟通交流,在技术卖方和买方之间不断发现技术交易的价值空间,在实践中努力探索以企业需求为导向、科研院所为源头、技术转移服务为纽带,产学研相结合的技术交易新途径。同时,广泛征集可交易项目,开辟民营科技企业的技术交易渠道,技术合同登记工作取得了一些成效。经过逐年的努力,技术合同成交总金额从2014年的2789万元,逐步提高到2019年的4.98亿元。

科技活动

【概况】 2019年,东湖区不断加强科学普及工作,努力实现科技惠民。认真组织了群众性科技活动,开展了科普之春、科技活动周、青少年科技创新月等多种形式的科技活动,取得了较好的效果,全区科技氛围不断浓厚,创新水平日益增强。

【江西远大科技有限公司被评为江西省首批瞪羚企业】 2月10日,由江西省科技厅、北京长城企业战略研究所主办的2018年度江西省独角兽、瞪羚企业榜单发布会在南昌举行,会议首次发布2018年度江西省独角兽企业1家、潜在独角兽企业1家、种子独角兽企业4家、瞪羚企业60家、潜在瞪羚企业30家。东湖辖区企业江西远大科技有限公司占得一席之地,被评选为2018年度江西省瞪羚企业,也是江西省内的首批瞪羚企业。

【北湖小学获奖】 3月17日,第40届世界头脑奥林匹克选拔赛暨2019年上海头脑奥林匹克创新大赛决赛在上海交通大学完美落幕。本次大赛共有来自中国及韩国的665支队伍,近5000人参赛。北湖小学在"古典——莱昂纳多的工作室"项目比赛中获得全国二等奖。

【科普之春暨学雷锋科普志愿者服务月启动】 3月29日,提升全民科学素质助力创新型省份建设——东湖区2019年科普之春暨学雷锋科普志愿者服务月活动,在墩子塘街道阳明社区阳明公园广场举行。

【开展科技咨询服务工作】 4月28—29日,东湖区组织科技服务小组上门为南昌市公路勘察设计院、华迪计算机集团(江西)有限公司、南昌科创信息咨询有限公司、江西锋行科技发展有限公司、南昌科卓科技有限公司等五家企业开展科技咨询服务工作。

【青少年航模队在全市获得佳绩】 5月5日,2019年南昌市青少年航空航天模型教育竞赛暨第二十一届"飞向北京—飞向太空"全国青少年航空航天模型教育竞赛南昌选拔赛在南昌市实验中学高新校区举行,比赛历时三天,全市60多支学校代表队,近1300名航模小选手参加了竞逐。东湖区教科体局选派十余支队伍参加比赛,获奖等级及数量均全市第一。育新学校教育集团青桥校区代表队荣获小学组、中学组两个组别的团体总分第一名。阳明学校获中学组团体总分第三名,东湖小学获小学组团体总分第四名。

【举行南昌科技活动周启动仪式】 5月18日,2019年南昌市科技活动周启动仪式在东湖区紫金广场举行。市政府副市长马骏、市政府副秘书长熊保良、市科技局党委书记刘志勇、市科技局局长李淑英、东湖区政府区长高辉红、东湖区政府副区长童萍如、市科技局领导班子成员出席了启动仪式,启动仪式由市科技局党委书记刘志勇主持。各县区代表、参展企业、社区和学生代表1000余人参加了启动仪式。

【举行科技政策宣讲活动(东湖站)】 5月21日,南昌市"下县讲活区、走园区、进厂区"科技政策宣动在东湖区樟树林众创空间多功能会议室举行。活动旨在加强科技部门与企业的联系,提升市、区科技服务水平,帮助企业全面了解和掌握科技政策措施,促进企业创新发展,来自东湖、西湖企业和园区代表共计80余人参加了宣讲活动。

【举办第九届头脑奥林匹克比赛】 5月27日,东湖区第九届头脑奥林匹克比赛活动在南昌市滨江学校隆重举行。东湖区教育科技体育局党委书记、局长舒小红,副局长李建民和东湖区属学校带队领导以及参赛学生共200余人参加了活动。本次比赛采用国际头脑奥林匹克竞赛标准试题和规则安排了“达芬奇工作室”和“时空旅行”两个赛题,通过激励角逐,育新学校教育集团、右营街小学、邮政路小学教育集团获“达芬奇工作室”赛题一等奖;豫章小学教育集团、东湖小学获“时空旅行”赛题一等奖。

【展科普画评选活动】 6月18日,滕王阁保育院开展了第六届“求知　体验　创新”科技节“我的奇思妙想”科普画评选活动。活动中,评委们根据此次科普绘画的主题——未来世界,以及作品透出的想象力、形式的多样性、画面的美观性、构图丰满这几个评选条件,择优评选出了一等奖13幅、二等奖20幅、三等奖22幅。

【举办科技作品展】 6月20日,东湖区豫章小学教育集团爱国路校区举办科技作品橱窗展示活动,积极进行科技教育宣传。科技社团是爱国路校区的一个重要社团。为了培养学生学习科学的兴趣,学校积极营造爱科学、学科学、用科学的校园氛围,特地修建了一个科技橱窗,摆放学生自己制作的各种航空、航海、车辆模型,作为宣传阵地。

【参加青少年航空航天模型比赛】 7月9—12日,扬子洲学校组织学生参加2019年江西省“体育·惠民100”青少年航空航天模型比赛。参赛学生不畏炎热,勇于挑战,充分展现了团结协作,积极向上的精神风貌。比赛场上,参赛队员配合默契,一气呵成,赢得场下喝彩。该校分别斩获橡筋模型滑翔机竞时赛、手掷模型滑翔机直线距离赛项目一、二、三等奖项。

【开展立体栽培科技创新夏令营活动】 7月15—19日,南昌市北湖小学在头脑奥林匹克工作室围绕立体栽培活动开展了为期5天的科技创新夏令营活动。100多位教师、家长、学生现场聆听了专家的介绍,增进了对新时代科技创新教育的认识和了解。

【开展2018年度科普统计工作】 7月,东湖区教科体局认真执行南昌市科技局相关部门关于开展科普统计调查文件要求,积极组织单位填报,严格把关审核数据,扎实开展全区2018年科普统计工作。

【开展垃圾分类科普活动】 8月26日上午,公园街道上营坊社区党委联合东湖小学党支部开展“垃圾分类你我行动·环境更美幸福共享”志愿服务活动。活动中,来自东湖小学“小青苗”宣讲团的小小志愿者们通过宣传劝导活动、上户发放倡议书、游戏互动等方式,向居民分享了垃圾分类的方法,共同增强对垃圾分类的认知,了解垃圾分类的意义。并与社区新时代文明实践站的党群志愿者们一同,通过垃圾分类的模型直观形象地引导居民进行生活垃圾分类。

【开展高新技术企业面对面座谈】 10月26日,东湖区组织了辖区部分高新技术企业在局会议室召开了座谈会,座谈的主题是发展培育高新技术企业。座谈中,区教科体局李建民副局长听取了企业负责人介绍企业的运营情况和远期规划,现场解答了企业的一些困惑,并解读了省市新出台的一些科技扶持政策。

【车辆建筑模型队再次夺得小学组团体第一名】

10月26—27日,南昌市车辆建筑竞赛在培英学校举行,此次赛事共有38个单位1200余名选手参加。邮政路小学代表队经过激烈的角逐,16人获一等奖,3人获二等奖,5人获三等奖,获得南昌市团体总分第一名。

【参加江西省“体育·惠民100”活动中比赛获奖】

11月3日,2019年江西省“体育·惠民100”青少年车辆建筑模型比赛暨第二十四届“驾驭未来”全国青少年车辆建筑模型教育竞赛活动江西选拔赛在新余体育中心拉开帷幕。经过两天的激烈角逐,南昌市东湖区邮政路小学教育集团代表队在车模比赛中“杀出重围”,共获得2枚金牌、5枚银牌、5枚铜牌,一等奖8人次,二等奖5人次,三等奖8人次,夺得小学组团体总分第一的骄人成绩,同时获得“优秀组织奖”。

【江西省生态学会生态科普进校园活动】 11月5日,江西省生态学会组织3名专家,为北湖小学、右营街小学、南京路小学、东湖小学、向荣小学和第十九中学等6所学校的230余名学生讲授鸟类科学知识,传播生态文明思想。

【开展“洪城众创”科技孵化器绩效考核工作】

11月15日，东湖区邀请请相关专家对辖区内的、众创空间、科技孵化器组织开展了2019年度“洪城众创”科技孵化器绩效考核专家评审工作。考察前全区召开了辖区众创空间、企业孵化器迎接2019年度考核工作会，布置了考核要求，并在qq群，微信群向各众创空间及时发送考核通知、材料装订要求，开展众创和考核工作交流。

【开展水资源和湿地保护科技教育系列活动】 11月21—28日，东湖区中小学开展了水资源和湿地保护教育活动。各校通过下发宣传材料供学生学习，通过知识竞赛、主题队会、手抄报、设计宣传标语、征文比赛、演讲比赛等形式多样的方式，让学生走进湿地，了解湿地，并结合自身的实际认识到目前在保护水资源方面存在的不足，号召大家从我做起、从现在做起、从身边的小事做起。大力弘扬节约用水、保护湿地的社会风尚，形成人人参与的良好氛围。

【开展“冬季流感预防知识科普宣教”培训会】 12月27日，东湖幼儿园组织食堂工作人员进行了流感防控科技知识培训。保健医生以图文并茂的方式为大家详细讲解了“什么是流感”“流感主要症状、易感人群、传播途径、预防措施”等一系列冬季流感防控知识。

【北湖小学在青少年科学调查体验活动获奖】 12月31日，2019年全国青少年科学调查体验活动评审结果公布，南昌市北湖小学获“全国优秀活动实施学校”称号，这是该校连续第4年获此殊荣，成绩来之不易(全国200所，江西仅2所)。青少年科学调查体验活动为全区广大青少年搭建起科技实践活动的平台，进一步推进东湖区的科普教育工作再上一个台阶。

科技成果与奖励

【概况】 2019年，东湖区坚持自主创新、重点跨越、支撑发展、引领未来的科技工作方针，着力提高全区自主创新能力，大力实践科学兴区和人才强区战略。以增强科技创新能力为目标，进一步集聚创新资源、激活创新要素、转化创新成果，完善以市场为导向、产学研结合的技术创新体系，全面推进科技进步与自主创新。

2019年江西省自然科学奖东湖区获奖项目一览表

表12

项目名称	完成单位	主要完成人员	获奖等级
DHPM促进食品生物大分子功能改性及其生化效应研究	江西师范大学 南昌大学	涂宗财　刘成梅　刘　伟　王　辉	一等奖
微生物燃料电池关键电极材料研究	江西师范大学 中国科学院城市环境研究所	陈水亮　侯豪情　赵　峰　贺光华	一等奖
胃癌脉管新生的作用与调控机制	南昌大学第一附属医院 武汉大学人民医院	周晓东　雷宇鹏　陈红霞　于红刚	二等奖
消化系统免疫调节及机制	南昌大学第一附属医院 南昌市第九医院	白爱平　吕农华　郭　媛　万　萍	二等奖
骨髓微环境调控白血病耐药的生物化学机制	南昌大学第一附属医院	张　婉	二等奖
二氧化碳资源化利用	南昌大学 江西师范大学	王红明　张小亮	二等奖
非线性发展方程渐近性态的若干研究	江西师范大学	丁惠生　龙　薇　郑哲明　刘庆龙	二等奖

续表 12

项目名称	完成单位	主要完成人员	获奖等级
光学黑体材料的实验制备、吸波机理及其高品质传感研究	江西师范大学	刘正奇　刘桂强　聂义友　刘晓山	三等奖
葡萄糖激酶基因突变的功能学和蛋白质空间结构分析	南昌大学第二附属医院中山大学附属第三医院	沈云峰　蔡梦茵　梁　华　翁建平	三等奖
基于不同干细胞在神经修复作用和肿瘤干细胞耐药的机制研究	南昌大学第二附属医院	李士勇　王　晔　罗　军	三等奖
植物资源中抗氧化和降血糖活性成分筛选	江西师范大学	张　露　袁　涛	三等奖
烯胺酮特征性转化模式下的有机合成方法研究	江西师范大学	万结平　刘云云	三等奖
信息聚合函数理论与应用研究	江西师范大学	覃　锋	三等奖
二维层状材料的物理与储能特性的第一性原理研究	江西师范大学 北京工业大学 北京理工大学	徐　波　欧阳楚英　刘刚　胡军平	三等奖

2019 年江西省科学技术进步奖东湖区获奖项目一览表

表 13

项目名称	完成单位	主要完成人员	获奖等级
中药活性成分发现、制备与评价关键技术及应用	江西本草天工科技有限责任公司 江西中医药大学	冯育林　李志峰　欧阳辉　杨世林　何明珍　张武岗　饶小勇　王　琦	一等奖
肠杆菌科细菌对碳青霉烯类抗菌药物耐药机制及产酶检测方法的应用	南昌大学第二附属医院 抚州市第一人民医院	胡龙华　王小中　余方友　熊建球　钟桥石　胡晓彦　杭亚平　宁长秀	二等奖
H 型高血压流行特征及精准防治关键技术与应用	南昌大学第二附属医院	程晓曙　鲍慧慧　李　萍　黄　晓　董一飞　周　伟　梁　茜　李菊香	二等奖
慢性肾衰患者非甲状腺疾病综合征机制与临床干预	南昌大学第二附属医院	徐高四　严文君　杨萍萍　秦淑兰　沈云峰　黄　翀	二等奖
Lenke2 型 AIS 患者双肩与躯干平衡控制的关键外科技术	南昌大学第一附属医院 江西省妇幼保健院	曹　凯　周　松　黄　路　曾昭勋　韩智敏　段平国　李志云　李　虎	二等奖
骨科感染个体化治疗体系的建立与应用	南昌大学第二附属医院	程细高　缪新新　吴添龙　贾惊宇　何丁文　黄文舟　廖　航　殷　明	二等奖

续表 13

项目名称	完成单位	主要完成人员	获奖等级
前列腺癌诊断与治疗关键技术创新与临床应用	南昌大学第一附属医院	王共先　傅　斌　周晓晨 刘伟鹏　詹以安　郭　炬 刁海波　余　月	二等奖
角膜盲诊疗关键技术及其临床应用	南昌大学第一附属医院 南昌市第三医院	邵　毅　裴重刚　余　瑶 周　琼	二等奖
肝胆管结石病外科治疗体系的建立与创新	南昌大学第二附属医院	邬林泉　雷　钧　袁荣发 廖雯俊　李恩亮　朱恒清 冯　潜　黄明文	二等奖
非受控环境下现场作业指导关键技术及应用	江西师范大学 中国电力科学研究院有限公司 甘肃同兴智能科技发展有限责任公司	王明文　马　勇　朱朝阳 马志程　江爱文　邵诗韵	三等奖
心脏磁共振定量评估心肌病变关键技术及其临床应用	南昌大学第二附属医院	龚良庚　喻思思　吴海龙 任海波　唐雪培　刘元元	三等奖
结核性脑膜炎早期快速诊断方法的建立和应用	江西省人民医院	屈新辉　文　安　黄　刚 许自强　杨　赟　胡　凡	三等奖
超声造影成像技术及其临床应用	南昌大学第一附属医院	周爱云　徐　盼　朱　皖 张　诚	三等奖
微创经胆囊管途径胆总管取石的关键技术及应用	南昌大学第二附属医院	方　路　梁　博　邹书兵 王　军　雷　钧　邵江华	三等奖
多重靶点指导胶质瘤患者的个性化分型治疗及预后的临床应用	南昌大学第二附属医院	祝新根　邱晓光　张　淼 吴森经　吴　雷　吕世刚	三等奖
主动脉及分支扩张性疾病防治新技术的研发和应用	南昌大学第二附属医院	周为民　陈　锋　邱结华 袁庆文	三等奖
伽玛刀治疗垂体大腺瘤关键技术及临床应用	江西省医学科学院 南昌大学第二附属医院	姚建国　彭维杰　王志刚 龚良庚　陶云龙　赵令武	三等奖
分娩镇痛关键技术及其临床应用	南昌大学第一附属医院 广东省深圳市第七人民医院	陈世彪　罗小玲　刘伟成 占燕平	三等奖

知识产权

【概况】 2019 年，东湖区围绕知识产权工作重点，深入贯彻好江西省知识产权促进条例，加快推进知识产权战略，着力提升知识产权创造、运用、保护、管理能力与水平，加强东湖区青少年知识产权教育，为推动东湖区创新型城区建设提供了有力的知识产权支撑。

【开展世界知识产权日主题活动】 4月26日，北湖小学开展了一系列知识产权活动。学校各中队围绕“尊重知识、尊重人才、尊重知识产权”主题开展活动。50名师生前往中国(南昌)知识产权保护中心参观学习，通过近距离接触专利产品实物的方式，激发了学生们创新思维及知识产权保护的意识。

【举办校知识产权知识竞赛】 5月10日，育新学校教育集团在各集团校区举办知识产权知识竞赛，大赛以“严格知识产权保护”为主题，以现场答题的形式进行，共有来自四至六年级的200多名同学参加。经过激烈的角逐较量，最终8名同学获得一等奖，16名同学获二等奖，32名同学获三等奖。

【举办青少年发明创造知识讲座】 5月23日，东湖区举办让科技创新走进中小学专场活动，特邀大学教授、创造学专家到东湖区属学校开展青少年发明创造知识讲座。区属各学校师生代表150人参加了活动。江西财经大学副教授、工商管理专业硕士生导师、中国创造学会会员、江西省创造学会常务理事兼常务副秘书长、江西省创新能力讲师团创新培训专家王云以“从‘小’创新，做个小发明家”为题，带领与会青少年感受创新、体验创新，介绍了发明小方法之——打孔开槽法，通过学生的现场创意体验、作品展示和专家的当场点评，让学生感受到创新无处不在。

(杨林斌)

防震减灾工作

【概况】 2019年，东湖区防震减灾工作围绕《中华人民共和国防震减灾法》，坚持贯彻“预防为主，防御与救助相结合”的防震减灾工作方针，深入落实“预、防、救”三大工作体系齐抓共管的工作思路，大力普及防震减灾知识，努力增强全民的防震减灾意识，提升地震应急处置能力，高效推进防震减灾事业发展。

【防震减灾科普宣传活动】 2019年，东湖区围绕“提高灾害防治能力，构筑生命安全防线”防震减灾科普宣传教育主题，组织开展“5·12”全国防震减灾日、“7·28”防震减灾宣传活动。组织学校师生、社区居民等不同群体参与体验地震VR操作、参观地震图文展板区、观看地震模型展示区。通过地震VR体验，使体验者身临其境，以寓教于乐形式强化体验者防震减灾意识，主观能动地学习掌握防震减灾科普知识，提升自救互救技能。参与地震VR体验人数达500余人。

【防灾减灾示范社区创建】 2019年，根据省、市政府关于清理规范创建示范活动的工作要求，防灾减灾综合示范点创建工作将由应急、气象、地震等三部门联合申报创建。董家窑街道锦苑春天社区、大院街道体苑社区成功评选为国家级综合防灾减灾示范社区。

【地震应急疏散演练活动】 2019年，东湖区防震减灾部门依托辖区内社区、学校等帮助完善地震应急疏散演练脚本，制定地震应急疏散路线，开展地震应急避险演练、地震应急预案桌面推演，有效提升群众防震减灾意识和地震灾害防御能力。全年共组织学校开展27次演练活动、社区开展50次演练。

【人民公园国家Ⅱ类地震应急避难场所】 南昌市人民公园地震应急避难场所项目，批复为国家Ⅱ类高配地震应急避难场所建设项目。东湖区防震减灾部门积极与市人民公园管理处对接，实地查看国家Ⅱ类地震应急避难场所项目建设情况，了解应急指挥中心、应急停机坪、应急棚户区、应急供水、应急通道、应急标识等项目施工进度。截至2019年底，地震应急避难场所项目工程基本完工，应急标识牌正在更新制作当中。

【组织开展农村民居抗震设防培训会】 2019年，东湖区加强农村自建房的抗震设防指导管理和服务工作，引导农民自建房按照抗震设防要求和抗震设计规范进行规划、设计和施工。区防震减灾部门组织举办多场农村民居抗震设防培训会，加大农村民居防震减灾科普宣传力度。全年共举办2场农村民居抗震设防培训会，共计100余人参加，有效推进农村民居自建房抗震设防工作，增强东湖区农村民居抗震设防综合能力。

(刁　鹤)

体　育

综　述

2019年，东湖区以“增强人民体质，提高生活质量，打造体育强区，促进社会发展”为目标，以群众性体育活动和青少年阳光体育活动为主阵地，积极参加各级各类体育赛事，加快体育场地、设施建设，开创了体育事业发展的新局面。截至年底，全区共有已登记、授牌的全民健身站点111个，256条健身路径，各级社会体育指导员2165人。全区共有全国校园足球特色学校6所，全国篮球特色学校3所，江西省体育传统学校6所，南昌市体育传统学校4所，南昌市三大球特色校5所，体育专职教师118名。

群众体育厚植发展潜力。东湖区坚持落实《东湖区全民健身实施计划(2016—2020年)》，以完善“15分钟健身圈”为目标，加大投入力度建设健身场地，提升群众体育活动品质，为老百姓开展健身活动提供保障。2019年，举行了三级社会体育指导员培训活动，8月8日全民健身日活动及东湖区《全国第八套健身秧歌》及《健身气功五禽戏》培训活动；组队参加了2019年江西省百县农耕大赛及南昌市“体育・惠民100”健身气功展示活动；在“年代记忆　庆建国70周年”南昌市全民健身运动会上获得二等奖，为东湖百姓带来了全新的健身概念。

学校体育迸发精彩活力。深化学校体育改革，以立德树人为主线，在狠抓体育教学质量的基础上，通过各级体育赛事、各类体育活动，活跃校园体育社团活动，强化德智体美劳五育融合发展，坚守学校素质教育改革总路线。完成了2019年全国体育场地普查工作；组织开展了全教科体系统啦啦操培训工作；举办了2019年东湖区中小学生足球、篮球、排球、羽毛球、乒乓球、田径比赛。荣获南昌市“滕王阁杯”篮球、足球、乒乓球比赛总冠军；南昌市第七届校园体育节拿下“七连冠”。积极参加南昌市最美大课间评比活动及南昌市体传校乒乓球、田径比赛。

竞技体育更具蓬勃生气。坚持走体教结合的道路，发现、输送、汇聚、培养体育苗子，保持竞技体育的生命活力，积极参与各级各类体育比赛。完善东湖区体育总会、东湖区青少年体育俱乐部、东湖区田径、篮球、足球、训练基地，持续向体校输送运动人才，充实专业工作人员，为东湖区体育工作提供更多、更强的专业支撑。东湖区被评为全省青少年业余训练“十强县”，在江西省第五届百县青少年三人制篮球运动会上获得全省男子组总冠军、女子组总冠军、体育道德风尚奖并拿下男、女组全省得分王；在江西省第五届百县青少年五人制足球运动会上获得全省男子组一等奖、女子组二等奖并拿下女子组最佳射手。

群众体育

【概况】　2019年，东湖区围绕夯实“15分钟健身圈”普及开展群众性体育活动，新增全民健身站点11个，截至年底，共有社会体育指导员2165人，在推广科学健身的过程中，转变思维，加强健身与健康深度融合，加强科学运动素养的学习和培养，将“运动促进健康”升格为“健康离不开运动”，举行了各类群众体育活动并积极参加各级比赛并获奖。

【开展全国体育场地普查】 2月21日至10月30日,东湖区全面开展全国体育场地普查,通过普查全面摸清了全区体育场地设施建设数量、结构、分布、面积等基本情况,截至年底,东湖区共有各类体育场地面积为39.9864平方米,人口数50.36万人,人均场地面积约为0.79平方米。通过分析体育场地发展现状和发展变化的特点,科学配置体育场地设施资源,为推动全区体育事业与社会经济发展提供了科学准确的体育场地统计数据支持。为各级体育行政部门对体育场地建设、使用实施宏观管理、调整体育场地建设投资方向和建设结构,制定科学合理的发展规划提供了参考依据。

【参加南昌市二级社会体育指导员培训】 3月6—7日,东湖区选派10名社会体育指导员参加由南昌市体育局举办、南昌市社会体育中心承办的2019年南昌市二级社会体育指导员培训,顺利通过考核并结业,取得二级社会体育指导员资格。本次培训切实提高了一线社会体育指导员技能素质和水平,促进了社会体育指导员健身技能交流,充分调动和发挥了社会体育指导员在全民健身中的积极作用。

【《第八套健身秧歌》培训班】 5月11—12日,由东湖区体育总会、东湖区社区教育指导中心共同举办的"东湖区2019年《第八套健身秧歌》培训班"在滨江学校篮球馆进行。来自全区各全民健身站点100余名爱好者参加了培训。

【参加健身气功展示活动】 5月28—29日,南昌市体育局、南昌市体育总会主办,南昌市健身气功协会承办的"体育·惠民100"健身气功展示活动在南昌市国际体育中心举行。东湖区6名运动员组成的健身气功队伍参加了此次活动。本次活动通过健身气功爱好者的相互交流,促进了全区健身气功的科学、良性发展,为全区群众体育更添助力。

【全民健身日活动】 8月9日,2019年东湖区"喜迎新中国成立70周年"全民健身日活动暨"滕王阁"杯南昌市广场舞联赛(东湖赛区)展示活动在八一公园百花大舞台举行,来自东湖区全民健身站点的健身爱好者500余人参加了本次活动。通过活动,筛选出11个站点授予"东湖区全民健身活动站点"称号,20支东湖区全民健身站点广场舞队伍。在授牌仪式结束后,受到表彰的队伍登上百花大舞台进行2019年"滕王阁"杯南昌市广场舞联赛(东湖赛区)展示活动。

2019年8月9日,东湖区举行"全民健身日"活动启动仪式

【三级社会体育指导员培训活动】　5月10日，东湖区举办2019年三级社会体育指导员培训班。来自全区各乡镇、社区的100多名健身爱好者参加了培训。本次社会体育指导员培训班以技能培训为主，围绕各类健身项目进行了系统培训，同时就如何在日常锻炼中学习合理科学的健身，以及健身中存在的误区及错误的运动方式、方法进行了纠正与指导，受到了广大学员们的一致好评。培训结束后对全体学员进行了技能考核，并颁发三级社会体育指导员证书。

【健身气功五禽戏培训活动】　5月18日，由东湖区体育总会和东湖区社区教育指导中心共同主办的东湖区2019年健身气功五禽戏培训活动在滨江学校篮球馆进行。来自东湖区全民健身活动站点的近百名健身气功爱好者参加了此次培训，南昌市健身气功协会刘淑琴主席给学员进行了详细的辅导教学，吸引了更多人群去接触和了解五禽戏这项运动，促使人们亲身去感受体育运动带来的无穷乐趣，在社会上形成了拒绝不良功法、科学健身的良好氛围，为进一步贯彻落实《全民健身条例》，弘扬优秀传统文化，深化宣传全民健康理念，营造了“全民健身，终身学习”的浓厚氛围，促进了全民健身站点终身教育体系建设。

【参加江西省一级社会体育指导员培训】　9月9日，东湖区选派10名社会体育指导员参加江西省体育局举办的2019年江西省一级社会体育指导员培训，通过考核并结业，取得一级社会体育指导员资格。此次培训为落实《全民健身条例》《江西省全民健身实施计划(2016—2020)》，实施全民健身和健康中国国家战略，进一步加快一级社会体育指导员队伍建设，充分发挥社会体育指导员作用，建立健全全民健身服务长效机制，推动全区全民健身骨干队伍发展起到积极作用。

【参加社会体育指导员培训】　11月18—20日，东湖区选派6名社会体育指导员参加由南昌市体育局举办的2019年南昌市健身气功二级社会体育指导员培训，顺利通过考核并结业，取得二级社会体育指导员资格。此次为贯彻落实《全民健身条例》，推动健身气功事业健康发展，加强健身气功骨干队伍建设，发挥健身气功社会体育指导员在发展东湖区经济社会建设中起了积极作用。

【组织参加南昌市第九届迎新健步行活动】　12月31日，东湖区组织200名健身爱好者组成东湖区方阵与来自南昌市各县区、新区、市直各单位共25个方阵5000名健身爱好者一起参加了2019年“不忘初心　砥砺前行”南昌市第九届“迎新健步行”活动。

学校体育

【概况】　2019年，东湖区强力推进学校体育工作，组织举办了东湖区各类学校体育比赛。促进交流提高，积极南昌市各级各类学校体育活动并获得良好成绩。创建体育特色校，积极创建各类体育特色校，促进各类体育活动进校园。

【举办青少年足球联赛】　4月15—19日，东湖区举办了为期5天的2019年青少年校园足球联赛。比赛采取小学组5人制、中学组7人制，全区共有各个组别24支代表队参赛。最终南京路小学、育新学校教育集团、光明学校获得了小学男子U12组前三名；豫章小学教育集团、东湖小学、育新学校教育集团获得了小学男子U10组前三名；豫章小学教育集团、南京路小学、东湖小学获得了小学女子组前三名；育新学校教育集团一队、育新学校教育集团二队、扬子洲学校获得了中学组前三名。

【举办青少年乒乓球比赛】　4月28日，2019年南昌市“滕王阁杯”青少年乒乓球联赛暨东湖区中小学生乒乓球比赛在南昌市阳明学校落幕。来自东湖区属7个中学代表队、20个小学代表队近200多人参加了本次比赛。比赛设有中学男子、女子团体赛和单打比赛；小学男子、女子团体赛和单打比赛。最终南京路小学、东湖小学、豫章小学教育集团分别获得小学组团体总分前三名；育新学校教育集团、阳明学校、光明学校分别获得中学团体前三名。

【举办青少年羽毛球比赛】　4月29日上午，南昌市“滕王阁杯”青少年羽毛球联赛(东湖赛区)暨2019年东湖区“星耀杯”中小学生羽毛球比赛在樟树林羽毛球馆开幕。最终育新学校教育集团、城北学校、扬子洲学校获初中组男、女子团体前三名；豫章小学教育集团、育新学校教育集团、东湖小学获小学组男子团体前三名;豫章小学教育集团、右营街小学、百花洲小学获小学组女子团体前三名。

【举办青少年篮球赛】 5月21日,2019年南昌市“滕王阁杯”青少年篮球联赛(东湖赛区)暨东湖区“胜杰杯”中小学生篮球比赛落下帷幕。来自区属学校的47支中小学组参赛队伍近600名队员参加了比赛。比赛设小学男、女组、初中男、女组4个组别。最终豫章小学教育集团、育新学校教育集团、邮政路小学教育集团获得小学男子组前三名,邮政路小学教育集团、右营街小学、城北学校获得了小学女子组前三名,育新学校教育集团、滨江学校、阳明学校获得初中男子组前三名,育新学校教育集团、阳明学校、扬子洲学校获得初中女子组前三名。

【举办中(小)学生(气)排球比赛】 5月29日,2019年东湖区(小)学生(气)排球比赛在南昌市滨江学校篮球馆拉开序幕。此次比赛,为全区青少年排球爱好者搭建交流的平台,锻炼了学生队伍,开阔了教练视野,对全区排球训练工作起到了积极地促进作用。通过此次比赛,选拔出滨江学校代表队、扬子洲学校代表队及北湖小学代表队、右营街小学代表队、八一嘉实希望小学代表队分别代表东湖区参加南昌市第七届校园体育节比赛和南昌市滕王阁杯(气)排球中学组及小学组比赛。

【举办中小学生田径运动会】 9月23日,南昌市“滕王阁杯”青少年田径联赛(东湖赛区)暨2019东湖区中小学生田径运动会在南昌市八一体育场举行。来自东湖区所有区属学校,26支参赛队伍,1080名运动员,60名教练员参加了此次比赛。育新学校教育集团初中部、扬子洲学校、阳明学校获中学组团体总分前三名;育新学校教育集团小学部、邮政路小学教育集团、豫章小学教育集团、城北学校、东湖小学、扬子洲学校获小学甲组团体总分前六名;育新学校教育集团青桥校区、滨江学校获小学乙组团体总分前两名。7人次刷新了女子1500米等六项纪录。

【获南昌市校园体育节“七连冠”】 12月13日,南昌市第七届校园体育节闭幕式在江西外语外贸职业学院室内体育馆举行。东湖区在该届校园体育节上奋勇拼搏,再次获得团体总分第一名,并获得优秀组织奖。南昌市教育局党委书记、局长谢为民亲自为东湖区教科体局党委书记、局长舒小红颁奖,对东湖区在校园体育节上书写的“七连冠”神话表示热烈的祝贺。从2月开始,东湖区教科体局认真开展校园班级联赛、区级预选赛,优中选优,扎实训练,为该届体育节以压倒性优势全面卫冕奠定了坚实的基础。

2019年12月13日,东湖区连续七届荣获南昌市校园体育节团体总分一等奖

【开展青少年的体质健康检测活动】 12月9—13日区教科体局组织开展为期一周针对全区小学广播体操评比、《国家学生体质健康标准》数据抽测及眼保健操检测活动。检查组严格按照评分标准对全区各校广播体操进行抽测打分，同时针对全区各校《国家学生体质健康标准》数据进行抽测，通过本次活动，全区各校将继续加强学校体育工作，为增强青少年的体质健康水平创造条件，多措并举提高学生参加体育锻炼的积极性，提升学生的体质健康水平，促进学生全面发展和健康成长。

竞技体育

【概况】 2019年，东湖区竞技体育继续坚持走体教结合道路，完善人才梯队，取得了令人瞩目的成绩。连续第四年被评为全省青少年业余训练“十强县”；荣获“2019年南昌市体育后备人才培养先进县(区)”。在2019年由省体育局、省教育厅举办的全省最大规模、最高级别的江西省第五届百县青少年“三人制”篮球运动会中，东湖区包揽了男子篮球、女子篮球总冠军。

【男、女青少年篮球队蝉联省百县运动会总冠军】 由江西省体育局、江西省教育厅联合主办的2019年全省第五届百县青少年篮球运动会，于8月12—21日在抚州市东乡区举行。赛事设男子三人制和女子三人制两大组别，共吸引了来自全省的157支男女青少年篮球队、763名运动员参赛。经过九天激烈比拼，东湖区男子篮球代表队勇夺总冠军，女子篮球代表队蝉联四年总冠军并创开赛以来历史首个“四连冠”的骄人成绩。两支代表队均获得赛会体育道德风尚奖。南昌市体育局于9月2日专门发来贺信表示祝贺。

【参加江西省百县青少年足球运动会】 东湖区组队参加省体育局、省教育厅组织的，于8月24日在江西定南(国家)足球训练中心举办的首届定南足球文化节暨江西省第五届百县青少年足球运动会。赛事设男子五人制和女子五人制两大组别，共吸引了来自全省的150支男女少年足球队、1200名运动员参赛。经过7天激烈比拼，东湖区男子代表队荣获一等奖，女子代表队荣获二等奖，均获体育道德风尚奖。

【获青少年体育联赛足球总决赛总冠军】 11月16日，2019南昌市“滕王阁杯”青少年体育联赛足球总决赛在南昌市体育中心落下帷幕，该届赛事设置男甲、女甲、男乙三个组别，共有来自12个县区的399名运动员参加。东湖区派出由育新学校教育集团、南京路小学、豫章小学教育集团、东湖小学组建的三支队伍参赛，经过第一阶段的小组赛、第二阶段的交叉赛、淘汰赛，东湖区足球代表队获得该届赛事团体总分第一名、足球总冠军。

【获青少年体育联赛篮球总决赛总冠军】 2019南昌市“滕王阁杯”青少年体育联赛篮球总决赛于11月23—24日，11月30日至12月1日分两阶段在南昌航空大学篮球馆举行，来自全市12个县区的29支球队255名运动员参加了此次比赛。经过激烈争夺，东湖区代表队最终获得该届赛事男子甲组、男子乙组、女子组第一名，夺得篮球项目总冠军。

【获青少年体育联赛乒乓球总决赛总冠军】 11月30日至12月1日，2019南昌市“滕王阁杯”青少年体育联赛乒乓球总决赛在青云谱洪都小学举行，来自全市12个县区的141名运动员参加。东湖区乒乓球代表获得该届赛事团体总分第一名、乒乓球总冠军。

辖区体育资源

【概况】 2019年，东湖区坚持将体育场馆建设作为提升社会文明和人民群众健身品位的重要工作。截至2019年底，全区共有健身路径256条，为辖区居民开展体育健身运动提供了的良好条件。

2019年东湖区主要运动场馆一览表

表14　　单位:平方米

名　称	占地面积	体育场馆面积	电　话	详细地址
天泉水都游泳馆	7000	6000	13177888083	南昌市子固路45号
东海羽毛球馆	1200	900	86832525	南昌市三经路
樟树林综合馆	7000	6000	88617518	南昌市佘山路66号
天天羽毛球馆	1200	800	88603303	南昌市青山南路下沙沟42号
东湖区全民健身中心	1200	800	88502368	南昌市洪都北大道480号
江西省体育馆	20000	18620	86294651	福州路28号
上营坊社区国家级社区体育健身俱乐部	300	200	86289426	南昌市上营坊1号
彭家桥街道国家级社区体育健身俱乐部	1200	800	88504434	南昌市洪都北大道480号
江西省体育场(内场)	22000	20000	86294603	南昌市福州路28号
江西省体育场(外场)	22000	20000	86294603	南昌市福州路28号
江西师大田径场(外场)	22000	20000	88506324	南昌市北京西路437号
江西师大田径场(内场)	5000	4800	88506324	南昌市北京西路437号
江西师大篮球场	8000	7200	88506324	南昌市北京西路437号
江西师大网球场	4000	3600	88506324	南昌市北京西路437号
省中医学院田径场	22000	20000	86800041	南昌市八一大道461号
江西财大篮球场	2000	1800	88626900	南昌市青山南路596号
豫章中学田径场	2200	2000	86837595	南昌市豫章路125号
育新学校田径场	4200	4000	86215641	南昌市北京西路287号
育新学校篮球场	1500	1200	86215641	南昌市北京西路287号
东湖小学田径场	4000	3200	86267380	南昌市上营坊57号
右营街小学乒乓球馆	600	300	86812612	南昌市右营街120号
豫章二部综合馆	1600	1300	88634433	南昌市起凤路218号
豫章二部田径场	4000	3200	88634433	南昌市起凤路218号
邮政路小学乒乓球馆	300	200	86793430	南昌市邮政路9号
东湖区体校游泳馆	600	380	88600878	南昌市规划七路87号
水上世界游泳馆	1500	1250	13910053758	南昌市福州路93号
江西少儿体育培训中心游泳馆	600	400	86294605	南昌市福州路28号
江西师大游泳池	1500	1250	88506324	南昌市北京西路437号
天奥物业游泳池	500	350	13767407677	南昌市五纬路286号
中寰物业游泳池	250	180	13707092629	南昌市叠山路532号
恒兴物业游泳池	100	60	88593339	南昌市南京西路524号
阳明学校田径场	5000	3200	88502368	南昌市洪都北大道480号
二七北路东湖区体育文化休闲广场	3000	2400	88634455	南昌市二七北路靠近青山南路
豫章街办新星社区室外灯光篮球场	800	600	18979108955	南昌市青山南路72号
董家窑街办新华社区室外灯光篮球场	800	600	18170901055	南昌市佘山路59号

(杨林斌)

文化·旅游

综　述

2019年，东湖区坚持面向基层，强化文化担当意识，确保文化、旅游各项工作落到实处，取得实效。坚持“双0共双联”即平台共建、资源共享、活动联办、服务联动，以区文化馆、区图书馆为总馆，因地制宜，在试点街道（镇）设分馆，在相应社区设服务点，初步形成“总馆—分馆—服务点”三级齿轮式联动的总分馆服务体系，通过完善设施设备、打造特色馆舍、招募专职文化志愿者、建立公共文化服务群众需求征集和评价反馈机制及总分馆制巡演等，实现公共文化服务与群众文化需求的精准对接。以“1+5+X”社区邻里中心建设为契机，充实了全区9个街道文化服务中心的硬件设施设备，开辟了八一桥街办芭矛巷社区、大院街办公园社区、墩子塘街办马家池社区新的文化阵地，进一步丰富了文化服务内容。根据实地普查最新成果，新版《东湖区历史文化建筑》补录新发现建筑12处。借助专家研究成果，出版《南昌市东湖区历史建筑文化研究》。对全区现存130处不可移动文物（含文物保护单位和一般不可移动文物）按照属地原则划分给相应街道（镇、管理处）安排专人对文物本体安全、消防安全、两线范围内是否存在违规建设等情况进行巡查。利用现代化数字技术，完成对部分价值较高不可移动文物建筑的3D建模工作，并对其中三栋代表性建筑实现了室内立体漫游。南昌市永红赣绣发展有限公司（赣发绣）等5个单位荣获省级非遗生产性保护示范基地、传承基地、传播基地荣誉称号。“佑民寺传说”“南昌大鼓”“洪州瓷雕”“万氏膏药制作技艺”4个非遗项目入选第六批市级非遗代表性项目。滕王阁旅游区被评为全域旅游优质人气旅游目的地100强、全域旅游优质人气研学景区。方志敏广场举办“方志敏诞辰120周年”画展巡展，增设《信仰的力量》微党课、《可爱的中国》少儿动画等内容，推动红色教育宣讲，成为东湖的“红色基因库”和“红色旅游高地”，提升了东湖旅游的知名度。按照全覆盖、严执法、重实效的原则，依托国家“互联网+监管”系统，严把文化证照审批关；分片区对网吧、星级宾馆、景区（点）、街道（社区、村）文化活动中心（室）、影院等文化旅游活动场所严格执法，出动执法人员2000余人次，检查文化旅游经营单位1600余家次，查处各类案件30余起。加大对特殊敏感时期的监管力度，推动文明城市创建工作深入开展。

文艺创作

【概况】　2019年，东湖区围绕国家、省、市各级各类赛事活动，积极创作，原创舞蹈作品《绣》荣获第七届江西艺术节“江西省第12届少儿艺术节”大赛一等奖。

【原创舞蹈作品《绣》】　8月26日，第七届江西艺术节“江西省第12届少儿艺术节”舞台综艺节目决赛展演在江西省艺术中心举行。经过筛选，来自全省17个市县的17支队伍精彩亮相、大展才艺。东湖区原创的舞蹈《绣》喜获一等奖。舞蹈中，孩子们用独特的肢体语言诠释着刺绣的魅力。

2019年东湖区文艺创作及获奖情况

表15

作品名称	作者	出版或发表情况	获奖名称
原创舞蹈作品《绣》	区文化馆	—	江西省第12届少儿艺术节大赛一等奖

文化活动

【概况】 2019年,东湖区开展了系列文化活动。全年全区共举办大型文化活动160余场次,惠及群众20万余人次,到处都是活跃跃的文化气息。新春文化节,精彩好戏轮番上阵。“奋进新时代 魅力新东湖”优秀群众文艺节目新春社区行,走进铁街、锦苑春天、福州路北等10余个社区巡演。“文化贺新春 欢乐英雄城”文化进万家东湖专场演出,邀请了南昌市文化艺术中心的专业演员将歌舞及戏曲的魅力带到八一公园。“赣鄱大地展新颜 挥毫泼墨迎新春”江西书法名家新春送文化进基层活动、“文化进万家 共创文明城”省市文联“赣鄱文艺轻骑兵”送欢乐下基层活动、省书协书法家“送万福”进万家走进东湖活动,欢乐和实惠多多。区图书馆围绕“书香满赣鄱·文化进万家”活动品牌,以“多读书、读好书”为主题开展了全民读书活动。全面推进社会主义和谐社会和社会主义核心价值体系建设,积极引导读者参与到群众文化活动,形成特色文化品牌,以满足人民群众日益增长的精神文化需求。区图书馆创立了五大活动品牌,并开展了一系列丰富多彩的文化活动。其中,“东湖大讲堂”公益讲座30场、“精神湿地·文化长廊”图文展8场、“悦读悦美成长梦”品牌活动90场、“朗读者沙龙”系列品牌活动48场。

【举办江西书画名家东湖新春作品展】 1月18日,江西省文化厅、省文联联合举办的“2019年江西书法名家新春送文化进基层”活动首站走进东湖。在佑民寺文化广场,20余位书法名家挥毫泼墨,为市民送上浓浓的新春祝福。现场共送出春联1000余幅,吉祥如意的春联、红红火火的“福”字,传递了书法家们对东湖居民的美好祝愿。手捧着一副副精美的春联,市民的喜悦之情溢于言表,整个现场洋溢着祥和、喜庆的新春氛围。

【开展新春总分馆配送系列活动】 1—2月,东湖区文化馆总分馆新春配送系列活动走进大街小巷,来到董家窑街道、百花洲街道、扬子洲镇3个分馆和阳明社区、上营坊社区、锦苑春天社区、福州北路社区、光明社区、前洲村6个服务点,共举办了12场文化活动,将精彩的文艺演出和幸福的节日气氛送到百姓家门口。此次总分馆配送新春系列活动全面覆盖了东湖区所有的分馆和服务点,其中活动的舞台、音响由东湖区文化馆提供,文艺节目由分馆和服务点组织,真正做到“政府搭台、百姓唱戏”,为群众创造了一个风采展示和艺术交流的大舞台。

【开展元旦春节元宵系列活动】 1—2月,东湖区图书馆举办了一系列庆元旦迎新春活动,与广大读者群众一起欢庆新年。此次活动包括“巧做捕梦网”兴家风庆元旦活动、“魔幻小夜灯”淳民风手工活动、“文明创建我先行”正社风少儿绘画活动、“古诗欣赏拼盘会”兴家风文学活动、“日历亲子绘”兴家风绘画活动、“DIY手工书签”少儿手工,“金猪佑福 祥和迎春”流动图书馆进社区、“正月十五花灯俏·锣鼓喧天闹元宵”猜灯谜、画灯笼等活动。

【新春文艺会演】 2月4日上午,东湖区在八一公园举办第二届“传统民俗庆团圆·南昌味道南昌年”新春文艺会演。舞龙队伍齐上阵,四方齐奏,八面威风,“鼓”舞人心,赢得现场观众阵阵掌声。还有民俗舞蹈鲤鱼灯表演以庆来年丰收,寓示着“年年有余”之意味。民间灯彩队的彩莲船、蚌壳精、花仙子、西游记表演以传统民俗拜年的方法,现场给广大群众拜年。精彩的节目陆续上演,东湖区惠民剧场“贵林社”带来南昌方言相声《不变的是乡音》、南昌清音《满阁犹闻翰墨香》、南昌道情《方卿戏姑》、南昌采茶戏《劝夫》、南昌大鼓《数菜名》等极具南昌特色的节目,在亲切熟悉的俚语中，传递着新年的喜悦。在民俗体验区，淘米、磨磨盘、打模子等传统的民俗吸引了很多人围观。在民俗展示区，一字排开的八仙桌上，分别呈放着大年三十的年夜饭、正月初一的斋饭、正月初二的回门饭、正月初三拜大年、正月初四走亲访友、正月初五接财神、正月初六酒宴饭、正月初七的糊羹到正月十五的汤圆以及南昌本土特色风味小吃麻花、芝麻糕、灯芯糕等。扑鼻的香味和鲜艳的搭配，以情景再现的方式展示着南昌传统年"味"，让人在品味浓浓年味的同时，自觉增添了对传统民俗的了解。

【元宵文艺会演】 2月19日，2019年东湖区元宵欢乐汇活动在百花洲文化广场举行。一曲《农民父兄》用歌声表达出了对家乡父母及兄弟的思念之情；《看山看水看中国》，描绘了一家人穿梭在大街小巷看花灯的情景，其乐融融；朗诵《祖国啊，我的祖国》讲述了在外地务工人员对祖国的热爱，以及对未来美好生活的向往。活动不仅舞台上有看点，舞台下也有趣味。传统的猜灯谜活动，回答正确的还能得到一份精致的奖品，一个个小谜语，一份份小礼品，大人小孩都玩的非常投入，大呼过瘾。此次活动营造出了吉祥、喜庆、热闹的节日氛围，活跃了广大居民的文化生活，充分满足了群众对传统节日和美好生活的新期待。

【豫章清明诗歌会】 4月3日，豫章清明诗歌会在阳明学校举行。舞蹈《一壶老酒》让人感觉华夏文明历经的千年沧桑，中华人民共和国成立70周年幸福生活来之不易；朗诵《英雄城之歌》讲述了中国人民军队历经风风雨雨，一次次搏击历史的浪潮，闯过一道道艰难险阻，在漫漫征途中百炼成钢，为社会发展保驾护航；舞蹈《迎风飘扬的旗》用肢体语言诠释了万千战士，乘风破浪，奋勇前进，歌颂我们伟大的祖国，走向繁荣富强；情景朗诵《忆江南》由阳明学校四年级的孩子们表演，表达了对祖国大好河山的热爱。此次活动旨在传承红色基因，使孩子们深刻体会到先烈们坚贞不屈、英勇无畏的高贵品质和革命精神，增强历史责任感和民族使命感。

【第九届读好书活动】 4月，东湖区图书馆开展"筑梦新时代　阅读伴你行"第九届读好书系列活动。该活动由"缅怀先烈·感恩先贤"清明节主题粘土画、"闻书香·忆书名"有奖趣味猜书名活动、"亲子自制图书"少儿活动、"小小图书修补员"少儿活动、"书箱承载历史，阅读洗涤心灵"之诵读表演、"爱书的孩子"现场手绘图画书、"你选书，我买单"活动、"馨香悦读　激扬梦想"图书交换活动、"与书结缘　与书相伴"电子图书推荐活动、少儿绘本故事联想画活动、"中国文学名著插图展"展览、"拥抱春天　追逐梦想"少儿新书推荐活动，"读书中故事　看云卷舒"世界读书日朗诵会，"与经典同行，绘人生底色"读书月少儿朗读活动组成，进一步浓厚了读书氛围，得到各界好评。

【举办百花洲市民艺术节】 5月8日，东湖区2019年江西文化发展巡礼暨"春满东湖"百花洲市民艺术节开幕。艺术节持续至12日。包括朗诵比赛、广场舞大赛、少儿京剧专场演出、筱贵林社传统文化专场演出以及江西省庆祝改革开放40周年手机摄影大赛获奖作品巡展等，真正让"优质公共文化服务"走进街头、走进巷尾、走进基层、走到寻常百姓家，引领健康向上的文化生活，满足人民群众对美好生活的新期待、新需求。

【"平安创建"文艺会演】 6月20日，东湖区职工文化艺术团在滨江学校举办"平安创建"文艺会演。来自各街道的居民代表共200余人一起观看文艺演出，共享视听盛宴。文艺会演在舞蹈《盛世欢歌》中拉开帷幕，舞蹈《共筑中国梦》《中国大舞台》《迎风飘扬的旗》结合现代舞蹈的动感活力，展示了青春与阳光，也表达了一种祝大家越来越好的深切的人文关怀。快板《扫黑除恶保平安》融扫黑除恶专项斗争工作宣传于文艺表演的节目，既精彩又寓意深远。诗朗诵《国家》、男女声对唱《家和万事兴》、小组唱《祖国万岁》等精彩节目逐一亮相。演出过程发放了平安创建宣传资料。

【开展暑期系列少儿活动】 7—8月，东湖区图书馆开展暑期系列少儿活动。该活动包括"党旗飘飘"七一主题绘画活动、"手绘团扇"少儿活动、"彩绘挂饰"亲子涂鸦活动、"环保袋亲子绘"环保主题亲子活动、"亲子手掌画"亲子绘画活动、"艺术花瓶"淳绘画活动、"创意原木画"亲子手工活动、少儿暑期志愿者等活动。

【举办少儿讲故事比赛】 9月28日,“美丽中国　多彩童年”东湖区庆祝中华人民共和国成立70周年少儿讲故事比赛在区文化馆412培训报告厅举行。比赛中,小选手们个个认真投入、娓娓道来,时而让人肃然起敬、时而让人热泪盈眶。年龄最小的选手只有4岁,虽然年龄不大,但是举手投足之间台风十足,赢得现场观众阵阵掌声。最终,经过现场评委的打分,评选出了一等奖一名,二等奖2名,三等奖三名。此次少儿讲故事比赛以庆祝中华人民共和国成立70周年为主题,充分体现了少年儿童对祖国的热爱之情,诠释了峥嵘岁月的感人故事,展现了新时代的美好生活。

【举办少儿书画作品展】 9月28日—10月8日,“梦想启航　童心飞扬”2019年东湖区少儿书画作品精品展在区文化馆美术展览厅开展。参展的作品包括“南昌 & 千年之恋”2019年少儿创意美术大赛和“我和我的祖国”2019年东湖区优秀少儿艺术作品选拔赛中获奖的书画作品,共计作品80余副。孩子们的作品色彩鲜艳,天真烂漫,想象力丰富,作品内容包含水彩、国画、彩铅、毛笔书法、硬笔书法等等,天真的笔触、大胆的想象,用孩子们独特的视角描绘出南昌的美丽风光及国庆的欢乐景象,充分展现出小朋友们心中对艺术创作的理想与热爱。

【国庆七天乐系列活动】 10月1—7日,东湖区文化馆于每天上午在八一公园百花大舞台,精心安排了精彩的文化活动,其中包括“壮丽七十年　奋斗新时代”东湖区庆祝中华人民共和国成立70周年优秀文艺节目系列展演、庆祝中华人民共和国成立70周年文艺会演、庆祝中华人民共和国成立70周年少儿京剧专场演出、庆祝中华人民共和国成立70周年优秀文艺节目系列展演、“树廉洁家风　建和谐社区”2019年东湖区庆祝中华人民共和国成立70周年文艺会演、庆祝中华人民共和国成立70周年民乐专场演出。

【举办外来务工人员免费培训班】 10月18日开班,东湖区文化馆外来务工人员免费培训班开班,共开设了广场舞、少儿京剧、合唱、太极拳、书法等6个培训班,由区文化馆统一配送师资力量,各社区具体负责招生和组织教学。

【“爱祖国·爱家乡”系列少儿活动】 10月,东湖区图书馆举办“爱祖国·爱家乡”系列少儿活动,该活动由“迎国庆·颂祖国”淳民风亲子手工制作活动,“家乡的古建筑”少儿绘画活动,“春夏秋冬”环保主题少儿创意贴画活动,“趣味折纸画”兴家风亲子创作等活动组成。生动有趣的小故事,充满创造力的手工课程,以及让想象力遨游天际的绘画让孩子们带来不一样的体验。

【举办广场舞大赛】 11月15日,“动起来,让城市更文明”2019年广场舞大赛在八一公园百花大舞台举行。现场,来自辖区的17支队伍约400余人,以热情饱满的状态展示了东湖区居民创建文明城市的精神风貌,赢得现场观众阵阵掌声。其中,民巷社区舞蹈队带来演出《游击队之歌》,讲述了山东枣庄微山湖上一支土生土长的抗日游击队的在艰苦环境中的坚强革命意志和乐观主义精神。阳明之花艺术团带来的《洗衣舞》,取材于解放军炊事员和藏族姑娘争着洗衣服做好事的场景,具有浓厚的生活气息和藏族歌舞艺术特色,反映军爱民、民拥军的军民鱼水之情。毓秀艺术团的《采荷欢歌》,通过重现居民为创建全国文明城市的自发行动和主动作为,表现了人民对美好生活的向往和追求。

【“东湖大讲堂”大型公益活动】 2019年,东湖区图书馆开展了“东湖大讲堂”大型公益活动,该活动共30场,由魏晋饮酒之风、传统文化“活”在当下讲座、《周易》讲座、唐代边塞诗讲座、《诗经》讲座、“忠与恕”讲座,《离骚》讲座、“人类与疾病的抗争”讲座、“读书与行路”讲座、历史在文学里成长讲座、普法知识讲座、健康知识讲座、节日安全讲座等组成。

【“精神湿地·文化长廊”系列展览活动】 2019年,东湖区图书馆举办了“精神湿地·文化长廊”系列展览活动,共分8场,分别为年俗文化展、中国文学名著插图展、文津图书奖获奖图书展、绘本图文导读展、“信仰的力量——中国共产党人的初心”档案展、听军歌嘹亮　一阵容岁月图文展、月到中秋分外明——中秋节的故事图文展,庆祝中华人民共和国成立大型图文展。

文化市场

【概况】 2019年,东湖区扎实开展文化旅游市场领域扫黑除恶专项整治,加强扫黑除恶专项工作的宣传和线索摸排;开展文化娱乐场所安全专项检查,督促网吧、歌舞娱乐、游艺娱乐、营业性演出等经营场所落实安全生产制度,严防火灾等恶性事故,确保文化市场安全有序。全年,共出动执法人员2000余人次,检查网吧、娱乐场所、影院、出版物市场、电子游艺场所等1600余家次,受理举报案件35起,立案查处各类案件35起,查缴盗版违法书刊300余册,取缔游商摊贩1家,查处并拆除非法地面卫星接收设施20处近40个,有力地打击了各类违规违纪行为,促进文化市场得到了健康有序的发展。

【全国"两会"期间文化市场专项整治】 3月1—20日,东湖区开展全国"两会"期间文化市场专项整治,重点检查网吧、出版物市场、歌舞娱乐场所等文化市场经营主体是否依法依规开展经营活动,督促业主做好消防安全工作,防止发生安全责任事故,保障"两会"期间文化市场的安全、稳定、健康。

【文化市场安全生产大排查行动】 3月1—15日、4月30日至5月15日,东湖区文化管理部门深入辖区网吧、歌舞娱乐场所、动漫城等文化经营企业,通过看现场、查设备等进行地毯式安全大排查,重点对消防设施是否完好,消防通道是否畅通,消防制度是否落实进行认真排查,对检查发现的安全隐患当场责令立即整改或限期整改。行动共检查100余家文化企业,发现安全隐患20处,立即整改17处,限期整改3处,并与企业主要负责人签订了《安全生产履职承诺书》。同时要求经营业主增强安全生产经营意识,健全完善安全生产规章制度和应急预案,组织开展应急演练,切实做到安全经营、文明经营、守法经营。

【文化市场业主大会】 4月12日,东湖区文化管理部门召开2019年文化市场业主大会,开展法律培训,提升业主法律意识。会上,区文广新旅局就加大依法处理违规接纳未成年人行为、网吧转型升级、安全隐患排查整治等方面做出了统一部署和要求。会议强调,文化市场经营业主要充分认识开展扫黑除恶专项斗争的政治意义,积极行动、广泛参与,营造文化市场风清气正的经营氛围。网监部门就落实实名登记制度、网络安全等工作提出了要求。区消防大队就如何加强文化市场消防安全管理、火灾防范等进行了现场讲解。当天,区文广局还与各参会业主签订了《东湖区文化市场安全生产责任状》。

【"绿书签2019"进校园宣传活动】 4月25日,东湖区"绿书签2019"进校园活动走进青桥学校。区文广新旅局、青桥学校广大教师、学生及家长百余人参加活动。活动以"护助少年儿童健康成长,拒绝有害出版物及信息"为主题,旨在引导学生从小养成支持正版、反对盗版的思想认识和行为习惯,引导孩子们爱读书、读好书、善读书。区文广新旅局工作人员耐心地为学生和家长讲解如何辨别盗版及非法出版物的方法和技巧,增强青少年学生对非法出版物及有害信息的自我辨别和防范意识。现场,东湖区文广局工作人员还通过向广大学生派发"绿书签"、张贴"绿书签"宣传海报、开展"绿书签"主题签名活动,传递出尊重知识、尊重创意的心声。

【无证无照文化经营场所专项整治行动】 4月20—28日,东湖区文广新旅局联合相关执法部门,依法查处取缔辖区内无证经营的娱乐场所4家,切实维护了文化娱乐市场的有序稳定。

【查处4家无证经营娱乐场所】 5月,东湖区文化管理部门对辖区内娱乐场所进行了全面排查。经核实,相约金鑫阁KTV(位于洪都北大道省环保厅北右侧)、东湖区水云天音乐馆(即水云天会所,位于东湖区阳明路454号)、欧皇会酒吧(二七北路1927内)、壹号公馆会所(五纬路的博兰泽酒店右侧一楼)均未取得娱乐场所经营许可证。根据《娱乐场所管理条例》相关规定,区文广新旅局联合区公安分局、东湖消防大队依法对该4家娱乐场所予以取缔。

【中高考期间网吧市场专项治理行动】 6月5—19日,东湖区文化管理部门开展为期半个月的"中高考期间网吧市场专项治理行动"工作。加强对校园周边的网吧检查,突出对考试休息时间、中午及晚上休息时间的全面覆盖,加强对网吧市场的消防安全、经营内容和时间、噪声状况的检查,保障高考期间学生有一个良好的学习、考试、休息环境。

【网吧管理】 7月1日至9月1日,东湖区文化管理部门制定了暑期网吧专项治理实施方案,召开暑期专项整治动员大会,与辖区内36家网吧经营业主签订了暑期安全稳定责任状,联合区安监局、区公安网监大队、区消防大队,重点检查网吧违规接纳未成年人、实名制登记上网落实情况、安装违规违法游戏、消防安全责任及制度落实等情况。

【开展圣诞、元旦期间娱乐场所专项整治行动】 12月,东湖区文化管理部门对辖区文化娱乐场所开展专项整治行动。严厉监管超负荷容纳消费者、违规接纳未成年人、非法点播境外歌曲曲库、从业人员无统一着装、无证经营、安全制度健全和落实到位情况;场所疏散通道和安全出口是否畅通,疏散指示标志、应急照明是否齐全完好及经营秩序混乱和娱乐场所噪声扰民等问题。

【开展"双打"系列活动】 12月,东湖区文化管理部门加大出版行业日常检查力度,重点检查各类出版物经营户是否亮证亮照经营、是否违法违规发行出版物、进货票据是否齐全,坚决查处各类侵犯知识产权和制售假冒伪劣出版物的行为。出动执法人员300余人次,检查各类出版物经营单位103家次,缴获侵权盗版出版物200余册。

【开展"扫黄打非"系列活动】 2019年,东湖区持续深入开展"扫黄打非"工作,旗帜鲜明地打击盗版侵权行为,维护良好的社会主义文化市场秩序。开展了"护苗""净网""清源""秋风"4个专项行动以及高校及周边打字复印店整治、非法地面卫星接收设施专项整治等行动,重点查缴了非法政治性出版物,淫秽色情出版物;,非法盗版侵权出版物,非法地面卫星接收设施。积极推进"扫黄打非进基层"工作。全年共出动执法人员400余人次,检查书店、网吧等文化市场经营主体800余家次,查处并拆除非法地面卫星接收设施20余处近40个,非法出版物和盗版少儿卡通书刊300余册。

【加强校园周边文化市场整治】 2019年,东湖区以中、小学及周边为重点整治区域,以书店、报刊亭、网吧等为重点整治场所,以网吧违规接纳未成年人、销售非法侵权盗版出版物等为重点整治内容,开展了4次校园周边文化市场专项整治行动。出动执法人员600余人次,检查各类文化经营主体400余家次,立案查处违法经营行为2起,缴获盗版出版物200余册。

文物·博物

【概况】 2019年东湖区贯彻"保护为主、抢救第一、合理利用、加强管理"的十六字文物保护方针,以深度挖掘文化资源为基点,积极探索历史文化资源保护利用新方式,文物保护机制进一步完善,文物保护工作成效显著。

【不可移动文物属地管理】 3月,东湖区文化管理部门把辖区现存130处不可移动文物按照属地原则进行了划分,涉及10个街道、镇、管理处。每处文物建筑安排专人按月依照《南昌市不可移动文物巡查制度》进行巡查,对文物本体安全、消防安全、两线范围内是否存在违规建设等情况进行检查。有管理人员的文物单位需要每周对本单位进行检查,属地街道、镇、管理处及区文物行政主管部门、消防、安监、城市管理、城建等部门不定期依职权检查,形成有情况立即互相告知机制,做到各级层层监控,时时动态管理,严格落实好文物安全工作。

【文物修缮与开发】 3月,在南昌红色记忆展示馆的先进经验上,区文广新旅局完成了对榕门路古玩城老楼的修缮验收,现已经用作发扬南昌特色餐饮传统文化的场所。

【开展文物行政检查】 4月,东湖区文化管理部门依照文物保护法的要求,完善辖区不可移动文物修缮审批流程,加强对不可移动文物周边工程建设的监管,并制定定期检查的工作机制。4—12月出动文物行政检查100余次,检查了全区130家不可移动文物,并对朱德旧居、叶挺指挥部旧址等文物周边施工建设情况进行有效监管,多次阻止未批先建情况的发生。

【推动辖区各级文物保护单位保护标志的设立】 5月,依照国务院《关于进一步加强文物工作的指导意见》的要求,东湖区文化管理部门督促辖区11家文物保护单位设立文物保护标志,同时也对农村地区及部分不可移动文物点位设立了保护标志。

【出版《南昌市东湖区历史建筑文化研究》】 7月,《南昌市东湖区历史建筑文化研究》正式出版。该书是东湖区邀请专家历时一年半研究整理的成果集结。专家们深度挖掘南昌城市建筑历史与建筑发展沿革、历史建筑研究价值与意义,从时代、政治、经济、文化、社会等更专业的角度研究历史建筑所蕴含的信息,并依据全域旅游的概念,针对东湖区历史建筑成片区的开发利用提出可行性的意见建议。

非物质文化遗产

【概况】 2019年,东湖区非物质文化遗产得到有效保护传承,开展了"文化和自然遗产日"非物质文化遗产系列、省级非遗"南昌赣发绣"产品正式上线京东众筹平台、非物质文化遗产项目进商场、"多彩非遗·相伴成长"2019"传承非遗经典,浸润中华少年"等活动,有效提升非遗在群众中的传播度。

【南昌赣发绣产品正式上线京东众筹平台】 4月18日,南昌赣发绣产品京东众筹平台上线启动仪式举行。南昌赣发绣产品上线是由江西中文大业大数据有限公司与南昌赣发绣强强联手,旨在让千年非遗搭载互联网,通过网络化思维,打破非遗"门前冷落鞍马稀"的现状,深藏千年的非遗将老树发新枝,一鸣惊人天下闻。同时,这次京东上线,为东湖"非遗"探索市场化路径,通过网络众筹,为东湖非遗和文创产业发展添油助力。这是江西非遗产品首次开启线上销售模式,旨在利用电子商务平台,拓宽非遗产品线上销售渠道,助推非遗产业长足发展。

【非遗保护基地建设】 4月,2019—2021年度江西省非物质文化遗产生产性保护示范基地名单揭晓。通过东湖区非物质文化遗产保护中心积极申报,东湖区共有五个单位获得殊荣。其中南昌市永红赣绣发展有限公司(赣发绣)、南昌豫章赣绣手工绣有限公司(豫章绣)荣获省级非遗生产性保护示范基地荣誉称号。南昌师范学院(南昌清音)、江西师大(豫章绣)荣获省级非遗传承基地荣誉称号。豫章师范学院(豫章绣)荣获省非物质文化遗产传播基地荣誉称号。

【参加"2019江西文化发展巡礼展"】 5月8—12日,"文化的力量——2019江西文化发展巡礼展"在江西省美术馆举行,东湖区有三项非物质文化遗产项目参加此次巡礼展并现场展演,展示了东湖区非遗项目独特的魅力。活动现场,省级非遗项目"赣发绣"、省级非遗项目"豫章绣"、市级非遗项目"南昌泥塑"代表性传承人现场即席展示精彩技艺,毫不保留地展示着他们的看家绝活,让观展的民众了解、珍视身边的文化遗产项目。同时,传承人现场传授、观众参与互动等形式多样的互动体验也吸引了许多群众现场参与,让非物质文化遗产更好地融入当代社会、融入百姓生活。

【非物质文化遗产项目进商场活动】 7月,东湖区庆祝中华人民共和国成立70周年非遗展示活动在蓝海购物广场举行。活动旨在弘扬优秀传统文化,传承民俗民风。活动现场南昌清音传承人范金连演唱《九连环》,将南昌清音这一省级非物质文化遗产的魅力风采带到广大市民群众的身边,热闹的气氛吸引了众多游客观赏。东湖区非物质文化遗产研究保护中心还精心组织了赣发绣、豫章绣、南昌瓦罐煨汤制作技艺、胎发毛笔制作技艺、豫章刻瓷、南昌泥塑、万氏膏药制作技艺等优秀非物质文化遗产项目在商场进行集中展示。市民在逛商场的同时,不仅欣赏到非遗传承人的精湛技艺,还兴趣十足地跟随传承人老师学习,亲自体验这些绚丽多彩的民间传统技艺。

【参加全国非遗曲艺周展演】 9月6—10日,东湖区省级非遗项目——南昌清音,受文化和旅游部非物质文化遗产司邀请赴山东济南市参加2019全国非遗曲艺周展演。南昌清音作为南昌市唯一一个省级非遗项目参加展演。展演为期五天,深入济南市各个剧场和社区开展驻场演出和巡回表演。由东湖区文广新旅局干部、非遗传承人、贵林社演员及社区民乐队组成原汁原味的东湖非遗传承队伍,带着省级项目南昌清音代表作《今日犹闻翰墨香》,参加展演并先后在济南市五龙谭公园、市中区舜玉街道园社区、历下区解放路社区、历下区县西巷社区、山东青年政治学院进行五场演出。东湖区非遗团队以饱满的热情迎接每一场演出,以真诚用心投入每一次演绎,赢得现场观众的阵阵掌声。作为南方曲艺的南昌清音,引起了济南市民的极大兴趣,每场演出前,很多观众们都会向演员、乐队老师了解南昌清音。东湖区非遗团队以此为契机,以工坊的形式为观众普及南昌清音的历史渊源、道具的功能,并带领观众进行现场体验。

【开展非遗项目进校园活动】 11 月 14 日,东湖区文化馆联合光明学校开展了"多彩非遗・相伴成长"2019"传承非遗经典,浸润中华少年"的活动。豫章绣第八代传承人余正连、周南英来到学校现场教学 20 名小学生,细致的讲解刺绣技法。同学们拿着针线,耐心地穿针引线。在 1 个小时的活动中,同学们一针一线的绣着卡通图案,体验刺绣的魅力,让保护和传承"非遗"的种子在学生的心里生根发芽。

【参加中国工艺美术博览会】 11 月,2019 中国工艺美术博览会"百鹤杯"工艺美术设计创新大赛颁奖典礼在南京国际博览中心举行。东湖区市级非遗项目洪州瓷雕作品《富春山居图》在全国 2570 件作品中力压群雄,荣登榜首,获得首届中国工艺美术博览会"百鹤金鼎奖"。洪州瓷雕作品《富春山居图》融合了钧窑、耀州窑、龙泉窑等多种装饰技艺风格,采用陶瓷素坯雕刻及釉色装饰方式创作,以元代大家黄公望的《富春山居图》为题材进行重新设计,章法有序,刀法苍劲,精雕细琢,入木三分,集诗、书、画、印于一体,文气浓郁。瓷上浮雕技艺结合象牙白、青花釉里红等装饰手法,巧妙呈现出木雕的色泽肌理,彰显出特色鲜明的工艺之美、人文之美、艺术之美,代表了国家艺术形象。中国轻工联合会、百鹤杯专家评委会认为:首次开评的 2019 中国工艺美术"百鹤金鼎奖",获奖作品真正体现了中国工艺美术的博大精深,是华夏民族的文化瑰宝,彰显了时代文化成就,展现了工美艺术顶尖水平。

旅游管理与服务

【概况】 2019 年,东湖区全面挖掘、统筹开发、串联提升碎片化的旅游资源,更好更快地形成"一业带百业,百业撑一业"的大旅游发展新格局。强化旅游属地管理,加大招商引资力度,积极发展特色旅游业,加强旅游宣传营销,提升旅游服务水平,加快东湖区旅游产业发展。全年全区旅游接待人数约 2048 万人次,旅游总收入 241.26 亿元,旅游产业吸纳劳动就业人数 3 万多人,旅游资源不断开发,旅游形象不断攀升。东湖区登记的旅行社总社 79 家、分社 11 家、服务网点 87 家,组织旅游企业申报并获得省市级旅游资金 200 余万元。

【组织企业参加旅游交流博览会】 2019 年,东湖区组织辖区企业积极参加旅游展销活动。3 月 18 日,东湖区旅游管理部门组织相关企业参加第 14 届中国义乌文化产品交易博览会暨第 11 届中国国际旅游商品博览会及中国旅游商品大赛。5 月 12 日,江西中文传媒携优秀文创产品赴上海第 12 届中国艺术节演艺及文创产品博览会。

【旅游厕所革命】 4—8 月,东湖区旅游管理部门对 2015—2019 年旅游厕所革命开展以来"全国旅游厕所管理系统"中填报的相关项目数据进行全面核实和完善,开展自查自纠,做到每个旅游公厕 GPS 信息精确、地址详细、厕位信息准确、外观照片齐全、确保项目的真实性和准确性。同时通过定期巡查对本区旅游厕所日常运营、管理和维护情况进行摸底。

【旅游行业文明创建】 10—12 月,东湖区旅游管理部门对各 A 级景区、旅游星级饭店按照行业文明服务规范和创建文明城市达标要求,完善相应的文明服务、规范服务、优质服务的制度和措施,广泛刊播公益广告,对照标准开展自查自纠。开展旅游企业标准化管理建设工作,深入到旅游景区、旅行社等旅游企业,检查应对突发事件的各项预案,检查安全设施设备,强化安全发展意识。按照省、市、区文明创建工作要求,指导、督促旅游景区、旅行社等旅游企业做好文明旅游工作。

【文明旅游专题活动】 2019年，东湖区旅游管理部门通过“我们的节日”系列文艺展演活动，在滕王阁景区、樟树林文化生活公园、八一公园3个旅游景区(点)开展“东湖区2019年文明旅游志愿服务”系列宣传活动。印制文明旅游进社区宣传袋2500余份，发放文明旅游和安全旅游知识宣传提示资料3000多册，利用现场设置的展棚，开展旅游商品展示、非遗项目展示、现场咨询、答疑解难等互动活动，宣传推介东湖区旅游景区(点)和旅游商品。联合街道社区开展文明旅游知识讲座，通过文明出行、做文明游客、文明出境游等方面向居民宣传了文明旅游、诚信旅游的重要性。先后在滕王阁景区、樟树林文化生活公园旅游服务中心建立文明旅游志愿服务站，开展志愿服务活动，有效促进景区、城区精神文明建设，营造整洁优美的城区旅游环境。

辖区文化资源

【概况】 东湖区有着丰富的文化资源，截至2019年，建有街道(镇)文化中心11个，社区文化活动室114个，社区文化广场21个，信息资源共享服务点区级分中心1个、基层服务点10个，农家书屋6个，市级爱国主义教育基地1个，外来务工人员子女艺术教育培训中心1个，电影院7家，博物馆、纪念馆6家。配合省共享工程中心完成了5个街道公共电子阅览室和17个社区公共电子阅览室的建设，完成了21个城中村“农家书屋”建设，其覆盖率在全市率先达到100%。

辖区文化资源相对集中，八一起义和八一广场旧址、贺龙指挥部、朱德旧居、叶挺指挥部、朱德军官教导团、江西省革命烈士纪念堂等革命遗址，体现了东湖厚重的革命历史文化；省歌舞剧院有限责任公司、省京剧团有限责任公司、省话剧团有限责任公司；南昌市歌舞剧院、南昌市京剧团合并改为南昌市艺术中心。江西艺术剧院、南昌采茶剧院、南昌市樟树林星美国际影城、南昌万达国际电影城等主要影院、艺术剧院，江西省图书馆、南昌市图书馆、区图书馆3个公共图书馆，均在辖区内。随着樟树林生活文化公园、南昌市艺术品交易所、滕王阁古玩城、791艺术街区、豫章一号等文化创意产业的注入，为推动建设科教文卫中心区增强了和谐发展动力。同时，方志敏广场及方志敏爱国事迹陈列馆，已成为全市乃至全省新的党风廉政教育基地、爱国主义教育基地和红色旅游新基地。

【社区文化服务场所】 截至2019年底，东湖区建成社区文化广场24个，4万多平方米，社区文化活动中心60个，信息资源共享服务点区级支中心1个，基层服务点10个，街道公共电子阅览室5个，社区公共电子阅览室17个；为村民建农家书屋21个，建少儿书吧1个，流动书屋2个，流动电影院1个，盲文及盲人有声读物阅览室1个，瓷板画青少年培训基地1个。辖区各街道(管理处)均成立文化站共10个，并设有街道文化综合性多功能文化活动中心，下设社区文化活动室79个。建立了永溪村、公园村、永和村、贤湖村、七里村、长巷村、为民村、长村村、臣港村、上房村、莘洲村、南洲村、滕洲村、前洲村、渔业村、庙后村、熊万村、新村村、三联村、联民村、林场村农家书屋21家。

【民间文艺团队】 2019年，东湖区民整合辖区剧团文化资源，成立了一大批颇具规模的民间文艺团队：如东湖毓秀艺术团、红歌舞汇艺术团、紫金开心艺术团、锦苑春天舞之队、东湖区青蓝少儿京剧社、红星艺术团、八一合唱团、梦之声合唱团、阳明之花艺术团、警官艺术团、豫章黄梅戏、南昌鼓艺团、江西省二胡艺术中心及南昌田园艺术剧团等。同时，拥有江西歌舞剧院合唱团等专业合唱团7支、江西省老年大学、南昌市老年大学合唱团等社会性合唱团15支，江西省直机关合唱团等机关合唱团8支，江西师大合唱团等院校合唱团8支，夕阳红合唱团、红歌舞汇艺术团、百花合唱团等社区群众合唱团7支。

2019年东湖区主要影院、艺术剧院一览表

表16

名　称	占地面积(平方米)	座位数(个)	电　话	详细地址	备　注
南昌市星濠影城	3340	1030	13755976880	南昌市二七北路328号1927商业体四楼	南昌星濠国际影城有7个现代化的专业电影激光放映厅,可同时容纳1030名观众;所有影厅都经过专业建筑声学设计,全部配置进口专业电影数码还音处理系统处理器,音效逼真,3D数字立体电影让人身临其境,放映厅全部采用超宽超大的座位
南昌天幕影城蓝海店	2723	1083	88616060	南昌市蓝海购物广场3楼	影城位于蓝海购物广场,多条交通线路直达,拥有大型停车场。影城拥有杜比全景巨幕厅,4k厅,视觉及听觉效果较好
完美世界影城	1500	393	18110079908	南昌市胜利路263号炫谷青年街3楼	地处南昌市老城区胜利路步行街上,共设5个厅,393座,属于社区型影城,装修风格采用复古风,2012年9月开业至2019年,观影效果一直颇受好评
南昌市聚丰主题影城	3200	760	15159625034	南昌市阳明东路66号投资大厦4楼	影城建筑面积3200平方米,拥有11个影厅,共设760个豪华舒适的座椅。其中有5个主题厅,4个豪华厅,一个VIP厅和一个情侣厅,是一家拥有先进的设计理念和人性服务的星级影城
漫威国际影城	3617	1235	18070073871	南昌市佘山路66号樟树林创意商业综合体9座	影城将于2019年1月正式开张营业,巨幕厅为影院一大亮点,另设有沙发厅和VIP尊享沙发厅
汇鸿至潮影城	1630	435	18870916970	南昌市渊明北路3号	该影城是一家全方位360度观影的电影院,有全城热恋厅、至潮主题厅、超级玛丽厅、招财猫厅、赌神厅、星际厅、异域风情厅七个主题厅,全部电动沙发椅,可舒适观影
南昌万达国际电影城	5246	1514	0791—86311113	南昌市八一大道333号万达广场四楼	影城位于南昌城市中心位置,与城市地标八一广场相邻,影城拥有IMAXVIP特色影厅各1个,地铁一号线无缝对接,交通四通八达
江西省艺术剧院(“南昌·琴岛之夜”剧场)	12200	1200	13767991688	南昌市八一大道365号	“南昌·琴岛之夜”剧场按五星级剧院标准精心打造完成,2013年5月首演,演出节目有大型视频秀、大型歌舞、国际水准杂技、搞笑音乐剧、相声、通俗歌曲、摇滚歌舞等

(汪　莉)

档案事业

【概况】 2019年，东湖区围绕档案资源体系、档案利用体系、档案安全体系建设，统筹推进基础业务和信息化建设，不断提升档案工作法制化、科学化、规范化水平。全年，区档案馆共接收区信访局、区卫健委、区委党校、区城投等单位的文书档案共869件，区城管局道路整治档案150卷。移交时电子档案一并移交。截至年底，区档案馆馆藏档案数量为117876卷46153件。馆藏档案无霉变、褪色、污损、虫蛀、鼠咬等情况，无档案失密、失窃、泄密等事故发生。

【全方位筑牢馆库安全防线】 2019年，东湖区档案馆始终把档案安全工作放第一位，不断强化档案安全防范措施。明确重点部位、重要设备的管理和安全防范责任，落实档案安全工作责任制，完善档案安全管理制度，严把档案实体与档案信息安全关；组织干部职工参与全国档案安全知识竞赛，增强档案安全意识，强化做好档案安全工作的政治责任感。坚持将日常巡查与节假日、重点时期安全大排查相结合，定期清点馆藏档案数量，实时监测馆库软硬件设施运转情况，确保技防、物防、人防保障到位。

【强化涉及机构改革档案归档工作】 2019年，东湖区贯彻落实中央、省、市关于在机构改革中加强档案工作的相关文件精神，下发了《关于在全区机构改革中加强档案工作的通知》，对全区机构改革中的档案工作进行详细部署，规范机构改革涉及部门和单位档案的归属与流向，要求各涉改单位高度重视，准确把握时间节点，对照档案整理相关标准，做好涉改档案的规范收集、整理及移交工作，严防档案流失和失泄密，确保机构改革中档案的完整与安全。

【档案局(馆)机构改革】 2019年，根据《南昌市东湖区机构改革实施方案》，东湖区档案局的行政职能划入区委办公室，不再保留区档案局。区档案局(馆)结合工作实际，密切与市档案局(馆)沟通对接，准确梳理局馆行政职能与非行政职能，按要求参照市档案馆“三定”方案，酝酿起草区档案馆职能配置、内设机构和人员编制报区编委办审核。区档案馆“三定”方案于3月底经区委批准印发。

【查档服务】 2019年，东湖区档案馆不断转变工作作风，简化查档服务流程，高效提供档案利用服务。全年，共接待全区查档2407人次，提供档案利用件3560卷次。馆藏的下放居民档案、死亡干部档案、婚姻登记等民生档案，为市民办理养老保险、申领独生子女奖励、房屋买卖、财产继承、户籍办理、补办工龄等提供了重要的佐证，受到利用者的好评。

【开展档案利用编研】 2019年，东湖区档案馆依据档案利用登记和服务跟踪记录，对2018年度档案利用实例进行筛选和汇编，形成《档案利用实例汇编》，共摘录48篇典型实例，充分展示了档案在解决民生问题以及区域内机关、企事业单位工作查考利用等领域发挥的佐证和参考作用，有利于提高社会各界对档案和档案工作价值的认知度。

【推进馆藏档案数字化】 2019年，东湖区档案馆科学统筹利用省级公共文化(档案)专项资金，制定计划分步骤对馆藏档案进行数字化扫描，优先对重点档案、利用频率高的档案和民生档案进行数字化加工。一期项目已完成馆藏的死亡干部档案及区委、区政府的文书档案共计222152页数字化扫描，数据上传至省档案馆区域平台，项目数据核验合格。

(吴佩红)

卫生健康

综述

2019年,东湖区坚持以服务民生为根本导向,以"健康东湖"建设为抓手,以群众满意为检验标准,铆足"精气神",争当"排头兵",精准发力解难题,倾情奉献惠民生,用实际行动促进了各项工作的落实,较好地完成了省、市下达的各项卫生计生工作任务。在卫健工作新形势下,努力探索解难题、惠民生的"东湖解法",统筹推进卫生计生各项工作,加快建设人民满意的卫生健康事业。

确保机制健全,为落实卫健工作提供长效管理。建立部门联动合力机制,区卫健部门与建立公安、民政、教育、发改、统计、人社等多部门协调运作机制,出台《东湖区加强人口出生监测工作实施方案》;与妇联、财政部门联合出台了《东湖区城镇贫困妇女"两癌"免费检查工作方案》;与区发改委、区公安分局、区市场监督管理局、区医保局联合发文,出台了《东湖区医疗乱象专项整治行动实施方案》。落实重点传染病防控责任制,以传染病疫情规范处置为底线,强化免疫规划和急性传染病防治等基础性工作,做到急性传染病监测率、疫情处置率100%;落实扫黑除恶专项斗争责任制,建立第一责任人政绩档案,深入开展中央扫黑除恶督导反馈意见整改、医疗乱象专项整治、卫生行业领域扫黑除恶专项整治、打击"医疗美容贷"违法犯罪;落实信访稳定工作责任制,深入抓好矛盾排查化解,高度重视医疗纠纷、预防接种反应等引发的社会矛盾隐患,准确预警,妥善处理,最大限度地预防和减少群体性事件和个人极端暴力事件发生。

紧围绕当前卫健工作重点,在医政医改、公共卫生、计生奖扶、妇幼保健等群众关心的重点问题,进行主动策划、主动引导、宣传新亮点,创新形式,开展形式多样的活动,通过新媒体加大宣传力度,形成强有力的宣传声势。全在春节、世界卫生日、"5·12"国际护士节"5·31"世界无烟日"8·19"中国医师节等重要卫健节日开展群众喜闻乐见的义诊、健康咨询、公益讲座等活动;分别承办了全省世界卫生日暨"12320,健康我帮您"主题宣传活动、江西省"全民营养周"宣传活动、江西省首届老年健康宣传周启动仪式。同时开展了"奉人民为上、视群众为友、与健康同行""家庭医生签约健康百场行"等系列宣传活动。

确保为民服务宗旨,提升卫健服务质量。推进健康扶贫攻坚战取得突破,突出抓好中央健康扶贫巡视整改任务,进一步方便贫困人口就医,减轻贫困群众负担,推进实施"五大提升行动",提升健康扶贫质量。推进家庭医生签约服务内涵建设,依托微信公众号、微信群等方式搭建家庭医生与签约居民的交流和服务平台,制定签约服务考核细则,落实考核奖励政策,做优做实家庭医生签约各项综合服务。推进中医馆项目建设,推进医养结合项目建设,深化医疗体制改革,实现抓发展、促稳定、惠民生。

医政管理

【概况】 2019年,东湖区以进一步深化医药卫生体制改革,规范医疗机构执业,提高医疗服务质量、保障医疗安全为主线,促进辖区医疗机构建立规范执业和医疗安全长效管理机制,切实维护群众健康权益。认真落实政府的各项民生工程，全力做好“光明·微笑”工程、尿毒症患者免费血透救治、“儿童白血病、先天性心脏病”免费救治等政府民生工程的常态化管理和困难群众严重精神障碍患者的免费救治工作。深入推进“平安医院”创建工作，积极开展“医疗乱象专项整治行动”“扫黑除恶”专项整治工作和民营医疗机构“两规范一提升”活动，全面落实《医疗质量管理办法》，不断加强医疗机构监督管理、母婴保健管理和中医药管理工作，保障群众看病就医安全。

【医疗机构执业管理】　2019 年，东湖区卫健工作部门严格规范医院、门诊部、社区卫生服务机构、诊所、卫生所的执业行为，对在人员设施管理方面不符合法律法规要求的单位，责令整改直至停业取缔。4—6 月，区卫健委开展了《2019 年度东湖区医疗机构医疗环境整治月》活动，组织相关专业人员对辖区 231 家营业的委管医院、门诊部、社区卫生服务机构及诊所、卫生所进行了医疗安全、医疗环境和规范执业检查，对存在问题的 125 家机构进行了现场整改或限期整改，对存在严重问题的 5 家医疗机构进行了停业整顿的处罚，对 1 家存在严重违规行为的机构吊销了医疗机构执业许可证。对辖区 4 家医院，45 家门诊部、44 家诊所重新核定了诊疗科目，换发了医疗机构执业许可证，规范了辖区医疗机构的执业行为。对 42 家医疗机构进行了医疗机构执业许可证换证。按规范要求新设美容门诊部 1 家，中医备案诊所 6 家、口腔门诊部 3 家、诊所 2 家，中西医结合门诊部 3 家。

【医疗从业人员管理】　2019 年，东湖区卫健工作部门严格医疗机构及卫生从业人员的执业行为，实行医师注册、变更网络化管理，受理、办理医师注册、变更共 388 人次，办理护士首次注册、延续注册、变更注册 751 人次，并进行不定期网络审查，对不符合注册、变更、再注册的从业人员坚决不予准入，牢牢把住了医疗服务从业人员的入口，实现了医师电子化注册工作进展走到了全市的前列。

【医疗机构消防安全】　2019 年，东湖区强化医疗机构消防安全隐患排查整改。区卫健委联合东湖消防大队于 2019 年 5 月对发证管理的江西省商业医院等 11 家医院进行了消防安全排查。7 月 18—22 日对存在问题的江西省商业医院等 11 家医疗机构整改情况进行了再次核查，对核查仍存在火灾隐患问题的南昌市第二中西医结合医院等 7 家医院立即按要求整改到位，已整改到位的单位加强对可能出现消防隐患问题进行巡查，确保单位的消防安全。

【重大民生工程管理】　2019 年，东湖区对所有符合救治条件的白内障、唇腭裂患者和白血病、先天性心脏病患儿纳入常态化管理，实施免费救治。光明微笑工程全年实施白内障患者实施复明手术 70 例，累计 2559 例；白血病新增救治 2 例，累计救治 14 例；儿童先天性心脏病新增救治 14 例，累计救治 153 例；贫困重性精神疾病患者新增免费救治 8 人，累计救治 274 人。对需维持血液透析的尿毒症困难患者（城镇低保、农村五保、城镇“三无”人员、福利院供养孤儿、新增四类优抚对象和低保边缘户）当年新增救治 8 例，累计实施血液透析免费救治 118 例。

【医疗投诉处理】　2019 年，东湖区卫健工作部门为患者办理医疗事故鉴定 8 例，其中送省医学会鉴定 1 例，移送市卫健委 5 例，市医学会医疗事故鉴定 2 例，每一起鉴定均在规定的时限内送达上级医学会。2019 年，共接到对辖区各级各类医疗机构医疗服务电话、信件、现场投诉 116 起。对投诉者的每一起投诉均及时进行了认真仔细的调查、耐心细致解释、公正公平的处理、迅捷满意的答复，使投诉人带着怒气来，含着笑容走，做到了件件有答复，事事有回音，结案率 100%，促进了医患关系的进一步和谐。

【中医药服务能力建设】　2019 年，东湖区卫健工作部门按照创建省级社区卫生服务先进单位的建设标准和要求，巩固和提升已建立中医药特色社区卫生服务机构的中医药服务能力，90% 的中心设置了中医科室和中药房，中医药人员配置达 20% 以上，90% 社区卫生服务站开展了中医药服务，全区社区中医药服务量基本达到目标任务。一是加强了中医医院软硬件建设。为适应中医医疗机构的发展要求，注重中医药文化氛围建设，新增八一桥中心和彭家桥中心中医馆建设项目，项目已收到市级建设配套资金 20 万元。二是加强了重点专科专病建设。滕王阁、墩子塘等中心中医科,积极开展中医治“未病”、冬病夏治和结合公共卫生服务项目开展中医辨证施治工作,深受辖区居民的欢迎。三是积极开展中医药文化义诊宣传活动。辖区各医院、社区卫生服务中心举办中医药免费义诊21次,免费接收义诊居民1250人次,发放各种中医健康手册、健康处方8226册(张)。通过举办中医药义诊宣传活动,弘扬了中医药文化,使社区居民进一步认识和了解了中医药在维护生命与健康、防治疾病、养生保健与康复等方面的基本理念、方法和作用,为中医药的推广与发展又营造了良好的社会氛围,加深了社区居民了解中医、认识中医、感受中医,为中医药在维护人民群众的健康服务奠定基础。

【卫生专业技术人员培训】 2019年,东湖区卫健工作部门加强对医疗机构从业人员医德医风教育的同时,通过华医网、专业知识大巡讲等手段加强对卫生技术专业人员的“三基”培训与管理,通过继续医学教育提高辖区广大医护医技人员的专业技术水平。一是加强在职培训,提高医护质量。建立健全了较完善的医学终身教育制度,提高了对医学继续教育的认识。积极鼓励各机构卫生专业技术人员参加各种进修培训,学习培训形式多样,学习时间长短各异。全年辖区注册登记1714余名卫生专业技术人员参加各类专业知识培训1468人次,参加继续教育学习(包括华医网参加网络继续教育学习)1845人次。对委属7个单位及辖区其他265家医疗机构1885余名卫技人员继续医学教育学分进行验证管理,促进继教工作规范化管理。通过请进来的方式,聘请国家、省、市、区级专家学者对委属、委管医疗卫生机构卫生专业技术人员进行5次培训,提高广大卫生工作者的专业素质,开阔学术视野。二是强化全科医学培训,提升社区卫生服务质量。依托现有的培训力量和设施。全年,累计开办专项培训6次,培训医护人员485人次。参加省、市、区级组织的社区卫生服务医、护、管理人员培训累计613人次;完成村卫生室培训卫生人员52人次。

社区卫生服务

【概况】 2019年,东湖区社区卫生工作以推进城市基本公共卫生服务项目、巩固实施国家基本药物制度成效、实施社区家庭医生责任制、推广全科医师签约服务为重点,着力于优化社区卫生服务资源、提高医务人员服务水平、提升社区卫生服务质量,全力守护的居民健康。

【实施基本公共卫生服务项目】 2019年,东湖区全面实施基本公共卫生服务项目。城乡基本公共卫生服务经费补助标准增加到每人62元,按照全区50.85万人口,每人10.6元的标准,区级财政补助基本公共卫生服务配套资金539.01万元。本年度,按照50.85万居民基数,全区累计建立居民电子健康档案38.52万份,电子建档率75.75%;高血压患者健康管理17554人;糖尿病患者健康管理6013人;重性精神疾病患者健康管理2437人。中央、省、市、区投入基本公共卫生服务项目3152.7万元。为全区60岁以上老年人、0—3岁儿童、孕产妇、妇女、低保残疾人等人群,进行免费健康服务30万人次。辖区社区卫生服务机构顺利开展家庭医生签约服务“健康百场行”活动,公共卫生服务项目宣传“五进”即进机关、进企业、进学校、进社区、进乡村36578人次。

【健全绩效考核机制】 2019年,东湖区卫健工作部门通过建立社区公共卫生服务领导小组、技术指导小组、绩效考核小组和督查小组,健全年终“第三方”绩效考核机制核算补助资金机制,全区公共卫生服务工作保持了规范、稳步地开展,专项资金管理进一步规范。全年,对辖区22所开展公共卫生服务项目的机构进行考核。

【加强社区卫生服务机构建设】 2019年,东湖区依据《江西省城市社区卫生服务机构设置和编制标准实施办法》,对按照政府举办的社区卫生服务机构编制为公益性事业单位,按其公益性质核定的社区卫生服务机构编制为财政补助事业编制。区级财政按照每人每月1680元的标准纳入财政预算,以保障社区卫生服务机构的公益属性。

【落实家庭医生责任制】 2019年,东湖区全年累计签约服务11.78万余人,各机构建立家庭医生签约服务团队64个,接受巡诊服务10026人次。建立慢病患者自我管理小组数53个,参加自我管理小组慢病患者人数1169人。签约贫困人口3297人,签约残疾人5410人。

【全面落实基本药物制度】 2019年，东湖区在10所社区卫生服务中心全部实施国家基本药物制度，严格执行了基药网上集中招标采购，做到了药品分库、分架管理。各机构使用的国家基本药物（包括增补目录药物）现已超过1620种，国家基本药物配备比例达88.05%。销售基药733.53万元，对13所实施基药的社区卫生服务机构核拨财政补助经费519万元。

【加强全科医学培训】 2019年，东湖区卫健工作部门实行了全员的卫技人员培训机制，不断强化全科医学培训，提升社区卫生服务质量。依托百花洲、滕王阁、墩子塘街道等3所社区卫生服务中心“全科医学教育社区实践培训基地”现有的培训力量和设施，定期邀请专家学者讲学授课，加强辖区社区卫生服务机构全科医师、专科医师、管理干部培训，2019年已累计开办专项培训6次。参加省、市、区级组织的社区卫生服务医、护、管理人员培训累计790人次；完成村卫生室培训卫生人员66人次；重性精神疾病医护人员及管理人员培训145人次，家属培训1588人次。大大提升社区卫生服务质量。

疾病预防控制

【概况】 2019年，东湖区疾病预防控制工作紧紧围绕深化医改为主线，突出民生工程和能力建设，大力提高疾病预防控制水平，不断增强突发公共卫生事件的应急处置能力，努力完成上级下达的重大重点传染病防控、慢性病防控、艾滋病和结核病防治工作，突发卫生应急处置，实施国家扩大免疫规划等重点工作，保障全区人民身体健康和生命安全。

【扩大国家免疫规划工作】 2019年，东湖区儿童办理预防接种证3122人，其中常住儿童2448人，流动儿童674人，办证率达100%。各类基础疫苗接种率均达90%以上。全区所有接种单位完成预防接种信息管理系统建设和儿童预防接种证的打印，实现全省资源共享。加强监测，控制疫苗相关传染病。全年辖区医疗机构共报告AFP病例52例，麻疹风疹疑似病例54例，15周岁以下儿童乙型肝炎病例1例，乙脑病例1例，流脑病例2例，百日咳194例，尚未报告新生儿破伤风病例，均及时进行病例流行病学调查、标本采集和送检工作。全区疫苗相关性疾病监测与往年同期监测结果相比，呈下降趋势。

【加强霍乱监测及食源性疾病监测工作】 2019年，东湖区疾控中心制定《东湖区霍乱监测方案》，辖区9家县级以上医院在4月1日开设了肠道门诊，4—10月开展肠道门诊技术指导2次，以“六专”为基本要求，规范全区肠道门诊建设，并要求落实“逢泻必检，逢疑必报”。4—10月，肠道门诊共收治腹泻病人1762例，检索306例，检索率17.37%，无一例阳性；中心检测水（海）产品样280份，2份检测出霍乱阳性，非产毒菌。为市疾控中心采集140份水（海）产品样，6份检测出霍乱阳性，非产毒菌；对辖区内易受污染或污染后易造成人群感染的水体区域开展水系监测，共检测各类水样98件，未检出霍乱弧菌。全年共收集到监测点医院报告的食源性疾病病例信息监测病例701例，其中南昌大学第一附属医院227例，南昌大学第二附属医院67例，江西省人民医院100例，江西省儿童医院219例，江西省妇幼保健院15例，南昌市第一医院73例。全年共开展食源性疾病病原学监测312例，检出致病菌51例。其中南昌大学第一附属医院病原学监测124例，检出沙门氏菌11例，副溶血性弧菌1例；南昌市第一医院病原学监测59例，检出沙门氏菌7例，副溶血性弧菌1例；江西省儿童医院病原学监测129例，检出沙门氏菌31例。

【加强传染病疫情管理】 2019年，东湖区网络报告传染病报卡26436张（其中无甲类报卡，乙类13586张，丙类9288张，其他3562张），及时审核率100%。辖区共报甲乙类传染病1069例，与去年977例相比上升9.42%。发病前五位的疾病分别为肝炎468例，同比增加25.47%；肺结核286例，同比减少13.59%；梅毒211例，同比增加37.01%、淋病45例，同比减少48.28%，艾滋病25例，与上一年度持平。

【开展卫生应急处置】 2019年，东湖区疾控中心为防控H7N9、H10N8等禽流感、埃博拉出血热、手足口病等疫情，成立了人感染高致病性禽流感、埃博拉出血热、手足口病应急处理领导小组,制定了防治方案。全年共处理疫情108起,其中重症手足口病疫情7起;布鲁氏菌病疫情16起;流行性出血热3起,单增李斯特菌3起,登革热疫情36起,学校聚集性疫情31起,急性食物中毒事件疫情13起。有效处置东湖区突发公共卫生事件2起,9月13日下午东湖区扬子洲镇确诊2例本地登革热病例。按照突发公共卫生事件分级标准,区疾控中心报告区卫健委及区政府,启动了Ⅳ级突发公共卫生事件。2019年11月6日,东湖区一所小学四年级8个班在11月6—9日4天内陆续出现34名学生及教师因诺如病毒感染疫情,累计病例超过20例,按照突发公共卫生事件分级标准一周内超过20例其他感染性腹泻,上报了突发公共卫生事件Ⅳ级。

【强化艾滋病、结核病防控力度】 2019年,东湖区继续加强艾滋病感染者和病人随访下沉管理。召开了东湖区卫生计生系统艾滋病防治工作协调会,会议重点布置艾滋病病毒感染者和病人随访管理下沉工作,举办东湖区艾滋病感染者/病人随访管理暨咨询检测培训班。2019年社区卫生服务中心共下沉286名艾滋病患者。按照省里下达的工作任务控制工作,截至12月31日,治疗前体检30人,开支金额1.59万元;治疗后体检268人,开支金额22.99万元;机会性感染救治48人,开支金额21.28万元,有效随访1600人次。救治各项工作累计支出85.88万元。认真做好结核病防治工作,积极发现病原学阳性病人。全年,共发现肺结核病人285例(不含结核性胸膜炎病人),其中病原学检测阳性病人114例,肺结核患者病原学检测阳性率45.15%。全年,辖区医疗机构网络直报可疑肺结核病人194例,现场督导核查医疗机构网络报告率为100%;可疑病人中主动总体到位率100%;全年涂阳病人家属及其密切接触者共227人,其中接受筛查227人,密切接触者筛查率100%;加强耐药结核病防治,积极开展痰培养。全年,对109例可疑者进行痰培养及药敏实验,筛查出5例耐多药肺结核病患者,4例耐多药病人均纳入治疗并进行了督导管理。

【巩固慢病综合防控示范区工作】 2019年,东湖区认真贯彻落实《国家慢性病综合防控示范区建设指标体系》,成立了由区长任组长、分管副区长为常务副组长,发改委、财政局、教科体局、卫健委等多个部门主要领导为成员的区慢性病综合防控工作领导小组,明确各部门职责,初步形成了慢性病综合防治工作机制和防治服务网络。区政府将慢性病综合防控工作纳入区政府工作报告重要内容予以重点推进,从政策完善、环境支持、体系整合、健康教育与健康促进、监测评估、创新引领等方面着力推进示范区建设。健康支持性环境持续改善,在三经路及东湖区政府,打造健康公园、健康步道1条和健康食堂1个,在百花洲街道小金台和公园街道上营坊社区建设健康小屋。以脑卒中高危人群筛查和干预、城市癌症早诊早治和慢性病危险因素监测等项目工作为支点,加大对心脑血管疾病防治力度,推动东湖区的癌症防治行动,促进了东湖区心脑血管和癌症等重大疾病防控。开展死因监测和肿瘤登记工作,长年动态监测东湖区死因及肿瘤发病趋势,为分析东湖区慢性病现状,为制定相关政策提供数据支持。2019年,在中国慢性病及其危险因素监测现场调查组织实施及质量控制工作中表现突出,荣获先进集体奖。东湖区死因登记报告工作质量持续提高,获得2004—2019年中国死因登记报告工作“突出贡献先进集体奖”。

妇幼卫生保健

【概况】 2019年,东湖区妇幼保健工作始终坚持以保健为中心,以保障生殖健康为目的,实行保健与临床相结合,面向群体,面向基层和预防为主的卫生工作方针,认真贯彻落实“一法、两纲”工作,不断强化母婴安全意识,加强妇幼保健适宜技术推广,确保两个纲要工作的落实。

【实行婚检孕服务】 2019年,东湖区“婚检孕前优生检查中心”深化“三中心合一”一站式服务模式,实现婚检、孕检“两检”同做,婚姻登记、生育登记“两证”同登,为新婚夫妇提供婚检孕检、孕期保健、生育登记、儿童保健等“一条龙”服务,实现了婚姻登记、免费婚检、生育登记“零距离人性化服务”模式。2019年,全区共结婚登记人数为1936对,共免费婚检(男1811人,女1810人)对,婚检率男93.54%,女93.49%。

【免费孕前优生健康检查工作】 2019年,东湖区妇幼保健部门通过健全制度、加强监管、规范运作、全程质控,保证免费孕前健康检查工作的规范化和标准化。在工作中坚持以便民利民为原则,方便待孕群众参加孕前优生检查,2019年完成孕前优检任务2054人,完成率101.68%,对检查过程中发现的问题给予相应指导和相关治疗。

【宫颈癌和乳腺癌免费筛查项目】 2019年,东湖区采取集中宣传、开展义诊活动等方式,认真实施城镇贫困妇女两癌免费筛查和适龄妇女生殖健康检查项目,把民生工程做实做好。深入推进城镇贫困妇女两癌免费检查工作,落实城镇贫困妇女两癌免费检查任务,实现建档立卡贫困妇女两癌免费检查全覆盖。全年完成城镇贫困妇女两癌免费检查483例,未发现两癌阳性病例;对适龄女性开展了免费生殖健康检查,普及常见的妇科病防治知识,提高育龄妇女的卫生防病和生殖健康水平,确保计划生育相关惠民政策真正落到实处。全年共为适龄妇女免费检查2024人次,发现宫颈癌前病变7人,对于检出的疾病及时给予了治疗和转诊,真正实现了早发现、早治疗、早干预的目标。

卫生行政执法

【概况】 2019年,东湖区卫生计生综合监督工作以完善卫生计生监督体系为重点,以查办案件为核心,围绕健康东湖建设,推行了行政执法全过程记录等3项制度,深化事中事后监管,切实履行公共卫生、医疗卫生、计划生育监督职责,高质量完成全区卫生计生监督各项工作。

【卫生违法案件查办】 2019年,东湖区加大查处力度,对辖区医疗机构、公共场所经营单位违法经营行为进行了严厉查处,全年案件查办数已达183件,查办大案9件,其中公共场所案件144件,医疗案件38件,计生案件1件,罚款金额37.83万元。

【卫生健康领域“扫黑除恶”专项行动】 2019年,东湖区卫健委认真贯彻落实中央“扫黑除恶”专项斗争精神,联合公安、街办等部门严厉打击了辖区卫生计生领域涉黑涉恶突出问题,共查获违法案件8件,取缔了6家黑诊所。

【开展全国文明城市创建工作】 2019年,东湖区卫生监督部门组织人员对辖区内580户“四小”公共场所经营单位按全国文明城市的标准逐户逐条进行检查、规范和指导,并免费发放证照公示栏、卫生管理制度和禁烟标识。对辖区学校周边医疗机构进行巡查,确保学校周边200米内无证行医诊所和开展性病及宣传性病的医疗机构。

【深入开展卫生专项整治】 2019年,东湖区卫生监督部门按照省、市卫生计生监督执法机构下发各类文件的要求,紧抓关键行业、关键环节,围绕群众最关心、反映最强烈最突出的问题,开展了各类专项整治行动。2019年,开展了打击非法行医、整顿医疗美容市场、整治医疗机构就医环境等7次专项整治行动,开展了抗抑菌制剂、住宿场所,传染病防治、预防接种等18次专项执法检查,取缔6家无证行医的“黑诊所”,对检查中发现的存在违法问题的56家单位进行立案查处。

【保障重大会议公共卫生安全】 2019年,东湖区卫生监督部门对第十一届中国中部投资贸易博览会、军运会和VR产业大会的驻点宾馆公共卫生安全,依据重大活动卫生监督保障工作的要求,进行了全程保障工作。

【落实查办群众投诉举报案件】 2019年,东湖区共受理各类投诉举报40起,其中公共卫生单位16起,医疗机构24起,及时处理40起,投诉举报查处率达100%,回复率达100%,满意率达100%。

【开展“双随机、一公开”检查】 2019年,国家卫健委下达给东湖区双随机任务数148家,其中任务关闭39家,需完成109家,完成109家,完结率为100%。东湖区卫生监督部门检查中对其中5家公共场所存在违法经营行为实施了行政处罚,罚款金额7500元。

【推进卫生监督协管服务】 2019年,东湖区卫生监督部门对辖区公共场所、二次供水单位、学校和医疗机构巡查1248户次,协助32家公共场所经营单位办理卫生许可证,通知369个从业人员及时办理健康证，要求70户未亮证经营单位规范亮证。

2019年12月4日，东湖区卫生健康部门执法人员在宪法广场开展行政执法咨询活动

人口和计划生育

【概况】 2019年，东湖区人口和计划生活工作以习近平新时代中国特色社会主义思想为指导，落实四个全面战略布局，以“五大发展理念”为指引，围绕优化计生服务的理念，坚持计划生育基本国策，扎实推进人口计生工作。截至2019年底，东湖区共出生婴儿4189人，出生性别比104.14，出生率为7.38‰，自增率4‰，出生政策符合率98.02%。

【全面落实计划生育利益导向政策】 2019年，东湖区全面落实了城镇居民独生子女父母奖励费、失独家庭一次性补助、计划生育家庭奖励扶助、独生子女伤残、死亡家庭特别扶助、计生家庭新农保配套优惠补助、阳光助学、中考加分、爱心保险等各项奖励优惠政策。2019年发放城镇居民独生子女父母奖励费3876.85万元，发放失独家庭一次性补助12万元。全区计划生育奖扶对象122人，发放14.64万元，特扶对象669人，发放特别扶助金563.292万元。2019年1月春节期间，区卫健委给413户计生特殊家庭送去春节慰问金，共计发放慰问金24.78万元。7月在省人民医院体检中心开展2019年计划生育特殊家庭免费体检主题月活动，为全区257名特扶对象提供免费体检，做到无病早防，有病早发现、早治疗。投入38.5万元为665名特扶人员进行团体人身意外保险的投保，给他们多一份保障。

【完善科学考核制约机制】 2019年，东湖区贯彻落实中央和国务院办公厅《关于坚持计划生育目标管理责任制的意见》的通知精神，科学制定目标考核方案，区政府与各镇、街办、管理处和各区直相关部门签订责任状，严格落实“一票否决”和“责任追究”制。建立常态化预警约谈机制，完善督查考核和激励奖惩机制，定期组织区级工作督导，做到季度通报、半年评比、年度奖惩。每半年对镇、各街办、管理处进行考核排名，对排名最后两位的单位进行通报和进行约谈。

【加强计划生育基层基础建设工作】 2019年，东湖区健全管理科学、服务优质、运行规范的计划生育工作网络。建设结构合理、素质优良、保障有力的计划生育基层工作队伍。加强人口监测网络建设，积极开展三级示范创建活动，不断健全基础工作规范。百花洲街办被评为2018年度南昌市计划生育基层基础建设优秀乡（镇），聆江社区、公园社区、经堂巷社区被评为南昌市计划生育基础基层建设优秀村（居）。为提高计生干部业务素质，举办了全区计划生育基层基础业务培训班和利导业务培训班，就计划生育政策法规、基层基础建设、全员人口数据质量、利导工作等业务知识进行专题培训。同时，建立计生工作例会制度，每月召开业务工作会议，促进计生工作的开展。通过建设人口健康文化宣传阵地、文化长廊和宣传栏等形式，不断加强人口计生知识宣传。投入22万多元打造卫生健康精品社区，在每个街办、社区设立“卫生计生宣传橱窗”。利用世界卫生日、“5·12”国际护士节、“7·11”世界人口日等重要节日开展义诊、健康咨询、公益讲座等活动，分别承办了全省世界卫生日暨“12320，健康我帮您”主题宣传活动、江西省“全民营养周”宣传活动等，通过开展系列活动扩大了卫健工作的影响力。

【优化生育服务卡的发放】 2019年，东湖区按照“放管服”要求，优化各镇、街办、管理处计生窗口“一站式”服务，做到一次性告知，全面推行网上申报、网上受理、网上审批，努力实现群众生育登记最多“只跑一次”，提高计划生育政务服务效率。共办理一孩、二孩生育服务卡3394例，再生育证69例，及时办结率99.88%。

【推进母婴室规范化建设】 2019年，东湖区推进车站、大型商场、旅游景区公共场所母婴室建设工作，督促母婴室管理单位加强规范化管理，提高母婴室的使用率和舒适度。全年，新增大众购物中心、蓝海广场、华润万家八一店、樟树林文化园旅游景区母婴室。截至年底，全区已建成母婴室26个，其中医院13个，体检中心5个，区疾控中心1个，商业中心4个，旅游景区2个，汽车客运站1个，同时对未达标的母婴室督促主管部门按建设标准要求进行整改，每周上报整改进度。

【创新婴幼儿照护服务模式】 2019年，东湖区认真贯彻国务院办公厅《关于促进3岁以下婴幼儿照护服务发展的指导意见》和省、市相关精神，将婴幼儿照护服务纳入社会经济发展的相关规划中，积极探索建立理念领先、特色鲜明的婴幼儿照护服务管理模式，完善家庭、社区、机构“三位一体”的服务网络，努力以多元服务满足各家庭的不同需求。探索在“家门口”提供婴幼儿照护服务的新模式。投入6万元在董家窑街道紫金城社区先行开展了“政府购买早教服务”和“打造宝宝乐园”试点工作，通过政府购买服务的方式，构建温暖多彩的婴幼儿照护环境。在公办、民营、邻里中心幼儿园等三种类型托幼机构中分别选取一家幼儿园作为试点单位。截至年底，三家幼儿园共计招收3岁以下幼儿70余人，各托儿班配了3名专业幼教老师，收费标准均为普惠性幼儿园标准。

爱国卫生运动

【概况】 2019年，东湖区不断强化爱国卫生组织管理工作，扎实开展城区环境卫生整治、病媒生物防制、健康教育等工作，积极改善城区环境卫生面貌，切实保障人民群众身体健康，努力打造美好健康城市，取得较好的成绩。

【认真开展爱卫月活动】 4月17日，东湖区卫健工作部门在佑民寺广场开展了全国第31个爱国卫生月活动。组织区疾病预防控制中心、社区卫生服务机构、专业有害生物防制公司等相关单位进行中医健康咨询、量血压、发放传染病防治及除“四害”宣传折页等；共悬挂条幅3条，摆放宣传展板4块，发放灭鼠药、灭蟑螂粉、灭蚊片、香皂等纪念品1000余份，各类宣传册、折页800余册。通过此次活动，提高了居民“厕所革命”的意识及预防疾病的能力。

【全面开展病媒生物防制工作】 2019年，东湖区积极开展春季灭鼠、夏季灭蚊蝇、蟑螂、秋季灭鼠工作。免费向居民发放灭鼠毒饵60000包，灭蚊片30000支、灭蟑螂粉30000瓶，灭鼠宣传单

50000张,并向全区各相关单位发放了顺式氯氰菊酯40箱,高氯残杀威乳油40箱,康宇列卫胜40箱等消杀药品,"四害"密度明显下降。

【扎实开展世界害虫日活动】 6月5日,东湖区举办"社区健康与有害生物防制"为公益主题的世界害虫日活动。组织了社区居民、专业有害生物防制公司等相关人员参加了有害生物知识讲座。讲座就"四害"的危害及预防进行了详细地讲解,图文并茂,通俗易懂,从而增强了居民病媒生物防制的能力,提高居民群众除害灭病、预防疾病的知识知晓率。现场发放宣传折页200余册,免费发放灭蟑螂粉、灭蚊药500余份。

【登革热防控宣传工作】 2019年,东湖区卫生健康工作部门强化登革热防控工作,利用宣传栏,黑板报、标语、巡逻小喇叭等各种宣传阵地营造氛围。通过印制宣传单,张贴标语,组织人员深入社区开展防控登革热行动等多种形式进行全方面宣传;全年,共出宣传栏50块,出黑板报46期,标语62条,发放宣传单20000余份,发微信、公众号200余次,专家讲座30场次。结合9月8日"东湖文明日",组织600志愿者深入街头、各社区参与防控登革热宣传。

辖区医疗资源

【概况】 2019年,东湖区卫健系统共有编制318人,在职在编职工239人,空编79人。其中卫生技术人员195人,退休干部286人,高级职称21人,中级职98人,初级职称80人。截至2019年底,全区各类医疗机构有276家,其中省、市卫生计生行政部门审批管理的三级甲等医院11家,区管各类医疗机构265家。区卫生计生行政部门管理的专科医院2家,一级综合医院7家,中西医结合医院1家,社区卫生服务机构25家,门诊部、诊所、卫生所、村卫生所等230家。卫生机构从业人员2608人,其中卫生技术人员2344人。执业(助理)医师917人,注册护士1302人,药剂人员47人,检验人员78人。床位数689张,每千人口医院病床数为0.834张,每千人口卫生人员数为5.18人,每千人口医生数为1.82人,每千人口护士数为2.58人。

2019年东湖区主要医院一览表

表17

名 称	卫生技术人员(人)	床位数(个)	电 话	详细地址	备 注
南昌大学第一附属医院	5075	6100	88692748	南昌市永外正街17号	省属
南昌大学第二附属医院	—	2606	86120120	南昌市民德路1号	省属
南昌大学附属口腔医院	260	50	86363685	南昌市福州路49号	省属
江西中医药大学附属医院	1700	1700	86362720	南昌市八一大道445号	省属
南昌大学附属眼科医院	180	120	88861118	南昌市八一大道463号	省属
江西省人民医院	2507	1500	86895550	南昌市爱国路152号	省属
江西省儿童医院	1768	1200	86802382	南昌市阳明路122号	省属
江西省胸科医院	711	1000	86781433	南昌市叠山路346号	省属
江西省妇幼保健院	1629	1000	86224432	南昌市八一大道318号	省属
南昌市第一医院(南院)	1679	1000	88862212	南昌市象山北路128号	市属
南昌市第一医院(北院)		300	88862212	南昌市青山南路739号	市属
南昌市洪都中医院	1086	300	6781658	南院:南昌市民德路264号	市属

(傅志慧)

镇、街道办事处、管理处概况

扬子洲镇

【简况】 截至2019年底,扬子洲镇辖区总面积38.6平方千米,四面皆为赣江环绕,是镶嵌在京九线上的一片水上绿洲。人口9000余户,3.2万人。辖三联、联民、为民、庙后、前洲、新村、滕洲、熊万、上房、莘洲、长村、渔业、南洲、林场、臣港15个村委会,有自然村79个。镇政府驻庙后村,距市中心5千米。

2019年,扬子洲镇经济发展稳中有进。全年财政总收入28296.38万元,同比增长18.6%;完成一般预算收入6663.55万元,同比增长24.9%;完成实际利用外资1106万美元,占年目标任务的100%,完成现汇进资277万美元,占年目标任务的100%,完成实际利用内资2.42亿元人民币,完成利用省外资金项目进资1.45亿元人民币,实现农民人均收入17787元,同比增长6%,经济各项指标态势呈现稳中向好。

2019年,扬子洲镇社会治安和谐有序。严格执行和健全《信访维稳十八条》,坚决落实信访"一岗双责"制度,加强社会治安防范和管理,结合"三帮三包三促"大走访、大接访活动,提升辖区公众安全感和满意度。严厉打击非法集资、非法传销和邪教活动。处理和办结各类信访件112起,调处突出矛盾纠纷2起和缠访闹访事件4起,切实做到"小事不出村、大事不出镇",获得了全市信访工作"三无"乡镇称号。强化消防安全轮训,开展安全生产隐患摸排,对排查出的40个问题进行督查整改。全镇各村呈现出思想稳、队伍稳、秩序稳的良好形势。

2019年,扬子洲镇民生福祉持续增进。全年发放各项民政补助资金598万余元,受益群众17625人次,切实保障城镇低保户、特困人员、高龄老人及优抚对象等群体基本生活。全年发放"一卡通"惠农资金耕地补贴,补贴覆盖范围不断扩大,保障农民种粮收益稳定。新增和再就业人数130人,发放小额担保36人次400万元,为就业人员、失业人员、自主创业者和中小企业创业提供保障。全年办理城乡居民基本养老保险15918人,办理城镇居民医疗保险24233人。深入推进农村集体产权制度改革工作,滕洲村被评为2019年南昌市农村集体产权制度改革以奖代补对象,奖补等级为二等奖。

【推进招商引资项目落地】 2019年,扬子洲镇着力推动招商引资项目落地。从扬子洲地区发展的镇情村情出发,筛选匹配项目信息,洽谈投资客商,积极跟踪对接项目,及时了解企业的要求,帮助企业解决实际问题。整合现有资源,集中力量重点攻坚,扬子洲镇成功引进江西泰松建筑工程机械有限公司、南昌星飘文化传媒有限公司、南昌宝通企业管理有限公司等6个千万元项目落户扬子洲镇,对新引进的企业项目将扬子洲镇将确定专门人员协助企业办理手续,同时定期召开调度会,推进项目建设力度,保证每一个招来的项目都能尽快落地生根,为扬子洲镇经济发展注入新的活力。

【强化招商引资】 2019年,扬子洲镇坚持走出去引进来招商。开展招商小分队出击活动6次,赴北京、长沙、惠州等地考察了北京万维医药有限公司、湖南旺德府投资控股集团有限公司、广东岳大建设工程有限公司等一批特色企业。对接了伟光汇通旅游产业发展有限公司、香港奥中集团等公司,强化沟通联系,谋求合作共识。采取“以情招商、以商招商、以诚招商”等多种形式,全年接待来访客商52次,对接项目,不断延伸拓展招商引资触角和渠道,寻找突破口,并为实现扬子洲镇招大引强、招才引智的“赶超突围”奠定扎实基础。

【夯实基层党建根基】 2019年,扬子洲镇积极策应“基层组织建设质量提升年”活动,不断强化党建基本功。建立健全了党组织“三会一课”督查工作机制,做到“月督查、季考核、年评比”,对督查发现的问题及时落实整改,并在全区党务基础大比武中取得了优异成绩。与此同时,扬子洲镇以党建为引领,强化基层治理方式,不断强化队伍建设,先后推动了7个村支部委员补选工作,规范和健全了村级聘用干部管理体系,清退了能力不足和群众反映差的村级“两委”干部8人,村级临时人员和不合格聘用干部5人,健全和肃清了干部队伍。除开展村党支部书记年终党建述职以外,新增村“两委”班子谈话调研制度和年终述职考核制度,显著提升了各村干部的责任意识、风险意识和工作执行力。

【开展主题教育系列学习活动】 2019年,扬子洲镇紧扣学习贯彻习近平新时代中国特色社会主义思想主线,深入开展集中学习周活动,举办各类读书班、中心组学习、红色现场教学等学习教育活动,发放学习书籍近5000册,对771名党员进行集中轮训,把学习落在实处,并与实际工作相结合,引导党员干部勇于担当、咬定目标、苦干实干,并创新活动形式,精心组织开展了“庆新中国成立70周年·展新时代文明实践洲上风采”暨“不忘初心·牢记使命”系列主题文体活动,组织镇、村干部和党员代表开展红歌会演,镇党政领导和各村书记主任共同演绎了《我宣誓》等经典曲目,全面提振了精气神,开创全镇各项工作新局面。

【拆违控违工作】 2019年,扬子洲镇持续保持高压控违态势不松劲,制定出台了《扬子洲镇控违工作考核奖惩办法》,不断强化奖惩的制度建设,在控违力度上持续加码,做到不间断、全方位、高密度的巡查,严防突击抢建行为。全年拆除违法建设66处,拆除违法建设面积3856平方米。并结合“大棚房”专项清理整治工作,全镇范围共排查农业大棚1809个,占地面积40.91公顷,发现问题3个,均分门别类进行了梳理和整改。同时,扬子洲镇配合国土部门完成全国土地第三次调查摸底工作,开展了违建别墅专项调查清理,对镇沿江堤170栋房屋进行了排查定性,国土保护力度进一步加强。

【推进法治政府建设】 2019年,扬子洲镇把法治政府建设贯穿于政府工作全过程,抓好法治政府建设的思想自觉和行动自觉,严守政治纪律、政治规矩,不断推动治政府建设向纵深发展。建立完善领导干部学法守法用法考评机制,开展5次领导干部学法活动,46次学法讲座,组织600余人次参加网上法律知识考试。深入开展扫黑除恶专项斗争,拓展和延伸“打财断血”力度,落实黑恶线索排查属地责任,建立健全信访举报、集中排查等机制,紧盯重点领域、重点行业依法打击,共查破刑事案件9起,查处行政案件29起,刑事拘留15人,行政处罚46人,移送起诉13人,拘留42人。

【强化意识形态工作】 2019年,扬子洲镇牢牢把握意识形态主动权,建立建强新时代文明实践中心和学习强国平台。全年,开展党委中心组学习19次,邀请专家学者开展“洲尚讲堂洲尚行”系列讲座10余次。建立健全宣传工作每月督查通报制度,量化评分、挂号整改。全年在中央省市主流媒体上稿170余篇,不断健全和完善了镇政务微信公众平台,切实将“微平台”发挥出“大作用”。先后开展了“不忘初心缅怀农运先烈·牢记使命建设美好家园”等新时代文明实践活动20余次,送戏下乡等10余场,在干部群众中产生了良好反响,为全镇经济社会发展提供了强大的思想政治保证和舆论支持。

【“佬倌俚”助推社会治理现代化】 2019年,扬子洲镇通过以“佬倌俚”工作室为代表的“党建+社会治理”模式的创新推广,推进全镇现代农村社会治理水平。“佬倌俚”工作室,以“枫桥经验”为依托,以“自治、德治、共治”为遵循,充分发挥党员模范带头作用,因地制宜、依靠群众,全力做到“小事不出村、大事不出镇”,坚持“一五一十”工作法,即“五情”:热情服务,真情办事,倾情发展,温情助困,感情调解。“十室”:人大代表驻村工作站、和谐大本营、瓜棚书屋、“佬倌俚”工作室、洲洲爱心帮帮店、洲洲爱心小舞台、民情气象站、青年活动空间、阳光服务大厅、党员活动室及电化教育室等特色站、室，并全天候、多方位向党员、群众免费开放，使村级党群服务中心成为百姓家里的活动室、身边的快乐大本营。截至年底，全镇各村已结合自身实际设立了15个“佬倌俚”工作室。调解矛盾纠纷等33件，开展法律明白人培训860余人。走出一条“佬倌不是官、烦事管得宽”的和谐新路，推动全镇乡村振兴发展和社会安定团结的有机统一，促使洲上遍地绽放出美丽的和谐之花。

【举办“绿书签行动”暨好书推荐活动】 4月25日，扬子洲镇为深入开展“护苗2019”专项行动，在八一嘉实希望小学组织开展了以“拒绝有害出版物从小做起”为主题的“绿书签行动”暨好书推荐活动。活动向学生们现场宣讲多读书、读好书的意义，并向学生们传授了如何辨别盗版及非法出版物的知识，引导学生们从小支持正版、抵制盗版。活动现场为近百名学生每人赠送了一本好书和优秀书目推荐单，并组织学生们开展了“我读书、读好书、抵制非法出版物从小做起”的签名活动。该项活动旨在增强学生对非法出版物和网络信息安全的辨析能力和自我保护意识，护助少年儿童健康成长。同时倡导小学生多读书、读好书，通过一个个阅读故事、一次次读书活动、一本本好书推荐，分享阅读之美、体会阅读之趣，养成善读书的文明生活习惯，从而在健康的文化土壤中吸收健康的知识，为培养新时代一代新人奠定了良好基础，营造了良好氛围。

【开展“携手家庭医生　共筑健康生活”活动】 6月19日，扬子洲镇组织开展家庭医生签约、国家基本公共卫生服务项目宣传以及免费体检、健康咨询等医疗服务活动。扬子洲社区卫生服务中心的医护人员耐心向前来办理家庭医生签约活动的低保贫困家庭用户们宣传国家基本公共卫生服务相关政策知识，细致地为每一位前来的村民办理家庭医生签约手续，并为他们提供免费测量血压等免费体检服务，并就他们所关心的健康问题提供详细的解说。同时中心工作人员还向村民发放了相关的健康宣传资料，此次活动覆盖了扬子洲镇所有村贫困人口，共签约家庭医生服务两千余人，进一步地提高了辖区居民国家基本公共卫生服务项目政策知晓率，也扩大了中心的影响力，得到了居民的好评与肯定，也为中心进一步做好辖区内基本公共卫生服务均等化工作打下扎实的基础。

【打造“洲洲爱心帮帮店”】 2019年，扬子洲镇在镇熊万村创立和组建了“洲洲爱心帮帮店”。小店通过“你点单·我服务”的特殊方式，运用网店理念搭建服务平台，借助现代网络技术，申办了“洲洲爱心帮帮店”网络程序终端，设置了“爱心驿站”“爱心基金”“爱心银行”“心愿口袋”“装备大本营”“爱心服务角”六个服务项目，连接起了一个志愿者服务和受助困难群众快速有效的沟通桥梁，让困难群众能够随时提出心愿，志愿者能即刻掌握群众需求，继而快速的提供精准有效的帮助，达到让困难群众时时触摸党的脉搏、精准感受党的温度的目的。截至年底，“洲洲爱心帮帮店”吸纳志愿者300余人，短短数月收到捐赠物资300余件，爱心善款39265元，通过“你点单·我服务”的特殊方式，为困难群众和弱势群体实现“点单心愿”40余个，用精准的各类扶贫助困志愿活动，赢得群众纷纷点赞。

2019年扬子洲镇村民委员会一览表

表18

村委会名称	主任姓名	户　数（户）	总人口（人）	村民小组（个）	办公地址	办公电话
三联村委会	黄祖根	1679	5360	7	扬子洲镇三联村委会	88671863
联民村委会	熊顺飞	1372	4299	7	扬子洲镇联民村委会	13870845889
为民村委会	黄正根	626	2016	6	扬子洲镇为民村委会	86861646

续表 18

村委会名称	主任姓名	户　数(户)	总人口(人)	村民小组(个)	办公地址	办公电话
庙后村委会	黄凯	1050	3381	5	扬子洲镇庙后村委会	88670517
前洲村委会	陶国庆	740	2520	8	扬子洲镇前洲村委会	88670425
新村村委会	陶小勇	609	2180	4	扬子洲镇新村村委会	86861045
滕洲村委会	陶柱发	573	1880	2	扬子洲镇滕洲村委会	13870810401
熊万村委会	万仁友	377	1301	2	扬子洲镇熊万村委会	13979151878
上房村委会	郭小云	507	1799	8	扬子洲镇上房村委会	13767103607
莘洲村委会	郭小金	605	2014	5	扬子洲镇莘洲村委会	88670134
长村村委会	郭启年	313	1077	2	扬子洲镇长村村委会	86863426
渔业村委会	郭友谊	460	1562	3	扬子洲镇渔业村委会	88695239
南洲村委会	徐凤娇	756	2342	4	扬子洲镇南洲村委会	13970098918
林场村委会	郭玉兰	362	1161	2	扬子洲镇林场村委会	13699502288
臣港村委会	陶　晟	79	233	1	扬子洲镇臣港村委会	88618143

（陈书伟）

八一桥街道办事处

【简况】 截至2019年，八一桥街道办事处辖区面积0.42平方千米，辖7个社区居委会，企事业单位270家。常住居民1.4万户，户籍人口约4.1万人。街道共有基层党组织24个，有党员638名，其中直管党员638名。

2019年，街道通过“领导包片，干部挂点、社区联动”，街域经济明显提升。全年，引进项目9个，重点项目1个，千万元以上6个，出口创汇企业1个，VR企业1个。全年实现地方一般公共预算收入2580.32万元，同比增长11.05%；实际利用内资1.63亿元，同比增长25.38%；省外资金进资9795万元，同比增长22.18%；利用外资604万美元、现汇进资151万美元；社会消费品零售总额完成10.63亿元，同比增长19.3%；限额以上零售额完成2.39亿元，同比增长58.73%；规模以上服务业累计完成1.47万元，同比增长2.7%。

2019年，街道坚持创新载体，强基固本，打造规范党建。每季度组织开展党建工作“互学、互评、互检”活动，从严从实抓好党员教育管理、发展党员和党费收缴等工作，细化组织关系转接流程。深化拓展，打造活力党建。以“四通八达”基层党建融合项目为核心，为党员群众提供全方位的党建、政务服务和党性教育资源。充分发挥“大工委”共建、共享、共治功能，积极开展共建活动40余次，190余名在职机关党员进社区报到。精心谋划“1+7”党建品牌，7个社区在满足服务群众的功能基础上，突出谋划职能性品牌，芭茅巷社区构筑党建引领“1+5+X”邻里中心，构筑“党建+社区养老”社会治理模式。每周五固定为“主题教育学习日”，举办街道主题教育读书班，邀请省委党史研究室专家围绕《中国革命与江西》进行专题辅导。街道主要领导和班子成员带队，采取座谈交流、个别访谈等多种形式深入开展调研。通过设立意见箱、新媒体留言等多种方式，认真倾听工作服务对象心声。突出主题教育实践性，坚持边学边查边改，党工委班子对照“两个梳理”共检视问题4条，其中2项(社区养老、扫黑除恶线索)已基本完成整改，剩余2项(理论学习、文明城创建)需长期坚持整改。

【持续强化平安建设】 2019年，八一桥街道深化平安建设。以社区为平台，整合志愿者资源，邀请楼栋长、党员、辖区居民群众及辖区驻地单位人员注册加入以社区为单位组建平安志愿者服务队，全年，辖区平安志愿者共注册了425人，初步形成了较规范的7支平安志愿者队伍。在大士院北区、裘家厂社区、芭茅巷社区进行改造，建设了智慧平安小区，涉及居民3500余户，并根据辖区天网探头的分布位置及安全需要在辖区内新建摄像头近70余个，与天网形成有效互补。持续推进扫黑除恶专项斗争。配备3名工作人员，充实街道扫黑办专职人员力量。街道扫黑办对社区开展扫黑除恶专项斗争工作培训，提高各社区扫黑除恶专项斗争工作业务能力。出台《八一桥街道群众举报违法犯罪线索奖励办法(试行)》，鼓励居民群众举报涉黄、涉赌等违法犯罪行为，广辟涉黄、涉赌违法犯罪线索举报来源，并将对背后"保护伞"等黑恶势力一挖到底。全年，共接到5起治安乱点举报，并由公安派出所进行打击整治。

【人口计生工作】 2019年，八一桥街道完成免费孕前优生检查140人，完成率达100%。辖区特扶对象共有46户、66人，其中失独32人，街道在春节、端午、中秋对所有特扶对象走访慰问。全年城镇居民独生子女父母奖励申请人员3368人，其中新增485人。落实特殊家庭联系人制度及家庭医生签约覆盖率达100%，并及时为独生子女困难家庭发放独子费、开展困难女孩阳光助学活动，及时落实计划生育特别扶助优惠政策，开展大型宣传活动10余次。

【民政救济工作】 截至2019年底，八一桥街道共有低保户355户570人，享受金额296636元，特困人员3人，享受金额3370元。年度新增低保12户，停发低保27户，变动调整31户，52人次申请医疗救助，救助金额187242元。3户家庭申请临时救助，救助金额20400元。低保医保续保570人。联络走访和慰问民政低保、优抚对象、民政代管对象、残疾人等50人次，发放现金及慰问品共计20000元。全年共发放高龄补贴12930人次，发放金额1439730元。打造1处"时间银行"巡查支行和1处"时间银行"示范支行，建成芭茅巷社区居家养老服务中心居家养老服务中心站点。

【实行"1357"常态长效工作机制】 2019年，八一桥街道探索实行"1357"常态长效工作机制，全面推进街道各项工作上台阶。"1"即"冲一线"。固定每周一为"负面清单销账日"，将城市管理、信访维稳、应急热点等群众反映的急难烦愁问题，及重点项目等一线工作，实行滚动挂单销账制度，整改不彻底不销单、群众不满意不销单，确保问题整改形成闭环回路。"3"即"进3家"。每名党员固定联系至少3户挂点社区居民，在不扰民、不烦民的前提下，每周二、三、四3天利用不少于半天时间开展联系群众、调查研究工作，科级党员干部每3个月形成一篇专题调研报告。"5"即"严五关"。固定每周五为街道无会日，作为专题党组织生活日，通过开展学习教育、参观见学、外请授课和过政治生日等活动，严把党员的"政治关、品行关、作风关、廉洁关、群众关"。"7"即"亮七天"。便民服务中心实施措施延时服务，一周七天服务时时在线，点亮服务群众的"长明灯"。以"时间银行"志愿服务为载体，组织党员结合自身实际，为身边群众至少办1件实事好事或认领1个"微心愿"，每月至少参加1次志愿服务。

【征兵工作】 2019年，八一桥街道在7个社区设立兵役登记站，并加大力度进行宣传，经过5个月左右的时间，完成了若干名适龄青年的兵役登记工作。全街道适龄青年登记率为96%。组织民兵参加基础军事、通信、信息情报等科目训练，发挥应急队作用，配合执行各类任务。

【开展庆国庆主题活动】 9月29日，八一桥街道开展了"嘹亮歌声献祖国、不忘初心守忠诚"庆祝中华人民共和国成立70周年主题活动。街道全体工作人员着装整齐，朝气蓬勃，齐唱《义勇军进行曲》《歌唱祖国》两首爱国歌曲，用歌声告白祖国，用歌声唱响新时代，用歌声诉说街道的初心和使命，唱出了对祖国的无限崇敬，对党和人民的无限忠诚，对党的无限热爱。

【赴武汉、长沙开展学习调研】 4月22—24日，八一桥街道组织党建、宣传、城市管理等科室干部及各社区书记一同前往干部赴武汉和长沙，围绕党建、"夜经济"及社区管理等重点内容开展了学习调研。调研组考察了武汉市常青花园社区、发展社区、百步亭社区、武广商圈和长沙市仰天湖社区等地,通过实地参观、座谈交流、对口访谈等方式学习“取经”。在武汉市硚口区发展社区,调研组参观了党群服务中心、小区管理、志愿服务等。

【开展纪念中国共产党建党98周年系列活动】“七一”前夕,八一桥街道党工委开展了以“不忘初心、砥砺前行”为主题的系列庆祝活动,通过重温党的光辉历程、感受党的伟大成就,进一步增强了各级党组织和党员的凝聚力和战斗力,坚定了全体党员“感党恩、听党话、跟党走”的信心和决心。不忘初心“谋共识”。6月20日,街道“大工委”召开了“迎七一城市基层党建联席会议”,省委党史研究室等26家联席会成员单位代表参加会议。会后,全体人员面对党旗庄严宣誓,集体重温入党誓词。不忘初心“明信念”。6月21日,街道开展“坚如磐石的理想信念是共产党人的政治灵魂”专题党课授课。通过大量生动的实例,阐述共产党人是如何依靠坚定的理想信念,成就党的伟大事业的卓越壮举。不忘初心“送关怀”。6月25日上午,区委副书记、区长高辉红在街办党工书记杨峰和豫章后街社区主任熊玲的陪同下,到困难党员黄龙飞家中进行走访慰问,并代表组织向他致以节日问候并送上慰问金。不忘初心“强本领”。6月28日下午,街道开展了庆祝建党98周年暨“守初心、担使命、强学习”知识竞赛活动,充分调动了党员干部的学习积极性和主动性,营造了“学思用贯通、知信行统一”良好氛围,最终大士院北区社区以优异成绩取得了竞赛第一名。不忘初心“做表率”。7月1日,大士院西区、大士院北区、裘家厂和豫章后街等4个社区分别举行了“七一”表彰大会,对所辖支部中的2018年度优秀共产党员进行了表彰奖励,激发广大党员干事创业、创先争优的热情,营造学习先进、争当先进的浓厚氛围。

2019年八一桥街道社区居委会一览表

表19

居委会名称	主任姓名	户数(户)	总人口(人)	居民小组(个)	办公地址	办公电话
豫章后街社区	熊玲	806	2528	26	叠山路521号	86820394
裘家厂社区	范有根	1640	5445	6	裘家厂住宅18栋101室	86822291
叠山路西社区	刘晓兖	2157	6401	3	大士院三区15-1-101	86820440
大士院北区社区	刘秋仙	2261	6417	8	半步街81号	86819974
大士院西区社区	黄勇	2897	8502	8	阳明路426号	86819984
大士院南区社区	聂婷	2298	6734	8	四区3栋	86819714
八一桥街道芭茅巷社区	肖云霞	2312	5083	10	裘家厂住宅区15栋东面一、二楼	86819136

(蔡璐璐)

豫章街道办事处

【简况】 截至2019年底,豫章街道办事处辖区面积4.1平方千米,辖区户籍17641户,户籍人口59100人,常住人口约4万人。街道有11个社区居民委员会,1个家委会,社区工作人员100名。截至2019年底,街道所辖基层党组织44个,其中党委9个、党支部35个,非公有制经济党组织3个,街道直管党员共1415人。辖区有财政部驻江西专员办、江西省军区、江西省人民医院、江西省供销社、江西省卫健委、江西省人防办、江西省红十字会、江西人民出版社、江西省军区幼儿园、豫章小学、心远中学、豫章中学、南昌十中等中央、省、市企事业单位。

2019年,街道以习近平新时代中国特色社会主义思想为指导,聚焦“在加快革命老区高质量发展上作示范、在推动中部地区崛起上勇争先”的目标定位和“五个推进”更高要求,紧紧围绕“奋力在大南昌都市圈建设征程中续写高质量跨越式发展新篇章”战略主线,不忘初心勇担当,牢记使命展作为,感恩奋进,真抓实干,克服经济下行和减税降费带来的巨大压力,坚定信心保运转,克难攻坚促增长,实现了经济社会的平稳发展。全年地方公共财政预算收入6577万元,社会消费品零售总额20.36亿元,同比增长9.12%。规模以上服务业累计完成4.6亿元,同比增长3.43%。固定资产投资项目,0728项目年度完成投资24128万元,上沙窝地块东湖小区安置房项目2019年度完成投资8265万元,蓝海购物广场改造项目本年完成投资888万元,南昌希尔顿欢朋酒店项目年度完成投资1300万元。南昌亿卓房地产开发有限公司三经路地块项目年度完成投资5.74亿元。深入推进重大重点项目建设,抓好招商引资,辖区江阅商务中心(城泰0728)、新城公馆、赣电中心等重点项目稳步推进。街道及所辖社区先后荣获江西省巾帼建功先进集体、南昌市征兵工作先进单位、南昌市信访工作“三无”街道、江西省防震减灾示范社区等荣誉。

2019年,街道坚持保基本、补短板、强弱项、促公平,全力抓好各项民生事业。截至年底,街道新增城市低保16户20人,停发37户53人。审核提交经适房上市29户,公租房(实物、补贴户)新申请户78户,动态核查253户,核发残疾人补贴388人次26.487万元、高龄补贴169.54多万元,对16662位高龄补贴老人进行半年检。全民遗体免费火化申报1人,发放金额280元;为20户困难家庭发放博爱送万家物资;核发医疗救助60人次12万余元,临时救助28人次9.9万余元。全年新增就业866人,完成再就业小额贷款710万元,为辖区7389位退休人员进行养老金资格认证;实现居民医疗保险11538人参保,养老金发放率达100%。2019年,全面强化计生三级网络建设,继续基层基础建设及示范单位创建活动,打造聆江社区为卫生计生精品社区。全年,特别扶助家庭共61户,其中失独家庭36户,伤残家庭25户;发放独生子女父母奖励费422.18万元;新增申请独子子女父母奖励费人员534人。严抓食品安全,推进产品质量和食药品安全法律法规知识“进企业、进社区、进学校、进机关、进社区”“五进”活动,对辖区内的食品流通企业、餐饮店、食品加工企业,造册登记,建立档案,并定期进行安全隐患排查。全年,街道低保260户,享受人口374人,月发放保障金214076元。

【强化党建工作】 2019年,豫章街道党工委大力推动街道社区与单位、行业、各领域党组织互联互动,积极探索党建引领基层治理新模式,着力构建区域统筹、条块协同、上下联动、共建共享的城市基层党建工作新格局,用党建这根“绣花针”穿起基层治理工作“千条线”。聚焦理论武装头脑,持续开展“两学一做”活动,充分利用辖区红色基地,全年共开展党员党性锤炼活动20余次。扎实开展“不忘初心,牢记使命”主题教育,培训党员1400余名、轮训43名支部书记,培育选配2名社区书记、调换选配社区副书记3名,培养发展入党积极分子10名,发展对象2名,吸收预备党员1名。严格落实党工委书记现场办公会制度,解决问题12个;提高管党治党工作成效,通过开展“四必谈”、政治家访、作风建设、节日廉情教育等活动,科级领导干部共开展谈话提醒52次。发挥驻区单位职能优势,街道社区积极与驻区单位沟通协调,争取单位人、财、物的支持,切实为社区居民解决协调最急需、最迫切的问题,促进了共驻共建有效开展。2019年,街道党工委副书记万宇在市委组织部举办的全市首届党务技能大赛东湖赛区(党员管理项目)比赛中,获一等奖。

【推进“五型”政府建设】 2019年,豫章街道牢牢抓住“五型”政府建设这个“牛鼻子”,推动政府工作理念、思路、举措、作风和成效实现突破性提升。实现与全省统一“一窗式”综合服务平台对接,推动更多事项网上办理;配合区行政服务中心顺利完成“赣服通”东湖分厅上线工作。开展政务事项标准化工作,完成所有街道本级11项事项标准化梳理工作。深化街道本级依申请类政务服务事项“最多跑一次”改革,街道本级“一次不跑”和“只跑一次”办理率超过85%。在街道便民服务中心所有窗口单位试行错时延时预约服务,推行依申请类政务服务事项免费快递寄送服务。坚持将合法性审查和公平竞争审查贯穿各项重大行政决策全过程;建立经济发展决策机制,科学高效破解经济发展中的困难与问题。全面推行行政执法“三项制度”工作,试点推行行政纠纷诉前调解工作,行政执法公信力不断提升。4月25日,江西省“五型”政府建设扩大社会参与加强社会监督网络问政平台《问政江西》栏目组在第2018期《问政简报》中将街道综合执法队处置商铺占道的案例作为优秀案例予以通报表彰。有效处置12345市长热线等交办案件956件,办结率和反馈率达到99%,5月6日“南昌12345”微信公众号将街道处置小区住户圈地种菜的案例作为优秀案例予以通报表彰。

【党风廉政建设】 2019年,豫章街道以社区监察联络员队伍为主要抓手,积极推进监察职能向基层社区延伸。全年,社区监察联络员积极履职,充分发挥社区监察监督的“探头”和“前哨”作用,集中开展明察暗访19次,发现问题线索15条,依纪依规进行整改或处置,其中约谈干部职工52人次,函询8人次,立案处理2人,党内问责2起2人,通报3起,查处违反中央“八项规定”精神问题1起1人,查处基层微腐败问题3起7人,查处形式主义官僚主义问题3起7人,下发监察建议书12份,切实加强了对社区组织和基层干部的监察监督,使严查严管的高压态势习化于常,促进基层作风越发向好。认真组织开展民生低保领域资金管理使用监督执纪问责、社区专职工作者违规领取兼职补贴集中排查整治等行动,有力纠治“四风”问题,形成基层监督治理的长效机制,为推动全面从严治党向基层延伸提供制度遵循。

【强化意识形态管理工作】 2019年,豫章街道坚持守好阵地、管好队伍,切实做到守土有责、守土负责、守土尽责,切实维护本单位意识形态领域安全。抓好思想理论教育,开展党工委中心组理论集中学习12次。强化网络意识形态管理,加强对本部门干部职工注册的QQ号、微信号及QQ群、微信群的管控,运用街道微信公众号等信息平台,做好辖区意识形态宣传工作,进一步规范党员干部网络意识行为,发挥党员干部模范带头作用。积极推广使用“学习强国”学习平台,各党委(党支部)指定专人负责和管理学习平台,构建组织架构,街道党工委每周在微信工作群里通报各党委(党支部)学习开展情况,督促大家形成你追我赶、力争上游的学习氛围,真正做到理论武装头脑,思想指引前行,营造了浓厚的学习氛围。

【推进党管武装工作】 2019年,豫章街道坚持党管武装,优化组织结构,改进编组方法,对新入队民兵进行体检、政治考核、组织参加应急集训、比武练兵,层层把关,选出若干名优秀队员组建豫章街道应急排,其中党员和退伍人员分别占40%,完成民兵指挥管理信息系统信息录入工作,超标准完成了上级下达的民兵整组任务。做好兵役登记,组织若干名适龄青年参加上站体检,若干名优秀青年入伍,确保了新兵的质量。街道被评为2019年度南昌市征兵先进单位。

【深入实施“七五”普法】 2019年,豫章街道“七五”普法规划深入实施,全年累计开展法治宣传教育活动34次,发放学法手册12000余份,发放法律知识读本2000余册。组织领导干部居民学法课堂24次,组织全街道11名副科级以上领导干部学法工作,进行网上法律知识学习和考试。以“互联网+法治宣传”为创新发展平台,切实增强普法教育工作的针对性、实效性,联合新法制报等媒体在全街道组织开展“美丽东湖,幸福家园,法治护航”为主题的法治系列宣传教育活动,通过图片、文字展览方式,让居民更直观掌握生活中的法律小常识。

【推动城市管理精细化】 2019年,豫章街道坚持以“绣花功夫”“工匠精神”抓好城市管理,建立覆盖全街的三级网格体系,成立城管专门数字化处置组,第一时间处置平台信息,全年,共处理数字化案件11726条,办结率达到98%。结合深化文明创建工作,集中力量开展背街小巷和学校周边综合治理,开展联合整治行动16起,纠正取缔流动摊点1000多个,整治占道广告牌300多面,拆除乱悬挂广告横幅200多处。针对夜宵摊点相对集中的三经路、爱国路等重点区域,采取定点监控与流动巡查相结合的方式实时关注情况,做到精准打击,环境质量和秩序明显提升。开展市容环境专项整治,对各路段的环卫工人实行“五定”

“三包”管理，实现垃圾日产日清，垃圾清运率达100%。加大环境治理和拆违控违力度。全年共拆除在建违法建筑18处，面积4752平方米，清洗“牛皮癣”约8000多处，环境整治集中行动21次，对黄土裸露、被践踏的草地进行复绿，复绿面积达1000多平方米。

【安全生产工作】 2019年，豫章街道狠抓安全生产基础工作，保持辖区安全生产、消防安全形势的平稳态势。针对高层建筑、居民小区、沿街店面、三合一场所、电动车停放点、群租房、拆迁工地等各类场所安全生产消防工作开展排查整治，共计排查场所6779处，发现隐患1677处，立即整改1470处，限期整改207处；处理了118起小区电动车违规充电；排查辖区灭火器6536具，过期临界1874具，已更换1694具；新增补充824具，11个社区已建成微型消防站。

【污染防治攻坚战】 2019年，豫章街道全面实施打赢污染防治攻坚战，在施工工地设置“建立冲洗平台、铺盖密目式防尘网、设立雾炮机、喷淋降尘、安装检测牌”五步防尘设施；开展对露天烧烤、工地扬尘整治400余次。加大常态化保洁力度，生活垃圾日产日清，实行一月一通报，一季一考评，城市环境卫生得到了根本性改变。持续推进“河湖长制”，对辖区赣江沿线路段设立保洁体系，采取社区协同，执法参与的形式进行全覆盖式巡查。全面完成中央环保督察反馈问题的整改销号工作，全年空气优良天数比重超过85%，为东湖区连续两年实现空气质量二级标准贡献了豫章力量。

【人民调解工作】 2019年，豫章街道共受理矛盾纠纷案件56件，其中简易案件54件，疑难案件2例，调解成功率98.2%。积极接受群众调解申请，及时受理符合调解条件案件，适时解决问题，规范调解工作流程。做到“快受理、快调解、快结案”，实现低成本、高效率。调解工作在不突破法律底线的前提下，做到合法合情合理合风俗。始终坚持以事实为依据，以法律、政策为准绳，根据损害程度、责任大小，实事求是提出赔偿方案，强调合理维权。荣获2019年度南昌市信访工作“三无”街道称号。

【全国社会建设委员会调研组到街道调研】 11月6日，全国人大社会建设委员会调研组在豫章街道开展社会救助工作进行调研。调研组在豫章街道举行了座谈会并进行实地走访，其间对豫章街道社会救助工作给出的实实在在的数据，以及街道人大工委、社区义工等志愿者为救助对象做出的贡献给予了充分肯定。座谈会结束后，调研组上门走访了两户贫困群众家庭，仔细询问了困难家庭的致贫原因、健康状况、经济情况和帮扶需求，并送上慰问金，鼓励他们保持乐观向上的生活态度，增强战胜贫困的信心和勇气。

【江药社区和新星社区合并】 11月11日，经东湖区人民政府批准，以社区现状为基础，以街巷道路地缘为依据，综合考虑已有社区的地域面积、人口户数、社区资源等情况，做到资源合理配置，满足现实需要，便于服务管理，便于居民自治，在不改变现有街道行政区划的前提下，新星社区并入江药社区，命名为江药社区。

【南昌市首个智能垃圾分类屋在聆江社区建成】 8月28日，南昌市首个四分类智能垃圾屋在聆江社区设立，漂亮的智能垃圾分类屋让居民从此告别散发恶臭的露天垃圾桶，南昌小区垃圾分类进程迈出新的一步。新式智能垃圾屋共有可回收物、有害垃圾、厨余垃圾、其他垃圾四个分类投放口，投放口全部密闭，通过感应器自动开关门，并有防夹手功能，居民随扔随走“不用管”。垃圾屋在密闭的同时内置吸附过滤除臭设备，不管是居民还是进入屋内收集垃圾的保洁员，都能处理垃圾“不闻臭”。屋内采用了大容量垃圾桶，极大地提升了存放量，满溢问题“不用愁”。此外，垃圾屋还配备了音放、视频功能，每天宣讲垃圾分类知识，滚动播放垃圾分类标语，并在午间、晚间休息时段自动停止播音，做到普及垃圾分类“不扰民”。

【滨江社区幸福食堂开业】 11月4日，滨江社区专门打造的幸福食堂正式开业，为社区低保户以及80岁以上的独居、空巢老人提供免费午餐。为保证老人们能够顺用餐，街办人大代表、社区义工等等都会轮流来到幸福食堂做志愿者，为用餐老人们提供服务。

2019年豫章街道社区居委会一览表

表20

居委会名称	主任姓名	户　数（户）	总人口（人）	居民小组（个）	办公地址	办公电话
滨江社区	肖长凤	1778	6323	12	上沙窝95号	86805856
江药社区	熊飞霞	1100	3520	16	五纬路38号	86807372
聆江社区	杨小梅	1972	6902	22	三经路998号	86813157
上沙窝社区	樊招香	2457	7521	26	五纬路218号	86820814
下沙窝社区	陈　珊	1463	5967	24	沿江北大道1198号	86847447
下正街社区	胡桥莲	509	1728	5	爱国路92号	17770053996
东濠街社区	陶乐乡	1265	3821	6	爱国路109号	86820774
洪城社区	秦海鹰	2357	7462	28	豫章路50号	86240055
经纬路社区	刘春英	1378	4547	18	二纬路1号	87288604
四经路社区	雷燕祎	1523	4873	10	四经路7号	86801440
江柴社区	丁红丽	1839	6436	20	四经路1号	86847007

（郁　刚）

墩子塘街道办事处

【简况】 截至2019年底，墩子塘街道办事处辖区面积0.54平方千米，辖区面积0.54平方公里，共有住户12326户，户籍人口3.8万人。街道党工委现有基层党组织8个，下属机关支部和7个社区党组织，直管党员908人；辖区共有7个社区和2个家属委员会，社区工作人员67名。

2019年，街道投入近25万元新建街道便民服务中心，全面落实街道便民服务中心和社区便民办事点延时错时和预约服务；全年总为城独对象3199人发放金额381.72万元；全年共为395名困难户发放扶贫救助金240万余元，走访户低保户、特困家庭发放慰问金12.8万元，临时救助和医疗救助23户发放救助金10.5万元，发放给特困、低保各类补贴7万元，安置帮教对象发放生活补助费6.466万元。扎实推进居家养老"时间银行"工作，街道投入235万元完成马家池社区邻里中心建设。街道现有注册志愿者团队15支志愿者459人，提供为老服务872次，服务总时长达20369.5小时。

2019年，街道完成实际利用外资120万美元，占年计划的100%；街道完成7个千万元项目注册落户，招大引强项目完成省外亿元项目1个，完成外贸出口企业1家；街道协税站完成房产代征税收192.5万元，全年地方公共财政预算收入完成3378万元，超全年目标任务143.45%，同比增长50.95%；社会消费品完成社会消费品零售总额8715万元，增幅11.41%；固定资产投资完成总额为8000万元，为南昌丽枫酒店项目和省监狱管理局立体停车库项目。规模以上服务业营业收入完成22373万元，增速为44.6%。

2019年，街道共发布新闻信息308条，在报刊、电视台和政府网站等媒体发表134篇，其中中国文明网13篇、江西日报等省级媒体30篇、南昌日报等市级媒体86篇。

【"最美故事在身边"主题宣讲活动】 3月5日，墩子塘街道新时代文明实践所开展以"最美故事在身边"为主题的宣讲活动，活动邀请"中国好人"范圣高用自己的亲身经历给居民讲解诚信善举、传承好家风的故事，传递榜样力量，树立学习典范，凝聚起奋发前进的正能量，弘扬主旋律、传递真善美，凝聚奋发前进的强大正能量。

【庆祝中华人民共和国成立70周年文艺会演】 9月28日，东湖区庆祝中华人民共和国成立70周年暨阳明社区“不忘初心跟党走，齐心共筑中国梦”新时代文明实践站文艺会演在阳明公园休闲广场上演，活动中一首首耳熟能详的歌曲荡气回肠，一面面鲜艳的五星红旗舞动飘扬，现场气氛热烈、高潮迭起，汇聚成了一片红色的海洋、一片歌声的海洋、一片欢乐的海洋，尤其是最后齐声合唱《歌唱祖国》，把演出推向高潮。此次活动弘扬了爱国主义和奋发向上的时代精神，展现了辖区党员干部群众积极向上、奋发有为、团结奋进的精神风貌，营造了浓厚的节日氛围。

【“初心和使命”微宣讲专题文艺会演】 7月30日晚，墩子塘街道开展“初心和使命”微宣讲专题文艺会演，此次文艺会演主题为以习近平新时代中国特色社会主义思想为指导，为进一步深化对习总书记视察江西重要讲话精神的学习和贯彻，进一步统一思路、振奋精神，为推动江西跨越式高质量发展凝聚智慧、聚集力量，提振精神，砥砺前行，努力创造出无愧于新时代的新业绩，为实现中华民族伟大复兴的中国梦努力奋斗。

【举办“学习强国”专题知识竞赛】 9月12日，墩子塘街道在右营街社区举办庆国庆“学习强国”专题知识竞赛，吸引了百余名党员干部以及群众参加。此次竞赛内容以“学习强国”平台理论知识为主，竞赛方式以一轮题目必答、一轮题目抢答为主。竞赛中，参赛队员准备充足、配合默契，沉着应答、竞争激烈，紧咬的比分，精彩的表现，充分展示了新时期基层党员干部的风采，形成了“以赛促学、以学促做、融会贯通”的良好氛围，进一步扩大了“学习强国”平台的知晓率、覆盖率和影响力，增强了全体党员干部积极参与“学习强国”平台学习的主动性和自觉性。

【迎中秋庆国庆促“三风”文艺会演】 9月12日，由南昌市司法局、东湖区司法局、市政公用集团客服中心、国网南昌供电分公司东湖供电中心、墩子塘街道政协委员联络组、墩子塘街道马家池社区共同举办的辉煌70年——迎中秋庆国庆促“三风”文艺演出活动，在马家池社区党建文化小广场举行。演出的10余个节目中穿插了党建应知应会、“三风”建设和党的惠民政策等有奖问答环节，通过歌舞、朗诵、有奖问答等方式，以群众喜闻乐见的形式，将精神文明建设生动地融合到群众文艺活动中。此次活动丰富了辖区居民的业余文化生活，满满正能量的文艺节目，让大家在享受社区文化建设成果的同时，也拉近了邻里之间的关系，增强了社区的凝聚力，传递了“三风”正能量，为创建和谐邻里关系营造了良好的氛围，得到了社区居民的广泛好评。

【城市基层党建工作联席会】 9月27日，墩子塘街道召开城市基层党建工作联席会暨特色党建项目交流成果展，省审计厅、市直机关工委等30余家联席会成员单位参加会议。会上，参观、展示、交流、部署四个环节环环相扣，省直、市直、区直、街道、社区五级单位代表发言气氛热烈。墩子塘街道党工委围绕如何在更高起点推进城市基层党建工作新发展提出五点工作倡议：一是加强沟通，巩固推进城市基层党建工作的“墩子塘格局”。充分发挥好街道大工委和社区大党委的作用，加强共驻共建的总体规划和科学安排，切实提高活动的针对性、特色性和实效性。二是创新思路，丰富推进城市基层党建工作的“墩子塘做法”。切实把党员志愿者队伍稳定下来，把志愿服务项目和安排固定下来，让活动持续开展，效用持续发挥。三是彰显特色，打造推进城市基层党建工作的“墩子塘品牌”。继续努力思索，加强联合，扬长避短，推出一大批叫得响、有实际价值、群众喜欢的党建品牌。四是固化成果，呈现推进城市基层党建工作的“墩子塘风采”。加强对工作资料的收集整理和使用，多形式多渠道强化党建工作成果宣传。五是长效常态，形成推进城市基层党建工作的“墩子塘模式”。坚持点线面相结合，搭建支撑街道城市基层党建模式的四梁八柱。

【推进马家池社区社区邻里中心建设】 2019年，墩子塘街道投入进22万元大力打造马家池社区的邻里中心和文体中心，加快推进社区邻里中心建设，保障满足民生需求，优化社区环境，探索城市社区发展新模式和民生事业新发展，提升城市品位和综合竞争力。邻里中心坚持按照“党建引领、社区主体、属地负责、部门协调、因地制宜、分类实施、示范先行、统筹推进”的工作思路，结合社区实际和居民需求，精心打造以增强社区党组织核心堡垒作用为龙头,以居民自治为中心,以社区家园情感为基础,以社区志愿服务为支撑的新型"一站式"社区服务品牌项目,紧紧围绕"手牵手、面对面、心连心"的服务理念,着力把社区邻里中心打造成便民利民服务窗口、社区文化休闲的场所和居民协商共治的平台。社区邻里中心将党群服务中心、居家养老服务中心、文体活动中心、家庭医生医疗服务点、便民超市、社区幼儿园等资源进行整合,强化了服务功能。重点为社区60岁以上的高龄、空巢、独居有自理能力的老人提供健康保障、休闲娱乐的温馨服务和便民、利民的15分钟生活圈,逐步提升居民对社区的归属感、认同感和居民之间的凝聚力。

【红色故事会】 12月19日,墩子塘街道党工委在阳明社区党员活动室举办以"不忘初心忆入党往事、砥砺前行做先锋榜样"为主题的红色故事会。5名辖区老领导、老干部、老前辈讲述了5个模范先进的奋斗经历、5段令人鼓励的精彩故事,为全体参加活动人员带来了巨大的鼓舞和感动,他们的亲身经历,感染了在场的每一名党员干部,进一步增强了作为一名党员的光荣感、责任感和使命感,学习身边党员、先进模范们不忘初心的坚守、牢记使命的奋斗故事,让大家时刻不要忘记身为一名党员的身份和责任,时刻不要忘记作为一名党员的情怀和使命,永葆共产党员的政治本色,坚定信仰向榜样看齐,以榜样为标杆,以更加昂扬的斗志投入到各项工作中去,努力推动墩子塘街道高质量跨越式发展,以实际行动为党旗增光添彩。

2019年墩子塘街道社区居委会一览表

表21

居委会名称	主任姓名	户数(户)	总人口(人)	居民小组(个)	办公地址	办公电话
北湖社区	刘巧巧	2040	5919	13	北湖路3号附2号	86775240
阳明社区	袁妙蓉	1634	4750	10	阳明路156号	86853534
下水巷社区	袁国英	2173	5050	24	下水路68号	86775994
张家厂社区	周　璇	1147	4315	11	张家厂7号	86808744
马家池社区	余玉兰	1442	4485	12	马家池73号	86812169
右营街社区	罗秀玲	1500	4749	10	右营街84号	86825345
党家巷社区	付明霞	1685	6752	11	永内谌家巷18号	86808577

(黄　龙)

百花洲街道办事处

【简况】 百花洲街道辖区面积0.98平方千米,辖10个社区居民委员会和1个家委会。截至2019年底,辖区住户13898户,户籍人口43312人;辖区内中央、省、市事企事业单位34个。街道党工委辖17个基层党组织,965名党员。2019年,街道获得"全市七五普法中期优秀集体""南昌市劳动争议基层调解组织示范单位"称号;党工委制作党建宣传片《时间银行》H5获第三届中国梦·青年影像盛典宣传类一等奖、在全市党员教育电视片观摩交流获微视频类二等奖;火神庙社区被评为"南昌市最美'三风'社区";刘将军庙社区先后被评为"江西省绿色社区""南昌市文明交通示范社区""南昌市文明社区";小金台社区先后被评为"南昌市最美志愿服务社区""南昌市文明社区"等多项荣誉称号。

2019年,街道完成一般公共预算收入1.23亿元,新增税收完成329.43万元,一企一策完成区级所得76.59万元,税收服务站开具房产税共计342.90万元。实际利用外资220万元，实际利用内资10425.00万元，现汇进资完成55万美元，利用省外资金项目进资完成6255万元，固定资产投资3499.00万元；限额以上批发零售业和住宿餐饮业零售额完成12.95亿元。对接企业26个，引入1000万元以上项目8个。引入亿元以上项目2个。

2019年，街道牢固树立"党建为先、发展为要"的工作理念，扎实开展"不忘初心、牢记使命"主题教育，按照"四个对照"要求，深入查摆问题，整改落实，保证了主题教育成果转化为实际工作成效。整合辖区单位资源，由3家省直单位、4家市直单位、28家文明单位领导担任街道"大工委"、社区"大党委"兼职委员，推进街道党建共建、共驻及在职党员进社区工作。开创"两学一做"新思路，运用"党建+"工作形式，推进党员常态化服务打造"零距离"，发挥党员就在身边的作用，更好的发挥了党组织的核心作用和党员的先锋模范作用。认真落实纪委全面从严治党各项工作，开展自查自纠，严守纪律建设"八项规定""四必谈"行动，任前约谈5人次，履责约谈32人次。以共建、共治、共享为理念，引入第三方社会调解机构，参与街道社会治理工作。坚持"谁主管、谁负责"原则，开展网格融合工作，辖区内共有网格67个，网格长11名，网格员66名；招募一批热心服务、有威望、有一定法律知识的群众为联络员，先后注册成立了乐邻爱心社、百花洲社工坊等11支平安志愿者服务队，形成了一级抓一级、层层抓落实机制。续推进各项民生工程，对辖区900余户居民的公租房货币补贴进行年审；经适房上市申请共受理20户，公租房货币补贴新申请60户；发放残疾人辅助器具360余件，办理新增残疾人两项补贴60人，发放残疾人两项补贴40万元；发放低保金共计2770441元；医疗救助78人次，救助款215692元；临时救助14户，救助金额99690元。街道利用便民小程序"东湖区百花洲街道办事大厅"，实现群众生育登记"只跑一次"，共发放一孩生育服务卡197份，二孩生育服务卡153份，多孩生育证10份。开展贫困妇女免费"两癌"检查完成免费孕前优生检查178人，开展独生子女父母奖励年审、申请工作，为4467人次发放独生子女父母奖励金共计5210600元，新增独生子女父母奖励542人。

【《时间银行》H5、微电影获奖】 4月20日，第三届中国梦·青年影像盛典活动在山东省日照市落下帷幕，百花洲街道党工委制作党建宣传片《时间银行》H5获第三届中国梦·青年影像盛典宣传类一等奖，该片在"学习强国"平台基层心声版块播出。12月，《时间银行》微电影在2019年党员教育电视片观摩交流中荣获省、市二等奖，并被省委组织部作为优秀作品报送中组部参评。

【打造多元化党建联合体】 2019年，百花洲街道不断推进街道"大工委"和社区"大党委"区域化党建工作，刘将军庙社区打造了多元化党建联合体。以南昌市少年宫、百花洲小学、东湖青少年宫等党组织为融合的"教育服务型"党建联合体，为居民提供减负教育服务，培养未成年人思想道德健康发展。以蓝天救援队、华东交通大学、东湖区红十字会等党组织为融合的"志愿服务型"党建联合体，为居民提供多样化服务。把东南饼庄、市慈善协会、江西省老区建设促进会临时党支部等两新组织融合起来，组建"爱心奉献型"党建联合体，关爱辖区生活困难家庭。把爱尔眼科、洪都中医院党支部、南昌市第八医院党支部、江西中医院阳明门诊党支部、九三三医院党支部、万氏中医志愿服务等单位组成一体，形成"医疗服务型"党建联合体，为辖区居民提供免费基础医疗服务，从养生、科普、健康、医疗知识、疾病防御等各方面关爱居民身体健康。以省工商联党支部、江西省水利设计院党支部、东湖区发改委为融合的"发展建设型"党建联合体，推动社区发展。

【打造小金台社区"1+5+X"邻里中心】 2019年，百花洲街道以小金台社区为试点，建设首批开放式"1+5+X"邻里中心社区综合服务载体和社区共享空间，围绕"筑同心、暖人心、聚民心"主题，建立党群服务中心，以"三站六室一平台"为载体，集党建、民政、计生、文化、综治等各类服务为一体；通过引进、改建、整合、共享等方式着力推进健全助老、医疗、教育、文体、商业五大服务；整合辖区资源，搭建"无限合伙人"第三方矛盾纠纷化解、社会联动共治新平台，以"群众帮群众"的方式接待受理居民矛盾纠纷；打造15分钟便民生活圈，实现"小空间、大集聚，小平台、大创新，小载体、大服务”。

【开展“邻里互夸”活动】 2019年,百花洲街道根据辖区地处老城区,流动人口、老年人、租户多的特点,以“三风”建设为抓手,创新开展构建和谐社区邻里关系的特色活动“邻里互夸”。“伸出大拇指,我来夸一夸”,夸的都是身边的正能量。和谐的邻里关系互动活动,引起居民广泛参与,由社区组织和推动,到居民积极自发组织;从座谈走向日常生活;从道德品行延伸至生活行为方式和个人手艺特长,从单一性走向多样化,贴近居民生活,破解“同在屋檐下,见面是路人”的尴尬,打破城市邻里关系的“冰墙”,引领社区崇德向善风气,倡导见贤思齐风格,营造文明、向上的新时代文明实践氛围,促进了辖区家风、民风和社风建设。

【打造“无限合伙人”第三方调解新模式】 2019年,百花洲街道以“政府引导、社会参与、合力治理”的创新工作模式,通过“无限合伙人”方式,搭建社区、社工、社会组织“三社”联动新平台,引入郁金香社会工作室、白玉兰工作坊、南昌市德济爱民公益协会、章金媛爱心奉献团等社会资源参与第三方调解工作,发挥社会组织的中立性、专业性优势,化解双方矛盾纠纷,打造共建共享社区自治新格局。8月29日,市政法委组织“迎大庆·基层行”政法新闻采风团来到百花洲街道,对“无限合伙人”第三方调解工作进行采访和采风,并在《法制日报》上刊登。

【“天同时间银行·幸福食堂”配餐活动】 11月18日,东湖区民政局联合江西天同健康产业集团下属企业——南昌市天同社区居家养老服务中心,以百花洲街道小金台社区作为试点开展“天同时间银行·幸福食堂”配餐活动,正式开业。“天同时间银行·幸福食堂”配餐活动采用线上微信订餐,线下配餐的形式开展,配餐有A、B套餐选择,两荤一素一汤,做到营养均衡。由小金台社区工作人员指导辖区老人通过关注天同医养院公众号,预订下周午餐,天同社区居家养老服务中心每天中午11:30左右将配餐送入小金台社区幸福食堂。对于行动不便老人,“时间银行”志愿者们可提供送餐到家服务。“天同时间银行·幸福食堂”配餐活动推出,加快建设居家社区机构相协调养老服务,有效解决辖区独居、空巢、低保老人及重点优抚人员的就餐问题,得到社区居民一致好评。

【江西省首届老年健康宣传周启动仪式】 6月10日,江西省首届老年健康宣传周启动仪式在东湖区百花洲街道火神庙社区举行。活动由江西省卫生健康委员会主办,南昌市卫生健康委员会、南昌市老龄办承办,东湖区卫生健康委员会协办,省卫健委主任曾亦冰出席并作启动仪式讲话。活动现场由南昌市各大医院进行免费义诊。

【“我和我的祖国”同行快闪活动】 5月28日,百花洲街道火神庙社区党支部协同辖区共驻共建单位江西省编制机构委员会机关党委、江西银行中山支行党支部、南昌市洪都中医院党支部、东湖区税务局党支部、南昌市百花洲小学、南昌市劳模协会、南昌市老年大学合唱团、南昌市老兵合唱团组成八个方队,在江西银行广场举办“我和我的祖国”同行快闪活动,一首《我和我的祖国》歌曲,以老年合唱团老师演唱为主体,各个方队领唱,现场近500人从惊喜到感动,从共情到同唱,唱出了对祖国的祝福,国旗映红了每个脸庞,歌声洗涤了每个心灵。各方队通过运用现代青春快闪的特色,融入综合艺术表现形式,传递正能量,宣扬红色的爱国精神,展现新风貌,推动社区居民文明素质提升和人文环境建设。

【举办统战战线禁毒宣传活动】 8月22日,百花洲街道状元桥社区、小金台社区联合百花洲街道626工作站、南昌市基督教“两会”、江西日报赣商杂志在小金台6号举办统战禁毒宣传活动。活动由百花洲街道626工作站人员讲解禁毒知识和预防毒品方法,加深了辖区居民对毒品严重危害性的认识。南昌市基督教“两会”工作人员共同呼吁大家远离毒品,毒品不仅危害身心健康,也会给家庭和社会带来极大的危害。通过此次活动让辖区居民意识到禁毒不仅仅是一句口号,更需社会各界人士共同参与,大家纷纷加入禁毒宣传行列,在禁毒承诺签名墙上签名,珍爱生命,远离毒品,全民共筑抗毒“防火墙”。

【举办“礼赞新中国,庆70华诞”系列活动】 2019年国庆前夕,百花洲街道开展庆祝中华人民共和国成立70周年文艺会演系列活动。9月18

日，火神庙社区党支部、刘将军庙社区党支部、小金台社区党支部和状元桥社区党支部在胜利路步行街广场联合开展兴家风、淳民风、正社区，党建引领——庆祝中华人民共和国70华诞“礼赞新中国　奋进新时代”活动。9月25日，南湖路社区在南湖路6号休闲广场开展“不忘初心　牢记使命　听党话　感党恩　跟党走”文艺会演。9月26日，渊明北路社区组织居民在上水路26号开展了一场“携手联欢迎佳节·拥抱祖国庆国庆”国庆联欢会活动。9月27日，桂旺巷社区、包家巷社区联合江西药学院、辖区志愿者开展“庆祝新中国成立70周年”文艺演出活动。9月29日下白马庙社区联合南昌市心连心艺术团在休闲广场开展“忆党恩　跟党走　致敬新时代”文艺会演。社区群众共同讴歌红色经典，用声音传递经典之美；诵读家书经典，铭记党史，感受家国情怀；穿插有奖问答，让活动高潮迭起。活动还邀请了1949年出生的老党员们同聚一堂忆党史、颂党恩，畅谈与共和国一同成长的幸福感，感叹中华人民共和国成立70年的沧桑巨变。辖区居民的爱国热情在活动中得到了激发、对祖国的赞美和祝福之情在活动中得到了抒发。

【举办2020年全国社区网络春晚江西分会场首场活动】　11月29日，由中国社区发展协会、中国志愿服务联合会、中国志愿服务基金会、社区志愿服务全国联络总站主办，中国社区网、中国社区志愿服务网协办，百花洲街道火神庙社区、小金台社区、状元桥社区联合承办的2020年全国社区网络春晚江西分会场首场活动在毛家园26号状元桥社区庭院内开展。南昌方言版的《邻里互夸会》节目，夸出了和谐邻里、夸出了邻里真情；朗朗上口的三句半《垃圾分类我先行》给大家科普了垃圾分类小知识，避免出现干、湿垃圾的笑话；大合唱《不忘初心》向观众展示了共产党人的初心和使命就是为中国人民谋幸福、为中华民族谋复兴。此次活动准备的12个丰富多彩的文艺节目，均由居民自发报名参加，展示了社区居民美好家园的精神面貌，书写了全面建成小康社会的新答卷，激发人们同心共筑中国梦的热情和力量。

2019年百花洲街道社区居委会一览表

表22

居委会名称	主任姓名	户　数（户）	总人口（人）	居民小组（个）	办公地址	办公电话
小金台社区	唐惠萍	1205	3269	7	小金台70号	86781944
火神庙社区	陈金香	1609	5052	12	东湖区火井巷9号	86772154
刘将军庙社区	胡华丽	1206	3723	14	东湖书院7－8号	86736533
状元桥社区	黄小燕	1181	4124	23	毛家园26号	86783724
杨家厂社区	黄莉春	1447	5804	13	杨家厂路26号	86782794
渊明北路社区	王丽珍	2078	5974	24	上水路26号	86735194
桂旺巷社区	涂　琛	2050	5503	16	桂旺巷14号	86781174
邮政路社区	付　玲	726	2725	10	后墙路10号	86774549
南湖路社区	张　泉	1403	4080	8	南湖路6号	86776423
白马庙社区	陶秀春	638	1943	12	繁荣巷25号	86795717

（魏海艳）

公园街道办事处

【简况】　公园街道办事处辖区面积0.62平方千米。截至2019年底，辖区共有居民9308户，常住户籍人口28068人。辖6个社区居委会，1个家委员会。辖基层党组织23个，其中党委6个、党支部17个，直管党员共905人。驻区有省外办、省建行、江西宾馆、江西饭店、省二附院、省妇保、市警备区、佑民寺(市佛协)、朱德军官教导团、市博物馆、百货大楼、华润万家、南师附小、南昌二中、南昌卫校等单位35家。2019年,街道聚焦“创建品质示范公园”总目标,坚持以抓党建强堡垒,抓经济带发展,抓服务促和谐、抓创建优环境为举措,凝心聚力、齐抓共管、精准施策,各项工作持续稳定发展。荣获“第十五届江西省文明单位”“南昌市信访工作先进集体”等荣誉称号;戴家巷社区便民服务中心被国家商务部评为首批已建成城乡便民消费服务中心。

2019年,街道完成公共预算收入7200余万元,税务服务站房产税代征完成700余万元。招商引资方面,完成1000万元以上项目6个,其中江西贝维装饰新材料有限公司1000万元、江西泰锦禾电子商务有限公司1000万元、江西颢古文化传播有限公司1000万元、江西省读行合一文化旅游产业发展有限公司1000万元、江西省旭仕装饰工程有限公司1000万元、江西厚德博盛殡葬服务有限公司1000万元。全年,第四次全国经济普查清查阶段登记有效个体户722家,正式普查单位登记完成303家,其中企业单位192家、行政事业单位36家、民间非营利组织15家、产活单位60家。

2019年,街道民生保障工作有序发展。共有低保户150户212人,享受金额124036元;发放优抚金119292元;发放高龄补贴1460100元;“一站式”医疗救助6人,发放金额20702元;安置新增就业人数367人,安置家庭服务从业人员116人,发放小额贷款220万元;受理独生子女父母奖励2749人次,发放奖励金额335900元;全年共办理居民火化报销6人,报销金额4470元;登记复退军人475人次。

【城市建管工作】 2019年,公园街道以“美丽南昌·幸福家园”环境综合整治行动为主要抓手,强化城市管理各项工作。投入资金250多万元,完成苏圃路119号、171号、218号,民德路89弄,戴家巷98号,上营坊61弄,花园角39号,经堂巷21号等庭院环境整治改造。全年,受理市级“数字城管”下派案卷10854件,其中执法6462起、控制区4392起,整改率达100%;受理区级(东湖区智慧城管网)案卷10642起,其中执法4652起、环卫3107起、社区2883起,整改率达100%。全年,共拆除辖区违法建筑41处,拆除违法建筑面积759平方米。发放《共创全国文明城市倡议书》2万余份、宣传册页1万多份,开展全国文明城市创建宣传1000余次;组织居民群众、志愿者2260人次开展“东湖文明日”;“全民清洁家园”活动清理楼道杂物689处、棚顶垃圾435处,清理建筑、生活垃圾326车次;规范非机动车乱停乱放4000余辆次,划设非机动车停车线3200米,集中清理“僵尸汽车”4辆,非机动僵尸车143辆;77家餐饮店安装油水分离器。

【上营坊社区邻里中心建设】 2019年,公园街道投入70余万元按照“1+5+X”邻里中心建设标准要求,推进上营坊社区邻里中心建设。邻里中心项目结合社区实际及居民需求,整合社区医疗、文化功能、商业功能和周边文体娱乐硬件设施,拓展居家养老日间照料中心、综合性文化服务中心、基层医疗服务点、社区便利店和社区幼儿园5类便民服务功能。其中居家养老日间照料中心以时间银行为依托,以低龄服务高龄为理念,引入专业的养老机构和专业志愿者团队,个人照顾、保健康复、休闲娱乐等日间托养服务,创建了“白天入托接收照顾和参与活动,晚上回家享受家庭生活”的社区居家养老服务新模式。截至年底,为40位60岁以上空巢、独居、失能等困难老年人提供“时间银行·幸福食堂”膳食用餐供应126人次。

【“时间银行”居家养老服务】 2019年,公园街道深入推进“时间银行”居家养老服务工作。截至年底,已建有6个“时间银行”支行,5个居家养老服务点,全年,服务对象205人,其中失能、失智、伤残老人134人,空巢、独居、失独、重点优抚老人71人,注册志愿者312人,志愿服务总时长2235.5小时。全年发放居家养老卷17人,发放金额30600元。

【强化城市基层党建】 2019年,公园街道坚持从严治党管党,建立健全“党政领导一岗双责制”,将政治建设融入“三会一课”、党员民主评议、批评与自我批评、党员发展等,切实提升基层党组织的政治功能。扎实开展“不忘初心、牢记使命”主题教育活动,围绕“守初心、但使命、找差距、抓落实”总要求,坚持学用结合、查改结合,严密制定“十个一措施”,确保活动有声有色有效开展。坚持党员下社区服务制度，充分发挥驻区单位与挂点结对单位政治、资源及在职党员人才优势，形成与基层党组织结对共建、共驻共建的良好氛围，夯实基层党组织战斗堡垒作用。全年，举办“书记微党课”“红色家书诵读”“免费法律援助”“志愿服务”“学习强国”平台学习等活动40余次。

【强化党风廉政建设】 2019年，公园街道始终坚持把“崇廉尚实、服务为民”作为全面从严治党的内在要求，大力开展党风廉政警示教育、“怕、慢、假、庸、散”作风纪律大整顿，全面彻底肃清苏荣案余毒，领导干部带头严格遵守各项规定，落实廉洁自律准则，做好榜样和垂范，大力营造风清气正、忠诚担当、勇于奉献的新风尚。全年，街道健全完善了《“三重一大”管理制度》《值班制度》《社区干部考核办法》《便民服务中心工作人员“十要十不准”》等一系列规章制度。全年，查处基层“微腐败”问题3起8人，查处形式主义、官僚主义问题4起9人，完成立案数1起，函询谈话6人次，问责3人，诫勉谈话1人，通报曝光4起。

【推进法治街道建设】 2019年，公园街道坚持全面依法治街理念，认真落实普法规划，深入开展法治宣传教育活动。全年开展“美丽东湖·幸福家园·法治护航”“精准法律援助服务年”“3·15”法律知识讲座、综治宣传月、国家安全教育日普法宣传、“6·26”国际禁毒日宣传、国家网络安全普法、未成年保护法宣传、扫黑除恶专项斗争等宣传活动83次；发放《践行十九大送法您身边》《法治润洪城》等法治读本2000余册；发放学法折页、手册9000余份；现场解答法律咨询1200余人次；组织居民领导干部学法课堂8次；接待当事人来电来访113人次；接待解答法律咨询130人次；受理矛盾纠纷案件40件，其中简易案件39件，疑难案件1件，调解成功率达100%。

【安全生产工作】 2019年，公园街道坚持把安全生产工作与其他工作同研究、同部署。顺利完成辖区内消防安全指标达标工作，事故隐患整改率达100%；查出安全隐患30起、下达整改责任书16份、与辖区商铺沿街店面签订责任书1260份、张贴禁燃公告190份、张贴社区楼道严禁电动车充电告示500余份、翻新灭火器520瓶、更换灭火器180瓶、悬挂安全生产宣传标语横幅36条。全年，街道未发生重大安全生产事故。

2019年公园街道社区居委会一览表

表23

居委会名称	主任姓名	户数（户）	总人口（人）	居民小组（个）	办公地址	办公电话
戴家巷社区	杨　俊	1233	4315	7	叠山路136号	86297442
永宁社区	顾　筠	1251	3136	7	环湖路71号	86661823
经堂巷社区	姜平平	1283	4490	3	经堂巷36号	86395091
民德路社区	陈卫民	1588	5082	7	花园角45号	86289204
上营坊社区	胡建英	2522	6929	6	上营坊67号	86289426
环湖路社区	曹永会	1431	4116	8	环湖路59号	86392910

（龚欢欢）

大院街道办事处

【简况】 大院街道办事处面积1.8平方千米。截至2019年底，辖社区居委会8个，辖区共有居民1.2万多户，户籍人口4.65万多人，其中省人才市场集体户7905人。辖区有省住建厅、省司法厅、省农业厅、省体育局、省粮食局等厅局级机关及其二级单位30余个。辖区内历史文化底蕴深厚，省文联、省艺术剧院、省革命烈士纪念堂均坐落其中；商贸经济繁荣，财富广场、沃尔玛八一店、万达广场形成核心经济辐射圈,经济发展活跃。

2019年,街道牢牢把握“创机制、聚合力、优服务、提水平”四个着力点,统筹推进社会各项事业发展,党建、经济、综合治理、计划生育、城市管理、民政等工作取得良好成效。荣获全省文明单位称号,妇幼保健计划生育技术服务先进单位。“洪城红”共驻共建筑起公共法律服务工作站获全市基层党建工作项目一等次评价。党员电教片《点亮一盏希望的灯》获全市党员电教片一等奖,《让党员中不再有“个体户”》获全市党务技能大赛二等奖。二七北路社区“三风”工作考核获一等奖,体苑社区获得“全国综合减灾示范社区”称号。

2019年,街道一般公共财政预算收入完成总数为1.02亿元;限额以上贸易业单位销售额为111.98亿元,其中零售额为109.74亿元,同比增长30.7%;规上服务业企业销售收入完成额为11.12亿元,增速为18.6%,其中十二大行业的增速为24.7%。招商引资、重点项目建设实现新突破,积极促成10家企业落户东湖,其中1000万元以上6家。

【开展“不忘初心　牢记使命”主题教育】 2019年,大院街道党工委将学习教育、调查研究、检视问题、整改落实四个环节贯穿“不忘初心,牢记使命”主题教育活动始终。理论学习有收获,各党组织开展集中学习150余次,理论学习研讨67次,“学习强国”APP积分均过万。10月22—31日分二批次开展“不忘初心、牢记使命”主题教育集中轮训,实现党支部书记轮训全覆盖、党员培训无死角。调查研究找难题,领导班子成员带头深入社区、深入楼栋,共开展主题教育专项调研10余次,走访社区干部和居民群众100余人,形成调研报告5篇,发现问题18个,形成意见建议18条。检视问题找差距,全体干部把自己摆进去、把职责摆进去,查找自身不足,班子及成员梳理自查问题76个。整改落实促提升,针对检视出的问题,逐条研究制定具体的解决办法和整改措施,能够当下改的,立行立改、即知即改;一时解决不了的,紧盯不放,明确阶段目标,持续推动整改,确保问题整改全部落实落地,让群众看到变化见到效果、得到实惠,确保主题教育有力有效、走深走实。

【实行“街道吹哨　部门报到”机制】 2019年,大院街道结合“不忘初心　牢记使命”主题教育工作,充分利用辖区资源优势,密切联系配合职能部门,以实事践承诺、统思路、聚合力、促发展,以“吹哨”反映群众诉求、发出集结令,以“报到”引领各部门响应、解决群众问题,用“短促哨、连续哨、预警哨”调动各方资源和力量,共同破解基层治理难题。

【倡导在职党员参与社区建设】 2019年,大院街道按照“社区所需、党员所长”的原则,引导在职党员“报到”为群众服务,整合共建单位资源优势,组建不同类别的24支志愿服务团队,切实将工作触角延伸到居民庭院、楼栋。辖区近万名在职党员和志愿者积极响应号召,纷纷走进社区报到、走上“第二岗位”,认领服务项目25个,走访群众2000余户,为社区建设发展献计献策85条,为社区解决实际困难和问题79个,累计开展志愿服务活动450余次,切实发挥了在职党员在社区建设中的先锋模范作用。

【广场北路社区“微改造”】 2019年,大院街道投入180余万元对广场北路社区249号庭院进行微改造提升。此次改造惠及广场北路社区22栋住宅楼667户居民,改造面积约30000平方米,占全街居民总户数的7.5%。在微改造过程中坚持以人为本,先后召开16次民情理事会征求民意,纠纷调解50余次。7月中旬,联合公安、卫健委、城管局、公证处等部门,集中三天时间拆除违章搭建65处,面积达800余平方米。改造重点围绕解决小区停车难、雨污水堵塞、环卫设施差、房屋搭建、线路杂乱等问题等居民迫切希望解决的问题。通过微改造,广场北路住宅小区实现了水通、路平、墙美、灯亮、线齐、窗明。

【垃圾分类试点工作持续推进】 2019年,大院街道继续推进垃圾分类示范片区建设,全力推进生活垃圾分类工作。街道打造46米垃圾分类宣传长廊,整面宣传长廊高6米,共分两层,22个版块,内容涵盖垃圾分类的意义、现状、阶段要求、分类明细等基础知识,向居民系统地详细地宣传了垃圾分类知识。推动垃圾分类智能化建设,在辖区平安小区育新路17栋、新公园路口、南一路省农业厅食堂门口各设有一组智能人脸识别垃圾分类收集设备。自垃圾分类试点工作开展以来，辖区机关、企事业单位、公共场所等公共机构的生活垃圾分类达到100%全覆盖；居民垃圾分类覆盖率达到70%；垃圾分类回收利用率达到30%，铺设分类垃圾桶约1170个，受益居民4万余人。

【体苑社区创建防灾减灾示范社区】 2019年，大院街道体苑社区在原有减灾工作的基础上，推动减灾工作再升级。创建“党建＋防灾减灾”工作新模式。从体育局、省体校、体育医院等单位吸纳一批具有专业技能的年轻人，组建灾害应急指挥领导小组，推动防震减灾工作更加专业化、规范化。与江西省体育局就防灾减灾开展深度合作，探索出“场地互用、设施互享、人员互通”的防灾减灾配合机制。发动楼栋长、党员、热心群众组成应急队伍，极大充实了抗击自然灾害力量。如2019年年初的暴雪天气导致省体育局内道路严重积雪，体苑社区楼栋长，社区干部、党员志愿者、热心居民纷纷上路铲雪，为困难群众送去米、油等生活物资，保障了群众的基本生活。实现配套设施逐步提升。防震减灾场所到位，在社区内设立防灾减灾办公室、防灾物资储备室、宣教中心，制作了减灾宣传栏20余米，安装疏散示意图，将江西省体育局、运动田径场地以及18700平方米能容纳37000名群众的风雨球场增设为室外紧急避难场所，为突发紧急状况下的群众提供物资和临时安置场所的保障。宣传科普到位，充分整合自有人才和共建单位专业人才资源，体苑社区，通过专题减灾演练、公共安全教育培训、发放宣传资料、媒体推送等形式打出了一套防震减灾的宣传“组合拳”。全年，社区已举办专题减灾演练2场，公共安全教育培训累计8次，共计300余人次参加。在此基础上，社区又发放了各类防灾科教书300本，切实提高了居民的防灾减灾知识、素养和自救、互救技能。

【公园社区邻里中心项目】 2019年，大院街道依托公园社区党建服务中心，以打造居民15分钟便利生活圈为目标，拓展开发了居家养老日间照料服务、基层医疗卫生服务、生鲜超市、幼儿园、文化娱乐等5类便民服务功能和“三点半课堂”“爱心驿站”两项服务功能。内容涵盖老年人衣食住行和精神需求各方面。截至年底，为社区居民提供听力、口腔、视力、按摩等志愿者服务，共服务居民1000余人次，为老年群体提供学习娱乐等服务累计2400余人次，真正实现了老年群体医养结合的专业养老模式。

【首届“时间银行杯”志愿者运动会】 2019年，大院街道联合共驻共建单位江西省体育局举办“党建引领聚合力、活力飞扬展风采”大院街道“时间银行杯”志愿者运动会。运动会设有乒乓球、门球、柔力球、太极拳等5个团体项目2个个人项目，活动共吸引8个社区党组织代表队和348名社区志愿者参与。经过激烈的角逐，共产生18名优秀优胜奖、2名“优秀社区组织奖”和1名“最具人气魅力社区党组织奖”。此次活动的圆满开展，强化了大院街道党工委为民服务的初心，将进一步整合“时间银行”志愿者资源，共同破解养老服务难题。

【新时代文明实践广场项目】 2019年，大院街道以新时代文明实践为主线，利用社区庭院闲置资源，打造了集文化活动、社区老年大学、三点半课堂、家长学校、流动人口文化集散地等多功能为一体的新时代文明实践广场。在广场内设置联心议事亭、新时代先锋人物榜、“时间银行”明星志愿者、家风家训、廉政文化、社区荣誉等文化墙，为群众提供了一个民主协商、汲取先进力量的好去处。通过每日安排学习课程，普及科学文化、提升生活品质、丰富思想内涵；每周开展活动，成立五老志愿服务队、党员志愿服务队、专业人才志愿服务队，宣讲党的方针政策、开展学雷锋志愿服务活动；每月组织一次评议，推选榜样人物、先锋模范，引领社会新风尚。

2019 年大院街道社区居委会一览表

表 24

居委会名称	主任姓名	户　数(户)	总人口(人)	居民小组(个)	办公地址	办公电话
公园社区	周　亮	2552	8019	5	育新路 20 栋 1 单元 101 室	86268473
体苑社区	朱建兰	1634	4650	30	福州路 28 号体育局院内	86222680
广场北路社区	史雪琴	856	2867	6	广场北路 249 号 5—6 栋	86227554
大院一社区	孙　慧	1756	6096	8	北京西路 69 号 45 栋	86274814
院内第二社区	张秋莲	1952	6865	1	北京西路 69 号 17 栋西侧	86263304
二七北路社区	刘洪燕	2531	15867	0	二七北路 185 号	86371715

(陆丽娜)

董家窑街道办事处

【简况】 2019 年,董家窑街道辖区面积 5.3 平方千米,辖区内有住户 3.08 万户,人口 10.5 万人。党工委下辖党委 9 个、党总支 10 个、党支部 73 个,2280 名党员。街道下辖 21 个社区居委会、1 个家委会,辖区单位有省国资委和南大医学院、一附院、口腔医院等 200 余家省、市、区机关、企事业单位。

2019 年,街道组织开展“不忘初心、牢记使命”主题教育活动。各社区党组织纷纷到小平小道、方志敏广场、八一起义纪念馆等红色教育基地开展主题教育活动,邀请全国劳模邱娥国、“第一伉俪”蒋含宇、中国好人郑小惠等英模人物现场演讲;先后打造了豆芽巷社区党建 + 三风,杏苑、南北社区党建 + 永外印象,紫金城、豆芽巷、锦苑社区党建 + 幸福食堂,锦苑春天社区党建 + 邻里中心等亮点品牌;到上海、长沙等地参观楼宇党建经验,拟定并实施了央央春天楼宇党建方案;社区大党委“五位一体”区域化管理机制进一步完善,街道医疗卫生行业“三向三联三圈”党建共同体进一步巩固,形成了资源共享、共驻共建、互助共赢区域化党建工作格局。

2019 年,街道实际利用内资 16050 万元,完成率 103.20%,完成省外资金 9630 万元,完成率 103.20%。规上服务业同比增长 44.8%,其中十二大行业同比增长 182.7%;社消同比增长 8.4%;引进南昌众荟智盈信息技术有限公司亿元项目 1 家,引进中建海峡等 6 家千万元项目。

2019 年,街道利用基层协商平台,以“问计于民、问需于民、问效于民、全程解说”及“共议、共建、共享、共管”庭院微整治思路,完成了南京西路沿线及 12 个小区庭院的环境综合改造。累计发放低保障 381.09 万元,医疗救助 87 人次,发放救助金额 270061 元,临时救助 48 人次,发放临时救助金 231141 元,慈善救助 22 人次,发放慈善救助金 9.6 万元;完成了锦苑春天“1 + 5 + X”社区邻里中心建设工作;发放独生子女父母奖励 6165 人、金额 727.08 万元。

2019 年,街道融合信访、反邪教、消防、卫健、城管、司法等部门力量于 142 个网格,网格事件采集数 11317 起,待办事件 231 起(属相关职能部门办理),办结率 97.96%。街道与各社区、单位、店面签订安全生产责任书 2500 余份;排查辖区单位 158 个、店面 1226 个、高层建筑 103 处、电动车停放点 42 处。排查出各类隐患 121 处,立即整改 65 处,下发限期整改单 56 处。

【永外正街支路微改造项目】 2019 年 7—9 月,董家窑街道对全长 300 米、总面积 12 万平方米的永外正街支路及其 12 个庭院、56 栋楼房、126 个单元的墙面、地面等进行了微改造。该地段房屋大多为二十世纪八九十年代 6—8 层老旧住宅楼,存在管线混乱、设施老化、墙面污损、地面坑洼、沟管堵塞、违章建筑等老旧开放式小区“通病”。为做好庭院微改造工作,街道党工委采取“党建 +

庭院微改造”的形式，按照“群众生活需要什么，就改善什么；群众提出改哪里，就改善哪里”的工作思路，以“走、帮、议”和上门询问、庭院议事会、小区民情理事会的形式，倾听群众心声，顺应居民要求，确立了因地制宜、居民自治和“共议、共建、共治、共管、共享、共谅”“六共”模式的微整治总体方案。从人文环境、生活环境、社会环境、生态环境、志愿服务、特色加分等10个方面制定了董家窑街道小区微改造40项测评标准。该工程由区财政投入180万元，粉刷楼房外墙、围墙9632平方米，地面贴瓷砖1114米、小范围整修2325平方米，拆除违章建筑324平方米，建设非机动车集中停放点165平方米，安装智能充电装置26个，建防腐木围栏162米，建小区花栏212个，路边广告栏362米，整治5000余米管线和144个沟管，受益群众952户，同时，以“永外印象”为主题，深入发掘人文资源，在永外正街支路两旁围墙上制作了48块内含党建、三风、廉洁、民俗和邻里文化宣传栏。并按“荷兰竹菊、雅书乐华”的意境，打造了“永外乐苑”“永外书苑”“永外荷苑”“永外兰苑”“永外菊苑”“永外雅苑”“永外华苑”八个特色文化庭院及门楼。

【锦苑春天社区邻里中心建设项目】 2019年5—10月，董家窑街道共投入50余万元在锦苑春天社区打造邻里中心。锦苑春天社区所在锦苑春天小区系省公安厅职工宿舍，住户多为省公安厅职工及家属。2019年有居民1676户、4526人。小区东西长324米，南北宽178米，共有7栋高达30层的住宅楼。为方便该社区居民的日常生活，街道以党建为统领，在该社区打造了集教育、助老、商业、文体等多种服务功能于一体的邻里中心。经长达5个月的精心打造，打造了内含2000平方米维佳贝诺幼儿园、150平方米医疗服务点、300平方米智能型邻里生鲜便利店、353平方米社区居家养老服务中心、336平方米的社区文化体育活动中心和80平方米的社区警务室。为居民提供了优质、便捷、专业的各类公共服务，增强社区活力与宜居性。既可缩短这些服务场所与居民的距离，又可满足居民多样化的文化生活需求。

2019年，董家窑街道打造的锦苑春天社区邻里中心

【幸福食堂建设】 2019年,董家窑街道为解决高龄、空巢、独居、残疾老人法定工作日午餐难的问题,投入50余万元,着手打造了“1+3”幸福食堂。“1”指中央食堂,设在豆芽巷社区;“3”指3个就餐区。中央厨房和3个就餐区房屋装修、水池、冰箱、厨具、餐具、桌椅等的硬件投入和2名厨师工资由街办和所在社区分摊;用餐老人只承担饭菜原料的成本价,经核实每餐只向老人收10元饭菜费。中央厨房做好饭菜后,由社区工作人员配送至各社区就餐区,方便老人就近用餐。雨雪天气由社区工作人员和志愿者上门为老人送餐,且以A、B餐(A、B套餐各有2个花荤1个素菜)的方式供老人选择。幸福食堂凭借街办、社区的人力、物力,以物美价廉、卫生多样的午餐服务,解决了单个社区无力承担厨师费用、就餐人少、厨房难找、厨房难建、食堂难管、费用太高等一系列难题。

【成立红色宣讲团】 5月,董家窑街道结合“不忘初心、牢记使命”主题教育宣讲活动,发挥中国好人郑小惠、“天下第一伉俪”蒋含宇夫妇、重走长征路的退役武警上校王军等英模人物等先进典型模范作用,成立了董家窑街道红色文化宣讲团。宣讲团成员们离岗不离党,退休不退志,不断发挥余热,传经送宝。宣讲团现有宣讲员7人,以讲座、座谈、现场演讲等形式到全街各社区进行了25次宣讲。宣讲团成员结合自己的亲身经历和学习心得,宣讲革命故事。大力弘扬了井冈山精神、苏区精神、长征精神,倡导了忠诚老实、公道正派、实事求是、清正廉洁等价值观,向街道社区党员、干部和居民群众进行了广泛的宣传教育工作,传递了红色理念、倡导了主流价值观。在宣讲团的带动下,全街掀起了“不忘初心,传承红色基因”的热潮。各社区深入挖掘辖区红色文化资源,搜集革命史料,寻访烈士后人,用形式多样的方式将红色故事传播得更广更远,将红色基因镌刻在董家窑人心中。

【锦苑春天社打造清风亭】 2019年,董家窑街道所辖锦苑春天社区以阵地宣传示廉、家属参与助廉、社区监督促廉“三廉”模式,广泛开展了文明廉洁教育活动,建立了红色廉政文化“清风亭”。该亭位于锦苑春天小区廉政广场中央,面积12平方米,高3.5米,系木结构古典亭榭,质朴庄重、典雅清逸,系中国古典凉亭的代表形式。亭柱之间用设有供人们休憩的座椅。成为该社区居民休闲、娱乐、议事、述廉的场所。亭内有百廉图、监察法图解、《准则》《条例》等,且常在清风亭开展廉政赠书、廉政灯谜、廉政书法展等文化活动。锦苑春天社区党支部还充分利用“清风亭”这块不可多得的阵地,建立了由社区音乐爱好者组成的社区清风乐队,清风乐队的队员们还创作了歌曲《三杯美酒献给十九大》、音乐快板《廉政清风明朗天》等廉洁文化作品,在居民群众中广为流传,起到了思想沐浴、心灵洗礼、润物细无声的良好效果。

【杏苑社区打造躬行亭】 2019年,董家窑街道所辖杏苑社区借助永外正街庭院微改造之机,在永外正街120号院建立了躬行亭。该亭所在的庭院系南昌大学第一附属医院的职工宿舍,亭高3.5米,面积12平方米,系木质、黛瓦中国古典凉亭结构,亭柱之间有座位相连,便于居民休闲、娱乐、乘凉、传承红色文化。其名出自陆游《冬夜读书示子聿》哲理诗中“纸上得来终觉浅,觉知此事要躬行”诗句。表达了如想深入理解书本中的道理,必须要亲自实践才行的思想。响应了习总书记2018年5月2日在北师大师生座谈会上的号召,不要将学到的东西停留在书本上、装在脑袋里,而应落实到行动上,做躬行实践、为民服务、知行合一、以知促行、以行求知的人。

【杏苑社区建立红色初心馆】 5月,董家窑街道所辖杏苑社区充分利用南大一附院诸多离休干部的初心、三次重走长征路的武警退役上校王军的初心、全国突出贡献专家杜舜颖的初心、“天下第一伉俪”蒋含宇夫妇的初心以及居民群众的初心故事和南昌解放70年纪念碑揭牌仪式等红色基因,打造红色文化“初心馆”,以身边人的红色初心故事和共和国70年光辉历程及英雄城南昌70年的飞跃发展,展示共产党人的红色初心。

【青阳社区打造红色使命馆】 5月,董家窑街道所辖青阳社区以红色物品收藏为使命的老党员谭翠兰收集的数万件藏品为基础,成立了红色使命馆。使命馆用一件件红色物品、红色书籍、红色图片、红色歌曲,彰显共产党人不畏艰险、前赴后继、英勇奋战的光荣历史，展示在我党的领导下，中国共产党人通过土地革命、抗日战争、解放战争和社会主义建设的伟大历程。

【紫金城社区打造红色记忆馆】 7月，董家窑街道所辖紫金城社区以方志敏烈士儿媳花真仙收藏的方志敏遗物、遗书、遗言和社区退休老人们的日记、证照、剪报、故事、物品等红色资源，打造红色文化“记忆馆”，用方志敏烈士的遗物，用身边的人、身边的事讴歌共产党人的红色记忆、红色基因。

2019年董家窑街道社区居委会一览表

表25

居委会名称	主任姓名	户数（户）	总人口（人）	居民小组（个）	办公地址	办公电话
贤士一路社区	方丽娟	1710	5412	4	贤士一路7号1栋2单元102室	88624544
贤士二路社区	付婷	2024	5060	7	贤士二路133号29栋旁	88612514
贤士花园第一社区	朱振波	1600	4800	4	贤士二路275号贤士湖住宅区省盐业公司112栋宿舍院内	88675632
贤士花园第二社区	殷红	1680	4343	4	贤士花园G栋1单元201室	88611520
南京西路南社区	熊兰勇	2074	7259	5	福州路307号	86292475
南京西路北社区	王晓红	2189	7662	12	永外正街266号	88624744
殷家巷社区	陈明香	1654	4135	4	二七北路618号	88596770
杏苑社区	周莉芳	1513	4219	3	永外正街158号康嘉苑小区	88699239
南永和路社区	陈冬	1699	5166	5	青山南路85号院内	88634424
青阳社区	徐艳	1622	5243	5	南永和路21号	88621851
青桥社区	张艳红	1534	4602	4	二七北路990号	88634455
青山南路社区	张晓茜	1668	4672	3	佘山路98号	88624914
金家山社区	熊旭华	2347	6894	7	青山南路601支路57号香樟院小区C栋1单元1楼	88624944
朱家湖社区	何园珍	2539	8886	5	赣桥南路滨江雅居138号2栋2单元101室	88651758
豆芽巷社区	王小文	2589	7800	7	朱湖路108号	88625044
五纬路社区	罗来伟	1683	5049	4	沿江北大道1377号	88624844
新华社区	江韶琴	1138	3080	4	佘山路59号	88636125
锦苑春天社区	罗彤	1276	3326	7	起凤路317号3栋2单元A层	86716457
紫金城社区	邱昌莲	3830	9816	4	证券街179号20栋商铺二楼	86287902
佘山社区	陈小花	1318	3954	4	青山南路409号7栋旁	88627014
龙沙社区	殷中民	1903	5904	8	下沙沟1号	863997073

（孙彬越）

彭家桥街道办事处

【简况】 2019年,彭家桥街道办事处辖区总面积约5.42平方千米,辖区户籍数18129户,户籍人口3.76万人,常住人口约5.81万人。驻区中央、省、市事企事业单位28个,有13个社区居民委员会,1个师大家委会。截至2019年底,街道所辖基层党组织81个,其中党委11个,党总支3个,党支部63个。其中,非公企业和社会组织综合党委1个,个体工商户联合党支部13个,社会组织联合党支部13个,街道直管党员共1131名。

2019年,街道完成地方公共财政预算收入5114.76万元,社会消费品完成销售额48.59亿元,其中零售额完成14.2亿元,服务业完成营业收入3.77亿元。累计发放城市低保资金994354元,医疗救助10人次,发放医疗救助金27541元;高龄老人生活补贴总发放人数为1273人,累计发放金额1316180元;春节期间走访50户残疾人,向每户各发放慰问金200元;开展残疾人辅助器具需求摸底并发放了辅助器具57件;在社区开展时间银行居家养老工作,推进时间银行自愿服务工作,街道13个社区全部建立时间银行支行,登记服务对象281人,志愿者325人,累计服务时长6737小时。全年共办理一孩生育登记152例,二孩生育登记133例;新增326人申请独子生女父母奖励的,共发放2607人次,计3087600元;完成育龄妇女生殖健康常见病筛查106人次。

【优化社会保障服务工作】 2019年,彭家桥街道全年新增就业906人,就业困难人员实现就业人数146人,家庭服务业就业118人,国企失业人员再就业555人。发放小额贷款800万元,带动就业260人。发放失业金67余万元,培训军嫂68人。对辖区内199名贫困户人员建档立卡,开展就业帮扶,脱贫解困工作。在街道党群服务中心设立"城镇脱贫解困就业创业培训工作室",开展"脱贫解困就业帮扶技能培训面点第一期"培训班。认真做好失业人员服务管理工作,失业签到365人次,发放失业金67余万元。积极落实城镇居民医保、社保政策,确保所有续保人员应保就保。街道13个社区全部建立时间银行支行,截至10月,登记服务对象281人,志愿者325人,累计服务时长6737小时。扎实推进光明社区邻里中心建设,截至年底,中心基本完成主形象区、室内文体活动中心、户外文体活动区改造。

【强化城市管理工作】 2019年,彭家桥街道坚持以"美丽南昌·幸福家园"环境综合整治活动为抓手,大力实施"两建三改五新六清"把社区庭院微改造和社区邻里中心街区工程相结合,预计投入288.50万余元,串连1332户居民形成新的邻里街区关系。在综合执法中队实行责任管理制度,定岗定人,强化市容秩序管理,坚决纠正出店经营654处和流动摊点,严厉打击非法广告175人次,清理各类城市"牛皮癣"57128条,规范商招店招215人次,非法店招广告牌572块。集中力量对赣昌水产品批发市场环境卫生秩序进行专项整治,通过坚持不懈的努力,环境卫生秩序得到根本上的改变,建立并完善了环卫保洁体系。创新工作方式方法,实施保洁人员监控考勤管理系统。全天候无盲区掌握保洁人员的工作状态、工作线路轨迹、工作时长、签到签退时间等重要数据,并自动生成专业考勤报表,提高保洁员工作积极性和在岗率。大力推广垃圾分类,在光明社区设立南昌市首个"人脸识别"智能垃圾屋。居民们只要在垃圾分类箱前站上几秒钟,完成刷脸身份识别程序后,选择投放按钮类别,就可以一次性同时投递多种垃圾,整个过程快速又便捷。

【深入开展平安创建】 2019年,彭家桥街道深入开展扫黑除恶专项斗争工作,扭住关键重点,聚焦涉黑涉恶重点地区、重点行业、重点领域,坚持除恶务尽、深挖彻查。积极开展宣传,各社区均制作张贴了宣传栏块20余块,发放公开信累计64000余份,21块LED宣传屏进行播放,累计发送手机短信33000条。充分发挥街道、社区基层的社会治安综合治理优势,广泛发动群众,公开受理群众投诉和举报,广辟线索来源,向区扫黑办上报8条线索。坚持"打防结合,预防为主"的方针,全力维护社会政治稳定。狠抓社区戒毒站运行,全年新增10名社区戒毒人员、1名社区康复人员,解除1名社区戒毒人员。大力推进街道综治中心实体化建设,将综治视联网、公共安全视频监控中心、信访接待中心、法律援助中心、网格中心、综治办、矛盾纠纷排查调处室等服务功能进行了有机整合，合署办公，为群众一站式服务提供了便利。积极推动智慧平安小区建设，中大青山湖花园和光明小区示范点初见成效。中大青山湖小区已安装智能云巡更系统、人脸识别系统，非机动车集中统一停放至负一层地下室并安装充电桩，大力整治消防设施和电梯。

【刘奇走访光明社区党员陶大牛、樊银海】 1月12日下午，江西省委书记刘奇走访光明社区党员陶大牛、樊银海。在陶大牛家，刘奇仔细察看生活起居条件，细心询问身体状况、家庭收入。听说陶大牛热心公益、帮助邻里，他给予点赞。随后刘奇亲切看望慰问了重点优抚对象樊银海。他充满感情地说，你们矢志从军、不畏牺牲，为祖国和平与安宁做出的重要贡献，党和人民不会忘记。要大力弘扬拥军优属的优良传统，在全社会营造关心关爱退役军人的浓厚氛围。

【刘烁到光明社区调研工作】 3月14日，南昌市委副书记刘烁莅临光明社区调研。刘烁参观了社区办事大厅、党员之家、社区群众文化活动中心、玩具接力坊、时间银行等，听取社区党委书记的全程讲解和社区工作的情况介绍。

2019年彭家桥街道社区居委会一览表

表26

居委会名称	主任姓名	户数（户）	总人口（人）	居民小组（个）	办公地址	办公电话
北京西路社区	张天华	1522	7280	7	北京西路485号	88503503
文教路社区	罗　雁	1582	4746	7	文教路356号	88504910
建新社区	邱红莲	1831	6225	3	福州路456号	88567565
福州路北社区	熊淑青	1921	4100	6	洪都北大道258号	88502294
文教路北社区	刘小芳	1690	5771	30	阳明东路719号隆兴民居	88537809
湖滨南路社区	赵华兰	1612	4800	3	洪都北大道488号	88556507
李家庄社区	施兰英	1810	5430	10	洪都北大道1211号	88622894
光明社区	刘云娟	1685	5816	59	青山支路26号	88607629
七里街社区	邓永华	2185	6357	6	中大南路28号	88682381
青山北路社区	陈　晨	496	1625	2	青山北路20号	88626915
江中花园社区	谢清华	1838	6021	6	洪都北大道919号	88611662
观欣社区	张　昕	1812	5536	5	东湖区李庄路59号康馨苑	86827023
新祺周社区	司军莲	821	2463	15	新祺周社区江绸宿舍	83068207

（黄　玲）

滕王阁街道办事处

【简况】 截至2019年底，滕王阁街道办事处辖区面积为0.98平方千米，辖8个社区居委会，社区干部68人，居民小组108个，居民住户11068户，楼栋数311，常住人口为34471人。

2019年，街道完成5000万元以上项目1个，1000万元以上项目4个，亿元项目上报1个，利用省外资金项目进资数、实际利用内资数2项指标均按照序时进度完成年度任务指标。街道地方公共财政预算收入完成2956.97万元，固定资产投资已完成5.07亿元。申报办理低保400人次，共发放低保金额23.4万元,全年申报医疗救助30人,共发放金额13.35万元。全年共发放高龄老人补贴11831人次,发放金额13.6万元。申报城镇独生子女父母奖励411人。积极推进社会保障体系建设,市、区属退休人员退休认证签到率100%,发放小额贷款金额290万元。持续打造平安小区,促进辖区社会稳定。在上凤凰坡社区、滕王阁社区、民巷社区、李家巷社区打造了四个“智慧平安小区”,建成216平方米街道综治中心。积极做好纳入“6·26”社区戒毒(康复)工作站的48名吸毒人员的管理工作。落实“七五”普法规划,共开展大型宣传咨询活动10次,办法治宣传专栏20期,出黑板报40期,现场接受法律咨询达1600多人次。深入推进“美丽南昌、幸福家园”环境综合整改与全国文明城市复牌活动,主干道实现100%机械化冲洗,在石厂街、章江园广场、民巷、上凤凰坡设置智能分类垃圾桶,在民巷36号安装智能刷卡分类垃圾屋,街道18辆垃圾清运车统一喷绘垃圾分类标识。

【扎实推进基层党建工作】 2019年,滕王阁街道8个社区均成立了“大党委”,签订共驻共建单位42家。6月,召开街道“大工委”全委扩大会议和城市基层党建联席会。12月,邀请市网信办副主任刘力围绕“意识形态工作和舆情处置”进行了专题讲座。全年共举办12期滕阁讲堂,外请教员14人次,累计参加学习1052人次。街道“学习强国”组群共计551名党员进入开展学习,学习积分万分以上54人。对于宣传引导,省级媒体上稿9篇,市级媒体上稿45篇。通过街道微信矩阵累计发布各类信息980余条。加强党性观念和纪律意识,通过组织党员过“政治生日”,重温入党誓词,组织街道干部职工前往南昌红色记忆展示馆、青山湖区上海路街道9s城市党建共同体、699“蜂巢式”党群人才服务中心、青山湖区八脉党群服务驿站和南昌市党章教育馆参观学习。探索退役军人党员管理,参加全市党务技能大赛获一等奖。精心建设街道党群服务中心,党员政治生活馆建成投入使用。

【强化基层纪检监察能力建设】 2019年,滕王阁街道不断强化纪检监察能力建设。配齐配强纪工委干部力量。设有纪工委书记、副书记、专职纪检监察干部各一人,均为在编在职正式干部,中共党员;同时明确了两名兼职纪检监察干部,聘请、配备了5名正式党员为社区监察联络员。注重配套建设,推进设备设施标准化。按标准建成纪工委谈话室、办公室,办公室统一配备电脑、打印机、复印机、录音笔、便携式执法记录仪、保密柜等办公办案设备,谈话室配备应急防护设施和视频监控设备。规范各类基础数据、台账的建立,建立和完善重大问题集体研究决定、议事规则工作、请示报告、保密工作、学习培训、工作台账、离任交接工作办法、档案管理办法。

【街道服务中心正式投入使用】 10月17日,滕王阁街道便民服务中心、党建服务中心、文化活动中心“三个中心”正式揭牌运行,标志着街道党政服务标准化、规范化、精细化建设又迈入了一个新的阶段。“三个中心”位于县前街28号,总面积2359平方米。一楼设置便民服务中心将大厅划分为受理区、等候区、休闲区及后台区等4个区域,设置4个办事窗口,可提供社会化退休人员管理、就业服务、社会保险、居住证办理、合同租赁备案、计生服务、民政救济、住房保障等服务事项;二楼设置党建服务中心,面向广大党员、基层干部、入党积极分子和群众,积极开展八大类服务活动;三楼设置文化活动中心,坚持“服务社区群众丰富文化内涵”的理念,针对居民群众的不同文化需求,提供内容丰富、形式多样、健康有益的教育、学习娱乐等活动,不断满足社会各界群众的精神文化需求,增强街道活力。

【扎实推进城镇脱贫解困工作】 2019年,滕王阁街道把城镇贫困群众脱贫解困工作纳入重点工作项目,采集到城镇贫困群众总数据为270户368人,其中低保251户349人,特困19户。街办城镇贫困群众脱贫解困工作领导小组进行了人员调整,建立脱贫解困工作领导小组联络员制度,召开动员部署会传达贯彻脱贫解困工作精神,全年召开4个季度工作总结和布置会;摸底建档立卡,对象精准识别。摸底精细,做到“贫困对象百分之百摸排,贫困原因百分之百掌握”;对认定的贫困群众逐个逐户建档立卡,做到一户一档、一人一卡,街道在编在岗人员百分之百参与帮扶,做到点对点的结对帮扶行动。在端午节、中秋节、“七一”中国共产党建党节等节假日，街领导走访、慰问困难群众，困难党员，详细了解他们的家庭情况、致贫原因、实际困难和发展意向，鼓励他们增强战胜贫困信心并送上慰问品，结对帮扶活动帮助扶持贫困户早日脱贫，更注重激发贫困户的内在动力，增强脱贫愿望，从“要我脱贫”向“我要脱贫”转变，确保结对帮扶工作取得看得见的成效。

【推进社区微改造】 2019年，滕王阁街道优先解决居民迫切需求，全面推进民巷社区微改造工程，多渠道调动居民融入参与，通过举行居民座谈会、发放调查问卷、入户走访、张贴公示等方式征求居民群众意见和建议，做好改造工程工作。整个改造工程共改造店招29个，梳理规整沿街空中管线778米，修缮、粉刷沿街老旧破损墙面，美化单元楼道52处，更换落水管34根，解决空调滴水点120个，新建非机动车停放点3个，提供停车位35个。通过沿街立面改造、空中管线清理、地下设施改造等改造，社区面貌令人耳目一新。新增设的红色驿站、非机动车停车棚、非机动车充电桩、晾衣架等方便居民生活、美化社区环境，实现老旧小区全方位的“二次更新”。

【深化平安建设】 2019年，滕王阁街道牢固树立和谐稳定安全观，建立长效机制，筑牢发展根基。深入开展扫黑除恶专项斗争，成立领导小组，确保日常工作有人抓，有人管，强化宣传工作，向全街道群众发放宣传资料2000余份，在全街道主要道路和显著位置张贴公告9处，悬挂横幅17幅，LED宣传屏滚动播放23处，营造良好的社会氛围。加大重点人群排查力度，确保无一起重点人员涉案情况发生，保证扫黑除恶专项斗争取得实实在在的成效。与辖区派出所联动，扎实推进巡逻防控工作，做到“白天见警力，晚上见警灯”。充分发挥群防群治队伍作用，动员单元楼栋长、义务志愿者、街道、社区干部参加义务巡逻1000人次，有效遏制了各类违法犯罪活动。坚持每季度开展一次集中大宣传、大走访活动，进一步提高群众的知晓度和满意率。街道、派出所共动员各类力量上门入户3000余人次，组织发放《致居民群众的一封信》12000份，发放《入户宣传单》13000余份，悬挂标语横幅60余条，更新宣传展板20余块，建设社区好人墙9块，召开警民恳谈会4次，使平安理念家喻户晓，深入人心。

【安全生产监管责任全覆盖】 2019年，滕王阁街道强化安全生产工作。邀请区消防大队专业人员在所有社区进行了消防安全知识讲座，组织驻街单位和居民开展消防演练和前往市安全教育警示基地参观学习。与辖区内的702余家临街店面以及单位签订安全生产消防责任状，发放3000余份消防安全宣传单，积极开展“防风险、保平安、迎大庆”消防专项行动，展开对电动车，违章搭建，小酒吧，幼儿园，燃气站点，变压器及三合一，老楼危楼等重点场所进行专项排查，整治，建立了安全生产排查台账。

【推动新时代文明实践中心阵地建设】 2019年，滕王阁街道强化便民服务中心，文化活动中心等阵地建设，抓好新时代文明实践中心建设工作。在民巷社区、铁街社区开展试点，高质量建设新时代文明实践中心，在贺龙指挥部旧址广场打造民巷新时代文明实践广场，打通宣传群众、教育群众、服务群众“最后一公里”。持续多渠道收集舆情信息，将社会舆情触角延伸到社会的各个角落。

【开展系列社区文化活动】 2019年，滕王阁街道与共驻共建单位开展了系列丰富的活动。南昌市机关事务管理局机关党委先后16次组织221名党员志愿者进李家巷社区开展环境整治及文明城市创建宣传工作。携手共建单位南昌市出新幼儿园开展“大手牵小手、青春暖夕阳”新时代文明实践中心暨学雷锋纪念日活动，联合秦风律师事务所、洪城公正处开展“新时代文明实践，法治在行动”普法宣传讲座及咨询活动，携手共建单位在胜利路步行街举办了新时代文明实践中心“推进平安建设、构建和谐家园”综治宣传月活动，联合江西省八一保育院在社区开展“分类新时尚，党员我先行”垃圾分类知识宣传活动，联合出新幼儿园在社区开展“不忘初心，传承红色基因，敬老爱老庆重阳”活动，联合滕王阁水上救援协会在赣江边举行了“学雷锋，创文明——保护母亲河我们在行动”活动，在章江园休闲广场开展扫黑除恶专项斗争文艺宣传活动。社区也结合“我们的节日”开展丰富多彩的传统文化节日活动，共开展我们的节日、家风家训、志愿者服务、助残扶困、移风易俗、关爱老人、健康教育、道德讲堂、技能培训、免费义诊等多种形式的特色活动80余次，收益人群超过6000人次，丰富居民群众的文化生活，提升居民文明素质，彰显了社区文化特色。

【推进弱势群体帮扶活动】 2019年，滕王阁街道投入10万余元打造时间银行示范社区，并在全街推广，共开展80多次志愿活动，招募志愿者200余人，为社区的老人服务，在全区率先探索居家养老工作新路子。持续做好帮扶活动，认真做好老弱病残、退役军人等特殊人群的帮扶工作，春节、"五一"国际劳动节、"八一"中国人民解放军建军节等节日街道均组织人员上门看望。与南昌市机关事务管理局机关党委联合开展"党建引领先行，先锋助力圆梦暨情暖端午文艺演出"活动，为贫困家庭、贫困学生、残疾人发放物资、物品、器械等。

【开展"最美退役军人"评选活动】 7月，滕王阁街道在全街开展"最美退役军人"评选工作。街道退役军人服务站广泛发动辖区退役军人通过自荐、社区推荐、组织推荐等方式参与到本次活动。经综合考评，最终确定10名"最美退役军人"，推选出一批积极响应党的号召，在全街经济社会建设各个领域甘于奉献、成绩显著的优秀退役军人典型。

2019年滕王阁街道社区居委会一览表

表27

居委会名称	主任姓名	户　数(户)	总人口(人)	居民小组(个)	办公地址	办公电话
子固路社区	吴江君	1417	4329	10	子固路237号	86700261
李家巷社区	李　洁	1624	4578	12	东龙须巷5号	86706044
民巷社区	蔡晶晶	2001	6003	18	后墙路108号	86792314
滕王阁社区	涂冬妹	1174	3629	7	子固路135号	86700704
榕门路社区	魏　瑛	1432	4389	10	棕帽巷34号	86700264
章江路社区	周海霞	1660	5670	29	民德路511号	86700694
上凤凰坡社区	周梅兰	2268	7090	20	民德路490号	86632874
射步亭社区	胡　梅	1741	6094	8	李家路24号	86706174

（唐文清）

贤士湖管理处

【简况】 2019年，贤士湖管理处以习近平新时代中国特色社会主义思想为指导，坚持稳中求进工作总基调，按照高质量发展要求，全面落实新发展理念，坚持问题导向，围绕热点、聚焦重点、突破难点，圆满完成了全年的各项目标任务。

2019年，管理处实现地方一般公共预算收入1380.17万元，同比增长4.5%，规模以上服务业企业累计完成2.53亿元，同比增长46.81%。实际利用内资15552万元，利用省外资金项目进资9331万元，均实现同比增长20%，利用外资实际到位资金726万美元，实现现汇进资182万美元，全年共引进项目10个，其中千万元项目6个，亿元项目3个，出口创汇企业1个。

2019年，管理处坚持服务群众的根本，推进各项民生工程建设。以"美丽南昌、幸福家园"环境综合整治为契机，"城中村"旧貌换新颜。全力推进老旧社区改造，增强村民的幸福感、获得感。强化"一村一品"品牌建设，把文化惠民引入深入。依托各村党群服务中心的优质资源，发挥志愿者组织的作用，与持续推进"三风"文化村建设相结合，通过"资源共享、外引内联、差异布点、全面覆盖"的方式，重点建设老年之家、妇女之家、青年之家、少儿之家、职工之家等，组建了徒步大队等群众性文体组织，并开展系列文化品牌活动，在继承和发扬中华优秀传统文化，弘扬正能量的同时，持续推动民风、社风转变，把党群服务中心真正打造成为“群众满意之家”。各村立足新时代文明实践站开展的群众活动项目已成为常态化工作。长巷村的幸福小手学堂、瑜伽课堂，贤湖村的国学讲堂，公园村的“V”笑之家品牌活动深入人心，结合传统节日开展了开展第三届男子篮球赛、第三届圆梦“微心愿”活动、让老人“嗨”起来趣味孝心运动会等活动，极大地丰富了广大村民群众的精神文化生活。全力推进旧改征迁工作，切实解决百姓后顾之忧。强力推进历史遗留地块征迁扫尾工作，切实做好香樟C08安置地块、中金项目地块等安置房建设用地及挂牌出让土地的净地交接工作，对未交付的净地则加强拆迁工地安全隐患排查、生活垃圾清理、蚊蝇消杀等管理工作。做好七里村预分房前期准备工作。

2019年，管理处以维护辖区安全稳定为目标，促进社会管理上新台阶。加强法制宣传教育，增强依法办事的工作能力。抓好处村的橱窗宣传，及时向村民宣传政府的方针政策，抓好上户的面对面宣传，组织发放各类宣传单。加强排查矛盾，解决隐患。成立推进涉法涉诉信访案件化解工作小组，制定化解工作方案，做到矛盾尽量在村、处两级解决，继续维护管理处和谐稳定的状态。切实加强信访工作。通过区、处、村三级联动，加大宣传力度的同时，贤士湖管理处坚持疏导，宣传政策，工作人员上门上户与村民面对面进行劝解安抚工作。四是巩固安全生产、消防工作，杜绝火灾隐患。定期开展消防安全隐患排查，各村每季度组织辖区居民参加消防演练，切实增加群众应对紧急事件的能力。

【强化党建工作】 2019年，贤士湖管理处党工委全面扛起主体责任，在抓好领导班子的自身教育同时，突出五个“紧”字推动各项工作稳步开展。紧跟上级精神，坚持步调一致；紧扣主题主线，坚持学深学透；紧贴工作实际，坚持深入调研；紧抓检视问题，坚持深挖细查；紧推整改整治，坚持真抓实改。始终贯彻落实边学边调研边检视边整改。先后组织集体学习10次，荐读书籍三类6本，323名党员参加培训。百名党员开展进千家访万户活动，领导班子成员每周下基层不少于1天，形成调研报告8篇，系统梳理出问题共计124个，其中对照党章党规找差距问题58个、调研发现的问题19个、群众反映的问题23个、谈心谈话指出的问题24个。解决群众反映操心问题37个，党员开展志愿服务，办实事办好事77件。

【永溪村铁路街小区微改造工程】 永溪村铁路街小区坐落在文教路，占地0.92公顷，总建筑面积3.12万平方米，总套数307套，居住人口832人。该小区始建于2005年8月，存在基础设施差，道路破损，下水道堵塞等诸多问题，在多次美丽南昌幸福家园环境综合评比中排名靠后，2019年管理处对该小区实施“微改造”。改造工程于6月启动，获得启动资金230余万元，历时3个月完成。改造完成后，兴建“铁路街”牌楼；沿街店铺统一更换店招500余平方米；粉刷内外墙面5000平方米；路面白改黑2000余平方米并规划停车区；新增健身休闲广场铺设健身设备；更换破损雨水管400余米；每栋单元楼更换了单元门；在每层楼道处增加了铝合金半开窗以便空气流通。下水道从小改大，重新铺设，改造1000余米，并且增加了大的化粪池。此次改造即要面子工程，更要里子工程，充分听取老百姓的意见建议，着力解决老百姓的操心事、烦心事，获得居民住户的一致好评。

【强化意识形态管理工作】 2019年，贤士湖管理处将意识形态工作与深入开展“不忘初心、牢记使命”主题教育工作紧密结合，用好“学悟讲用”基本方法，开展主题教育“习近平金句学习”和南昌党建公众号答题系列活动，强化党性修养。坚持开展户外理想信念教育。组织党员学习参观红色历史记忆馆、党章教育馆，方志敏烈士纪念馆等，开展板凳课堂，送学进户。积极营造主题教育氛围。在党员服务和信息发布平台设置了主题教育专栏，把开展主题教育动员部署、政治理论学习、户外理想信念教育、专题读书班等相关信息主动向外公示。公益宣传助推和谐发展。每月进行身边好人评选并设专栏，连续四年进行“身边十个最美”人物评选，向广大村民展示，在村民中树立好人榜样，发挥楷模的“风向标”引领作用。

【永溪村“板凳课堂”宣传政策】 贤士湖管理处永溪村属于城中村，与城市社区有较大差距，下设3个自然村分布较开，村民群众人数较多。之前政策宣贯主要是以集中部分村民代表或党员来村委会议室召开会议的形式,存在受众面窄、宣贯效果欠佳等弊端。永溪村"两委"干部专门召开座谈会,最终讨论出一个新思路,将宣贯主场搬到村民群众聚集的小街小巷、门庭小院内,并取名"板凳课堂"。这一改变大大提高了政策宣贯的吸引力和感染力,让党的政策接地气、有人气、入人心。2019年全年累计开展宣讲10余场次,覆盖干部群众200余人次,组建宣讲队伍30余人,宣传内容包括文明创建、移风易俗、安全生活生产、初心故事等。

【推进殡葬改革工作】 2019年,贤士湖管理处按照《东湖区全面推进殡葬综合改革实施方案》要求,贤士湖管理处在辖区内开展绿色殡葬专项活动。管理处所辖各村采取自建墓园、在公墓购置墓地等形式,迁移铁路沿线、青山湖周边的坟墓,截至年底,已迁移670穴,极大地改善了周边环境。大力推进移风易俗工作,提倡丧事简办。把简办丧事写入"村规民约",党员干部带头实施,形成新风尚。全年,6个村简办丧事40余起。

【组建红色徒步大队】 2019年,贤士湖管理处以满足群众日益增长的多元化体育需求为出发点,为提高人民健康素质和生活质量,形成积极向上的社会氛围和健康文明的生活方式,以辖区内热心党员为骨干、热爱健身运动的群众为主体,坚持因地制宜,坚持自愿,群众受益的原则,成立两支"永远跟党走"徒步大队。队员不仅徒步健身,还把日常运动和城市文明相结合,在徒步行程中弯腰捡拾垃圾,维护周边环境,以此引领群众形成积极向上的社区氛围和健康文明的生活方式,成为一道靓丽的风景线。"徒步大队"的活动在新华社、学习强国、南昌日报等中央、省、市主流媒体展示亮相。

【推进平安商铺一条铺建设】 2019年,贤士湖管理处永溪村以不断提升辖区群众安全感和满意度为出发点,针对汤家坊中心路小商铺多、经营范围杂、从业人员多的特点,积极打造成为平安商铺一条铺。涉及超市,餐饮,小型菜场,服装,理发各类生活所需商铺,经营面积约1万平方米。组建了平安商铺协会,会长由村分管综治的领导担任,沿街商户84户店主为成员,形成齐抓共管的全力;通过张贴标语,发放宣传单、入户走访等形式进行广泛宣传,做到广而告之;与签订平安商铺责任状,召开平安商铺联席会议,形成共同承担文明经营的良好社会氛围。同时,举办法律讲座,加强法治宣传教育。开展平安商铺创评工作,把无突出治安问题,严格执行消防安全管理规定,无火灾等安全事故,遵纪守法经营,自觉履行安全稳定主体责任,自觉履行门前"三包",文明经营作为创评标准,积极营造和谐有序、文明诚信的经营氛围。

2019年贤士湖管理处村民委员会一览表

表28

村委会名称	主任姓名	户数(户)	总人口(人)	村民小组(个)	办公地址	办公电话
长巷村	谌天伟	622	1683	7	长巷新村266号香樟住宅小区内	88623771
永溪村	殷润强	325	1312	4	洪都北大道697号	88502682
七里村	陶国强	948	2695	10	青山北路水岸观邸旁	88623255
公园村	殷国平	264	503	0	殷家巷95号	86217365
贤湖村	魏黎明	156	548	0	东湖区二七北路636号	88635673
永和村	王　强	263	642	0	永外正街352号	88636058

(熊　瑛)

扬农管理处

【简况】 扬农管理处辖区面积2.67平方千米，防洪圩堤长度2.35千米。下辖两个社区，即德成社区和绿苑社区。截至2019年底，有人口404户1058人。辖区基层党支部3个，有党员126名。

2019年，管理处以习近平新时代中国特色社会主义思想为主导，紧紧围绕“谋发展、保稳定、促民生”的工作主线，迎难而上，真抓实干，经济社会各项事业再上台阶。获得年度南昌市文明单位、公共机构节能工作优秀街办(管理处)、平安建设(综治工作)目标管理综合先进单位、平安建设(综治工作)公众安全感先进单位。扬农综合执法队在全市城管执法系统2019年年终考核中取得第一名。

2019年，管理处辖区企业共65家，其中国有企业2家，私营企业12家，个体商户12家，注册企业39家。管理处全年完成新增税收140.42万元；完成实际利用内资7268万元；完成利用省外项目进资4361万元；完成招大引强省外亿元以上项目江西源美供应链有限公司，投资额1亿元，已开工；完成1000万元以上项目6个。

2019年，管理处扎实开展社会保障、社会救助工作。开展脱贫攻坚工作，摸清贫困群众有10户21人，其中重点帮扶对象1户5人；摸清确定现有低保户10户21人；摸清辖区内60岁以上常住老人197名，其中失能老人14名，重度失能老人8名；摸清登记残疾人57名；发放低保金9.25万元；为2户困难群众申请医疗救助金；为80岁以上的老人发放了高龄补贴；发放到位残疾人两项补贴、专职委员、农家书屋管理员补贴；2019年春节前走访慰问困难群众86户，发放慰问款3.59万元。成立居家养老时间银行德成、绿苑支行，共招募志愿者49人，服务对象97人，开展服务30余次，总服务时长2000余小时。

2019年，管理处优化卫健服务。全年登记新生儿出生总数11人；做好城镇独生子女父母年审、奖励工作，城镇独生子女父母奖励95人，新增12人；先后在各社区开展人口计生宣传服务活动6余次；组织全处近300名育龄妇女及65岁以上老人进行两癌筛查及常规体检，并组织4名特扶家庭在人民医院进行了体检。

2019年，管理处深入推进民生实事。投入18万余元在绿苑小区新建一处200平方米的非机动车停放棚，确保车辆集中停放充电。投入13万余元在绿苑小区实施居家养老服务中心项目，不断满足辖区养老服务需求。协调在扬农广场安装智慧书屋，书屋内有200余册图书供居民阅读，提升群众文化修养。投入4.7万多元实施四大队一组145米U形槽沟渠项目，彻底解决下雨堵塞导致局部内涝问题，减轻了农户经济损失。

【加快推进垦区危旧房改造】 2019年，扬农管理处加快推进垦区危房改造项目。垦区危房改造二期项目已完成竣工验收并交付使用，239套房屋已完成安置交房。2018年4月开工建设的垦区危房改造三期项目，截至2019年底，已完成总工程量的85%。

【扎实开展安全生产工作】 2019年，扬农管理处扎实开展安全生产工作。明确责任分工，与两社区签订安全生产责任状，明确各自承担的责任；加强安全知识宣传，利用条幅、电子显示屏、宣传单等形式对《中华人民共和国安全生产法》等法律法规进行宣传，组织干部、群众进行安全知识培训8次，观看安全教育警示片，模拟应急演练；加强安全生产问题排查整改，组织有关部门加强巡查和整改力度，全年共整改到位13处。

【公众安全感满意度测评全区排名第一】 2019年，扬农管理处深入推进平安建设。完善综治中心实体化建设，包括场地建设、规范队伍建设、强化责任落实，定期组织开展了各类矛盾纠纷调解和治安巡逻工作，深入基层了解群众关心的热点、难点问题，及时发现和掌握社会矛盾纠纷动态，完善工作预案，实行主动调解，避免矛盾纠纷激化。推进平安小区建设，成立了“平安小区”创建活动领导小组，实行社区主要领导人负责制，制定了“平安小区”创建活动整体规划和年度实施方案，建立创建活动经费保障机制。加强宣传教育，全年开展了公众安全感、扫黑除恶、防邪教、防溺水、法律知识、禁燃等多种宣传；加强队伍建设，通过招募群防群治志愿者、加强巡防值班、更换灭火器等落实人防、物防、技防措施，确保小区内安全稳定无事故;深入开展扫黑除恶专项斗争,做好扫黑除恶专项斗争部署、宣传、落实等工作,确保扫黑除恶专项行动取得实实在在的成效,为扬农管理处提供和谐稳定的社会环境。辖区公众安全感测评年度全区排名第一。

【机构改革工作】 2019年,扬农管理处根据《东湖区机构改革实施方案》,结合管理处实际,制定了《扬农管理处内设机构、人员及职责调整方案》。内设机构财务科不再保留;农办更名为农业农村办公室;卫生和计划生育办公室更名为卫生健康办公室。根据内设机构职能,对各办公室职责及办公室人员作了相应调整。

【依法打击违法建设】 2019年,是扬子洲地区土地储备解禁年,控违形势更加严峻。扬农管理处依法加大违法建设的打击力度。落实责任到人、严控严查、分片区巡查、轮流督查机制,每天早中晚不定时巡查,确保违法建设第一时间发现、第一时间上报、第一时间拆除。全年查处违法建设6处,面积130平方米;拆除围占河堤网6处,占地面积2000平方米,确保全年违章建筑零增长。

【扎实开展防汛抗旱工作】 2019年,扬农管理处扎实做好防汛抗旱工作。在防汛应急准备方面,对防汛物资进行了清理和规范,并按照区防汛指挥部下达的防汛物资储备计划增添必要的防汛物资;完善防汛预案、充实调整防汛抢险应急队伍的工作;实施圩堤清杂加固,共计投入10余万元完成河堤堆放的防汛物资及2.35公里内外堤面清障清杂、维修加固200余平方米河堤堤面、3处堤脚水土流失点、1处渗水点。在抗旱应对方面,组织农技人员上门入户,就育苗育秧、移苗、采摘等提供技术指导;对旱情有可能导致的农业电线电路超负荷,设备损坏、取水井难以取水及水事纠纷,认真做好排查和调处,积极引导种养殖户互帮互助共度难关。

【综合执法工作获全市年终考核第一名】 扬农综合执法队是一支包含12人的干练队伍,自2017年组建以来,紧扣城市管理主题,重点围绕乡村控违和市容环境卫生的整治难点和焦点问题,不断加大日常执法和专项工作整治力度,严查和拆除各类违法建设。截至2019年年底,严查和拆除各类违法建设40余处,违建面积5000多平方米,整治“三乱”出店经营230余处,驱赶收缴处罚流动摊点200多个,整治“共享单车”乱停放200余次。在“美丽南昌·幸福家园”全市城管执法系统年终考核情况通报中,扬农综合执法队执法工作以99.6917分的成绩在全市50个乡、镇、街道、管理处年终考核中获得全市第一的好成绩。

【群众文明剧场】 2019年,扬农管理处落实推进新时代文明实践中心工作,开创了群众文明剧场。文明剧场以发动群众,寓教于乐,把道德和法治结合,转民风、树新风,促文明为宗旨。由干部和群众根据生活中的亲身经历自编自导自演文明及不文明故事,故事中聘用律师针对故事讲法,起到法治促进文明,道德提升文明的作用。

2019年扬农管理处社区居委会一览表

表29

居委会名称	主任姓名	户　数（户）	总人口（人）	居民小组（个）	办公地址	办公电话
德成社区	陶爱节	131	367	2	东湖区扬农管理处扬农路871号	88677052
绿苑社区	陶勇杰	273	691	2	东湖区扬农管理处扬农路1028号	88670500

（邓凤玲）

人　物

区级领导机构成员名单

（副县级及以上，截至2019年12月31日）

中国共产党南昌市东湖区委员会

书　记：刘　闯
副书记：高辉红　贾彧超
常　委：焦玉庄（任职至8月）　胡洪水
　　　　唐铭市　刘光荣
　　　　夏小兰（女，任职至2月）
　　　　雷　强（6月任职）
　　　　陈　俊（任职至6月）　胡志强
　　　　张　恩　李　婷（女，6月任职）

南昌市东湖区人民代表大会常务委员会

主　任：喻国泰
副主任：彭雅琳（女）　余　瑾（女）
　　　　谢　蓉（女）　郑洪健　谭阿莉（女）
　　　　万里涛

南昌市东湖区人民政府

区　长：高辉红
副区长：夏小兰（女，任职至2月）
　　　　雷　强（6月任职）　童萍如（女）
　　　　余　炜　万　勇　万　明　杨　峻
　　　　袁　晨

中国人民政治协商会议南昌市东湖区委员会

主　席：王　玮（女）
副主席：欧阳桃花（女）　谢保成　冯于水
　　　　谢　华　余　坚
　　　　胡涛湘（女）　胡　薇（女）

南昌市东湖区人民武装部

部　长：张　恩
政　委：邱建新
副部长：朱苏辉

（余逸凡）

区直机关各单位（含垂管单位）负责人名单

（正科级及以上，截至2019年12月31日）

区委工作机构

区委办公室
　主　任：杨　斌（任职至9月）
　　　　　万　华（女，9月任职）
区委组织部
　部　长：唐铭市
　常务副部长：张庆川（任职至2月）
区委宣传部
　部　长：胡洪水
　常务副部长：邱　波（任职至9月）
　　　　　　　傅　军（9月任职）
区委统战部
　部　长：焦玉庄（任职至8月）
　常务副部长：朱莉群（女）
区纪委（区监委）
　书　记（主　任）：刘光荣

副书记(副主任):谌卫东　肖迎春(女)
金　栋(9月任职)

区委政法委
书　记:胡志强
常务副书记:谈　浔

区委编办
主　任:魏桂文(女)

区委台办
主　任:黄赏辉

区委巡察办
主　任:傅子松

区委老干部局
局　长:龚武红(女)

区委保密机要局
局　长:肖自强

区委党校
校　长:赵兴中

区史志办公室
主　任:陈耀武

区人大机关

常委会办公室
主　任:吴学锋(9月任职)

法制专门委员会
主　任:肖黎超(女)

财政经济专门委员会
主　任:胡雪洪

监察和司法工作委员会
主　任:万云初

教科文卫工作委员会
主　任:唐芸璞(女)

农业和城乡建设环保工作委员会
主　任:张祎星(女)

选任联工作委员会
主　任:万　雯(女)

社会建设委员会
主　任:李青峰(9月任职)

区政府工作机构

区政府办公室
主　任:查秋滚

区发改委
主　任、书　记:易年忠(任职至2月)
周春雷(2月任职)

区教科体局
局　长、书　记:舒小红(女)

区民政局
局　长、书　记:许前佐

区司法局
局　长、书　记:罗咏琴(女)

区财政局
局　长、书　记:廖　军(女)

区人力资源和社会保障局
局　长、书　记:毛　青(女)

区城市建设局
局　长、书　记:万晓荣

区住房保障和房产管理局
局　长、书　记:钟　华

区城市管理局
局　长、书　记:熊林梁(2月任职)

区农业农村局(水利局)
局　长、书　记:张志忠

区商务局
局　长、书　记:焦旭晖

区文化广电新闻出版旅游局
局　长:陈贞珍(女)
书　记:程　航

区卫健委
主　任、书　记:涂　勇

区退役军人事务局
局　长、书　记:程　涛(2月任职)

区应急管理局
局　长:蔡　舸
书　记:徐文平

区审计局
局　长、书　记:陈　峰(女)

区市场监管局
局　长、书　记:黄　超

区统计局
局　长、书　记:涂韶勇

区医疗保障局
局　长、书　记:张庆川(2月任职)

区投资促进局

局 长、书 记:易年忠(2 月任职)
区行政服务中心管委会
主 任:张 焰(女)
区生态环境局
局 长、书 记:李青峰(任职至 9 月)
邱 波(9 月任职)
区人民防空办公室
主 任:卢国华
扬子洲镇
书 记:唐榕星(女)
镇 长:邹 斌
八一桥街办
书 记:杨 峰
主 任:罗 琴(女,9 月任职)
豫章街办
书 记:许 强
主 任:李 磊(9 月任职)
墩子塘街办
书 记:黄芝义
主 任:饶接华
百花洲街办
书 记:付振海
主 任:黄 征(任职至 9 月)
公园街办
书 记:陈海龙(任职至 2 月)
程小浪(9 月任职)
主 任:傅 军(任职至 9 月)
宋德豪(9 月任职)
大院街办
书 记:喻 菡(女)
主 任:程小浪(任职至 9 月)
董家窑街办
书 记:万 华(女)
主 任:刘志坚
彭家桥街办
书 记:张 勇(任职至 9 月)
李良清(9 月任职)
主 任:李良清(任职至 9 月)
滕王阁街办
书 记:冯玉成
主 任:姚 涛(任职至 9 月)
黄天祥(9 月任职)

贤士湖管理处
书 记:杨征宇(任职至 9 月)
黄 征(9 月任职)
扬农管理处
书 记:谌 洁(女)
主 任:徐国华
区档案局(馆)
局 长:熊 伟
区机关事务管理局
局 长:赵英姿(女)
区企业资产管理服务中心
书 记:周 璐
区金融工作办公室
主 任:张 璇(女)
区防震减灾局
局 长:邓小燕(女)

区政协机关

办公室
主 任:谢建平
人资环城建社法委
主 任:吴 蕾(女,2 月任职)
教科文卫体学习委
主 任:王树珊(女,2 月任职)
经济和农业农村委
主 任:徐名宏(2 月任职)
提案委
主 任:刘 婷(女,2 月任职)

区群团组织

区总工会
主 席:谭阿莉(女)
常务副主席:唐 浩
团区委
书 记:车丽娟(女)
区妇联
主 席:熊丽芳(女)
区科协
主 席:廖德厚
区工商联
主 席:胡涛湘(女)

书　记:刘小松(9月任职)

区红十字会

会　长:童萍如(女)

常务副会长:胡海燕(女)

区人民法院

院　长:梁　洪

区人民检察院

检察长:杜迎春(女)

区垂管单位

东湖公安分局

局　长:余　炜

东湖区税务局

局　长:吴彬文

东湖交警大队

大队长:彭亚东

东湖消防救援大队

大队长:何　军

市自然资源局东湖分局

局　长:吴有根

(余逸凡)

先进个人

【概况】 2019年,东湖区持续深入学习宣传贯彻中共十九大精神,认真开展"不忘初心、牢记使命"主题教育活动,坚持用习近平新时代中国特色社会主义思想武装头脑,全区广大干部群众爱岗敬业、艰苦奋斗、勇于创新,在各自岗位上建功立业,为全区经济发展和社会进步做出贡献,涌现出一批先进人物和典型。

(区史志办公室)

【"五一劳动奖章"获得者】 2019年,东湖区有4人获得南昌市"五一劳动奖章",他们是杨静(江西百盛中山城百货有限公司)、程万里(南昌市洪宝物业有限公司)、朱昊鲲(南昌市东湖区新东方语言学校)、黄涟微(南昌市东湖小学)。

(林如霞)

【"三八红旗手"】 2019年,东湖区广大妇女学先进赶先进,大力弘扬刻苦学习、岗位建功的创先争优精神和自尊、自信、自立、自强的时代女性精神,谭丽(扬子洲镇为民村党支部副书记、村妇联主席)、罗琴(八一桥街道办事处主任)、杨小梅(豫章街道聆江社区书记、主任)、罗秀玲(墩子塘街道右营街社区书记、主任)、杨羽(百花洲街道人大工委副主任、妇联主席)、胡建英(公园街道上营坊社区书记)、王丽(大院街道育新社区书记、主任)、徐艳(董家窑街道青阳社区书记、主任)、施兰英(彭家桥街道李家庄社区书记、主任)、蔡晶晶(滕王阁街道民巷社区书记、主任)、熊平华(贤士湖管理处贤湖村党支部副书记)、陈崇林(扬农管理处妇联副主席、卫计办主任、社保办主任)、刘星华(江西省人民医院器官移植科护士)、熊璟霞(南昌市第八人民医院护师)、黄恢淑(东湖区疾病预防控制中心办公室科员)、李青萍(南昌市第二中西医结合医院主管护师)等16人荣获2019年度东湖区"三八红旗手"称号。

(刘　达)

2019年东湖区获省部级及以上单位表彰的先进个人一览表

表30

姓　名	工作单位	奖项名称	颁奖部门	颁奖时间
陶妙颖	东湖区青蓝少儿京剧社	京剧《挡马》获第23届中国少儿戏曲小梅花荟萃活动个人项目金奖	中国戏剧家协会	2019年7月
董诗羽	东湖区青蓝少儿京剧社	京剧《九江口》获第23届中国少儿戏曲小梅花荟萃活动个人项目金奖	中国戏剧家协会	2019年7月

续表 30

姓　名	工作单位	奖项名称	颁奖部门	颁奖时间
黄欣延	东湖区青蓝少儿京剧社	京剧《凤还巢》获第23届中国少儿戏曲小梅花荟萃活动个人项目金奖	中国戏剧家协会	2019年7月
胡宝滢	东湖区青蓝少儿京剧社	京剧《十三妹》获第23届中国少儿戏曲小梅花荟萃活动个人项目金奖	中国戏剧家协会	2019年7月
傅心逸	东湖区青蓝少儿京剧社	京剧《霸王别姬》获第23届中国少儿戏曲小梅花荟萃活动个人项目金奖	中国戏剧家协会	2019年7月
莫　讯	东湖区统战部	2019年度中国统一战线宣传先进个人	中共中央统战部 中国统一战线杂志社	2019年10月
周　敏	区人民检察院	全国维护妇女儿童权益先进个人	全国妇联	2019年11月
熊　琴	东湖区防震减灾局	百名优秀气象信息员奖	中国气象局	2020年1月

2019年东湖区获市厅级单位表彰的先进个人一览表

表 31

姓　名	工作单位	奖项名称	颁奖部门	颁奖时间
何小军	东湖区统计局	第二届“最美江西统计人”	江西省统计局	2019年1月
龚文静	东湖区消防救援大队	全省消防救援队伍“巾帼建功标兵”	江西省消防救援总队	2019年3月
陶妙颖	东湖区青蓝少儿京剧社	京剧《挡马》获“江西省第三届江西少儿戏曲小梅花大赛暨第二十三届中国戏曲小梅花荟萃江西选拔赛”个人节目一等奖	江西省戏剧家协会、江西少儿戏曲工作委员会	2019年4月
傅心逸	东湖区青蓝少儿京剧社	京剧《霸王别姬》获“江西省第三届江西少儿戏曲小梅花大赛暨第二十三届中国戏曲小梅花荟萃江西选拔赛”个人节目一等奖	江西省戏剧家协会、江西少儿戏曲工作委员会	2019年4月
胡宝滢	东湖区青蓝少儿京剧社	京剧《十三妹》获“江西省第三届江西少儿戏曲小梅花大赛暨第二十三届中国戏曲小梅花荟萃江西选拔赛”个人节目一等奖	江西省戏剧家协会、江西少儿戏曲工作委员会	2019年4月
黄欣延	东湖区青蓝少儿京剧社	京剧《凤凰巢》获“江西省第三届江西少儿戏曲小梅花大赛暨第二十三届中国戏曲小梅花荟萃江西选拔赛”个人节目二等奖	江西省戏剧家协会、江西少儿戏曲工作委员会	2019年4月

续表31

姓　名	工作单位	奖项名称	颁奖部门	颁奖时间
刘宸汐	东湖区青蓝少儿京剧社	京剧《红娘》获“江西省第三届江西少儿戏曲小梅花大赛暨第二十三届中国戏曲小梅花荟萃江西选拔赛”个人节目二等奖	江西省戏剧家协会、江西少儿戏曲工作委员会	2019年4月
胡予蔚	东湖区青蓝少儿京剧社	京剧《穆桂英挂帅》获“江西省第三届江西少儿戏曲小梅花大赛暨第二十三届中国戏曲小梅花荟萃江西选拔赛”个人节目二等奖	江西省戏剧家协会、江西少儿戏曲工作委员会	2019年4月
董诗羽	东湖区青蓝少儿京剧社	京剧《九江口》获“江西省第三届江西少儿戏曲小梅花大赛暨第二十三届中国戏曲小梅花荟萃江西选拔赛”个人节目二等奖	江西省戏剧家协会、江西少儿戏曲工作委员会	2019年4月
彭　渤	东湖区青蓝少儿京剧社	京剧《四郎探母·巡营》获“江西省第三届江西少儿戏曲小梅花大赛暨第二十三届中国戏曲小梅花荟萃江西选拔赛”个人节目二等奖	江西省戏剧家协会、江西少儿戏曲工作委员会	2019年4月
陈洋宜佳	东湖区青蓝少儿京剧社	京剧《贵妃醉酒》获“江西省第三届江西少儿戏曲小梅花大赛暨第二十三届中国戏曲小梅花荟萃江西选拔赛”个人节目二等奖	江西省戏剧家协会、江西少儿戏曲工作委员会	2019年4月
许宸瑜	东湖区青蓝少儿京剧社	京剧《凤凰巢》获“江西省第三届江西少儿戏曲小梅花大赛暨第二十三届中国戏曲小梅花荟萃江西选拔赛”个人节目二等奖	江西省戏剧家协会、江西少儿戏曲工作委员会	2019年4月
朱鸿轩	东湖区青蓝少儿京剧社	京剧《空城计》获“江西省第三届江西少儿戏曲小梅花大赛暨第二十三届中国戏曲小梅花荟萃江西选拔赛”个人节目三等奖	江西省戏剧家协会、江西少儿戏曲工作委员会	2019年4月
戴楚齐	东湖区青蓝少儿京剧社	京剧《望儿楼》获“江西省第三届江西少儿戏曲小梅花大赛暨第二十三届中国戏曲小梅花荟萃江西选拔赛”个人节目三等奖	江西省戏剧家协会、江西少儿戏曲工作委员会	2019年4月
龚紫渲	东湖区青蓝少儿京剧社	京剧《卖水》获“江西省第三届江西少儿戏曲小梅花大赛暨第二十三届中国戏曲小梅花荟萃江西选拔赛”个人节目三等奖	江西省戏剧家协会、江西少儿戏曲工作委员会	2019年4月

续表 31

姓　名	工作单位	奖项名称	颁奖部门	颁奖时间
蔡慧景	东湖区青蓝少儿京剧社	京剧《太真外传》获"江西省第三届江西少儿戏曲小梅花大赛暨第二十三届中国戏曲小梅花荟萃江西选拔赛"个人节三等奖	江西省戏剧家协会、江西少儿戏曲工作委员会	2019 年 4 月
胡宝宸	东湖区青蓝少儿京剧社	京剧《双下山》获"江西省第三届江西少儿戏曲小梅花大赛暨第二十三届中国戏曲小梅花荟萃江西选拔赛"个人节目三等奖	江西省戏剧家协会、江西少儿戏曲工作委员会	2019 年 4 月
万子妍	东湖区青蓝少儿京剧社	京剧《天女散花》获"江西省第三届江西少儿戏曲小梅花大赛暨第二十三届中国戏曲小梅花荟萃江西选拔赛"个人节目三等奖	江西省戏剧家协会、江西少儿戏曲工作委员会	2019 年 4 月
王飞午	东湖区劳动人事争议仲裁院	江西省劳动人事争议仲裁系统技能练兵比武活动"裁决书撰写"优秀奖	江西省人力资源和社会保障厅	2019 年 6 月
王飞午	东湖区劳动人事争议仲裁院	江西省劳动人事争议仲裁系统技能练兵比武活动"基础知识"优秀奖	江西省人力资源和社会保障厅	2019 年 6 月
王飞午	东湖区劳动人事争议仲裁院	江西省劳动人事争议仲裁系统技能练兵比武团体赛二等奖	江西省人力资源和社会保障厅	2019 年 6 月
王飞午	东湖区劳动人事争议仲裁院	江西省劳动人事争议仲裁系统技能练兵比武活动"优秀仲裁能手"	江西省人力资源和社会保障厅	2019 年 6 月
万夕雅	东湖区青蓝少儿京剧社	绘画《中国娃娃庆祝祖国》获第七届江西艺术节暨江西省第十二届少儿艺术节、江西少儿美术书法大赛美术类一等奖	中共江西省委宣传部、江西省文化和旅游厅	2019 年 9 月
许诗琦	东湖区青蓝少儿京剧社	绘画《碧水蓝天绕青天》获第七届江西艺术节暨江西省第十二届少儿艺术节、江西少儿美术书法大赛美术类二等奖	中共江西省委宣传部、江西省文化和旅游厅	2019 年 9 月
梁珂瑞	东湖区青蓝少儿京剧社	书法《古代经典诗词对联》获第七届江西艺术节暨江西省第十二届少儿艺术节、江西少儿美术书法大赛书法类一等奖	中共江西省委宣传部、江西省文化和旅游厅	2019 年 9 月

续表 31

姓　名	工作单位	奖项名称	颁奖部门	颁奖时间
王程昊	东湖区青蓝少儿京剧社	书法《忆长安曲选节》获第七届江西艺术节暨江西省第十二届少儿艺术节、江西少儿美术书法大赛书法类三等奖	中共江西省委宣传部、江西省文化和旅游厅	2019 年 9 月
梁建平	滕王阁街道办事处	教育转化工作“帮教能手”	中共江西省委政法委	2019 年 12 月
袁彩虹	东湖区人民法院	全省法院群众工作能手	江西省高级人民法院	2019 年 12 月
程伟明	东湖区人民法院	全省法院“基本解决执行难”工作先进个人	江西省高级人民法院	2020 年 2 月
熊芳菲	东湖区北湖小学	全省优秀少先队员	共青团江西省委、江西省教育厅、江西省少工委	2020 年 2 月
涂凤艳	东湖区豫章小学教育集团	全省优秀少先队辅导员	共青团江西省委、江西省教育厅、江西省少工委	2020 年 2 月
何　军	东湖区消防救援大队	个人嘉奖	江西省消防救援总队	2020 年 2 月
朱晨旖	东湖区消防救援大队	优秀女干部	江西省消防救援总队	2020 年 3 月
周莉芳	董家窑街道杏苑社区	2019 年度江西省优秀妇联执委	江西省妇女联合会	2020 年 3 月
杜子彦	东湖区豫章小学教育集团	全省优秀共青团干部	共青团江西省委	2020 年 4 月
毛　荟	东湖区税务局	全省优秀共青团员	共青团江西省委	2020 年 4 月

（区史志办公室）

专业技术人员

【概况】 2019 年，东湖区继续加强人力资源和专业技术人才队伍建设，针对各专业技术职务系列的专业特点，坚持以业绩为主要依据，以品德、知识、能力为重要条件，认真开展专业技术人才职称评定工作。有 2 名专业技术人员晋升为正高级职称，9 名专业技术人员晋升为副高级职称。

（区史志办公室）

2019 年东湖区晋升为正高级职称人员一览表

表 32

姓　名	学　历	毕业学校	工作单位	晋升职称	评定时间
李美荣	大学	中央广播电视大学	南昌市百花洲小学	中小学正高级教师	2019 年 12 月
杨　舸	大学	江西师范大学	南昌市南京路小学	中小学正高级教师	2019 年 12 月

2019年东湖区晋升为副高级职称人员一览表

表33

姓　名	学　历	毕业学校	工作单位	晋升职称	评定时间
吴雪琴	本科	井冈山大学	东湖区妇幼保健计划生育服务中心	副主任护师	2019年11月
陈　敏	本科	南昌大学	东湖区经济调查队	高级统计师	2019年11月
郭朝国	大专	南昌教育学院	南昌市东湖区南林小学	中小学高级教师	2019年12月
胡春文	大专	江西科技师范学院	南昌市东湖区红星小学	中小学高级教师	2019年12月
郭中桔	大专	江西师范大学	南昌市东湖区红星小学	乡村中小学高级教师	2019年12月
易　慧	硕士研究生	江西师范大学	南昌市阳明学校	中小学高级教师	2019年12月
张雅勤	大学	江西师范大学	南昌市育新学校	中小学高级教师	2019年12月
李　芳	大学	南昌大学	南昌市育新学校	中小学高级教师	2019年12月
胡中玉	大专	江西教育学院	南昌市邮政路小学	中小学高级教师	2019年12月

（区人社局）

重要文献

南昌市东湖区人大常委会工作报告

（2020年5月17日在东湖区第十六届人民代表大会第五次会议上）

东湖区人大常委会主任　喻国泰

各位代表：

我受区人大常委会委托，向大会报告工作，请予审议。

过去一年的主要工作

2019年是中华人民共和国成立70周年的大庆之年，是全面建成小康社会的关键之年，也是地方人大设立常委会40周年的“不惑”之年。在区委的正确领导下，我们坚持以习近平新时代中国特色社会主义思想为指导，紧扣全区重大决策部署和群众期盼关注，依法履职、积极作为，各项工作取得新进展。全年共召开常委会会议7次，主任会议10次，共审查规范性文件7份，审查文件目录84条；听取审议专项工作报告19项，开展专题询问1项，开展专题调研20项；办理代表建议57件，依法任免国家机关工作人员36人次。

一、围绕中心、服务大局，监督质效有新提升

东湖正处在转型升级、换挡提速的关键时期，人大机关可以有所作为，也必须有所作为。常委会紧紧围绕关系改革发展稳定大局和群众切身利益、社会普遍关注的重大问题开展工作，保障和促进经济社会顺利发展。

1. 紧跟中央决策部署。深入贯彻党的十九大和十九届二中、三中、四中全会精神，围绕区委“五个聚焦”目标，自觉提高政治站位，把握人大职能特点，精心制定了全年工作要点，确保人大工作沿着正确方向、踩着坚实步伐前进。共召开常委会会议7次，听取了区政府上半年经济运行情况报告和区法院、区检察院上半年工作情况报告，听取和审议了政府机构设置调整、家庭医生签约服务、文物保护、生态文明建设等工作情况汇报，认真负责地提出审议意见，支持和督促“一府一委两院”落实好区委决策部署，依法行政、公正司法，把改革、发展、稳定各项工作做得更好，推动全区经济加快转型升级。建立了区人大预算审查监督咨询专家库，对区政府及有关部门预算执行情况进行了监督，促使优化资源配置，提高资金使用效益。组织部分区人大代表对全区重大重点项目推进情况进行了集中视察，汇集众智群力，共破难点堵点。

2. 紧盯民生实事项目。围绕群众当前生产生活急需解决的热点难点问题，区第十六届人大四次会议票决出10个2019年度民生实事项目，总投资10087.29万元。这些项目涉及居民养老、社区环境、城市生态、均衡教育、道路交通等方方面面，件件事关着民生福祉、事事关系到民意口碑。区人大常委会先后制定了专项监督方案、评估方案，成立了项目监督小组、评估小组，由常委会领导、各委办、各行业人大代表参加，通过视察、走访、座谈以及听取汇报等形式监督项目实施，进行客观实在评估，有效推动了各个项目落地落实，见功见效。本次大会各位代表已对2019年民生实事项目开展了满意度测评，测评结果将推动有关职能部门在今后的民生实事项目建设中，把实事办得更好，把好事办得更实。

3. 紧扣社会热点问题。围绕人民群众广泛关注的重点领域，精心组织调研和监督，促进解决实际问题。开展了《中华人民共和国水污染防治法》实施情况执法检查，区委书记刘闯同志、区长高辉红同志以普通区人大代表身份参加实地执法检查，先后检查了蓑衣荚排水口、南湖、北湖、贤士湖、玉带河北支、青山闸排水口、扬子洲扬羊牧场等点位，推动解决检查发现的问题，还一江清水、保沿岸翠绿。针对我区城市管理工作，对区政府及有关部门开展专题询问，与会代表就垃圾分类、共享单车等一系列疑难问题提出询问，有关部门认真应询。会后，常委会归纳整理了综合审议意见，为推动问题整改夯实了基础，进一步提升了城市建管品质。就全区居家和社会养老服务工作情况深入开展视察和调研，摸清底数、查找问题、提出建议，为区委区政府精准决策提供依据，助推养老事业健康发展。协助市人大对全区消防基础设施建设情况开展了专项监督。

4. 紧咬法治东湖目标。听取并审议了区法院《刑事审判工作情况报告》、区检察院《诉讼监督工作情况报告》，提出有关审议意见，着力形成以人为本、公平正义的法治环境。配合全国人大教科文卫委、社会建设委员会做好了《公共文化服务保障法》《社会救助法》的实施情况调研，我区工作获得了充分肯定。倡议推动建设的宪法广场，被选为全市国家宪法日主题宣传教育活动启动场地，与市司法局共同开展了宪法宣誓、法治展览、法治咨询等系列活动，市人大常委会副主任王敏同志亲临现场，区领导、党员干部、人大代表、居民群众共200余人参加了活动，省市多家媒体密集报道，政治效果、法治效果、社会效果显著；同时，作为全市"三看"活动迎检项目，现场反响良好，为全区发展贡献了人大之力。

值得一提的是，全区广大人大代表积极支持广场建设，热忱参与共驻共建，共筹集共建资金56.66余万元，展现出新时代我区人大代表强烈的责任感、使命感、归属感，借此机会，我谨代表常委会向代表们致以崇高的敬意和衷心的感谢！

二、搭建平台，畅通渠道，代表履职有新增强

常委会着力把握新时代人大代表工作的规律和特点，着力密切常委会同代表、代表同人民群众的联系，积极搭建代表履职平台，丰富活动内容，健全工作制度，提升服务水平，充分发挥代表主体作用。

1. 认真办理代表建议。区第十六届人大四次会议期间共收到代表建议、批评和意见57件，依照优先解决民意所向、民生所急的原则，常委会认真梳理、建立台账、明确责任，与区政府共同召开交办会议，加强与政府办公室和有关承办单位的沟通联系，实时掌握、分析办理情况，指导和督促办理到位。常委会专题听取和审议了代表建议办理情况，57件均已办结，所提问题解决或基本解决的45件，占78.95%；正在解决或已列出计划逐步解决的12件，占21.05%。经满意度测评，满意54件，占94.7%；基本满意2件，占3.5%；不满意1件，占1.8%。

2. 广泛开展代表培训。围绕提高人大代表履职素养这个重点，常委会在青岛市人大培训基地先后举办了两期人大代表培训班，共计组织72人参加。培训深入学习习近平总书记关于坚持和完善人民代表大会制度的重要思想、有关法律法规和业务知识，考察学习了当地人大工作的经验做法。安排了《学习习近平重要思想、坚持完善人大制度》《新时代的人大代表履职》等专题教学，让代表掌握履职应知应会、了解政情社情，得到代表广泛好评。14名区人大代表参加了省、市人大组织的专题培训，进一步提升了代表履职素养。

3. 积极组织代表活动。落实省人大常委会办公厅《关于组织开展2019年课题研究活动的通知》要求，组织开展"坚持民有所呼、我有所应"为主题的调研活动，就代表建议办理、代表票决制项目、代表联系选民、代表为民办实事等内容开展集体调研5次。同时，组织代表视察了全区民生实事项目，力促代表和群众关心、关注的问题得到有效解决。组织"服务群众、奉献社会、共享文明"主题活动，发动全区人大代表积极投身到创建全国文明城市工作中，齐心协力促进创建工作扎实开展。

三、不忘初心、牢记使命,自身建设有新加强

常委会切实加强思想政治、履职能力、工作作风等方面的建设,不断提升依法履职尽责的意识和能力,努力打造成全面担负起宪法法律赋予的各项职责的工作机关,同人民群众保持密切联系的代表机关。

1. 扎实开展主题教育。以“学习、研究、宣传、贯彻习近平总书记关于坚持和完善人民代表大会制度的重要思想”为主题,赴瑞金干部学院开展专题教育,强化了思想武装,提升了理论修养。按照区委部署,扎实开展第二批“不忘初心牢记使命”主题教育活动,牢牢把握“守初心、担使命,找差距、抓落实”这个总要求,紧紧围绕学习贯彻习近平新时代中国特色社会主义思想这条主线,处处抓实学习教育、调查研究、检视问题、整改落实四项重点工作,查找出领导班子问题12条,整改12条,达到了“理论学习有收获、思想政治受洗礼、干事创业敢担当、为民服务解难题、清正廉洁作表率”的目标任务。

2. 持续加强党的建设。把加强党的领导贯彻到常委会各项工作,自觉用习近平新时代中国特色社会主义思想武装头脑,增强“四个意识”,坚定“四个自信”,坚决做到“两个维护”。不折不扣落实请示报告制度,紧紧围绕区委中心工作,保证区委重大决策和意图的实现,保证区委对人大工作的指示坚决贯彻落实,做到不走样、不打折。切实发挥党组领导核心作用,大力加强了机关党的建设,认真落实党风廉政建设各项要求,积极配合和支持派驻纪检监察组工作,自觉接受监督,确保党中央关于全面从严治党的部署要求落地生根。

3. 大力营造社会氛围。联合区教科体局、区总工会和区红十字会举办了一场主题为“打好人生底色、名著陪伴成长”的助力流动人口子女悦读主题活动,现场为阳明学校的流动人口子女发放“名著小书包”120多个,总价值近2.8万元。广泛发动代表参与扶贫帮困活动,96名人大代表走访群众740人次,捐献物资和经费共计42余万元。积极参加全区深化创建文明城市各项活动,常委会领导、机关干部深入挂点社区参加志愿服务140余人次,上户发放宣传资料、宣讲文明理念62人次。加大了人大新闻报道力度,区人大各委办、各镇街道人大工委全面发力,提前完成了市人大布置的工作任务,国家级媒体3篇,省级媒体27篇,市级媒体152篇。

各位代表,过去一年我们工作取得的成绩,离不开习近平新时代中国特色社会主义思想的科学指引,离不开区委的坚强领导,离不开全体人大代表的努力付出,离不开“一府一委两院”的积极配合,离不开各镇街道人大工委的大力支持。对此,我代表区人大常委会表示衷心的感谢!

回顾一年的工作,我们也清醒地看到,常委会工作还存在一些问题和不足:如,监督工作的实效性还需要进一步增强,监督的方式和渠道需要进一步拓展;代表主体作用发挥还不够充分,常委会与代表、代表与群众的联系还有待进一步加强;乡镇街道人大工作基础比较薄弱,指导力度还有待进一步加大等。这些问题和不足,我们将在今后工作中努力加以改进。

今年新春伊始,一场突如其来的新冠肺炎疫情席卷全国、波及全球,传播之快、蔓延之广、致病之强、影响之大,远超意料。肆虐的病魔面前,区人大常委会迅速把思想和行动统一到以习近平同志为核心的党中央决策部署上,认真贯彻全国人大常委会和省人大常委会决定,坚决落实区委各项要求,号召全区代表坚定履行责任,充分发挥优势,以强烈的使命感汇聚成磅礴力量。全区人大代表共捐助善款20.7万余元,发动社会力量捐赠17.2万余元,并向一线提供了大量短缺的口罩、护目镜、药皂、一次性手套等物资。卫生医疗、党政机关、社区(村)等行业的代表们放弃休假、坚守岗位,奋战在最前沿,扎实做好了宣传、检测、排查、隔离、救治等各项工作,以血肉之躯构筑起疫情防控的钢铁长城。同时,积极发挥带头作用,严格落实遵守国家、省、市、区出台的疫情防控各项规定,管好家人亲属,带动街坊邻居,形成了联防联控、群防群控的浓厚氛围。在这场艰巨的疫情阻击战、攻坚战中,全区代表们充分激发出爱党深情、爱国热情、爱民真情,兑现了“人民选我当代表,我当代表为人民”的庄严承诺,为决胜防疫做出了应有贡献。

2020年工作安排

2020年是深入贯彻十九届四中全会精神的

开局之年,是全面建成小康社会、实现第一个百年奋斗目标的收官之年,也是我区旧城复兴的攻坚之年,做好今年的工作至关重要。区人大常委会工作的总体要求是:以习近平新时代中国特色社会主义思想为指导,全面贯彻党的十九大、十九届二中、三中、四中全会精神,深入贯彻习近平总书记关于坚持和完善人民代表大会制度的重要思想、习近平总书记视察江西重要讲话和对地方人大及其常委会工作的重要指示精神,认真落实区委十二届八次全会工作部署,坚持党的领导、人民当家做主、依法治国有机统一,紧扣推进高质量发展、打造高品质生活的目标任务,履行好宪法和法律赋予的各项职责,锐意进取,扎实工作,在夺取疫情防控和经济发展"双胜利"中充分发挥职能作用,为奋力开启生产更加高质、生活更具品质、生态更为优质的东湖发展新征程贡献更大力量,全力助推东湖在省会担当方面走在前列。

1. *更加注重思想武装,进一步加强党的领导。*始终坚持党的领导,坚持把党的政治建设摆在首位,增强"四个意识"、坚定"四个自信"、坚决做到"两个维护",自觉在思想上政治上行动上同以习近平同志为核心的党中央保持高度一致。坚决贯彻党中央关于疫情防控各项决策部署,深入贯彻全国人大常委会《关于全面禁止非法野生动物交易、革除滥食野生动物陋习、切实保障人民群众生命健康安全的决定》和省人大常委会《关于依法全力做好新型冠状病毒肺炎疫情防控工作的决定》精神,提高依法防控、依法治理能力,在常态化疫情防控举措下加快推进生产生活秩序全面恢复。认真落实中央和省、市、区委关于加强新时代人大工作的新要求,把坚持党的领导贯穿人大工作全过程,主动在大局中谋划和推进人大各项工作,依法行使好监督权、重大事项决定权和人事任免权,支持和监督"一府一委两院"依法开展工作。强化常委会党组的领导作用,执行重大事项向区委请示报告制度,高效完成区委交办的任务,协助区委开好人大工作会议。认真做好讨论决定重大事项工作,紧紧围绕区委重大决策部署和人民群众关切,适时对条件成熟的有关事项依法作出决议决定。坚持党管干部原则与人大依法行使选举任免权的统一,使党组织推荐的人选经过法定程序成为国家机关工作人员。落实宪法宣誓制度和任前法律考试制度,增强国家机关工作人员的责任感和使命感。

2. *更加注重服务大局,进一步加强监督工作。*积极履行监督职责,充分发挥区人大及常委会在服务改革发展中的作用。严格贯彻实施预算法,审查和批准国民经济和社会发展计划执行情况报告、区本级财政决算报告,深化经济运行情况分析,推动经济发展提质增效、结构优化。听取和审议财政预算执行情况、审计工作、国有资产管理情况等报告,促进政府健全全面规范的预算制度,增强国有资产管理能力。听取和审议区人民法院《"一站式"诉讼服务工作》和区人民检察院《落实认罪认罚从宽制度工作》专项工作报告,把维护当事人合法权益作为工作出发点,推动提高司法公正水平,让群众在每一个司法案件中感受到公平正义。听取和审议新冠肺炎疫情防控、应急管理等工作情况汇报,督促维护社会安全稳定,保障群众合法权益。围绕土壤污染防治、减税降费、居家养老等热点问题,贯彻落实全国人大和省人大《决定》的情况,组织开展专题调研和执法检查,敢于动真碰硬,敢于揭短亮丑,保证宪法和法律得到有效施行。

3. *更加注重联系群众,进一步加强代表工作。*切实尊重代表主体地位,把充分发挥代表作用作为开展人大工作的重要基础和关键环节,创新代表工作方式方法,提升服务保障水平。努力做好"双联系"工作,密切常委会与代表、代表与群众的联系,落实代表列席常委会会议制度,邀请代表参加常委会、专门委员会组织的调研、视察、检查等活动,保障代表参与权、表达权和监督权。更好发挥代表履职服务站的作用,组织好市代表小组和区代表小组活动,丰富活动内容和形式,完善活动制度。加强与代表的联系和沟通,提高建议办理质量,切实解决群众和代表关注的热点难点问题。认真抓好培训工作,适时组织代表培训,力争实现本届所有代表轮训全覆盖。抓好2020年民生实事项目的审议、票决、监督、测评等各个环节的工作,更好服务代表倾听民声、反映民意、改善民生。强化代表履职档案制度,如实记录代表出席会议、参加培训、视察调研、执法检查、走访选民、提出意见建议等履职行为,促进代表更好行使权利、履行职责。

4. 更加注重改革创新,进一步加强自身建设。加强政治理论学习,深入学习贯彻习近平新时代中国特色社会主义思想,持续在学懂弄通做实上下功夫,自觉用习近平总书记关于坚持和完善人民代表大会制度的重要思想指导推进人大工作。按照区委部署,深入学习贯彻习近平总书记视察江西重要讲话和对地方人大及其常委会工作的重要指示精神,扎扎实实贯穿到人大工作全过程、各方面。加强常委会组成人员教育培训,提高专业化本领,进一步增强适应新时代、实现新目标、落实新部署的能力,争当人大工作的行家里手。完善常委会及机关工作制度,把"不忘初心、牢记使命"作为加强党的建设永恒课题和党员干部的终身课题,持之以恒抓好政治、思想、组织、作风和廉政建设,积极参与解放思想大讨论活动。严格落实中央八项规定和相关规定,深入整治"四风"问题,持续纠治"怕慢假庸散"作风顽疾。加强人大宣传工作,拓展宣传广度和深度,充分展示代表新风采,传播人大好声音。

各位代表,疾风知劲草,烈火见真金。让我们更加紧密地团结在以习近平同志为核心的党中央周围,在中共东湖区委的坚强领导下,高举中国特色社会主义伟大旗帜,深入学习贯彻习近平新时代中国特色社会主义思想,不忘初心、牢记使命,以更高的标准、更实的举措、更大的力度,推动人大工作再上新台阶,为开启生产更加高质、生活更具品质、生态更为优质的东湖发展新征程而不懈奋斗!

(区人大常委会办公室)

中国人民政治协商会议
南昌市东湖区第九届委员会常务委员会工作报告

(2020年5月16日在政协东湖区第九届委员会第五次会议上)

余　坚

各位委员、同志们:

我受政协东湖区第九届委员会常务委员会的委托,向大会报告工作,请各位委员审议。

九届四次会议以来工作回顾

九届四次会议以来,区政协九届委员会在市政协有力指导和中共东湖区委坚强领导下,坚持以习近平新时代中国特色社会主义思想为引领,牢牢把握团结和民主主题,以学习贯彻中共十九大和十九届二中、三中、四中全会精神为主线,深入贯彻中央政协工作会议和习近平总书记视察江西重要讲话精神,深刻认识新时代人民政协的新方位新使命,认真履行政治协商、民主监督、参政议政职能,坚持服务大局、注重民生、促进和谐、推动发展,为在做大做强做优大南昌都市圈中展现东湖更大作为做出了积极贡献。

一、深化理论学习,筑牢共同思想政治基础

深化理论学习强引领。区政协始终把思想政治建设摆在首位,把习近平新时代中国特色社会主义思想作为统揽政协工作的总纲,把习近平总书记关于加强和改进人民政协工作的重要思想作为政协工作的"源头活水",不忘初心,跟党前行。常委会率先垂范带头学,并通过专委会、界别活动小组、委员联络小组组织委员认真学习中共十九届四中全会精神和中央政协工作会议精神,深入学习贯彻习近平新时代中国特色社会主义思想,教育引导全体委员切实提高政治站位,进一步增强"四个意识",坚定"四个自信",坚决做到"两个维护",始终在思想上政治上行动上同以习近平同志为核心的中共中央保持高度一致,确保正确的政治方向。同时发挥人民政协制度优势和组织优势,引导各参加单位和全体委员用好界别渠道,发挥界别作用,和各界群众一道读原著、学原文、

悟原理，在各界群众中凝聚共识，让习近平新时代中国特色社会主义思想深植于东湖发展的沃土，夯实团结奋斗的共同思想政治基础。

开展庆祝活动聚共识。结合庆祝人民政协成立70周年系列活动，采取集中专题学和平时深入学相结合、理论学习与履职实践相结合的方式，常委带头学，委员主动学，机关干部积极学，深刻把握中央政协工作会议的科学内涵、精神实质、工作要求和省委、市委纪念人民政协成立70周年座谈会精神，实现了政协委员、各参加单位、政协工作者学习上的“三个全覆盖”。开展了《我和我们的政协》传唱活动，观看了人民政协成立70周年大型图片展。在全体委员中开展纪念人民政协成立70周年理论征文活动，召开了区政协纪念人民政协成立70周年学习座谈会，报送的1篇理论文章从全市60篇征文中脱颖而出，在市政协庆祝人民政协成立70周年理论研讨会上进行交流发言。积极参加全市政协组织纪念人民政协成立70周年知识竞赛活动，实现了区政协领导班子、区政协常委会组成人员和区政协机关干部参与率、满分率3个100%，获全市政协组织知识竞赛活动优秀组织奖。通过多种形式的学习研讨活动，全体委员深学细研，深刻领会十九届四中全会精神、习近平总书记关于加强和改进人民政协工作的重要思想，进一步凝聚坚定不移走中国特色社会主义政治发展道路的思想共识，进一步强化做好新时代人民政协工作的思想自觉和行动自觉。

二、扎实民主协商，服务东湖发展大局

筹谋献计强经济。围绕区委、区政府工作重点，按照区委常委会通过的《2019年度区政协协商工作计划》，认真开展民主协商。区政协下发了《关于建立沟通联络机制开展东湖区政协委员联系民营企业活动的方案》，采取实地走访、谈心交流等方式与民营企业“一对一”联系，倾听企业的心声，了解企业的诉求，为推进我区民营经济持续健康发展出谋划策。区政协召开推进民营经济发展协商会，专题建言民营经济发展。协商会既传达了区委、区政府抓好民营经济的坚定决心和态度，又汇聚了各方面齐心协力解难纾困的智慧和力量。区委常委、常务副区长雷强参加民主协商，并对《关于东湖区2018年民营经济发展情况的调研报告》批示：报告结构严谨、数据充分、分析透彻、对策有效，转区相关职能部门学习。社情民意《深挖南昌传统美食小吃，为南昌“夜经济”发展增添动力的建议》被市政协报送市党政领导阅示。

建言献策兴城市。区政协通过协商座谈、调研视察、民主监督等多种方式接续发力，持续建言推动东湖兴城市。九届14次常委会专题议政性协商历史文化街区的打造，委员们提出了注重规划引领、注重聚合人气、做好遗存保护、建立协同管理机制、注重引进专业设计运营团队等针对性建议。区委副书记、区长高辉红参加协商会，面对面与委员交流，共商共议提升东湖城市品质。高辉红指出，区政协《关于打造历史文化旅游街区的调研报告》问题分析层次清，目标定位落点准，街区打造理念新，为探索破解新常态下发展难题提供了有效的路径。区政协印发了致全体委员的一封信，倡议委员同心同向同行，创建文明城市。组织委员参与全区“美丽南昌·幸福家园”环境综合整治检查评比工作，就优化政务投资环境、推进环卫工作、加强垃圾分类处理等提出建议，为文明创建工作聚智出力。在社区举行“同心同向同行，创建文明城市”文艺宣传演出，开展“共建文明城市，共签文明诺言”签名活动，进行文明创建知识抢答互动，营造创建氛围，引导市民争当城市文明的践行者和传播者，推动城市更美丽。

三、发挥政协优势，增强民主监督实效

区委常委会首次专题研究区政协民主监督年度工作计划，区委办公室、区政府办公室、区政协办公室联合印发《2019年度区政协民主监督工作计划》，推动全区各单位切实增强对民主监督工作的思想认识和工作自觉，为政协全面履行民主监督职能提供了坚强保障。

助推决策部署贯彻落实。坚持把促进党政重大决策部署落实作为民主监督工作的重点，区政协九届13次、14次常委会专题听取了新组建的区退役军人事务局、区应急管理局、区医疗保障局和区投资促进局等4个单位的工作通报，对我区机构改革工作进行协商式监督，主动服务深化改革。区政协主席会议选择事关经济社会发展大局的全区重大重点项目推进情况开展了专项监督性视察，为发展集思广益。组织委员视察了扫黑除恶专项斗争工作，认真开展民主监督。把百姓民生作为民主监督工作的落脚点,对水环境整治工作、城镇贫困群众脱贫解困工作、“1+5+X”邻里中心建设工作等工作推进情况开展了专委会视察监督,提出工作建议。推荐委员担任征兵工作等相关工作特邀监督员,有效促进了职能部门依法高效行政。

提高提案办理实效。印发了《政协东湖区委员会关于进一步提高提案质量的实施意见》,对提案的提出、审查、办理、督办和激励等环节明确规定,进一步推进提案工作的制度化、规范化建设。联合区委、区政府督查部门开展“政协提案督办月”活动,分批次对提案承办单位办理提案的情况开展联合督办。对义务教育阶段课后服务等提案建议内容落实进行了“回头看”,使委员关注的问题得到重视,反映的问题得到解决,提高提案的质量和办理实效,提升提案工作质量。九届四次会议以来,全体政协委员共提交提案103件,立案85件,立案率为82.52%。委员对提案办理的满意率达100%。

四、积极参政议政,助推东湖高质量发展

全力参与疫情防控。新冠肺炎疫情发生后,区政协闻令即动,担当助推打赢疫情防控阻击战的政治责任,组织各参加单位和广大委员各展所长、各尽其能,形成了凝心聚力、共克时艰的强大合力。区政协班子成员切实担负包片疫情防控责任,深入一线,指导挂点镇、街道和管理处压实疫情防控工作举措。同时下拨了4万元防控经费,筹措了一批口罩、医用酒精等防疫物资,支持社区、村防控工作。从1月27日开始,机关全体干部全员上岗,下沉社区,协助织严织密社区防控网。区政协发出《致东湖区政协委员的一封信》,动员全体委员全力支持、全力参与疫情防控阻击战。广大委员带头执行防疫规定、宣传防疫知识、参与防疫工作、捐赠防疫物资,坚决做到战“疫”不缺席,履职不缺位,助力夺取疫情防控和经济社会发展双胜利,在大考中写好了委员答卷。在区新冠肺炎疫情防控指挥部表彰的全区首批60名疫情防控先进个人中,有4名区政协委员。《人民政协报》报道了区政协委员在网上开设法律直播课,助力企业复工复产。

精心调研参政建言。区政协下大力气,用真功夫,围绕扬子洲开发组织调研视察、协商议政,积极参与协助南昌市政协关于扬子洲规划的专题调研,力争发出东湖声音,提出东湖建议,有所作为。《关于扬子洲传统文化保护与利用的建议》调研报告被市政协采用。各专委会发挥优势撰写了《关于东湖区青少年近视防控工作的问题及对策》《关于对我区公共体育健身场所的调研》等5篇调研报告,为区委、区政府和有关党政部门科学决策提供了有价值的参考意见,得到了区委、区政府的肯定,区委书记刘闯、区长高辉红对调研报告都给予了批示。紧扣“五型”政府建设,在区政协九届四次大会上,委员发言建议成立东湖区融媒体中心,增强政务新媒体服务功能。区委、区政府采纳建议,在全市县区中率先成立融媒体中心,深入推进“互联网+政务服务”,形成互通互融的传播平台,在探索媒体融合发展上迈出了坚实的一步。

关注民生议政出力。围绕医疗卫生、教育、养老等热点难点问题,组织广泛协商,提出针对性建议,推动相关工作有序推进。区委书记刘闯对《关于“时间银行”志愿服务可持续发展的几点建议》批示:“该信息对当前‘时间银行’模式可持续发展问题分析的很准,提出的建议很实,请区民政局会同各镇、街道(管理处)认真研究会商。”大会发言《关于解决小学教育阶段“课后三点半”问题的建议》的相关内容得到区政府的重视和落实转化。全区23所学校(含校区)全面启动了午餐午托、课后“三点半”、课后兴趣活动等三项基本服务内容的课后服务工作。目前,全区约6000名中小学生参加“课后三点半”托管,家长和群众普遍表示欢迎。发挥社情民意信息作用,《电梯基坑渗漏治理工作需引起高度重视》被全国政协采用,《关于加强小区业主委员会监管的建议》等社情民意得到市委、市政协和区委、区政府的高度重视,一些群众诉求得到解决。

五、突出团结民主,广泛凝聚共识汇聚力量

做好民主团结工作。牢牢把握新时代新使命,充分发挥联系广泛的优势,在建言资政和凝聚共识上双向发力,画出最大同心圆。强化统一战线组织功能,重视发挥区政协各参加单位尤其是各民主党派、工商联、无党派人士的作用,积极支持党派、团体运用大会发言、提案、社情民意等方式建言献策,认真听取、反映并积极推动落实他们的意见建议，努力让党派特色与界别优势在政协议政平台上得到更加充分地展现。推进与各党派团体和社会各界人士的合作共事，求同存异，聚同化异，营造更加浓厚的团结民主氛围，促进共同思想政治基础上的大团结、大联合。切实增进政协组织互动合作，接待了江苏、辽宁、湖北、广西、安徽等省兄弟市（县、区）政协的学习考察，交流经验，推进工作。

深化“三风”主题活动。区委常委会对“三风”活动进行专题研究，印发了《东湖区“兴家风、淳民风、正社风”活动2019年工作安排》。6月中旬，组织50名委员赴厦门大学进行区政协委员履职能力暨“三风”活动培训，开展“三风”活动实地教学。打造了上营坊、二七北路社区等一批“三风”主题文化社区，扩展“三风”社会面宣传广度。经济界别、农业界别、医药卫生界别、无党派人士界别等界别纷纷组织委员走进社区和农村，开展捐资助学、扶贫帮困等公益活动。依托新时代文明实践中心（站、所），组建了10支区级专业性志愿服务队伍，在全区开展了形式多样、面向群众的“三风”宣讲活动。时任市政协主席周关到我区调研“三风”时指出，近年来，东湖区“三风”活动领导重视、措施有力、参与度高、形式新颖，越做越实、越做越新、越做越有良好的社会效应，为全市“三风”活动提供了好的经验做法，不少做法具有示范引领作用。

六、加强自身建设，为政协履职提供坚实保障

扎实开展“不忘初心、牢记使命”主题教育。按照“守初心、担使命，找差距、抓落实”的总要求，区政协紧扣学习贯彻习近平新时代中国特色社会主义思想主线，深学细照笃行，切实增强区政协全体党员守初心担使命的自觉性和坚定性。聚焦学原著读原文悟原理，举办专题研讨4次，进行了党员轮训，开展了主题教育现场教学。深入调研，形成了10篇高质量调研报告。敞开大门抓教育，通过召开座谈会、发放征求意见函等方式，认真倾听、广泛征集基层和群众的意见建议。把检视问题贯穿始终，查摆整改17个问题，取得了理论素养大提升、思想政治大洗礼、担当精神大提振、为民情怀大彰显、干部作风大锤炼的良好成效。

加强党对政协工作的全面领导。旗帜鲜明讲政治，在区政协大会期间首次成立党组织，召开党员大会，《人民政协报》予以报道；区政协专委会外出调研考察和委员培训均设立临时党组织；建立了区政协党组成员联系党外副主席和界别工作制度，落实党的工作对政协委员的全覆盖。区政协党组下发了《关于在委员联络小组建立党建服务站的实施方案（试行）》，在10个镇（街道）委员联络小组建立委员联络小组党建服务站，明确对党员委员的活动要求，充分发挥党员委员在坚持党对政协工作全面领导中的模范引领作用，实现了党的组织对党员委员的全覆盖。12月底，全体党员委员在镇、街道委员联络小组首次进行了党员委员述职。

着力提高政协工作水平。进一步建立健全政协机关规章制度，修订了《中国人民政治协商会议南昌市东湖区委员会全体会议工作规则》等4项制度，出台了《中国人民政治协商会议南昌市东湖区委员会委员履职工作规则（试行）》。探索建立政协委员列席常委会会议制度，为委员有效参与民主协商提供更多平台。完成了区政协机关机构设置改革，新成立了委员履职服务管理中心。加强组织领导，拓展新闻宣传渠道，扩大政协宣传的覆盖面和影响力，在《人民政协报》等国家级媒体上稿9篇，宣传信息工作位居全市政协组织前列。切实加强政协机关建设，努力造就一支忠诚干净担当的政协机关干部队伍，推动新时代政协工作提质增效。

各位委员、同志们，九届四次会议以来，区政协的工作取得了一定的成绩。这些成绩的取得是区委坚强领导、区政府全力支持、社会各界积极参与的结果，是区政协各参加单位紧密协作、全体政协委员积极作为的结果。在此，我代表区政协常委会表示衷心的感谢。同时我们也清醒地看到，面对新时代新使命，区政协的工作还存在差距和不足，主要表现在：党的建设还需进一步加强，中共党员委员作用发挥还不够充分；政协工作的制度化规范化科学化还需进一步完善；委员履职能力和水平还需进一步提高等等。这些都需要我们高度重视，认真研究改进。

2020年主要工作

2020年，是全面建成小康社会和“十三五”规划收官之年。常委会工作的总体要求是:以习近平新时代中国特色社会主义思想为指导,深入学习贯彻中共十九大和十九届二中、三中、四中全会精神,学习贯彻中央政协工作会议精神,在中共东湖区委的坚强领导下,聚焦区委的重大决策部署,紧紧围绕团结和民主两大主题,把加强思想政治引领、广泛凝聚共识作为中心环节,在建言资政和凝聚共识上双向发力,认真履行政治协商、民主监督、参政议政职能,为推进东湖“三生融合”发展,奋力开启生产更加高质、生活更具品质、生态更为优质的东湖发展新征程做出积极贡献。

加强思想政治引领。坚持政协组织的性质定位,始终坚持中国共产党的领导,深入学习贯彻习近平新时代中国特色社会主义思想、中共十九届四中全会和中央政协工作会议精神,增强“四个意识”、坚定“四个自信”、做到“两个维护”,始终在政治立场、政治方向、政治原则、政治道路上同以习近平同志为核心的中共中央保持高度一致,确保人民政协事业正确的政治方向。运用中心组学习、常委会学习、研讨培训等形式,组织区政协各参加单位和委员、机关工作人员扎实开展学习教育,不断强化对人民政协性质定位的认识,充分发挥人民政协专门协商机构作用,努力使区政协组织成为坚持和加强党对各项工作领导的重要阵地、用党的创新理论团结教育引导各族各界代表人士的重要平台、在共同思想政治基础上化解矛盾和凝聚共识的重要渠道,切实巩固团结奋斗的共同思想政治基础。

紧扣高质量发展建言资政。深入开展“彰显省会担当　我们怎么干”解放思想大讨论活动,围绕区委、区政府中心工作和重大决策部署,以议政性常委会议、专委会对口协商和界别协商等形式,积极建言献策。围绕重大重点项目建设等事关东湖发展的基础性、重大性问题,大力开展专题调研,广纳群言,广集民智,为东湖高质量发展贡献政协智慧。认真践行以人民为中心思想,聚焦打造高品质生活目标,围绕群众关心的热点难点民生实事,突出幼有所育、学有所教、病有所医、老有所养、住有所居、弱有所扶等内容,积极组织开展“有事好商量,众人的事由众人商量”的民主协商,拓展社会各界有序参与民主协商渠道,协助区委、区政府扎实推进民生改善,提升百姓幸福感、获得感。加大对全面深化改革的协商式民主监督力度,围绕加大营商环境改革力度、深入推进“五型”政府建设等内容,组织协商式监督、视察式监督和提案办理式监督,寓监督于大会发言、调研视察、提案、社情民意等经常性工作之中。

认真做好凝心聚力工作。充分发挥大团结大联合优势,加强与各党派团体、工商联、无党派人士的团结协作,积极为他们在政协履职创造条件,鼓励他们围绕全区中心工作以界别的名义提出提案、组织视察调研、参加协商议政等活动,为东湖改革发展多做贡献,凝心聚力画好同心圆。加强与社会各界群众联系交往,积极协助区委、区政府做好协调关系、理顺情绪、化解矛盾、增进团结的工作,为巩固民主团结、生动活泼、安定和谐的政治局面贡献政协力量。加强与全国各兄弟市县区政协的互动交流,增进政协组织间的联系。

不断推进履职能力建设。坚持中国共产党对政协工作的绝对领导,认真贯彻中共中央的决策部署和省委、市委、区委的决定要求。切实加强和改进委员学习培训管理,丰富委员学习形式,建设一支懂政协、会协商、善议政,守纪律、讲规矩、重品行的委员队伍。推进委员履职服务管理中心建设,积极搭建平台载体,健全完善联系服务委员制度,充分调动委员履职积极性和主动性,提高委员履职实效。重视发挥专委会基础性作用,改进发挥界别作用的方法途径,加强界别工作。切实加强政协机关建设和干部队伍建设,打造一支政治强、业务精、纪律严、作风硬的干部队伍,不断提高服务保障政协工作的水平。

各位委员、同志们,启航新征程,扬帆再出发。东湖区委十二届八次全会为我们描绘了东湖发展的美好蓝图,让我们高举中国特色社会主义伟大旗帜,紧密团结在以习近平同志为核心的中共中央周围,在中共东湖区委的坚强领导下,牢记初心使命,勇于担当作为,积极践行新发展理念,推进东湖“三生融合”发展,为推动区政协事业创新发展,开启东湖治理体系和治理能力现代化新征程做出新的积极贡献。

注释:

“三生融合”:坚持产城融合发展理念,统筹生产、生活、生态三大布局,进一步重组要素、重聚动能、重塑环境，让东湖生产更加高质、生活更具品质、生态更为优质。

“三点半”课后服务工作：为了解决学生放学早、家长下班晚“时间差”的问题，区属中小学校利用下午三点半放学后的时间，对学生进行课后看护托管服务。服务项目主要包括早到服务、午餐午托服务、课后“三点半”服务、兴趣社团服务等四类。

“1+5+X”邻里中心：指依托社区单元，建立一套综合保障体系，配置社区邻里中心幼儿园、居家和社区养老服务中心、基层医疗卫生服务点、社区便利店、综合性文化服务中心五类便民服务功能，拓展其他功能于一体的新型集聚区。

（区政协办公室）

东湖区人民法院工作报告

（2020年5月17日在东湖区十六届人民代表大会第五次会议上）
东湖区人民法院党组书记、院长　梁　洪

各位代表：

现在，我代表区法院向大会报告工作，请予审议，并请列席会议的同志提出意见。

2019年工作回顾

2019年，区法院在区委的坚强领导和上级法院的精心指导下，在区人大及人大常委会的有力监督，以及区政府、区政协和社会各界的大力支持下，紧紧围绕全区工作大局，深入学习贯彻习近平新时代中国特色社会主义思想和党的十九届三中、四中全会精神，秉承“司法为民、公正司法”之初心，践行“努力让人民群众在每一个司法案件中感受到公平正义”之目标，上下一心，团结协作，推动各项工作取得新的发展进步。全年共受理各类案件29198件（其中新收26966件，旧存2232件），审（执）结27935件（含旧存），法官人均结案558.7件，同比分别上升43.45%、42.75%和36.76%，该三项数据均位列全省基层法院之首；结案率这一关键指标提高至95.67%；案件结收比104.15%，全省排名第二，全国排名第三，整体司法质效有了明显提升。

一、贯彻总体国家安全观，维护安全稳定社会环境

突出打击重点领域犯罪。全力保障群众生命财产安全，审结杀人、强奸、抢劫等严重暴力犯罪案件65件，以故意杀人罪对“红谷滩名门世家小区杀妻案”的被告人邵博深一审判处有期徒刑十三年。依法打击涉众型经济犯罪，受理集资诈骗和非法吸收公众存款案29件84人，其中仅“金三江案”的犯罪数额就达3.48亿元。贯彻四部委打击虚开发票、骗取退税违法犯罪两年专项行动要求，精准打击相关犯罪，规范税收秩序，受理虚开发票案40件，审结33件。保障群众食药安全，审结涉食品药品安全案件4件。推进反腐败斗争，审结贪污、贿赂等职务犯罪案件10件14人。依法严格办案，贯彻宽严相济刑事政策，对2名被告人免予刑事处罚。

深入开展扫黑除恶专项斗争。受理涉黑涉恶案件23件153人（含2件“保护伞”案件），审结22件141人，已结案件重刑率（判处五年以上有期徒刑）32.03%；针对案件审理中发现的管理漏洞向相关单位发出司法建议书7份，圆满完成扫黑除恶专项斗争第二阶段关于“攻案件，提升群众满意度”的任务目标。依法审结了通过违规入党、以不正当手段当选村干部，利用宗族势力长期把持基层政权的生米镇山图村原党支部书记熊小将等7人组织、领导、参加黑社会性质组织案，对被告人熊小将数罪并罚，合并决定执行有期徒刑二十五年，剥夺政治权利二年，并处没收个人全部财产。对通过威胁、恐吓、滋扰等方式强迫交易，垄断了红谷世纪花园、红谷凯旋等十多个住宅小区的砂石水泥业务的“砂霸”闵文凯及其他参与者，依法认定其行为构成组织、领导黑社会性质组织罪等多项罪名，对被告人闵文凯数罪并罚合并决定执行有期徒刑二十年，并处没收个人全部财产。彻底摧毁黑恶势力经济基础，加大打财断血力度，对102名涉黑涉恶案件被告人并处罚金共计3194.5万元，追缴、没收涉黑涉恶财产530万元。

二、落实新发展理念，服务经济高质量发展

策应南昌绿色崛起战略安排。按照《江西省环境资源案件案由范围（试行）》规定，落实环境资源民事、行政、刑事案件归口审理模式，在本院行政审判团队内加挂“环境资源审判团队”牌子，实现相关案件“三审合一”。全年办理涉环境资源案件14件，其中刑事案件2件，行政非诉审查12件（3件驳回申请，9件准予执行）。依法对在赣江非法采砂1600余吨的芦某等11名被告人判处一年至八个月不等有期徒刑，并处人民币八万元至五万元不等的罚金，追缴违法所得上缴国库。

助力防范化解金融风险。紧紧围绕南昌市努力打造红谷滩为全省金融商务区的战略定位，以服务保障供给侧结构性改革为主线，审结涉金融民商事案件8820件，涉案标的额15.58亿元。坚持以金融纠纷“分调裁”改革为引领，创新金融审判工作方法，成立金融借款和信用卡两类案件速裁团队，通过提升送达效率、简易程序适用率、集中开庭率、当庭宣判率，促使简易金融案件高效快速办理。在已结金融案件中，信用卡案件速裁团队单日开庭案件数最高达380件，金融借款合同纠纷速裁团队在审理建行快E贷案件时成功对同批的800余件案件全部当庭宣判。

三、坚持以人民为中心，增进群众司法获得感

强化执行兑现胜诉权益。强化执行力度，全年执结案件11263件，其中有财产可供执行案件法定期限内执结率为99.79%，终本合格率100%，执结案件标的50.52亿元，实际执行到位金额9.04亿元，有效避免胜诉判决“打白条”。规范执行行为，制定了《执行质效考核细则》和《执行实施人员外出规范用语》，通过严格的考核监管机制，提高文明执行水平。加大执行惩戒，全年拘传被执行人326人，司法拘留98人；强制腾房清场29次；发布网络司法拍卖607次，成交245件计3.48亿元，溢价率19.05%；向公安机关移送拒执线索5件，以严格的惩戒机制倒逼被执行人履行义务。

推进两个“一站式”诉讼服务体系建设。完成“分区域、规范化、标准化”一站式诉讼服务中心建设，提升信息化配套应用水平，全年办理跨域立案198件，通过东湖掌上微法院这一微信小程序为3000多名当事人提供导诉、缴费等诉讼服务，实行网上立案1605件。利用该程序的微信视频开庭功能成功审理二起民事纠纷（含一起跨国诉讼）。推进一站式多元纠纷解决机制建设，一方面坚持“走出去”，深入社区、校园开展各类普法宣传，竭力强化诉源治理；另一方面坚持“引进来”，扩展多元调解组织和参与人员的行业覆盖范围，促进矛盾纠纷联动非诉化解。

多角度提供司法人文关怀。保留传统司法救助措施，全年为7名困难群众依法减、免、缓交诉讼费7.65万元，为生活困难刑事被害人和申请执行人落实执行救助金97.76万元，为被告人指定辩护60人次，为聋哑当事人指定翻译2人次。推动保险救助，打造“法院+保险”法保联动救助模式，向保险机构申请救助8名困难申请人，落实发放救助金14.87万元。

四、深化体制机制改革，提升矛盾纠纷化解质效

继续深入推进司法责任制改革。增补5名员额法官，员额法官数提至50人，员额比例达48%。落实了员额法官工资津贴套改和晋升工作，按期晋升一级法官16人，二级法官4人，择优选升四级高级法官8人。逐步推进内设机构改革，按职能重新组建了10个审判团队并进行了人员编排分配，初步拟定了内设机构领导干部配备人选。以年薪6万元的标准聘用法官助理30人，法官、助理、书记员比例更加合理。

完善案件“分调裁”办理工作机制。出台本院《民商事案件繁简分流和速裁暂行办法》，在登记立案时，即告知双方当事人可供选择的简易纠纷解决方式；设置专职程序分流员，根据案件事实、法律适用和社会影响等因素，专门负责案件分流和程序转换衔接工作；成立诉前调解团队，由经验丰富的法官助理和两名人民调解员集中开展诉前调解工作；成立速裁团队，通过告知当事人协商放弃举证和答辩期，使用令状式、要素式、表格式裁判文书，将速裁工作开展情况纳入法官考核等举措，提高速裁程序适用率。全年已结案件中，调解结案1596件，撤诉结案2789件，调撤率24.97%，适用速裁程序结案9319件，占已结诉讼案件的55.9%，最长审限不超过30日。

*试点"法院+行业协会"诉调对接机制。*通过"法院+工会"模式开展劳动争议纠纷化解工作，与南昌市总工会对接，利用其"三师一室"维权平台，在12月3日省高院和江西省总工会联合下发关于开展劳动争议诉调对接工作试点通知后，短短一个月内，成功调解劳动争议案件21件。通过"法院+证券期货业协会"模式打通证券期货纠纷诉调对接"最后一公里"，成功办理全省首例证券期货纠纷调解协议司法确认案件。

*推进以庭审为中心的刑事诉讼制度改革。*通过规范庭前会议、庭审程序、排除非法证据程序，对长期以来刑事案件审判中普遍存在的庭审走过场、庭内审理庭下定案等痼疾开刀，促进庭审实质化，确保事实调查、定罪量刑辩论和裁判结果均形成于法庭。落实刑事案件律师辩护全覆盖要求，为所有普通程序刑事案件的经济困难被告人提供指定辩护。积极开展未成年犯罪宣传、帮教、预防工作，被共青团中央和最高人民法院联合授予"青少年维权岗"称号，是全省中、基层法院中唯一获此殊荣法院。

五、扎实开展主题教育，锻造忠诚干净担当队伍

始终围绕"守初心、担使命、找差距、抓落实"的总要求，以高度的使命感和责任感扎实推进"不忘初心、牢记使命"主题教育。通过开展每周一次原著阅读活动、党员每月学唱一首红歌、举办一次演讲比赛等"五个一"活动，在法院内营造浓厚的主题教育氛围，极大地提高了干警参与学习教育的主动性、积极性。坚持把开展主题教育与学习贯彻习近平新时代政法工作重要思想、政法工作条例等内容相结合，与规范化党建工作相结合，使党建工作成为我院的一项品牌。在全市法院系统党内法规知识竞赛中，我院荣获第一名。党建微视频《飘扬的旗帜》在全市党员电教片中荣获三等奖，并被中宣部学习强国平台推广。注重学用结合，坚持把主题教育的成效体现在增强党性、改进作风、提高能力、推动工作上，在主题教育中查摆各类问题20个，制定整改措施16条，群众满意度在全省政法单位中排名第24位，取得较大提升。秉承严管即是厚爱原则，切实强化执纪监督，针对各类问题开展提醒谈话14人次、函询1人次、答复信访件57件。

六、自觉接受各方监督，改进工作提升司法公信

*依法接受人大监督。*坚持重大部署、重点工作和重要问题及时向区委、区人大汇报，向常委会作2019年上半年工作报告及刑事审判专题报告。认真落实人大常委会审议意见和代表提出的意见建议。加强督查督办，办理代表建议5条，办结代表督办、转办案件4件，办复率100%。完善日常督查联络机制，邀请代表委员视察法院3次42人，旁听庭审2次14人，参加座谈会2次8人，院领导带队走访全国和全省人大代表19人次。

*认真接受其他监督。*不断提升接受政协民主监督工作水平，充分听取对法院工作的意见建议。依法接受检察机关法律监督，支持检察机关依法履行监督职责，邀请检察长列席重大复杂案件审判委员会讨论案件7次8件。

*加大司法公开力度。*上网公布生效裁判文书22399份，开展庭审直播977次。在法院官方网站和各类媒体平台及时发表工作动态、案件报道463篇，协助制作广播电视新闻19条，司法宣传工作被最高人民法院通报表扬。

各位代表，过去的一年，区法院提升了审判质效、完善了司法服务、强化了队伍建设、确保了年度目标任务，各项工作取得了新成绩、新突破，全院共有12个集体和13名个人分获国家、省、市、区级荣誉，多位优秀干警被分别授予"全国法院办案标兵""全省审判业务专家""全省法院群众工作能手"等先进称号。这些成绩的取得离不开区委的正确领导，离不开区人大及人大常委会的有力监督，离不开区政府、区政协和社会各界的大力支持，离不开各位代表的关心帮助。在此，我代表区法院和全体干警表示衷心感谢并致以崇高敬意！

在总结成绩的同时，我们也清醒地看到，区法院目前仍有一些发展短板和困难，主要表现有：一是案件数量持续增长与司法资源有限的矛盾依然存在，案件质效有待进一步提高。二是多元化纠纷解决机制运行不畅,成效不明显。三是司法改革的相关配套机制有待进一步完善,如,四级高级法官职数比例偏低等。四是审判辅助队伍不够稳定,近二年在区委区政府支持下招录的114名聘用制法官助理和书记员已离职27人。五是审判大楼的现状难以适应信息化技术改建和长远发展需求。

2020年工作打算

2020年,是全面建成小康社会和“十三五”规划的收官之年。今年,区法院的总体工作思路是:坚持以习近平新时代中国特色社会主义思想为指导,坚持党对法院工作的绝对领导,坚持以人民为中心的发展思想,坚持稳中求进工作总基调,紧紧围绕“努力让人民群众在每一个司法案件中感受到公平正义”目标,坚持服务大局、司法为民、公正司法,不断推进审判体系和审判能力现代化,努力为东湖经济社会发展提供更加有力的司法保障和更加优质的司法服务。

(一)强化政治引领,确保正确工作方向。严守政治纪律和政治规矩,严格执行重大事项向党委、党委政法委请示报告制度,坚持把党的绝对领导贯彻到法院工作的各方面各环节。提高政治站位,主动将法院工作置于发展大局中进行谋划,理清全市、全区发展战略、司法需求,结合辖区经济、人文特情,找准服务发展稳定大局的对接点和落脚点,有针对性地提供司法服务。

(二)做好疫情防控,妥善化解涉疫纠纷。深入贯彻落实习近平总书记关于统筹抓好疫情防控和经济社会发展的系列重要讲话精神,为打赢疫情防控总体战、阻击战提供司法服务保障。依法严惩各类涉疫违法犯罪,维护正常医疗秩序、防疫秩序、市场秩序、社会秩序。依法妥善处理涉疫矛盾纠纷,推动矛盾化解在早在小。审慎适用查封、扣押、冻结等强制性措施,帮助企业纾解困难、恢复生产,以司法手段保障精准复工复产后生产生活秩序。大力推行线上诉讼,更好满足疫情防控期间群众司法需求。

(三)发挥审判职能,维护社会和谐稳定。牢固树立适应新时代的刑事司法理念,突出打击重点,落实宽严相济刑事政策,确保罪责刑相适应,依法保障公共安全和人民群众生命财产安全。建立健全扫黑除恶专项斗争长效机制,摸清涉黑涉恶案件审判规律,全面夺取扫黑除恶专项斗争压倒性胜利。围绕供给侧结构性改革、创新驱动发展、加强产权保护等经济工作重大部署,加强民商事审判,为经济持续健康发展营造良好法治环境。巩固基本解决执行难工作成效,推动执行工作保持高水平运行。

(四)积极攻坚破难,提升司法整体效能。坚持把非诉纠纷解决机制挺在前面,积极推动建立由党委政府牵头、涵盖各类机构主体的更高层面的综合性的一站式纠纷调处中心,有重点地进行合理规划,将行政调解、人民调解、行业调解与司法调解对接,优化资源配置,完善形成相互协调、有机衔接的一站式多元解纷机制,将社会矛盾联动化解在萌芽之中。创新送达方式,尝试与通信运营商合作,通过向当事人实名制手机号码发送具有强制弹屏功能的闪信+短信或闪信+彩信送达诉讼文书,竭力化解送达这一制约审判质效的关键难题。

(五)深化配套改革,健全权力运行机制。认真贯彻《2020年人民法院司法改革工作要点》,着眼于系统集成、协同高效,不断完善权责一致的司法权运行新机制。加快推进内设机构改革,完善人员分类管理,淡化庭室观念,细化审判权力和责任清单,确保审判权依法独立公正行使。继续健全案件繁简分流、强化节点管控制度,探索兼顾工作均衡的分案机制,落实员额法官绩效考核和淘汰、退出机制,把改革不断引向深入。深化智慧法院建设,围绕群众、法官和管理需求进一步整合应用科技智能资源,在更高水平实现审判体系和审判能力现代化。

(六)持续从严治院,锻造过硬司法队伍。强化政治建设,巩固“不忘初心、牢记使命”主题教育成果,践行“党建+”理念,将党建工作融入法院中心工作,引导党员干警进一步树牢“四个意识”,坚定“四个自信”,做到“两个维护”,锤炼干警忠诚干净担当的政治品格。强化能力建设,以提升业务水平为目标,加大培训力度,加强对年轻干警的培养,努力建设一支与新时代人民法院使命任务相适应的高素质司法队伍。强化作风建设,坚持底线思维,加强纪律约束和保障,落实各项纪律规定,引导干警知责明责、勤于履责、勇于担责、敢于负责,为奋进前行凝聚发展正能量。强化文化建设,落实从优待警要求,丰富干警业余文化生活,营造团结、和谐、愉悦的法院工作氛围。

各位代表,2019年的卓越,都已在实干中落地,2020年的美好,将在奋斗中绽放。新的一年里,区法院将按照本次大会决议要求,不忘初心、牢记使命、扎实工作、团结奋斗,努力推动法院工作再上新水平,为开启生产更加高质、生活更具品质、生态更为优质的东湖发展新征程做出新的更大贡献!

部分用语说明(仅供参考):

1. 四部委两年专项行动:2018年8月22日,国家税务总局、公安部、海关总署、中国人民银行等四部委在北京召开会议,共同部署开展打击虚开增值税发票、骗取出口退税违法犯罪两年专项行动。要求重点打击没有实际经营业务只为虚开发票的"假企业"、没有实际出口只为骗取退税的"假出口",以打击违法彰显执法威力,有效整顿和规范税收秩序,营造公平有序的税收营商环境。

2. "金三江案":2007年7月4日起,李国建和丁红成立了江西金三江养老控股集团有限公司(以下简称金三江公司)。2015年6月4日,李国建注册成立金三江公司的子公司江西省天地自然健康养老股份有限公司,继而成立了该公司的第一、二、三、四、五营销分公司。金三江公司在没有取得金融业务许可证的情况下,按月会派发营销任务给五个分公司,然后由五个分公司总经理管理与督促员工完成营销任务,由各分公司组织人员在公园、菜场、老年大学等人流量密集的地方宣传,通过发放宣传折页吸引中、老年人前来公司投资成为公司的会员。他们对外宣称公司会员可持卡在江西金三江公司下属的服务板块消费,服务板块包括梅岭山庄、俱乐部、生活配送中心、旅游公司,且在一年后合同到期后,会员可提现卡内本息。2018年4月,李国建和丁红外逃出境,公司资金链断裂后客户投资款无法提现。经审计,截至2019年6月17日,金三江公司非法吸收资金达3.48亿余元,实际损失3.39亿余元。

3. 砂霸:违背市场交易自愿公平原则,以暴力、威胁等手段,向正在装修的业主等消费者强行高价出售沙石料等装修材料,以排挤对手、垄断市场获取高额非法经济利益。这里所说的砂霸,不仅仅是对沙子销售的掌控,还有水泥、红砖等辅助装修材料,其行为方式包括阻挠施工、封门堵路、强揽供料等。

4. "三审合一":即将涉及环境资源的行政、刑事、民事以及非诉行政执行审查案件统一由行政审判庭设立的环境保护合议庭或环境资源审判团队审理的专业化审判方式。

5. 网络司法拍卖:是指人民法院依法通过京东、淘宝等互联网拍卖平台,以网络电子竞价方式公开处置被执行人财产(含不动产、车辆、股权等)的行为。本院的司法拍卖参与方式为:在京东APP中点击拍卖或司法拍卖进入竞买页面,点击"交保证金报名"确认实名认证信息,点击"去支付保证金"。完成支付后,刷新拍品页面显示等待开拍出价。竞拍结束之前,都可以交纳保证金报名。若竞拍成功,保证金由系统自动结算至法院指定账户,成交价款扣除保证金的拍卖余款部分,按法院拍卖公告中规定时间前缴入法院指定账户。拍品交付及权属变更等后续事情需联系法院。若不出价或若未竞拍成功,保证金将在拍卖结束后即时解冻并原路返还至交纳保证金账户,具体到账时间以各银行规定时间为准。

6. 保险救助:是指人民法院通过向中国人民财产保险股份有限公司投保的方式,获得保险救助资金,针对涉民生执行实施案件,通过审批程序后直接推送至保险公司核准发放救助款,以救助解决小标的涉民生案件申请执行人的生活困难问题。

7. "分调裁"机制:即繁简分流及调解速裁机制,是指案件立案时,符合调解案件范围的,征得双方当事人同意后,分流进入先行调解程序;符合简单案件范围的,进入速裁程序审理;其他案件,根据业务分工分配给相应的部门或团队审理。

8. "三师一室":是指由工会甄选的法律知识丰富、调解技巧熟练、工作责任心强的法律援助律师团队、劳动关系协调师团队、健康工程师团队和"沙龙茶叙"劳动争议调解室。

9. 闪信:是一项新的短信类业务,是指发送给用户的信息可直接显示在其手机屏幕上,该信息无法通过软件、手机终端设置等方式拦截,且阅读后信息不自动保存。

10. 均衡分案:是指通过制定一些分类标准,根据案件特性设置案件难度系数后,再经由系统随机分配给法官,从而最大限度保证案件分配均衡性、平衡案件量化差异的一种分案管理模式。其意义在于可以有效保障所有法官承办案件的数量和难易程度能实现基本均衡,避免某个法官连续分到复杂案件或简单案件的情况,克服难易不分的分案弊端。

(区人民法院)

南昌市东湖区人民检察院工作报告

——2020年2月5日在东湖区第十六届人民代表大会第5次会议上

东湖区人民检察院检察长　杜迎春

现在,我代表东湖区人民检察院向大会报告工作,请予审议,并请区政协委员和其他列席会议的同志提出意见。

2019年主要工作

刚刚过去的2019年,是见证中华人民共和国沧桑巨变70载、继往开来再奋进的特殊一年;也是检察机关经历多重改革叠加、职能发生重大变革后,主动适应新形势,在新起点上整装出发的一年。一年来,东湖区人民检察院在区委和市检察院的坚强领导下,在区人大及其常委会的有力监督下,坚持以习近平新时代中国特色社会主义思想为指导,坚持"讲政治、顾大局、谋发展、重自强"的检察工作总体要求,不断更新司法理念,切实服务发展大局,全面履行法律监督职责,各项检察工作稳中有进。先后获得"全国检察宣传先进单位""全国青少年维权岗""江西省文明单位""全市检察机关先进集体"等集体荣誉7项;涌现出"全国维护妇女儿童权益先进个人""全市优秀政法干警"等一批先进典型。

一、全面践行总体国家安全观,着力营造平安稳定的社会环境

充分履行批捕、起诉职能,严厉打击各类刑事犯罪,确保人民安居乐业、社会安定有序。全年共办理审查逮捕案件1191件1892人、审查起诉案件1370件2139人,同比分别上升27.7%、28.6%,刑事案件办案数量居全省基层检察院第一。

全力推进扫黑除恶专项斗争。紧盯涉黑涉恶重大案件、黑恶势力经济基础、背后"关系网""保护伞"三大主攻方向,力求打深打透、除恶务尽。一是依法严惩黑恶势力犯罪。坚持快捕快诉,所有涉黑涉恶案件均做到提前介入,引导取证,并在一个月内审结起诉。全年共起诉涉黑案件8件65人,涉恶案件15件87人。把持基层政权近10年的"村霸"熊小将涉黑组织[1]、垄断红谷滩新区18个楼盘沙石经营的"砂霸"闵文凯涉黑组织[2]等一批黑恶势力得到严惩。二是持续加大"破网打伞""打财断血"力度。发现并移送"保护伞"线索46条,对南昌市公安局江铃分局原政委胡荣华充当黑恶势力"保护伞"案[3]提起公诉;通过深挖熊小将涉黑主案及其下游洗钱案、非公人员受贿案等关联案件,成功追缴该涉黑组织多处房产、地产、股权及1250余万元现金,承办检察官受邀在全省专门会议上作经验介绍。三是在打防并举、标本兼治上狠下功夫。针对涉黑涉恶犯罪案件暴露出的基层组织建设、行业管理等方面问题发出检察建议6件。相关单位高度重视,积极整改、及时反馈,有力推动系统治理、源头治理。

坚决维护金融秩序安全稳定。紧扣打好防范化解重大风险攻坚战要求,依法严惩金融领域犯罪。办理了涉案金额3.7亿元、受害群众2700余人的"佟鑫娘"集资诈骗、非法吸收公众存款案[4]等涉众型经济犯罪案件28件80人。加强与人民银行等单位的沟通协作,着力打击"洗钱"等衍生犯罪,共起诉洗钱案件4件,总涉案金额4750余万元，起诉案件数占全省洗钱案的50%。注重将办理案件与化解风险、追赃挽损、维护稳定相结合，最大限度减少投资人损失，化解社会矛盾。如在办理“小猪理财”非法吸收公众存款案[5]中，成功追回资金2.36亿元，挽损额在全国同类案件中居前列。

切实保障人民群众安居乐业。一方面，依法严惩影响人民群众安全感、幸福感的犯罪行为。起诉“两抢一盗”等多发性侵财犯罪294人，黄赌毒犯罪153人，电信诈骗犯罪76人。第一时间派员介入“5·24”红谷滩实习女律师被刺案[6]的侦查，公安机关提请逮捕当天即作出批准逮捕决定。同时，积极做好信息公开和释法说理，主动回应群众关切。另一方面，认真贯彻宽严相济刑事司法政策。对涉嫌犯罪但无社会危险性的，不批准逮捕71人；对犯罪情节轻微、依法不需要判处刑罚的，不起诉113人；对不需要继续羁押的，建议办案机关变更强制措施36人，最大限度减少社会对立。做好对建国70周年特赦工作的全程同步监督，发出特赦检察意见书16份。

二、牢固树立“以人民为中心”的发展理念，着力为大局服务，为人民司法

立足新时代人民群众对民主、法治、公平、正义、安全、环境等方面提出的更高要求，推动检察事业“供给侧改革”，为人民群众提供更优质的法治产品、检察产品。

保护与促进非公经济发展。严格落实习近平总书记“三个没有变”的重要指示，设立非公企业维权工作办公室和联系点，着力构建依法、平等、全面保护的工作格局。严厉打击侵犯非公有制经济合法权益犯罪行为，起诉强迫交易、串通招投标、合同诈骗、职务侵占等犯罪案件26件28人。准确把握罪与非罪界限，慎用羁押及查封、扣押、冻结等强制措施，最大限度保护非公企业正常经营。如在办理涉及数十家企业、价税合计8.55亿元的陈大萍虚开发票系列案件中，对33名涉案犯罪嫌疑人依法决定取保候审，未查封、冻结企业财产，有效避免了“办了案子、垮了厂子”的情况出现。

用心做好未成年人检察工作。一是精准帮教涉案未成年人。坚持“少捕、慎诉、少监禁”原则，对涉嫌轻微犯罪并有悔罪表现的未成年人，不批准逮捕32人、不起诉17人、附条件不起诉14人；组织涉案未成年人及其家长集中开展爱国主义教育2批次，对涉案未成年人进行临界帮教9人。二是加强对未成年被害人的保护。向2个家境困难的未成年被害人家庭发放司法救助金共2万元；针对一起监护人性侵害未成年女儿案件，依法书面建议区民政局向区法院申请撤销监护人资格。三是携手护航未成年人健康成长。以推动落实最高人民检察院关于加强校园安全管理、预防校园性侵的“一号检察建议”为抓手，联合区教育、市场、文化等部门完善校园安全管理制度，共同开展校园周边环境整治行动；全院中层以上干部受聘担任辖区内全部中小学校的法治副校长，积极围绕预防校园性侵、校园欺凌、儿童防拐等主题开展法治宣传42场次，努力为未成年人平安、健康成长营造良好环境。

将心比心对待群众信访。坚持“办信就是办案，办信就是办民生”理念，以群众满意为标准推进“群众来信件件有回复”工作。通过实行领导包案、首办负责等工作制度，安排业务骨干组成工作专班，确保群众来信工作专人管、专人抓、专人办、专人答。全年共收到来信113封，涉及事项32件，均在7日内作出了程序性回复，对属于本院管辖范围的信访件在3个月内办结并作出了实体性回复。最高人民检察院先后两次到我院进行调研督导，对我院该项工作成效给予了高度肯定。

三、聚焦法律监督宪法定位，着力推动“四大检察”全面协调充分发展

2019年8月，我院按照“一类事项原则上由一个部门统筹、一件事情原则上由一个部门负责”的原则，进行了内设机构改革。改革后，现有内设机构10个，派出检察室3个。通过强优势、补短板，推动法律监督总体布局实现刑事、民事、行政、公益诉讼检察并行。

做优刑事检察工作。一是充分发挥检察机关在刑事诉讼中的主导作用，全面落实认罪认罚从宽制度[7]。适用范围覆盖所有刑事案件，2019年末整体适用率已达90%。在全省率先制定、会签《刑事速裁程序实施细则》，实行值班律师批量阅卷、犯罪嫌疑人集中具结、法院集中排庭、检察官轮值出庭、社区调查前置等举措，畅通速裁程序全流程，推动办案效率显著提升。目前，适用速裁程序案件在检察环节一般3天内审结,轮值检察官单次出庭指控案件最高达19件,检察官单人全年办案量最高达345件。紧盯案件质量不放松,不断推进量刑建议的精准化、规范化和智能化,全年量刑建议采纳率为89%,服判息诉率达98%。2019年8月,全市检察机关认罪认罚从宽制度推进现场会在我院召开,我院工作成效得到了市检察院检察长刘炽、区委书记刘闯的充分肯定。二是持续加强对刑事立案、侦查、审判活动的监督,紧盯有案不立、有罪未究和不当立案、越权管辖等问题,监督侦查机关立案22件,监督撤案2件;建议行政执法机关移送涉嫌犯罪案件9件,已立案8件;对侦查机关违法取证、适用强制措施不当等发出纠正违法通知书7件;纠正漏捕24人,纠正漏诉42人;对认为确有错误的刑事裁判提出抗诉2件,提请市检察院抗诉2件;检察长列席东湖区法院审判委员会7次,共同助力司法公正。

做强做实民事行政检察工作。坚持依法监督,积极拓宽案源渠道,共办理各类民事行政监督案件30件,同比增长11.1%。持续深化生效裁判监督工作,对认为确有错误的民事判决、裁定提请抗诉3件。着力提升民事行政审判、执行活动监督实效,针对审判、执行活动中存在的违法情形进行监督,发出检察建议6件。积极助力破解"执行难",采取调查核实手段,监督纠正了一起失信被执行人通过变更身份信息规避执行的案件。

做好公益诉讼检察工作。积极树立"双赢多赢共赢"的监督理念,紧盯食品药品安全和环境保护两大人民群众最关心、最直接、最现实的领域开展监督,共发出诉前检察建议22件,提出刑事附带民事案件1件。积极开展"落实食品药品安全'四个最严'要求专项行动",加大对餐饮业非法使用添加剂、散装食品标签不规范、药品运输和销售监管不严等公益问题的监督力度。东湖区贤湖村社区卫生服务站滥用经营资质,致一万余盒二类管制精神药品"佐匹克隆片"[8]流向不明,我院发出检察建议后,有关部门高效落实,依法吊销涉案卫生服务站执业许可证,并对辖区内医疗机构和物流企业进行了全面整顿。紧扣打好污染防治攻坚战要求,针对赣江蓑衣荚排水口非法排污污染饮用水水源情况,发出行政公益诉讼诉前检察建议,被列入全省检察机关第六批典型案例;积极参与辖区范围内13座非法码头、不合格码头整治活动,督促有关部门履职尽责。目前,相关码头已全部拆除完毕。

四、适应新时代更高更严要求,着力打造"四个铁一般"的检察队伍

坚决落实全面从严治党要求,锻造一支具有铁一般信仰、铁一般信念、铁一般纪律、铁一般担当的检察队伍。

坚持把党的政治建设摆在首位。扎实开展"不忘初心、牢记使命"主题教育,深入学习贯彻习近平新时代中国特色社会主义思想和党的十九届二中、三中、四中全会精神,引导全院干警增强"四个意识",坚定"四个自信",做到"两个维护"。严格执行重大事项向党委请示报告制度,共就重大敏感案件、重要事项向区委请示报告9次。认真贯彻意识形态工作责任制、保密工作责任制,完善新闻信息发布层级审批制度和舆情应急处置制度,切实将党的领导落到实处。

扎实推进业务素能建设。开展全方位、多层次、专业化检察业务培训24期,参加各类学习讲座22次,着力弥补知识弱项、能力短板和经验盲区。积极争取上级支持,补充遴选员额检察官2名,推动办案资源的优化整合。坚持刀刃向内,开展案件质量评查172件,督促业务部门进行案件风险评估2399件,对办案过程中存在的不规范情形发出口头及书面流程监控通知122次,着力规范司法行为,确保案件质量。

坚持不懈抓好纪律作风建设。专题研究部署全院党风廉政建设和反腐败工作,层层压实管党治党责任。开展廉政专题教育6次,推送廉政短信10次,督促干警以案为鉴,自律自醒。坚持以谈促廉,开展"四必谈"履职谈话28人次,集体提醒约谈2次。持续整治检察队伍中存在的"怕、慢、假、庸、散"突出问题,紧盯重点部门、重要节点、关键岗位开展检务督察15次;完善督办工作制度,重点强化对党委重大决策部署的贯彻落实,不断锤炼担当实干作风,坚决防止"四风"问题回潮复燃。

自觉接受人民监督。践行"监督者更要接受监督"的理念,自觉接受人大监督和政协民主监督,向区人大常委会专题报告诉讼监督工作和半年工作情况,切实抓好审议意见的落实。集中走访代表委员242人次，邀请代表委员参加检务活动28人次。自觉接受社会监督，公开案件程序性信息2836条，公开各类法律文书1157份，发布重要案件信息89条。邀请社会各界参与“共和国建设者走进检察机关”“检察护航民企发展”“携手关爱、共护明天”等主题检察开放日活动，召开“护航南昌金融商务区建设”主题新闻发布会，76名社会各界人士走进检察院、走近检察官，了解监督检察工作。积极构建集门户网站、微信、微博于一体的多形式、多角度检察宣传格局，在各类媒体刊发宣传稿件187篇，自主编发原创微信作品135期，检察故事借助全媒体“飞入寻常百姓家”。

各位代表，东湖检察事业的发展进步，是习近平新时代中国特色社会主义思想科学指引的结果，也是区委和市检察院正确领导、区人大及其常委会有力监督、区政府大力支持、区政协民主监督和社会各界的关心支持的结果。在此，我谨代表东湖区人民检察院向关心、支持东湖检察事业的各位代表以及社会各界人士致以最衷心的感谢和最崇高的敬意！

同时，我们也清醒地认识到，新形势下制约东湖检察工作发展的问题仍然存在：一是服务经济社会发展的针对性、实效性有待增强；二是各项检察工作之间发展不平衡问题依然存在；三是检察队伍业务素质仍需加强，专业型、研究型人才短缺的状况尚待改进。我们将以务实的态度直面问题和困难，在党委、政府和代表委员的关心支持下，采取有效措施，切实加以解决。

2020年工作安排

2020年是全面建成小康社会、决战脱贫攻坚和“十三五”规划的收官之年，也是扫黑除恶专项斗争决胜之年、市域社会治理现代化起步之年。站在新的历史起点上，我院将坚持以习近平新时代中国特色社会主义思想为指导，深入学习贯彻党的十九届四中全会精神，继续把握“稳进、落实、提升”的工作主题，更加自觉把检察职能行使与经济社会发展大局紧密结合起来，以高度的政治自觉、法治自觉、检察自觉，全力推动东湖检察工作全面协调充分发展。

一是在服务保障大局上担当新作为。压实“为发展服务、为人民司法”的政治责任，充分发挥检察职能，全力保障打赢疫情防控阻击战，纵深推进“扫黑除恶”专项斗争，坚决维护国家政治安全和社会稳定。全力服务打好“三大攻坚战”，以更大力度支持民营经济健康发展，积极参与市域社会治理现代化试点工作，持续深化“一号检察建议”“群众来信件件有回复”工作落实，为辖区经济社会快速稳定发展提供坚实的司法保障。

二是在强化法律监督上谋求新发展。坚持问题导向，进一步完善工作机制，使捕诉一体、认罪认罚从宽等制度在提升办案质效方面的优势发挥得更加充分。坚持在监督中办案、在办案中监督，不断强化监督力度。树立“少捕慎诉”理念，进一步降低逮捕率、审前羁押率。通过配强队伍、探索新型办案团队运行机制、切实开展专项监督活动、积极稳妥尝试“等”外公益诉讼领域案件办理等手段，不断提升民事、行政和公益诉讼检察工作实效。深化员额管理、办案团队、绩效考核等司法体制综合配套改革，搞好“精装修”。严肃、规范、优化检察法律文书，提升法律文书质量。加快推进智慧检务工程建设，不断激发检察工作活力。

三是在建设高素质检察队伍上呈现新气象。将学习贯彻党的十九届四中全会精神作为当前和今后一个时期的重要政治任务，对标对表抓学习，结合实际抓贯彻，持之以恒抓落实。大力推进高素质专业化队伍建设，着力加强青年干警培养，积极借助“外脑”提升检察官办案能力。认真开展检察队伍教育整顿，切实解决自身存在的突出问题，努力建设一支党和人民信得过、靠得住、能放心的检察队伍。

各位代表，新的一年，我们将更加紧密地团结在以习近平同志为核心的党中央周围，认真落实本次大会决议，不忘初心，牢记使命，以永不懈怠的精神状态和一往无前的奋斗姿态，忠诚履职，锐意进取，奋力推进东湖检察事业向前发展，为开启东湖区“三生融合”发展新征程做出更大贡献！

用语说明、案例简介：

1. 熊小将等18人组织、领导、参加黑社会性质组织案

2010年以来，红谷滩新区生米镇山图村原村支部书记熊小将采取违规发展党员、贿选拉票等不正当手段当选并连任山图村党支部书记一职，

长期把持基层政权，并拉拢村主任朱美槐等17人，通过包揽山图村各类工程业务攫取高额利润，多次实施故意伤害、寻衅滋事、聚众斗殴、受贿等违法犯罪活动，形成社会影响极为恶劣的黑社会性质组织。2019年3月18日，我院依法以组织、领导黑社会性质组织罪、故意伤害罪、寻衅滋事罪、聚众斗殴罪、非国家工作人员受贿罪、对非国家工作人员行贿罪对该案提起公诉。2019年8月8日，东湖区人民法院一审判处熊小将有期徒刑二十五年，剥夺政治权利二年，并处没收个人全部财产；判处朱美槐等其他黑社会性质组织参加者十八年至二年不等的有期徒刑，并处没收个人财产、罚金，追缴违法所得。

2. 闵文凯等21人组织、领导、参加黑社会性质组织案

2006年以来，闵文凯等人通过裙带关系拉拢一批亲属组成团伙，勾结红谷滩新区、经开区、新建区当地社会势力，纠集社会闲散人员，通过利益勾结、暴力胁迫等方式独占18个住宅小区的沙石销售，并在沙石交易中抬高售价、短斤少两，获取高额利润。2018年8月28日，我院依法对闵文凯等人批准逮捕。2019年3月18日，我院依法对该案提起公诉。2019年8月9日，东湖区人民法院一审判处闵文凯有期徒刑二十年，并处没收个人全部财产；判处其他涉黑组织成员十五年至三年不等有期徒刑，并处罚金、追缴违法所得。

3. 胡荣华涉嫌利用影响力受贿案

2017年至2018年期间，南昌市公安局江铃分局原政委胡荣华利用其在公安系统职权和地位形成的便利条件，收受贿赂19万元，通过其他公安领导干部，为黑恶组织成员谋求不正当利益。2019年8月6日，我院依法对其提起公诉。2019年9月23日，东湖区人民法院一审以利用影响力受贿罪，判处胡荣华有期徒刑一年，并处罚金人民币18万元。

4. 江西佟鑫娘投资集团有限公司钟火炮、陶秀兰集资诈骗，熊春春等人非法吸收公众存款案

犯罪嫌疑人钟火炮(在逃)、陶秀兰2014年8月26日注册成立江西佟鑫娘投资集团有限公司，在未取得国家金融许可情况下，通过微信群及口口相传宣传方式向公司员工及社会不特定人群吸收资金。该公司无盈利渠道，采取借新还旧的形式维持资金运转，公司兑付资金出现困难后，又虚构即将上市的信息吸引他人投资股权。经审计，该案共造成资金损失3.7亿元，涉及投资人2700余人。2019年9月30日，我院依法对钟火炮、陶秀兰以集资诈骗罪批准逮捕，对门店经理熊春春等11人以非法吸收公众存款罪批准逮捕，追捕公司高管王国勇等6人。目前，该案正在审查起诉中。

5.“小猪理财”非法吸收公众存款案

2015年以来，江西小猪金融信息服务有限公司董事长游科勤等人于互联网上成立“小猪理财”P2P网贷平台，在未取得任何相关金融许可和申请开展金融业务备案的情况下，通过网贷之家第三方平台、电话营销、微信朋友圈、QQ群等方式进行公开宣传并以承诺年收益11%—13%向社会不特定人群进行融资，先后发布融资标的6万余个，吸收资金达125亿余元。至2018年7月19日平台逾期案发，小猪公司待还款金额共计人民币8.3亿元，涉及借款人2500余人。2018年10月29日，我院以涉嫌非法吸收公众存款罪对游科勤等五人批准逮捕。2019年8月15日，我院以涉嫌非法吸收公众存款罪对被告单位江西小猪金融信息服务有限公司、被告人游科勤等五人提起公诉。目前，该案正在审理中。

6.“5·24”红谷滩实习女律师被刺案

2019年5月24日上午，犯罪嫌疑人万三弟因应聘保安失败一事与面试工作人员发生争执，加上生活上的其他不如意，产生了厌世心理并萌发杀死一名女子陪其一起死的想法。当日17时许，万三弟手持尖刀，在红谷滩新区凤凰中大道对与其素不相识的实习女律师沈某某连刺数刀，沈某某经医院抢救无效死亡。2019年5月30日，我院以涉嫌故意杀人罪依法对万三弟批准逮捕。2019年11月15日，南昌市中级人民法院一审以故意杀人罪判处被告人万三弟死刑，剥夺政治权利终身。

7. 认罪认罚从宽制度

认罪认罚从宽指犯罪嫌疑人、被告人自愿如实供述自己的犯罪，对于指控犯罪事实没有异议，同意检察机关的量刑意见并签署具结书的案件，可以依法从宽处理。

刑事审判程序分为普通程序、简易程序和速

裁程序三种。基层人民法院管辖的可能判处三年有期徒刑以下刑罚的案件,案件事实清楚,证据确实、充分,被告人认罪认罚并同意适用速裁程序的,可以适用速裁程序。与前两种审判程序相比,速裁程序更为简化。

经过广泛深入的试点后,2018 年 10 月 26 日,第十三届全国人大常委会通过了《关于修改〈中华人民共和国刑事诉讼法〉的决定》,将认罪认罚从宽和速裁程序试点积累的可复制、可推广、行之有效的实践经验上升为法律,并在全国范围施行。

8. "佐匹克隆片"

佐匹克隆片为国家二类精神药品,具有镇静催眠和肌肉松弛作用,属速效催眠药品。精神药品直接作用于中枢神经系统,使之兴奋或抑制,连续使用会产生依赖性,过度使用不仅严重危害人们的身心健康,还有可能诱发各种犯罪,破坏社会秩序。根据《麻醉药品和精神药品管理条例》,佐匹克隆片必须凭精神药品处方购买,医疗机构应当对精神药品处方进行专册登记,加强管理。

(区人民检察院)

关于东湖区 2019 年国民经济和社会发展计划执行情况及 2020 年国民经济和社会发展计划草案的报告

——2020 年 5 月 17 日在东湖区第十六届人民代表大会第五次会议上

东湖区发展和改革委员会主任　周春雷

受区人民政府委托,我向大会报告东湖区 2019 年国民经济和社会发展计划执行情况及 2020 年国民经济和社会发展计划草案(书面),请予审议,并请各位政协委员和列席人员提出意见。

一、2019 年国民经济和社会发展计划执行情况

2019 年是中华人民共和国成立 70 周年。2019 年,在区委、区政府的坚强领导下,在区人大的监督支持下,全区上下深入贯彻落实习近平总书记视察江西时重要讲话精神,按照高质量发展要求,坚持稳中求进工作总基调,紧扣市委"十个大抓"既定部署,统筹推进强产业、兴城市、惠民生、促改革等中心工作,经济社会持续保持平稳健康发展,较好地完成了区十六届人大四次会议确定的经济社会发展主要目标任务,主要体现在以下四个方面工作成效:

(一)坚持抓项目、攻产业,综合实力稳步提升。

一是主要指标稳中向好。全区地区生产总值同比增长 7.5%;固定资产投资同比增长 11.8%,增速全市第一;社会消费品零售总额完成 354.03 亿元,同比增长 11.1%,总量居全市第二;规上服务业实现营业收入 57.73 亿元,同比增长 17.9%;完成财政总收入 81.4 亿元(省口径),同比增长 5.7%,财政总收入税收占比在全省 100 个县(市、区)中排名第二;地方一般公共预算收入 13.7 亿元,同比增长 3.7%;利用外资实际到位资金 3.4 亿美元,同比增长 20.13%;实际利用内资 74.08 亿元,同比增长 24.13%;城镇居民人均可支配收入增长 7.8%。各项指标全部达到或超过计划目标。

二是项目建设稳中有进。成功举办"大干项目年"暨 2019 东湖区重大项目集中开工仪式,16 个重大项目集中开工,总投资 144.5 亿元。全年开工重大重点项目 40 个,2019 年累计完成投资 62.98 亿元,投资完成率 101%,项目开工率、投资量、投资完成率均创历史新高,列入省、市重大重点项目数量、体量再次提升。苏宁广场、江旅都市方舟、招商东湖意库等重大产业项目建设进程不断加快,城泰 0728 商务中心、新地商务中心等一批重大产业项目实现如期开工,启明星辰创新中心实现当年开工当年投产,国资澜湖广场、八一馆地铁百盛商业等项目提前竣工投产。

三是产业发展稳中提质。积极推进服务业“四年发展行动计划”,三年来新增规模以上服务业企业82户,净增规模以上服务业企业30户,规模以上服务业营业收入总量比2016年增长1.25倍,三次产业结构比例调整为0.19:9.86:89.95,服务业增加值贡献率达80.1%。现代商贸业、类金融服务业、夜间经济、产业园区蓬勃发展。实现亿元税收楼宇2栋,千万元税收楼宇12栋,楼宇总建筑面积、商务面积分别达到59.32万平方米、44.65万平方米。新增企业1507户,新增企业注册资本达125.37亿元,同比增长52.09%。夜东湖·蛤蟆街、夜东湖·蓝海夜市等夜市街区顺利开街。新增完成股改企业1家、省重点拟上市企业6家、市重点拟上市企业2家。

(二)坚持抓建管、优环境,城市魅力逐步彰显。

一是城市更新“高标准”。扎实推进旧改“净地行动”,加大对历史遗留问题的处理力度,萍乡办事处物业等124个旧改历史遗留问题得到妥善解决,为旧改历年来之最。积极稳妥处置了房屋征迁涉法涉诉案件289件。全年共启动了5个旧改地块的房屋征迁,全面完成了青山南路登月食品厂地块、南昌轨道交通4号线东湖段、象山北路地块、省中医院地块等5个地块的房屋征收工作。完成殷家巷地块、下正街和青山湖西岸5号、8号等地块共184亩的土地出让,土地出让金总额达18.65亿元。

二是城市建设“高品质”。全年投入2.56亿元实施55个“六改”项目。投入9000余万元,实施了东、南、北湖水生态修复及周边环境(八一公园)提升改造工程;实施百花洲路、苏圃路南段空中管线“上改下”工程、象山北路建筑立面综合改造工程;遵循“修旧如旧”原则保护文物建筑,完成对民德路159号民国小洋楼、“南昌行营”等4处文物建筑的保护性修缮;完成二经路等19条主次干道“绿改彩”工程;完成15条背街小巷“白改黑”升级改造;实施了扬农路等农村公路提升改造;完成三经路二七北路口交通渠化改造;完成百花洲路等3处积水点整治;新建东万宜巷、花园角等12个公共停车场,新增停车场泊位2556个,新增道路泊位1600余个,有效缓解了“停车难”问题;完成豫章后街、马家池等10个老旧小区微改造和南湖、北湖2个老旧小区综合提升改造;完成宪法广场、上营坊2个小游园建设。

三是城市管理“高水平”。全年共受理市区两级数字城管案件20.7万余件,处理率100%。不断深化“马路本色”行动、共享单车管理、垃圾分类推进、文明城市创建等四项工作,持续打好“蓝天、碧水、净土”保卫战。在全市率先关停盘踞赣江流域20余年的13个非法码头,迁移滕王阁周边水域趸船15艘。在施工工地设置“建立冲洗平台、铺盖密目式防尘网、设立雾炮机、喷淋降尘、安装检测牌”五步防尘设施;开展对露天烧烤、工地扬尘整治3000余次,全年空气优良天数比重超过85%。全省首座大件垃圾破碎中心建成并投入使用,全市首个四分类智能垃圾屋落户聆江社区、首个人脸识别垃圾屋亮相光明社区。强力推进城市建成区违法建设专项治理工作,拆除违章搭建96处、9200余平方米。在全市农贸市场、“六小”整治、马路本色、垃圾分类、垃圾广告整治等年度考核中均名列前茅;在全市“美丽南昌·幸福家园”环境综合整治暨城市功能与品质提升行动综合考评获第二名;在全市创建全国文明城市“工作成效大评比”中荣获第二名,居主城区之首。

(三)坚持抓改革、扩开放,市场潜力加速释放。

一是改革步伐持续向前。七大领域80项改革任务基本完成。全面完成全区党政机构和承担行政职能事业单位的改革任务;稳步推进生产经营类事业单位改革;启动基层整合审批服务执法力量的改革工作。“放管服”改革不断深化,取消和调整区本级行政权力事项115项;编制《东湖区2019年行政事业性收费目录清单》,全面执行“清单之外无收费”。圆满完成市场监管、生态环境、文化市场等5个领域综合执法队伍的整合。持续推进绿色殡葬改革,完成扬子洲地区“三沿六区”散埋乱葬坟墓的整治工作。深入推进农村集体产权制度改革,清产核资工作在省、市两级验收中评为优秀。组建东控企业运营管理有限公司,全面整合盘活区属国有资产。

二是开放水平持续提升。围绕“6+X”产业体系,坚持“走出去、引进来”相结合,主动出击,积极参加第二届世界赣商大会、第十一届中博会、第二届世界VR产业大会,对接粤港澳大湾区投资合作推介会等招商活动。12月9日在上海成功举办"三请三回"暨现代服务业(上海)招商推介会,金手杖康养社区、新城央镜等12个项目集中签约,总投资额128亿元。全年共落户内外资项目186个,总投资额188.83亿元,其中,千万元以上项目161个,亿元项目25个,10亿元以上项目4个,利用省外资金项目进资53.5亿元人民币,同比增长19.26%。

三是红利效应持续释放。落实减税降费政策,开展优化提升营商环境十大行动,全年共减税6.63亿元,涉及15.07万户次,其中为小微企业普惠性减税1.62万余户,减免税额1.19亿元。办税缴费便利化改革效果突出,税务局自主研发的"征管资料电子化、电子印章管理系统"真正实现了企业办税缴费"一次不跑",并在我区召开全省现场会全面推广。高新技术企业的培育工作初见成效,申报省级重点新产品11项,认定科技型中小企业51家,技术合同交易额累计4.9亿元,较2018年同期增长22%;全年累计为28家企业发放科技扶持奖励资金263万元。多渠道破解融资难、融资贵问题,为辖区小微企业取得1亿元担保额度,帮助11家企业融资近5.6亿元;为6家企业办理动产抵押登记业务,融资近5亿元。

(四)坚持抓民生、增福祉,社会活力不断激发。

一是基本民生保障有力。全区民生资金投入20.64亿元,同比增长16.3%,占一般公共预算支出比重达到70.8%。全面落实城镇低保等基本生活兜底保障和提标提补政策。城镇基本医疗保险参保19.4万人,工伤保险参保人数1.56万人,参加基本养老保险人数达5.6万人,累计发放养老金6.4亿元。发放特扶奖扶金640余万元,发放城镇独生子女父母奖励金3800余万元。将2228户城镇贫困群众纳入脱贫解困对象,累计发放资金3118.8万元;将6785名困难企业职工纳入城镇职工医疗保险范围,为全区3310名城镇贫困群众购买重大疾病医疗补充保险。

二是热点民生推进有方。全年推进了64个民生实事项目,人大票选十大民生实事项目全面完成。深入推进居家养老志愿服务"时间银行"总(分)行建设,"时间银行"志愿服务项目被评为南昌市最佳志愿者服务项目;创新开展"时间银行·幸福食堂"服务,重点保障空巢、独居、失能等困难老年人用餐问题;融合养老、文体、医疗、教育、商业等功能为一体的首批9个"1+5+X"社区邻里中心在小金台、芭茅巷等社区成功打造,并在全区推广;安置房规划、建设和验收工作积极推进;戴家巷社区便民服务中心被国家商务部评为首批已建成城乡便民消费服务中心;在全省率先打造了残疾人"喘息式"临时托养暖心驿站服务项目。义务教育质量监测结果应用经验在全国作典型发言;荣获"国家义务教育质量监测优秀组织单位"和"全省推进义务教育基本均衡发展积极贡献集体";全省"教育发展"考评连续三年蝉联全市第一。顺利完成上沙窝农贸市场升级改造,建成品质优、功能全、环境好的七里嘉和农贸市场。文化馆总分馆制试点工作在全省作经验介绍并推广;第二届"传统民俗庆团圆·南昌味道南昌年"迎新春主题活动再登央视《新闻联播》。纪念方志敏烈士的原创歌曲《下沙窝的这朵花》在全市传唱并得到《学习强国》推荐。促成辖区10所社区卫生服务中心与省市三甲医院建立医联体。

三是底线民生治理有效。扫黑除恶绩效考核打击战果全市第一,"赣鄱霹雳3号"行动战果全省第一,"知晓率"和"满意度"均列全省前30名。夺得"百日缉毒风暴""缉毒冲刺行动"、反邪收网、打击电诈行动四个全省第一;全省公众安全感测评连续四年位居全市主城区第一名。对辖区2家药品生产企业和152家零售药店巡查全覆盖,立案查处零售药店7家。赣昌水产品批发市场快速检测中心正式启动,果蔬检测效率极大提高;学校食堂和大型餐饮服务单位"明厨亮灶"工作完成率达100%,被评为南昌市食品安全治理示范区。特种设备定检率100%,稳居全市第一。圆满完成中华人民共和国成立70周年大庆、世界VR产业大会、2019南昌国际马拉松比赛等大型活动东湖段安保任务。

在外部经济形势纷繁复杂,内部发展"三化交织"的困局下,过去一年取得这样的成绩实属不易。回顾过去是为了更好地面向未来,面对新形势、新要求、新任务、新变化,我们要清醒地认识到,东湖经济社会发展仍存在一些突出问题和矛盾:一是产业引与育的"失衡"。产业发展要引育并举,没有优质企业的"引入",产业结构的优化就缺少活水;没有本土企业的"孕育",产业发展的根基就不会牢固。2019年全区招商工作成效是好的,引进了一批体量大、附加值高、产业带动能力强的优质企业,但对于本土企业,我们关注、扶持的力度相对偏弱。二是财政收与支的"失衡"。随着中央各项减税降费政策出台,企业步入政策制度"红利期"的同时,地方政府也进入政策调整"阵痛期"。2019年全区财政总收入(省口径)、一般公共预算收入分别同比增长5.7%、3.7%,分别较去年同期下降13.4、1.0个百分点,财政收入增长乏力,而保运转和改善民生的刚性支出连年攀升,必然导致收支矛盾进一步加剧。三是城市拆与建的"失衡"。对于中心老城区来说,要想发展,就必须破旧立新。这些年全区上下齐心协力,付出艰辛努力,拆出了发展新空间、建起了美丽新家园。但是由于一些主、客观原因,导致一批旧改土地无法成为旧改净地,一些旧改净地没有及时出让。

二、2020年经济社会发展计划和主要任务

2020年是全面建成小康社会,实现第一个百年奋斗目标的收官之年,做好今年工作意义重大、影响深远。当前,新冠肺炎疫情给经济社会发展带来严重冲击,经济运行面临的压力罕见、实体经济困难空前加剧。但是我国经济韧性好、潜力大、回旋余地大,长期向好的基本面没有改变;我省发展向好、优势凸显的势头没有改变;全市做大做强做优大南昌都市圈的信心、决心和干劲越来越充沛。特别是通过近几年"撸起袖子加油干",全区高质量跨越式发展的基础不断夯实,环境不断优化,动力不断增强。

今年政府工作的总体要求是:以习近平新时代中国特色社会主义思想为指导,全面贯彻落实党的十九大和十九届二中、三中、四中全会精神,深入贯彻习近平总书记视察江西重要讲话精神,增强"四个意识"、坚定"四个自信"、做到"两个维护",聚焦"作示范、勇争先"目标定位和"五个推进"更高要求,坚持稳中求进工作总基调,坚持新发展理念,紧扣省委十四届十次全会、市委十一届九次全会和区委十二届八次全会部署,全面做好"六稳"工作,全面落实"六保"任务,坚持产城融合发展理念,统筹生产、生活、生态三大布局,进一步重组要素、重聚动能、重塑环境,以东湖"三生融合"发展彰显治理体系和治理能力现代化,确保"十三五"规划圆满收官,确保与全国同步全面建成小康社会,奋力开启生产更加高质、生活更具品质、生态更为优质的东湖发展新征程。

今年经济社会发展的主要预期目标是:

全力争取地区生产总值增长保持在7.6%—8.1%;

500万元以上固定资产投资增长10%—11.0%;

社会消费品零售总额增长10.0%—10.5%;

规上服务业营业收入增长12.5%—13.0%;

财政总收入增长3.0%—4.0%;

地方一般公共预算收入增长1.0%—2.0%;

利用外资实际到位资金增长15.8%;

实际利用内资增长15.8%;

城镇居民人均可支配收入增长7.0%—7.2%。

根据以上要求和目标,今年要重点抓好以下几个方面工作:

(一)坚持以项目强攻产业,积蓄发展后劲。

一是下好顶层设计这步"先手棋"。在国外疫情快速扩散、外需市场不稳定的形势下,坚持一手抓战疫情、一手抓促发展。加力释放消费潜力扩内需,进一步出台提振消费的政策和举措,以百花洲购物节等商贸活动为契机,促进商贸消费升级;顺应疫情期间线上消费爆发式增长的趋势,大力培育"非接触经济""宅经济"等新经济形态。积极扩大有效投资稳增长,在谋划和推进传统基础设施项目的基础上,围绕"新基建"谋项目,针对大数据、云计算、智能改造等领域,谋划一批发力于科技端的基础设施建设项目,形成以传统基建项目托底,"新基建"为杠杆的新局面。抢抓重大发展机遇寻突破,以"十四五"规划编制为契机,以扬子洲地区开发为机遇,深入实施《东湖区服务业发展四年行动计划》,加快布局一批产业特色鲜明、配套功能完善、市场主体密集、发展环境优良的服务业集聚区,逐步构建起以文创旅游、健康颐养、教育培训、现代商贸为主导的现代产业体系,推动实体经济特别是现代服务业高质量发展。二是突出项目建设这个“总抓手”。深入开展“项目建设提速年”活动,全力推动73个总投资471.88亿元的重大重点项目。狠抓开工率,进一步细化中骏世界城、赣电中心、慧铭广场等重大项目前期工作的服务保障,强化调度、强力推动项目报建手续,确保项目按照计划时间节点开工建设。狠抓投资率,确保苏宁广场、江旅都市方舟、城泰0728商务中心等续建项目达到既定的工程进度和投资进度,针对建设过程中出现的难点问题进行提前谋划和重点协调。狠抓竣工率,加快推进中海商业、招商东湖意库、沁庐旅生活广场等重大项目的竣工见效。加快形成“开工一批、竣工一批、投产一批”的良性循环。三是抓住招商引资这个“牛鼻子”。围绕产业集群抓招商,分析梳理全区重点产业链条,按照“差什么引什么、弱什么补什么、强什么增什么”的原则,绘制招商图、列出作战表、找准发力点,主动寻求与世界五百强、国内二百强、大型央企、知名民企的战略合作,引进产业链关键环节、核心企业、配套企业,推进产业集聚发展、促进产业转型升级。突出理念转变抓招商,加强招商选资与招才引智的融合,从单纯引才、单纯招商,向“人、财、项目”打包引进的模式转变,形成“团队+技术+资本”的招商新模式,在引进资金、项目的同时,力争引进一个项目、带来一批人才、打造一个团队、搞活一个产业。

(二)坚持以建管升级功能,建设美丽家园。

一是推动城市有机更新。按照“保护、完善、提升”原则,坚持“修旧如旧、建新如故”,编制北起阳明路、南至中山路、西起沿江北大道、东至八一大道4平方公里区域的规划,推进人文景观和历史遗存开发利用。深入挖掘百花洲历史文化资源,采取连点成线、连线成片的方式,打造百花洲文化艺术休闲旅游街区。重点打造梁书美术馆、百花大舞台、沁庐旅夜生活广场等,完善配套服务,引入相关业态特色品牌,实施景观创意视效、多媒体视觉景观互动等手段,国庆节前完成百花洲视觉创意项目,将百花洲文化艺术休闲旅游街区打造成为江西乃至中部地区文化艺术旅游特色亮点打卡地。二是补足基础设施短板。坚持“设计精美、建设精致、管理精细”的理念,继续实施“六改”建设。加快推进青山湖西岸22条路网建设;继续实施道路“白改黑”向背街小巷延伸工程;对渊明北路等14条背街小巷进行升级改造;深入落实《东湖区停车场三年建设专项规划》,新建公共停车场7个,新增泊位1200个;对文教路、人民公园等5座垃圾站进行升级改造;全力推进垃圾分类,力争到2020年底城区居民垃圾分类知晓率达100%,垃圾回收利用率达到35%以上;同步推进农村生活垃圾分类工作;力争完成25座新建公厕任务。三是改善人居生态环境。积极落实“彰显省会担当、唱响‘南昌品牌’”城市建管十大提升行动。按照“300米见绿、500米见园”要求,合理规划建设12个“口袋公园”“邮票绿地”,推动城市品质向景观化、多样化、色彩化提升;全力推进“苦干三百天、旧貌换新颜”老旧小区微改造“百团大战”攻坚行动,推动城市形象面貌显著改善;严格落实“河湖长制”,在赣江水域东湖段全面实施退出捕捞工作;深入推进城区城镇污水全收集、全处理达标整治工程,合力推动、加快新建北湖溢流井和青山路溢流闸门改造。深入实施“蓝天、碧水、净土”行动,抓好“四尘三烟三气两禁”治理,全面推进“马路本色”行动、实施“环保管家”项目试点,构建环境治理“一站式”服务管理模式。

(三)坚持以开放推动改革,激发动力活力。

一是强改革,添动力。统筹落实好省委、市委部署的各项改革任务,持续深化“放管服”改革,积极推进区相对集中行政许可权改革试点工作,推动组建东湖区行政审批局。持续推进国资国企改革,健全完善东控公司各项制度建设,统筹资源管理与利用,全面整合盘活区属国有资产。深入推进农村承包地“三权分置”、农村集体产权制度、绿色殡葬、科教文卫体、智慧+专业市场监管等各项事业改革,完善重大疫情防控体制机制,健全公共卫生应急管理体系,提高应对突发重大公共卫生事件能力水平。二是扩开放,激活力。积极主动融入长江经济带、大南昌都市圈等区域发展大格局,持续加强优质楼宇、特色园区载体建设,充分利用好进口博览会、世界VR产业大会,粤港澳大湾区经贸合作活动、赣台会、跨国公司合作交流会等会展平台,持续强化招商引资工作,确保招商引资四年倍增行动计划圆满收官。深入实施人才强区战略,落实人才政策配套,吸引更多大项目、好项目落户东湖,让更多优质人才在东湖落地生根,以更加先进的开放理念、更有实效的开放举措,不断拓宽发展新空间。三是优服务,提能力。持续深入开展“降成本、优环境”专项行动,坚决执行国家和省市出台的系列为企业减税降费政策。聚焦缓解企业融资难、融资贵问题,进一步强化融资担保,密切政银企对接,助力企业做大做强。持续推进“互联网+”政务服务平台和基层综合便民服务平台建设,赋予镇(街道、管理处)区级审批服务执法权限,打通服务群众“最后一公里”,全力打造“四最”营商环境。严厉打击干扰企业正常经营和项目建设行为,保护民营企业和企业家合法权益,营造公平公正的市场环境。探索制定政商交往“正面清单”和“负面清单”,构建亲清政商关系。

(四)坚持以投入改善民生,释放成果红利。

一是真金白银兜“民底”。提升民生倾斜力度,提高民生保障水平,坚持全覆盖、保基本、多层次、可持续的基本方针,力争全年用于保障和改善民生一般公共预算支出比重保持在70%以上。持续加大城镇贫困群众脱贫解困工作力度,开展结对帮扶活动,确保小康路上一个不掉队。二是真心实意办“民事”。聚焦人民群众关心关注的突出问题,把实事办到群众心坎上,全力推进人大票决的十大民生实事。稳步推进旧城改造工作,确保全面完成旧城改造三年攻坚计划;大力推进香江佳苑等7个地块安置房建设;积极完成“1+5+X”社区邻里中心建设任务;力争完成6个以上智慧平安小区的建设;推进创新老旧居民区物业服务模式试点和先进服务示范小区的评选工作;加强社区卫生服务中心医联体建设工作,不断提高基层医疗卫生机构的服务能力;打造公园街道社区卫生服务中心五星级预防接种门诊及规范化的社区卫生服务中心;探索增加0—3岁婴幼儿普惠性托育服务供给;不断完善24小时城市书房建设;启动邮政路小学教育集团天骥校区主体工程建设,推进光明学校新校区建设前期工作,完成公办城北幼儿园装修工程;加强制度规范和正向激励,确保“时间银行”养老模式规范化、可持续发展;推进智慧市场监管工作,全面完成市场监管基层标准化建设,进一步提升市场监管效率。三是真抓实干保“民安”。加强和创新社会治理,健全公共安全体系,持续深入开展扫黑除恶专项斗争,对群众反映强烈的黄赌毒、黑恶势力等突出违法犯罪始终保持高压严打态势,让“零警情”成为东湖居民生活常态。要持续深化平安东湖建设,全力做好扬子洲地区控违工作,稳步推进完工安置房交付。要扎实做好信访接待、领导包案、积案化解工作,切实把矛盾化解在萌芽状态。要加快法治政府建设,深化司法体制综合配套改革,加快完善公共法律服务体系,进一步营造公平公正的法治环境。

各位代表,使命重在担当,实干铸就辉煌!我们坚信,在区委、区政府的坚强领导下,在区人大、区政协的监督和指导下,东湖区全体干部将以更高的站位、更强的担当、更实的举措,只争朝夕、不负韶华,奋力开启东湖“三生融合”发展新征程,为彰显省会担当、做大做强做优大南昌都市圈,描绘新时代江西改革发展新画卷贡献东湖更多力量!

(区发改委)

关于东湖区2019年财政总预算执行情况和2020年财政总预算(草案)的报告

（2020年5月17日在东湖区第十六届人民代表大会第五次会议上）

东湖区财政局局长　廖　军

受东湖区人民政府委托，由我向大会报告2019年区级财政总预算执行情况和2020年区级财政总预算（草案），请予审议，并请各位政协委员和列席会议的同志提出宝贵意见。

一、2019年区级财政总预算执行情况

（一）关于对区级财政收支预算指标进行调整的说明

1、收入预算调整情况

省财政厅分配我区2019年新增地方政府一般债券规模为8823万元，区级地方政府一般债券收入相应调增8823万元。经报区人大常委会批准，2019年，全区收入计划数由136200万元调整为145023万元，调增收入预算8823万元。

2、支出预算调整情况

由于收入预算调整，相应地增加了区级可用财力，经报区人大常委会批准，2019年，全区支出计划数由年初预算的149000万元调整为157823万元，调增支出预算8823万元。按照中央、省和市有关规定，此次下达给我区的政府债券资金主要用于我区城市基础设施建设。

（二）财政预算收入执行情况

2019年，全区实现财政总收入按省口径统计为813860万元，完成年初区人大确定增幅5%的任务目标，同比增长5.7%；按市口径统计为898471万元，同比增长5.3%。

2019年，全区实现一般公共预算收入为137031万元，完成年初区人大确定增幅3%的任务目标，同比增长3.7%，其中：由税务部门组织的收入120113万元，同比增长1.9%，由财政部门组织的收入16918万元，同比增长18.4%。

一般公共预算收入中，各主要收入项目完成情况是：

税收收入117343万元，同比增长2.1%；

非税收入19688万元，同比增长14%。

（三）财政预算支出执行情况

2019年，全区完成一般公共预算支出288958万元（含扬子洲镇），同比增长13.4%。

其中，区本级累计完成财政支出287531万元（含上级各项转移支付及上年结转等支出），占调整后支出预算157823万元的182.2%，同比增长14.2%。

区本级各主要支出项目情况是：

一般公共服务支出34806万元，同比增长0.2%；

国防支出330万元，同比增长71.1%，主要是区本级追加拨付了民兵调整改革、民兵军事训练以及高校征兵等工作经费；

公共安全支出30508万元，同比增长22.4%，主要是公检法司岗位津贴政策调整；

教育支出45273万元，同比增长10.2%，主要是上级专项转移支付资金增加以及区本级加大资金投入保障各学校运转需求；

科学技术支出3532万元，同比增长58.2%，主要是区本级加大了科技三项经费投入以及对创新技术企业的支持力度；

文化旅游体育与传媒支出2603万元，同比增长34.7%，主要是根据机构改革方案，部分预算科目相应地进行了调整归并；

社会保障和就业支出85554万元，同比增长21%，主要是区本级追加拨付了基本养老保险补助和上级专项转移支付资金增加；

卫生健康支出31063万元，同比增长12.6%，主要是上级专项转移支付资金增加；

节能环保支出884万元，同比下降12.5%，主要是上年同期区本级拨付了一次性工作补助经费；

城乡社区支出41655万元，同比增长17.3%，主要是区本级追加拨付了道路“白改黑”

等五个市政建设EPC项目工程进度款、百花洲景区改造提升项目启动资金以及滕王阁周边建筑立面综合改造工程进度款等建设资金;

农林水支出1498万元,同比下降13.7%,主要是上级专项转移支付资金减少;

资源勘探信息等支出1858万元,同比增长162.2%,主要是上级用于扶持实体经济企业专项转移支付资金增加;

商业服务业等支出1274万元,同比增长43.8%,主要是上级用于扶持商贸物流企业专项转移支付资金增加;

自然资源海洋气象等支出404万元,同比增长203.5%,主要是区本级追加拨付了第三次全国土地调查2018年工作经费及2019年调查工作启动经费;

住房保障支出1993万元,同比增长0.5%;

灾害防治及应急管理支出319万元,同比增长7%;

其他支出1338万元,同比下降76.2%,主要是区本级债券资金预算支出科目调整;

债务付息支出516万元;

债务发行费用支出10万元;

基金支出2113万元,同比增长430.1%,主要是上级专项转移支付资金增加。

(四)社保基金预算执行情况

2019年,全区各项社保基金预算收入完成103700万元,同比增长12.3%;各项社保基金预算支出完成87779万元,同比增长10.5%,当年收支结余15921万元,上年结余48175万元,年末滚存结余64096万元。收支增幅较大的原因主要是:收入方面,2019年我区经济社会发展运行良好,机关单位和企业职工缴费能力不断增强,加上各级财政部门不断加大对社保基金的补助力度,收入总体稳中有升;支出方面,保障力度同样加强,企业退休人员基础养老金标准连续十五年上调,城乡低保、城镇特困人员、城乡居民医保等财政补助标准也有不同程度提高,给群众带来了实实在在的获得感和幸福感。

根据年终报表预测,2019年我区实现了财政收支平衡,略有结余。具体平衡情况待市财政局审核批复我区2019年财政收支结算后,再向区人大常委会作专题报告。

二、2019年财政预算执行的主要工作

2019年是中华人民共和国成立70周年。回顾2019年,我区财政工作在稳护财源、优化支出及深化改革等方面成效显著,亮点纷呈,为全区经济社会高质量发展作出了积极贡献。

(一)稳护财源,征管提质,收入总量迈上新台阶

2019年,通过全区财税干部的齐心协力、务实拼搏,东湖区克服了因减税降费所带来的减收压力,财政收入量质齐升。在财政总收入(市口径)稳步向90亿元新高点冲刺的同时,全区财政总收入(省口径)历史性突破80亿元大关,税收占比达到96%,收入质量位居全省100个县(市、区)第二;全年一般公共预算收入增幅高于全市平均增幅0.6个百分点,税收占比高于全市平均占比6.3个百分点,继续保持了有质量可持续的稳定增长。全面落实减税降费。坚决贯彻党中央、国务院关于减税降费的决策部署,充分发挥部门职能,及时组织开展学习宣传,加强与企业的沟通联系,积极主动配合协调税务部门跟踪减税降费落实情况,确保减税降费政策落到实处,见到实效,切实帮助企业降低运营成本。强化数据分析管理。及时应对国地税合并带来的管户调整,做好企业纳税情况比对和动态跟踪,针对异常纳税企业和迁出企业,积极发挥好政策扶持的引领作用和协税护税的职能作用,加大稳税控税工作力度。有效夯实税源基础。紧盯我区重点税源企业的税收申报和入库情况,组织各街办着重开展对房地产项目以及市级重大重点市政项目、区招税引税项目等关键增量的跟踪服务。2019年,我们实现了对12个房地产项目、16个市级重大重点项目、35个区招税引税项目的台账化管理,在为企业提供纳税业务辅导等全程服务的同时,确保了经济发展成果及时转化为财政增收。积极推进非税改革。认真贯彻执行取消、停征和免征的行政事业性收费政策以及投诉举报查处机制,主动与有关执收部门协作配合,严格按收费目录清单落实,进一步减轻企业负担。财政票据和非税收入收缴电子一体化系统已全面上线,全区155家行政事业单位纳入系统管理,非税收入征缴工作效率得到大大提升。

(二)优化支出,聚力增效,保障水平得到新

提升

2019年,在减税降费落地显效,可用财力增速放缓的大环境下,区财政部门牢固树立过"紧日子"的思想,坚持将"保工资、保运转、保基本民生"放在首要位置,优化调整支出结构,统筹聚合资金资源,补短板兜底线,民生实事工程保障有力,资金倾斜力度继续加大。2019年,财政用于保障和改善民生投入资金20.46亿元,较上年同期增长16.3%,占一般公共预算支出的比重为70.8%,较上年提高了1.8个百分点。全力助推社会保障体系建设。深入推进"时间银行"建设运行,加大对绿色殡葬改革、城镇脱贫解困等民心工作的支持力度,持续推进孤寡长者、残弱儿童、失业人群等社会各类困难群体的扶助力度,积极落实各项社保扶贫政策的资金需求。2019年,全区社会保障和就业支出累计投入8.6亿元,较上年增加近1.5亿元,占全区支出比重达到30%,较上年提高2.2个百分点。全力支持教育事业蓬勃发展。继续加大教育经费投入力度,健全完善生均经费保障机制,加强学校安全防卫设施提升,加快普惠性学前教育发展和中小学校改扩建工程建设。2019年,财政对教育事业累计投入4.5亿元,支出增幅达到10%以上,继续保持"两位数"高速增长。全力配合城居环境优化升级。及时拨付百花洲景区改造,城市道路"白改黑"、园林绿化"绿改彩"等"六改"工程环境提升项目资金,积极助力"1+5+X"邻里中心以及社区微改造等惠民工程,加快垃圾分类、"厕所革命"等城市基础设施升级步伐,加大农贸市场提质改造、市场管理等方面经费投入,不断提升居民生活环境品质。2019年,累计拨付城乡社区事务经费4.2亿元。全力提升卫生健康服务水平。持续推进全区公共卫生服务均等化,支持食品药品安全综合监管建设,主动落实城乡居民医保统筹、城乡大病医疗救助等民生政策,为城乡居民健康保驾护航。2019年,共投入卫生健康支出3.1亿元。

(三)深化改革,求新求实,精细理财再添新动能

2019年,在合理调控财政收支平衡的过程中,区财政部门坚持立破并举,加快财政改革步伐,以钉钉子的精神抓好既定改革措施和任务的落实,推动财政管理体系持续优化。积极推进全口径预算绩效管理。按照"全方位、全过程、全覆盖"的要求,深化预算绩效管理,管理面由一般公共预算向政府性基金预算延伸,管理口径由年初预算向追加预算延伸,管理层次由一级预算单位向二级预算单位延伸,可评价项目基本纳入了绩效管理的笼子。2019年,督促指导全区各预算单位开展2018年度财政项目支出绩效自评工作,涉及项目109个,金额共计3.65亿元;督促指导全区各预算单位开展2019年度财政项目支出绩效监控工作,涉及项目223个,金额共计6.64亿元。创新探索线上采购服务模式。组建启用政府采购宣传策划类和信息技术类事前评审专家库,抽取各类专家针对不同类型的政府采购项目定出指导价格,严控政府采购项目支出;全面开展政府采购网上商城业务,全区预算单位纳入市政府采购网上商城,通过直购和竞价采购两种采购模式,不断提高采购效率,进一步规范了政府采购运作。2019年,全区货物及服务类政府采购实际金额约为9650万元,节约率为8.7%。健全完善政府投资评审管理。严把评审质量关,重点推进市政基础设施建设、公共服务领域等重大工程项目的跟踪服务,确保政府投资合理、节约、有效。2019年,全区共受理基本建设工程预算评审业务52件,评审定案金额约为6301万元,核减率为10.2%。加快建立国有资产管理体系。针对行政事业单位,提请区政府出台了《南昌市东湖区区级行政事业单位国有资产管理暂行办法》,对资产管理的责任、行为、流程和要点进行了详细规定,细化要求,明确责任,强化落实,进一步增强和提升了单位资产管理意识。针对区属国有企业,提请区政府出台了《南昌市东湖区区属企业国有资产监督管理暂行办法》,明确了企业国有资产的管理和监督机制,有效规范了企业负责人、企业重大事项、企业国有资产监督等具体管理事项。严格执行财政资金内控机制。为进一步规范预算单位资金管理,防范资金安全风险,开展了预算单位实有资金账户清理工作,梳理和掌握了全区预算单位实有资金账户的开立依据等情况。对不符合开户规定的账户,下达销户通知书要求单位限期销户。通过多级对账、代理银行上门对账等方式,对财政专户资金情况进行逐一核对,及时排除资金安全隐患。有效落实地方政府债务管控。要

求各有关单位填报隐性债务监测平台月报,并针对项目的工程进展、审计进度等情况进行摸排,定期上报项目情况进度表,督促各单位按进度化解隐性债务。有序开展资金运行监管改革。为完善现代财政管理体系,提高财政资金使用的安全性、规范性和有效性,出台预算执行动态监控管理办法和内部工作规程,上线使用“预算执行动态监控系统”,及时纠正预算执行和财政资金支付中的违规行为,以达到威慑、警示、纠偏、规范为目的的预算执行监管工作。

回顾过去的一年,全区财政工作取得了来之不易的成绩,当然在肯定成绩的同时,我们也不能回避目前已经出现或即将出现的问题和困难:一是政策效应持续释放,增收难度不断加大。根据目前国务院印发的一系列文件来看,2020 年减税降费政策仍将是拉低我区财政收入增长的重要因素;二是由于新冠肺炎疫情影响,我区财政收入主要来源的服务性产业均受到不同程度冲击,同时为帮助企业渡过难关,东湖区积极落实税收减免、租金减免政策。税源的减少,收入的减免,对财政增收造成明显影响;三是保工资、保运转、保民生等刚性支出逐年提标,支出增幅远远高于收入增幅,同时我区积极应对疫情,财政部门努力筹集资金,全力保障防疫工作需求,硬性支出持续加大,收支矛盾日益突出。针对上述问题,我们将高度重视,在今后的工作中创新思路、集思广益,努力为全区经济社会持续健康发展提供强有力的资金保障。

三、2020 年区级财政总预算草案

2020 年是我区“十三五”规划的最后一年,做好全区财政各项工作,意义重大、责任重大。根据国家和省市对财政工作提出的新要求,结合区委、区政府决策部署,2020 年全区财政工作总体思路是:以习近平新时代中国特色社会主义思想为指导,深入贯彻党的十九届四中全会、省委十四届十次全会、中央经济工作会议以及省委经济工作会议精神,围绕全国财政工作会议和全省财政工作会议安排,紧扣区委、区政府确定的工作重点和具体目标,巩固减税降费成效,不断完善财源管理机制,提高财政收入质量;贯彻“以收定支”原则,注重支出结构调整,加大财政资金统筹力度,支持防疫复产、改善民生等重点工作;推进财政治理体系和治理能力现代化建设,完善现代财政管理机制,加强财政资金运行监控,切实提高预算执行水平,在彰显省会担当的南昌实践中,全力为东湖“三生融合”发展提供坚实的财力支撑。

遵循以上指导思想,综合考虑全区经济形势和各项收支增减因素,按照收入预算实事求是、积极稳妥、留有余地,支出预算统筹兼顾、突出重点、有保有压的原则,2020 年区级财政预算拟作如下安排:

(一)区本级收支预算安排情况

2020 年,全区财政总收入(省口径)计划完成 838300 万元,同比增长 3.0%—4.0%。其中,地方一般公共预算收入计划完成 138400 万元,同比增长 1.0%—2.0%。

按我市现行财政体制测算,2020 年地方一般公共预算收入为 138400 万元,加上中央、省市财政提前下达项目补助资金 15516 万元,以及上级各项补助、转移支付补助(不含上级一次性专项追加补助)38290 万元,剔除上解上级支出 23410 万元,2020 年区级可用财力为 168796 万元。

需要说明的是,根据上级要求,今年将上级提前下达给我区 2020 年新增地方政府一般债券限额 14400 万元列入一般公共预算,2020 年区级可用财力相应增加 14400 万元,合计为 183196 万元。

遵循“以收定支,收支平衡,略有节余”的原则,今年将上级提前下达给我区 2020 年项目补助资金 15516 万元列入区级收支预算,若剔除该新增因素,2020 年地方一般公共预算支出计划安排 167400 万元。

各主要支出项目安排是:

一般公共服务支出 22013 万元;

国防支出 197 万元;

公共安全支出 22314 万元;

教育支出 28355 万元;

科学技术支出 3444 万元,其中科技三项经费 3348 万元;

文化旅游体育与传媒支出 944 万元;

社会保障和就业支出 21890 万元;

卫生健康支出 15219 万元;

节能环保支出 447 万元;

城乡社区支出 21459 万元;

农林水支出700万元；

资源勘探信息等支出595万元；

自然资源海洋气象等支出3万元；

住房保障支出2853万元；

灾害防治及应急管理支出393万元；

预备费3348万元；

其他支出22200万元；

债务还本支出300万元；

债务付息支出726万元。

（二）全区社保基金收支预算安排情况

2020年，全区各项社保基金预算收入计划完成82807万元，其中：保险费收入25753万元，财政补助收入54927万元，其他收入2127万元；各项社保基金预算支出计划安排90974万元，本年收支结余—8167万元，上年结余45977万元，预计年末滚存结余37810万元。

四、振奋精神，锐意进取，扎实做好2020年财政各项工作

解放思想绘新图，聚力发展勇担当。2020年，全区财政工作将紧扣年初预期发展目标，以推动发展、促进发展为己任，更加注重结构调整，切实提高财政资源配置效率和使用效益，努力实现量的合理增长和质的稳步提升，全力服务我区发展改革稳定大局。

（一）固牢财源根基，确保财政收入持续稳定增长

以稳定增收为发展提供动力。为有效应对疫情，稳定经济增长，我们将以不折不扣落实减税降费政策为依托，加强财税管理，加大扶持力度，充分激发市场活力和发展动力，促进经济稳步回升，进一步巩固财源根基。一是优化营商环境助力企业发展。围绕全区探索构建具有自身特色服务业产业发展体系的主攻方向，充分发挥财政职能作用，加大对各类企业发展的政策支持力度，加强涉税风险指引和跟踪服务，重点扶持受疫情影响严重的行业、企业，定期开展针对性走访沟通，及时帮助辖区企业解难解困，努力增强经济发展内生动力。二是加强收入分析抓紧抓实调度。依托“信息管税”的不断创新，深化纳税预报机制，强化数据分析比对。在不断完善与税务部门对接联系，做好每月税款申报、催报和入库的同时，加强对各经济责任单位的财税工作调度，及时解决征收过程中遇到的各类问题，进一步提高税收征管效能。三是综合分析行业发掘税收增长点。对重点纳税行业税收情况开展多维度深入分析，理清行业规律、挖掘税收特性，点面结合直观掌握行业税收情况，同时在旅游、零售、餐饮服务、娱乐等行业受到冲击的同时，转变思路，调整方向，对医疗卫生、保健用品、网络服务等一些行业的新增需求予以挖掘，寻求经济复苏的突破口，尽快扭转财税收入下滑势头。四是紧盯重点税源开展项目跟踪。会同有关部门，积极做好企业复工复产工作。主动对接省市各大平台，围绕市级重点工程项目，建立项目跟进和服务机制。对辖区内企业汇总纳税、在建项目、房地产情况进行全面摸排，紧盯税源项目发展变化，密切做好八一馆百盛商业综合体等重大项目的服务保障工作，及时跟进中海商业、沁庐旅生活广场等重大项目的竣工投产，确保各项税款应收尽收，颗粒归仓。

（二）合理调配财力，确保全区各项事业协调发展

以厉行节约为发展聚集财力。2020年，我们将坚决贯彻落实过“紧日子”的要求，精打细算，有保有压，努力将每一分钱都花到最需要的地方，让每一分钱都产生最好的效果。一是资金保障，分类排序。切实打破资金固化格局，打破部门预算传统观念，扭转财政拨款“只做加法、不做减法”的惯性思维，积极试行零基预算改革。在优先保障“三保”支出的基础上，对全区所有项目实行统筹管理，划分硬性项目和弹性项目，并依据财力情况和收入进度，按照先硬性支出、后弹性支出，先重点项目、后一般项目的分配顺序，合理规划资金使用，并通过资金运行平台动态跟踪预算支出情况，据实进行预算增减调整。同时，严格落实中央、省、市提出压减一般性支出10%的要求，从严控制“三公”经费，确保压减目标实现。二是追加预算，从严控制。遵循“预算一个盘子，支出一个口子”的管理要求，进一步规范预算追加申报审批程序，从严控制一般性预算支出追加，做到“有预算不超支、无预算不开支”。对未纳入预算的，除落实国家相关政策、用于疫情防控等必须追加的特殊事项外，原则上不予追加安排专项经费，将有限的财政资金真正用到“刀刃”上。三是严格绩效，跟踪问效。切实提高财政资金使用绩效，

全面实施预算绩效管理,强化预算支出主体责任,将项目的产出和效益指标作为部门预算和财政收支计划安排的重要依据,未申报绩效目标或绩效目标审核不通过的,财政不予安排预算资金。同时,对确立的绩效目标,开展运行监控,督促项目单位确保目标实现,真正做到"花钱必有效、无效必问责"。四是吃透上策,向上争资。紧紧围绕中央、省市项目资金的投向,深入了解各类专项资金的申拨政策,精准对口上级业务部门,主动配合项目实施单位做好项目申报工作,全力争取上级项目资金,以缓解区级收支矛盾压力。五是盘活存量,合理利用。加快预算执行进度,在确保财政资金使用安全规范合理高效的前提下,进一步盘活沉淀资金,把"零钱"化整,把"睡钱"变活。对于进度慢、暂不实施的项目资金以及安排的基本支出结转结余资金、项目支出结余和一年以上结转资金,一律收回财政统筹使用,收回的资金集中用于"保基本、补短板、兜底线"的重点领域和关键环节,尽一切能力保障群众生活需求和地区发展稳定。六是助力防疫,全力保障。新冠肺炎疫情发生以来,区财政部门紧紧围绕区委、区政府的统一部署,加大资金统筹力度,按照"急事急办、特事特办"原则,畅通疫情防控资金拨付和政府采购"绿色通道",全力支持打赢疫情防控阻击战。下一步,我们还将全面落实中央、省市关于有效应对疫情、稳定经济增长的各项政策措施,及时兑现政策,加快资金审批和拨付效率。

(三)加强综合管理,确保各项改革规范有序推进

以创新管理为发展增添活力。当前的困难只是暂时的,既定的改革目标不能动摇,必须坚持。2020年,我们将进一步深化财政管理改革,努力提升财政管理水平,加快推进现代财政管理制度建设。一是强化国有资产管理。推进经营性国有资产统一管理,逐步建立国有资产报告制度,摸清国有资产底数,理顺资产管理机制,促进国有资产保值、增值,努力实现我区国有资产价值最大化。二是深化财政电子票据和非税收入收缴管理改革。全面实施医疗收费电子票据改革。加强与代收银行合作,推广银行网关支付、聚合支付、支付宝、赣服通等资金收缴渠道,为执收单位和缴款人提供便利。三是落实电子化采购改革。强化政府采购监督管理,在电子化政府采购系统全面实施的基础上,健全政府采购支持政策,强化采购人主体责任,不断规范政府采购市场,持续优化营商环境。四是提升投资评审质效。进一步加强对中介机构审结项目的复核力度,前移评审关口,从源头控制项目投资,不断提高评审质量和评审工作水平。五是加强政府债务管理。严格把关债券资金的拨付使用进度,健全完善债务管控长效机制。坚决遏制隐性债务增量,继续督促相关单位加快项目进程,加快化债进度。针对2020年度到期的债券做好后续偿还或置换工作,及时做好政府债务信息公开。六是开展财政资金检查。以民生资金和重大项目资金使用监督为重点,加强财政日常监督管理,建立健全所有政府性资金运行全过程的监督机制,开展会计信息质量以及单位资金安全专项治理等专项检查,严肃财经纪律,维护财经秩序。

各位代表,2020年是全面建成小康社会,实现第一个百年奋斗目标的收官之年!我们将在区委、区政府的坚强领导下,在区人大及其常委会的监督指导下,认真贯彻本次人代会的各项决议,只争朝夕、不负韶华,以更大的决心、更强的责任感、更明确的思路、更精准的举措,在描绘新时代江西改革发展新画卷,做大做强做优大南昌都市圈,彰显省会担当中展现东湖新的更大作为而努力奋斗!

(区财政局)

东湖区2019年国民经济和社会发展统计公报

东湖区统计局

(2020年4月20日)

2019年是中华人民共和国成立70周年,东湖区坚持以习近平新时代中国特色社会主义思想为指导,聚焦"在加快革命老区高质量发展上作示范、在推动中部地区崛起上勇争先"的目标定位和"五个推进"更高要求,紧紧围绕"奋力在大南昌都市圈建设征程中续写高质量跨越式发展新篇章"战略主线,不忘初心勇担当,牢记使命展作为,较好地完成了区十六届人大四次会议确定的主要目标任务,经济社会各项事业取得崭新成绩。

一、综合

经济总量:初步核算,全年地区生产总值366.69亿元,按可比价计算,同比增长7.5%。其中第一产业增加值0.68亿元,同比增长1.5%;第二产业增加值36.16亿元,同比增长12.5%;第三产业增加值329.85亿元,同比增长7.1%。第一产业增加值占地区生产总值的比重为0.19%,第二产业增加值比重为9.86%,第三产业增加值比重为89.95%。全年人均地区生产总值7.44万元。

非公经济:全年地区生产总值中,非公有制经济增加值165.82亿元,按可比价计算,同比增长9.0%,占地区生产总值的比重为45.2%。

财政收入:全年财政总收入(省口径)81.39亿元,同比增长5.7%,其中地方一般公共预算收入13.70亿元,同比增长3.7%。税收收入11.73亿元,同比增长2.1%;非税收入1.97亿元。

全年地方一般公共预算支出28.90亿元,同比增长13.4%。其中教育支出4.55亿元,增长10.4%;社会保障和就业支出8.58亿元,增长20.9%;城乡社区事务支出4.22亿元,同比增长15.6%。

二、固定资产投资

全年500万元以上固定资产投资同比增长11.8%,增速全市排位第一,高于全市平均速度1.6个百分点。其中新开工计划投资5000万元以上项目10个,5000万元以上项目投资额同比增长8.6%;房地产开发投资同比增长20.1%。

三、国内贸易

消费品市场:全年社会消费品零售总额354.03亿元,同比增长11.1%,其中限额以上零售额205.33亿元,同口径比增长11.0%。按行业统计,批发业实现零售额13.19亿元,同比下降26.1%;零售业实现零售额280.26亿元,同比增长13.0%;住宿业实现零售额3.48亿元,同比增长16.3%;餐饮业实现零售额57.10亿元,同比增长14.6%。

商品交易市场:截至年底,区内亿元市场有3个,实现成交额58.7亿元,较上年同期增长1.6%。

四、建筑业

全年区内资质以上建筑业企业83家,其中有工作量企业77家。建筑业总产值141.75亿元,同比增长18.6%,其中建筑工程产值115.34亿元,安装工程产值11.48亿元。建筑业从业人员平均人数为1.7万人,建筑业企业签订合同额210.03亿元,房屋建筑施工面积为136.24万平方米。

五、对外经济

对外贸易:全年区内外贸企业出口总额29309万美元。

招商引资:全年实际利用外资34059万美元,同比增长20.13%,现汇进资3906万美元;实际利用内资74.08亿元,同比增长24.13%。

六、教育和卫生

教育:全区共有区属义务教育学校20所,在校学生25167人,教学班566个,专职教师1547人。特殊教育学校1所,在校学生198人,教学班12个,专职教师36人。幼儿园(保育院)55所,在园幼儿12089人,教学班432个,专职教师980人。

卫生:区内各类医疗机构有265家,卫生机构从业人员2608人,其中卫生技术人员2344人。执业(助理)医师917人,注册护士1302人,药剂人员47人,检验人员78人。床位数689张,每千人口医院病床数为0.834张,每千人口卫生人员数为5.18人,每千人口医生数为1.82人。

七、人口和人民生活

人口:年末全区总人口481978人,其中城镇常住人口476315人,人口城镇化率为98.83%,比上年末下降0.77个百分点。出生人口4277人,其中男性2209人,女性2068人,出生率为8.68‰。死亡人口2698人,死亡率5.47‰。自然增长率为3.20‰。

人民生活:全年城镇居民人均可支配收入45941元,同比增长7.8%。

八、城市建设和环境保护

城市建设:全年共清掏窨井14111座(次),维修窨井501座,更换井构件1635套(件),新建窨井173座,维修各类路面80261平方米,维修补栽路沿石2819米,机械疏通下水道310090米,清运余土淤泥2596立方米。辖区小街巷安装路灯1192套。

园林绿化:截至年底,区内园林绿地面积472.2公顷,绿化覆盖面积472.33公顷,城区绿化覆盖率为29.69%,人均公共绿地面积7.19平方米。

环境保护:全年环境空气质量优良天数为281天,优良率为77.1%;空气综合质量指数为4.45,集中式饮用水源水质达标率为100%;区域环境噪声监测面积36.2平方公里,全年等效声级55.1分贝。实施道路交通噪声监测的交通干线为20条,测点为63个,交通噪声均值68.7分贝。

说　明:

1. 本公报中数据为初步统计数,部分数据因四舍五入的原因,存在着分项与合计不等的情况;正式统计数据以《东湖统计年鉴—2019》为准。

2. 地区生产总值、各产业增加值和人均生产总值绝对数按当年价格计算,增长速度按可比价格计算。

3. 2019年地区生产总值核算由分级核算正式改为统一核算,以第四次全国经济普查修订后的数据为基数。

(区统计局)

2019年中共东湖区委颁发的文件目录

2019年中共东湖区委颁发的文件目录一览表

表34

文　件　标　题	文　件　号
关于同意召开中国共产党南昌市东湖区扬子洲镇第一届代表大会第四次会议的批复	东字〔2019〕1号
关于恳请市领导出席“大干项目年”暨2019东湖区重大项目集中开工活动的请示	东字〔2019〕2号
关于同意对戴江林同志违法问题立案调查的批复	东字〔2019〕3号
中共东湖区委关于调整涉及机构改革单位党组(党委)设置的通知	东字〔2019〕4号
关于同意对戴江林同志给予政务警告处分的批复	东字〔2019〕5号
关于同意对黄灿同志违纪问题立案审查的批复	东字〔2019〕6号
中共南昌市东湖区委关于成立区委退役军人事务工作领导小组的通知	东字〔2019〕7号
关于恳请协调省委常委、市委书记殷美根会见百盛商业集团董事长钟廷森的请示	东字〔2019〕8号
关于推荐杨斌同志提拔的请示	东字〔2019〕9号

续表 34

文 件 标 题	文 件 号
关于调整区委副书记贾彧超同志分工的通知	东字〔2019〕10 号
印发《关于落实市委基层党建第四巡查组反馈意见的整改方案》的通知	东字〔2019〕11 号
中共东湖区委关于调整区委全面深化改革委员会组成人员的通知	东字〔2019〕12 号
关于同意对黄灿给予开除党籍、开除公职处分的批复	东字〔2019〕13 号
关于推荐杨征宇同志提拔的请示	东字〔2019〕14 号
关于同意对李平富同志违纪问题立案审查的批复	东字〔2019〕15 号
关于同意对伍建平同志违纪问题立案审查的批复	东字〔2019〕16 号
关于恳请延续和进一步完善扬子洲镇十年储备期间经济社会发展有关政策的请示	东字〔2019〕17 号
关于派员赴国外执行任务的函	东字〔2019〕18 号
关于同意对林红风同志违纪问题立案审查的批复	东字〔2019〕19 号
东湖区委、东湖区人民政府、东湖区人武部关于申报南昌市东湖区创建江西省双拥模范区的请示	东字〔2019〕20 号
关于同意召开东湖区第五次归侨侨眷代表大会的批复	东字〔2019〕21 号
关于同意对朱上求给予开除党籍、政务撤职处分的批复	东字〔2019〕22 号
关于同意对李平富给予党内警告处分的批复	东字〔2019〕23 号
关于同意对林红风同志给予党内严重警告处分的批复	东字〔2019〕24 号
关于授予东湖区三八红旗集体、三八红旗手、平安家庭示范户和“最美家庭”荣誉称号的决定	东发〔2019〕1 号
关于表彰 2018 年度全区社会治安综合治理目标管理先进单位、达标单位及先进集体先进工作者的决定	东发〔2019〕2 号
关于嘉奖 2018 年度全区社会治安综合治理目标管理先进单位综治责任人及综治办主任的决定	东发〔2019〕3 号
关于表彰全区政法系统 2018 年度“十佳政法干警”的决定	东发〔2019〕4 号
关于表彰东湖区“优秀共青团员”,“优秀共青团干部”“五四红旗团委(团支部)”和区校共建“优秀志愿者”的决定	东发〔2019〕5 号
关于印发《中共南昌市东湖区委常委会 2019 年工作要点》的通知	东发〔2019〕6 号
中共东湖区委关于认真学习宣传贯彻习近平总书记视察江西时的重要讲话精神的通知	东发〔2019〕7 号
中共东湖区委印发《东湖区关于贯彻落实〈中共江西省委关于深入学习贯彻习近平总书记视察江西重要讲话努力描绘好新时代江西改革发展新画卷的决定〉的措施及责任分工方案》的通知(五年)	东发〔2019〕8 号
关于加强和完善城乡社区治理的实施意见	东发〔2019〕9 号
《贯彻落实中共江西省委〈关于加强党的政治建设的若干措施〉责任分工》	东发〔2019〕10 号
中共东湖区委、东湖区政府关于实施东湖区“高层次人才创新创业”的办法	东发〔2019〕11 号

(李怡璇)

2019年东湖区人民政府颁发的文件目录

2019年东湖区人民政府颁发的文件目录一览表

表35

文件标题	文件号
关于印发东湖区打赢蓝天保卫战三年行动计划（2018—2020年）的通知	东府发〔2019〕1号
关于印发东湖区重点行业领域扫黑除恶专项整治工作方案的通知	东府发〔2019〕2号
关于印发《2019年东湖区民生实事工程安排意见》的通知	东府发〔2019〕3号
关于印发《2019年东湖区民兵工作实施方案》的通知	东府发〔2019〕4号
关于印发东湖创建全省双拥模范区“八连冠”工作实施方案的通知	东府发〔2019〕5号
关于进一步精简区级行政权力事项的决定	东府发〔2019〕6号
关于曾纪勇等同志职务任免的通知	东府字〔2019〕1号
关于市人大第十五届四次会议第127号建议的回复	东府字〔2019〕2号
关于省政协十二届二次会议第20190234号提案的回复	东府字〔2019〕3号
关于市政协第十四届四次会议第20190085号提案的回复	东府字〔2019〕4号
关于邓震国等同志任职的通知	东府字〔2019〕5号
关于卜斌、章翔二同志任职的通知	东府字〔2019〕6号
关于胡杰等同志正式任职的通知	东府字〔2019〕7号
关于调整东湖区征兵工作领导小组成员的通知	东府字〔2019〕8号
关于罗琴等同志职务任免的通知	东府字〔2019〕9号
关于雷强等同志职务任免的通知	东府字〔2019〕10号
关于市人大第十五届四次会议第183号建议的回复	东府字〔2019〕11号
关于对东湖区2019年度河湖和水利工程管理范围划界报告的批复	东府字〔2019〕12号
关于变更东湖区香江家具城旧城（城市棚户区）改造项目工程征收范围的决定	东府字〔2019〕13号
关于调整区政府领导分工的通知	东府字〔2019〕14号

（周海波）

索　　引

主题索引

说明：本索引为综合性主题索引，索引标目按汉语拼音字母顺序排列，同音字按声调顺序排列，同音同声调则按笔画顺序排列。标目后数字为页码，字母 a 为左栏，b 为右栏。该年鉴的彩页、特载、专记、大事记、重要文献、人物、表格等未标索引。

C

D

F

G

H

J

K

L

M

N

P

Q

R

S

T

W

X

Y

Z